# ディルタイ全集

## 別巻

## ディルタイ研究・資料

編集/校閲　牧野英二・伊藤直樹・大石 学・瀬戸口昌也

法政大学出版局

編集代表

西　村　　皓
牧 野 英 二

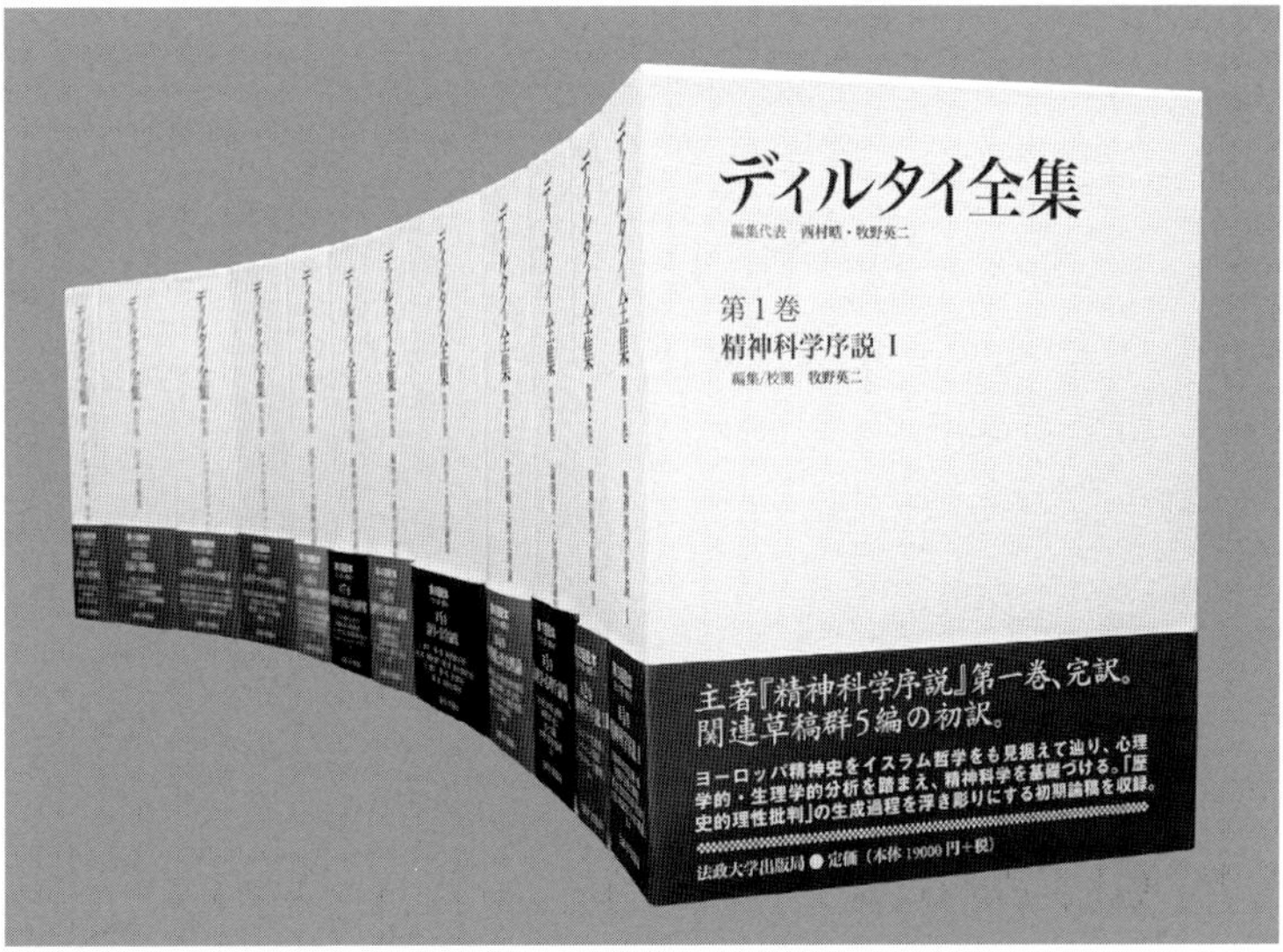

『ディルタイ全集』

全 11 巻・別巻 1（2003〜2024 年）

# 凡例

一、本巻は、日本語版『ディルタイ全集』（西村晧・牧野英二編集代表、法政大学出版局、第1巻以降第11巻まで既刊、二〇〇三―二〇二三年）の別巻であり、本全集所収の諸論考の内容理解に資するよう、第一部「研究編」と第二部「資料編」とで構成した。第一部では、ディルタイに関する国内外の研究論文および関連諸論考を収録した。また第二部では、ディルタイの人物および思想の理解に資する「年譜」とともに、既刊の巻に未収録のディルタイの論考および関連の文献目録などを収録した。

一、第一部「研究編」収録の翻訳論文および日本語論文は、日本語版『ディルタイ全集』の本巻と同様の体裁で縦組みとした。他方、第二部「資料編」の論考や「年譜」および文献目録を含むディルタイ関係資料などは、読者の読みやすさを考慮してすべて横組みとした。

一、ディルタイの文献は、ドイツ語版『ディルタイ全集』（Wilhelm Dilthey: *Gesammelte Schriften*. 26 Bde. 1914–2006, Vandenhoeck & Ruprecht）から引用する。そのさい、本巻の本文および注のなかで、巻数をローマ数字で、頁数をアラビア数字で（V, 30）のように表記した。また、日本語版『ディルタイ全集』の巻数および頁数を併記する場合、（V, 30：第1巻三〇二頁）のように表記する。

一、日本語訳は、原則として日本語版『ディルタイ全集』の訳文を使用する。なお、その他の欧文および日本語論文からの引用は、適宜、論文末または頁末に出典を明示する。

一、本巻所収の論文では、引用した著作・論文などは、日本語文献の場合、原則として著作名を『　』カッコで、また論文名を「　」カッコで表記する。また欧語文献の場合、原則として著作名をイタリック体で、論文名をローマン体で、それぞれ表記する。

一、翻訳論文については、原文がイタリック体で強調されている場合、当該箇所を傍点で表記し、原文が〝　〟で括られている場合は、当該箇所を「　」カッコで、また原文（　）丸カッコはそのまま使用する。なお、原文中の中略箇所については、原文の表記に従って［…］カッコで括る。

一、翻訳論文中の訳者による補足は、〔　〕カッコで適宜、挿入する。また引用文中の中略箇所は、適宜、〔…〕カッコで表記する。

一、人名索引および事項索引は巻末に収録する。そのさい、索引の凡例を作成する。なお、資料編では、必要に応じて別途「凡例」または注記を付す。

一、本巻収録の研究論文および資料の執筆者・訳者・収集者の氏名は、当該論文や資料などの冒頭または末尾に記し、本凡例では担当編集・校閲者名のみを記載する。第一部「研究編」（牧野英二）、第二部「資料編」（カント全集序文の翻訳および解説＝牧野英二。「年譜と著作一覧」＝伊藤直樹／瀬戸口昌也。「ドイツ語版『全集』および『書簡集』完成までの経緯」＋「ディルタイ関連文献目録」＝大石学）。

目次

口絵
凡例
序論……牧野英二 3

第一部 研究編

第一章 諸外国、とくにドイツ語圏および英語圏のディルタイ研究……21
第一節 ディルタイと解釈学の歴史 フリティョフ・ローディ（朴順南訳） 23
第二節 「実在論的体系」というディルタイの目標 グンター・ショルツ（森邦昭訳） 37
第三節 ディルタイ哲学の編集史、受容史、解釈史についての覚書 ハンス＝ウルリヒ・レッシング（渡邊福太郎訳） 62
第四節 一九七五年以後の英語圏諸国におけるディルタイ研究 ルードルフ・A・マックリール（大野篤一郎訳） 86

第五節　英語版『ディルタイ選集』の全体像　牧野英二　103
第二章　ディルタイ哲学再評価の試み
——「生の哲学」から「生命記号論的解釈学」への道　牧野英二　111
第三章　二十一世紀のディルタイ哲学の意義と課題　155
第一節　生の自然主義化への抵抗運動としてのディルタイの心理学
——あらたな人間の根本学をめざして　伊藤直樹　157
第二節　文芸学におけるディルタイの遺産とその継承
——「芸術の終焉？」から「接続可能性」の芸術へ　三浦國泰　192
第三節　ディルタイと社会学——相互作用・文化体系・組織　廳　茂　220
第四節　いかなる点で、存在するものの認識から、存在すべきものの規則が生じてくるのか？
——ディルタイの教育学テーゼに対する現代ドイツ教育学の応答について　瀬戸口昌也　251
第五節　ディルタイにおける社会と歴史の理論
——プラグマティズム・解釈学・システム論の契機から　鏑木政彦　277
第四章　日本におけるディルタイ研究史——戦前および戦後　大石　学　309

# 第二部　資料編


第一章　ディルタイの年譜と著作一覧……………………伊藤直樹・瀬戸口昌也　(3)

はじめに　(5)

第一節　ディルタイの生涯・業績・関連の歴史的出来事　(10)

第二節　書評一覧　(53)

第三節　ドイツ語版『全集』収録主要論文一覧　(95)

第四節　日本語版『全集』収録論文一覧　(111)

第二章　ディルタイ関連資料および文献目録……………………　(117)

第一節　アカデミー版『カント全集』第1巻ディルタイによる序文　翻訳・解説　鵜澤和彦　(119)

第二節　ドイツ語版『全集』および『書簡集』完成までの経緯　大石　学　(145)

第三節　ディルタイ関連文献目録　大石　学・齋藤元紀・走井洋一・上島洋一郎編　(161)

索　引　(i)

あとがき――全集完結に寄せて　牧野英二　(I)

# ディルタイ研究・資料

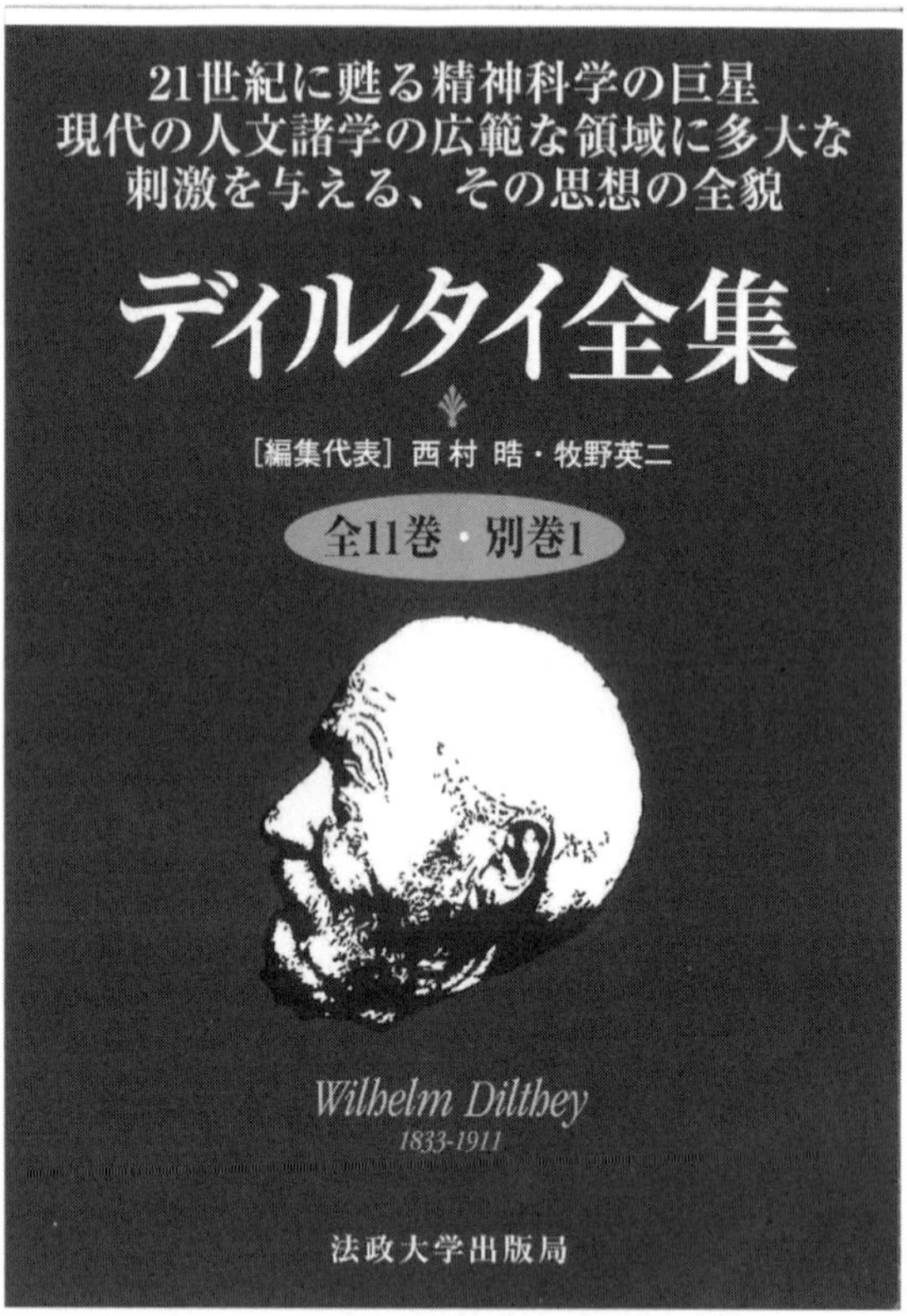


『ディルタイ全集』内容見本 表紙（2003年）

# 序論

牧野英二

## はじめに——日本語版『ディルタイ全集』の完結にあたって

本書の刊行によって、日本語版『ディルタイ全集』(以下、本全集と略称。本巻全11巻＋別巻1)は完結する。顧みれば、第一回配本の第3巻『論理学・心理学論集』(二〇〇三年四月)からは二〇余年、それ以前の企画段階を含めると、本全集の完結までに三〇年近くの歳月を費やした。なによりも、本全集の完結を忍耐強くお待ちくださった読者の皆様には、心よりお詫びしなければならない。また版元の法政大学出版局には、この間多大なご迷惑とご心配をおかけしたことを深くお詫びするとともに、本全集の完結のために最後までご支援くださったことに深甚の謝意を表する。

ところで本書は、本全集の別巻という性格上、完結にあたり企画段階から完結にいたる経緯について全集編集代表の立場から回顧し、本全集刊行の狙いおよび目的を確認させていただきたい。それによって読者のために、刊行の意図および趣旨の理解とともに別巻の内容理解に資することを意図している。併せて、本全集の編集代表・別巻の編集委員としての責務を果たすことにする。

## 一　本全集刊行の狙い

別巻編集の意図・狙いおよび全集全体の位置づけを明確にするために、最初に刊行開始当時の状況を回顧しておきたい。まず二〇〇三年に、第一回配本に合わせて、版元と協議して八頁にわたる「内容見本」（パンフレット）を作成し、法政大学出版局と編集代表の連名で発行した。その主要な内容は、次のとおりである。

＊　＊　＊

「21世紀に甦る精神科学の巨星　現代の人文諸学の広範な領域に多大な刺激を与える、その思想の全貌　ディルタイ全集　［編集代表］西村晧・牧野英二　全11巻・別巻1」

刊行のことば

編集代表

西村晧・牧野英二

法政大学出版局

《表紙裏》

二一世紀を迎えてあらゆる分野で知のあり方が大きく変貌しつつあり、個別科学は、目覚ましい進展を遂げている。しかし知の高度化・専門化は、知の生成の基盤である日常生活や社会との密接な連関を見失うという負の成果も生み出してきた。学問の進歩と科学技術の発展は、皮肉にも人間の生の全体や社会全体を総体的・総合的に把握する学問的視座を喪失する帰結をもたらした。今日の知的状況は、高度に専門化し学際化する学問をゆるやかな仕方で方向づけ基礎づけうる学問的な営みを要求している、と言えよう。

一世紀近く前にドイツの哲学者・思想家ディルタイは、今日の知的状況と類似した学問状況の下で同様の課題に直面していた。ディルタイは、自然科学が飛躍的に進歩した時代に、それに対抗する精神科学の固有性と知の生成の場である歴史的生の体験の構造とを解明しようとした。思弁哲学にもたんなる実証主義や経験主義にも陥ることなく、自然科学を含むあらゆる知の可能性と基礎づけのために、みずから「歴史的理性批判」と呼んだ知の創造的営みと批判的解明に生涯を賭したのである。その苦難に満ちた思索の成果は、今日直面する知的課題に対する有益な解決の手がかりを提供してくれるであろう。

また従来のディルタイ像は、まず歴史家・精神史家、次に教育哲学者、そして解釈学的哲学の嚆矢としてみられてきたものの、いずれもディルタイ思想の限られた一面的な評価にとどまってきた。解釈学的哲学者としての位置づけについても、ハイデガーやガダマー等による評価と批判は狭隘な見解にすぎないことが、近年のディルタイ全集による遺稿類の相次ぐ刊行によって明らかにされつつある。このようなディルタイ像の変貌と従来のディルタイ解釈のカノンを超える新たな思想的運動は、ドイツやアメリカにかぎらず、グローバルに広がりつつある、と言ってよい。今日、グローバルな規模で「ディルタイ・ルネサンス」が着実に進行しているのである。

日本語版全集の刊行は、ディルタイ思想の生成と発展の全貌と実相を解明するだけでなく、同時に彼の思索の成果を基軸にしたグローバルな規模での影響作用史と思想史の読み直しの作業を読者に求めている。本全集の刊行によって、通説化した哲学史・思想史・文芸史理解等では捉えられなかったディルタイの人文科学・社会科学・自然科学にわたる多面性と豊かな創造性を解明し、その正当な評価を下すことが可能になり、学問研究と思索に資することができるように強く望むものである。

本全集の完結にあたり、この「刊行のことば」を執筆した編集代表者として、執筆後二〇余年が経過したにもかかわらず、それに対して新たに付け加えるべき言葉がないほどであると感じている。だが、第一回配本の第3巻の刊行以後、完結まで二〇余年におよぶ本全集の訳業が読者のご期待に十分応えられたかどうかについては、読者のかたがたのご判断に委ねるほかはない。

なお、本全集の特色として、「内容見本」の最終頁では次の四点を挙げていた。別巻の補足説明として併せて転載しておく。

▽日本ディルタイ協会の全面的な支援・協力を得て、哲学をはじめ文学・芸術学・教育学・倫理学・宗教学・歴史学・社会学・心理学等々に及ぶ専門家=訳者陣による画期的翻訳である。
▽主著『精神科学序説』新訳、待望久しい『シュライアーマッハーの生涯』本邦初訳はじめ、遺稿・草稿・日記・書簡類まで、英・仏・露語版などに勝る大規模かつ周到な巻別篇成。
▽難解で知られるテクストを明快な日本語に翻訳することに努め、近年の国際的な〈ディルタイ・ルネサンス〉の成果を反映した注釈・解説を付し、読解に資することに努めた。
▽内外のディルタイ研究史を展望し、さらにディルタイの詳細年譜や文献目録・関連資料を集成した別巻をもって、全集の読解のためはもとより、今後のディルタイ研究の道案内とした。

＊　＊　＊

## 二　別巻の狙いと基本構成について

次に、前述の第四番目の特色を最大限生かすために、本別巻では、次のような巻構成で編集に臨んだ。その概略は以下のとおりである。

第一部　研究編

第一章　諸外国、とくにドイツ語圏および英語圏のディルタイ研究

第二章　ディルタイ哲学再評価の試み――「生の哲学」から「生命記号論的解釈学」への道

第三章　二十一世紀のディルタイ哲学の意義と課題

一　ディルタイと現代の心理学

二　ディルタイと現代の文学・芸術思想

三　ディルタイと社会学

四　ディルタイと現代の教育哲学

五　ディルタイと現代の政治・歴史・社会思想

第四章　日本におけるディルタイ研究史――戦前および戦後

第二部　資料編

第一章　ディルタイの年譜と著作一覧

一　ディルタイの生涯・業績・関連の歴史的出来事

二　書評一覧

三　ドイツ語版『全集』収録主要論文一覧

四　日本語版『全集』収録論文一覧

第二章　ディルタイ関連資料および文献目録

一　他の哲学者との関係を照らし出す資料――アカデミー版『カント全集』第1巻序文

二　ドイツ語版『全集』および『書簡集』完成までの経緯

## 第一部研究編　国内外のディルタイ研究論文

「第一部研究編」に属する論文構成のうち、とくに欧文の研究論文の執筆を依頼した次の四氏には、心より感謝申し上げる。フリティョフ・ローディ氏（ルール大学ボーフム名誉教授）には「ディルタイと解釈学の歴史」と題する論文をご寄稿いただいた。氏によれば、ディルタイの解釈学は、アウグスト・ベックに代表される文献学的解釈学と歴史家J・G・ドロイゼンの影響下にある解釈学との両者の流れのなかで形成され、独自の発展を遂げた。この見解は、従来のハイデガーおよびガダマーの系譜に属するドイツにおける解釈学の伝統的な見方とはやや異なる。これは解釈学におけるディルタイの位置づけの見直しを迫る問いである。詳しくはローディ論文をご参照願いたい。

グンター・ショルツ氏（ルール大学ボーフム名誉教授）には「「実在論的体系」というディルタイの目標」をご執筆いただいた。ショルツ論文によれば、従来のディルタイ描写では多くの場合、ディルタイのなかに生の哲学者や解釈学者の側面しか見ていなかった。だが、ディルタイは、哲学体系の構築を模索し最後の講義でも「実在論的体系」の実現に努めたのであった。この見解もまた従来の哲学史の通説の見直しを迫る問題提起である。

さらにハンス゠ウルリヒ・レッシング氏（ルール大学ボーフム教授）には「ディルタイ哲学の編集史、受容史、解釈史についての覚書」をご寄稿いただいた。氏の論考は、論文タイトルにふさわしく、主としてディルタイの主著『精神科学序説』第一巻の刊行以後の論争史に光を当てて、ディルタイ評価の変遷を鮮やかに描き出している。とりわけ心理学者ヘルマン・エビングハウスとの論争やフッサール、ハイデガーによる批判、そして戦後のルカーチによるディルタイは「帝国主義的な生の哲学の創始者」であるというイデオロギー的非難とガダマーによる厳しい批判などにより、ディルタイが哲学史の表舞台からいわば強引に退場させられた様子などが語られている。

最後に、ルードルフ・A・マックリール氏（エモリー大学名誉教授）には、「一九七五年以後の英語圏諸国におけるディルタイ研究」をご寄稿いただいた。氏は、一九七〇年代以降、英語圏のディルタイ研究者を代表する哲学者として評価され、カント研究者としても優れた業績を挙げてこられた。本論考では、これらの業績を踏まえて英語圏のディルタイ研究史を簡潔に紹介され、二〇〇八年までの英語圏におけるディルタイ研究の見取り図が鳥瞰できるよう工夫されている。

実は、これらの論考の執筆依頼は、二〇〇四年から翌年にかけて筆者がルール大学ボーフム・ディルタイ研究所に客員研究員として滞在中のことであった。それらの依頼原稿が筆者の手元に届いたのは、二〇〇八年前後の頃である。その翻訳作業はただちに開始されたが、本全集の刊行の大幅な遅延により、これらの論考が印刷に付されたのは一五年もあとになってからのことである。これは偏に編集代表の筆者の非力によるものであった。ここにあらためて執筆者の先生方と訳者の皆様には、衷心よりお詫び申し上げる次第である。

なお、この研究状況紹介上のタイムラグを少しでも埋めるために、本巻ではドイツ語および英語の参考文献の充実を図った。とくに英語圏の研究状況について、編者としてルードルフ・A・マックリールおよびフリティョフ・ローディ編英語版『ディルタイ選集』(全六巻、一九八五―二〇一九年)の二〇〇八年以降刊行の続巻を中心に翻訳・紹介することによって、補足説明を試みた。

次に、研究編の国内の研究者には、「二十一世紀のディルタイ哲学の意義と課題」を共通課題として、当該領域の第一線の研究者にご寄稿いただいた。

その露払い的な役割として第二章では、海外の最新の研究成果を踏まえつつ総論的な位置づけを意図して、編者による次の論考を収めた。すなわち「ディルタイ哲学再評価の試み――「生の哲学」から「生命記号論的解釈学」への道」と題して、ディルタイ哲学の哲学史的な位置の再検討とともにディルタイ哲学の新たな可能性として「生命記号論的解釈学」への道をたどろうとする試みを展開している。そのあとに続く諸論考は、ディルタイの特定分野の論点に焦点を当てた斬新な議論が展開されている。読者の問題関心に応じてご高覧いただければ幸いである。

第三章第一節は、伊藤直樹氏による論考「生の自然主義化への抵抗運動としてのディルタイの心理学――あらたな人間の根本学をめざして」である。ディルタイと実験心理学者エビングハウスとの論争を手がかりにして、ディルタイの心理学が生の自然主義化に対する抵抗運動であったことを明らかにする。この目的のために、この論争の思想史的背景を明らかにすることによって、その歴史的意義とともに今日的意義の可能性を解明している。

第二節は、三浦國泰氏の論文「文芸学における ディルタイの遺産とその継承――「芸術の終焉?」から「接続可能性」の芸術へ」である。ドイツ文芸学の玉座に君臨したディルタイの精神史的方法は第二次大戦後、批判の対象になる。本論考は、東西分裂後のドイツ文芸学を回顧し、受容史的観点からディルタイの文学・芸術論の「接続可能性」を模索する。解釈学の語源となった伝令の神ヘルメスは、いまなお未来への「渡し守」として芸術の可能性を追求している。

第三節は、廳茂氏による論考「ディルタイと社会学――相互作用・文化体系・組織」である。本論考の主題は、ディルタイと社会学の関係に向けられている。ディルタイは、今日一般に見逃されているが、ドイツ社会学のあり方に顕在的あるいは潜在的に深く関わってきた。本論考は、この関係の解明の基盤を築くべく、ディルタイの思想における社会学的契機の存在を確認するとともに、その契機の次世代における翻案の構図の把握を試みる。

第四節は、瀬戸口昌也氏の論考「いかなる点で、存在するものの認識から、存在すべきものの規則が生じてくるのか?――ディルタイの教育学テーゼに対する現代ドイツ教育学の応答について」である。本論考はまず、ディルタイが提示した教育学の科学性に関する問いに対して、現代ドイツ教育学がどのように応答しているのか、その特徴を分析する。次にこの応答のなかで、ディルタイが残した「知識の理論」が見落とされている事実を指摘して、「知識の理論」が現代教育学の科学性と解釈学と陶冶を関連づける可能性をもつことを明らかにする。

第五節は、鏑木政彦氏による論考「ディルタイにおける社会と歴史の理論――プラグマティズム・解釈学・システム論の契機から」である。本論考は二十世紀のディルタイ解釈の批判的検討を通して、ディルタイ哲学のうちにプラグマティズム、解釈学、システム論の契機を見いだし、そこからディルタイの社会と歴史の理論を描き出すことを試みている。これにより、十分に展開されなかったコミュニケーション論的契機と合わせて、ディルタイの社会と歴史の理論を多元的な存在者の理論として描き出す。

第四章は、大石学氏による論考「日本におけるディルタイ研究史——戦前および戦後」である。本論考では、ひとつの像にまとめることが不可能なディルタイの多面性に着目し、哲学とそれ以外の分野に関して、国内で彼の学問的業績がどのように受容され研究されてきたのかを、アジア＝太平洋戦争前後のそれぞれについて概観している。そこでのディルタイ受容が戦争前後の各時代における要求に応じてきたことを明らかにしている。

## 第二部資料編　ディルタイ関連資料および文献目録

第一章「ディルタイの年譜と著作一覧」には、ドイツ語版『全集』および本全集収録論文名、ディルタイの詳細年譜と書評一覧などが収録されている。これらにより読者は、驚異的な読書量に裏づけられたクリティカー・ディルタイの一端に触れることが可能となるはずである。詳しくは、当該箇所の凡例などを参照いただきたい。

第二章第一節では、他の哲学者との関係を照らし出す第一級の資料としてアカデミー版『カント全集』第1巻所収のディルタイによる序文の全訳とともに、その解説を収めている。これらによって、晩年のディルタイによる『カント全集』の企画と編集方針そして四部構成の編集主幹の選出の実態などが詳らかにされる。

第二節には、大石学氏による「ドイツ語版『全集』および『書簡集』完成までの経緯」を収録している。本論考ではディルタイの学問的仕事の保存、編集、公刊の経緯を説明する。彼の思索の傾向と様相とが著述の編集および刊行を困難にしたが、そうした状況のなかでこれらの編集作業に従事した編者たちの熱意と努力とを踏まえて、『著作集』／『全集』と『書簡集』との双方の刊行の経緯を追考している。

第三節では、「ディルタイ関連文献目録」を収録している。国内外の詳細なディルタイ研究文献を執筆言語別・刊行年代別に網羅的に収録した。十九世紀後半以降二十一世紀の哲学研究の動向を知る上でも参考になる有益な資料である。なお、詳しくは文献目録の凡例および補足説明などを参照いただきたい。

## 三　刊行の成果について

### 『ディルタイ著作集』と『ディルタイ全集』について

国内では、一九四六年（昭和二十一年）に創元社から西田幾多郎らの推薦の辞を冠した『ディルタイ著作集』（全十五巻＋別巻二）の企画とともに、第四巻『歴史的理性批判』が第一回配本として刊行された。だが、その後続巻が刊行されることなく、この企画は挫折した。しかし、この企画の画期的な点は次の事実にある。当時ドイツ語版『ディルタイ全集』は、全一二巻中第一〇巻『倫理学体系』を除く一一巻が刊行されていたが、今日から見ればドイツ語版『全集』全体の半分にも満たない状況下で、日本語版『ディルタイ著作集』を刊行しようと意図したことにあった。もしもこの企画が実現していれば、戦後日本の哲学史・思想史の展開は異なっていたはずである。詳しくは、拙著『京都学派とディルタイ哲学』（法政大学出版局、二〇二四年）を参照されたい。

日本語版『ディルタイ著作集』の刊行が挫折してからちょうど五〇年後の一九九六年に、日本語版『ディルタイ全集』の編集の動きが本格化した。欧米における「ディルタイ・ルネサンス」と呼ばれるディルタイ研究上の転換期を経て、日本語版『ディルタイ著作集』の企画のいわばバージョンアップ版として法政大学出版局から本全集の刊行企画について正式にご了承をいただき、本全集の編集作業が編集代表者のもとで進められた。ちなみに、ディルタイに関する著作集や選集、主要著作は、日本語版全集に加え、英語・フランス語・中国語・ロシア語・イタリア語・スペイン語・ポルトガル語・オランダ語・バスク語など一〇におよぶ言語に翻訳されている。

本全集の企画について二〇〇三年には、第一回配本に合わせて八頁にわたる全集の内容見本（パンフレット）が広く江湖に問われることとなった。そこでの「推薦のことば」には、次の方々から熱いメッセージをいただいた（アイウエオ順・敬称略）。「木村敏（京都大学名誉教授）生への関心を促すために」、「坂部恵（桜美林大学文学部教授）ドイツ人文主義の最良の伝統」、「佐々木健一（東京大学大学院人文社会系研究科教授）真の古典の新たな変身」、「野家啓一（東北大学大学院文学研究科教授）甦る脱領域的知性」、「三島憲一（大阪大学人間科学部教授）〈塔の人〉の眼をもって」、「樺山紘一（国立西洋美術館館長）ディルタイは歴史家に勇気を与える」。以上のとおりである。このなかで、すでに逝去されたお二人にお詫びと謝意を兼ねて「推薦のことば」を一部紹介させていただきたい。

まず故木村敏・京都大学名誉教授には「生への関心を促すために」と題して、次のような推薦の辞を頂戴した。「［…］このような〔ヤスパースによる「説明」によって「理解」を制限しようとする〕不正確なディルタイ受容を是正するためにも、さらにまた近年とみに活発になっている「生」への関心を促進するためにも、多くの精神病理学者がディルタイの著作に直接に触れる必要があるだろう。全集を手にするのが待ち遠しい」。木村教授は、本全集にこのような期待を寄せられた。では、本全集はどこまでこの期待に応えることができただろうか。他方、精神病理学者からの反応はどうであろうか。管見によれば、たしかに、英語圏で活躍したユージン・ジェンドリンやその学派の人々は、さらに日本国内でもその志を継いだ心理学系の研究者がディルタイから多くを学んできた。のみならず、教育学・教育哲学の領域には、さらなる臨床哲学的な動向が見られる。これは本全集の刊行の影響とも連動したディルタイ研究の新たな進展と見ることができるであろう。

また故坂部恵教授（当時・桜美林大学教授、東京大学名誉教授）は、「ドイツ人文主義の最良の伝統」というタイトルを付して、「ディルタイは、十九世紀後半から二十世紀初頭にかけてのドイツが生んだ稀有の「脱領域の知性」であった」と看破されている。本全集は、この指摘をディルタイの諸論考の翻訳を通じて、日本の読者に示すことに努めてきた。また坂部教授は、ディルタイのアクチャリティについて、「今フマニテートが未曾有のインフマーン（非人間的）なものへの転落の兆候におびやかされている時、平明で典雅な文体をもつディルタイの声は、ひときわ力強く語りかけて来ることだろう」、と本全集への共鳴の想いを表明された。これに本全集の訳文が力強く答えることができたかどうかは、読者の皆様のご判断にゆだねるほかはない。しかし、少なくとも坂部教授が語られたように、世界規模のコロナ禍の影響や、文明国による野蛮な戦争と核戦争の危機が迫っている状況下で、「今フマニテートが未曾有のインフマーン（非人間的）なものへの転落の兆候におびやかされている時、平明で典雅な文体をもつディルタイの声」に、いまいちど我々は耳を傾けるべきであろう。

それにしても、なぜ・いま・ディルタイかと思われる読者もいらっしゃるかもしれない。そこでこの機会に興味深い事実を紹介しておきたい。二〇〇三年に本全集の第一回配本が開始された時期、『図書新聞』一一月一日号で、故水田洋氏（名古屋大学名誉教授・社会思想史）が「全集彷徨」というタイトルで『ディルタイ全集』にちなむ貴重な事実関係を報告されている。「〔…〕戦前に一二巻まで（一〇巻は戦後）出た全集は、ドイツ以外では日本でいちばん多く売れたといわれたほどだ」という。また、水田氏によれば、「戦後になって東京経済大学ではじめて社会思想史の講義をしたとき、自分ではマルクス主義者のつもりだったのに、学生たちの評判では、「あいつはディルタイ主義者だ」ということだった」。その理由は記されていないが、この文章は当時学生たちがこう評するだけのディルタイに対する知識を有していたことを窺わせる興味深いエピソードである。だが、残念ながら二十一世紀における日本の大学の現状では、もはやこうしたエピソードは生まれないだろう。

いずれにしても、「ディルタイ・ルネサンス」は、日本ではいまだに訪れていないように思われる。残念ながら国内のカント研究者には、多大な学恩に浴したディルタイに関心をもたない学者が少なくないようにも見える。これも日本的な現象であろうか。だが、それは偏に筆者の発信力の非力さによるところが大きいとも言えよう。言うまでもなく、カントもディルタイも特定領域の個別研究者ではなかった。哲学は本来、そのような狭い思考法と異質であり、生活者の立場から、同時に幅広い視野のもとで多様な観点から生の地平に迫る超域的な知的営みである。幸いなことに日本ディルタイ協会には有為の若い世代の会員や研究者が集っており、日本カント協会をはじめ哲学界にはさらに多くの有為の士が集っているはずであるから、人文・社会・自然科学の領域を超えて知的営みに携わる人々とともに本全集を知的遺産のひとつとして、大いに活用してくださるものと信じている。

## 四　刊行開始から完結までの回顧と反省

本全集の完結にあたり、企画者・編集代表の立場から、その刊行のきっかけから完結にいたるプロセスをひとつの「歴史の物語」として記録しておきたい。まず企画の出発点としては、版元の法政大学出版局との交渉が一九九六年の早い段階に開始された。日本語版『ディルタイ全集』(発足当初は『ディルタイ著作集』)として、編集代表・西村皓(当時慶應義塾大学名誉教授・日本ディルタイ協会代表理事)と牧野英二(当時法政大学文学部教授)のもとで編集委員会を正式に立ち上げた。そして『ディルタイ著作集』第一回編集委員会が法政大学において一九九六年一一月一六日に開催された(筆者作成の議事予定による。ちなみに、先立つ一〇月七日に開催した版元との打ち合わせ会議の議事資料によれば、本巻一一巻＋別巻一＝全一二巻の企画で、一九九九年刊行開始、一年間に三冊刊行、二〇〇二年全集完結の予定であった)。その後、適宜編集委員会が開催され、第五回編集委員会から正式に『ディルタイ全集』として発足した。だが、後述のように、企画の段階から別巻の刊行による全集の完結にいたるまで約三十年を費やすことになり、第一回配本から二一年の歳月を要した。この間、各巻の編集校閲者や訳者のかたがたには、筆舌に尽くしがたいご苦労をおかけし、互酬性とは無縁な献身的なご尽力をいただいた。この機会に、本全集に関与下さったすべてのかたがたには、企画者・編集代表として満腔の謝意を表したい。

筆者の記憶をたどると、本全集刊行のきっかけは、一九九五年一二月開催の日本ディルタイ協会第一〇回大会における筆者の講演「カントとディルタイ——超越論哲学と解釈学」終了後の帰路、当協会の代表理事(のち会長)の西村教授に向かって筆者が発した「先生、夢を実現しませんか」という一言にあった。当時の筆者には、一九九〇年に

『カント全集』刊行の企画を岩波書店の全集課長に向かって「プラトン、アリストテレス、ヘーゲルの全集を刊行されているのに、なぜカントの全集を刊行されないのですか。カント全集を貴社の財産にしませんか」と提案して、『カント全集』の刊行が開始された経緯が念頭にあった。筆者は、アカデミー版『カント全集』の企画者・編集者で編集委員会の委員長を務めたディルタイに対する「学恩」にカント研究者の一人としてどう応えるべきかを思案していたのである。

他方、西村教授や長井和雄教授（東京学芸大学名誉教授・当時日本ディルタイ協会理事）をはじめ高齢のディルタイ研究者は、すでに『ディルタイ著作集』の類いの刊行を断念されていた。しかし怖いもの知らずで、諦めることを知らない筆者は、日本ディルタイ協会の高齢の研究者を説得し、同時に法政大学出版局に本全集の刊行計画を提案した。約半年の間、出版局の稲義人編集代表（当時）のデスクに通い詰めて、全集編集委員会のメンバーと編集代表は訳者を含めすべて、手弁当で翻訳・編集・校閲などにあたるという条件の下で、刊行計画をご承諾いただいた。

こうして本全集は、その実現に向けた苦難の道をたどることになった。編集委員会の発足から全集完結までの間、多くの編集委員や訳者の病気・逝去などによる交代や、チェック体制の不備による翻訳原稿やゲラの差し替えなどに直面し、刊行日程に大幅な遅延が生じるなど予想せざる事態に見舞われることになった。

他方、ドイツ語版『ディルタイ全集』（元来『著作集』として刊行）は、一九一四年に刊行を開始し、二つの世界大戦による中断をはさみ、二〇〇六年に全二六巻（二十八冊）をもって完結した。もっとも、かつて筆者がローディ教授からいただいた小冊子（Dilthey-Forschungsstelle im Institut für Philosophie der Ruhr-Universität Bochum. Leiter: Prof. Dr. Frithjof Rodi. Mitteilungsblatt Nr. 1 Juli 1984. S. 2-5）によれば、書簡集は（第三〇巻から第三二巻まで）、『全集』に収録される予定であった。ところが刊行助成金の打ち切りにより、それは別企画で刊行されることになった。その後キューネ＝ベルトラムおよびレッシングの編により二〇一一年に第一巻を刊行し、順次第二巻、第三巻に続き二〇二二年に第四巻を刊行して、この書簡集も完結した。これによってようやく、『ディルタイ全集』の全体像が示されたわけである（詳細は、本巻資料編所収の大石論文を参照いただきたい）。

詳しくは「あとがき――全集完結に寄せて」で述べるが、海外のディルタイ研究者についても、この間、ディルタイ研究の中心的な役割を果たしてきた人物が相次いで亡くなった。本書別巻にご寄稿いただいたマックリール教授は、二〇二一年一〇月に逝去された。また、『ディルタイ書簡集』の最終巻準備中の二〇二一年にキューネ＝ベルトラム博士も亡くなった。ルール大学ボーフム・ディルタイ研究所の活動は、ローディ教授、ショルツ教授、レッシング教授、キューネ＝ベルトラム博士などにより維持されてきたが、同氏を失い同研究所は大きなダメージを受けることになった。さらに編者のレッシング教授によれば、『ディルタイ書簡集』第四巻の刊行により、五〇年にわたる同大学のディルタイ研究の活動を終了することになった（Mit diesem letzten Band der Breif-Edition kommt die fünfzigjährige Dilthey-Forschung an der Ruhr-Universität Bochum zu ihrem Abschluss. Vgl. *Wilhelm Dilthey Briefwechsel, Band IV: 1905–1911*. Herausgegeben von Gudrun Kühne-Bertram und Hans-Ulrich Lessing, 2022 Vandenhoeck & Ruprecht, S. VII）。

ところで、ディルタイはアカデミー版『カント全集』の企画・編集・刊行のために、構想段階から準備期間を含む二七年間の長きにわたり、この地道な作業に取り組んだ。カント全集の刊行に対する彼の情熱は、死の直前まで衰えることがなかったといわれている。そのひたむきな長期間にわたる取り組みに呼応するかのように、ドイツ語版『ディルタイ全集』の刊行もまた、一九一四年以降二〇〇六年の完結にいたる一世紀近くの年月を費やした。これらに比すれば、本全集の企画段階から完結までに要した二九年間は、さほど長い期間とは言えないのかもしれない。いずれにしても、「文系学問の不要論」が根強い今日の知的状況のなかで、また本来の教養が滅びつつある日本社会のなかで、本全集が果たすべき学問的な意義と役割は少なくないと信じている。

# 第一部　研究編

# 第一章　諸外国、とくにドイツ語圏および英語圏のディルタイ研究

フリティョフ・ローディ
グンター・ショルツ
ハンス＝U・レッシング
ルードルフ・A・マックリール
牧野英二

## 第一節　ディルタイと解釈学の歴史

フリティヨフ・ローディ

### 一

解釈学の歴史のなかに占めるディルタイの位置を規定する上で最も目を引く事実は、彼が十九世紀的伝統のなかから現れたほかの誰よりも「解釈学」という概念を表に押し出し、それを二十世紀へと手渡した点にある。もちろんこうした仕事は大きく強調されたり、公然と主張されたりしたわけではない。むしろわれわれは――それとは逆に――ディルタイがそのテーマを格別に慎重な態度で取り扱っていたという印象を受ける。ディルタイはシュライアーマッハーの解釈学的体系に関する彼の初期の仕事をいっさい公刊しなかった。一九〇〇年に彼の論文「解釈学の成立」が発表された後でさえ、同時代人たちは、まだほんの若い学者であった〔初期の〕ディルタイが、フラキウスやクラーデニウスたち以来の解釈学的伝統についてきわめて豊富な見識を獲得していたことを誰ひとり想像もしていなかった。こうした認識がすっかり明らかになったのは、マルティン・レーデカーによる懸賞論文出版後のことである(1)。

今日、われわれがディルタイを「解釈学の巨匠」(Klassiker der Hermeneutik)として話題にする場合も、この呼称によって、彼が解釈学を一つの学問分野として確立することに生涯、研究を捧げたとか、あるいは彼がその講義や著作のなかで独自の解釈学体系を提出したというように理解されてはならない。ディルタイ自身もまた、自身が「解釈学者」と呼ばれることを固辞していたと言われる。彼はその呼称によって自らが、シュライアーマッハーやF・A・ヴォルフ、アウグスト・ベックたちのような意味における神学や文献学の方法論的反省に狭められてしまうと感じたのかもしれない。ディルタイは、彼らからきわめて大きな影響を受けていた一方で、自身を彼らと同一化することにはむしろ消極的だったように思われる。

したがってわれわれが、解釈学の歴史におけるディルタイの位置をより正確に規定しようとするならば、解釈学の二つの概念を区別することが不可欠である。すなわち、(a)狭義における解釈学は、テクスト理解やテクスト解釈における諸々の原理と規則に関する学である。この解釈学の伝統は――古代でも宗教改革の時代でも同様に――たとえば聖書のような古典的著作をより深い理解へと開こうとする欲求に規定されていた。こうした伝統のなかから生まれてきたのが、幾度となく新しい定式化を受けてきたいくつかの洞察である。その洞察とはたとえば、いわゆる解釈学的循環と呼ばれるものである。すなわち、一つのテクストにおける全体と部分の往復の原理であるとか、著者が自らを理解していたよりもよりよく著者を理解せよという要請などがある。この種の解釈学は自らを文献学的テクスト批判の姉妹の分野として理解し、この両領域は十九世紀末まで、ディルタイの師でもある偉大な文献学者アウグスト・ベックの方法論に支配されていた。[2]

(b)私は、前述のような解釈学を便宜上、文献学的解釈学と呼ぶことにするが、これともう一つ別の解釈学とを区別しなければならない。後者において問題となるのは、解釈のための基本原理や諸規則に関するカノンではなく、一般的に言えば人間の生における理解の役割、特別な言い方をすれば精神諸科学における理解の役割という、より包括的な哲学的問題である。歴史家J・G・ドロイゼンは最大限の強調点を置いて、理解することの意義に言及したおそらく最初の人物であり、彼の歴史科学理論のなかで、理解にはそれにふさわしい位置が与えられている。[3]ディルタイは、因果法則の探究やその厳密な数学的定式化の探究を――自然科学におけるように――その第一の課題とする学問ではなく、社会や歴史の複雑な諸連関を全体として把握することにかかわるような諸学問の理論を描くことに取り組む点で、疑いなくドロイゼンの影響下にある。したがって、ここでの「解釈学的」という語は、理解を一つの独立した認識原理として承認することを意味し、この原理は当然のことながら抽象的‐科学的方法によって基礎づけられるものではなく、実践的生を理解することと結びついている。さらに言えば「解釈学的」という語は、理解の相関物である意味連関を承認することを意味する。これらの意味連関は方法的に導かれる理解のプロセスのなかで、たんに把握され定式化されるだけでなく、より詳しく分析され、批判的な考察が加えられる。

実際にディルタイが「解釈学の巨匠」とみなされうるのは、この広義の意味においてである。彼は最も初期の頃から、この「可動的な」認識手続きと、その手続きの認識論的基礎づけを承認することに取り組んでいた。そして未完に終わった彼の主著『精神科学序説』では、その論理的、方法論的な帰結を導きだそうとしていた。ディルタイの着想は文献学的解釈学と敵対するものではない。むしろ彼は自らの精神科学の基礎づけのなかに文献学的解釈学を取り込んでおり、繰り返しそれを参照している。しかし、彼の問題設定はそれを大きく超えていくものである。彼が立てた問いは、最も包括的な意味連関とその意味連関の理解をめぐる問いである。つまり彼の問いとは生という意味連関への問いである。

強調しておかなければならないのは、ディルタイにおける生の概念が、ニーチェにみられるような非合理的な生の力に訴えることとはまったく関係ないという点である。ディルタイにとっての問題はつねに、諸連関を理解すること、その理解を基礎づけることであった。そこから出発することによって、まったく感傷的なものなどとは異なる、ディルタイの生の概念を捉えることが可能になる。生（人間の生）は、まず第一に連関（Zusammenhang）である。

われわれは連関としての生が広がっている次元を、少なくとも三つの次元に区別することができる。第一に、個人は、その人が現前する社会とともに存在しているという連関がある。第二に、この絡み合いは、個々人の心に備わるさまざまな心的機能相互の連関や、個人と環境とのあいだの諸々の関連を規定している連関によって保証されている。

第三に、連関としての生は時間のなかで経過していくプロセスであり、このプロセスは意味を現実化していく個々の足どりをひとつの全体へと統合してゆく。以上のことを個別的にもう少し詳しく考察していくことにする。

(1)ディルタイが個人と社会との関係を原子論的、加算的に捉えないということは、彼の解釈学的な着想に対応している。彼はすでに初期の著作のなかで、個人は「けっして個人心理学の行なう抽象化によって」大きな全体から実際に分離できる部分なのではないと述べている (V, 35)。〔ディルタイによれば〕「人間を、歴史や社会に先行する事実」であるかのように構成することは、発生論的な説明が作り出す虚構である (I, 31)。ここには、全体あるいは個々の部分のいずれか一方のみでは始めることができず、むしろ両者を交互に行き来しながら彫琢されなければならないテクスト解釈の理論的枠組みをはっきり見て取ることができる。しばしば引き合いに出される「解釈学的循環」は、全体と部分のあいだをどこまでも行き来しなければならず、人為的に隔離された何らかの出発点を確保することが不可能であるような手続きである。もちろん、そこには概念上の困難がある。経験主義者や実証主義者が、厳密に定義された基本要素や公理から出発して加算的に社会や歴史のなかの複雑な形成物へと上昇することが可能であると信じたのに対して、解釈学的思惟は、全体的なものの理解によってつねに一定の曖昧さを残すことにこだわり続けた。個人と社会の相互作用としての「生」は、個別の基本要素へと随意に極端に分解されるものではないとされる。こうしてディルタイは早くも、その「実在心理学」や「人間学」の初期の草案のなかで、これらの学は「けっして個々の人間の抽象化を完遂しようとするものではない」とみなし、むしろ「外界や社会との相互作用のなかで生きる個人から出発し」、すでに歴史のなかで獲得されている人間に関する真理へと上昇しなければならないと主張した (XVIII, 54)。

(2)第二の着想は、前述した全体性の着想ときわめて密接に結びついている。この着想によって、個人と社会は互いに交差しているという人間学の諸前提が示される。次のことはディルタイのなかで最も重要な定理のうちの一つである。すなわち、個人からあらゆる方向に向かって伸びている生の関係 (Lebensbezüge) は、まず第一に知性の結合や表象能力の結合としてあるのではなく、「人間本性の全体性」すなわち知性、感情、意志の諸機能の連関のなかにある、とする見方である。この場合には、生の連関は、個人がその環境世界に立ち向かう個々の活動により絶え間なく紡ぎ出す網の目として、個人の心の内面に探し求められるだろう。ディルタイは、日本語に翻訳することの難しい「構造」という概念を生理学の領域から心理学や哲学の領域に移し入れた最初の人々のうちの一人であり、この「構造」は前述の連関を指している。この概念には機械論的な含みはまったくないことを強調しておかなければならない。むしろこの概念もまた、一つの解釈学的カテゴリーである。また「構造」とは、その諸部分がある特定の仕方で分節化《アーティキュレート》されているひとつの全体を指す。「分節化」（Gliederung）というドイツ語は、ディルタイの場合しばしば「構造」と言い換えることができる。この概念に含まれる有機体論的な諸要素については周知の通りである。ディルタイが自身の心理学を「記述的かつ分析的」と呼ぶ場合、それによって彼は、自らが心的構造の複雑な全体を分離可能な構成要素や原子（たとえば表象連合のメカニズムや衝動のメカニズム）に解消し、このように分析された全体を今度は因果発生論的な説明によってふたたびつなぎあわせようとは考えていないことを表明しようとしている。彼の心理学的な記述は拡大された意味における「解釈学的」な性格を保持している。すなわち、それらの記述は、個々のメカニズムの共作用から生じる複雑な働きを「説明」（Erklärung）するものではなく、心的現象の全体は研究者が生き生きとした統一性として直観したままで保存されるのである。ゲーテの全体論的‐形態学的な自然観察の方法から生まれてきた重要な推進力は、ディルタイによって自覚的にテーマとして取り上げられていたのである。

当然のことながらディルタイの心理学のなかに、前述のものと同じレベルで「解釈学的」と呼ぶことができないような別の諸要素が指摘できることも無視されてはならない。かつて数十年間のディルタイ研究において支配的だったのは、ディルタイの仕事のなかには心理学と解釈学という解消しがたい矛盾があり、この矛盾を解くには、心理学的着想が後期の作品における解釈学によって克服されたと見る以外にはないという考え方であった。このテーゼは今日の研究ではもはや維持されていない。ディルタイは、彼の仕事におけるいかなる時期、いかなる場所でも、自身の構造心理学を撤回したことはない。彼は、創作プロセスの因果発生論的説明——たとえば詩学における——を企てたときにのみ、自身のそれまでの立場にいくつかの修正を加えようとしただけである。
そのさい、たとえば生物学に対する〔彼の立場の〕線引きは必ずしも明確ではない。このことはとりわけ、一八八〇年代の半ば頃から展開され、後期の著作のなかでますます強化されていった、彼の仕事の中心をなす人間学の基本モデルにあてはまる。それは心の働きの機能圏に関する理論であり、この機能圏は彼が繰り返し「生そのもの」と呼んでいるものである。そこで問題となるのは、個人が周囲の世界と関係するところで働く三つの支配的な心の機能の共作用である。現実は思惟と表象によって把握され、感情によって評価される。また意志によって、変革をめざすまなざしが現実に向けられる。そのさいディルタイは、刺激と反応からなる反射メカニズムという生物学の所見を指針として用いている。彼は、把握、評価、変革という仕方で現実性に応答していく人間の機能圏に、進化の道のなかに用意された、個人と周囲世界のあいだの関係性の上昇を見て取った。人間が感情の評価において印象に反応できるような仕方で、彼にとって人間学的な特徴がみられる。人間は、一定の反作用の仕方や本能に導かれた行動パターンに縛られた動物の繋縛性とは反対に、自身の世界との関係による歴史的‐社会的な変化を可能にすることができるのである。

このようなディルタイの構想を同じように「解釈学的」という言葉で特徴づけようとすると、「解釈学的」という概念をあまりにも拡大解釈しすぎではないかという疑問が実際に生じるかもしれない。これについては二つの解釈の仕方がありうる。第一の批判的な解釈においては、〔ディルタイの〕心の機能圏という基本モデルが、人間の個々のさまざまな働き（Einzelleistungen）が導出される説明図式を表わしているということが確信されている。その場合われわれは、全体から個を説明する閉じた体系のなかを動き回る。それに対して第二の好意的な解釈テーゼは、「基本モデル」の考え方のもつ発見的性格を強調するものだったと言える。基本モデルは個人の心の全体性の図式として構想されたものであり、この図式はたしかに経験的に検証されうるが、絶対的な妥当性を要求するものではない。そうした発見的原理という意味で構想されたのが作用連関という概念であり、これに関しては後段で詳しく論じることにする。

⑶生の連関の第三の次元は時間的な延長の連鎖として現れる。時間の延長のなかで個々の生の瞬間瞬間は互いに結合している。この視点から見るとき、全体性のカテゴリーとならんで、意味（Bedeutung）という中心的カテゴリーが登場する。生の全体――個人における、また社会や歴史というより大きな統一体における――は生物学的‐物質的な発生体（Vollzügen）とは独立に、一つの関係構造のうちで構築されている。個々の生の瞬間はその関係構造のなかでつねに新しい意味の統一体として統合される。ここでも、テクスト文献学における全体と部分の理論的枠組みをはっきり認めることができる。しかしながら、伝承されたテクストが通例一つの完結した全体であるのに対して、生の全体性は、われわれ人間がそのなかに置かれている全体性であり、終わりに向かってどこまでも開かれ続けているという限定を付け加えておくことは重要である。他者の過去の生をはじめて顧みるとき、すなわち伝記的な考察のなかで、テクスト理解のさいに直接用いられるような種類の理解が用いられる。

われわれは生の連関の以上三つの次元を、相関性、全体性、持続性という三つの概念によって把捉することができる。生の連関は①個人と周囲世界の解消不可能な絡み合いとして、②個々の人間がもつあらゆる心情の力の全体性として、③個々の生の瞬間のもつ意味の持続的な展開として存在する。全体はそのつど解釈学的な手続きによってのみ到達可能であり、その手続きは発見的経験の緊張のなかでさまざまな側面の交差を概観し、理解する。

ここまでの説明でわれわれは、広い意味で「解釈学的」と呼ぶことのできる初期および中期ディルタイの構想全体に取り組んできたと言うことができる。ディルタイによって特徴づけられた「連関」の諸々の次元のなかに全体として現れる生は、いわばわれわれ自身がその構成部分であると同時に、われわれがそれを解釈しなければならないテクストである。ブレスラウ時代のディルタイの草稿のなかに、今日までほとんど注目されることのなかった一文がある。しかし私は、その一文がまさしく〔ディルタイの〕超越論的‐解釈学的‐人間学的原理を言い表わしていると言いたい。ディルタイは次のように述べている。体験された心的連関は「実在性（Realität）の、すなわち実在的な存在の唯一の連関であり、われわれは誰しもこの連関を表象することができる。そしてこの連関はわれわれが他の全体、生き生きとした実在性の全体を解釈するための図式となる（XVIII, 164f.）。このことはいくぶんかたちを変えながら、一八九四年の「記述的分析的心理学の構想」のなかで次のように述べられている。「われわれは純粋に知的なプロセスを通じて説明する。しかしわれわれは、把握作用におけるあらゆる心情の総力を働かせることを通じて理解する。そしてわれわれは、理解するさいにわれわれに生き生きとして与えられている全体の連関から出発して、この全体の連関から個を把握しうるようになる」（V, 172）。

ディルタイの解釈学的思惟は彼の後期の仕事（およそ一九〇五年以降）のなかでもう一度深化を経験する。それはとりわけ「作用連関」「表現」「客観的精神」という三つの概念の導入によって実現した。これらの概念によって示唆される方向性のいずれにおいても、彼自身が主張した「心理学的な」着想が新たな「解釈学的」着想によって克服されたことに重要な意味が認められることはない。むしろ逆である。彼の心理学的‐人間学的な問題設定と彼の解釈学的思惟とがいかに密接に連関しているかは、とりわけ彼の「作用連関」という概念を通じて示される。

(1)この概念はまず初めに構造心理学に関するテクストのなかで、どちらかと言えば付随的なものとして登場する（V, 238, 239 および 272）。しかしその後、後期の論文「精神科学における歴史的世界の構成」のなかでは、この概念が「精神科学の基礎概念」（VII, 156）として説明されている。そこでは三つに分類される心的構造の原理が、個人だけでなく、文化の諸体系、社会の諸組織、時代、時代区分といった集合的形成物、さらに普遍史にまで適用されている。個人の実存の作用連関を、個々の生の瞬間がもつ意味連関としても記述する（全体性と持続性）生物学の理論的枠組みに即して考えれば、包括的な作用連関もまた、それに内在する目的論のなかで分析が可能となるはずである。ここからも、意味というカテゴリーが解釈学的‐人間学的な歴史観察のために果たす中心的役割が明らかになる。

(2)当初の着想からの第二の深化は、表現というカテゴリーが精神科学の理論に導入されることから生じた。ディルタイが二十世紀最初の数年間にいたるまで「表現」という言葉を明確な術語として使用していなかったことは何度でも確認されなければならない。「内面」(Inneres) がいかにして目に見えるもの、聞き取れるものとして客観化されるのか、といったことが問題になるとき、「形態」――一八八七年の詩学――や、「生の表出」――一九〇〇年の「解釈学の成立」――といったさまざまな概念が登場してくる。しかしながら、体験、表現、理解の根源的な結びつきをディルタイがはじめてテーマにしたのは、彼がフッサールの『論理学研究』のなかで表現というカテゴリーの重要性を学びとった後のことであった。われわれはここで、ディルタイがそれを学び取ったさい、フッサールにとって問題であった意味論的な次元に彼がそれほど関心を持たなかったという特殊な問題を見て取ることができる。言語による表現が何かを意味している、すなわち何らかの意味志向 (Bedeutungsintention) を表現しているということは、ディルタイにとっては背景に退いている。むしろ前面に出されるのは、体験と、表現における体験の客観態 (Objektivation) とのあいだに存在し、理解によっていわば翻訳し直される「内的統一性」である。これによってディルタイの思惟は、表現の解釈理論という意味での確実な土台を獲得する。ここにはじめて精神諸科学の認識論的基礎づけ、および論理学的‐方法論的基礎づけのなかで、理解することの位置がはっきりと規定されたのである。

(3)精神諸科学が、体験の客観化である表現に関係しているという考えは、さらに進んで客観的精神という概念に発展した。表現の世界は自然発生的な、すなわち瞬間のうちに生じ、すぐさまふたたび過ぎ去っていく感情や気分の表明によって構成されているだけではない。体験の諸表現は文化のプロセスのなかにつなぎ止められ、言葉や神話、宗教、あるいは法体系、学問的概念、芸術作品といった形態となって持続する。持続的に客観化された意味としての「客観的精神」はたしかに文化のそれぞれによって異なっているが、この客観的精神に対する個の位置は基本的にどこでも同じである。

ヘーゲルから借用され、しかしヘーゲルとは異なる意味で用いられたこの概念によって、ディルタイは、精神諸科学に関する彼の解釈学的理論のいわば要石を見いだした。客観的精神の世界のなかで持ちつ持たれつというかたちで個人が関与することが、解釈学に最後の包括的な関係構造 (Bezugsrahmen) を提供するのである。この関係構造の内部で、あらゆる個別的なものの分析が展開される。この関係構造は、きわめて広く張りめぐらされた文化理解の循環として理解されることも可能である。個々の創造物の特殊性はたんに客観的精神の全体からのみ導き出されるのではなく、部分と全体との循環的な往復を通じてのみ理解へともたらされるからである。「客観的精神と個人の力は、あいまって精神的世界を規定している。歴史はこの両者を理解することにもとづいている」(VII, 213)。

これまでの道筋を振り返っておこう。シュライアーマッハー、古典文献学、歴史学派の遺産から、ディルタイは循環的-全体的な理解の手がかりを受けとり、この方法を生全体に向かう哲学的問いへと変形した。理解されるテクストとしての生は連関であり、さらにそれは相関性、全体性、持続性という三つの相に分節化される。この生の理解の基礎は、個々の心的連関の体験にある。体験は「他のあらゆる生きた、実在的な全体の把握」を可能にする条件である。この解釈学的な生の哲学は、作用連関という考え方、また体験-表現-理解のトリアーデ、「客観的精神」という概念の導入によって、ついに一つの一貫した精神科学理論へと体系化されたのである。

## 二

しかしながらここまで考慮されてきたのは、解釈学の歴史におけるディルタイの位置の一方の側面、彼の思考の端緒、そして彼の思考の発展のいくつかの段階にすぎない。同様に重要なのは、シュライアーマッハー以降の解釈学的伝統と、二十世紀初めの哲学とを媒介する者としての彼の役割である。この媒介は人学制度のなかでの教授内容の伝達ということに限定されない。むしろ、文献学的な解釈学が生の連関の哲学に転換するという、先に描写してきた全体的変容が、第一次大戦後途についた新たな思考の開始点をなしているのである。ディルタイ以降の解釈学の最も重要な代表者二人、すなわちマルティン・ハイデガーとハンス=ゲオルク・ガダマーは、ともにディルタイの影響を受けながら、同時にこの影響から離脱していった。

前世紀の七〇年代、八〇年代にハイデガーの初期フライブルク講義（一九一九―一九二三年）に関する研究に取り組んで以来、彼の「事実性の解釈学」という構想の形成に与えたディルタイの影響がいかに大きかったかということが明らかになってきた。ここではこの影響について、ある特定の視点からのみ、すなわちディルタイからハイデガーへのこの展開が、解釈学の歴史の内部でどのような進展を意味したのかという視点からのみ考察する。ハイデガーは劇的な自己発見のプロセスのなかで、カトリシズムと新カント学派から訣別するのみならず、まだ若き私講師であった頃に、大学の師であるフッサールからも批判的な距離を置くようになった。ハイデガーの発展におけるこの決定的な時期は、同時に彼の主著『存在と時間』を準備した時期でもあった。この頃のハイデガーの初期フライブルク講義のなかでディルタイは、歴史性のなかの事実的な生に対して徹底的な問いかけを行なった点で傑出しているような、何かしら哲学の外側にいる人物として登場してくる。ディルタイの影響なしには、ハイデガーの「事実性の解釈学」という構想は考えられなかったであろう、ということは問うまでもない。しかし一方で、ハイデガー独自の解釈学的プログラムは彼のアリストテレス解釈と結びついており、もはやディルタイに依拠したものではないということが見過ごされてはならない。

このことが読み取れる文書は、ハイデガーが大いなる計画の下に行なったアリストテレス解釈の試みの冒頭に置かれている一九二二年の「解釈学的状況の告示」である。(4) 表面的に見るなら、ハイデガーが問題にしているのは、いかなる前提や問題設定をもってアリストテレスのテクストを受けとめるべきかということである。しかしそこで重要なのは何らかの方法論的究明ではまったくない。この〔ハイデガーの〕テクストはまさしく、精神科学の客観性という理想（Objektivitätsideal）と対立する新しい方向に向かう解釈学の起源の記録であったと言うことができる。この意味でハンス＝ゲオルク・ガダマーは、長いあいだ過去のものと見なされてきたそのテクストの再読にあたって次のように述べている。「私が自身の哲学的な発展過程の手引きをそこに再発見したかのようであり、また私の哲学的解釈学の最後の仕上げをそこで取り戻すかのようである、というのはまさにその通りである」(5)。ガダマーが言おうとしたのは、あらゆる種類の学問的中立性から身を引き離し、伝統との実存的な結びつきを自身の思考の中心点に据えるというハイデガーの急進性（Radikalität）のことであった。ハイデガーのいう理解者の「根本的動性」（Grundbewegtheit）、そして歴史家として己の自我を抹消し一点の曇りもない客観性のなかで見ることを欲したランケの有名な「それがあるがままに」という言葉ほど正反対のものを、われわれはほかに思い浮かべることができない。認識の中立性という後者の理想はたしかに、すでにディルタイがそれに対抗して、理解における体験の全体性を主張した相手であった。しかしハイデガーはさらに決定的な一歩を踏み出した。それは彼が自身の存在論的構造のなかで、理解における「事実的生」を、理解されるべき伝統と融合させたことによって踏み出された一歩である。

ハイデガーはその哲学的な急進性によって自身の事実性の解釈学の登場を予告し、『存在と時間』のなかでそれを実践してみせた。この急進性はもちろん、ガダマーがその問題設定を精神諸科学の方法問題に適用するところでは貫徹されなかった。それゆえにこそ、六〇年代以来ガダマーの『真理と方法』が及ぼしてきた幅広い影響、それまでほとんど知られていなかった「解釈学」という言葉をヨーロッパだけでなくアメリカそして日本にまで流行語にさせた彼の影響があれほど大きなものとなったのである。当時は「解釈学的転回」という言い回しが人口に膾炙し、ガダマー自身も、自分の考えがまさに解釈学的哲学そのものであることを示そうとして、またそれがいつまでも彼個人と結びつけられるように願って、その言い回しを用いたのである。

そのさいにほとんど忘れ去られてしまっているのが、ディルタイの解釈学が及ぼしたもう一つの影響であり、この影響は解釈学の歴史内部におけるディルタイの位置づけを規定する上で重要な意味をもっている。ここでは、自身の思想を言い表わすために「解釈学」という概念をはっきり用いなかった著者たちと、ディルタイの直接の後継者としてこの用語を用いてきた著者たちとを区別しなければならない。第一のグループにはエドゥアルト・シュプランガー、ヘルマン・ノール、エーリヒ・ロータッカーなどがいる。そしてもう一つの系統〔グループ〕でとくに重要なのはゲオルク・ミッシュ、そしてミッシュと近い位置にあったゲッティンゲンの哲学者たち、ヨーゼフ・ケーニヒ、ハンス・リップス、ヘルムート・プレスナー、そして——もう少し若い世代の——オットー・フリードリヒ・ボルノーらである。

最終的に著しく異なる両グループの関心や思想的契機をたんに列挙せずとも、ディルタイへの依存性を共通項として示すことを可能にする一つの考え方が明らかになるはずである。すなわちそれはロゴスという構想である。ロゴスとは、厳密に規定された術語の固定的な意味や理論的定式の完結性とは対照的に、「規定的‐未規定的」あるいはどこまでも未決定な（In-der-Schwebe-bleiben）という性格を有している。すでにディルタイは表現の働き、すなわち「体験の表現」について語り、ミッシュはそれを基盤として「喚起的発話」（evozierenden Sprechens）という概念を導入した。彼はこの概念によって作家の言明や、あるいはまた精神科学の命題が持つ生産的開放性を特徴づけようとした。そうした発話のなかで生み出される意味形成物を、ミッシュは「解釈学的形態化」（hermeneutische Gestaltungen）と呼んだ。これらには解釈学的に見て二重の意味がある。すなわちそれらは現実（Wirklichkeit）を解釈することを意味すると同時に、含蓄に富む——しかし厳密にではなく——客観化された現実の意味内容をさらに生産的に思考し続けるよう誘うのである。この意味でわれわれは、そのような表現が持っている「解釈学的可能性」について論じることができる。ミッシュはこれを言い表すために「意味包含性」（Deutigkeit）という概念を使用している。信号や交通標識がもっている機能的に固定した意味とは対照的に、喚起的な語りはつねに開かれ続けている。すなわちそれは、任意に選びとれる多様な意味があるというのではなく、むしろ一定の規定性の枠内で「未決定」であり、それゆえ緊張を保ちつつ内部に意味を孕んでいる。ミッシュの考えによれば、この「意味包含性」は論理現象として、伝統的な論理学の枠組みを破砕していくような解釈学的論理学を要請するのである。

これまで述べてきた論点を個別に確定することはディルタイ受容史の仕事であり、それはこの〔別〕巻の別の箇所で取り扱われるだろう。解釈学の歴史のなかに占めるディルタイの位置を正しく評価するために、最後にあらためて次のことを確認しておかなければならない。ディルタイの思考は、十九世紀前半における偉大な歴史学者と文献学者たちの時代と、第一次大戦後のハイデガーの「事実性の解釈学」に表現されているような新しい急進的思考の時代とを架橋しているのである。

（朴 順 南 訳）

**注**

（1） Vgl. *Gesammelte Schriften*, Bd. XIV, 2. Hälfte, S. 595–787. ——以下、全集からの引用は巻数と頁数だけを示す。（「過去のプロテスタント解釈学と対決するシュライアーマッハーの解釈学の体系」、日本語版『全集』第10巻『シュライアーマッハーの生涯 下』七六三—一〇〇八頁）

（2） August Boeckh: *Enzyklopädie und Methodenlehre der philologischen Wissenschaften*. Hrsg. v. E. Bratuscheck. Neudruck Darmstadt 1966.（アウグスト・ベーク『解釈学と批判』安酸敏眞訳、知泉書館、二〇一四年。なお、同訳書は一八八六年刊の第二版の部分訳である）

（3） Johann Gustav Droysen: *Historik. Vorlesungen über Enzyklopädie und Methodologie der Geschichte*. Hrsg. v. R. Hübner. Neudruck Darmstadt 1972, S. 26.

（4） Martin Heidegger: Phänomenologische Interpretationen zu Aristoteles（Anzeige der hermeneutischen Situation）. Hrsg. v. H.-U. Lessing. In: *Dilthey-Jahrbuch für Philosophie und Geschichte der Geisteswissenschaften* 6/1989, S. 235–274.（Vgl. GA, Bd. 62, Frankfurt a. M. 2005）.（M・ハイデガー『アリストテレスの現象学的解釈 『存在と時間への道』』高田珠樹訳、平凡社、二〇〇八年、五—一〇五頁）

（5） Hans-Georg Gadamer: Heideggers „theologische“ Jugendschrift. In: *Dilthey-Jahrbuch*, a.a.O. S. 229.（ハンス＝ゲオルク・ガダマー「ハイデガーの初期「神学」論文」、前掲訳書、一一〇—一一二頁）

## 第二節　「実在論的体系」というディルタイの目標

グンター・ショルツ

### 一　はじめに

ディルタイが一八八三年に『精神科学序説』〔第一巻〕を出版したとき、ヴィルヘルム・ヴィンデルバントはこの作品のなかには憂慮すべき「歴史主義」という危険があると見た。つまり、そこには、あらゆる妥当な真理を歴史の流れのなかに埋没させてしまう歴史的相対主義という危険があると見たのである。[1] エトムント・フッサールも一九一〇／一一年に、「厳密な学としての哲学」[2] に関する有名な論文で、この批判を繰り返して強化した。このような見解と一致して、その後エルンスト・トレルチは、ディルタイは歴史の豊かさのなかで舵を失って漂流していると言った。[3] ジェルジュ・ルカーチは、ディルタイは結局「理性を破壊する」過程に関与した非合理主義者だと言った。[4] ディルタイは体系的に思考する哲学者ではまったくなく、生や歴史の運動を強調したために妥当な認識の要求に応じられなかったと見る点で、これらの有名な批判者たちは全員が一致している。ありふれたディルタイ描写では、こうした批判に対抗することはほとんどできない。それどころか、気づかずにその批判に手を貸すことも頻繁にある。というのも、ありふれたディルタイ描写では、たいていの場合ディルタイのなかに生の哲学者や「解釈学者」の側面しか見ていないからである。この側面から見たディルタイは、生を解釈し、その学説の中心点は、生の絶えず新しい表現形態が追体験されて理解されるべきだという点にあった。それによれば、ディルタイは第一義的には、合理的にコントロールできない生の理解をねらっていたことになり、科学の根拠づけをねらっていたことにはならないというわけである。しかし、そのような捉え方は、ディルタイの自己理解を間違って捉えている。というのも、先のディルタイ批判も通例のディルタイ解釈も、この間にディルタイの講義や遺稿の編集作業を通して白日のもとにさらされたこととまったく合致しないからである。[5]

ディルタイの最後の講義の一つでは、「手に入れられるべきは実在論的体系（ein realistisches System）」（XXIV, 9）[6]だと言われる。大学での教授活動全体にわたって、ディルタイは「哲学体系」に関する講義を何度も繰り返して開講した。ディルタイは時折、自分の考えの核心を「私の哲学の体系」というタイトルでまとめたこともある（VIII, 176–184）。体系というものをめざす者にとっては、哲学は一貫した命題連関である。そして、この考え方が非合理主義者に見られることは、まずありえない。（たとえばニーチェは体系思考を拒絶したが、それは、体系思考は誠実ではないと考えたからである。）そして、「実在論的体系」をねらっている者、つまり実在性をつかむことをねらっている者を非合理主義者と呼べないのは、自明の理である。なぜならば、すべての真に合理的な思考は、このことだけしか目標に据えることができないからである。以下において、私はこの「実在論的体系」という概念を解き明かしてみたい。そしてそのさいに、ディルタイは実証主義やカント主義とは違ったかたちで認識論的実在論を新しく根拠づけることに尽力したという主張を唱える。

## 二　科学という看板を掲げた哲学

ディルタイの哲学は、あらゆる思弁を最初から見限っている。その代わりに、それは科学の事実を考慮に入れようとする。それゆえに、若いディルタイを虜にしたのは、のちに彼が告白したように、実証主義であった（V, 4）。近代文明は、ディルタイにとってはすでに科学文明だったのである。これを手がかりにすれば、ディルタイが科学、とりわけ精神科学に、個人と社会の生を導くという課題を絶えず課していることの真相がただちに洞察される。すなわち、「社会の規制」と「自然の支配」は、科学の結果として生じたのである（V, 374）。したがって、残念ながら断片にとどまっているディルタイ後期の論文「宗教の問題」で述べられているように、もはや宗教や神学ではなく、将来の宗教［科］学（Religionswissenschaft）が統率機能を担うべきなのである（VI, 303）。こうした科学文明における哲学の地位をディルタイが最も明瞭に際立たせたのは、「哲学の本質」に関する一九〇七年の論文においてである。すなわち、哲学は、科学の哲学になるのである。生と世界の謎を科学的、普遍妥当的方法で解明するという形而上学の努力は、最終的に失敗に終わった。それに反して、この新しい「非形而上学的」哲学には、知識や科学を解き明かしていくという重要な課題がまだ残されている。そのような理由により、典型的に近代的な哲学は「知識論」であり、「科学論」であり、「理論の理論」である。別の言い方をすれば、それはそれ自体として、とりわけ論理学や認識論や方法論である。ここでは、「視線が現実的なものから現実的なものについての知識へと」向きを変える。こうした典型的に近代的な「非形而上学的」ないし「反形而上学的」哲学の方向をディルタイはさらに三つに区別する。(a)認識論に集中する新カント主義、(b)「科学の百科全書」をめざす実証主義、(c)「実在性をつかむことをねらう」ことに基盤を置き、その「中心点が人間に関する理論」であるような「内的経験の科学ないし精神科学としての」哲学（V, 357–362）。ポスト形而上学的哲学であるこの三番目の形式は、ここにはうまく適合していないように見える。なぜならば、知識論を根拠づけることと、実在性を追求していくことは、やはり何か異なるからである。しかし、ディルタイが行なっているように、知識というものがどれだけ実在性と関連しているかによって正当化されるのであれば、やはりこの両者は重なり合っている。後述の箇所で見ることになるが、ディルタイ自身の考え方もこの第三の方向に含まれている。

哲学の本質に関する論文の最後のところで、ディルタイが「体系的哲学研究」という概念に是が非でもこだわっていることが歴然と明白になる。ディルタイは、こうした研究には、哲学の歴史的発展を通して、次の三つの課題があると見ている。(1)知識と科学の「基礎づけ」、(2)「個別諸科学の根拠づけと統合」、(3)形而上学を求めるという人間のなかに深く根差した欲求との対決（V, 416）。ディルタイが特別な方法で専念してきた問題が、まさにこれらの問題である。(1)というのも、「哲学体系」に関するディルタイの講義を見れば、知識と科学の基礎づけに最大の分量が割かれているからである。ディルタイは、これらの講義を「論理学」ないし「論理学と認識論」というタイトルで開講し、そのつどいつも新しいアプローチで、経験内容と論理形式をどう結びつけるかを問題にした。[7] ディルタイの認識論には感覚や知覚や表象なども含まれるため、それはディルタイの心理学と重なり合うところがあるが、その心理学もまた精神科学の基礎づけに貢献している。[8] (2)次に、個別諸科学を哲学的に根拠づけることとして、そして「理論の理論」（V, 408）として、精神科学の基礎づけに関するディルタイの講義と著作がとくに挙げられなければならない。[9] 個別諸科学を統合し体系化する構想を、ディルタイはすでに最初の体系講義で練っていた（XX, 25-31）。ディルタイが一八八三年の講義でスケッチしたような「精神科学の百科全書」もここに含まれている（XX, 52ff.）。そうなると、ディルタイの『精神科学序説』もその成果のまとめと見なされることができる。『精神科学序説』はやはり何といっても幾多の学問分野の歴史研究を活用するものであり、ディルタイがかつての歴史哲学の代わりに持ち込もうとした「哲学的意図での歴史研究」という考え方も、そのようなまとめを考えてのことだった（I, 94f.）。(3)あらゆる世界観によって示される生の謎を解明したいという人間のもつ形而上学的欲求との対決に関しては、ディルタイは形而上学の根源と問題点を、ディルタイ独自の「哲学の哲学」、つまり「世界観学」のなかで指摘しようとしたが（VIII）、当然これも体系的哲学に属している。

　したがって、ディルタイは体系的哲学の事柄と概念に徹底的に固執していたことになる。そして、「実在論的体系」の最初の規定は、次のようになっている。すなわち、問題の核心部分は、知識と科学を扱う哲学にある。この哲学は、実在性をつかむという要求を行使するさいに、知識と科学を批判するのではなく、正当化しようとする。そして、この哲学は、この哲学自身の対象領域を、科学を超えたところにも、科学と並んだところにも、設定しようとしない。この哲学は、すでによく知られた知識を洞察し、それについて反省するだけである。ディルタイは時折このことを、次のように表現している。「哲学は分析するが、生産しない」（VIII, 172）[10]。この哲学は個別諸科学を真理の道具と見なすので、この哲学と個別諸科学は密接に結びついている。つまり、この哲学も個別諸科学も、実在性をつかむことをめざしているのである。ディルタイは最初の体系講義である一八六五年の「哲学的諸学問の論理と体系の概要」のなかですでに、たとえば美学のような「精神の現実的な科学」というものに関して、哲学領域の文献だけでなく、自然科学領域や芸術学領域の文献も学生に提示している（XX, 30）。したがって、「実在論的体系」というものは、みずからは何も案出しないが、個別諸科学の形式と内容に取り組むのである。

　無敵であるはずの個別諸科学が必ずしも自律的に存続することができず、哲学的反省ないし――ディルタイが好む言い方では――「自己省察」（Selbstbesinnung）を補完的に必要とするのはなぜかと問えば、ディルタイからは二つの答えが返ってくる。(1)分業による研究は、学問分野の特殊化と細分化に通じる。そうなると、全体を見渡すことも、全体を方向づけることも、もはやできなくなってしまう。個人と社会に役立ち、実践的問題に対処し、生をうまく扱うには、特殊化に対抗して知識領域をまとめる機関《インシュタンツ》が必要である。統合というこの任務は、哲学の仕事である。だからこそ、ディルタイは科学の「百科全書」という課題を強調し、個別諸科学は本来的に「体系」を形成するものだということを解明しようとしている。(2)科学には、現実的で信頼できる知識を科学が実際に提供できることを示す「基礎づけ」が必要である。というのも、このことは一般にまったく認められておらず、むしろ科学には近代においても原理的な懐疑論がつきまとっているからである。この懐疑論は、ディルタイによれば「いまや至るところに存在して、あらゆるものに浸透し」、さらに「あらゆる堅牢なものを空洞化しているように見える」（XX, 259）が、これは憂慮すべき事態である。というのも、懐疑論は世界観への踏み台になりえるからである。科学が仮象しか産出しないなら、科学は権威を失い、真理は別の方法で探究されなければならない。ショーペンハウアーの形而上学は、その一例だった。ディルタイは時折、「表象としての世界」という小見出しを用いて彼を当て擦ってもいる（XX, 272）。社会が知識社会になったら、そうなるとディルタイは確信しているのだが、科学が社会の結合帯や背骨にならなければならない。それゆえに、このようなものが安定したものとして証明されなければならないし、安定したものとして承認されていなければならない。

しかし、このことは、実証主義や新カント主義といった支配的な哲学の流派によっては保証されていない。それゆえに、ディルタイはこうした哲学に対抗して、「実在論的体系」という考えを批判的に打ち出しているのである。つまり、一つには、実証主義も新カント主義も精神科学を考慮の外に置くか、精神科学を正当に評価できないかという問題が存するのである。これは社会にとって有害である。なぜならば、社会が存続し発展を遂げるためには、自然科学よりも精神科学の科学群がこの間により重要になったからである（I, 4）。ここでディルタイは、私には依然としてじっくり考慮するに値すると思われることを言っている。というのも、精神科学が「贅沢科学」としばしば見なされたり、あるいは「文芸」とだけ見なされたりする一方で、グローバル化した世界における最重要の諸問題――文明の衝突、資源の奪い合い、自然破壊――は、自然科学によっては解決されえないことが確実になっていると言えるだろうからである。実証主義と新カント主義は、両者とも現実層の全体、つまり内的経験の世界を認めない。この点にディルタイはこの両派の偏狭と欠陥を見ているのであるが、ディルタイはこの内的経験の世界のなかに精神科学の基礎を見つけているのである。それゆえに、ディルタイが尽力したのは、内的経験、すなわち感情、意欲、思考の領域の経験も実在の経験（Realitätserfahrung）として承認されるように、経験という概念を広く捉えることであった。周知のように、ディルタイは自分の考えの特徴を自分で描き出すさいに、次の文から始めている。「哲学するということの根底に、全部揃って完全で損なわれたところのない経験が据えられたことは今までに一度もなく、したがって全部揃って完全な現実が据えられたことは一度もないというのが、私の哲学の根本思想である」（VIII, 171）。それゆえに、「実在論的体系」こそが、内的世界も現実世界（die reale Welt）として妥当するようにすることによって、実在性というものをその範囲全体で丸ごと顧慮することをはじめて要求しているのである。こうすることによってのみ、精神科学に基礎が作り出されることができる。「歴史的世界の構成」には、この命題のための解説例が見られる。そこでは、次のように言われる。「歴史の外的騒擾全体」がめぐっているのは、目には見えないが追体験ならできる内的世界をまさに中心にしてのことである（VII, 82）。この文は、多くの歴史家の耳にはとても観念論的に聞こえるかもしれない。しかし、人間の行動の動機が実際には思考や感情や意志の領域に存すること――将来に対する計画的な準備、飢餓、権力欲、不安、自由への欲求など――を考慮すれば、私見では誰もがディルタイに賛同できるようになると思われる。

内的経験の世界が承認されるようになることをディルタイが望んでいたのはあまりにも明白なので、このことに疑いを抱く研究者は一人もいない。しかし、ディルタイの主張どおりに科学は外界の実在性にも達し、これをつかめるのかどうか、それとも科学によって構築された現象界という構成物で科学は満足しなければならないのかどうかという問いは、相当に厄介だと言えるだろう。私は以下でこの問いをもう少し究明して、ディルタイが絶えず新しい考え方でわれわれの知識が有する実在性の内実を提示しようとしていたことを解明してみたい。しかも、ディルタイはこのことを精神科学と自然科学において同じように行なっていたのである。つまり、手に入れられるべき「実在論的体系」の核心は、批判的な認識論的実在論にあると私には思われる。

### 三　ディルタイの認識論的実在論

ディルタイは、十九世紀に支配的だった哲学の流派の弟子ではなかった。彼は、シュライアーマッハーの著作や師のアードルフ・トレンデレンブルクから影響を受けていた。シュライアーマッハーもトレンデレンブルクも、人間の認識〔作用〕（Erkennen）は成長とともに現実世界を認識できるようになるという理論を唱えていた。それゆえに、この二人の場合には、カントの「物自体」のような認識不可能なものという考え方はどこにも見当たらない。シュライアーマッハーは、弁証法によって思考と存在が一致したものが知識だと説明し、一方で概念と判断の対応体系を、他方で現実の諸力とその相互作用の対応体系を構想した。思考（あるいは理想）と存在（あるいは実在するもの）が調和する可能性の条件を、シュライアーマッハーは絶対者ないし神のなかに見た。絶対者ないし神は認識されることはできないが、これがどんな知識においても、そのような調和が成り立つ可能性として前提されなければならないとされる。[11] シュライアーマッハーは、こうした根本思想がすでにプラトンにおいて、しかもとくに対話篇『ソピステス』のなかで表明されているのを見抜いていた。[12] シュライアーマッハーの弟子であるトレンデレンブルクは、思考と存在が知識において一致するという思想を堅持し、その根拠をアリストテレスに求めた。そして、彼は、こうした対応関係とともに知識の可能性を説明するという根本問題の解決は、運動のなかにあると見た。つまり、運動を伴う思考は運動する現実の諸力に対応するのであるから、実在性の認識が可能になるとともに真の知識が可能になると考えられた。トレンデレンブルクは、思考のカテゴリーや論理形式を思考が現実世界との永続的な対決のなかでようやく築き上げていくような歴史的過程を、すでにシュライアーマッハー以上に考慮に入れていた。[13] シュライアーマッハーとトレンデレンブルクの二人の哲学者とも、古代哲学に立ち戻ることによって、近代の主観主義ともっぱら構成するだけの思弁哲学を克服したかった。それゆえに、二人とも哲学と経験科学を結び合わせた。そして、二人ともが思考を超えた存在を思考がつかむことを思考に求めたので、二人とも論理学と形而上学を結びつけた。というのも、存在と思考の調和を可能にする機関が必要だからである。——ディルタイもまた実在性をつかむ能力を知識に付与するかぎり、彼はこの二人の哲学者の路線を踏襲している。しかし、ディルタイはその根拠づけを受け入れることがもはやできない。たしかにシュライアーマッハーの学説はハインリヒ・リッター、ユーバーヴェーク、トレンデレンブルク、ロッツェらに受け入れられているが、ディルタイは友人のヨルク・フォン・ヴァルテンブルクに宛てた書簡で、その学説は教条的形而上学の形式をもつものと判明したと言っている[14]。そのような理由から、ディルタイはそれとは違った新しい仕方で知識の問題を解こうとする。

ディルタイが独自の出発点を最も詳細に書きとめたのは、彼がブレスラウで『精神科学序説』の第二巻のために仕上げた認識論においてであった。哲学は「意識の事実」からしか出発できないこと、そこには対象、感情、論理操作、意志衝動など、要するに意識という舞台に出現するもののすべてが含まれることが、「現象性の命題」という見出し語で詳述される。こうした内容を表象／思考、意欲と感情といった領域へ配分するようになった起源をディルタイはすでに十八世紀の哲学にまで遡っているものの、意識の事実というものは、まずは反省や言語によって生じ、次に認識によって構成されているわけではないことをディルタイは確信している（XIX, 84f.）。むしろ、そうした事実が存在するのは、われわれにとって明白なことだとされる。すなわち、われわれは、そうした事実を直接的に「覚知する[inne werden]」ことができるのである。このようなことを材料にして、われわれは疑う余地のない根本的な実在性を手に入れる。そして、そこから思考が現実に関するあらゆる言明を組み立てる。それゆえに、こうした「直接的な現実」において「実在性の門」が開かれているとディルタイは言うことができるのである（XIX, 64）。この箇所で明らかになるのは、ディルタイ自身の考えもあの第三の「非形而上学的」哲学、つまり「内的経験の科学ないし精神科学としての」哲学に属しているということである（V, 361）[15]。というのも、「内的経験」のなかに直接的に与えられている「意識の実在性」とその内容に取り組むことによって、ディルタイも哲学的に「実在性をつかむ努力」を正当に評価したいと思っているからである（V, 361）。ディルタイはただ、「科学的認識の普遍妥当性の問題に答えられない」というこの哲学的方向が有する従来の欠点を克服したいだけなのである（V, 362）。そのような理由で、ディルタイは——デイヴィッド・ヒュームとは異なって——論理学の問題に持続的に取り組んでいる。

ディルタイは、フィヒテやフィヒテの影響を受けた心理学を用いて自我の活動や反省から発生的に意識の事実を導き出すことを拒否する（XIX, 72–74）。ディルタイはまた、こうした事実を外的自然の影響によって説明したり、あるいは脳機能や神経機能で説明したりすることも拒否する。というのも、このような観念論的で自然主義的な説明はすべて、観念的な構成物、つまり仮説にすぎず、明白な意識事実ではないからである。その代わりに、そのような事実はただ記述されるべきなのである。それゆえに、このアプローチが現象学的だと指摘されたのは的を射ている。これによって、精神をたんに「自然の産物」としか見ないような唯物主義や自然主義は、最初から度外視されている(V, 3)。そして、知識の可能性を説明しようとすれば、外的対象からも脳生理学からも出発してはならないことには、われわれは容易に同意できる。なぜならば、そこでは、説明されるべきもの、つまりそのような現象についての知識がすでに前提されているからである。まさしく、首尾一貫した自然主義にとっては、知識は広く受け入れられた自然事象の作用に他ならない。しかし、この自然事象は、真理を要求することも説明することもけっしてできない。というのも、真理を要求することが正当化されるのは、論証、すなわち根拠によってであり、原因、すなわち自然過程によってではないからである。(自然主義と唯物主義が説得力のある認識論を提出できるということに対してディルタイは絶えず疑ってかかるので、別の箇所でディルタイがそれらを無敵の世界観と呼んでいるのには驚かされる。)

このようにして、ディルタイは自分の確実な出発点を意識の事実のなかに、したがって認識主観のなかに見いだす。この事実を記述することから、新しい洞察が次々と出てくる。すなわち、われわれは、われわれに対象として現出してくる外的事実と、われわれが魂の状態として経験する内的事実を区別するようになるのである。これに対応して、ディルタイは認識論を詳述するさいに、絶えず外的知覚と内的知覚の区別も行なっている(たとえばXX, 20f.)。ここでもわれわれはディルタイに容易に追従できる。これらの領域は最初は完全に融合しているが、それでもわれわれは、われわれを切って傷つけたナイフと、われわれが感じた痛みとは区別することができる。同様にして、——ディルタイの一例を挙げるなら——われわれは、交響曲の音列と、その曲に対して感じる美的な喜びとは区別することができる(XIX, 67)。ディルタイの現象学的記述は、いくつかの異なった程度に対する注意を喚起するものである。その程度に応じて、意識の事実からいくつかの事実がわれわれにとって「具象性」という性格をますます有するようになり、われわれに外的対象として現出する。同時に、ディルタイはここで一つの重要な問題に対する注意を促している。すなわち、われわれが外的対象の独自性を直接的に意識していて、その実在性について生活実践のなかで何の疑念も抱いていていないにもかかわらず、外的対象は哲学的な自己省察にとって意識事実にとどまるだけなのかという問題である。――この点でディルタイは自分の立場の負の側面を認識しており、その結果は「滑稽なものか、危険なものに見える」(XIX, 65) ことさえありえる。というのも、世界全体は最初は意識事実の集合体でしかないという洞察は、すべての実在性を否定する懐疑論者や詭弁家をはびこらせ、このことによって「哲学的熟慮を悪い冗談にする」ことになりかねないからである (ebd., vgl. V, 90f.)。それゆえに、ディルタイは、内的経験のなかで与えられる意識事実だけが直接的に確実なものであり、したがってこの意識事実だけがあらゆる認識の基礎になりえるということにまったく気づかなかった唯物主義と戦うだけではなく、当時の支配的な二つの哲学流派である実証主義とカント主義に認められる「現象主義」とも戦う。そういうわけで、ディルタイは二つの「現象主義の党派」を問題にすることができるのである。一方には「ヒューム、テュルゴー、ダランベール、コントといった実証哲学の創始者たち」がいて、他方には「カント、マイモン、ベックや超越論哲学の次世代の代表者たち」がいた (V, 92)。さらに、ヘルマン・ロッツェも現象主義者とされている (V, 82f.)。これらの全員が「科学を現象に批判的に制限する」ことを実行し、そのことによって知識のもつ権限と確実性を危険にさらしているのである。なぜならば、知識は実在性そのものには到達しないとこれらの全員が考えているからである (V, 90)。

すでにフリードリヒ・ハインリヒ・ヤコービがカントとフィヒテに対して、その超越論哲学は世界の実在性を主観的構成物に溶解して根絶することによって「虚無主義」に通じると異議を唱えていた[16]。フィヒテはこの批判を自分の考えに統合して、どのようにして――知識を探求するということによってのみ導かれるのであるが――知識は最終的に主観的な網の目や夢のなかの夢に溶解されるかを「人間の使命」という著作でみずから印象的に示していた[17]。この著作でこれに関連した章――第二章「知識」――を (バークリーとカントの著作と並べて) ディルタイはすでに最初の体系講義で学生に参考文献として薦めている（XX, 20）。のちにディルタイは、ショーペンハウアーやその他において「夢観念論」がどのようにして形成されたかを示し（XIX, 18f.）、新カント主義もこの問題を克服できないことを詳論している。ディルタイが絶えず大いに尊敬して語っているカント主義者のヘルマン・ヘルムホルツですら、世界全体は「夢」にすぎないとする極端な観念論を反論できないものと考えているとされる（XX, 274）。要するに、カント主義は「絶対的現象主義」を呼び出したのである。そして、これが懐疑論に通じる。なぜならば、ここでは知識は理性によるたんなる構成物としていわば宙に浮いていて、知識と実在性の関係が不確かなものになるからである。「そのようにして、いまや思考は、それが座している枝をのこぎりで切り落とす」（XX, 273）。

この理由から、ディルタイは外界の実在性の問題に悩まされ、カント的立場を克服して、この外界についても知識は可能であることを示そうとしている。しかし結局は、この外界は――ディルタイに時折見られるように――自然科学の対象であるだけでなく、精神科学も外界の実在性を前提にしているのである。それどころか、他の人間を経験することが最も根源的に実在性を経験することであると証明したのは、ディルタイの功績である（V, 110ff., 125f.）。自然認識は「意識のための現象」で満足しなければならないが、それに反して精神科学は「体験そのものの実在性」を対象としていると読める箇所がたしかにディルタイには時としてある（V, 363, vgl. :, XVIII, XIX, 272）(18)。しかし、ディルタイは最終的に、自然科学にとっても現象と物自体というカント的区別は克服されることができるし、また克服されなければならないことを示そうと努めているのである。意識の彼方に存する世界について何かを知ろうとすることが無意味であることは、ディルタイは当然わかっている。そのような探求はまさに「子どもじみた」ことである（XIX, 49）。それゆえに、ディルタイは外的にして意識を超越した実在性についてのわれわれの知識を「人間の認識すべてに含まれている最大の謎」と呼ぶのである（XIX, 74, 86f, 90）。ディルタイは、この謎を解く試みに何度も取り組んでいる。

(a)ディルタイが指摘していることの一つは、人間は「精神物理的な生統一体」として絶えず自然環境と社会環境のなかへ組み入れられていて、人間をそうした環境から人為的に隔離して、孤立した純粋な意識存在にすることはできないということである。どんな人間でも置かれている連関をディルタイは時折、「外界から作用して入ってくる印象と、外界へ反作用を及ぼす衝動の代謝における、生の統一体と外界との相互作用」として記述している（XIX, 100）。――しかし、このような仕方では、「生の統一体」は外からの視点で有機体のようなものとして、すなわちそれ自体が外界の一部として記述されるので、このモデルは再び思考による構成物でしかありえなくなり、自然主義の場合と同様に、認識のあの謎を解くことはできない。ディルタイは、この考え方が自然主義にきわめて近いことをわれわれに示すのであるが、それは、ディルタイが外界に対する人間の反応について、より詳細な生理学的説明と、その後に人間学的説明を続けて行なうことによってである（XIX, 100–105）[19]。しかし、ディルタイは、超越論哲学がこのようなかたちで批判的に対峙することができないことを理解している。

(b)それゆえに、ディルタイは外界の実在性についてのわれわれの信念の起源に関する論文で意識事実の現象学という内からの視点を採用し、われわれの対象経験から出発する。ディルタイによれば、われわれが外界の実在性を確信していることを無意識的推論というものを仮定して説明しようとしたのは、あの近代の現象学者たち全員の誤りである。このことによって、この推定は仮説にもとづくものにすぎなくなり、けっして確実なものにならない。ディルタイは、この点にあらゆる主知主義的な認識論の欠陥を見ている。それゆえに、ディルタイは、認識するだけにすぎない主観というものを、「衝動や意志や感情」によっても規定されている生き生きした人間の全体性と置き換えるのである（V, 95）。われわれの意志が抵抗に出くわすというわれわれの身体性を通して可能になる経験が、われわれの外部には力と現実世界が存在するという推論を何よりも確信させている[20]。――われわれはディルタイに異議を唱えるつもりはない。抵抗の経験が存在しなかったら、われわれが対象を見たり期待したりするところでは、――ぞっとするようなイメージだが――われわれはどこででも虚空に手を伸ばすだけであり、現実世界に生きているという確信がわれわれから失われるのは間違いない。また、このようにして直接的に実在性を経験することがつねに科学によって前提されているというディルタイの主張も、理にかなっている。というのも、現実世界が抵抗にあうというかたちで経験可能でないならば、どんな微小体物理学も形成されえず、われわれには目に見える対象というものが一切示されなくなるからである。――とはいえ、構成的な自然科学も実在性の内容を有し、われわれに所与として与えられている実在的自然に本当に到達するかということについては、ディルタイが行なった経験の分析からは納得できる結論は得られない。

(c)それゆえに、ディルタイの考察は、圧迫や妨害といったあの根源的な経験から因果性というわれわれの概念が導き出されるので、世界がわれわれ自身に及ぼす作用へと因果法則を組み入れる権限がわれわれには当然あるという主張へとつながっていく (V, 134; XX, 309)。したがって、われわれが自分の知覚を外界の作用と理解すれば、われわれは――カントが警告したのとは異なって――悟性のカテゴリーを用いてわれわれの意識の限界を越えるのではなく、ただ経験だけを考慮に入れればよい。この経験というものが、あらゆる悟性のカテゴリーよりももっと根本的なのである。そして、この経験のなかに、因果性のカテゴリーはその根源を有しているのである。とはいえ、ディルタイによれば、われわれの知覚像は外部の実在性の「鏡」ないし「複写」だということから、われわれはもはや出発できない。このような考え方をそれ以後の新しい認識論が正当にも打破したのである (XX, 304)。もっと正確に言えば、問題なのはただ、われわれに作用する外的実在性の「表示」や「符号」だけだとされる (XX, 299 ff.)。ディルタイは、「したがって、われわれの経験の総括は、われわれから独立しているものの特性を表示することである」(XX, 309) とまとめている。――因果性のカテゴリーの導出を、また同様に、われわれの知覚像が実在性の表示であることをわれわれが一体どこから知ったかという問いを未決着のままにしておけば、こうした考え方からは、われわれの知覚だけでなくわれわれの理論も外界に到達するかどうかは、まだ明らかにならない。というのも、理論というのは、ディルタイが言うように、「やっと手に入れられたもの」であり、知覚素材を加工する人間精神の産物だからである。ディルタイは、思考の共同作用によってわれわれにとっていかにして「現実が凝縮される」か、すなわち、現実がその独自性によっていかにして意識されるようになるか、そして、われわれが最終的には現実のためにいかにして法則を作り出しているかについて記述しているが（V, 131）、これでは適切な法則の可能性を説明したことにはならない。

(d)この問題からディルタイは、現実と論理的思考が一致するという以前の見解を修正した形式で再検討することになる。「この〔思考と現実という〕連関のなかで相互に一致するのは、思考法則に従う論理的連関と、対象的ないし実在的連関である。論理的連関では根拠律が支配し、実在的連関では因果関係が支配する。しかし、これらは、人間精神が徐々に作り上げてきた同一連関の両側面にすぎない。［…］経験の諸要素から、人間精神が有する合法則性が、法則に従って対象連関を作り出す。そして、この対象連関が、行為を通して、実在的諸関係を表示するものとして証明されるのである」（XX, 336）。この実在的因果連関は明らかに人間精神からはじめて生み出されるものであり、それは人間精神にとって予め与えられたものではないが、ディルタイはここでふたたびシュライアーマッハーとトレンデレンブルクに接近していく。というのも、ディルタイは「思考の形式は、現実の基本関係と内的関連を有する」（XXIV, 198）と主張しているからである。このことは、われわれの思考カテゴリーの出所についてのディルタイの解説からも結果として出てくる。「カントは、それら〔諸カテゴリー〕は外的経験に由来しないことを正しく見抜いていたが、ただカントが誤ったのは、思考から諸カテゴリーを導出したことである。諸カテゴリーは、心的生の構造連関のなかに含まれる内的関連が外的事実に適合するというところから由来する。ここでわれわれは、われわれの認識の限界にぶつかるのだが、この限界がもっと深い連関を指し示している。われわれの構造連関の実在性と現象世界の間[21]に、この適合を可能にしている何らかの関係がある」（XXIV, 199）。ディルタイは、主語と述語による断言的判断の形式で事物とその特性ないし活動について言明する命題を用いて、このことを明らかにしている。「この木は緑である。ブルータスはカエサルの殺害に関与した」[22]（ebd.）。しかし、すでにシュライアーマッハーが、存在形式と知識形式の一致について同様の方法で解説していた。そして、すでにトレンデレンブルクが、われわれの思考のカテゴリーは確実なものとしてアプリオリに与えられたものではなく、現実世界との対決のなかで成立したものであると言っていた。

(e)ディルタイの考察の難点は、その両面性にある。一方では、人間精神が作り上げて「生み出した」実在の因果連関が、人間精神の成果としてカント的方法で描かれる。しかし、他方では、この成果は最終的に現実世界へ還元される。「対象の実在性に対する最終審判は、もっぱら次の点に存する。すなわち、われわれがこれらの現象の結びつきのなかで、法則に従う秩序を打ち立てることができるという点である。そして、これらの秩序は、人間精神から独立していて、精神の合法則性からはまったく導出できないものである」(XX, 339)。そうなると、人間精神と現実世界の協同ないし連携はいかにして可能か、その「内的関連」はどの点に存するのかという問いが生じる。ディルタイがこの問いに関して最終的にわれわれに答えるのは、次の示唆を通してである。すなわち、世界は認識されることができるとわれわれは信じているのであり、科学が実際に形成されることによってこの信念は正しいものとして確認されてもいるという示唆によるのである。「認識論というものは、あらゆる形而上学的教義と同じように、われわれの認識〔作用〕が現実をわがものとすることができるということを前提にしている。〔…〕そのようにして、われわれは思考と宇宙が一致しているという信念をわれわれのなかに持ち込んでいる。この信念のなかで、あらゆる認識〔作用〕の形が生まれ育つ。そして、これが、思考の法則や形式が現実のなかで生じるものの法則や形式と一致するというあの形而上学的理論の正しさである」(XX, 340)。したがって、現実はカオスではなく、合法則的であるがゆえに、すなわちわれわれの思考と一致しているがゆえに、現実は認識されることができるのである。まさにこの点に、思考と現実の「内的関連」や「より深い連関」は存しているとわれわれは推定してよいだろう。――しかし、この命題に到達するに至って、ディルタイはシュライアーマッハーの哲学にはじめて真に接近している。というのも、シュライアーマッハーの哲学によれば、知識によって思考と存在を一致させるためには、われわれはすでに共通の基盤、つまり理想的なものと実在的なものとの統一を前提にしなければならないからである。シュライアーマッハーにおいては、この基盤は感情のなかだけに与えられていて、これは意識されないのであるが、ディルタイにおいては、「思考と宇宙の一致」が信念の対象になっている。

(f)とはいえ、ディルタイにおいてこの信念は、科学というものがたんに可能であるだけでなく、実際に存在しているという事実によって正しいものとして確証されている。それゆえに、ディルタイは——抵抗経験ではなく——まさに科学が実在性の保証人であると宣言できるのである。「われわれから独立した世界の存在は、われわれにとっては、ただ科学のなかで見いだされた対象的秩序の関係のなかにだけ、法則に従って含まれている」(XX, 339)。経験科学は、一方ですでに現実世界を前提とし(XX, 301)、他方でその存在を確証する。——とはいえ、ディルタイのこの命題が無制限に有効だとすると、科学はみずからその真理を証明するものであるので、私見では、科学を独自に哲学的に基礎づけることが果たして必要なのかという問いが生じてしまう。

こうした考察のすべては、それが現象主義を克服し、認識不可能の物自体を仮定することを避けたいとする点で一致している。というのも、この仮定はカントにおいては「誤った知性化」によってのみ生じたものであり、ディルタイにとって物自体は最終的に「ゼロであり、ナンセンスである」(XX, 274)からである。生や体験における完全に根源的な抵抗経験と科学のはたらきは、お互いに補完し合い、確証し合っているのであり、その結果としてわれわれに外界は存在していて、知識には実在性が含まれていることを納得させている。すべての科学は——精神科学も——実在の外界は認識されることができるということを前提にしている。というのも、現実との関連がなければ、認識するということは「生きる価値をもたない」ことになってしまうからである(XX, 339, vgl. 319)。それゆえに、ディルタイは彼自身が名づけたこの「あらゆる哲学の基底点」(XX, 273)に最大の注意を払った。ディルタイは素朴な認識論的実在論を主張しているのではまったくなく、思考を現実のたんなる鏡と見なしているのでもなく、意識の事実から出発し、自分の企ての難点をよく考慮しているので、私見では、ここでわれわれは批判的な認識論的実在論という言い方をしてもよいと思われる。そして、この実在論をディルタイは目標にしているのである。

## 四　要約的評価

周知のとおり、デカルトは、善良な神の存在が証明されていない以上、エゴ・コギタンス、すなわち自己自身について思考する自我だけが確実なものであり、それ以外の合理的で経験的な認識の一切には疑ってかかることができると主張していた。一八八六年にディルタイは友人のパウル・ヨルク・フォン・ヴァルテンブルクに宛てて、近代の認識論について次のように書き送った。「デカルト以来、われわれは架橋の現場にいます。外界の存在は、彼岸の事実性だと見なされていますが、自我とその表象から切り離されています」[23]。このような見方が「形而上学的仮説」につながるので、ディルタイはこれを回避したいと願っているのである。とはいえ、ディルタイがデカルトの極端な疑念から実際に免れることができているかどうかについては、問われてもよい。というのも、一つには、ディルタイは当然のことながら外界の実在性に対するわれわれの信念の根拠を示すことができるだけで、それが実際に存在していることの証明はできないからである。しかし、デカルトにとっては、あの抵抗経験というものは夢であったり、あるいは邪悪な霊の仕業であったりすることもありえた[24]。もう一つには、ディルタイが外界に対するわれわれの信念を生の哲学的に基礎づけることによっては、科学がこうした現実そのものを把握できるかどうか、換言すれば、外界の実在性がわれわれの理論のなかにはめ込まれるかどうかが、まだわからないからである。したがって、ディルタイの論証はデカルトの形而上学に取って代われない。それゆえに、ディルタイは最終的には――われわれが見てきたように――信念の形式でふたたび形而上学に接近せざるをえないのである。しかし、この点にディルタイの哲学的アプローチの弱点が示されているのではまったくない。この点に示されているのは、近代の認識論の原理的困難性である。私はこのことについて、ディルタイとヒューム、そしてまたディルタイとカントの比較描写を通して、簡潔に解説したい。

(a) ディルタイがデイヴィッド・ヒュームを主知主義的現象主義者に分類した先の引用箇所を読めば、ディルタイが批判的な態度しか取らなかった哲学者たちのなかにヒュームは属する。しかしながら、このことは無制限に当てはまるわけではない。『精神科学序説』では、啓蒙主義による形而上学的思考方法の崩壊は、次のように明らかにされる。「物質的実体と精神的実体の対立に取って代わったのは、感官を通して外的知覚（感覚）のなかに与えられたものとしての外界と、心的出来事や心的活動の内的把握（反省）を通して原初的に呈示されたものとしての内界との対立である。その結果、この問題はより控えめではあるが、経験的に取り扱うことができる表現の仕方を得るに至った」（I, 8）。ディルタイがここでヒュームの対概念を引用していること、さらにディルタイ自身が自然科学と精神科学の対立を根拠づけるために絶えず外的知覚と内的知覚の区別へ立ち戻っていること（たとえばXX, 20f, XIX, 91）を考慮すれば、次のように言われなければならなくなる。すなわち、ヒュームは二つの実体領域というデカルトの学説を最終的に克服して、知覚という点から出発したことによって、ディルタイの思想の土台を準備したのである。その後ディルタイが哲学の本質について書いた一九〇七年の後期論文では、ヒューム[25]については、新しい「非形而上学的哲学」の第三形式がヒュームとともに始まるというかたちで言及される。これが「精神科学としての哲学」であり、これにディルタイも打ち込むわけである。ヒュームとディルタイのこのような近しさは、次のように明らかにされることができる。ヒュームは人間精神のなかで自分が見つけたことからしか、つまり知覚からしか出発しなかった。これを受けて、ディルタイは意識の事実を土台にする。ヒュームはいわば下から、つまりインプレッション（印象）から観念（表象ないし概念）を説明しようとした。これを受けて、ディルタイは基底的体験からカテゴリーを導出する（さまざまなインプレッションの小さな単位は虚構であるとディルタイは考えていた（XIX, 183））。両者の場合とも、その認識論は人間学ときわめて密接に結びついている。外界についての知識をどう捉えるかに関しても、類似点が見られる。ヒュームは――デカルトとは異なって――形而上学はありえないものだと考えていたので、ヒュームにおいては、認識するということがインプレッションを越え出て現実世界に達することはけっしてできなかった。たしかに、われわれは現実世界が存在するということを信じているし、われわれの感覚、つまりわれわれの外的知覚の原因を現実世界に帰している。しかし、このことが真実であるかどうかは証明されないのである。われわれが現存在を手に入れるためには、そのような証明はまったく不必要でもある。現実世界の存在を信じるという直接的な信念（ビリーフ）があれば十分であり、これは観念の強度と活性度（Lebendigkeit）によって呼び起こされる。[26]（したがって、ヒュームは、われわれは無意識的推論によって外的実在性を信じるようになるという見解を主張しているのではない。実在性に対する感情というものは、おのずから直接的に出現する。）ヒュームは、確実性というものを放棄することによって、デカルトの疑念に対応した。われわれの生活実践のためには、外界の実在性に対してわれわれが自然に抱く信念で十分であり、実践というものが、誇張された不毛の懐疑論に対する最良の治療薬でもある。[27]しかし、ヒュームは矛盾に陥っている。われわれは自分の知覚を越え出て行くことはけっしてできないこと、それゆえに実在性そのものを知ることはできず、その存在をただ信じるだけしかできないことをヒュームはわれわれに明らかにしていながら、実在性に関する唯一信頼できる認識をわれわれに仲介するのは経験科学であるという点から、ヒュームは完全に自明のごとく出発しているのである。しかし、このような方法では、科学はきわめて不確実な基盤の上に立つことになる。このことをディルタイは――彼以前にはカントがすでに行なったように――さらなる考察を重ねて防止しようとしたのである。

(b)カントは『純粋理性批判』の序文で、「われわれの外の諸事物の現存在を［…］たんに信念にもとづいて想定せざるをえないことは、哲学と普遍的人間理性のスキャンダルである」[28]と書いた。カントにはこのスキャンダルがあまりにも重くのしかかったので、カントはこの膨大な註において、すでにB273～279頁でその見解と戦っていた「観念論への論駁」をもう一度別の言葉で繰り返している。この反駁はバークリーに向けられているが、しかしそれは同時にデカルトに向けられたものでもある。この反駁では、われわれ自身の現存在を経験的に規定することによって、外的な事物の現存在を証明している。というのも、私がどう規定されるかというこの意識は、私の外部に存する何か持続的なものを前提にしているからである。もっとわかりやすく言えば、この意識は、私の外部に存する持続的なものをつねに一緒に含んでいるからである。カントによれば、デカルトやバークリーの観念論は、われわれは――不当にも

――われわれの内的経験から外界を推し量っているだけだと想定している。しかし、カントは、さまざまな論拠を用いて「外的な事物の現存在を直接的に意識していること」を証明することにあくまで固執する。[29] したがって、カントは外界を無意識的推論の結果と見なしているわけではまったくなく、むしろ外界の直接的な確実性を証明している。しかも、カントは、私が経験的にどう規定されるかという確実性が外界の存在に関する直接的な知識を一緒に含んでいることを示唆している。しかし、ディルタイの論証はそれよりももっと説得力があると私には思われる。抑制された意志は、それ自体を打ち消すことも、それ自体を考えることもできないのである。――カントは、自分の論証を用いてデカルトを論駁したと自負した。しかし、デカルト主義者であれば誰もが、ふたたびカントに対して、まずは、経験的に私を規定することや持続的な外界というものは夢でもありえないのかどうか、さらには、たとえば物理学が自然そのものに実際に到達しているということもこの直接的な知識は本当に保証してくれるのかどうかなどと問うたことであろう。しかし、このような問いをカントは却下しなければならない。なぜならば、カントにとっては、認識作用はアプリオリな条件の上でのみ可能になるからである。それゆえに、われわれは現象だけを認識することができるわけで、自然そのものを認識することはできないのである。――デカルトは神の存在証明を通して、外界に関する正しい認識の確実性を守り抜いた。神は偽りの神ではないので、われわれの明晰にして判明な洞察も現実に到達するのである。カントがそのような証明の可能性の根を絶ったとしても、認識の謎はカントをも最終的にはふたたび形而上学に接近させるのである。つまり、カントが最終的に自問したのは、われわれが自然についての法則を形成することができるということを、そもそもなぜ自然は容認するのかということである。カントは、その答えを『判断力批判』で出そうとしている。そして、これが、われわれが仮説的形而上学とでも呼んでもよいような立場へとつながる。というのも、「反省的判断力」は、自然の秩序がわれわれの悟性にとって合目的的に整えられているように思われるように自然を見せるからである。それは、「あたかも」自然と理性がお互いに同調しているかのようである。――シュライアーマッハーやトレンデレンブルクがカントとは異なって論理学と形而上学を即座に結びつけたのは、本当にただ思弁的な無分別にすぎなかったのだろうか。

近代の認識論は、認識主観から、そして認識主観からのみ出発する。認識主観の認識が、われわれの目に見えてくる実在性だけではなく、意識を超越した実在性にも到達するということ、そしてなぜそうなのかということが提示されるべきならば、これは難しい企てである。本論の論述を振り返れば、二つの道しか開けてこない。一つは、素朴な実在論である。ここでは、思考は世界を映すだけである。もう一つは、反省的実在論である。これは、最終的にはふたたび形而上学に接近する。その接近方法は、たとえばディルタイが行なったように、認識作用と現実の間の「より深い連関」に照準を定めることによるものである。(30)

（森 邦昭 訳）

**注**

(1) W. Windelband: Kritische oder genetische Methode? (1883), in: ders.: *Präludien. Aufsätze und Reden zur Philosophie und ihrer Geschichte*, 6. Aufl. Tübingen 1919, Bd. 2, S. 99–135, hier bes. S. 120f., 132.（ヴィルヘルム・ヴィンデルバント『プレルウディエン（哲学序曲）』下、陶山務訳、春秋社、一九三六年、八一―一二〇頁。とくに九九頁以下。一〇七頁以下）

(2) E. Husserl: Philosophie als strenge Wissenschaft (1911). *Husserliana*, Bd. 25, S. 3–62, hier S. 41ff.（フッサール「厳密な学としての哲学」小池稔訳、『中公バックス 世界の名著62『ブレンターノ／フッサール』所収、中央公論社、一九八〇年、一〇一―一七一頁。ここでは一四八頁以下）

(3) E. Troeltsch: Wilhelm Dilthey, in: *Festgabe von Fachgenossen und Freunden für A. von Harnack zum siebzigsten Geburtstag dargebracht*, Tübingen 1921, S. 288.

(4) G. Lukács: *Die Zerstörung der Vernunft. Der Weg des Irrationalismus von Schelling zu Hitler*. Berlin 1955, S. 328–350.（ルカーチ「理性の破壊」『ルカーチ著作集』第一三巻、飯島宗享ほか訳、白水社、一九六八年、七―三八頁）

(5) この場合、『ディルタイ全集』のうち、とりわけ次の巻が重要である。Bd. 18: *Die Wissenschaften vom Menschen, der Gesellschaft und der Geschichte. Vorarbeiten zur Einleitung in die Geisteswissenschaften (1865–1880)*, hg. von Helmut Johach und Frithjof Rodi, 2.

Aufl. Göttingen 2000. – Bd. 19: *Grundlegung der Wissenschaften vom Menschen, der Gesellschaft und der Geschichte. Ausarbeitungen und Entwürfe zum zweiten Band der Einleitung in die Geisteswissenschaften* (ca. 1870–1895), hg. von Helmut Johach und Frithjof Rodi, Göttingen 1982. – Bd. 20: *Logik und System der philosophischen Wissenschaften. Vorlesungen zur erkenntnistheoretischen Logik und Methodologie* (1864–1903), hg. von Hans-Ulrich Lessing und Frithjof Rodi, Göttingen 1990. – Bd. 24: *Logik und Wert. Späte Vorlesungen, Entwürfe und Fragmente zur Strukturpsychologie, Logik und Wertlehre* (ca. 1904–1911), hg. von Gudrun Kühne-Bertram, Göttingen 2005.（右記のドイツ語版『全集』第一八巻、第一九巻、第二〇巻、第二四巻に収録された諸論文については、日本語版『全集』に未収録の論考が少なくなく、ここで逐一列挙することは大変煩瑣になるので、本巻(95)頁以下収録の「ドイツ語版『全集』収録主要論文一覧」を参照されたい）

（6） 本文中では、凡例に従ってローマ数字は『ディルタイ全集』の巻数を、アラビア数字は頁数を表す。

（7） 『ディルタイ全集』第二〇巻と第二四巻に印刷された講義原稿を参照。上記の注（5）も参照。

（8） Ideen über eine beschreibende und zergliedernde Psychologie (1894). V, 139–240（「記述的分析的心理学の構想」、日本語版『全集』第3巻、六三七―七五六頁以下）. Psychologie als Erfahrungswissenschaft, hg. von Guy van Kerckhoven und Hans-Ulrich Lessing, *Ges. Schr*. Bde. 21 und 22.（ドイツ語版『全集』二一巻の「教育学への心理学の応用に関する講義」（ベルリン一八九三年／九四年頃）のみ、日本語版『全集』第6巻、五一九―五六一頁に所収）

（9） 『精神科学序説』と「精神科学における歴史的世界の構成」と並んで、次のものも参照。Über das Studium der Geschichte der Wissenschaften vom Menschen, der Gesellschaft und dem Staat (1875), V, 31–73. – Vorlesung zur Einleitung in die Geisteswissenschaften (1883), XX, 127–164. – *Grundlegung der Wissenschaften vom Menschen, der Gesellschaft und der Geschichte. Ausarbeitungen und Entwürfe zum zweiten Band der Einleitung in die Geisteswissenschaften* (ca. 1870–1895), hg. von H. Johach und F. Rodi, Ges. Schr. Bd. 19.（「人間、社会、国家に関する諸学の歴史研究　一八七五年」日本語版『全集』第1巻、五五一―五九九頁。「精神科学序説講義―精神科学研究序説。法学、国家学、神学および歴史学　ベルリン　一八八三年夏学期」、日本語版『全集』第2巻、七七一―一一九頁。「精神科学序説第二巻のための完成稿」など同巻、三―七五頁。一二一―四八四頁）

（10） 『ディルタイ全集』第八巻の初版では、この引用箇所は一七六頁になっている。

（11） Schleiermacher: *Vorlesungen über Dialektik*, hg. von Andreas Arndt. *Kritische Gesamtausgabe*, Abt. II, Bd. 10, 1 und 2, Berlin, New York 2002. 第一分冊はシュライアーマッハーの原稿を、第二分冊は弟子たちの筆記録を収めている。

（12） Gunter Scholtz: Platonische Dialektik. Schleiermachers Interpretation und Rezeption von Platons Ideenlehre, in: *Ethik und Hermeneutik. Schleiermachers Grundlegung der Geisteswissenschaften*, Frankfurt /M. 1995, S. 258ff.

(13) A. Trendelenburg: *Logische Untersuchungen*, 2 Bde. Berlin 1840, 3. verm. Aufl. Leipzig 1870. Ders.: *Geschichte der Kategorienlehre. Zwei Abhandlungen*, Berlin 1846, Repr. Hildesheim 1979.

(14) *Briefwechsel zwischen Wilhelm Dilthey und dem Grafen Paul Yorck v. Wartenburg 1877–1897*. Halle/Saale 1923, S. 248.（「ディルタイ＝ヨルク伯往復書簡集」日本語版『全集』第11巻、七〇一頁）

(15) ディルタイはすでに最初の体系講義で、体系の基礎となる論理学を「精神の諸科学」のなかの「基本」分野と呼んでいる。XX, 19.

(16) Jacobi an Fichte（1799）, in: *Friedrich Heinrich Jacobi: Werke*, hg. von Friedrich Roth und Friedrich Köppen, Darmstadt 1976, Bd. 3, S. 44, 49. Jacobi: *Ueber eine Weissagung Lichtenbergs*（1801）, ebd. S. 199f.

(17) 「すべての実在性は、驚嘆すべき夢へと変容する。そこには、夢に見られる生もない。夢を見る精神もなければ、夢のなかでみずから関連し合う精神もない」。Johann Gottlieb Fichte: *Die Bestimmung des Menschen*（1800）, *Akademie-Ausgabe*, Bd. I, 6, Stuttgart-Bad Cannstatt 2002, S. 251. 実践理性によるフィヒテの問題解決に対するディルタイの立場については、次の箇所を参照。V, 111f.（「外界の実在性論考」、日本語版『全集』第3巻、五〇二頁以下）

(18) 「錯覚」だけではなく「自己欺瞞」も存在するわけで、当然そのことによって内的経験は確実性を喪失するということを、ディルタイはついでに指摘しているにすぎない（XIX, 196）。

(19) ディルタイがこの文脈で「外界」と「神経系」の表現を両方とも意識事実の一部と見なしているのは（XIX, 100）、首尾一貫していないと私には思われる。このような事実は、本当に解消不能の確実性をもつのだろうか。

(20) こうした抵抗経験はけっして直接的なものではなく、意志の衝動や妨害と、それによって変化させられるそれについての意識との両面から成っているとディルタイは強調している（V, 102ff., XX, 307）。――十九世紀においては、他の哲学者たちも現実の外界の確実性を抵抗から説明していた。抵抗とは、われわれの意志に対置されるものである。ただし、因果関係の説明を回避しようとしたのは、ただ一人、ディルタイだけだった。このことについては、次の報告を参照。Katrin Grünepütt: Realität der Außenwelt, in: *Historisches Wörterbuch der Philosophie*, hg. von Joachim Ritter und Karlfried Gründer, Basel 1992, Bd. 8, Sp. 206–211.

(21) 私見では、われわれがこの表現のもとで理解しているのは、カントの意味でのたんなる現象のことではなく、経験可能な現実のことだと言える。

（22） この引用は、グードルン・キューネ＝ベルトラム博士の示唆による。こうした引用を彼女はすでに、次のきわめて啓発的な論文で使用している。Gudrun Kühne-Bertram: Einflüsse Trendelenburgs auf Wilhelm Diltheys Philosophie und Logik des Lebens, in: *Friedrich Adolf Trendelenburgs Wirkung*, hg. von Gerald Hartung und Klaus Christian Köhnke, Eutin 2006, S. 169–189, hier S. 184.

（23） *Briefwechsel zwischen Wilhelm Dilthey und dem Grafen Paul Yorck v. Wartenburg 1877–1897*, Halle/Saale 1923, S. 55.（「ディルタイ＝ヨルク伯往復書簡集」、日本語版『全集』第11巻、四六九—四七〇頁）

（24） このことについては、『ディルタイ全集』の次の箇所を参照。XX, 302.

（25） ディルタイは、一七三九／四〇年のヒュームの主著『人間本性論』（*A Treatise of Human Nature*）を引き合いに出している（V, 361 f.）。（「哲学の本質」、日本語版『全集』第4巻、六九三—六九四頁）

（26） Hume: *An Enquiry concerning Human Understanding*, Sect. V, Part II.

（27） 同上 Sect. XII, Part II.

（28） Kant: *Kritik der reinen Vernunft*, B XXXIX, Anmerkung.（イマヌエル・カント『純粋理性批判　上』岩波版カント全集第四巻、有福孝岳訳、五二—五四頁）

（29） Kant: *Kritik der reinen Vernunft*, B 276 f. und Anmerkung.（前掲訳書、三三三—三三四頁）

（30） ニコライ・ハルトマンの次の著書がこの結果を証明していると私には思われる。Nicolai Hartmann: *Grundzüge einer Metaphysik der Erkenntnis*, Berlin 1921.

【付記】本論考は、「序論」で述べたように、牧野編集代表が二〇〇四年、ルール大学ボーフム・ディルタイ研究所に滞在中、ショルツ教授に依頼して執筆された論文である。ところが、別巻の刊行が大幅に遅延したため本論考の公刊の見通しが立たないなかで、ショルツ教授が自身の判断で二〇一九年にブラジルの学会誌『アオリスト』（*Aoristo–International Journal of Phenomenology, Hermeneutics and Metaphysics*, nº 3, v. 1, pp. 32–52）に掲載し、同時に左記のインターネット上に公表されることとなった。ちなみにこのドイツ語論文の公開権は、著者自身の権利に属するので、氏はその権利を行使されたわけである。他方、その翻訳権は本論文を譲り受けた編集代表および版元の法政大学出版局に属するので、当初の約束通りに掲載した。

Vgl. https://www.academia.edu/99042076/Diltheys_Ziel_eines_realistischen_Systems?auto=download

# 第三節　ディルタイ哲学の編集史、受容史、解釈史についての覚書

ハンス＝ウルリヒ・レッシング

一

一九一一年一〇月一日、ザイス・アム・シュレルン（南チロル）にて療養中であったヴィルヘルム・ディルタイが赤痢のため突如息を引き取ったさい[1]、彼は明らかにドイツ語圏における最も著名な哲学者であると見なされていた[2]。彼はドイツで最も重要な哲学講座を担い、学問の管理者として成功し、なかでもプロイセン科学アカデミー版カント全集の主導者であり企画者であった[3]。また彼はプロイセン文化省の大学行政に多大な影響を与え、さらにはある哲学的学派（ゲオルク・ミッシュ、ヘルマン・ノール、エドゥアルト・シュプランガー、ベルンハルト・グレートゥイゼン、マックス・フリッシュアイゼン＝ケーラー、パウル・メンツァー、アンナ・トゥマルキンなど）の創始者でもあった。そしてまた彼は哲学に限らず精神諸科学、とりわけドイツ文学研究においても重要な地位を占めていた。ここでとくに影響力があったのは、ディルタイの生涯を通じて最も大きな出版上の成功をみた彼の論文集『体験と創作　レッシング、ゲーテ、ノヴァーリス、ヘルダーリン』[4]であった。というのも、ここで取りまとめられた研究論文は、文学者のみならず市井の教養人の関心を引きつけることにも成功したからである。

ディルタイによるそのほかの出版物は、初期の著作の一つであるシュライアーマッハー伝『シュライアーマッハーの生涯』[5]を別にすれば、主に専門家向けに執筆されたものであった。このことは彼の体系的な主著である『精神科学序説　社会研究と歴史研究の基礎づけの試み』[6]についても、また後期の著作に属する重要な個別テーマ論文であり、『プロイセン王立科学アカデミー論文集』に掲載されたヘーゲル論文「ヘーゲルの青年時代」[7]や、精神諸科学の基礎づけに関するディルタイ最後の業績である一九一〇年の「精神科学における歴史的世界の構成」[8]についても言えることである。

これらの広範な作品群と並んで、多数の小品ながらも幅広い範囲におよぶ業績が、百科事典や学術誌、一般誌、新聞、論文集、記念論文集、そして『ベルリン・アカデミー報告』に掲載された。[9]ディルタイはそのほかにも多くの文書を書き上げていたが、それらが印刷に回されることはなかった。そこには後期の著名な解釈学懸賞論文の完成原稿「過去のプロテスタント解釈学と対決するシュライアーマッハーの解釈学の体系」（一八六〇年）[10]や、彼の教授資格論文「道徳意識の分析」（一八六四年）[11]、多数のアカデミー講演、さらには多くの研究論文や小論文、完成原稿といったものも含まれており、遺稿をもとに編集された論文集のなかの数巻としてはじめて出版された。それだけにとどまらず、ディルタイの手書き遺稿にはほとんど圧巻とも言うべき量の資料が含まれており、編集に値するか、あるいは編集が可能な限りで、大部分がこの間に全集に収録された。たとえば、完成原稿や断章、草稿、草案、推敲済み論文や未推敲論文、一度も取りかかることのなかった論文や断片的な論文の構想や構成、口述原稿や写し、講義案、講義ノート、メモ、日記、書簡等々がそこに収められている。

ディルタイの存命中、彼の著書や、遠隔地で公刊されたものを含む多数の論文や小論文や講演は、彼の哲学者仲間によって、また部分的にはより広く精神科学の専門家たちによって集中的に受容された。そしてベルリン大学の教授に就任（一八八二年）して以来、ディルタイは当時の指導的な哲学者の一人であり続けた。とはいえ専門家仲間の範囲を超えた多大な名声を得ることは長い間なく、そうした名声を手に入れるのはようやく一九〇六年に論文集が出版されてからであった[12]。

ディルタイは彼が活動をはじめた最初の数十年間、同僚たちから体系的志向の哲学者というよりも、「繊細な」精神史家として主に見なされていた。彼はシュライアーマッハー伝や『精神科学序説』第二巻によって、また文学史に関する多くの論文や、とりわけ彼が一八九一年以降、主に『哲学史アルヒーフ』誌に掲載した学問史、哲学史についての重要な研究論文によってこうした評価を得ていた[13]。それに対して、社会と歴史に関する諸学問の哲学的かつ包括的な基礎づけと、自然諸科学との境界づけを図る試みに着手する、精神諸科学の哲学者としての彼の明らかな重要性は、はじめのうちは背景に退いていた。しかし遅くとも一八九〇年代半ば以降に、彼の哲学的構想の輪郭が学術的公衆にとってもいくらか鮮明なものとなってからは、こうした状況にも変化が見られた。

ディルタイの仕事に関する最初の狭い意味での哲学的受容は、彼の『精神科学序説』第一巻の出版と関連している。ディルタイの著書の出版が契機となって、ルードルフ・オイケンやオットー・ギールケ、グスタフ・シュモラー、テオバルト・ツィーグラーといった幾人かの重要な哲学者や社会学者が、きわめて詳細なものを含む一連の書評のなかで、ディルタイの構想に全面的に取り組んだのである[14]。

ディルタイのいわゆる「実在性論文」、すなわち一八九〇年の重要な論文「外界の実在性に関するわれわれの信念の起源とその正当性についての問いを解消することへの寄与[15]」もまた、未完に終わった『精神科学序説』第二巻の体系的な部分にかかわる、重要な学説の一部として計画されていた。この論文に対しては専門家のあいだで活発な反響が見られ、なかでもヨハネス・レームケが批評を行ない、さらにはハインリヒ・リッカートが論争の対象とした[16]。

一八九〇年代半ばには、記述的心理学に関するディルタイの綱領的論文「記述的分析的心理学の構想《イデーン》」（一八九四年[17]）をめぐって、きわめて集中的な受容と議論とが生じた。ディルタイの計画では、この論文もまた『序説』第二巻の素材の一部となるはずであった。ディルタイが「構想」論文で意図していたのは、『序説』第一巻で精神諸科学の基礎として要請されていた、記述的心理学の概要を描き出すことであった。そしてディルタイはこの心理学の主要な領域と課題の位置を、彼が「説明的」心理学と呼んだ、十九世紀末に支配的であった自然科学的方向性をもつ心理学に根本的に取って代わるものとして構想し、その概要を提示した。ディルタイは自らの構想を非常に重要なものと見なしていたため、この論文の抜刷を建設的な批判の要請とともに、一連の重要かつ大きな影響力をもつ哲学者や心理学者に送付した。これにはルードルフ・オイケン、パウル・ナトルプ、アロイス・リール、ヨハネス・レームケ、クリストフ・ジクヴァルト、ヴィルヘルム・ヴィンデルバントなどが含まれていた。この要請を受けた人々は、詳細な意見を含む手紙でもって応じた(18)。例外は、同じくディルタイからの手紙を受け取り、そして彼と近い立場にあった心理学者ヘルマン・エビングハウスであった。エビングハウスはディルタイの要請に手紙で応じる代わりに、共同編集誌『心理学および感覚生理学雑誌』上に、ディルタイの綱領的論文を断固として拒絶する広範な批判を発表した(19)。そのことによってディルタイは、深刻な精神的危機に見舞われることになった。

エビングハウスによる批判論文「説明的心理学と記述的心理学について」は、『序説』第二巻に関するディルタイの計画に著しい帰結をもたらした。エビングハウスとの論争によって引き起こされた混乱状態——ディルタイの友人パウル・ヨルク・フォン・ヴァルテンブルク伯もまた、公となったディルタイの構想に驚きを示しつつ、決定的な拒絶でもって応じた——によって、ディルタイはもはや「構想」の帰結として当初意図していた立場にとどまることができなくなった。さらに幾度かの試みにもかかわらず、ディルタイはエビングハウスに対する満足のいく全面的な回答を書くことができなかった。最終的にディルタイは、「構想」論文の続編公刊後に『序説』第二巻を書き上げるという、自らの計画を断念せざるをえなかった。『序説』の体系的な部分をさらに書き進める代わりに、ディルタイはその後数年間、精神諸科学の基礎づけ問題にふたたび専念し、長い間手つかずとなっていた『シュライアーマッハーの生涯』第二巻の執筆に集中的に取り組んだ。

しかしながら、エビングハウスによる論争的論文の公刊がもたらした直接的な帰結は、ディルタイ自身にかかわる範囲にはとどまらなかった。この批判はディルタイの哲学的構想の受容にも持続的な影響をおよぼすことになり、そのさい多くの同僚はエビングハウスの論文にもとづいてディルタイの計画を不当に短絡化するか、あるいは全面的に拒絶した。たとえばエドムント・フッサールも、エビングハウスの批判によって、ディルタイの偉大な心理学論文により集中的に取り組むことができなかったと認めている。[20]

「構想」論文の公刊とそれに続くエビングハウス＝ディルタイ論争[21]は、一八九〇年代後半の哲学的論議に多大な反響を生み出した。いわゆるバーデン新カント学派の支持者もまた、精神諸科学の哲学的基礎づけというディルタイの計画と根本的に対決するために、「構想」論文を利用した。ヴィルヘルム・ヴィンデルバントは一八九四年に行なわれた有名なシュトラスブルク大学総長就任演説「歴史と自然科学」[22]のなかで、ディルタイによる学問区分の試みを批判し、その対抗モデルを構想している。ハインリヒ・リッカートもまた——ヴィンデルバントに続き——いくつかの著書のなかで、精神諸科学の哲学というディルタイの構想を批判的に取り上げている。[23]

『序説』第二巻の執筆を中断し、主にシュライアーマッハー研究を再開した数年後の一九〇〇年頃に、ディルタイは二つの新たな研究領域を見いだした。すなわち、ディルタイは——公刊されることはなかった——アカデミー講演「陶冶論と哲学的体系の分類についての理念」（一八九九年）のなかで、彼の師であるアドルフ・トレンデレンブルクによって触発された「哲学の哲学」（一八五九年）[24]に関する考察をふたたび取り上げ、その研究は一九一一年の長編論文「世界観の諸類型と形而上学的諸体系におけるそれらの諸類型の形成」[25]として結実した。同時に一九〇〇年以降、ディルタイは未完成に終わった壮大な計画「ドイツ精神史研究」を立ち上げ、そこではゲルマン時代から中世、宗教改革、十七、十八世紀を経て十九世紀に至るまでの、ドイツにおける精神生活の発展（すなわち、精神史、哲学、神学、文学、芸術、音楽、教育制度および政治的社会的発展）の叙述が予定されていた。公刊されたいくつかの論文のなかでもとくにベルリン科学アカデミーの歴史に関する論文（「ベルリン科学アカデミー、その過去と今日的課題」[26]）は、ディルタイの死後に出版された歴史的、文学史的研究[27]とともに、彼の研究関心のはかり知れないほどの広大さを証明している。さらに一九〇四年以降、ディルタイは——実現には至らなかったが——『序説』第二版[28]の出版を計画し、またいくつかのアカデミー講演のなかで、自らの哲学的中心テーマである精神諸科学の基礎づけにふたたび取り組んだ。精神諸科学の基礎づけという問題領域[29]にかかわるこれらの講演は、ディルタイ最後の大著（「精神科学における歴史的世界の構成」（一九一〇年））に集約され、まとめ上げられた。

こうした実り多い仕事の時期も、とりわけフッサールによる批判によって影を投げかけられることになった。フッサールは最終的に綱領的論文「厳密な学としての哲学[30]」のなかでディルタイの世界観学を批判し、その批判を通じてディルタイは最終的に「歴史主義」の名のもとに置かれることとなった。ディルタイはフッサール宛の詳細な書簡[31]で応じたが、彼はフッサールの批判に強い失望感を覚えたに違いない。なぜなら、ディルタイはフッサールのなかに一人の哲学的盟友を見いだすことができると信じていたからである。ディルタイ宛の返信のなかでフッサールは、歴史主義に対する自らの批判的論証はディルタイに向けたものではなかったとして、『ロゴス』誌上に「さらなる誤解を未然に防ぐため」の「覚書[32]」を公表すると予告した。もっとも、それが実現することはもはやなかった。ディルタイの死によって、フッサールは自らの予告を実行する義務から解放されたと考えたのである。

## 二

ディルタイの死後、彼の側近の弟子たち（ミッシュ、ノール、グレートゥイゼン、リッター）は、ディルタイの『全集』を刊行する計画に着手した[33]。当初この全集は全八巻が予定されており、ディルタイの広大な歴史的、哲学的研究の体系的連関が読者の目に明らかとなるように、彼が一部は遠隔地で公刊した最も重要なテクストを、いくつかの重要な業績や遺稿からの補遺とともに編集しようとするものであった。出版計画の方向性は、『精神科学序説』の全体構想へと向けられていた。すなわち、「精神科学における歴史的世界の構成」（第七巻）や世界観学（第八巻）といった後期の一連の著作物を通じて、未完に終わった『序説』をディルタイの死後に再構成する試み（『全集』第一巻から第六巻）がなされたのである。

一九一四年に全集第二巻として最初に刊行されたのは、ヘルマン・ノールの編集による論文集「世界観およびルネサンスと宗教改革以降の人間の分析」であり、一八九一年以降続々と公刊された精神史に関するディルタイの重要な諸論文が集められた。第一次世界大戦による中断の後、一九二一年以降には別の巻も相次いで出版された。一九二一年には第三巻（「ドイツ精神史研究」、パウル・リッター編）と第四巻（「ヘーゲルの青年時代およびドイツ観念論の歴史に関するその他の諸論文」、ヘルマン・ノール編）が刊行された。さらに一九二二年には第一巻（「精神科学序説」、ベルンハルト・グレートゥイゼン編）が、一九二四年にはゲオルク・ミッシュの編集による第五巻、第六巻（「精神的世界　生の哲学序説　上巻　精神諸科学の基礎づけに関する諸論」および「下巻　詩学、倫理学、教育学に関する諸論文」）が出版された。そして一九二七年には第七巻（「精神科学における歴史的世界の構成」、ベルンハルト・グレートゥイゼン編）が、一九三一年には第八巻（「世界観の分析　哲学の哲学に関する諸論文」、同じくB・グレートゥイゼン編）が刊行された。

これらの巻はディルタイによって出版された——とりわけシュライアーマッハー伝や、文学史に関する数多くの論文を除く——主要な作品を収録していたが、これに加えてさらに三巻からなる補巻が一九三〇年代半ばに刊行されている。これらの補巻のうち一九三四年に最初に刊行されたのは、オットー・フリードリヒ・ボルノーの編集による第九巻（「教育学　歴史と体系の概要」）であり、これはディルタイの教育学講義を活字化したものであった。それに続いて一九三六年にはエーリヒ・ヴェーニガーの編集による第一一巻（「歴史的意識の出現　青年期の論文と回想」）および第一二巻（「プロイセン史に寄せて」）が出版されている。第一〇巻には一八九〇年に行なわれたディルタイの倫理学講義（「倫理学体系」）が収録されており、これは一九五八年になってようやくヘルマン・ノールによって刊行された。

『全集』の刊行は、ディルタイの仕事の受容にとって重要な転機を意味していた。というのも、これらの編集を通じてはじめて、ディルタイが明確な体系的要求をもった一人の哲学的著述家であることが、広く学問的公衆の目に明らかとなったからである。ひとつの体系的な構想に従って編成されたディルタイの仕事が『全集』として出版されたことで、彼の仕事の全貌が読者にとって明らかとなり、まさにそのことによって彼の哲学的業績の受容は促され、活発な議論が生まれた。それゆえ言葉の本来の意味でのディルタイ研究は、『全集』の出版開始によってはじめて可能となったのである。[34]

『全集』に加え、ディルタイの仕事にかかわる他の資料の編集書籍も利用することができる。一九二三年にジークリト・フォン・デァ・シューレンブルクによって編集された『ヴィルヘルム・ディルタイとパウル・ヨルク・フォン・ヴァルテンブルク伯の往復書簡集　一八七七―一八九七年』[35]は、ディルタイ研究や彼の哲学と対決するうえで、とりわけ重要なものであることが明らかとなっている。一九三三年のディルタイ生誕百周年にさいしては、彼の娘であるクラーラ・ミッシュの手によって『若きディルタイ　一八五二年から一八七〇年までの書簡と日記に見る生涯』と題された選集が出版されている。また同年には、ディルタイの弟子であるノールとミッシュによる著作『ドイツの詩と音楽　ドイツ精神史研究から』が出版されている。同じく一九三三年にはジークリト・フォン・デァ・シューレンブルクの編集による『ベルンハルト・ショルツおよびルイーゼ・ショルツ宛ヴィルヘルム・ディルタイ書簡集　一八五九―一八六四年』[36]が、一九三六年にはエーリヒ・ヴェーニガーの編集による『ルードルフ・ハイム宛ディルタイ書簡集　一八六一―一八七三年』[37]が刊行されている。

ディルタイの死後ほどなくして、ディルタイの仕事をテーマとした（フーゴ・クラカウアー[38]およびアルトゥール・シュタイン[39]による）最初の学位請求論文が出版された。またマックス・シェーラー[40]やハインリヒ・リッカート[41]といった幾人かの著名な研究者が、論文あるいは個別テーマ論文のなかで、一部はきわめて批判的にディルタイの哲学と対決した。

一九一〇年代後半および一九二〇年代には数多くの寄稿論文が書かれ、そこにはディルタイから批判的に距離を置くもの、あるいは彼の考えに積極的に賛同するもの、そして彼の理念に触発され、彼の示した方向性のもとに研究を進めるもの（たとえば、ゲオルク・ミッシュ[42]、マックス・フリッシュアイゼン＝ケーラー[43]、ルードルフ・ウンガー[44]、エドゥアルト・シュプランガー[45]、ヘルマン・ノール[46]、エーリヒ・ロータッカー[47]、ハンス・フライヤー[48]、ヨアヒム・ヴァッハ[49]、オスカー・ヴァルツェル[50]、ヨーゼフ・ケーニヒ[51])が含まれている。このほか第二次世界大戦以前のディルタイ受容史にとってとくに重要なのは、ディルタイ学派とフッサール学徒に属する著述家たちとの間で行なわれた論争である。

発端となったのはマルティン・ハイデガーである。近頃はじめて公刊された一九二四年の論文「時間の概念」[52]は、『ディルタイ=ヨルク伯往復書簡集』の出版がきっかけとなって執筆され、パウル・クラックホーンとエーリヒ・ロータッカーの編集による『文学研究と精神史のためのドイツ季刊誌』での掲載が予定されていたものの、ハイデガー自身によって再度取り下げられた論文である[53]。このなかでハイデガーは、ディルタイの歴史概念に対するヨルクの留保を自家薬籠中のものとしている[54]。一九二五年の時点では未公刊のままであったこの論文のうち、ディルタイとヨルクにかかわる箇所の本質的な部分は、一九二七年に出版された彼の『存在と時間』第七七節に引き継がれている[55]。一九二五年四月、ハイデガーはカッセルにて「ヴィルヘルム・ディルタイの研究活動と歴史学的世界観をもとめる現代の争い」[56]に関する全一〇回の講演を行なった。この講演のなかでハイデガーはディルタイの哲学について詳述し、これに現象学を対置している。一九二六年にはゲオルク・ミッシュが彼の指標的論文「精神諸科学の理論における生の哲学の理念」[57]を公刊し、一九二八年にはルートヴィヒ・ラントグレーベの学位請求論文「精神諸科学に関するディルタイの理論　ディルタイの根本概念の分析」[58]が出版された。一九三〇年には、当初はヘルムート・プレスナーの『哲学報』に連載されていた、ゲオルク・ミッシュの『生の哲学と現象学　ディルタイの方向性とハイデガーおよびフッサールとの対決』の書籍版が刊行された[59]。この浩瀚な著書のなかで、ミッシュはディルタイの後期著作から生の哲学の傾向性を取り出し、現象学徒から寄せられる批判に抗してディルタイを弁護するとともに、生の哲学と現象学に共通して見られる意図を浮き彫りにしている。

ディルタイ哲学の受容史的考察に関連して、ディルタイ学派と現象学徒との間でなされた論争に加えてさらに強調しなければならないのは、ヘルムート・プレスナーの哲学的人間学の完成にさいしてディルタイの哲学的構想が果たした意義である。一九二三年に出版されたプレスナーの初期著作『感覚の統一』[60]や、とりわけ一九三一年に刊行された彼の人間学に関する主著『有機体の諸段階と人間』[61]、そして同じく彼の著書である『力と人間的自然』[62]にはすでに、プレスナーと人間の哲学をめぐる彼の構想とに対して、ディルタイとその弟子ミッシュの与えた大きな影響が明確に現れている。

ドイツにおけるナチズムの時代とともに、ディルタイと彼の仕事をめぐる、一九二〇年代後半から一九三〇年代初頭にかけての実り多い議論も終焉を迎える。たしかに一九三〇年代末に至るまでは、ディルタイに関する学位請求論文や意見表明および彼の哲学との取り組みがなおも散発的に現れた。しかしディルタイの哲学的諸構想についての自由な研究や討論は、時代精神によって妨げられた。ディルタイ研究に対する重要な、そして後々にまで影響を与え続けることになる最後の貢献は、一九三六年に出版されたオットー・フリードリヒ・ボルノーによるディルタイに関する研究書である。[63]

## 三

第二次世界大戦終結後、ようやく一九五〇年代初頭になってはじめて、その間にもますます国際色を強めていたディルタイ哲学への体系的な取り組みが再開された。そのさいとりわけ中心的な関心事となったのは、解釈学と生の哲学をめぐる問いである。

一九五〇年代前半には、マルクス主義者ジェルジュ・ルカーチが著書『理性の破壊』[64]のなかでディルタイを厳しく批判し、ディルタイは「帝国主義的な生の哲学の創始者」であるとしてその信用を失わせた。

一九五〇年代末頃（一九五七年以降）[65]に開始されたディルタイの新版『全集』の刊行と、ドイツ語圏における哲学研究の強化によって、ディルタイの精神諸科学の哲学に対する全般的な関心が高まった。[66]このことに関連してとりわけ重要なのは、ハンス＝ゲオルク・ガダマーの著書『真理と方法　哲学的解釈学の要綱』[67]である。ガダマーの試みは理解の歴史性を正当に評価する、確固とした哲学的解釈学を基礎づけようとするものであり、ディルタイの古典的な解釈学と精神諸科学の哲学の対案として捉えることもできる。それゆえ、ガダマーの著作に見られるディルタイとの批判的対決とその立場からの離反には、一つの重要な体系的機能が認められる。[68]

結果的にガダマーがきっかけとなって生じたディルタイをめぐる議論によって、ディルタイの仕事がもつさまざまな側面についての徹底的な見直しが新たになされた。そのさい主要な研究関心としてとくに焦点化されたのは、いわゆる「中期」ディルタイ、すなわち『精神科学序説』の構想（一八七五―一八九六年頃）によって特徴づけられるディルタイの仕事の局面である。この点にかかわる一連の重要かつ指標的な叙述――個別テーマ論文や、さらに多くの批判的研究――が出版され、これらは今ではディルタイ研究の古典的著述と見なされている。こうした一九六〇年代、七〇年代のディルタイ研究に数え入れることができるのは、とりわけヘルムート・ディヴァルト、[69]ペーター・ヒューナーマン、[70]ユルゲン・ハーバーマス、[71]ペーター・クラウサー、[72]フリティョフ・ローディ、[73]ウルリヒ・ヘルマン、[74]ヘルムート・ヨーアッハ、[75]ハンス・イナイヘン、[76]ルードルフ・A・マックリール、[77]クリストフ・ツェクラー、[78]マンフレート・リーデル、[79]マイケル・エアマート、[80]ハンス・ピーター・リックマン、[81]イルゼ・N・ブルホーフら[82]の業績である。

ディルタイのシュライアーマッハー伝と未完草稿が、『全集』のなかでも大部な二冊の巻（第一三巻、第一四巻）として出版された（一九七〇年、一九六六年）後には、カールフリート・グリュンダーの主導のもとでディルタイ全集の刊行が継続されることになった。[83]そのさい、まず第一五巻から第一七巻（一九七〇年、一九七二年、一九七四年。ウルリヒ・ヘルマン編）には、ディルタイが新聞や雑誌に寄稿した多数の論考が収録された。

ディルタイの遺稿を編集しつつ解明するにあたってさしあたり関心の的となったのは、彼の創作時期のうちの初期および中期であった。この作業の最初の成果として、現在はカールフリート・グリュンダーとフリティョフ・ローディが共同で編集している『全集』のうち、第一八巻（「人間、社会、歴史に関する学問」、ヘルムート・ヨーアッハ、フリティョフ・ローディ編）が一九七七年に出版されている。これは本質的には『精神科学序説』のための予備研究（一八六五—一八八〇年）をまとめたものであり、それによっていまやディルタイの主著の発生的展開を追構成することが可能となっている。続いて一九八二年に出版された第一九巻（「人間、社会、歴史に関する学問の基礎づけ」、同じくH・ヨーアッハ、F・ローディ編）は、およそ一八七〇年から一八九五年頃までの間に書かれた『精神科学序説』第二巻のための完成原稿や草稿を収録しており、いわゆる「ブレスラウ草稿」（一八八〇年頃）や、いわゆる「ベルリン草稿」（一八九三年頃）、そして一八九二／九三年頃に書かれた認識論的論理学やカテゴリー論に関する重要な草稿である、「生と認識」が収められている。これらの重要かつ以後多くの需要をみた巻が表しているのは、『序説』の体系的連関をさまざまな遺稿資料にもとづいて再構成する試みである。

これらの巻によって、ディルタイの遺稿のなかでも重要かつほとんど知られていなかった資料が公のものとなり、国際的な研究とディルタイ受容に新たな研究領域が開かれることになった。またその結果、とりわけ中期ディルタイに関する研究が持続的かつ積極的に生み出された。こうして活性化をみた研究の最初の成果は、一九八三年のディルタイ生誕一五〇周年を機に世界各国で開催された大会の場で発表された。

## 四

今から思えば、一九八三年のディルタイ年は、国際的なディルタイ受容とディルタイ研究にとっての一つの区切りを意味していた。というのも、この記念すべき年の前後に新たな編集活動と研究活動が計画され、その一部はすでに実現をみているからである。これらの活動はディルタイと彼の哲学への継続的な関心の高まりに応えようとするものであり、その影響はごく最近に至るまで広がり、ディルタイに関する今日の国際的な取り組みを規定し続けている。

このことに関連してとくに重要なのは、国際的なディルタイ研究および精神諸科学の理論をめぐる議論のプラットフォームとして構想された『哲学および精神諸科学の歴史のためのディルタイ年報』であり、これはフリティョフ・ローディによって創刊され、編集された。[84] ローディはさらにここから、自らの研究による寄与[85]やルール大学ボーフム・哲学科におけるディルタイ研究所（一九八三年）の設立と運営、研究成果とその出版に関する提案や援助、シンポジウムの開催、外国語版ディルタイ全集への協力や学問的助言や案内などを通じて、今日の国際的なディルタイ研究の発展に比類のない貢献をもたらした。

一九八三年には、ディルタイの生誕一五〇周年と『精神科学序説』第一巻刊行一〇〇周年を記念する数多くの催しが国内外で開かれ、その成果の一部は大会記録として残されている。[86] トリーアでは四月六日から九日にかけて、ドイツ現象学会大会「ヴィルヘルム・ディルタイと現象学」が開催された。[87] ローマでは一九八三年五月一八日から二一日にかけて、ローマ大学とローマ・ゲーテ・インスティトゥートによる国際シンポジウム「ヴィルヘルム・ディルタイと二十世紀の思考」が催された。[88] さらにナポリでは五月二三日から二五日に（「ヴィルヘルム・ディルタイ　精神科学の基礎づけと解釈学　その起源と展開」）、マラテーアでは六月一六日から一八日に（「ヴィルヘルム・ディルタイ　歴史的理性および形而上学の批判」[89]）、ペンシルベニア州立大学では六月二九日から三一日に（「ディルタイと現象学」[90]）、バート・ホンブルクでは一一月一七日と一八日に（「十九世紀の問題史的コンテクストにおけるディルタイの「歴史的理性批判」[91]」）研究大会が開催された。これらの大会は、国際的に指導的な立場にあるディルタイ研究者を共通の対話の場へと誘い、精神諸科学の哲学の大家としてのディルタイ像を学界に定着させることに貢献した。そして、研究成果をめぐる議論やディルタイの哲学的業績についての討論は、のちの多くの新たな研究、編集、翻訳にかかわる重要な計画の契機となった。

二〇〇六年初頭のディルタイの編集と翻訳に関する状況は、以下のとおりである。全二六巻からなるドイツ語版『全集』は二〇〇五年に〔編集作業が〕完了している。一九九〇年から二〇〇五年までの間には、第二〇巻（「哲学的学問の論理と体系　認識論的論理学および方法論に関する講義（一八六四―一九〇三年）」、ハンス＝ウルリヒ・レッシング、フリティョフ・ローディ編)、第二一巻(「経験科学としての心理学 第一部 心理学と人間学に関する講義(一八七五—一八九四年頃)」、ギイ・ファン・ケルクホーフェン、ハンス＝ウルリヒ・レッシング編)、第二二巻(「経験科学としての心理学第二部 記述的心理学の起源に関する手稿(一八六〇—一八九五年頃)」、G・ファン・ケルクホーフェン、H-U・レッシング編)、第二三巻(「一般哲学史 一九〇〇—一九〇五年の講義」、ガブリエーレ・ゲプハルト、ハンス＝ウルリヒ・レッシング編)、第二四巻(「論理学と価値 構造心理学、論理学、価値論に関する晩年の講義、草案、断片(一九〇四—一九一一年頃)」、グードルン・キューネ＝ベルトラム編)、そして第二六巻(「体験と創作 レッシング-ゲーテ-ノヴァーリス-ヘルダーリン」、ガブリエーレ・マルシュ編)が出版されている。第二五巻(「人類の予見者としての詩人 一八九五年以降の文学史に関する論文集」、G・マルシュ編)は現在印刷中である〔二〇〇六年に刊行済〕。またディルタイ全集を補う形で全三巻からなる彼の書簡集が計画されており、そのための準備がすでに進められている〔二〇一一—二〇二二年、全四巻完結〕。

全六巻の英語版『選集』(ルードルフ・A・マックリール、フリティョフ・ローディ編)は現在までに四巻が出版されており〔二〇二一年、全六巻完結〕、フランス語版の翻訳(『ディルタイ全集』、シルヴィ・ムジュール、ハインツ・ヴィスマン編)についてはこれまでに三巻〔二〇二四年現在、一、三、四、五、七巻〕が刊行されている。ロシア語版全集はボーフム・ディルタイ研究所との共同作業のもとで三巻が出版されており、また全一二巻からなる日本語版全集(西村晧、牧野英二編)はこのうちの一巻〔全集第3巻『論理学・心理学論集』二〇〇三年刊行〕が公刊されている〔二〇二四年、全一一巻+別巻刊行により完結〕。これらよりも多くの巻数からなるポルトガル語版は現在準備中であり、イタリアではこの数十年の間にディルタイの著作が一連の翻訳書の形で出版されている。また、イタリア語版『シュライアーマッハーの生涯』(フランチェスカ・ダルベルト編集、翻訳)がまもなく出版されるはずである〔二〇〇八年に第一巻が、一〇年に第二巻がそれぞれ刊行され、完結〕。さらにここ最近では、いくつかのディルタイの著作および論文がヨーロッパ圏の各言語、とりわけスペイン語、オランダ語、バスク語に翻訳されている。

研究に関しては、一九八三年以降に数多くの重要な個別テーマ論文や学術論文が出版されている。(92) そのことからも、ディルタイの仕事がこの間に、学界の意識のなかでいかなる地位を確立してきたのかは明らかである。ディルタイは解釈学と解釈学的哲学の大家であると同時に、精神諸科学の理論に関する決定的な先駆者として受容されている。彼は同時代人によって、また死後十年の間は、主に精神史家、伝記作家、繊細な哲学史家および文学史家と見なされていたが、こうした像はそれ以降も変化し続けてきた。ディルタイが体系的にもきわめて重要な哲学者であることは、広く認められている。ディルタイは歴史的な重要人物であるだけでなく、第一級の著述家として、自らの哲学によって今もなお現代に語りかけている。彼は十九世紀から二十世紀への世紀転換期におけるドイツ哲学史のなかで、フッサールと並ぶ位置を占めているのである。

（渡邊福太郎 訳）

**注**

（1）次を参照。K. Gründer: Wilhelm Dilthey Tod vor fünfundsiebzig Jahren, in: *Dilthey-Jahrbuch für Philosophie und Geschichte der Geisteswissenschaften* 4（1986–87）, 225–227.

（2）以下の著者による弔辞と献辞も参照。H. von Hofmannsthal（Gedächtnisrede auf Wilhelm Dilthey, in: *Der Tag*［Berlin］vom 19. 11. 1911）, E. Spranger（*Archiv für Kulturgeschichte* 9［1911］, 273–278; *Berliner Tageblatt*, Beiblatt. vom 23. 10. 1911）, A. Tumarkin（*Archiv für Geschichte der Philosophie* 25［1912］, 143–153）, E. Spranger（*Wilhelm Dilthey. Eine Gedächtnisrede*. Leipzig 1912）, B. Erdmann（Gedächtnisrede auf Wilhelm Dilthey, in: *Abhandlungen der Berliner Akademie der Wissenschaften, philosophisch-historische Klasse*. Berlin 1912, 1–18）, M. Frischeisen-Köhler（*Kantstudien* 17［1912］, 161–172; Wilhelm Dilthey als Philosoph, in: *Logos* 3［1912］, 29–58）und B. Groethuysen（Gedächtnisrede auf Wilhelm Dilthey, in: *Deutsche Rundschau* 39［1913］, 69–92, 249–270 und 283–304）.

（3）次を参照。F. Rodi: Dilthey und die Kant-Ausgabe der Preußischen Akademie der Wissenschaften. Einige editions- und lebensgeschichtliche Aspekte, in: Ders.: *Das strukturierte Ganze. Studien zum Werk von Wilhelm Dilthey*. Weilerswist 2003, 153–

172.

（4）Leipzig 1906; jeizt. in: *Gesammelte Schriften* Band XXVI.（「体験と創作」日本語版『全集』第5巻『詩学・美学論集』）

（5）Erster Band. Berlin 1870; jetzt in: *Gesammelte Schriften* Band XIII.（日本語版『全集』第9巻・第10巻『シュライアーマッハーの生涯　上・下』）

（6）Erster Band. Leipzig 1883; jetzt in: *Gesammelte Schriften* Band I.（日本語版『全集』第1巻『精神科学序説Ⅰ』）

（7）Berlin 1905, 1–212; jetzt in: *Gesammelte Schriften* Band IV, 5–187.（「ヘーゲルの青年時代」日本語版『全集』第8巻『近代ドイツ精神史研究』）

（8）Berlin 1910, 1–123; jetzt in: *Gesammelte Schriften* Band VII, 79–188.（「精神科学における歴史的世界の構成　一九一〇年」日本語版『全集』第4巻『世界観と歴史理論』）

（9）次を参照。U. Herrmann: *Bibliographie Wilhelm Dilthey. Quellen und Literatur.* Weinheim-Berlin-Basel 1969.

（10）In: *Gesammelte Schriften* Band XIV, 597–787.（「過去のプロテスタント解釈学と対決するシュライアーマッハーの解釈学の体系」日本語版『全集』第10巻『シュライアーマッハーの生涯　下』）

（11）In: *Gesammelte Schriften* Band VI, 1–55.（「道徳意識の分析」日本語版『全集』第6巻『倫理学・教育学論集』）

（12）ディルタイ哲学の受容史については次の序論を参照。F. Rodi/H.-U. Lessing（Hrsg.）: *Materialien zur Philosophie Wilhelm Diltheys.* Frankfurt a. M. 1984, 7–41.

（13）Auffassung und Analyse des Menschen im 15. und 16. Jahrhundert（1891/92）, in: *Gesammelte Schriften* Band II, 1–89「十五、十六世紀における人間の把握と分析」日本語版『全集』第7巻『精神科学成立史研究』）; Das natürliche System der Geisteswissenschaften im 17. Jahrhundert（1892/93）, in: *Gesammelte Schriften* Band IV, 90–243（「十七世紀における精神科学の自然体系」前掲書）; Die Autonomie des Denkens, der konstruktive Rationalismus und der pantheistische Monismus nach ihrem Zusammenhang im 17. Jahrhundert（1893）, in: *Gesammelte Schriften* Band II, 246–296（「十七世紀における思惟の自律、構成的合理主義、および汎神論的一元論の連関」前掲書）; Giordano Bruno und Spinoza. Erster Artikel（1893）, in: *Gesammelte Schriften* Band II, 297–308（「ジョルダーノ・ブルーノ」前掲書）; Der entwicklungsgeschichtliche Pantheismus nach seinem geschichtlichen Zusammenhang mit den älteren pantheistischen Systemen（1900）, in: *Gesammelte Schriften* Band II, 312–390; Die Funktion der Anthropologie in der Kultur des 16. und 17. Jahrhunderts（1904）, in: *Gesammelte Schriften* Band II, 416–492.（「十六、十七世紀の文化における人間学の機能」前掲書）

(14) 次を参照。H.-U. Lessing: Die zeitgenössischen Rezensionen von Diltheys Einleitung in die Geisteswissenschaften (1883 bis 1885), in: *Dilthey-Jahrbuch für Philosophie und Geschichte der Geisteswissenschaften* 1 (1983), 91–181.

(15) In: *Gesammelte Schriften* Band V, 90–135.（「外界の実在性論考　一八九〇年」日本語版『全集』第3巻『論理学・心理学論集』）

(16) 次を参照。H. Rickert: *Der Gegenstand der Erkenntnis. Einführung in die Transzendentalphilosophie* (1892), 6., verbesserte Aufl. 1928, 95ff.（リッケルト『認識の対象』山内得立訳、岩波書店、一九二七年、七八頁以下）

(17) In: *Gesammelte Schriften* Band V, 139–237.（「記述的分析的心理学　一八九四年」日本語版『全集』第3巻『論理学・心理学論集』）

(18) 次を参照。H.-U. Lessing: Briefe an Dilthey anläßlich der Veröffentlichung seiner Ideen über eine beschreibende und zergliedernde Psychologie, in: *Dilthey-Jahrbuch für Philosophie und Geschichte der Geisteswissenschaften* 3 (1985), 193–232.（「『記述的－分析的心理學の理念《イデーエン》＝構想』をめぐる書簡集（1）・（2）・（3）」、日本ディルタイ協会編『ディルタイ研究』第31号、六五－八六頁、大石学譯、二〇二〇年・同誌、第32号、一〇四－一二四頁、大石学譯、二〇二一年・同誌、第33号、一一一－一二八頁、大石学譯、二〇二二年）

(19) H. Ebbinghaus: Über erklärende und beschreibende Psychologie, in: *Zeitschrift für Psychologie und Physiologie der Sinnesorgane* 9 (1896), 161–205. 以下に再録されている。F. Rodi/H.-U. Lessing (Hrsg.): *Materialien zur Philosophie Wilhelm Diltheys*, a.a.O., 45–87.

(20) 次を参照。E. Husserl: Phänomenologische Psychologie. *Husserliana* Band IX. Den Haag 1962, 34f.

(21) 次を参照。F. Rodi: Die Ebbinghaus-Dilthey-Kontroverse. Biographischer Hintergrund und sachlicher Ertrag, in: Ders.: *Das strukturierte Ganze*, a.a.O., 173–183.

(22) In: W. Windelband: *Präludien. Aufsätze und Reden zur Philosophie und ihrer Geschichte*, 9. Aufl. 2. Band. Tübingen 1924, 136–160.（ヴィンデルバント「歴史と自然科学」『プレルウディエン（哲学序曲）下』陶山務訳、春秋社、一九三六年、一一一－一三〇頁）

(23) とくに次を参照。H. Rickert: *Die Grenzen der naturwissenschaftlichen Begriffsbildung. Eine logische Einleitung in die historischen Wissenschaften* (1896/1902), 5., verbesserte und vermehrte Aufl. Tübingen 1929, 125ff. und passim.

(24) 次を参照。*Der junge Dilthey. Ein Lebensbild in Briefen und Tagebüchern 1852–1870*. Hg. von C. Misch geb. Dilthey. Leipzig 1933,

2. Aufl. Stuttgart und Göttingen 1960, 80.（「若きディルタイ」日本語版『全集』第11巻『日記・書簡集』一〇六―一〇七頁）

(25) In: M. Frischeisen-Köhler (Hrsg.): *Weltanschauung, Philosophie und Religion*. Berlin 1911, 3–51; in: *Gesammelte Schriften* Band VIII, 75–118.（「世界観の諸類型と、形而上学的諸体系におけるそれらの類型の形成　一九一一年」日本語版『全集』第4巻『世界観と歴史理論』）

(26) In: *Deutsche Rundschau* 26 (1900), Heft 9, 416–444, Heft 10, 81–118. パウル・リッターによる再編版が次に所収されている。*Gesammelte Schriften* Band III.

(27) Das allgemeine Landrecht, in: *Gesammelte Schriften* Band XII, 131–204（「プロイセン一般ラント法」日本語版『全集』第6巻『倫理学・教育学論集』）; *Von deutscher Dichtung und Musik. Aus den Studien zur Geschichte des deutschen Geistes.* Hg. von H. Nohl und G. Misch. Leipzig und Berlin 1933.

(28) 次を参照。*Gesammelte Schriften* Band I, 409–426.（日本語版『全集』第1巻『精神科学序説I』四一六―四三七頁、訳注七二三―七二四頁）

(29) 精神諸科学の基礎づけに関する最初の研究については以下を参照。Der psychische Strukturzusammenhang (1905), in: *Gesammelte Schriften* Band VII, 3–23; Der Strukturzusammenhang des Wissens (1905), in: *Gesammelte Schriften* Band VII, 24–69; Studien zur Grundlegung der Geisteswissenschaften. Fortsetzung (1906), in: *Gesammelte Schriften* Band VII, 304–310（「精神科学の基礎づけに関する研究　一九〇五年以降」日本語版『全集』第4巻『世界観と歴史理論』）; Über das Wesen der Geisteswissenschaften und ihr Verhältnis zu den Naturwissenschaften (1909), in: *Gesammelte Schriften* Band VII, 70–75; Das Verstehen anderer Personen und ihrer Lebensäußerumngen (1910), in: *Gesammelte Schriften* Band VII, 205–227.

(30) In: *Logos* I (1910/11), 289–341.（E・フッサール『厳密な学としての哲学』佐竹哲雄訳、岩波書店、一九六九年）

(31) 次を参照。Der Briefwechsel Dilthey-Husserl, in: *Man and World* 1 (1968), 434–442. これは以下に再録されている。F. Rodi/H.-U. Lessing (Hrsg.): *Materialien zur Philosophie Wilhelm Diltheys*, a.a.O., 110–120.（「ディルタイ＝フッサール往復書簡集　一九一一年」日本語版『全集』第11巻『日記・書簡集』八五八―八六九頁）また現在では以下に収録されている。E. Husserl: *Briefwechsel.* Band VI: Philosophenbriefe. In Verbindung mit E. Schuhmann herausgegeben von K. Schuhmann. Dordrecht-Boston-London 1994, 43–52 und 486–488.

(32) Ebd., 48.

(33) Leipzig und Berlin 1914ff. ――『全集』の歴史については次も参照。O. F. Bollnow: Wilhelm Diltheys Stellung in der deut-

schen Philosophie. Zur Geschichte der Dilthey-Edition und Dilthey-Rezeption, in: Ders.: *Studien zur Hermeneutik*. Band I: *Zur Philosophie der Geisteswissenschaften*. Freiburg/München 1982, 178–203 und F. Rodi: Die Anfänge der Dilthey-Ausgabe, gespiegelt in Mitteilungen und Dokumenten von Arthur Stein, in: *Dilthey-Jahrbuch für Philosophie und Geschichte der Geisteswissenschaften* 5 (1988), 167–177.

(34) 以下に一連の研究文献リストが提示されている。U. Herrmann: *Bibliographie Wilhelm Dilthey*, a.a.O. und H.-U. Lessing: Bibliographie der Dilthey-Literatur 1969–1998, in: *Dilthey Jahrbuch für Philosophie und Geschichte der Geisteswissenschaften 1* (1983), 281–288; 2 (1984), 351–358; 3 (1985), 275–284; 9 (1994–95), 348–359 und 12 (1999–2000), 303–329.

(35) Halle a.d. S.

(36) In: *Sitzungsberichte der preußischen Akademie der Wissenschaften*, Jg. 1933. Berlin 1934, 416–471.（「ショルツ夫妻宛書簡集　一九三三年」日本語版『全集』第11巻『日記・書簡集』七〇四―七六六頁）

(37) In: *Abhandlungen der preußischen Akademie der Wissenschaften*. Berlin 1936.（「ルードルフ・ハイム宛書簡集　一九三六年」日本語版『全集』第11巻『日記・書簡集』）

(38) H. Krakauer: Diltheys Stellung zur theoretischen Philosophie Kants. Diss. phil. Erlangen 1913 (Breslau 1913).

(39) A. Stein: Der Begriff des Geistes bei Dilthey. Diss. phil. Freiburg i.Br. 1914 (*Der Begriff des Verstehens bei Dilthey*. Tübingen 1922, 2., neubearbeitete und erweiterte Aufl. 1926).

(40) M. Scheler: Versuche einer Philosophie des Lebens. Nietzsche-Dilthey-Bergson (1913), in: Ders.: *Gesammelte Schriften*. Band 3: *Vom Umsturz der Werte. Abhandlungen und Aufsätze*. Hg. von M. Scheler, 5. Aufl. Bern und München 1972, 311–339.（「生の哲学試論」『シェーラー著作集　第五巻』飯島宗享ほか編、白水社、一九七七年）

(41) H. Rickert: *Die Philosophie des Lebens. Darstellung und Kritik der philosophischen Modeströmungen unserer Zeit*. Tübingen 1920.（H・リッケルト『生の哲学　現代に於ける哲学上の流行思潮の叙述及び批判』小川義章訳、改造社、一九二三年）

(42) G. Misch: *Geschichte der Autobiographie*. Band 1: *Das Altertum*. Leipzig und Berlin 1907. – *Der Weg in die Philosophie. Eine philosophische Fibel*. Leipzig und Berlin 1926.

(43) M. Frischeisen-Köhler: *Wissenschaft und Wirklichkeit*. Leipzig und Berlin 1912. – *Das Realitätsproblem*. Berlin 1912. – Philosophie und Dichtung, in: *Kant-Studien* 21 (1916), 93–130. – *Bildung und Weltanschauung. Eine Einführung in die pädagogischen Theorien*. Charlottenburg 1921.

（44） R. Unger: *Weltanschauung und Dichtung. Zur Gestaltung der Probleme bei Dilthey*. Zürich 1917. – *Literaturgeschichte als Problemgeschichte. Zur Frage geistesgeschichtlicher Synthese, mit besonderer Beziehung auf Wilhelm Dilthey*. Berlin 1924.

（45） E. Spranger: Lebensformen. Geisteswissenschaftliche Psychologie und Ethik der Persönlichkeit, in: *Festschrift für Alois Riehl*. Halle a.d. S. 1914, 413–552; selbständig: Halle a.d. S. 1921.（エデュアルド・シュプランガー『文化哲学概論　「生の形式」』辻幸三郎訳，内外出版，一九二六年） – Zur Theorie des Verstehens und zur geisteswissenschaftlichen Psychologie, in: *Festschrift für Johannes Volkelt*. München 1918, 357–403.

（46） H. Nohl: *Stil und Weltanschauung*. Jena 1920（ここには次のノールの教授資格論文が収められている。*Die Weltanschauungen der Malerei*. Jena 1908）.

（47） E. Rothacker: *Einleitung in die Geisteswissenschaften*. Tübingen 1920. – *Logik und Systematik der Geisteswissenschaften*. München und Berlin 1927.

（48） H. Freyer: *Theorie des objektiven Geistes. Eine Einleitung in die Kulturphilosophie*. Leipzig und Berlin 1923. – Diltheys System der Geisteswissenschaften und das Problem der Geschichte und Soziologie, in: *Kultur- und Universalgeschichte. Festgabe für Walter Goetz*. Leizig und Berlin 1927, 485–500. – *Soziologie als Wirklichkeitswissenschaft. Logische Grundlegung des Systems der Soziologie*. Leipzig und Berlin 1930.

（49） J. Wach: *Die Typenlehre Trendelenburgs und ihr Einfluß auf Dilthey*. Tübingen 1926. – *Das Verstehen. Grundzüge einer Geschichte der hermeneutischen Theorien im 19. Jahrhundert*. 3 Bände. Tübingen 1926/1929/1933. – *Religionswissenschaft. Prolegomena zu ihrer wissenschaftstheoretischen Grundlegung*. Leipzig 1924.

（50） O. Walzel: *Gehalt und Gestalt im Kunstwerk des Dichters*. Berlin-Neubabelsberg 1923.

（51） J. König: *Der Begriff der Intuition*. Halle a.d. S. 1926.

（52） *Gesamtausgabe* Band 64. Hg. von F.-W. von Herrmann. Frankfurt a. M. 2004.

（53） 次を参照。J. W. Storck/Th. Kisiel（Hrsg.）: *Martin Heidegger und die Anfänge der "Deutschen Vierteljahrsschrift für Literaturwissenschaft und Geistesgeschichte"*. 資料としては以下が挙げられる。*Dilthey-Jahrbuch für Philosophie und Geschichte der Geisteswissenschaften* 8（1992–93）, 181–225; Th. Kisiel: A Philosophical Postscript: On the Genesis of "Sein und Zeit", in: ebd., 226–232.

（54） とくに次を参照。Yorcks Brief vom 21. 10. 1895 an Dilthey, *Briefwechsel zwischen Wilhelm Dilthey und dem Grafen Paul Yorck von Wartenburg 1877–1897*, a.a.O., 190ff.（「ディルタイ＝ヨルク伯往復書簡集　一九二三年」日本語版『全集』第11巻『日記・書簡集』六三〇頁以下）

（55）次を参照。M. Heidegger: *Sein und Zeit.* Erste Hälfte. Halle a.d. S. 1927, 399–403.（ハイデガー『存在と時間　四』熊野純彦訳，岩波書店，二〇一三年，三一五—三三〇頁）

（56）M. Heidegger: Wilhelm Diltheys Forschungsarbeit und der gegenwärtige Kampf um eine historische Weltanschauung. 10 Vorträge (gehalten in Kassel vom 16. IV–21. IV). Nachschrift von Walter Bröcker. Hg. von F. Rodi, in: *Dilthey-Jahrbuch für Philosophie und Geschichte der Geisteswissenschaften* 8（1992–93）, 143–180.（マルティン・ハイデッガー「カッセル講演　ヴィルヘルム・ディルタイの研究活動と歴史学的世界観をもとめる現代の争い」『ハイデッガー　カッセル講演』後藤嘉也訳，平凡社，二〇〇六年，四三—一一三頁）

（57）In: *Österreichische Rundschau* 20（1924）, 359–372. 若干短縮された版としては次を参照。*Kant-Studien* 31（1926）, 536–548. 以下に再録されている。G. Misch: *Vom Lebens- und Gedankenkreis Wilhelm Diltheys.* Frankfurt a. M. 1947, 37–51. また次でも取り上げられている。F. Rodi/H.-U. Lessing (Hrsg.): *Materialien zur Philosophie Wilhelm Diltheys*, a.a.O., 132–146.

（58）Diss. phil. Freiburg i. Br. 1928. 次に掲載されている。*Jahrbuch für Philosophie und phänomenologische Forschung* 9（1928）, 237–366.

（59）*Philosophischer Anzeiger* 3（1928/1929）, Heft 3, 267–368, Heft 4, 405–475 und 4（1929/1930）, Heft 3/4, 181–330. 書籍版としては以下を参照。Bonn 1930, 2. Aufl. Leipzig und Berlin 1931.

（60）H. Plessner: *Die Einheit der Sinne. Grundlinien einer Ästhesiologie des Geistes.* Bonn 1923.

（61）H. Plessner: *Die Stufen des Organischen und der Mensch. Einleitung in die philosophische Anthropologie.* Berlin und Leipzig 1928.

（62）H. Plessner: *Macht und menschliche Natur. Ein Versuch zur Anthropologie der geschichtlichen Weltansicht*. Berlin 1931.

（63）O. F. Bollnow: *Wilhelm Dilthey. Eine Einführung in seine Philosophie*. Leipzig und Berlin 1936, 4. Aufl. Schaffhausen 1980.

（64）Berlin 1954.（「理性の破壊　上・下」『ルカーチ著作集　第十二巻・十三巻』暉峻凌三ほか訳，白水社，一九六八・一九六九年）

（65）次を参照。H. Nohl: Zur Neuausgabe der Werke Wilhelm Diltheys, in: *Die Sammlung* 12（1957）, 618–625. 以下に再録されている。F. Rodi/H.-U. Lessing: *Materialien zur Philosophie Wilhelm Diltheys*, a.a.O., 275–285.

（66）次も参照。F. Rodi: Zum gegenwärtigen Stand der Dilthey-Forschung, in: *Dilthey-Jahrbuch für Philosophie und Geschichte der*

*Geisteswissenschaften* 1（1983）, 260–267.

（67） Tübingen 1960.（ハンス＝ゲオルク・ガダマー『真理と方法　Ⅰ・Ⅱ・Ⅲ』轡田收ほか訳，法政大学出版局，一九八六・二〇〇八・二〇一二年）

（68） ガダマーの以下の後期諸論文も参照。Der Unvollendete und das Unvollendbare. Zum 150. Geburtstag von Wilhelm Dilthey（1983）, Das Problem Diltheys. Zwischen Romantik und Positivismus（1984）und Wilhelm Dilthey und Ortega. Philosophie des Lebens（1985）, in: Ders.: *Gesammelte Werke* Band 4: *Neuere Philosophie II. Probleme – Gestalten.* Tübingen 1987, 429–435, 406–424 und 436–447.

（69） H. Diwald: *Wilhelm Dilthey. Erkenntnistheorie und Philosophie der Geschichte.* Göttingen-Berlin-Frankfurt 1963.

（70） P. Hünermann: Die lebensphilosophische Besinnung Wilhelm Diltheys auf die Geschichte und die Geisteswissenschaften, in: ders.: *Der Durchbruch geschichtlichen Denkens im 19. Jahrhundert. Johann Gustav Droysen, Wilhelm Dilthey, Graf Yorck von Wartenburg. Ihr Weg und ihre Weisung für die Theologie.* Freiburg-Basel-Wien 1967, 133–291.

（71） J. Habermas: *Erkenntnis und Interesse*. Frankfurt a. M. 1968, 178–233.（ユルゲン・ハーバーマス『認識と関心』奥山次良ほか訳，未来社，一九八一年，一五一―一九八頁）

（72） P. Krausser: *Kritik der endlichen Vernunft. Wilhelm Diltheys Revolution der allgemeinen Wissenschafts- und Handlungstheorie*. Frankfurt a. M. 1968.

（73） F. Rodi: *Morphologie und Hermeneutik. Zur Methode von Diltheys Ästhetik.* Stuttgart-Berlin-Köln-Mainz 1969.

（74） U. Herrmann: *Die Pädagogik Wilhelm Diltheys. Ihr wissenschaftstheoretischer Ansatz in Diltheys Theorie der Geisteswissenschaften*. Göttingen 1971.

（75） H. Johach: *Handelnder Mensch und objektiver Geist Zur Theorie der Geistes- und Sozialwissenschaften bei Wilhelm Dilthey*. Meisenheim am Glan 1974.

（76） H. Ineichen: *Erkenntnistheorie und geschichtlich-gesellschaftliche Welt. Diltheys Logik der Geisteswissenschaften*. Frankfurt a. M. 1975.

（77） R. A. Makkreel: *Dilthey. Philosopher of the Human Studies*. Princeton 1975（dt.: *Dilthey. Philosoph der Geisteswissenschaften*. Frankfurt a. M. 1991）.（ルードルフ・A・マックリール『ディルタイ　精神科学の哲学者』大野篤一郎ほか訳，法政大学出版局，一九九三年）

(78) Chr. Zöckler: *Dilthey und die Hermeneutik. Diltheys Begründung der Hermeneutik als 'Praxiswissenschaft' und die Geschichte ihrer Rezeption*. Stuttgart 1975.

(79) M. Riedel: *Verstehen oder Erklären? Zur Theorie und Geschichte der hermeneutischen Wissenschaften*. Stuttgart 1978, bes. 42–63 und 64–112.

(80) M. Ermarth: *Wilhelm Dilthey: The Critique of Historical Reason*. Chicago and London 1978.

(81) H. P. Rickman: *Wilhelm Dilthey. Pioneer of the Human Studies*. Berkeley-Los Angeles-London 1979.

(82) I. N. Bulhof: *Wilhelm Dilthey. A Hermeneutic Approach to the Study of History and Culture*. The Hague-Boston-London 1980.

(83) 次を参照。K. Gründer: Vorwort zur Fortsetzung der "Gesammelten Schriften" Wilhelm Diltheys, in: *Gesammelte Schriften* Band XV, VII–IX.

(84) 全一一巻。1983–1999/2000.

(85) とくに次を参照。F. Rodi: *Erkenntnis des Erkannten. Zur Hermeneutik des 19. und 20. Jahrhunderts*. Frankfurt a. M. 1990 und Das strukturierte Ganze, a.a.O.

(86) 個々の大会プログラムの詳細については次を参照。F. Rodi: Bericht über Veranstaltungen in der Bundesrepublik und in Italien aus Anlaß des 150. Geburtstages von Wilhelm Dilthey, in: *Dilthey-Jahrbuch für Philosophie und Geschichte der Geisteswissenschaften* 2 (1984), 339–345.

(87) 次を参照。E.W. Orth (Hrsg.): *Dilthey und der Wandel des Philosophiebegriffs seit dem 19. Jahrhundert. Studien zu Dilthey und Brentano, Mach, Nietzsche, Twardowski, Husserl, Heidegger*. (*Phänomenologische Forschungen* Band 16.) Freiburg/München 1984 und E. W. Orth (Hrsg.): *Dilthey und die Philosophie der Gegenwart*. Freiburg/München 1985.

(88) 次を参照。F. Bianco (Hrsg.): *Dilthey e il pensiero del Novecento*. Mailand 1985.

(89) 次を参照。G. Cacciatore/G. Cantillo (Hrsg.): *Wilhelm Dilthey. Critica della metafisica e ragione storica*. Bologna 1985.

(90) 次を参照。E. A. Makkreel/J. Scanlon (Hrsg.): *Dilthey and Phenomenology*. Washington, D. C. 1987.

(91) 次を参照。*Dilthey-Jahrbuch für Philosophie und Geschichte der Geisteswissenschaften* 2 (1984), 13–189 und 3 (1985), 9–190.

(92) とくに次を参照。H.-U. Lessing: *Die Idee einer Kritik der historischen Vernunft. Wilhelm Diltheys erkenntnistheoretisch-logisch-methodologische Grundlegung der Geisteswissenschaften*. Freiburg/München 1984; F. Bianco: *Introduzione a Dilthey*. Rom-Bari 1985; H.-H. Gander: *Positivismus als Metaphysik. Voraussetzungen und Grundstrukturen von Diltheys Grundlegung der Geisteswissenschaften*.

Freiburg/München 1988; H. P. Rickman: *Dilthey Today: A Critical Appraisal of the Contemporary Relevance of His Work*. New York-Westport-Connecticut-London 1988; S. Mesure: *Dilthey et la fondation des sciences historiques*. Paris 1990; F. Fellmann: *Symbolischer Pragmatismus. Hermeneutik nach Dilthey*. Reinbek bei Hamburg 1991; R. Knüppel: *Diltheys erkenntnistheoretische Logik*. München 1991; M. Failla: *Dilthey e psicologia del suo tempo*. Mailand 1992; Th. Herfurth: *Diltheys Schriften zur Ethik. Der Aufbau der moralischen Welt als Resultat einer Kritik der introspektiven Vernunft*. Würzburg 1992; W. Stegmaier: *Philosophie der Fluktuanz. Dilthey und Nietzsche*. Göttingen 1992; J. de Mul: *De tragedie van de eidigheid. Diltheys hermeneutiek van het leven*. Kampen 1993 (engl.: *The Tragedy of Finitude. Dilthey's Hermeneutics of Life*. New Haven&London 2004); G. Matteucci: *Anatomie Diltheyane. Su alcuni motivi della teoria diltheyana della conoscenza*. Bologna 1994; A. Homann: *Diltheys Bruch mit der Metaphysik. Die Aufhebung der Hegelschen Philosophie im geschichtlichen Bewußtsein*. Freiburg/München 1995; M. Jaeger: *Autobiographie und Geschichte. Wilhelm Dilthey, Georg Misch, Karl Löwith, Gottfried Benn, Alfred Döblin*. Stuttgart-Weimar 1995; G. Matteucci: *Immagini della vita. Logica ed estetica a partire da Dilthey*. Bologna 1995; M. Jung: *Dilthey zur Einführung*. Hamburg 1996; J. Rütsche: *Das Leben aus der Schrift verstehen. Wilhelm Diltheys Hermeneutik*. Bern-Berlin-Frankfurt a. M.-New York-Paris-Wien 1999; J. Thielen: *Wilhelm Dilthey und die Entwicklung des geschichtlichen Denkens in Deutschland im ausgehenden 19. Jahrhundert*. Würzburg 1999; H.-U. Lessing: *Wilhelm Diltheys ›Einleitung in die Geisteswissenschaften‹*. Darmstadt 2001; G. Matteucci: *Dilthey: Das Ästhetische als Relation*. Würzburg 2004; F. D'Alberto: *Biografia e filosofia. La scrittura della vita in Wilhelm Dilthey*. Mailand 2005.

## 第四節　一九七五年以後の英語圏諸国におけるディルタイ研究

ルードルフ・A・マックリール

一九七五年から一九八〇年までのあいだに、ディルタイの哲学に関して五冊の書物が英語で出版された。当時から現在までに及ぶ時期は、ある熱気から〔研究成果の公刊が〕始まったが、その熱気は、それに続く年月が経過しても維持されることは難しかった。これらの書物のうち二冊の著者はアメリカ人の学者である。つまり、一人は『ディルタイ――精神科学の哲学者』（一九七五年）を書いたルードルフ・A・マックリールと『ヴィルヘルム・ディルタイ――歴史的理性批判』（一九七八年）を書いたマイケル・アーマースである。三人目はイギリス人の学者で『ヴィルヘルム・ディルタイ―精神科学の先駆者』（一九七九年）を書いたハンス・ピーター・リックマンである。四人目は、オランダ人の学者で、『ヴィルヘルム・ディルタイ――歴史と文化の研究に対する解釈学的アプローチ』（一九八〇年）を書いたイルゼ・ニーナ・ブルホーフであり、最後は、カナダの学者で『ヴィルヘルム・ディルタイの思想における歴史的理解』（一九八〇年）を書いたシオドア・プランティンガである。マックリールとプランティンガとは、どちらもオランダ出身であることは注目されてもよい。さらに英語で書かれた最近の包括的なディルタイ研究であるヨース・デ・ムルの『有限性の悲劇――ディルタイの生の解釈学』（二〇〇四年）は、オランダ語から翻訳された。より広範な読者を得るために、著作を主として英語で公刊するオランダ〔出身〕の学者は多い。ことによると、しばしば周辺的だと考えられているある思想家の重要性を認識するには、周辺的な言語圏に属する人たちが必要なのかもしれない。

マックリールの『ディルタイ——精神科学の哲学者』は、カント、新カント学派、フッサール、ハイデガーとの関連に位置づけられるディルタイの哲学を発展的に論じている。それは精神科学を自然科学から区別しようとする企てにとって、ディルタイの記述的心理学と彼の構造連関の理論がどの程度貢献しているかを検討している。ディルタイの心理学は、生の経験の意味の典型となる美学を仕上げるのに重要であり、生の構造連関という彼の概念は、歴史における個性と一般性とのあいだの関係を理解するのに重要であった。ディルタイが後期に解釈学を強調したために、心理学は反省的人間学へと変えられた。一九九二年に公刊されたこの著作の第二版も、ドイツ語版『ディルタイ全集』第一九巻[1]によって公刊された重要な材料を考慮している。マックリールの著作は、ドイツ語、日本語、中国語に翻訳された[2]。

アーマースの『ヴィルヘルム・ディルタイ——歴史的理性批判』は、豊かな歴史的背景をもったディルタイの思想を包括的に叙述している。ディルタイは、実証主義か現象学かのいずれかを取らねばならなかったある時代に、精神科学の理論を導くため、シュライアーマッハーとトレンデレンブルクの理想実在論（Idealrealismus）を発展させた形態を有していると主張している。アーマースは、歴史家として著作することによって、ディルタイの立場を彼の理論上の理想実在論[3]の政治的対応物であるリベラルな保守主義として叙述している。

リックマンの『ヴィルヘルム・ディルタイ——精神科学の先駆者』は、ディルタイ哲学の多くの側面について、とくに現代の社会科学に対する重要性について、明確な手引きを与えている。これには、一九八八年に公刊された彼のもっとあとの著作『今日のディルタイ——彼の著作の現代的意義の批判的評価』も〔研究成果の〕一つの到達点として続いている。リックマンはまた、一九七六年に、ディルタイの著作から短い論文を編集し、ケンブリッジ大学出版会から『選集』（Selected Writings）という表題で翻訳書として公刊した。残念ながら、この著作は現在では絶版になっている。

ブルホーフとプランティンガの著作は、〔研究〕対象を解釈学と歴史とにより狭く絞っている。一九八〇年以来、ディルタイについて過不足なく目標を絞った著作が三冊、英語で出版された。第一に、ジェイコブ・オウエンズビーの『ディルタイと歴史のナラティヴ』であるが、これはエモリー大学に提出された博士論文にもとづいている。この論文は、ドイツ語版『ディルタイ全集』第一九巻に収載されたディルタイの未公刊の著作を考慮した最初の論考のひとつであった。第二は、デレク・フリーマンの『ディルタイの夢――人間性と文化に関する論文』であり、第三は、さきに言及したデ・ムルの著作である。デ・ムルの『有限性の悲劇』は、ディルタイ哲学全般の最もアップ・トゥ・デートな検証〔の成果〕である。それはディルタイの多くの貢献に関するバランスのとれた叙述を施し、ディルタイについて最近の最も優れた研究を含んでいる。

ディルタイ生誕一五〇周年と『精神科学序説』〔第一巻〕刊行百周年の両方を祝って、一九八三年七月にペンシルベニア州立大学で開かれた学会〔の研究発表〕にもとづいて出版された『ディルタイと現象学』と題する論文集がある。一九八七年に刊行されたルードルフ・マックリールとジョン・スキャンロンの編集によるこの論文集は、三つの部分からなっている。第一部は、「ディルタイ、フッサールおよび科学の基礎づけ」という表題をもち、エルンスト・ヴォルフガング・オルトとトマス・ゼーボーム、ジョン・E・ジャルバート、M・キャサリン・ティルマン、ジョン・スキャンロンの論文が収録されている。第二部は、「ディルタイ哲学における客観性と相対性」と題され、マイケル・アーマース、ホリー・ウィルソン、フリティョフ・ローディの論文が収載されている。「ディルタイと現象学的時間理解」と題する第三部には、デイヴィッド・カーとルードルフ・マックリールの論文が収められている。

私の知る限り、英語で公刊されたディルタイを扱う他の著作は、同時に他の思想家についても論じている。それらは、スタンリー・コーンゴールド、バリー・ウィルソン、チャールズ・バンバック、ハワード・タトル、ペーター・コスロフスキー、コリン・L・ディーン、デイヴィッド・S・オヴェンドンなどによる著作である。彼らの著作の表題については、本論考末尾の「文献リスト」〔文献リスト［A］〕を見ていただきたい。

バンバックとタトルの著作は、ディルタイとハイデガーとの関係に焦点を絞っている。セオドア・キシールの『ハイデガーの「存在と時間」の成立』（一九九三年）も、ハイデガーに対するディルタイの影響について多くのページを割いている。彼は、ディルタイの「体験－理解－表現〔ママ〕」という関係がハイデガーの「情態性－理解－語り」の関係に対する原型となっていると主張している。本書の第七章は、『存在と時間』の初稿について述べており、その原稿を「ディルタイ草稿」（The Dilthey-Draft）と呼んでいる。ハイデガーに対するディルタイの影響を論じるいくつかの雑誌論文もある。それに属するのは、マックリールの「ハイデガーの現象学的解釈学と再発見された一九二二年のアリストテレス序論」（一九九〇年）、デ・ムルの「人間発達についてのディルタイのナラティヴ・モデル――ハイデガーとガダマーの哲学的解釈学後の必要な再考」（一九九一年）、バンバックの「破壊としての現象学的研究――初期ハイデガーのディルタイの読み方」（一九九三年）、ユングの「ディルタイからミードとハイデガーへ――体系的関係と歴史的関係」（一九九五年）、シャーフの「『存在と時間』以前のハイデガーによるディルタイ受容」（一九九七年）である。ディルタイ解釈学とガダマー解釈学とのあいだの関係についてもいくつか論文がある。ポレットの「古い神々を連れて行く。ガダマーと精神科学における理解の役割」（一九九四年）、ハリントンの「解釈学における客観主義？――ガダマー、ハーバーマス、ディルタイ」（二〇〇〇年）ゴドレイの「他者を解釈する。比較政治思想の解釈学」（二〇〇四年）、ヘックスマンの「地平の融合を予見する。――ガダマー、クワインと成中英《チエンチュンイン》」（二〇〇七年）〔本節末尾の文献リスト［A］および［C］参照〕。

　英語で書かれた解釈学に関する著作の多くは、ガダマーの観点から書かれており、ガダマーは、ディルタイ研究の増加に対して、〔それを抑制する〕制限として作用し続けている。おそらく、英語圏でのディルタイ研究は、プリンストン大学出版会版の『ディルタイ選集』が完成してはじめてふたたび増加するだろう。

　このプリンストン大学出版会版は、マックリールが一九七八年から七九年にかけて、ボーフムにあるルール大学でフンボルト財団奨学金による研究者として、フリティョフ・ローディ教授の研究室に滞在しているあいだに計画された。この時期、『精神科学序説のためのブレスラウ草稿』が刊行準備中であり、ローディ教授は、インフォーマルなコロキウムを立ち上げ、そこには大野篤一郎教授を含む何カ国かの学者が参加していた。それは、ディルタイの哲学的著作を組織するためのもっと整合的な計画を構想することが可能になった時期だった。この計画は、ドイツの「テュッセン財団」と合衆国の「国家人文科学基金」の援助を受けて、ローディとマックリールによって練り上げられ、『ディルタイ選集』を刊行することでプリンストン大学出版会と同意した。

第一巻は、『精神科学序説』の第一部と第二部だけでなく、第四部、第五部、第六部のための未刊の草稿すべてを含むことになっていた。この第一巻は、一九八九年に公刊され、一九九二年にはペーパーバック版が刊行された。

第二巻は、「〔外界の〕実在性論考」に始まり、記述的比較的心理学に関する著作で終わる主要な理論的著作を含む予定で、現在刊行準備中〔二〇〇七年現在〕である。

第三巻は、ドイツ語版『全集』第七巻に含まれるすべての論文を翻訳することになっていた。これは、プリンストン大学出版会版では「精神科学における歴史的世界の構成」という表題で二〇〇二年に公刊されている。

第四巻は、解釈学と歴史に関する著作を含む予定であり、ディルタイの懸賞当選論文「初期プロテスタント解釈学との関係におけるシュライアーマッハーの解釈学体系(4)」と「解釈学の成立(5)」を含んでいる。この巻は、一九九六年に出版された。

第五巻は、ディルタイの美学に関する著作を含んでおり、一九八五年に〔本選集のなかで〕一番はじめに公刊された。

第六巻は、「哲学と生」という表題で、ディルタイの世界観学、宗教、倫理学に関する著作を含む予定である。その全体の内容については、なお、検討中である。

この間、プリンストン大学版に刺激を受けて、ディルタイの著作の他言語への翻訳が企てられた。現在、フランス語、イタリア語、ロシア語、日本語、ポルトガル語での著作の数巻に及ぶ翻訳が進行中である。中国語版は、序論を含めて、プリンストン大学版の計画を忠実に翻訳する予定になっている。

文献一覧の最後に、一九七五年から現在までの英語で書かれたディルタイに関する博士論文のリストを掲載した。

英語圏におけるディルタイ研究についての一つの積極的な展開〔の特徴〕は、哲学事典、ハンドブック、辞典の多くがディルタイに関する広範な記述を含んでいるということにある。ポール・エドワーズの編集した『哲学事典』（*The Encyclopedia of Philosophy*）は最近、ディルタイに関する項目を更新し、二〇〇八年に刊行開始予定の『スタンフォード哲学事典』（*Stanford Encyclopedia of Philosophy*）の項目「ディルタイ」では、長文の記載になる予定である。(6)

## 訳注

（1）ドイツ語版『全集』第一九巻、第二〇巻は、日本語版『全集』では第三巻に収められている。マックリール教授は、一九九二年に公刊された第二版の四二三頁から四四六頁までに「第二版へのあとがき」という形でこの部分の詳しい紹介をされている。日本語に訳されたマックリール『ディルタイ——精神科学の哲学者』（大野篤一郎・田中誠・小松洋一・伊東道生訳、法政大学出版局、一九九三年）では、マックリール教授の指示に従って、第二章「『精神科学序説』第二巻」として本文中に挿入された。

（2）Rudolf A. Makkreel, *Dilthey: Philosoph der Geisteswissenschaften.* übersetzt von B. M. Kehm. Frankfurt am Main: Suhrkamp, 1991. 魯道夫・馬克瑞尔著、李超杰訳『狄尔泰伝』、北京：商務印書館、二〇〇三年。

（3）「理想実在論《イデアールレアリスム》」という語は、一八六一年二月一七日付のディルタイの日記に出てくる概念である。そこで彼は、「諸法則の体系つまり学問は無条件の確実性をもち、有意義かつ価値ある現存の体系つまり世界観は、たんに個人的なものではないが、無条件的なものでもない確実性をもつ。世界観は私たち自身と自然本性のうちなる誠実とへの信念に根ざしている。この二つのあいだの必然的連関を探究するのが現代の理想実在論であり、両者を明確に区別して扱うのが実在論である」（日本語版『全集』第11巻、一八〇—一八一頁。*Der junge Dilthey: Ein Lebensbild in Briefen und Tagebüchern* 1952–1870. 2. Aufl., Stuttgart & Göttingen, 1960, S. 142）と述べている。アーマースは、「世界と科学に内在した理想性があるか、それともいかなる理想性もないかどちらかだ」（X, S. 16）というディルタイの講義「倫理学体系」の言葉が、この「理想実在論」の立場を言い表していると考えている（cf. Ermarth, *Wilhelm Dilthey*. p. 23）。

（4）日本語版『全集』第10巻では、原文のドイツ語表記に即して「過去のプロテスタント解釈学と対決するシュライアーマッハーの解釈学の体系」（七六三頁以下）と訳されている。
（5） 日本語版『全集』第3巻、八四三頁―八七二頁に収載。
（6） 『スタンフォード哲学事典』（*Stanford Encyclopedia of Philosophy*）の項目「ディルタイ」については、二〇二四年現在、インターネット上で閲覧することができる。

（大野篤一郎 訳）

## A．英語で書かれたディルタイに関する著作（刊行された年代順に配列）


Makkreel, Rudolf. *Dilthey: Philosopher of the Human Studies*. Princeton: Princeton University Press, 1975.

Ermarth, Michael. *Wilhelm Dilthey: The Critique of Historical Reason*. Chicago: University of Chicago Press, 1978.

Rickman, Hans P. *Wilhelm Dilthey: Pioneer of the Human Studies*. Berkeley: University of California Press, 1979.

Bulhof, Ilse N. *Wilhelm Dilthey, A Hermeneutic Approach to the Study of History and Culture*. The Hague; Boston: M. Nijhoff Publishers, 1980.

Plantinga, Theodore. *Historical Understanding in the Thought of Wilhelm Dilthey*. Toronto: University of Toronto Press, 1980.

Dilthey, Wilhelm. *Poetry and Experience*, eds. Rudolf A. Makkreel and Frithjof Rodi. Princeton, New Jersey: Princeton University Press, 1985.

Corngold, Stanley. *The Fate of the Self: German Writers and French Theory*. New York: Columbia University Press, 1986.

Makkreel, Rudolf A. and John Scanlon, eds. *Dilthey and Phenomenology*. Washington, D. C.: The Center for Advanced Research in Phenomenology & University Press of America, 1987.

Rickman, Hans P. *Dilthey Today: A Critical Appraisal of the Contemporary Relevance of His Work*. New York: Greenwood

Press, 1988.
Dilthey, Wilhelm. *Introduction to the Human Sciences*, edited by Rudolf A. Makkreel and Frithjof Rodi. Princeton, New Jersey: Princeton University Press, 1989.
Wilson, Barrie A. *About Interpretation: From Plato to Dilthey: A Hermeneutic Anthology*. New York: Peter Lang Publishing, 1989.
Wilson, Barrie A. *Hermeneutical Studies: Dilthey, Sophocles, and Plato*. Lewiston, NY: Edwin Mellen Press, 1990.
Owensby, Jacob. *Dilthey and the Narrative of History*. Ithaca, NY: Cornell University Press, 1994.
Tuttle, Howard N. *The Dawn of Historical Reason: The Historicality of Human Existence in the Thought of Dilthey, Heidegger, and Ortega y Gasset*. New York: Peter Lang Publishing, 1994.
Bambach, Charles R. *Heidegger, Dilthey, and the Crisis of Historicism*. Ithaca, NY: Cornell University Press, 1995.
Koslowski, Peter. *The Theory of Ethical Economy in the Historical School: Wilhelm Roscher, Lorenz von Stein, Gustav Schmoller, Wilhelm Dilthey, and Contemporary Theory*. Berlin; New York: Springer-Verlag, 1995.
Dilthey, Wilhelm. *Hermeneutics and the Study of History*, eds. Rudolf A. Makkreel and Frithjof Rodi. Princeton, New Jersey: Princeton University Press, 1996.
Dean, Colin L. and Ovenden, David S. *Epistemology: A Guide to Philosophy* (Epistemological Essays by Colin Dean and David Ovenden on Descartes, Hume, Kant, Nietzsche, Dilthey, Foucault, Feuerbach, Freud and Marx). Geelong West, Australia: Gamahucher Press, 1997.
Freeman, Derek. *Dilthey's Dream: Essays on Human Nature and Culture*. Canberra, Australia: Pandanus Books, 2001.
Dilthey, Wilhelm. *The Formation of the Historical World in the Human Sciences*, eds. Rudolf A. Makkreel and Frithjof Rodi. Princeton, New Jersey: Princeton University Press, 2002.
De Mul, Jos. *The Tragedy of Finitude: Dilthey's Hermeneutics of Life*. New Haven: Yale University Press, 2004.
Tuttle, Howard N. *Human Life is Radical Reality: An Idea Developed From the Conceptions of Dilthey, Heidegger, and Ortega y Gasset*. New York: Peter Lang Publishing, 2005.

## B. 単行本所収の論文


Makkreel, Rudolf A. "Introductory Essay." In *Descriptive Psychology and Historical Understanding*, a volume of Dilthey translations, edited and translated by R.M. Zaner and K.L. Heiges. The Hague: Martinus Nijhoff, 1977.

Brown, Richard Harvey. "History and Hermeneutics: Wilhelm Dilthey and the Dialectics of Interpretive Method." In *Structure, Consciousness, and History*, edited by Richard H. Brown and Stanford M. Lyman. New York: Cambridge University Press, 1978.

Plantinga, Theodore. "Dilthey's Philosophy of the History of Philosophy." In *Hearing and Doing: Philosophical Essays Dedicated to H. Evan Runner*, edited by John Kraay and Anthony Tol. Toronto: Wedge Pub. Foundation, 1979.

Rose, Courtice. "Wilhelm Dilthey's Philosophy of Historical Understanding: A Neglected Heritage of Contemporary Humanistic Geography." In *Geography, Ideology, and Social Concern*, edited by D.R. Stoddart. Totowa, N.J.: Barnes & Noble, 1981.

Makkreel, Rudolf A. "Husserl, Dilthey and the Relation of the Life-World to History." In *Husserl and Contemporary Thought*, edited by John Sallis. Atlantic Highlands, New Jersey: Humanities Press, 1983.

Makkreel, Rudolf A. "Dilthey and Universal Hermeneutics: The Status of the Human Sciences." In *European Philosophy and the Human and Social Sciences*, edited by Simon Glynn. Hampshire, England: Gower, 1986.

Kornberg, Jacques. "Dilthey's Introduction to the Human Sciences: Liberal Social Thought in the Second Reich." In *In the Presence of the Past: Essays in Honor of Frank Manuel*, edited by Richard T. Bienvenu and Mordechai Feingold. Dordrecht, Boston: Kluwer Academic Publishers, 1991.

Makkreel, Rudolf A. "The Underlying Conception of Science in Dilthey's Introduction to the Human Sciences." In *Japanese and Western Phenomenology*, edited by P. Blosser et al. The Hague: Kluwer Academic Publishers, 1993.

Fehér, István M. "Phenomenology, Hermeneutics, Lebensphilosophie: Heidegger's Confrontation with Husserl, Dilthey, and Jaspers." In *Reading Heidegger From the Start: Essays in His Earliest Thought*, edited by Theodore J.

Kisiel and John Van Buren. Albany: SUNY Press, 1994.
Mos, L. P. "Immanent Critique of Experience: Dilthey's Hermeneutics." In *Problems of Theoretical Psychology*, edited by Charles W. Tolman. North York, Canada: Captus Press, 1996.
Makkreel, Rudolf A. "Dilthey's Hermeneutics." In *A Companion to Continental Philosophy*, edited by Simon Critchley and William R. Schroeder, 425–32. Blackwell Publishers, 1998.
Makkreel, Rudolf A. "Wilhelm Dilthey: From Value to Meaning." In *The Columbia History of Western Philosophy*, edited by Richard H. Popkin. New York: Columbia University Press, 1999.
Makkreel, Rudolf A. "From Simulation to Structural Transposition: A Diltheyan Critique of Empathy and Defense of Verstehen." In *Empathy and Agency: The Problem of Understanding in the Human Sciences*, edited by Karsten R. Stueber and Hans H. Kögler. Boulder, CO: Westview Press, 2000.
Vedder, Ben. "The Metaphysical Background of Hermeneutics in Dilthey." In *Interrogating the Tradition: Hermeneutics and the History of Philosophy*, edited by Charles E. Scott and John Sallis. Albany: SUNY Press, 2000.
Teo, Thomas. "Karl Marx and Wilhelm Dilthey on the Socio-Historical Conceptualization of the Mind." In *The Transformation of Psychology: Influences of 19th Century Philosophy, Technology, and Natural Science*, edited by Christopher D. Green, Marlene G. Shore, and Thomas Teo. Washington, D. C.: American Psychological Association, 2001.

### C. 雑誌論文

Bender, Hillary Evans. "Dilthey's Voice in the Emerging Consciousness of Humanistic Education." *Journal of Education* 157, no. 2 (May 1975): 31–44.
Bulhof, Ilse N. "Structure and Change in Wilhelm Dilthey's Philosophy of History." *History and Theory* 15, no. 1 (February 1976): 21–32.
Brown, Richard H. "Wilhelm Dilthey: Forerunner of Humanist Social Thought." *European Journal of Social Psychology*

6, no. 2 (June 1976): 207–226.
Jensen, Bernard Eric. "The Recent Trend in the Interpretation of Dilthey." *Philosophy of the Social Sciences* 8, no. 4 (December 1978).
Chew, S. C. "From Dilthey to Habermas: Reflections on Verstehen, Hermeneutics, and Language." *Current Perspectives in Social Theory* 3 (1982): 57–72.
Plantinga, Theodore. "Commitment and Historical Understanding: A Critique of Dilthey." *Fides et Historia* 14, no. 2 (1982): 29–36.
Redding, P. "Action, Language and Text: Dilthey's Conception of the Understanding." *Philosophy and Social Criticism* 9, no. 2 (1982): 229–244.
Young, Tom. "The Hermeneutical Significance of Dilthey's Theory of World-Views." *International Philosophical Quarterly* 23, no. 2 (1983): 125–140.
Seebohm, T. M. "Boeckh and Dilthey: The Development of Methodical Hermeneutics." *Man and World: An International Philosophical Review* 17, no. 3–4 (1984): 325–346.
Makkreel, Rudolf A. "Dilthey and Universal Hermeneutics: The Status of the Human Sciences." *Journal of the British Society for Phenomenology* 16 (October 1985): 236–249.
Tillman, Mark Katherine. "W. Dilthey and J. H. Newman on Predicative Thought." *Human Studies* 8, no. 4 (1985): 345–355.
Apel, K. O. "Dilthey's Distinction Between Explanation and Understanding and the Possibility of its Mediation." *Journal of the History of Philosophy* 25, no. 1 (Jan. 1987): 131–149.
Owensby, Jacob. "Dilthey's Conception of the Life-Nexus." *Journal of the History of Philosophy* 25, no. 4 (October 1987): 557–572.
Rickman, H. P. "The Philosophical Basis of Psychiatry: Jaspers and Dilthey." *Philosophy of the Social Sciences* 17, no. 2 (June 1987): 173–196.

Jalbert, J. E. "Husserl's Position Between Dilthey and the Windelband-Rickert School of Neo-Kantianism." *Journal of the History of Philosophy* 26, no. 2 (April 1988): 279–296.

Kepnes, Steven D. "Buber as Hermeneut: Relations to Dilthey and Gadamer." *The Harvard Theological Review* 81, no. 2 (April 1988): 193–213.

Owensby, Jacob. "Dilthey and the Historicity of Poetic Expression." *The Journal of Aesthetics and Art Criticism* 46, no. 4 (Summer 1988): 501–507.

Owensby, Jacob. "Dilthey and Husserl on the Role of the Subject in History." *Philosophy Today* 32, no. 3 (Fall 1988): 221–231.

Brown, David K. "Interpretive Historical Sociology: Discordances of Weber, Dilthey and Others." *Journal of Historical Sociology* 3, no. 2 (June 1990): 166–191.

Makkreel, Rudolf A. "The Genesis of Heidegger's Phenomenological Hermeneutics and the Rediscovered 'Aristotle Introduction' of 1922." *Man and World: An International Philosophical Review* 23 (1990): 305–320.

Nenon, T. "Systematic Assumptions in Dilthey's Critique of Metaphysics." *International Studies in Philosophy* 22, no. 3 (1990): 41–57.

De Mul, Jos. "Dilthey's Narrative Model of Human Development: Necessary Reconsiderations After the Philosophical Hermeneutics of Heidegger and Gadamer." *Man and World: An International Philosophical Review* 24, no. 4 (October 1991): 409–426.

Maurer, B. "Can a Computer Understand?: Hermeneutics in Computer-Science (Thinking Through Habermas, Heidegger and Dilthey)." *Kodikas Code-Ars Semeiotica* 14, no. 3–4 (July-December 1991): 355–366.

Weiss, G. "Dilthey's Conception of Objectivity in the Human Sciences: A Reply to Gadamer." *Man and World: An International Philosophical Review* 24, no. 4 (October 1991): 471–486.

Makkreel, Rudolf A. "Purposiveness in History: Its Status after Kant, Hegel, Dilthey and Habermas." *Philosophy and Social Criticism* 18 (1992): 221–234.

Bambach, Charles R. "Phenomenological Research as Destruction: The Early Heidegger Reading of Dilthey." *Philosophy Today* 37, no. 2 (Summer 1993): 115–132.

Erben, Michael. "The Problem of Other Lives: Social Perspectives on Written Biography." *Sociology* 27, no. 1 (February 1993): 15–25.

Polet, Jeff. "Taking the Old Gods With Us: Gadamer and the Role of *Verstehen* in the Human Sciences." *Social Science Journal* 31, no. 2 (1994): 171–196.

Frohman, Larry. "Neo-Stoicism and the Transition to Modernity in Wilhelm Dilthey's Philosophy of History." *Journal of the History of Ideas* 56, no. 2 (April 1995): 263–287.

Jung, M. "From Dilthey to Mead and Heidegger: Systematic and Historical Relations." *Journal of the History of Philosophy* 33, no. 4 (October 1995): 661–677.

Scharff, Robert C. "Heidegger's 'Appropriation' of Dilthey Before 'Being and Time.'" *Journal of the History of Philosophy* 35, no. 1 (January 1997): 105–128.

Cooper, David E. "Reactionary Modernism." *Royal Institute of Philosophy Supplement* 74, no. 288 (1999): 291–304.

Harrington, Austin. "Objectivism in Hermeneutics?: Gadamer, Habermas, Dilthey." *Philosophy of the Social Sciences* 30, no. 4 (December 2000): 491–507.

Harrington, Austin. "Dilthey, Empathy and Verstehen: A Contemporary Reappraisal." *European Journal of Social Theory* 4, no. 3 (August 2001): 311–329.

Reid, James. "Dilthey's Epistemology of the *Geisteswissenschaften*: Between *Lebensphilosophie* and *Wissenschaftstheorie*." *Journal of the History of Philosophy* 39, no. 3 (July 2001): 407–436.

De Mul, Jos. "Das-Schauspiel-des-Lebens: Wilhelm Dilthey and Historical Biography." *Revue Internationale de Philosophie* 57, no. 226 (December 2003): 407–424.

Makkreel, Rudolf A. "Presentation," Introduction to Special Dilthey Issue. *Revue Internationale de Philosophie* 57, no. 226 (December 2003): 389–391.

Makkreel, Rudolf A. "The Cognition-Knowledge Distinction in Kant and Dilthey and the Implications for Psychology and Self-Understanding." *Studies in History and Philosophy of Science,* no. 34 (2003): 149–164.

Makkreel, Rudolf A. "The Productive Force of History and Dilthey's Formation of the Historical World." *Revue Internationale de Philosophie* 57, no. 226 (December 2003): 495–508.

Rockmore, Tom. "Dilthey and Historical Reason." *Revue Internationale de Philosophie* 57, no. 226 (December 2003): 477–494.

Schatzki, T. R. "Living Out of the Past: Dilthey and Heidegger on Life and History." *Inquiry: An Interdisciplinary Journal of Philosophy* 46, no. 3 (September 2003): 301–323.

Godrej, Farah. "Interpreting the 'Other': The Hermeneutics of Comparative Political Thought." Conference Papers--American Political Science Association (2004 Annual Meeting): 1–22.

Crowe, Benjamin D. "Dilthey's Philosophy of Religion in the 'Critique of Historical Reason': 1880–1910." *Journal of the History of Ideas* 66, no. 2 (April 2005): 265–283.

Höchsmann, Hyun. "Foreseeing a Fusion of Horizons – Gadamer, Quine, and Chung-Ying Cheng." *Journal of Chinese Philosophy* 34, no. 1 (March 2007): 127–149.

Tool, Andrus. "Wilhelm Dilthey on the Objectivity of Knowledge in Human Sciences." *TRAMES: A Journal of the Humanities & Social Sciences* 11, no. 1 (2007): 3–14.

### D．博士論文と修士論文

Plantinga, Theodore. "Understanding as the Basis for Historical Inquiry in the Later Philosophy of Wilhelm Dilthey." PhD diss., University of Toronto, 1975.

Barnett, William Ray. "Historical Relativism and Christology in the Thought of Wilhelm Dilthey and Albrecht Ritschl." PhD diss., University of Chicago, 1976.

Urban, George Thomas. "The Problem of Language and Worldviews in the Philosophy of Wilhelm Dilthey." Master's thesis, Ohio University, 1976.

Falconer, Crawford. "Historical Understanding in Dilthey, Collingwood and Popper." Master's thesis, Victoria University of Wellington, 1978.

Lamb, Matthew L. History, Method, and Theology: A Dialectical Comparison of Wilhelm Dilthey's Critique of Historical Reason and Bernard Lonergan's Meta-Methodology. Missoula, MT: Scholars Press for the American Academy of Religion, 1978. (PhD dissertation)

Wilferd, Jacklyn Lee. "Dilthey's Hermeneutical Theory and Wittgenstein's Approach to 'Meaning': Contrast and Implications." Master's thesis, University of Utah, 1978.

Oman, William Howard. "Wilhelm Dilthey's Methodology of the Geisteswissenschaften: A Comparison With Positivism and Marxism on Whole-Part and Theory-Practice." PhD diss., Fordham University, 1979.

Wingard, Brian T. "Wilhelm Dilthey's Philosophy of History and Its Influence Upon the New Hermeneutic." Master's thesis, Westminster Theological Seminary, 1979.

Schofield, Charles M. "Historical Consciousness and the Problem of Interpretation in Wilhelm Dilthey's Philosophy of the Human Sciences." Master's thesis, University of Nebraska-Lincoln, 1980.

Young, Tom. "The Hermeneutical Significance of Dilthey's Theory of World-Views." Master's thesis, Bryn Mawr, 1980.

Brown, David Kelly. "Max Weber, Wilhelm Dilthey, and the Methodenstreit: Ideal-Types and Verstehen." Master's thesis, University of Virginia, 1983.

Sorin, Robert. "Towards the Development of a Methodology Defining Responsibility for the Public Schools Using the Principles of Wilhelm Dilthey." PhD diss., University of Maryland, 1983.

Greer, Joseph Michael. "Historical Continuity and Change in the Philosophy of Wilhelm Dilthey." Master's thesis, Emory University, 1985.

Owensby, Jacob. "Dilthey's Critical Foundation for the Human Sciences as Proposed in the Einleitung in die

Geisteswissenschaften." PhD diss., Emory University, 1985.

Bambach, Charles R. "The Crisis of Historicism: Neo-Kantian Philosophy of History and Wilhelm Dilthey's Hermeneutics." PhD diss., The University of Michigan, 1987.

Roth, S. John. "Hermeneutical Theory: With Particular Attention to Schleiermacher, Dilthey, and Gadamer, and Its Implications for New Testament Theology." Master's thesis, Lutheran School of Theology at Chicago, 1987.

Schreiner, Franz. "Wilhelm Dilthey's Concept of *Erlebnis*: The Epistemological Argument for the Legitimation of the Human Sciences." PhD diss., University of Ottowa, 1988.

Childs, Frederick A. M. "Theology and Intervention in Moral Development in the Work of Wilhelm Dilthey." PhD diss., University at Albany, State University of New York, 1989.

Hysan, Lloyd M. "Understanding Conceptions of Human Reality: The Metaphilosophy of Wilhelm Dilthey." Master's thesis, Georgetown University, 1990.

Boodt, Cornelis. "Wilhelm Dilthey and the Crisis of Psychology." Master's thesis, University of Alberta, 1991.

Frohman, Lawrence Steele. "From Idealism to Phenomenology: Politics and the Philosophy of History in the Work of Wilhelm Dilthey." PhD diss., University of California, Berkeley, 1992.

Malone, Christopher J. "Philosophical and Biographical Hermeneutics: An Essay on History and Understanding." Master's thesis, Fordham University, 1994.

Naasko, Benjamin E. "Preliminary Sketch for an Inter-Subjective History as Relevant Discourse: Investigations with Dilthey and Heidegger." Master's thesis, University of Colorado at Denver, 2000.

Throop, Christopher J. "Experience, Coherence and Culture: The Significance of Dilthey's 'Descriptive Psychology' for Psychological Anthropology." Master's thesis, University of California, Los Angeles, 2000.

Welty, Paul Joseph. "The Ethical Import of Objective and Social Structures in Experience: A Study of Dilthey and Heidegger." PhD diss., Emory University, 2000.

Nelson, Eric S. "Time, History and Facticity in Dilthey and Heidegger." PhD diss., Emory University, 2001.
Wong, Kin Keung. "Dilthey and the Young Heidegger: A Way Toward the Hermeneutics of *Dasein*." Master's thesis, Chinese University of Hong Kong, 2005.

# 第五節　英語版『ディルタイ選集』の全体像

牧野英二

## はじめに

本節では、ルードルフ・A・マックリールの執筆による「一九七五年以後の英語圏諸国におけるディルタイ研究」で言及されなかった二〇〇八年以降の英語版『ディルタイ選集』の内容を中心に本『選集』の全体像を紹介する。本節は、氏の執筆時に予告されたものの未刊であった第二巻の補足的な説明とともに、最終巻の第六巻の詳細な紹介および解説を意図している。

## 一　英語版『ディルタイ選集』の文献学的解説と第五巻までの概略

まず、英語版『ディルタイ選集』の第一巻から第六巻までの書誌学的説明を行なう。出版年・出版元・編者と各巻のタイトルは次のとおりである。Wilhelm Dilthey, *Selected Works*, Volume I–VI, esp. Volume VI, *Ethical and World-View Philosophy*. Edited, with an introduction, by Rudolf A. Makkreel and Frithjof Rodi. 1985–2019 Princeton University Press.

次に、英語版『ディルタイ選集』第一巻から第五巻までの収録論文を簡潔に紹介しておく。第一巻は、『精神科学序説　第一巻』（一八八三年）のドイツ語原文の序文・本文（S. 135–350を除く）の全訳（「付録」収録の手稿補遺「社会学」を含む）と遺稿の『精神科学序説　第二巻』にあたる諸論考、「ブレスラウ完成稿」（一八八〇年―一八九〇年頃）「ベルリン草稿」（一八九三年頃）その他および「付録」三編が掲載されている（Volume I. *Introduction to the Human Sciences*. Edited, with an introduction, by Rudolf A. Makkreel and Frithjof Rodi. 1989, Princeton University Press.）。

第二巻は、『精神世界の理解』（Volume II. *Understanding the Human World*, 2010）である。まず、本巻の英訳タイトルについて次の注意を促しておきたい。“Human World”は、ドイツ語の geistige Welt の英訳である。ちなみに、第一巻の英訳タイトル“the Human Sciences”は、ドイツ語の„Geisteswissenschaften“の英訳であり、通常、英訳を直訳すれば「人間科学」となり、「精神科学」とはかなり意味上のズレが生じてくる。

次に第二巻に収録された六編の論考のタイトルを挙げておこう。「自叙伝的叙述の序文」（一九一一年）、「プロイセン科学アカデミー会員就任講演」（一八八七年）、「外界の実在性論考」（一八九〇年）、「生と認識」（一八九二年―九三年）、「記述的分析的心理学の構想」（一八九四年）、「比較心理学――個性研究への寄与」（一八九五年―九六年）などである。

第三巻は、ドイツ語版全集第七巻本文の全訳である。『精神科学における歴史的世界の構成』（Volume III. *The Formation of the Historical World in the Human Sciences*, 2002）における「精神科学の基礎づけに関する研究」（一九〇五年以降）、「精神科学における歴史的世界の構成」（一九一〇年）、「精神科学における歴史的世界の構成の続編の構想　歴史的理性批判のための草案」（一九一〇年頃）、「付録」（一九〇四年以降）の諸論考である。この巻の編集方針として、ディルタイ晩年の解釈学関連の諸論考を網羅的に収録している点に編者の関心の高さが窺われる。

第四巻は、『解釈学と歴史研究』（Volume IV. *Hermeneutics and the Study of History*, 1996）と題して、第一部「解釈学とその歴史」には「過去のプロテスタント解釈学と対決するシュライアーマッハーの解釈学の体系」（一八六〇年）、「理解と解釈」（一八六七年―六八年）、「解釈学の成立」（一九〇〇年）が収録されている。第二部「歴史の諸解釈」には「歴史と科学」（一八六二年）、「イタリア・ルネサンスの文化、ヤーコプ・ブルクハルトの試み」（一八六二年）、「ドイツの歴史家Ⅲ　フリードリヒ・クリストフ・シュロッサー」（一八六二年）、「十八世紀と歴史的世界」（一九〇一年）、「生誕七〇歳記念講演」（一九〇三年）が収録されている。この巻に付した英語のタイトル『解釈学と歴史研究』のうちに読者に向けた編者のメッセージ性がよく表現されている。

第五巻『詩作と経験』(Volume V. *Poetry and Experience*, 1985) 第一部「詩学」には「詩人の想像力――詩学のための礎石」（一八八七年）、「近代美学の三つの時期とその今日的課題」（一八九二年）、「詩学断片」（一九〇七年―〇八年）が収録され、第二部「詩作と体験」には「ゲーテと詩的想像力」（一九一〇年）、「フリードリヒ・ヘルダーリン」（一九一〇年）の二編が収録されている。本巻は、ベストセラーとなった『体験と創作』収録論文を中心に美学関連の諸論考を編集しており、二人の編者による美学的な関心に依拠したディルタイ研究の中心テーマが浮き彫りになった編集方針が窺われる。

## 二　最終巻第六巻の解題

本書は、英語版『ディルタイ選集』全六巻（一九八五―二〇一九年）の最終巻にあたる。巻頭では、既刊と同様に選集の二人の編者による「全巻のための序文」が二頁半付せられ、そののち第六巻の表記上の注記があり、「第六巻の序論」のなかで三〇頁にわたり収録論文の内容と英訳上の留意点などが記されている。本書もまた、既刊の多くと同様、ディルタイの主要著作の核心的な部分の全訳とともに小編の訳から成り立っている。

第六巻収録の著作および論文名は、まず日本語訳で、次に原著のドイツ語表記と刊行年または執筆年に続き、ドイツ語版全集の巻数をローマ数字で表記し（たとえば、「GS X」は全集第一〇巻）、またページ数をアラビア数字で表記する。

最初に、本書収録の著作・論文名を掲載順に紹介する。第一章は「倫理学体系」(I, pp. 31–139. 1890. System der Ethik,GS X, 13–112)、第二章は「現代文化と哲学」(II, pp. 141–159. 1898. Die Kultur der Gegenwart und die Philosophie, GS VIII, 190–205)、第三章では、「夢」(III, pp. 161–170. 1903. Traum, GS VIII, 220–226)、第四章では「哲学の本質」(IV, pp. 171–247. 1907. Das Wesen der Philosophie, GS V, 339–416)、第五章では、「世界観の諸類型と、形而上学的諸体系におけるそれらの類型の形成」(V, pp. 249–293. 1911. Die Typen der Weltanschauung und ihre Ausbildung in den metaphysischen Systemen, GS VIII, 75–118)、第六章では、「宗教の問題」(VI, pp. 295–316. 1911. Das Problem der Religion, GS VI, 288–305)が収録されている(Glossary, pp. 317–328. Index, pp. 329–346)。

なお、翻訳は、本巻全体にわたりRudolf A. Makkreelが担当し、第一章「倫理学体系」および第六章「宗教の問題」はStephen W. Ballとの共訳、第二章「現代文化と哲学」はPatricia Van Tuylとの共訳、第三章「夢」はRamon J. Betanzosとの共訳、第四章「哲学の本質」はJohn Kroisとの共訳であり、第五章「世界観の諸類型と、形而上学的諸体系におけるそれらの類型の形成」はJames McMahonとの共訳である。

## 三　掲載論文の内容説明

次に掲載順に掲載論文の内容を簡単に紹介する。第一章「倫理学体系」(一八九〇年)は、ディルタイが、一八九〇年夏学期にベルリン大学で行なった講義の記録であり、江湖に公表するために執筆された完璧な論考ではないので、厳密な意味では体系性を有する著作ではない。英語圏の読者には、本論考が「倫理学体系」というタイトルから受ける第一印象とは異なることに注意する必要があるだろう。ディルタイの哲学的思索は、倫理学的研究から出発したが、倫理学に本格的に取り組んだのはこの論考が最初である。それだけに、英語圏の読者にとってディルタイの倫理思想の特徴や彼の根本原理を把握するには大変有益な論文である。

第二章「現代文化と哲学」（一八九八年）は、「世界観学に向けて」（一八九六年頃―一九〇六年頃）の第六章にあたる論考である。本章では、第一に現代の思想的根本動向を三つの側面から解明し、第二に、生に対する実証科学の支配とは対照的に思考の無政府状況に直面した現状分析を示す。第三に、ディルタイは、現代文化における学問論としての哲学の立場を提起して、彼とは対照的に論述的・論理的方法による認識を否定するフリードリヒ・ニーチェに対する論評などを試みている。要するに本論考は、十九世紀の歴史意識のうちで、ディルタイの立場による現代文化の現状と課題を探究する試みである。

第三章「夢」（一九〇三年）は、第二章と同じ「世界観学に向けて」の第八章にあたる論考である。この論考は、ディルタイ生誕七〇歳の記念講演のおりに、自ら「夢」というタイトルを付した講演原稿であり、英訳で七頁ほどの小編である。短論文とはいえ、ディルタイの思索の過程と人柄を簡潔に物語っており、晩年のディルタイの思想を理解するには有益な論考である。彼は、師のトレンデレンブルクや畏友ヨルク伯などの名前を挙げて、自身の哲学的思索と研究姿勢に対する彼らの貢献に謝意を表しながら、世界観学に向けた課題について「夢と夢との間に目覚めている人々のように」(p. 169)、語っている点が英語圏の読者にとって興味深い印象を与えるであろう。

第四章「哲学の本質」（一九〇七年）は、ディルタイ最晩年に公刊された著作の一つである。それは、序論、第一部「哲学の本質を規定するための歴史的手続き」および第二部「精神的世界において占める位置から見られた哲学の本質」の二部構成からなる。第一部では、ディルタイが探究する「哲学の本質」を明らかにするために、古代ギリシア以降現代にいたる西洋哲学の哲学的諸体系の歴史的展開過程を考察することによって、「内的経験の学問ないし精神科学として、哲学を把握するという哲学の本質」(p. 195) に関する基礎的見解を解明しようと試みる。第二部では、第一部で帰納的に導き出された哲学の本質特徴に続き、「哲学の概念は、哲学概念の上位の概念や、哲学概念と同位の概念に対する関連を叙述することによって、完全なものとなる」(p. 205)、ことを明らかにする。それによってディルタイは、「哲学の本質」に関して「哲学が多くの人々のなかで同型的に起こり、こうした人々を社会的で歴史的な連関へと結合する機能である」、と主張する。この最後の意味で彼は、「哲学とは文化体系の哲学である」(p. 245) という結論を導き出した。

第五章「世界観の諸類型と、形而上学的諸体系におけるそれらの類型の形成」(一九一一年) は、初出が『世界観、哲学および宗教』所収論文として刊行され、その後『全集』に再録された論考である (Weltanschauung, Philosophie und Religion, hersg. Max Frischeisen-Köhler, Berlin 1911, S. 3–51.)。この論考でディルタイは、増大する歴史意識に伴う無政府状態と普遍的妥当性を求める哲学との矛盾・対立状況のなかで、哲学諸体系、宗教的直観、倫理的原理のあいだの抗争が懐疑を強めた歴史的経緯と世界観の諸類型を考察して、その解決に向けて自身の哲学的立場を明らかにしようとした。そのためにディルタイは、すべての世界観に共通の三つの特徴である、世界像、生の評価、生の営みの理想を記述する。具体的には第一章「生と世界観」、第二章「宗教、文芸および形而上学における世界観の諸類型」、第三章「自然主義」、第四章「自由の観念論」、第五章「客観的観念論」の順に考察を進めている。ディルタイの立場は、諸々の世界観を表現してきた西洋の哲学的諸学の諸体系を批判的に考察するという意味で、「哲学のなかの哲学」という位置づけにあることを英語圏の読者に示している。

第六巻の第六章「宗教の問題」(一九一一年) は、ディルタイ最晩年、彼が亡くなる年の夏の終わりに執筆された文字通りの遺稿であり、未完の論文である。ディルタイが同年一〇月一日にチロルのザイス (Hotel Salegg, Seis am Schlern, Tirol) で亡くなったため (享年七七歳)、執筆途中の断片のままである。そこで、読者に論文全体のイメージをつかんでいただくため、日本語版の訳者による章分けや仮のタイトルを借用して便宜に供する。

まず序にあたる短い論述があり、以下、[第一章　世俗的生活、芸術、科学、哲学と宗教との対立]。[第二章　啓蒙]、[第一節　啓蒙期の宗教研究]、[第二節　キリスト教的宗教性の内的発展]、[第三節　敬虔主義と超越論哲学]。[第三章　新しい宗教性の告知者としてのシュライアーマッハー]、[第一節　超越論哲学による新たな宗教性理解]、[第二節　シュライアーマッハーの神秘主義]、[第三節　シュライアーマッハーの宗教学]、[第四節　シュライアーマッハーの神学」、［第五節　シュライアーマッハー以後の宗教学の展開］。第四章［宗教学の課題］、第一節［宗教学の論理学的自己解明］、第二節［宗教の言説と科学の言説の区別］、第三節［作用連関としての生］。第五章［宗教の本質の把捉可能性］。第六章　人間学。（ちなみに、［　］内のみ訳者による補足である。）以上について、英語版第六巻では、ドイツ語版原文に忠実に、章区分が表記された第四章にあたる部分から第六章にあたる部分についてはローマ数字のI. II. III. を、日本語訳の第四章の第一節以降の節区分にはアラビア数字の1, 2, 3のみで表記し、日本語訳の第六章にあたる部分のみ原文に忠実に「III. Anthropology」と英語訳されている。この点でも、英語圏の読者よりも日本の読者のほうが、未整理の遺稿の内容を理解しやすいであろう。

いずれにしても、ディルタイは生涯の最後の時まで、シュライアーマッハー研究と宗教の本質の理解とともに人間学的研究に取り組んでいたことが英語圏の読者にも理解できるであろう。

## 四　まとめに代えて——日本語版『全集』と英語版『選集』との対比

最後に本節のまとめに代えて、日本語版『ディルタイ全集』と英語版『ディルタイ選集』とを簡単に比較して感想を述べてみたい。両者を比べてみると、いくつかの興味深い相違点に気づかされる。英語版の特徴は、翻訳に関しては、ドイツ語版原文に比べて、また日本語訳に比べても比較的読みやすい英語訳であり、日本語訳と比較して意訳的な要素が強く、英文も読みやすいように感じられた（英語版の編者は、「ディルタイ［のドイツ語］は翻訳が難しい」(preface to all Volumes, viii) と述べていたが）。他方で、翻訳の正確さと収録論文の分量から言えば、日本語版『全集』では『シュライアーマッハーの生涯』や「ヘーゲルの青年時代」、「世界観学」の全訳を収録している点で、間違いなく日本語訳全集に軍配が上がるはずである。

英語版『ディルタイ選集』には、選集の性格上、ディルタイの人柄と思想形成の理解に不可欠の基礎文献である

『若きディルタイ』（Der Junge Dilthey, 1932）や『ディルタイ＝ヨルク伯往復書簡集』（一九二三年）などは収録されていない。こうした点だけを見ても、日本語版『ディルタイ全集』のほうが、量質ともはるかに充実した文献となっている。それだけに、今後、日本におけるディルタイ研究の発展が大いに期待されるところである。

他方、ディルタイが企画し編集委員長を務めたアカデミー版『カント全集』の英語版全集と英語版『ディルタイ選集』とを比較すると、残念ながら、英語版『カント全集』のほうがはるかに浩瀚な書物からなる翻訳全集となっており、訳注や解説なども大変充実している。この点から見ても、英語圏におけるディルタイの一次文献および二次文献の一層の充実とディルタイ研究の今後のさらなる発展を大いに期待したい。

【付記】なお、本稿は拙論「図書紹介」、日本ディルタイ協会編『ディルタイ研究』第31号、二〇二〇年（五九―六四頁）に大幅な加筆修正を施してなった論考である。

# 第二章　ディルタイ哲学再評価の試み

## ――「生の哲学」から「生命記号論的解釈学」への道

牧野英二

## はじめに

本章の目的は次の二つの課題に取り組むことにある。第一の課題は、「生・生命（Leben）」概念を手がかりにして、ディルタイの哲学史的評価を再検討することにある。第二の課題は、彼の哲学の今日的意義を探究することにある。換言すれば、本章はディルタイを「生の哲学者」と見なす伝統的解釈を正すことによって、彼を「歴史的生の哲学者」として同時に「生命記号論的解釈学」の先駆者として解釈する試みである。

次に、この設問の背景を説明しておきたい。近年、「生」をめぐる議論は、超域的な研究を深めている。それは環境哲学および環境倫理学の領域から生政治学や精神病理学、生命科学、医学など人文・社会・自然の諸学問の進展とともに「善き生」と「剝き出しの生」[1]に関する問題や「生命記号論（biosemiotics）」、「人工生命（artificial life）」の課題などとも結びついてきた。くわえて二〇二〇年以降、新型コロナウイルスのパンデミックにより「医療の政治化」や「トリアージ（triage）」と呼ばれる生の選別化がより身近な問題となってきた。これらは、ディルタイの時代には見られない科学技術の急速な進展によって生じた課題である。だが、これらは生と学問のあいだに生じた乖離の帰結であり、したがって十九世紀末以降、この課題に取り組み多くの誤解に晒されたディルタイ哲学の読み直しを迫っている。要するに、ディルタイ哲学の中心概念「生」のより正確な理解と今日的意義を探究することは、従来多様に解釈された「生」の意味を再検討するために必要な思想的営為である。そこで本章では、前述の目的を分節化した次の疑問の解答に向けて取り組むことにする。

第一に、ディルタイの思索のなかで「生」は、どのような意味をもつ概念であったのか。第二に、彼の「生の哲学（Lebensphilosophie）」とは、どのような哲学であったのか。第三に、彼の「生の哲学」は、その後の哲学史の過程でどのように理解され批判され、その批判的克服の試みが展開されたのか。第四に、ディルタイ没後一〇〇年を経た二十一世紀の哲学的立場から見たとき、彼の「生」と解釈学の歴史的および今日的意義はどこにあるのだろうか。たとえば、近年のディルタイ研究の領域でも、「人工生命」や「生命記号論」との関係から見た解釈も試みられている。この試みは、どの程度妥当な解釈であろうか。この試みは、今日の「生」をめぐる問題群に対して、どのような意味を与えうるのだろうか。

これらの疑問は、ディルタイの「歴史的生の解釈学」を「生命解釈学」に向けて再解釈することを促し、精神科学と自然科学との統合の可能性を探究するよう迫っている。厳密に言えば、この試みには二つの異質な思想傾向が看取できる。一方で、精神科学と自然科学との統合を「自然主義的解釈学」により解決しようとする傾向がある。(2) 他方では、自然主義的還元の傾向とは異なる方法によって精神科学と自然科学との統合の可能性を探究しようとする試みもある。本章は基本的に後者の立場に依拠しつつ、従来の解釈学史で看過されたディルタイの「理解(Verstehen)」の方法と対象の拡大による人間および「生の客観態」から生物に及ぶ思想に着目する。同時に、解釈学的哲学の優位性という通説への批判とともに、精神科学と自然科学との伝統的な二分法的な思考態度そのものを問い直すことにする。

## 一　二十世紀哲学史と二十一世紀におけるディルタイ哲学の位置

### (1)分析哲学におけるディルタイ解釈の自然主義的傾向

最初に筆者は、ハイデガーやガダマー、リクールなどに代表される解釈学の立場が依拠する前提を問い直すため、従来注目されなかった哲学史上の事実に留意して、ディルタイ哲学の広範な射程を確認する作業から開始する。

二十世紀哲学史におけるディルタイ哲学の評価や批判は、新カント学派、ハイデガーやガダマーなどによる解釈学やミッシュをはじめとするディルタイ学派との関係にとどまらず、ルカーチやマルクーゼなどのマルクス主義的立場、(3) ハーバーマス、(4) さらにリクールによる影響史のもとで多様に論じられてきた。(5) これらの哲学者は、哲学史のなかで大きな影響力を発揮し国内でも紹介されてきたので、ここで立ち入る必要はないだろう。本章では、まず従来看過されてきた英語圏の分析哲学に対する影響作用史的事実を指摘したい。たとえば、初期のR・カルナップやファン・フラーセンとの関係に着目する研究成果も見られる[6]。

さらに大陸系の解釈学的伝統を顧慮すれば、ディルタイ哲学は、ラッセル、カルナップ、クワイン、デイヴィッドソン、クリプキなど分析哲学の伝統にも影響関係がある。ディルタイにおける自然と生命の関係については、存在論的で物理主義的な思想傾向が指摘できる。たとえば、オットー・ノイラートからクリソストモス・マンツァヴィノスに見られるように、方法的・自然科学的な自然主義化の影響下では、超自然的、宗教的、形而上学的世界の説明モデルに反対する思想傾向が見られ、生の哲学および精神科学の独立性も問題視されている。

この連関のうちで重要な論点は、ディルタイの生涯にわたるプロジェクトである「歴史的理性批判（Kritik der historischen Vernunft）」（I, IX）の試みであり[7]、これは、反自然主義的概念として把握されている。すなわち、ディルタイは、精神科学と自然科学とを分離することによって、厳格な認識論的方法を採用している。それによって彼は、一方で解釈する（auslegen, deuten）ことを試み、他方では因果的な説明に依拠する二元論を提示したとみられている。だが、このようなディルタイ解釈に反対して、自然主義的な立場から人間的生の内在的全体性を強調するような解釈が語られている。

記号論の領域でも、カッシーラーの象徴形式の哲学との関係とは別に、バフチンに対するディルタイの影響が国内でも早い段階で指摘されている。だが、記号論的観点から見たディルタイの評価と制限については、今日では妥当ではないことが明らかである[8]。ここには、彼の哲学的思索と分析哲学の中心課題の自然科学的真理に基礎を置く知の特徴との接点に、ディルタイ解釈の新たな特徴が見られる。こうした最近の研究のうちには、ディルタイ解釈学のなかに「生命記号論的解釈学」への道筋を見いだそうとする動向が見られる。その嚆矢として、カルナップ初期の著作『世界の論理的構造』にディルタイに対する言及がみられる[9]。

他方、チャールズ・テイラーのように解釈学と自然科学とを対立的に捉える立場とは異なり、トマス・クーンに由来する近年の「ポスト分析哲学（postanalytic philosophy）」の動向には、筆者の見解との親近性が見られる。[10] 一般的に言えば、テイラーのような立場は、ディルタイ解釈学の伝統を継承していると考えられているが、必ずしもそうではない。

今日、多文化共生が謳われるなかで、解釈学における規範性と個性との関係が見直され、同時に解釈の対象と方法も問い直されている。これらは、ＳＤＧｓや「人新世（Anthropocene）」の時代に望ましい環境や生物と人間との関係の見直しも迫っている。ジョルジョ・アガンベンがハイデガーに関する批評のなかで看破したように、ユクスキュルは「生命科学におけるすべての人間中心主義的な視点の仮借なき拋棄と、自然のイメージの根本的な脱人間化を謳っていた」[11]のである。後述のように、ユクスキュルの生物学的思想とディルタイ思想との親近性を見いだそうとする探究によって初めて、前述の相対立する見解は克服可能となるだろう。

## (2) ディルタイ哲学の「生」に対する批判的見解

哲学史のなかでディルタイ哲学を適切に評価しようとする場合、彼の「生の哲学」「歴史主義」「解釈学」の概念に留意することが肝要である。[12] ただし、ここでは本章の主題と最も深く関わる「生の哲学」と「解釈学」に絞って考察する。[13]

二十世紀哲学史から見て、ディルタイにおける「生」の的確な理解が妨げられた理由には、まず新カント学派による「生の哲学」および「歴史主義」に対する批判がある。とくに新カント学派による「非合理的で有機体論的な生の哲学者」というレッテルは、ディルタイ評価に対して、のちの時代にも負の影響を与えている。フッサール『厳密な学としての哲学』（一九一一年）による心理主義や相対主義、懐疑主義というディルタイ批判も、日本の哲学者に大きな影響を与えてきた。とくにリッカートは、『生の哲学』（一九二〇年）のなかで生の哲学を流行思想と見なし、ディルタイの生の哲学は生物学主義であると断じた。[14] このレッテルは今なお色あせてはいない。

そこで、まず本章ではディルタイ批判の通説が依拠する新カント学派との相違点を簡潔に示すことで、哲学史上の「躓きの石」を取り除くことにする。その主要論点は次のとおりである。第一に、ディルタイは新カント学派とは異なり、超越論哲学に固執した学問的立場に立つのではなく、経験的と超越論的との二元論、伝統的な精神と物体との二元論を克服しようとする立場から哲学的思索を展開した。第二に、ディルタイは、彼らとは異なり、自身の「記述的分析的心理学（beschreibende und zergliedernde Psychologie）」が自然科学に属するのではなく、精神科学に属すると考えた。しかも、自然科学的因果法則に支配された自然の世界と人間社会にかかわる精神科学との区別以前のあり方を考察するために、彼は伝統的な心理学や実験心理学との異質性に着目して、「説明的心理学（erklärende Psychologie）」ではなく、記述的分析的心理学の方法を採用している。第三に、自然科学の認識対象が因果的な説明様式に関係づけられるのとは異なり、精神科学における学問的認識の対象は「生それ自体」として予め与えられている。周知のように中期のディルタイは、精神科学のうちで心理学が最も基礎的で、歴史学が最も複合的な精神科学であり、美学・芸術学は最も直観化可能な精神科学であると考えた。第四に、ディルタイは新カント学派とは異なり、存在と価値とのあいだのカント主義的二元論を狭隘な形式主義の産物とみなしている。たとえば、価値、とくに文化的な諸価値は、現実を判断するためにアプリオリに合理的な複合体へと還元されるべきではなく、むしろ生に内在すると彼は考えた。これらは、ハイデガーの「実存論的カテゴリー」の形成に影響を与えた「生のカテゴリー」にかかわるので、詳しくは後述する。

二十一世紀にまでおよぶ決定的なディルタイ批判は、解釈学の立場によるそれである。周知のように、ハイデガーおよびガダマーによる批判が挙げられる。とくに「生」および「生と死」をめぐる基本的な見解について、ディルタイとハイデガーとのあいだには理解の「へだたり」が生じている。[15]

ハイデガーの見解とは異なり、ディルタイの主張は、「生を生それ自身から理解しようとする」（V, 4）という彼の哲学の根本テーゼに由来する。またディルタイは、死を生に内在する「消滅可能性」と解釈し、ハイデガーとは反対に、生を死より基礎的なカテゴリーと見なした。ディルタイは、「現実的時間のこの特性は、われわれがつねに現在に生きており、さらにわれわれの生のたえざる消滅可能性（Korruptibilität）」（VII, 72）が含まれると理解している。生は不断の動きであり、体験は本性上構造的である。ハイデガーは、『存在と時間』などで生の概念を生物学的ないし心理学的概念と見なしディルタイを批判した。だが、ディルタイ後期の生の概念は歴史的概念であり、彼の「生」の概念は「歴史的生」を意味する。

一方、ハイデガーは、哲学的人間学やディルタイに対する「生物学主義」という新カント学派などの支配的な批判に与した。またハイデガー自身は、この批判から免れるため、生物学から慎重に「距離」を取るべく論述を展開した[16]。

ディルタイは、学問論的課題である精神科学の認識論的基礎づけを目指し、理論的な知識と実践的な生の確信との関係を明らかにしようと努めている。彼は、精神科学の考察対象が理論と実践とのあいだで考察される点に気づいていた。この観点から見れば、ディルタイ解釈学には実践的契機が欠けているという伝統的な批判は彼の真意を誤解している[17]。後述のように、「生」は身体や環境を媒介としており、「説明（Erklären）」と「理解（Verstehen）」を分離することはできない、とディルタイは考えた。説明は、抽象によって得られた構成的要素を具体的なものへと向ける。「説明の最も明白な形式は機械論である」（XIX, 272）が、理解にとっては「構造がすべてである。そして循環は不可避である。〔…ある〕連関のなかで私は全体から個別を、個別から全体を解釈する」（XIX, 446）。彼の主張の主要論点は、全体と部分とのあいだの「解釈学的循環」に向けられていたのである。

ディルタイは、伝承されてきた規範や価値の歴史化のプロセスの背後に遡って精神科学における歴史的世界の構成や解釈学的認識の基礎を明らかにしようと考えるようになる。この場合、自然科学と精神科学との区別は方法論上の区別であって、説明と理解の相違は、経験科学が対象を把握し構成する場合の条件の相違を意味する。

要するにディルタイは、歴史的世界を分析することによって精神科学の体系を解明し、精神科学と自然科学の認識論的境界を画定しようとした。周知のようにこの試みは、彼に帰すべき哲学史上の功績である。彼は、個人を歴史的生の担い手や文化体系の「交差点（Kreuzungspunkt）」（VII, 142）と見ている。これらは、すべて歴史的生の共同の担い手である。その結果、「ヘーゲルの普遍的理性の代わりに、生の全体性が〔…〕現われることによって、歴史科学はいかにして可能かという問題が生じてくる」（VII, 151）。ディルタイにとって、カントの「理性批判」からヘーゲルの「客観的精神」を梃子にして、これらの疑問に応えることが彼の果たすべき課題となった。

### (3)ディルタイにおける「生」の多義性と「生の解釈学」

ディルタイの「生」の概念に対する新カント学派やハイデガーによる厳しい批判には、誤解が少なくない。だが、彼の「生」の概念には、誤解や批判を招く多義性が潜んでいたことも確かである。ただし、この事態は必ずしも彼の思索の欠陥とは言えない。「生を生それ自身から理解しようとする、私の哲学的思索に支配的な衝撃（Impuls）が生じる」（V, 4）。彼の真理探究の衝動は衰えず、絶えず先達の概念と思索を手がかりにして自身との「へだたり」を十分説明しないまま新たなテーマと方法に取り組んでいる。それに対応して彼の思索はいっそう拡大し進化してゆく。後期の論考でも「ここでは生が生を捉える」（VII, 136）と告白している。しかしここでも「生が生を捉える」ことの意味が明確に分節化されていない。このテーゼには、「生」のうちに省察の主体と省察の客体との二重構造が存在することが語られている。この場合、彼の「生」は、「歴史的生」を意味しているのである。

このように彼の思索の発展過程で、「生」の概念の意味は徐々に変化する。中期の「心的生（Seelenleben）」とその考察の立場では、それは主として心理学的であり、後期の「解釈学の成立」前後からの解釈学的な概念としての「歴史的生」の概念へと徐々に変化した。ここにも彼の思索と論述の動揺と不十分さが指摘できる。ただし筆者は、心理学的な側面と解釈学的な側面との関係を矛盾説や整合説の立場に依拠するのではなく、不整合の事実を認めたうえで両側面を積極的に活用するよう試みる。彼の真意は「生」そのものの根源性への探究にあり、「生の哲学」は、あらゆる知のあり方とともに「生」に由来している点に変更はないからである。

ディルタイが、生の全体性および根源性を主張した背景には、経験主義および実証主義を克服しようとする意図が潜んでいる。彼によれば、「**私の哲学の根本思想**は、全体的で十全な歪みのない経験、したがって全体的で十全な現実が哲学することの従来の基礎になっていなかったという考えである」（VIII, 171：第4巻五九〇頁）。彼は、早くから伝統的な理性主義やアプリオリ主義を批判し経験を重視している。だが、それは経験主義の経験ではなく、したがって「経験論（Empirismus）ではなく、囚われない経験（unbefangene Empirie）」としてディルタイ固有の「経験の立場」からの「生の全体性」の把握を意味している。彼によれば、「精神世界をこの外界の枠内に〈嵌めこむ〉ために歪めたこと、これこそが実証主義の限界だった」（V, 3：第11巻八九八頁）のである。言い換えれば、実証主義は歪められた経験の立場であり、心的生を原子論的、理論的把握によって歪めた経験に基礎を置いてきたのである。

このようにディルタイは、実証主義にもとづく自然科学特有の経験概念が、独断的に経験そのものと等値されてきたことを批判する。彼は、精神現象を自然現象とともに帰納や演繹という方法に還元する自然主義に断固として反対した。実証主義と自然主義に対する彼の批判は、今日でも一定程度妥当する。なお、彼の「生」の概念は、「心的生（Seelenleben）」や「身体的生（körperliches Leben）」など表現上の多様性を含むが、心身の統一体として「生の統一体」と理解されなければならない。近年のディルタイ研究は、精神的なものが身体的なものに依存し、それに対応して精神科学が自然科学に依存する側面に留意している。彼は、伝統的解釈とは異なり、身体や環境世界に広く目配りして、精神科学と自然科学との相互的補完関係の解明に努めていたのである。この着想には、自然科学と精神科学との二元的な学問区分を克服しようとする傾向が見られる。実際、「解釈学の成立——手稿からの補遺」では、学問的連関に関連して「この連関は、物理学や化学においては、量的関係についての数学的知識であり、生物学においては、生の合目的性であり、精神科学においては、心的な生動性の構造である」（V, 335）と論じている。ここでは、ローディも指摘するように、学問の三区分と生物学の特別な位置づけが示唆されているが[18]、この点については後述する。

ところで、ディルタイが「生の哲学」から「生の解釈学」へと展開するのは、「解釈学の成立」（一九〇〇年）刊行前と推測される。[19] そこで彼の「生の解釈学」の方法を正確に確認することが求められる。彼によれば、「生の解釈から世界への道だけが存在する。そして生は、体験し理解し歴史的に把握することのうちにのみ存在する」（VII, 291：第4巻三二九頁）。この見解を要約すれば、哲学は歴史的生を解釈するのである。この方法は、精神科学に対する学問論的研究から哲学的研究への「連関」(Zusammenhang) のなかで、解釈学的方法として生に転用され哲学的方法に変貌する。その結果、人間、芸術作品、歴史など特定の個別対象の解釈だけでなく、生の全体性の解釈が問われることになる。要するに、生そのものが解釈されるべきテクストになるわけである。[20]

このようにディルタイの「生」は「歴史的生」として歴史的社会的現実という構造連関によって解釈される。また解釈は、言語によるテクスト解釈以外に身体表現や非言語的な表現にも留意して、文化的な記号や言語に回収されない歴史的生の客観態という媒介によって自己と他者との相互的理解が可能となる。さらにディルタイは、人間以外の生物に対しても理解可能性を示唆することによって、この概念が生物にまで及ぶと考えている。言い換えれば、伝承されたテクストが通例一つの完結した全体であるが、生の全体性は人間がそこに存在する全体性であり開かれた連関である。

筆者の解釈によれば、ディルタイ解釈学における「生」の理解には、言語による理解だけでなく、非言語的な表現と結びついた「想像力」(Einbildungskraft, Phantasie) の働きが重視されている。しかも言語的想像力とは別に、音楽的想像力の働きが重要な役割を果たしている。この点については、マックリールの解釈が参考になる。彼によれば、「ディルタイ後期の著作は、究極的に音楽的想像力の重要性への思弁に至る言語の聴覚的な性質に大きな関心があったことを明らかにしている」。[21] この指摘は重要である。

たとえば、言語的想像力と音楽的気分に関連して、言語の聴覚的側面と視覚的側面の調和とその実例はゲーテの詩などに見られる。加えて今日求められることは、言語の聴覚的側面と視覚的側面の調和を宗教的・芸術的な次元に限定せず、日常生活における弱者の苦しみの声・言葉にならない無言の声にも耳を傾け、聞く力と想像力を発揮する点にある。また人間以外の生物、とくに動物たちの声にも耳を傾け、それを聞く力と異質な他者に対する想像力とを発揮することが肝要である。さらに生ける主体は、個体の死とともに身体が滅んでも、記号論的意味で生き続けることが可能である。人間の場合でも、歴史的生の主体として、歴史的遺産を文化遺産・社会的痕跡として残すことができるだけでなく、歴史の記憶として遺伝子レベルでもそれが継承されうるのである。[22]

これらの働きによって一人称・二人称・三人称で表現される存在者の世界が拡大される。この世界は、「生の客観態」として記述的分析的心理学の方法と結びつくことで、世界に生きる人間以外の存在者のあり方を開示できる。この観点は、人間の個性や歴史的社会的現実に向けられた解釈学の方法を豊かに拡張することによって、動物解釈学や動物記号論から動物倫理の方向に新たな道を拓くことができるのではないか。また、こうした解釈が可能であるとすれば、ディルタイは、その先駆者と見なすことが可能となるだろう。次に、この観点からさらなる考察を試みる。

## 二 「歴史的生」と「生物学的生」

### (1) 「生の解釈学」の諸相

オットー・ボルノーによれば、ディルタイ哲学の特徴は「生の解釈学」にある。ディルタイ解釈における先駆的な役割を果たしたボルノーの研究は、ゲオルク・ミッシュが十分扱えなかったディルタイ晩年の哲学的意義を中心的に考察した。[23]ボルノーは、ディルタイの「生の哲学」の重要性をつとに指摘している。だが、ディルタイによる精神科学の認識論的基礎づけの努力は、彼の行為論的見解と同様に、その後十分顧慮されることがなかった。[24]

「生の解釈学」[25]は、他者認識の問題から歴史認識の問題を経て、「生」の認識、人間の自己認識という普遍的問題にまで及んでいる。他方、レッシング説によれば、ディルタイの哲学は「歴史的・解釈学的な生の哲学（geschichtlichhermeneutische Lebensphilosophie)」と理解されるべきである。[26] 筆者によれば、ディルタイ研究の現段階の成果を踏まえて、「生」および「歴史主義」と深くかかわる「歴史意識」との関係から解釈すれば、ディルタイ哲学は「歴史的生」を基礎にした「歴史的生の解釈学」であり、同時に「生命記号論的解釈学」への先駆的な役割を果たしている。そこで筆者は、まずディルタイにおける歴史主義と生との関係、次に歴史的生の意味を明らかにする。

かつてボルノーが指摘したように、ディルタイの「生」には次の含意が認められる。第一に、生は個別的な個人の現存在に限定されず、諸個人が同時により根源的に結びついた「生の共通性（Gemeinsamkeit des Lebens)」を意味する。「生」は、根源的であるから、個人的生やその集合体に還元されず、生の構造は普遍的な共通性をもつ。第二に、生は孤立した主体性ではなく、自己と世界とを共同的に包括する連関の全体性を意味する。この場合、自己と世界は、主観と客観との対立概念と理解してはならない。「世界は、つねに自己の相関概念（Korrelat)」(VIII, 17) だからである。第三に、生は、歴史的プロセスのなかで自己を展開する生の秩序の全体性を意味する。[27] この根源的な生のうちで、はじめて自己と世界との対立関係も生じうる。生は歴史的生である限り、ディルタイの「生の哲学」は「歴史的生の哲学」を意味するのである。ディルタイの哲学史的功績の一つは、彼が「生」と「歴史」との不可分の関係を洞察した点にある。したがって自己と他者との相互理解、生の主体性と世界との連関、部分と全体の解釈学的循環、それらを貫く歴史的プロセスなど、すべてが本章の考察の出発点であり、議論全体の前提であるといってよい。

この生と世界および歴史主義との関係考察は、ディルタイによる歴史主義的思想と自然主義的思想との調停可能性という課題に導く。マックリールが指摘したように、ディルタイの哲学は、生を歴史的概念として捉え、他方、ベルクソンはディルタイとともに、自然科学によって構成された自然概念が人間の理解には不十分な連関であることを理解した。ただし、ディルタイは自然概念に代わる生の理念を歴史的世界に向けた。それに対してベルクソンは、有機的な生の諸力の観点から自然を新たに解釈することに向かった。ベルクソンの場合には、「生の躍動（élan vital)」は、自然との直接的接触を可能にし、これによって彼が外界の認識論的問題を容易に解決することを可能にする。しかしディルタイの場合には、人間がどれほど自分自身を生の部分と見ようとも、また自分の諸々の衝動を生の表現と見ようとも、生の実在については、そこにつねに外的なものが存在し、そして生についての人間の知識は、つねに不確定なものにとどまる[28]。

以上のマックリール説は、いくつかの説明が不十分で説得力が弱いように思われる。だがここではその点に立ち入らず、議論を先に進めることにする[29]。

日常生活の場で人間は、およそ生の歴史的側面を理解することができる。しかし生の自然的側面は仮説という手段を借用してのみ説明可能である。ディルタイによれば、他者との出会いは、他者との抵抗によって経験される。「自己と他者、自我と世界などの言葉の完全な意味、自己と外界との区別は〔…〕、この区別の核心は、むしろ衝動と意図の阻害との関係、意志と抵抗との関係である」（V, 130f.：第3巻五二五頁）。この抵抗経験は、ディルタイ固有の身体と触覚との関係の重要性を示すだけでなく、近代哲学における自己と他者、自我と世界との関係把握の新たな見方に読者を導くはずである[30]。

## (2) ディルタイ解釈学における相互理解の可能性

前述の筆者の仮説を裏づけるために、ディルタイ自身の思索に即して、彼の解釈学的立場に依拠した相互理解に関する論述をたどることにする。そのさい注意すべきことがある。それは、ディルタイ解釈学が心理学的制約から完全に免れているわけではない点にある。だが、後期ディルタイの主要論点は、表現の背後に想定される作者・個人の心理過程や主観的体験の心理学的理解に向かうのではなく、「歴史的生」とその体験、その表現ないし「生の客観態」によって現れる共同的・普遍的意味を解釈することに向かっている。

このことは、ディルタイが目指した他者理解の把握の仕方にも現れている。それは、たんに他者の気持ちを把握する、他者の考えを理解できるという「他者理解」の次元にとどまらない。それは、この次元を超えて「生の客観態」

ないし「客観的精神」に備わる共通の意味連関の解釈、異質な他者との相互理解の可能性という次元を目指している。ディルタイがシュライアーマッハーから学んだ解釈学的方法の目標「著者が自己を理解したよりもよりよく理解する」(V, 331) という見解の積極的意味は、著者の心理過程の理解に尽きない。その重要性は、むしろ「生の客観態」のもつ共同性の次元、間主観的な意味の次元をディルタイが明るみに出した点にある。

他方、ディルタイは、他者理解および自己と他者とのあいだの相互理解が容易であるとは考えていない。他者および共同体の理解とそれに必要な解釈に関連して、ディルタイは、その困難さを表明している。「生の表現がまったく縁遠いもの〔異他的なもの (fremd)〕であるときには、解釈は不可能であろう。生の表現のなかに縁遠いものが何もないときにも、解釈は不要であろう」(VII, 225: 第4巻「精神科学における歴史的世界の構成の続編の構想」二四九頁)。したがって解釈は、これら両極端な対立のあいだに成り立つ。要するに、「理解の技術によって把握されるはずのものが縁遠いものである場合には、いつでも解釈が要求される」(Ibid. 同頁) わけである。そうなると、自己と他者のあいだの相互理解は、絶えざる解釈の試行錯誤の試みとならざるをえない。他者との「対話」は、一方で普遍的で共同体的な営みであるが、他方、個々の表現は特殊的で伝達困難な特徴を免れないのである。要するにディルタイの相互理解の試みは、一種の「終わりなき対話」を求めていると解することができる。

だが、ディルタイは、この事態を悲観的に捉えていたのだろうか。この点について彼は、「私は、客観的精神を、個人相互のあいだに成立している共同性が感覚世界のなかで客観化された多様な形式と理解している」(Ibid.: 二二九頁) と述べている。彼の理解は、自己と他者との相互理解に向けられるだけでなく、その基盤として、自己と他者がともに属する「生の客観態」ないし「客観的精神」が想定されている。また彼は、人間以外の彼らを囲繞する世界の存在者とその秩序にも理解の可能性を看取している。事実、彼は「樹木の植えられたどの広場も、座席の並べられたどの部屋も、幼い時からわれわれに分かっていることである。なぜなら、人間によって共同的なものとされた目的設定、整理、価値規定が、部屋のなかでのそれぞれの場所や対象にその位置を指定したからである」(VII, 208: 第4

巻二三〇頁）という。人々に生活の場や周囲の存在者が理解可能になるのは、彼らが生きる世界の共同的な意味と相互的理解にすでに媒介されているからである。

さらに近年の研究成果によれば、ディルタイは「他者の経験を表現ないし外在化する記号を基盤にして、異質な他者を心的生に転移する能力によって精神科学を基礎づけようと試みた最初の人物であった[31]」。ただし筆者の見解では、ディルタイは、「解釈学の成立」執筆前後に心理学的分析の制限を自覚して、個性の直接的理解を目指すことをほぼ断念している。その代わりに彼は、個性を、生一般が歴史的で類型的な共同性である「客観的精神」を媒介とした作用連関の交差点とみなすことで、自身の課題に対する解決の方向性を見いだした。この思考の方向は、生物に対する理解の可能性をも拓くことになる。

### (3)「生」と多様な理解の可能性

以上の仮説にもとづいて、次に筆者は生と多様な理解の可能性を探究してみたい。「精神科学における歴史的世界の構成」（一九一〇年）に見られるように、ディルタイには体験と理解により従来の認識論的問題設定を「生」の理解へと置き換えることによって、伝統的意識哲学を乗り越える狙いがあった。のちにガダマーは、「理解」は精神科学の方法であるだけでなく、「人間存在の根本規定」そのものであることを示唆した[32]。これは必ずしもディルタイ批判と解する必要はない。むしろ、この「人間存在の根本規定」とは異なる方向から解釈学の優位性を問い直すことで、生の多様性と理解の新たな可能性に目を向けるべきであろう。

本章では、自然科学と精神科学との分離および対立を前提にした解釈ではなく、「人間存在」の全体的理解のために、人間以外の生および「歴史的生」の概念と、歴史的生の解釈学がもつ哲学史的および今日的意義を探究することが肝要である。この主要な狙いをあらためて確認すれば、次のとおりである。第一に、ディルタイによる心身二元論克服の試みを明らかにする。第二に、彼による自己と他者、内的世界と外的世界との相互関係、環境世界との関係を明らかにする。第三は、これらの狙いと結びついた彼の思索を手がかりにして、その生命記号論的解釈学への道筋を示すことにある。

以上の目的に即してみたとき、筆者のディルタイ解釈の観点と多くを共有する論考が参考になる。ジャン＝クロード・ジャンスは、ディルタイ中期以降の記述的心理学の立場に依拠して、ユクスキュルの環境世界論から動物解釈学への展開を明らかにしている。本章では、ディルタイ解釈学の立場から現代の生命記号論的解釈学への展開の可能性について、ジャンス説を含む先行研究を手がかりにして考察することにしたい(33)。

この場合に、ディルタイ自然科学の哲学的考察をロマン主義的思弁に後戻りさせることや精神的世界を自然主義化することを避ける必要がある。そのために筆者は、ディルタイにおける生の根源性と生物学的認識との関係について一八九〇年代、とくに一八九二年から九三年頃のディルタイ思想の内実を主要な四点に分節化して探究する。

第一の課題は、「生の根源性」と「生の謎」に関する疑問である。「生」はなぜ謎と言われるのだろうか。「生」が第一のものであるとディルタイが主張する理由は、どこにあるのだろうか。この疑問に対してディルタイは、次のように説明する。「いたるところで、思考は生において、そしてまた生に仕えるものとして立ち現われる。思考もこの生の連関において理解されなければならない。生が第一のものである。印象・表象・思考は、生のなかに織り込まれている」(XIX, 345：第3巻「生と認識」五七六頁)。このようにディルタイは、感性や感情を軽視する伝統的な理性中心主義に反対して、「生」に理性を超えた包括的な位置と根源性とを与えようとしたのである。

第二は、心理学の立場と生物学の立場との関係に関する疑問である。彼は、両者の関係についてどのような思索をめぐらしたのだろうか。結論を先取りすれば、ディルタイは生の構造と分節化が動物と人間とでは同一であることに気づいた。彼は「生の構造と分節化は心的な内面が立ち現われるところにはどこにでもあり、したがってそれはあらゆる動物の世界および人間の世界において同一である」(Ibid. 同頁)という見方を提示した。この見解は生の構造を生物学へと拡大する試みと見なすことができる。

第三に、心理学の立場を生物学の立場へと拡大し深化させねばならぬとするディルタイの主張の狙いとその妥当をどのように考えるべきだろうか。この問いに対する彼の解答は次のとおりである。「生の構造について確証するためには、生物学的な側面での考察が必要である。〔…〕私は、生の構造のなかに〔記述的〕心理学的な基盤を認めて以来、心理学的な立場を生物学的な立場へと拡大し、深化させなければならなかった」（XIX, 345：第3巻五七七頁）というのである。

一読して誤解を生じかねないこの論述は、どのように解釈すべきだろうか。伝統的解釈によれば、ディルタイの「生」は歴史的現実とも重なる歴史的概念であったが、この概念とここでのディルタイの説明とは矛盾しないだろうか。言い換えれば、彼の「歴史的生」は生物学主義に陥らないのだろうか。実は彼は、次の課題を念頭に置いて、還元主義的な生物学主義とは異なる記述的心理学的方法を採用した。この方法は、その後の哲学史の展開から見て、記述的現象学の方法と重なることはしばしば指摘されるとおりである。ディルタイ自身、晩年に自然科学と精神科学との分離および両者の対立関係を緩やかに考えるようになったことは否定できない。次の論点も、こうした文脈から理解することができる。

第四に、ディルタイは、前述の文章では生物・身体・他者・環境の意義を念頭に置いている。だが、これらの関係を彼はどのように統一的に把握したのだろうか。この問いに対する解答は、次の文章で語られている。「自己・他者・身体・環境は、生の諸関係であり、生ないし意志の諸関係がまさに真の現実であることによって、その生の関係は仮象となることなく、意識が、その生の諸関係のすべてを包括する。他方、直接に与えられた生の地平（des direkt gegebene Lebenshorizontes）をすべての有機体へと拡大することは、われわれの心的自己の現状と生物学的考察とが一致することから、必然的に正当なものとなる。〔…〕まさに記述の地平（des deskriptiven Horizontes）を拡大することによって、その限界は変えられるのである。〔…〕しかし生から出発するこの〔記述的心理学的〕基礎づけは、生が、世界連関・自然連関・現実連関と関係しているがゆえに、それ以上深くかつ一般的に存在している基礎へと還元されることはできないだろう」(XIX, 346：第3巻五七七頁以下)。

ここでディルタイは、生の地平と記述の地平および理解の限界が、異文化における他者理解が可能な人間の世界に限定されず、生物学的な生の領域まで拡大されると明言している。このことは、他者理解が歴史的存在としての人間における「生の客観態」ないし「客観的精神」に限定されないことを意味する。また、ここでの「理解」は「生の客観態」における理解の意味を踏み超えている点にも留意すべきである。ここでは、人間精神に刻印された歴史的な「客観的精神」以外の動植物などに対する「新たな理解」の可能性が示唆されていると見ることができる。さらにディルタイは、ここでダーウィン的な進化論とそれにもとづく社会進化論的な見解に反対している。彼は、人間の世界と環境世界との不可分の関係を指摘して、この複合的な相互作用の関係のうちで生の地平から、それを拡大することによって自己と他者との関係、そして生物と環境世界との関係に踏み込んでいる。この考えは、ユクスキュルの「環〔境〕世界(Umwelt)論」の先取りであり、ディルタイの生物学、自然科学的認識への強い関心を示している。(34) 要するにディルタイは、生物と環境との相互関係の解釈というレベルを超えて、人間を含むすべての生命に関する「生命記号論」の解釈学への道筋を拓く思索を展開したと解することができる。

二十世紀末以降、気候変動による地球の温暖化が顕著になり、環境世界のなかで生きる人間および生物の生のあり方は、ディルタイの時代とは比較にならないスピードと規模で深刻さを増している。それだけに、この生への問いは根本的に問い直されなければならないであろう。

## 三　現代の生命記号論とディルタイの「歴史的生の解釈学」

### (1) 現代の「生命記号論」とディルタイ哲学との関係

最初に、誤解を避けるために本章で扱うべきいくつかの論点を確認しておく必要がある。第一に、「生命記号論

（Biosemiotics）」は、生物学と記号論との総合学を意味する。この学問の主要な狙いは、記号言語・記号が生命の基礎的構成要因であり、記号や意味がすべての生命システムのうちに存在していることを示す点にある。この考えは、一九六〇年代以降徐々に発展し、現在では主として次の四つの立場が見られる。

第一は、「物理的バイオ・セミオティックス（the physical biosemiotics）」の立場でありダーウィン主義的バイオ・セミオティックスまで及ぶ見解である。第二は、「動物セミオティックス（the zoosemiotics）」の立場である。第三は、「暗号・コードバイオ・セミオティックス（the code biosemiotics）」の立場である。第四は、「解釈学的バイオ・セミオティックス（the hermeneutic biosemiotics）」の立場である。[35]

次に筆者は、上記の四つの立場との関係から、ディルタイと生命記号論との関係に触れておく。筆者の理解によれば、第一に、彼は生命記号論の先駆者の一人と見なすことができる。第二に、彼は次の生命記号論の二つの潮流と関連がある。結論を先取りすれば、彼には、少なくとも二つの思想が未分化な仕方で存在しているのである。[36]

まず、この点について歴史的な事実関係を明らかにしよう。ディルタイ中期以降の思想および記述的心理学の立場とユクスキュルの哲学との関係に触れ、次にディルタイの立場がユクスキュルの動物記号論との親近性をもつ点を明らかにする。それによってこの見解が環境世界論・動物愛護の思想にもつながることを明らかにする。言い換えれば、ディルタイは生命記号論的解釈学、そして動物の哲学への先駆者として解釈することができる。[37]

次に、ディルタイ中期以降における「生の事実」と生物学的に制約された見解を見てみよう。彼によれば、「生は思考にとって依然として究めがたく、生は思考それ自身がそこで現れる事実である。それゆえ思考はその背後に遡りえない。なぜなら思考は生の表現だからである。われわれが世界を把握する最も重要な概念は生のカテゴリーである。実体や因果性の概念でさえ、生のカテゴリー（Lebenskategorien）から抽象される。〔…〕生物学は、このやり方〔生のさまざまな形式を比較することによって生の構成的な特徴の背後に達しようとするやり方〕を〔われわれに〕強く勧める」（XIX, 347：第3巻五七八―五七九頁）。

ここでディルタイは、ダーウィン的な自然主義の長所が抽象物からでなく、内側から人間に与えられたより身近な現実から出発している点にあることを認める。他方、自然主義は、有機的な生の原動力をメカニズムによって明示しようとする。だが、彼によれば、生の生理学的ないし自然学的側面がメカニズムであると証明されたとしても、心的な機能の目的論的連関には、メカニズムからでは説明できない何ものかが依然として残る。生の把握には、目的や価値などの「生のカテゴリー」が不可欠であるゆえんである。

現代生物学の領域でも、目的、主体、意味および価値などが積極的に論じられている。[38] そこでは人間を含めた生命体は、すべてが意味および解釈の主体として、相互に記号を媒介として社会関係を営むことが明らかにされている。ディルタイが明らかにしたように、とりわけ人間は、言語、表情、身振り、衣装や化粧などによって、それが記号としての作用をもち、それを解釈することが可能な限り、生命記号論的解釈学の主体でありうる。このことは、人間以外の生物についてもある程度妥当する。[39] これについては、ディルタイ哲学との関連から次節以降立ち入ることにする。

### (2) ディルタイとユクスキュルとの関係

本節では、通説とは異なり、ディルタイとユクスキュルとのあいだに思想的親近性が見られることを明らかにする。[40] まず筆者の主張に対する誤解を避けるため、最近の研究成果を踏まえてディルタイの自然思想の展開に必要な条件を確認しておく。[41] 筆者は、ロマン主義的思弁の再登場を意図するのでも、精神的世界の自然主義化を目的とするわけでもない。筆者の真意は、こうした見方を避けて新たな自然理解の道を拓くために、生物に対する見解のラディカルな変更を求める点にある。したがって本章では、ディルタイの思索が、当時の生物学の主流とは異なる生物学の方向に向かい、精神の自然主義化とは異なる道を歩んだことを明らかにする。

実際、この道は、ディルタイより年少の二十世紀の生物学者たちが開拓した。そのうちの一人は、生物学者で生態学者のユクスキュル（Jakob von Uexküll, 1864–1944）である。彼は「環境世界（Umwelt）」の概念に新たな意味を与えた。他の一人は、生物学者で人類学者のボイテンディーク（Frederik Buytendijk, 1887–1974）であり、そしてスイスの生物学者のポルトマン（Adolf Portmann, 1897–1982）である。

ディルタイとボイテンディークとのあいだの関係は直接的である。ボイテンディークは、ディルタイから大きな影響を受けたヘルムート・プレスナーと親しく、また彼と一緒に研究していた。ボイテンディークは、ディルタイによる説明と理解との区別を正確に把握し、理解的生物学（eine verstehende Biologie）の理念、すなわち動物の行動に集中した生物学の理念を擁護している。ポルトマンは、ボイテンディークの研究を理解し、自身が感性的諸現象を解釈する課題を生物学に与えることによって、ボイテンディークの研究範囲を拡大した。ポルトマンは、この感性的現象を生物のさまざまな自己表現ないし自己主張と理解している。

以上の論述は、当時、生物学的研究がいくつかの方法的課題に直面していたことを意味する。それは発生的探究の方法および形態学的記述の方法上の困難である。ポルトマンは、自著『生物学の新しい方法』のなかで、これらの方法を歴史家の諸課題と比較している。[42] 彼は、ある記述的で分析的な生物学の方法を開示した。新しい生物学への転回は、すなわち自然の哲学の方向に心理学を拡張する試みは、ユクスキュルの生命論のうちで最も明確に遂行されている。ユクスキュルはディルタイの名前に言及していないが、二人ともベーア（Karl Ernst von Baer, 1792–1876）の名を引き合いに出している。[43] この事実は、けっして偶然ではない。

筆者は、ディルタイの心理学とユクスキュルの生態学ないしエコロジーとの見解の一致点として、少なくとも二つの論点を指摘できる。第一に、それは生命体の主体性の理念のうちに見られる。ディルタイの場合には、人間の主体性重視の姿勢や動物に対する認識はよく知られている。ユクスキュルの場合、「生物学は環〔境〕世界で主体の決定的な役割を強調することによって、カントの学説を自然科学的に活用しようとする」[44] 姿勢がより顕著である。第二に、それは「意味（Bedeutung）」概念の中心的役割に見られる。ユクスキュルは、一九一〇年以降、「比較的主体的生物学」を支持している。この場合、「主体的」とは、ユクスキュルによれば、生命体がそれ固有の世界ないし環境世界を自ら作り出すことを意味する。[45] この観点からユクスキュルは、「すべての現実（Wirklichkeit）は主体的現象である」と主張した。[46] この事実は、ユクスキュルが一方でダーウィンに反対しつつ、ベーアに賛同して、生命体の形成を内的目標の努力による内的形成プランとして規定されると考えたことを意味する。要するに、ユクスキュルは『動物の環境世界と内的世界』（一九〇九年）のなかで、動物の内的世界と外的世界を規定する「有機体の建築設計図（Bauplan）」を探究するという課題を生物学に与えたのである。

一方、ディルタイの「世界観学」（一九一一年）によれば、「このようにしてあらゆる個体の生は、生そのものから自身の世界を作り上げる」（VIII, 79：第4巻四九〇頁）のである。この見解は、ユクスキュルの『動物の環境世界と内的世界』からの反響として解釈可能である。この論考では、「建築設計図（Bauplan）は自己活動的に動物の環境世界を作り上げる」と主張されており、彼らにとって環境世界ないし世界における『個体と同様に〔…〕共同体もまた、それ自身のうちに一つの中心点をもつ」（VII, 154.「歴史的世界の構成」一六九頁）からである。

しかしユクスキュルの生物学は、逆にディルタイの諸テーゼの注釈と見なされることができる。実際、ディルタイによれば「最近、生命現象を特徴づけるために、生物学的な概念も使用されている。そこでは、とりわけ、生の統一〔体〕の環境への適応〔Anpassung〕という生物学的概念が使用される。その場合、適応という言葉は、個体や種の保存〔という原理〕が生命過程に押しつけられることによって、さしあたり確固たる意味をもつようになる」（XIX, 354：第3巻「生と認識」五八七頁）。ここでもディルタイは、生命現象に言及して、生物のもつ「動物性の原理」の働きに着目する。この点で彼は、ユクスキュルと共通の関心を示している。もちろんディルタイは、記述的心理学に依拠した生物学的解釈の方法と解釈学的方法による生物学的解釈との関係を明確に語っているわけではない。この点でも、彼の論述には不十分で不徹底な面がある。ただし、本章の狙いは彼の思索の新たな可能性の探究にあるので、この点には立ち入らず議論を先に進めたい。

この仮説が誤りでなければ、ディルタイの「歴史的生の解釈学」は、精神科学と自然科学の世界の境界を超えて人間と生物に対する理解の可能性を広げることができる。誤解を避けるために確認しておけば、筆者の解釈は、歴史的社会的現実の認識を生物学的認識や自然主義的認識に還元しようと意図するわけではけっしてない。そこで以上の仮説を踏まえて、次に二十一世紀の学問的状況から見て、人間と生物に対する理解の可能性を探究してゆく。

### (3)「歴史的生の解釈学」と「生命論的解釈学」

筆者は、ディルタイ哲学の射程を精神科学に限定するのは誤りであることを明らかにした。同様の見解は、E・ネルソンの見解にも見られる。彼によれば、ディルタイにとって「すべての科学は実践的なものとして、一つの自然および社会的・歴史的世界を前提する」[47]。ネルソンも指摘するように、ディルタイは形而上学的また存在論的に基礎づけられた自然と精神とのあいだの二元論よりも、経験のうちに与えられた全体の構造的な差異化に与している。諸科学は、人間の生の構造連関に関して、自己、他者、社会構造、外的諸客体、自然の諸力などを考察する仕方によって異なる。ディルタイは、心と物、精神と自然、理性と世界とのあいだの本質的または実体的な無制約的差異を拒否している。彼の読者はこの点を忘れてはならない[48]。この事実は、哲学史におけるディルタイ解釈学の見直しを迫っているからである。

現代におけるディルタイ解釈上の根本的問題は、解釈学と実証主義をめぐる論争によって縮減不可能な対立へと固定化され分割された点にある。ネルソンの表現を借用すれば、ディルタイのなかでは生の体験と生の構造連関とから等しく現れる、「説明的戦略と解釈学的戦略とのあいだの流動性が見失われた」のである。それに伴い、ディルタイが明確に否定した次の見解も看過された。第一に、彼は思弁的な自然哲学と有機体論者の生気論的な自然哲学を否定していた。第二に、彼は生物学および精神科学における精神的で生命的な原理の使用を禁じた。第三に、彼は感情や直観が解釈に優越するという見解を明確に否定した。

以上の議論は、本章の主題に従って次のように整理可能である。第一に、ディルタイにおける「歴史的生」は、生命をもつすべての存在者の「生」を包括する概念である。第二に、したがって彼の「歴史的生の哲学」は、人間およびその生の世界だけでなく、すべての生物および環境世界に関わる「生命解釈学の哲学」という側面をもつと理解することができる。第三に、そうなると彼の「歴史的生の解釈学」は、どのようにして「生命解釈学」として人間以外の生物に対する理解が可能かという新たな課題が生じる。第四に、この課題を担う概念が歴史的生の「構造連関(Strukturzusammenhang)」であり、この概念が同時に「作用連関(Wirkungszusammenhang)」、「目的連関(Zweckzusammenhang)」、「発展連関(Entwicklungszusammenhang)」を含む点にある。ここでは、歴史的社会的現実における構造連関と人間の自由な営みとの伝統的な二元的対立が解消される手がかりが提供されている。とくに本章では、歴史的生と「合目的性(Zweckmäßigkeit)」概念との関係からこの課題解決の糸口を探究してみよう。

これらの認識を踏まえて、ディルタイの精神科学と生物学の位置づけを探究するとき、彼に対するカントの大きな影響力を再認識することになる。なぜなら筆者は、ディルタイによる「生」の捉え方を「有機的生の内在的合目的性」に即した探究と見なすことによって、それをカントの主観主義的アプローチのバージョンアップ版とみなすことができるからである。もちろん筆者は、この見解によって彼をカント主義的主観主義に引き戻そうとしているわけではない。[49]

さらにユクスキュルの生物学に対する「自然の合目的性」を介したディルタイの精神科学および生物学との関連を探究するとき、見逃すことのできない概念が明らかになる。ここでは一例のみを挙げておく。ユクスキュルは『動物の環境世界と内的世界』第七章「ウニ」のなかで、ウニとその環境との関係性についてこう述べている。「この機構によってはじめて、生物学的‐技巧的な内実をもつ一つの課題が解決されたことになる。その課題は「神経系が個々の刺激ではなく、群れとしての刺激を処理しようとするとき、自然はいかなる手立てをとるのか？」という問いの形で表現できる」。[50]ここでもユクスキュルは、カントの「自然の合目的性」における「自然の技巧」を意味する「生物学的‐技巧的な(biologisch-technisch)」という術語を採用した。本章の主題にとって重要な点はその先にある。ディルタイは、「目的連関」との関係からカントの「合目的性」原理を「生のカテゴリー」に属する実在的な構成原理として活用している。この点でも、ディルタイは、ユクスキュルの生物学の基礎概念と触れあう思索を展開したのである。

またディルタイにとって、カントが主張するようなアプリオリな構造は、カントとは異なり歴史的・社会的・文化的に変化する。この構造のあり方は、アプリオリの歴史化ないし歴史的アプリオリとして理解可能である。アプリオリの歴史化の重要な含意は、カントの超越論的分析論と経験的探究との厳格な区別と分離がもはや維持できないことにある。ディルタイの表現を借用すれば、「哲学的基礎は、実証科学の連関と結びつくようになること」(XIX, 52)である。生の実在的にアプリオリな構造は、進化(Evolution)、発達(Entfaltung)、そして発展(Entwicklung)に従うのであるから(XXII, 22)、これらの再構成と分析は、生物学、心理学、歴史学のような、経験科学との密接な相互関係によってのみ生じるのである。[51]

一八九〇年代以降のディルタイの諸論考では、全体と部分との関係における相互作用、合目的性、自己有機化はたんなる統制的原理とみなされていない。彼は、有機的な生の性格づけおよびより高次の合目的性形式の基礎づけに向かっている。彼は、生命の自己有機化の構成的性格を強調するようになったのである。

ネルソンによれば、ディルタイは、生物学的生命と社会的現実との関係を解釈することを最初に考えた人物である。[52]ディルタイは、精神的な客観化により外的世界を知るという考えを明確に拒絶した(vgl.V, 106:「外界の実在性論考」)。彼は、外界の認識は人間が身体的に世界のうちに存在していることを前提し、人間は自身が現われる生の連関のうちでのみ存在する(V, 106f.)、と解釈した。彼は、人間をその物理的環境との相互作用から独立して研究することはできないと指摘したのである(ibid.)。人間が他の人間と交流することは、「生と認識」(XIX, 345)の論述と同様に、たんに三人称的パースペクティヴによる観察や一人称的パースペクティヴから彼らの体験を追体験(nacherleben)しようと試みることではない。それは、二人称的パースペクティヴから共通の歴史的社会的文脈のうちで自己と他者が相互影響することに依存する（VII, 205–220）。また環境と人間の身体との相互作用における客観的合目的性は、精神的生の主観的な内在的合目的性のうちに自身を表現するとみられている。

実際、ディルタイは、「倫理学体系」（X, 13）のなかで、有機的自己と環境世界との相互的な適応について次のように語っている。まず動物的な創造の営みは、環境の産物であると同時に、環境はこの産物によって生み出され、人間は文化の産物であり同時に文化は人類によって産出されている。また体験・表現・理解の構造連関と文化的媒介の働きについて「精神科学における歴史的世界の構成」収録の一九〇〇年以後の諸論考で、彼はこの構造連関の重要な分析により諸表現のこの役割に立ち帰っている。この構造連関は、有機体と環境とのあいだの相互的な適応の生物学的モデルから文化的な領域への移行を通じて帰結する概念である[53]。

生物学の領域では有機体と環境世界が相互に影響し合うように、人間および文化とは相互に影響を及ぼし合う。この意味で、体験・表現・理解の構造連関は、文化的に媒介された人間の基礎的な構造を形成する。この分節化された表現世界の内的次元は、「心的」ではなく「精神的」である。したがって、これにはより高次の理解が必要とされる。この「精神生活」（VII, 196）を把握する仕事は無限であり、人間の歴史が続く限り、「あらゆる理解はつねに部分的にとどまり、けっして完結しない」（V, 330）。しかし、同時にこの自己省察（Selbstbesinnung）の形式は、考えられる最も価値ある仕事である。この領域でのみ生は実在的に、それ自身を最も深く「ここで生が生を把握する」（VII, 136）ことができる。

このようにディルタイは、生の生物学的次元に注意を向け、「生物学的転回」というべき思考の転換を果たした[54]。しかし、この転回は、彼の精神科学の基礎づけの心理学的な次元、または解釈学的次元を拒絶するものと理解すべきではない。むしろ、この試みは、新たな次の三つの次元の解釈を提起していると解することができる。

中期の諸論考の分析が明らかにしたように、ディルタイは生物学的・心理学的・精神的な次元を、人間の生の三つのレベルのパースペクティヴとして理解する着想を得た。また彼は、人間の生を把握するために、これらのレベルが自然科学と精神科学とのあいだにもつ密接な協働関係を研究しなければならないと理解している。彼は、人間の生から有機体の生、そして自然環境と身体との、人間と環境との相互作用などに着目することによって、精神と身体の統一体、生の「精神物理的（psycho-physisch）」な性格を、換言すれば、生が心の身体化を意味することを解明した。彼は、人間と文化の複合的な相互作用の意味を洞察したのである。これらの考察は、身体論・他者論・環境論的議論の先駆的な試みとみることができる。

## 四　「歴史的生の解釈学」と「生命記号論的解釈学」

### (1) ホフマイヤーとディルタイとの親近性

先に筆者は、「生命記号論（Biosemiotics）」の第四のタイプとして「解釈学的バイオ・セミオティックス」の立場を挙げた。この立場には、ジェスパー・ホフマイヤーが早い段階から主張した見解も属するとみてよい。彼は多くの情報学者とは異なり、決定論的生命観を克服して自然と文化、物質と精神との原理的対立を相対化しようとする点で、筆者のディルタイ解釈の立場と親近性をもつ。ホフマイヤーによれば、「記号が人間社会ばかりではなく、生命界にも等しく満ち溢れているとするのがここに新たに生まれつつある生命記号論、バイオ・セミオティックスの中心テーマである〔…〕。生命記号論によれば、自然と文化との違いは質ではなく、程度の問題の差にしかならなくなってしまう。その結果、自然科学と人文科学との間の垣根は絶対的ではない(55)」のである。また彼は、伝統的な科学観とは異なり、チャールズ・S・パースの影響を重視して外的自然と内的自然との統一的な解釈の方向性を次のように示している。「パースは、人間の心を、宇宙における一般法則、心の規則の特異な事例と見なす(56)」のである。

ホフマイヤーによれば、前述の「ユクスキュルの〔環境世界論の〕考え方は、その本質において記号論的あるいは生命記号論的なのだ(57)」。もちろん、ユクスキュル自身は「記号論的あるいは生命記号論的」という概念を用いていない。

だが、ホフマイヤーによれば、「彼〔ユクスキュル〕の学説の要点は、個々の細胞も生物個体もともに外部からの力によって動かされるだけの受動的な存在ではない、という指摘にある。生物は自分自身の環〔境〕世界を創り、それによって自然そのものを作り上げて行く主体の一部となる[58]」。言い換えれば、「〔ユクスキュルの〕環〔境〕世界論とは生物が自分の視点から眺めた周囲の世界の表現となる」[59]。生物は、自身の環境世界を媒介として周囲の生態系と記号論的な関係を維持し、同時にその一部となっている。その場合、「人間は〔…〕他の動物の世界には考えられないような記号的な自由を獲得した[60]」という点が重要である。

筆者の見る限り、ホフマイヤーの見解は、次のように整理し直すことができる。第一に、彼の見解は環境世界に存在する生物が自由な主体的働きを為すことを明らかにした。第二に、彼は相互的なコミュニケーションにおける記号表現としての生命活動を記号論的に解釈できることを明らかにした。第三に、彼は記号の意味の生成と創発などに関して、生物学的自然現象から文化論に及ぶ生命記号論的な見解を拡張した。第四に、記号論的な解釈は、生物の自由な主体の働きを前提しており、この観点からユクスキュルの環境世界論の記号論的解釈を拡張することによって、ディルタイ解釈学との関係も明らかにした。以上の考察が明らかにしたように、パースが展開した記号論における記号・意味・解釈者の関係の重要性とともに、解釈者の存在は人間以外の生物にも及ぶことの意義を十分認識すべきである[61]。

## (2)「歴史的生の解釈学」と「生命記号論的解釈学」における「生のカテゴリー」

ディルタイ哲学と生物学的認識との関係を顧慮するとき、「心的生（Seelenleben, psychisches Leben）」には伝統的な解釈よりもいっそう重要な意味が認められる。「心的生の構造」は、精神科学における分析が全体から部分を分離せず、全体から部分への移行に従ってその理解が生じる。人間を理解することは部分的状態を「心的生全体の構造」（XIX, 277）との関係に位置づけることである[62]。このことはカテゴリーとの関係からみて、いっそう明らかになる。

解釈学的概念としての生のカテゴリーに属する「意味（Bedeutung）のカテゴリー」は、生それ自身の省察のための基礎概念である。生のカテゴリーについても、後期では中期の捉え方よりも深化している。後期ディルタイの立場は、生物学と生物学的認識に関する見解が解釈学的方法のうちに取り込まれているからである。

前述のようにディルタイは、ハイデガーとは対照的に、死よりも生を基礎的なカテゴリーと見なしている。マックリールによれば、死は、生を超越するものではなく生の価値を評価する手段と見なされるべきである。[63]ディルタイの歴史的生の解釈学は、表現や客観化を通じてのみ他者理解が可能となり、生の体験が歴史的社会的文脈のうちに置かれなければ自己理解や他者との相互理解も不可能である。このことは、「生のカテゴリー」に属する「意味」と部分と全体との関係のさらなる考察を迫っている。ディルタイにとって生は包括的な全体であって、あらゆるものがその関係のなかでしてもつ関係として規定される。この意味のカテゴリーは、解釈学的観点から言えば、部分が全体に対理解され、われわれは生の背後に遡ることができない。この意味のカテゴリーは、後期では生の体験の表現という客観化された文脈における生に対する省察の基礎概念である限り、人間学的省察の不確定性から歴史的理解のもつより確定的な水準へと人間が移行することを可能にする。[64]

また部分と全体との関係は、精神科学のあらゆる作用連関にとって中心的なものであり、この関係が過去の経験から由来すると認められれば、たんに発見的なカテゴリー、あるいは統制的な有機的カテゴリーと見なされる必要はない。[65]マックリールによれば、歴史的秩序は人間的秩序を含んでおり、この秩序は、カント美学で示唆されたように、自然主義的な意味で客観的ではないにせよ普遍的であり、また完全には確定可能でなくとも必然的である。

ディルタイ晩年の論考「精神科学における歴史的世界の構成」では、精神科学が記述的で、自然科学が説明的と見なす区別は弱められている。要するに、記述がもはや精神科学の主要な方法とは同一視されないのである。したがって「同一の思考形式やその思考形式に従属した同じ種類の思考機能が、自然科学と精神科学のなかに科学的連関を可能にする」（VII, 121：第4巻一三三頁）ということができる。

記述と説明は、自然科学でも精神科学でも用いられており、それらの範囲と課題だけが異なってくる。最終的な分析においては、自己省察にもとづく精神科学の認識論的基礎づけが記述と説明とを区別する。認識論的な限界づけは、すべての精神科学に共通な歴史的世界の構成との関連で行なわれるのである[66]。

以上のマックリール説は、記述と説明との差異を緩やかな区別と見なすことで、精神科学と自然科学との対象的・方法的な課題を区別の課題に収斂させている。だが、この議論は、理解と説明との区別とどのように関係するのだろうか。この疑問についてマックリールには明確な説明がみられない。ディルタイにとって生は、「非合理的なもの」「汲み尽くしがたいもの（unergründlich）」（VIII, 145）であり、この理由によってこの事態は「生の謎（Rätsel des Lebens）」とも表現されている。ドイツ観念論の崩壊は、思弁的形而上学から経験科学への移行を決定づけた。だが、それだけでなく、この事態は外的世界と自己自身の生（生活・生命）の根拠であった理性に対する信仰の喪失を帰結したのである。

言うまでもなく、ディルタイが伝統的な合理主義を批判したからといって、新カント学派が批判したように、彼が心理主義的相対主義、有機体論、非合理主義、神秘主義、不可知論の立場を主張していると誤解してはならない。ディルタイの真意は、概念的思考、悟性概念によっては生の本質を捉えることができないので、解釈学的に生と哲学的思考の関係を捉えなおす手がかりが必要であると主張した点にある。さらにディルタイは、「生の謎」の把握を「謎に満ちた世界連関の象徴（ein Symbol des rätselhaften Weltzusammenhanges）」（VIII, 27.「歴史意識と世界観」）と理解し、芸術と文学が生を理解する最高の表現と解釈して、言語的表現の詩と非言語的な表現にかかわる音楽的想像力の重要性にも着目した。

「生のカテゴリー」には、連関、全体と部分、構造、時間性、意味、価値、目的、力、発展、形態化、理想、本質などが属する。「これらは、生に付与されるような形式ではなく、時間的に経過する生自身の構造をなす形式であって、これが生によって表現されるのである」（VII, 203）。生のカテゴリーは、生自身の構造連関を表現する。また生のカテゴリーと「内在的目的論」（VII, 257）との関係は、「内在的目的論」が、すべての生のカテゴリーを包括すると理解されているのである。

この理解に依拠すれば、歴史と生の関係は、生の概念が歴史的過程における出来事を意味する。ディルタイは、この歴史的生を哲学的に規定する新たな概念「生のカテゴリー」とその考察方法を明らかにした。しかし生と歴史の概念は、ディルタイではあまり厳密に区別されていない。「生は、〔…〕その質料に関しては歴史と同一である。〔…〕一つの連関をなす人類全体の視点から把握された生だけが歴史である」（VII, 256）。生と歴史が同じ意味をもつことによって、「生の哲学」は歴史の哲学になりうる。したがって、哲学に対する歴史の根本的意味は、「人間とは何であるかを人間に語るのは、その歴史だけである」（VIII, 226.「世界観学に向けて」六五二頁）。したがって「歴史は、生と切り離されたものではない」（VII, 147 f.）といわれる。要するに、「歴史は、連関を形成する人類全体の視点からとらえられた生にすぎない」（VII, 256）のである。言い換えれば、彼の「生」は「歴史的生」を意味している。また歴史は、この場合、歴史的現実そのものを意味しており、たんなる歴史叙述の意味での歴史ではない。したがって歴史の哲学的研究と自己の生との関係、すなわち「歴史学（Geschichtswissenschaft）の可能性の第一の条件は、私自身が歴史的存在であり、歴史を吟味する者が歴史を作る者と同一であるという点にある」（VII, 278）といわれる。

ここでも歴史における「生」の重要性が論じられている。だが、ディルタイによる生と歴史との関係は、これ以上深く探究されていない。これは課題そのものの複雑性によるとともに、ディルタイ哲学の根本的制約でもある。他方、彼には生物学的認識とそれに必要な生のカテゴリーの役割が示唆されている。本章で明らかにしたように、生物も意味の世界で生きており、事物が主体としての生物に対して意味をもつことを記号作用と表現されている。したがって「主体としての生物は、自律的に生を営み、子孫を残すという目的をもつ存在であり、目的との関連で事物に意味が生まれる」[67]のである。このように晩年には、「歴史的生」と生命体との関係は単純な精神と自然との対立関係に解消されない思索が展開されていたのである。

## ⑶ 生命記号論的解釈学への道

ディルタイにおける生と歴史を手がかりにした考察の主要論点は、次の諸点にまとめることができる。第一に、生は、個々の人間の個別的な現存在ではなく、根源的に自己と他者を結びつける生の共通性を意味する。第二に、生は、孤立した主体性ではなく、自己と世界とを共同的に包括する連関の全体を意味する。第三に、生は、無定形に流動するものではなく、歴史的過程のなかで自己を展開する生の諸秩序、たとえば、個体における生の統一体や文化体系などの全体を意味する。第四に、したがって生は、つねに世界および他者との関係のなかでのみ存在する。「世界は、つねに自己の相関関係にすぎない」（VIII, 17）。他方、「自己も、けっして他者または世界なしには存在しない」（VIII, 18）。自己理解のためには他者および世界理解の媒介が不可欠である。第五に、生の全体性と親密な世界との関係のうちで生きる、人間に理解可能な領域の周囲には、つねに理解されていないものの広い世界が存在している。「二つの領域はこのように分離される。〔…〕この領域の背後には、理解されないものの領域、行動によって直接規定できないものの領域がある。〔…〕規則的に変化させうるものの背後には、このように現実の暗い核が横たわっていて、ここから生と死についてさまざまな決定が〔…〕突然下されるのである」（VIII, 142–143：第4巻「世界観学」五六〇頁）。ここからも、人間以外の生命体の存在とその理解可能性の探究が不可避であることが明らかになる。

以上のように、ディルタイ哲学から見た世界は、生と死、「親密なもの」と「不気味なもの」の領域が区別されるが、両者併せて、初めて世界の全体が成り立つのである。後者は、前述の「生の謎」と呼ばれる領域である。これは、個々の人間の生のなかに必然的に侵入してくる出来事である。「生きているものは、死について知ってはいるが、死を理解することができない。死者を初めて見た時から、死は生にとって捉えがたいものでありつづけ、〔…〕何か別の異質で恐ろしいもの」である（VIII, 80f.：四九二頁）。これについて、ディルタイは「われわれが偶然と名付けるものを意のままにすることができない」（VII, 74）、不可解な脅威であると見ていた。

哲学史を回顧するとき、生のこの暗い側面は、ディルタイ哲学の理解にとって決定的なものであるにもかかわらず、総じて看過されてきた。ディルタイがしばしば語るように、「生は、それ自身の背後に遡ることはできない」(VIII, 186) のだから、伝統的な哲学のような思考による合理的連関における認識の体系を構築することは不可能である。そうではなく、人間認識に不可避の解釈学的循環を含む自己省察によって、はじめて生が開示されるのである。

したがって本章の主題から見て、後期ディルタイの哲学的課題は、次のように集約することができる。第一に、それは生を狭める諸条件から生を解放することにある。第二に、哲学には、その暗闇のなかから偉大な精神的表現を生み出した人間の全体性を、その統一とそのあらゆる表出の連関へと高めることが求められる。第三に、彼の哲学的方法は、表現 (Ausdruck) を生の解明の手がかりにすることによって、生がさまざまな連関のうちで展開され、歴史的現実の全体のなかで形態を生み出す、連関を解明する。第四に、「生」は、生の体験、体験の表現、その理解など目的論的な解釈学的連関によって解明される。第五に、本章における「生」の探究は、人間の他者としての生物に関しても、記号・意味・解釈主体の三項図式を前提にした記号論的解釈学の可能性を明らかにした。

このように「生」およびその全体性は、その遡及不可能性という性格をもつ哲学的思索の根本前提であり、その意味で精神科学の可能性の前提を形成する。ディルタイにとって、精神科学は解釈学的な学問であり、その中心には言語的表現の解釈、言い換えれば、伝承されたテクスト解釈が位置づけられる。もちろん解釈学的理解は、言語的テクスト解釈に限定されず、文化形態、制度、法律、芸術作品、技術、道徳や行為などにも関与する。さらに本章では、この解釈学的営みが主体性、意味のカテゴリー、身体と環境世界との不可分の関係などを媒介にして、人間の歴史的生から生物のレベルに及ぶ生命記号論的解釈学として把握可能であることを提示してきた。

以上のように筆者は、ディルタイの解釈学的思索における生命記号論的解釈学への道筋を明らかにしてきた。かつてホフマイヤーが解明したように、生物は自身の環境世界を媒介として周囲の生態系と記号論的な関係を維持しつつ、自身の生き方を選び取ることができる。この事実は、生命記号論的解釈学の文脈でも「生のカテゴリー」が前提されていることを意味している。

## 結論に代えて――「生」の多様性と存在論の新たな課題

本章では、「生の哲学」「生の解釈学」「歴史的生の解釈学」そして「生命記号論的解釈学」に着目して、ディルタイ哲学の歴史的および今日的意義を探究してきた。それとともに筆者は、その解釈の前提とされた「説明と理解」の根本的分離や対立図式を見直すべき見解を提示した。また解釈学的理解の可能性の手がかりとして、他者および「生の客観態」の理解という媒介が不可欠であることも解明した。さらにディルタイ解釈学の射程が動植物などにも及ぶことを明らかにした。ここでも異質な他者としての生物の理解を媒介にして、人間は自己理解を深める可能性が拓かれている。これらの試みは、ディルタイ哲学の見直しとともに人間と他の生物との伝統的な「距離」および存在論の前提を見直すことを迫っている。

現在、人間と動物との関係考察を踏まえて、存在論の見直しが進行している。[68] 現代社会では、「人間・動物・無生物ないしモノ」という存在論的三区分から「人間・動物・ロボット・物体の再分割モデル」への転換を契機に、生物の境界と人間の境界との見直しが求められている。それとともに従来の技術倫理が採用してきた基本的観点を転換することが必要とされている。近年の生命倫理研究では、人間・動物・モノという伝統的な三区分の思考法では最先端の科学技術倫理に対応できないと主張する見解が有力になっているからである。

周知のようにロボットの研究開発は目覚ましく、生成ＡＩを凌ぐ高知能完全自律型ヒューマノイドの登場は、目前の出来事である。それとともに新たな課題があらわとなった。ロボットは感情を抱き自ら判断して行動するのであれば、それを人間に準ずる存在者として扱うべきか、それともモノないし道具として扱うべきかという課題である。それに関連して「人間のサイボーグ化（Human cyborgization）」と「ロボットの人間化（Humanization of robots）」の問題も生じている。[69] この課題は、人間の側から機械に向かう越境の試みであり、他方、機械の側から人間に向かう越境の動向を意味する。この場合、両者の相互理解は可能だろうか。

くわえて、「人工生命」や関連する「合成生物学（synthetic biology）」などの研究も進められている。[70] こうした事態は、人間と機械、人間とロボットとの「境界（border）」および「境界づけ（bordering）」に対する従来の見直しを迫るだけでなく、哲学・倫理学のあり方、法秩序や日常生活での人間と機械、人間とロボットとのかかわり方全体を大きく変える結果をもたらしつつある。[71] これらの科学技術の成果は、古代以来の哲学の伝統的問い、「人間とは何か」という設問そのものの問い直しと回答の変更を迫っている。

ディルタイの「生」の探究から出発した本考察は、人文・社会・自然の学問的境界を超える研究のあり方を求めている。だが、これらの研究は科学技術の成果によって明るい未来の生を実現するのだろうか。それは「善き生」の実現を帰結するのだろうか。それとも「剝き出しの生」による輝かしき悲惨な「暗い時代」に生きることになるのだろうか。筆者は、これらの新たな問いを提起して締めくくりの言葉に代える。

## 注

（1）「善き生」（bios）と「剝き出しの生」（zōē）との明確な区別は、アーレント（Hannah Arendt）の『人間の条件』（*The Human Condition*, Chicago/London 1958）に由来する。本論考では、この見解を踏まえたジョルジョ・アガンベンの生の二区分にも留意している。アーレントは、全体主義の支配の実験場に堕した強制収容所が「剝き出しの生」の空間であると把握した。簡単に言えば、「剝き出しの生」とは、政治によって法的な保護の外に投げ出された人間の生のあり方を意味する。「我々の政治は今日、生以外の価値を知らない（したがってこれに反する他の価値も知らない）。ここに含まれる諸矛盾が解決されないかぎりは、剝き出しの生に関する決定を最高の判断基準にしていたナチズムとファシズムは、悲痛なまでに今日的なものであり続けるだろう」（Cf. Giorgio Agamben, *Homo Sacer*, Torino, 1995. 高桑和己訳『ホモ・サケル』以文社、二〇〇三年、一九頁）。世界各地で生じている悲惨な事態は「剝き出しの生」のいっそう複雑な様相を呈してきた。本章は、これらの両義的な

「生の謎」を探究する試みであるといってよい。

(2) C・マンツァヴィノス (Chrysostomos Mantzavinos, *Naturalistic Hermeneutics*, Cambridge University Press 2005) による自然主義的解釈学の著述に見られるように、それらは科学的方法の統一的立場を提唱し、反自然主義的な人間科学の自律性の主張に対する批判を展開している。マンツァヴィノスは、ディルタイにも否定的で「ディルタイ解釈学は、非生産的で、〔…〕方法的な袋小路に陥っている」(p. 20) と厳しい批判を浴びせている。だが、筆者は、精神科学の方法論を自然主義から擁護しつつ、前者の立場と後者との緩やかな連続性を読み取る立場を採用する。

(3) Vgl. György Lukács, *Die Zerstörung der Vernunft*. Werke, Bd. IX, Berlin 1962. Herbert Marcuse, Wilhelm Dilthey. Aus: H. Marcuse, »Das Problem der geschichtlichen Wirklichkeit«. *Schriften*, Bd. I. Frankfurt am Main 1978, S. 474–487. ヴィンデルバント、フッサール、トレルチ、ルカーチのディルタイ批判については本巻所収のG・ショルツによる論考「「実在論的体系」というディルタイの目標」の「はじめに」も参照。

(4) Jürgen Habermas, »Diltheys Theorie des Ausdrucksverstehens: Ich-Identität und sprachliche Kommunikation«. Aus: J. Habermas, Erkenntnis und Interesse. Frankfurt am Main 1968, S. 178–203. ハーバーマスが軽視したディルタイにおける身体および触覚重視の思想、「言語論的転回」との関係に対する考察には、次の論文集が参考になる。Vgl. Christian Damböck und Hans-Ulrich Lessing (Hg.), *Dilthey als Wissenschaftsphilosoph*, Freiburg/München 2016. 筆者によるハーバーマスのディルタイ批判については、拙著『「持続可能性の哲学」への道』(法政大学出版局、二〇一三年を参照)。

(5) Paul Ricœur, *Temps et récit III: Le temps raconté*, Paris 1985.

(6) Vgl. Christian Damböck, Wilhelm Diltheys Empirische Philosophie und der rezente Methodenstreit in der analytischen Philosophie, in: *Grazer Philosophische Studien* 85 (2012), S. 151–185.

(7) Wilhelm Dilthey, *Gesammelte Schriften*, 26 Bde. Vandenhoeck & Ruprecht in Göttingen 1914–2006. 本章では、本巻の凡例に従って、原則としてドイツ語版ディルタイ全集の巻数をローマ数字で、頁数をアラビア数字で表記する。また日本語訳がある場合には、日本語版『ディルタイ全集』(法政大学出版局、二〇〇三―二〇二三年) を参照する。

(8) 記号論の先駆者としてディルタイを評価する見解は、次の文献にも見られる。磯谷孝「言語としての九鬼周造（上）――ヨーロッパ言語思想の受容と超克」(『思想』一九八〇年二月号、一二一―一二五頁) 参照。「「我・汝」を了解の問題として受け止めたのは、W・ディルタイであった。〔…〕彼の体験連関は、リクールのテキスト世界に関係があるが、体験で押し通そうとするところにディルタイの心理主義が認められる」(一二一頁)。また、「ディルタイにあっては、いまだ「作者の意図」に対する信仰が強いにもかかわらず、テキスト、記号が「汝」のありかとして前面に押し出されようとしている。これによってディルタイは、人間について最も深い理解は、テキストを、言語を通して達せられることを明らかにした〔…〕記号論ですらもディルタイの業績に少なからぬ恩義をこうむっている」（一二二頁）。

（9） Vgl. Rudolf Carnap, *Der logische Aufbau der Welt*, Berlin 1928. Hamburg 1998, S. 30. たとえば「新たな歴史哲学は（ディルタイ以来）、精神科学の領域の方法的かつ対象論的固有性を際立たせた」（S. 30）と論じている。初期カルナップとディルタイとの関連に立ち入ることは、二十世紀哲学史上の隠れた課題の一つである。Cf. Christian Damböck, Rudolf Carnap and Wilhelm Dilthey, "German" Empiricism in the Aufbau, in: Richard Creath (ed.), *Carnap and Legacy of Logical Empiricism*, Springer 2012, pp. 67–88. また本章注（48）も参照。

（10） Cf. Charles Taylor, Interpretation and The Science of Man, in: *Review of Metaphysics* 25（1）: 3–51（1971）. テイラーも、多くの哲学者と同様に「解釈学（Hermeneutics）」の概念がディルタイに由来することを認めている。彼も、自然科学と精神科学との学問上の二分法に依拠して後者の優位性を主張した。国内では、野家啓一による『科学の解釈学』（新曜社、一九九三年、七八頁）も参考になる。本章は、野家説による「「テクスト」としての自然」という構想に対するディルタイ解釈学からの応答の試みといってよい。「科学哲学における解釈学的諸問題」（講演報告、一一三―一三〇頁）などでも、クーンの文脈を踏まえて人文および社会科学とともに自然科学の領域における解釈学的見解の意義を展開している。(cf. https://www.gcoe.lit.nagoya-u.ac.jp/result/pdf/04_%E9%87%8E%E5%AE%B6.pdf.) 本章は、これらの見解からも示唆を受けている。

（11） Cf. Giorgio Agamben, *L'aperto: l'uomo e l'animale*, Torino 2002. ジョルジョ・アガンベン『開かれ――人間と動物』（平凡社ライブラリー、岡田温司・多賀健太郎訳、二〇〇四年、五五頁以下。なお、Jakob von Uexküll, *Umwelt und Innenwelt der Tiere*, 2. Aufl., Springer Berlin, 1921.（『動物の環境と内的世界』前野佳彦訳、みすず書房、二〇一二年、解説四三二頁では、「生命科学」を「人文科学」と訳している）。ここで特記すべきは次の二点にある。第一は、アガンベンが前掲訳書第9章のなかで、若きディルタイが親密な関係にあったモーリッツ・ラツァルスの朋友でともに『民族心理学および言語学雑誌』を編集したハイマン・シュタインタール（ともにユダヤ系の哲学者。言語学者・民族心理学者）の論考を引き合いに出して、彼が直面した「人間と動物という対立項」の矛盾を指摘している点にある。第二に、本稿の主題と不可分なディルタイの「生命記号論的解釈学」の思想には、この課題の克服可能性がみられる点にある。この点については、人間・動物・モノという伝統的な存在論的三区分に関する問題点に触れた「結論」を参照いただきたい。

（12） M・ユングによれば、ディルタイ哲学の理解に重要な概念が三つ存在する。それは、「解釈学」「歴史主義」「生の哲学」である。

Vgl. Matthias Jung, *Dilthey zur Einführung*, Junius 1996. S. 11f. この主張は正鵠を射ている。ただし、真の問題はその先にあり、これらの概念の関係と内容の理解にある。ユング説はこの点について説明が十分ではない。

(13) ディルタイの「歴史主義」の理解とそれに対する批判的見解については、本章の制約上、立ち入ることができないので、次の文献を参照いただきたい。牧野英二『京都学派とディルタイ哲学』第二章および第三章（法政大学出版局、二〇二四年）。

(14) Vgl. Heinrich Rickert, *Die Philosophie des Lebens*, Tübingen 1920, S. 46. リッカートの指導を受けたハイデガーのディルタイ評価も、この批判的潮流の影響を受けている。

(15) 筆者は、「へだたり」(Distanz) という概念を方法的概念として使用する。当然のことながら、筆者はガダマー『真理と方法』の用語法も念頭に置いている。Vgl. H.-G. Gadamer, *Wahrheit und Methode*, 1960, 5. Aufl. (durch ges. u. erw.) Tübingen 1986. S. 135, 137, 301f., 448, 457. 本章では、ガダマーと同様に過去の歴史・伝統・異文化やテクスト、他言語および翻訳上のズレ・へだたり・距離などを含む広義の「異質な他者」の理解が考慮されているが、それによってディルタイとハイデガーおよびガダマーとの差異を際立たせる狙いがある。この点については、牧野英二『京都学派とディルタイ哲学』序論「へだたりを哲学する」（法政大学出版局、二〇二四年）を参照。

(16) 初期ハイデガーにおけるこの思想傾向とディルタイの「生」および「事実的生」に対する微妙な評価と批判については、次の文献を参照。Cf. Eric S. Nelson, Dilthey, Heidegger und die Hermeneutik des faktischen Lebens, in: Gunter Scholz (Hg.), *Diltheys Werk und die Wissenschaften. Neue Aspekte*. V&R unipress in Göttingen 2013, S. 97–109.

(17) 国内でも同様の事情にある。たとえば、西田幾多郎、田辺元、三木清をはじめとする京都学派によるディルタイ批判は、この点で妥当とは言えない。詳しくは前掲拙著を参照。

(18) 近年、ディルタイにおける精神科学と自然科学との統合の可能性や両者の相互補完的関係に着目する研究が見られる。とくに筆者の論点と重なる生物学の特別な位置づけにローディが触れている点も指摘しておく。Vgl. Gudrun Kühne-Bertram, *Konzeptionen einer lebenshermeneutischen Theorie des Wissens*, Königshausen & Neumann 2015, S. 149–169. Bes. S. 169. この書の著者は、筆者と同様に生物学の役割に留意して、「ディルタイが諸科学の体系における物理学的・化学的科学と精神科学との間に中間的位置（eine Mittelstellung）を占める生物学」(S. 169) に着目することで、学問の三区分の可能性を示唆している。本論考は、これらの内在的研究からヒントを得て、ローディらが立ち入らなかった新たな観点からそれを読み直す試みである。Vgl. Frithjof Rodi, Drei Bemerkungen zu Diltheys Aufsatz „Die Entstehung der Hermeneutik" von 1900, in: *Revue Internationale de Philosophie* 2003/4, pp. 425–437.

(19) ディルタイ研究者のなかには、『精神科学序説』第一巻刊行以前から解釈学的要素の存在を主張する者もいるが、本章ではこの複雑な問題には立ち入らないことにする。

(20) Cf. Paul Ricœur, Cours sur l'herméneutique, Polycopié de L'Université de Louvain, 1971–72, p. 92. この文脈から見れば、ディルタイはテクスト理解を他者理解に従属させることによって解釈学のアポリアに陥ったという批判への見直しの手がかりが見いだせるだろう。

(21) Vgl. Rudolf A. Makkreel, *Dilthey: Philosoph der Geisteswissenschaften*, übers. von Barbara M. Kehn. Frankfurt am Main 1991. S. 436–439.（『ディルタイ——精神科学の哲学者』大野篤一郎他訳、法政大学出版局、一九九三年、四〇三頁）。マックリールは、ディルタイにおける生と死という根本的課題のもつ意義や制限を内在的解釈によってのみ探究した点で不十分である。

(22) 川出由己『生物記号論　主体性の生物学』（京都大学学術出版会、二〇〇六年、二一九頁参照）。

(23) Vgl. Otto Friedrich Bollnow, *Dilthey. Eine Einführung in seine Philosophie*. Leipzig und Berlin 1936. Bollnow, *Schriften Band X*, Königshausen & Neumann 2019, S. 3–199. Bes. S. 20–22.（『ディルタイ——その哲学への案内』麻生建訳、未來社、一九七七年、五三—五五頁）

(24) Vgl. Matthias Jung, *Dilthey zur Einführung*, Junius 1996. S. 11.

(25) 塚本説は、基本的にボルノーの解釈を採用しているが、筆者の見解は本文で述べた通りである。塚本正明『現代の解釈学的哲学』（世界思想社、一九九五年）第一章参照。

(26) Vgl. Hans-Ulrich Lessing, *Wilhelm Diltheys ›Einleitung in die Geisteswissenschaften‹*, Darmstadt 2001, S. 16.

(27) この三つの見解については次の文献を参照。Bollnow, *a.a. O.*, S. 38.（前掲訳書、九二頁）

(28) Vgl. Makkreel, *a.a.O.*, S. 258f.（前掲訳書、二四八頁以下）

(29) Vgl. Makkreel, *a.a.O.*, S. 436–439.（前掲訳書、四二七頁以下）その第一の理由として、マックリールはディルタイとベルクソンとの相違点を強調しすぎている。第二に、マックリールはディルタイに忠実な解釈を試みるあまり、ディルタイの論述を全面的に肯定する傾向がある。第三に、マックリール説には、中期の実在性論考段階でのディルタイ解釈を重視したため、一九〇〇年以降のディルタイ解釈としては妥当しない点がある。

(30) ディルタイにおける「実在性」と抵抗との関係について、筆者は詳しく論じたことがある。拙著『「持続可能性の哲学」への道』（法政大学出版局、二〇一三年）第一〇章「抵抗と実存」、二八一—三〇七頁。

(31) Vgl. Jos de Mul, Von der narrativen zur hypermedialen Identität. Dilthey und Ricœur, gelesen im hypermedialen Zeital-

ter, in: *Dilthey und die hermeneutische Wende in der Philosophie. Wirkungsgeschichtliche Aspekte seines Werkes*, Gudrun Kühne-Bertram und Frithjof Rodi（Hg.）Vandenhoeck & Ruprecht 2008, S. 313–331.

（32）今日、言語を媒介にした相互理解の信頼が揺らいでいる。また非言語的な相互理解や動物の理解可能性にも留意すべきである。一例として筆者は、アーレントの言語機能と共同体的感覚への信頼に対するクリステヴァの批判や前出のアガンベンのハイデガー批判などを念頭に置いている。これについては、下記の文献を参照。牧野英二「言語と人間形成——哲学者の使命とグローバル・シティズンシップの可能性」、日本ディルタイ協会編『ディルタイ研究』第31号、二〇二〇年、四—二〇頁。また前掲拙著『京都学派とディルタイ哲学』第八章および結論を参照。

（33）Vgl. Jean-Claude Gens, Die Aktualität von Diltheys Naturphilosophie, in: Gunter Scholtz（Hg.）, *Diltheys Werk und die Wissenschaften. Neue Aspekte.* V&R unipress in Göttingen 2013. S. 231–242.

（34）ユクスキュル『生物から見た世界』（日高敏隆・羽田節子訳、岩波書店、二〇〇五年、訳者あとがき一六四—一六五頁）。筆者は、Umweltを「環世界」と訳す訳者の提案に異論はない。そのうえで、筆者はディルタイの主張に引き付けてユクスキュルの見解を解釈するという意図を明確にするため、„Umwelt“を「環境世界」という訳語で統一した。本章で使用する「環境世界」は、主体と環境との相互作用によって成り立ち、主体が環境によって生命維持活動すら規定される世界だからである。

（35）Marcello Barbieri, A Short History of Biosemiotics, in: *Biosemiotics*（2009）2: 221–245. Springer. なお、„biosemiotics“に、「生命記号論」ではなく「生物記号論」という訳語を当てる研究者もいるが、„Bioethics“を「生命倫理学」と訳すことが定訳になっていることも考慮して、本章では„biosemiotics“を「生命記号論」と訳出する。

（36）Vgl. Gens, op.cit., S. 232–239.

（37）たとえば、前述のアガンベンの論考によるハイデガー批判や檜垣立哉説によれば、デリダは、『根本諸概念』等の諸論考で生物学主義に陥ることを避けるため、動物から距離を取りつつ同時に動物との近さも論じるという「揺れ」がハイデガーにはあると指摘する。筆者も、この批判を念頭に置いている。また、デリダによるハイデガーの「生き物の生き物性（*die* Lebendigkeit des Lebenden）」の強調は重要である。（『動物を追う、ゆえに私は〈動物で〉ある』鵜飼哲訳、筑摩書房、二〇一四年、二七〇頁参照）。なお、アガンベンによる前述のハイデガー批判に関連して檜垣論文では、「英米系の動物論とは、もちろんピーター・シンガーを中心とする生命倫理系統から発した動物解放論のことであるが、フランス系あるいはそこに端を発したアメリカのダナ・ハラウェイなどの動物論は、この路線と折り合いを欠く」（檜垣立哉「生物学主義と哲学——生き物を巡るハイデガーとデリダ（およびアガンベン）」*Heidegger-Forum*, vol. 15, 2021/5/1, pp. 33–46）と解釈している。この「折り合い」は生命記号論的解釈学の立場からも検討すべき課題であろう。

（38）国内における斯学の代表的研究者・川出由己によれば、「目的は本来主観にかかわる事柄であり、目的があればその実現に向かうために事物に意味や価値が生じ〔…〕目的という、観察者依存性の事柄については、それを物質に還元する、物質のことばで記述しつくすことはできない〔…〕「目的」とは意味や価値を含む事柄だから、物質とははじめからカテゴリーがちがう〔…〕生物はすべて自己の身体を維持し、自己増殖するという最低限の目的、「生きるという目的」をもつ」（川出由己、前掲書、二四六―二四七頁）。

（39）川出、前掲書、三〇―三四頁。

（40）Vgl. Gens, op. cit., S. 231–242.

（41）Vgl. Gens, op. cit., S. 237. ちなみに竹田純郎は、ハイデガー批判との関係からユクスキュルの生命のもつ主体的な働きを評価している。筆者は、その批判的視点に賛同する。ただし竹田説は、ディルタイとユクスキュルとの関係には言及せず、ディルタイの「生命解釈学」および「生命記号論的解釈学」との関連にも立ち入っていない。竹田純郎『生命の哲学』（ナカニシヤ出版、二〇〇〇年、二一一―二四七頁）。

（42）Vgl. Adolf Portmann, *Neue Wege der Biologie*, München 1960, S. 63f. Portmann, *Alles fließt*, Freiburg i. Br. 1967, S. 28.

（43）Vgl. Dilthey, Karl Ernst von Baer, Reden, [...]. GS: XVII, 342-345. ユクスキュル『生物学から見た世界』第三章冒頭のベーアの功績について言及した箇所（前掲訳書、二四頁）。

（44）ユクスキュル、前掲訳書、五三頁。

（45）Vgl. Uexküll, *Bausteine zu einer biologischen Weltanschauung*, München 1913, S. 65.

（46）Vgl. Uexküll, *Theoretische Biologie*, Berlin 1928, S. 2.

（47）Cf. Eric S. Nelson (ed.), *Interpreting Dilthey: Critical Essays*, Cambridge University Press 2019, p. 11.

（48）この点については、次の文献を参照。Cf. Eric S. Nelson, “Dilthey and Carnap: The Feeling of Life, the Scientific World-view, and Eliminating Metaphysics”, in: *The Worlds of Positivism: A Global Intellectual History, 1770–1930* (eds.), Johannes Feichtinger, Franz L. Fillafer, and Jan Surman. New York: Palgrave 2018, pp. 321-346. とくに本章で言及した「説明的戦略と解釈学的戦略とのあいだの流動性が見失われた」点などの解釈は、ネルソンの研究に負っている。

（49）自然美・有機体・人間社会と歴史に関するカント『判断力批判』の「合目的性」にもとづく解釈学的試みについては、次の拙論を参照。カントの「自然の合目的性」とディルタイとの関連についても、彼がカントから最も大きな影響を受けた思想の一つであるだけに、この機会に注意を喚起しておきたい。牧野英二「カントの美学と目的論の思想――『判断力批判』における「自然の技巧」の射程」（岩波書店版『カント全集別巻　カント哲学案内』坂部恵・有福孝岳・牧野英二編、二〇〇六年、二八七―三〇五頁）。

(50) Jakob von Uexküll, *Umwelt und Innenwelt der Tiere*, 2. Aufl., Springer Berlin 1921.（『動物の環境と内的世界』みすず書房、前野佳彦訳、二〇一二年、一四一頁。）ただし、前野訳の訳語と訳注には疑問がある。筆者は、引用文中の „biologisch-technisch" を「生物学的‐テクネー的な」（強調は引用者）とは訳さず、カントの「自然の合目的性」における「自然の技巧」の「技巧」を意味する「生物学的‐技巧的な」という訳語を採用した。このように理解することによって、前野訳による「この矛盾的自己同一性の概念呈示をまず試みた」（前掲訳書、三八一頁下段―三八二頁上段の訳注［29］）という矛盾した造語とその説明の仕方は解消することができる。ここでもユクスキュルは、カントの統制的原理を生物学的説明原理へと変換したのである。

(51) Cf. Nelson, *op. cit.*, pp. 52–53.

(52) 「彼〔ディルタイ〕は、カントの合目的性概念の好意的な批評のなかで、ある転換を表明した中期諸論考で〈生物学的転回〉（biological turn）という言葉すら使用した」（p. 51）、とネルソンは述べている。だが、筆者によるディルタイ全集の検索では、„biologische Wende" という概念は見つからなかった。しかし内容に即すかぎり、「生物学的転回」という表現は誤りではない。

(53) Matthias Jung, Junius 2009, pp. 125–181.

(54) Cf. Nelson, *op. cit.*, pp. 51–52.

(55) Cf. Jesper Hoffmeyer, *Signs of Meaning in the Universe*. Barbara J. Hanveland, trans. Indiana University Press 1994, p. 8. ジェスパー・ホフマイヤー著『生命記号論――宇宙の意味と表象』「日本語訳版への序論」（青土社、松野孝一郎・高原美規訳、一九九七年）

(56) Hoffmeyer, *Biosemiotics*. University of Scranton Press 2008, p. 63.

(57) Cf. Hoffmeyer, *Signs of Meaning in the Universe*.（前掲訳書、九七頁）

(58) Hoffmeyer, *Ibid*.（前掲訳書、同頁）

(59) Hoffmeyer, *Ibid*.（前掲訳書、一〇〇頁）

(60) Hoffmeyer, *Biosemiotics*. University of Scranton Press 2008, p. 309.

(61) ホフマイヤーは、チャールズ・S・パースの記号論におけるこの三項図式の意義を論じている。Hoffmeyer, *Signs of Meaning in the Universe*.（前掲訳書、四〇―五〇頁、五二―五五頁）

(62) Vgl. Makkreel, *a.a.O.*, S. 109.（前掲訳書、九四頁参照）

(63) マックリールは、ハイデガーがディルタイによるこの洞察の意義を認めた（*Sein und Zeit*, Zwölfte, unveränderte Aufl., Max Niemeyer, 1972. S. 249）と指摘するが、本章はハイデガーのディルタイ評価が課題ではないので、この論点に立ち入らないことにする。

(64) Vgl. Makkreel, *a.a.O.*, S. 462f.（前掲訳書、四五二頁参照）

(65) Vgl. Makkreel, *a.a.O.*, S. 433.（前掲訳書、四二三頁参照）

(66) Vgl. Makkreel, *a.a.O.*, S. 350f.（前掲訳書、三四三頁）

(67) 川出由己、前掲書、二〇三頁。

(68) ハイデガーは『形而上学の根本諸概念』のなかで、「⑴石は無世界的（weltlos）である。⑵動物は世界貧乏的（weltarm）である。⑶人間は世界形成的（Weltbildend）である」という独特の存在論的見解を表明している。Vgl. Martin Heidegger, *Gesamtausgabe*, Band 29/30. *Die Grundbegriffe der Metaphysik, Welt-Endlichkeit-Einsamkeit*, Frankfurt am Main 1983, S. 278ff., 284ff.（創文社版ハイデッガー全集、第29／30巻、川原栄峰、セヴェリン・ミュラー訳、三〇八頁以下、三一三頁）

本章の目的との関係から留意すべき点は、次の諸点にある。第一に『存在と時間』以来、ここでもハイデガー哲学のキーワード「世界内存在（in der Welt sein）」にもとづく境界および境界づけが試みられている。第二に、世界における存在者が、無生物、動物を中心にした生物、そして人間というように三区分されている。第三に、ハイデガーの区分は、彼の意図とは反対に、伝統的な人間中心主義的見解に囚われている。彼の「生」に対する基本的理解は、「死」との関係から見れば、いっそう明らかになる。『存在と時間』では、「死」は人間固有の存在の仕方であり、「死への可能性」も人間固有の生き方「死への存在（Sein zum Tode）」であって、動物の死は、「くたばる」（Verenden）、「たんに生きているだけの存在の終わり」と軽視されている。動物は世界貧乏的（weltarm）であるというハイデガーの主張は、動物と人間とのあいだの異質性が欠如的なあり方として表現されている。このことは、ハイデガーによる動物の生と死に対する捉えかたの不十分性を表しており、彼が「動物の沈黙」に耳を傾けず、動物の叫びだけでなく、アウシュヴィッツの悲惨な現実に生涯沈黙しつづけた事実とも深いところでつながっているように思われる。

(69) あるロボット研究者によれば、「人間はロボットに近づいていき、ロボットは限りなく人間に近づいていく。そして、人間とロボットはやがて見分けがつかなくなる」事態が到来しつつある。この点については、森下直貴編『生命と科学技術の倫理学――デジタル時代の身体・脳・心・社会』丸善出版、二〇一六年、まえがきvii頁）を参照。

(70) Cf. Claus Emmeche, *The Garden in the Machine: The Emerging Science of Artificial Life*. Princeton University Press 1994. C. Emmeche & K. Kull (eds.) *Towards A Semiotic Biology. Life is the Action of Signs*. Imperial College University Press 2011. 島薗進・四ノ宮成祥編著『合成生物学は社会に何をもたらすか』（専修大学出版局、二〇二二年）。本論集には、主として人文社会科学的観点に依拠して、ゲノムテクノロジーから合成生物学にいたる生命科学技術社会における諸課題を考察した論考が見られる。

(71) 国内の現状に即した最新の問題意識については、次の文献が参考になる。西垣通編『AI・ロボットと共存の倫理』（岩波書店、二〇二二年）、とくに「生命的機械の登場——まえがきにかえて」v—ix頁を参照。また、倫理的および法的な観点からの問題提起として、下記の文献を参照。Cf. Wendell Wallach and Peter Asaro (eds.), *Machine Ethics and Robot Ethics*, Routledge 2017. また次の文献も参考になる。日本記号学会編『生命を問いなおす』（日本記号学会四〇周年記念号、新曜社、二〇二三年、第一部所収「生命と記号論」など）。

# 第三章　二十一世紀のディルタイ哲学の意義と課題

伊藤　直樹
三浦　國泰
廳　茂
瀬戸口昌也
鏑木　政彦

# 第一節　生の自然主義化への抵抗運動としてのディルタイの心理学

——あらたな人間の根本学をめざして

伊藤直樹

## はじめに

本節の目的は、ディルタイの心理学を生の自然主義化への抵抗運動としてとらえ、さらにその先に、新たな、人間の根本学の構想を見いだそうとすることにある。

ディルタイが活動した十九世紀後半から二十世紀初頭は、自然科学が躍進を開始した時代であった。十七世紀の科学革命によって生まれた自然科学が、目に見える力となったのは十九世紀のことである。自然科学的知の探求は、学会や教育機関において制度的に整備され、同時にそれは技術と結びつき産業革命において軽工業、重工業として現実化した。この自然科学は、さまざまな問題を引き起こしながら、現在においてもかつてとほぼ同じレールを、ただしはるかに猛烈な勢いで走っている。このような自然科学の威力に対して、知の地球儀のもう一つの半球である精神科学はどうか。こちらは、ディルタイの当時においても、そして現代においても依然として劣勢である。たとえば、現代の哲学において自然主義が大きな力を持っていることは、その証左であろう。

ディルタイは、このような状況のなかでどのような位置にみずからを置いたか。「精神科学の哲学者」とも呼ばれるディルタイであるが、自然科学を拒絶し否定するような立場に立つのではけっしてない。それどころか、自然科学と精神科学とを分断させるような姿勢に対しても距離をとる。(1)ただし、自然科学における行き過ぎた方法論的適用に対しては、徹底的に批判的であった。つまりディルタイは自然科学を批判しないが自然主義者ではない。このとき、問題領域として浮上するのが、心理学という学問領域である。後にクワインによって、心理学は、認識論として「自然科学の第一章」と言い換えられることになるが、(2)ディルタイは、心的生を自然科学的にのみとらえようとする自然科学的心理学には、どこまでも抵抗し、それに対して、心的生を対象とするにふさわしい、精神科学に固有の認識論、方法論を模索した。このような精神科学の相対的独立性を確保しようとする企ては、いまなお続く自然主義化への抵抗運動の、きわめて先駆的な試みだったということができるだろう。本節では、この試みの歴史的意義をディルタイ＝エビングハウス論争を手がかりにして明らかにし、それを踏まえてディルタイの心理学の今日的意義を探る。

本節は、次のような手順で考察をすすめる。まずディルタイ＝エビングハウス論争の思想史的背景を明らかにする（一）。次いでそこからディルタイの心理学とエビングハウスの心理学との対立点を明らかにする（二）。そしてこれらの作業を通じて、ディルタイの心理学の特徴を明らかにする（三）。これらの考察から、ディルタイの心理学が、仮説性を帯びた自然科学ではなく、世界が〈誰にとって〉のものであるという人称性をその基礎とした精神科学的な心理学であり、それは「人間の根本学」を指向するものであることが明らかになる。(3)

## 一　ディルタイ＝エビングハウス論争の思想史的状況

ここで「ディルタイ＝エビングハウス論争」と呼んでいるのは、一八九五年から九六年にかけて、実験心理学者H・エビングハウスとディルタイのあいだに生じた心理学をめぐる論争である。ディルタイは、九五年一月末に、

「記述的分析的心理学の構想《イデーン》（Ideen über eine beschreibende und zergliedernde Psychologie）」（以下「構想《イデーン》」と略称）を公刊する。このタイトルにある「Ideen（アイデア、着想）」という語が示唆するように、この「記述的分析的心理学」という着想は、当時の状況においてはかなり挑戦的、問題提起的なものだった。というのも、今でこそ私たちは、ディルタイの心理学の系列につながる「理解心理学」や「人間性心理学」を知っているが、当時はまさに、それらとは方向を異にするヴントに始まる実験心理学が勢いづいているときであった。このような状況の下にあるにもかかわらず、「構想《イデーン》」では、「説明的心理学」とよばれる実験心理学に対する厳しい学的批判が展開され、それに加えて、精神科学の基礎学たるみずからの「記述的分析的心理学」の構想《イデーン》が提示されたのである。要するに、ディルタイは、それまでになかった反時代的な新たな心理学のパラダイムを開こうとしていたのである。無論、ディルタイもこの点には自覚的だった。そこで親しい研究者たちに、建設的な批評を乞う手紙を付してみずからのテキストを送った。(4) その中の一人が、かつて親しくしていた実験心理学者エビングハウスであった。しかしエビングハウスは、「構想《イデーン》」での説明的心理学への批判を、自らの心理学に対する批判と受けとめ、厳しい内容の返信を送り、のみならず、みずからが編集する『生理学および感覚心理学雑誌』において、醜悪で信頼を裏切る激しいディルタイ批判を公開した。(5) ディルタイはその批判に傷つき、それに心身の不調も重なった。旺盛だった執筆活動も停止し、「構想《イデーン》」の続編の企ても中止した。そして結局、その続編を縮小した「個性研究への寄与」という論文の末尾に、エビングハウスへの反批判としての注を付すことしかできなかった。(6) この論争は、短いスパンで見ればディルタイが論破されて終わったように見える。ディルタイの「構想《イデーン》」は読まずともよいと判断する研究者もいた。(7) しかし、時間の隔たりを広く取り、ディルタイの心理学の企てをより広い思想史的文脈に位置づけてみると、この企ては学問的意義を失っていないことが分かる。この論争は、表面的には、心理学が精神科学に属するか、それとも自然科学に属するかということをめぐってなされているが、その奥には、今日まで続く人間の精神の把握に関する根本的対立および学問観の相違という問題が含まれているのである。そして、ディルタイの心理学は、生の自然主義化への抵抗運動という仕方でこれを問題化してゆくのである。以下ではまず、この論争の背景となるドイツの十九世紀後半の科学史の状況を、ディルタイを中心にして見てゆくことにする。

## (1) 論争以前の思想的状況

ヘーゲル以後、ドイツの自然科学は大きく発展する。ディルタイの活躍する十九世紀の六〇年代からの科学思想の発展を、H・プルーテは――ディルタイに引きつけて――まとめているが[8]、その中心にあるのは機械論の変化、すなわちヘルムホルツ的力学観から、マッハ的新実証主義への変化である。この変化において、心理学に関して重要となるのは、ベルリンの生理学者たちによる研究である。ベルリンの生理学者たちとは、感官エネルギー論で知られた実験生理学者J・ミュラーであり、またその弟子たち、すなわちデュ・ボワ＝レーモン、ヘルムホルツ、フィルヒョウなどである。弟子たちは、師のミュラーが依然として認めていた形而上学的な「生命力」を一掃し[9]、「還元主義的機械論」の立場に立ち、「すべての生理学的プロセスを有機物の最小部分間の引力と斥力から説明し」、「生理学をその科学的本質の構成要素として数学化する[10]」。彼らのこれらの研究を、哲学史に引き寄せて表現することもできる。彼らはカント主義者であり、ヘルムホルツは、ミュラーの感官エネルギーの法則を、「ある意味で人間の認識能力の本性についてのカントの理論的記述を経験的に詳説したもの」だとみなした[11]。そして、このカント主義的な方向は、哲学史的には、感覚生理学に刺激を受けたクーノ・フィッシャーやエドゥアルド・ツェラーの認識論（Erkenntnistheorie）の登場に結びつく[12]。周知のように、これらは新カント学派の形成につながってゆくのである。

このような科学思想の展開が、実験心理学、そしてディルタイの心理学の土壌となった。ディルタイは、ベルリンの生理学者であるヘルムホルツによる研究を心理学的に受容する。ディルタイの研究は、ヘルムホルツのもとで心理学者として出発したヴントと同じ方向にある。ヴントは、ヘルムホルツ的な実験的生理学の知見を「間接的経験」ととらえ、それに対して、みずからは心理学の対象としての、「直接的経験」である意識現象に着目する。ここにディルタイを重ねれば、ディルタイは、ヘルムホルツが「外的知覚」に見て取った「無意識的推理」を「感官知覚の知的性格（die Intellekutualität der Sinneswahrnehmung）」として評価する一方で、後述するように、ここにみずからの心理学の立場から「抵抗経験」を見て取る。ヴントはこの領域を実験によって分節化したのに対し——後に見るエビングハウスはこの延長線上にある——、ディルタイは、それを、非実験的な記述‐分析によって行なう。そしてここに、ミルやコントの英仏実証主義的な科学哲学に対する批判を重ね(13)、精神科学の心理学的認識論を、「記述的分析的心理学」として構想してゆくのである。

### (2) 九〇年代の心理学をめぐる状況

自然科学が隆盛する十九世紀の波に心理学もまた乗じてゆく。論争が生じた九〇年代は、言わば遅れてきた自然科学である心理学が、大きな飛躍を迎える時期でもある。ただし、この時期、ヘルムホルツ的力学観からマッハ的新実証主義へという科学思想の変化が、「対立」として現れてくる。

実験心理学の歴史は、一八七九年にヴントがライプツィヒに実験室を創設したことによって始まる。それに伴い、研究者の輩出、雑誌の発刊、学会の創設といった制度面での整備が続く。そして同様のことが他の大学でも行なわれてゆく。そして八九年には、パリで第一回国際心理学会議が開催されるまでになる。エビングハウス自身は、「記憶研究」によって八六年にベルリンの員外教授となり、大学に属する小さな研究室を開設した。九〇年には『心理学感覚生理学雑誌』を創刊し、九四年にはブレスラウ大学の正教授となった。心理学の潮流も、そしてエビングハウス自身も、実験という方法を手中にし、自然科学化に向かって驀進《ばくしん》している状況にあったと言えるだろう。

ただしこの頃、心理学者たちのあいだには、ヴントを代表とする旧世代の心理学者と、ヴントの元から育った、あるいはそれと同世代の若い心理学者たち（キュルペ、G・E・ミュラー、エビングハウスなど）との対立が顕在化しはじめていた。その対立点は、心理学における実験の位置づけに、そしてそれに由来する心理学観にあった。

第一の実験の位置づけに関する対立は、次のようにまとめられる。ヴントの心理学は実験に依拠している。ただし、その対象は直接的経験に限定されている。直接的経験を対象とするのは私秘的な意識に閉じられた「個人心理学」である。ヴントはこれに加えて、直接的ではあるが、実験の及ばない高次の統合的な心理学として「民族心理学」を立てる。[14] 一方、ヴントの後に続く若き心理学者たちは、実験を用いる点では同じ方向にあるが、ヴントが実験に課していた制約を外し、実験の適用範囲を拡大する。たとえばキュルペは、何らかの工夫を用いれば「実験的方法によって接近しえない心理学的な探求のトピックはない」[15] と言う。ヴントは晩年に、こうした若き世代の心理学者たちの実験の適用範囲の拡大を批判した。[16] しかし結局のところ、ヴントの批判に耳を傾ける者はいなかったのである。

このように若き心理学者たちが実験の適用範囲を拡大できたのは、彼らが、ヴントの掲げた直接的経験と間接的経験の区別を顧慮せず、そこに一元的な法則関係を見いだそうとしているからである。ヴントが言う直接的／間接的の違いとは、反応実験において与えられる直接的な意識と、それを介して測定される間接的な生理学的反応との違いである。生理学的反応における因果性は物的因果性であり、それは間接的に（mittelbar）想定される。それに対して意識において心的因果性は直接的に（unmittelbar）経験される。[17] 加えて、この間接的経験と直接的経験をさらに隔てるのは、「創造的綜合」において生ずる心的因果性の固有性である。心的な活動においては、物理的な活動とは異なり、その活動の要素にはそれまで含まれていなかった新たな特性が生ずるのである。[18] したがって、このような物的因果性と心的因果性の区別をしない若き心理学者たちは、明らかに自然主義的である。彼らはマッハ、アヴェナリウスの影響の下に、思考の経済の原理にもとづき機能的な関係を見いだそうとした。他方、ヴントは科学において「出来事の一貫性（coherence）を理論的に理解することを」[19] めざし、心的因果性と物的因果性という相異なった二つの因果性を導き出したのである。

以上のような関係のなかにディルタイを位置づけるなら、ディルタイはヴントの側に立つ、と言えるだろう。ただし、ヴントと実験心理学者ではないディルタイとのあいだには「直接性（Unmittelbarkeit）」の概念のとらえ方に違いがある。ヴントの直接性は、実験によって加工され、意識に与えられた、いわば純化された直接性である。それに対して、ディルタイの直接性は、実験によって加工されていない直接性であり、歴史性や社会性が沈殿した、ネルソンが言うところの「不純な（impure）」意識である。[20] そしてそこに見いだされるものも、因果性ではなく、構造性である。

以上のような実験の位置づけと相俟って、心理学観についても、新旧世代間のあいだに対立が生ずる。ヴントにとって心理学は、間接的な自然科学に対しては、それを補完するものである。そして、文献学、歴史学、国民経済学、法学などの直接的な学である個別精神諸科学に対しては、基礎学の位置にある。つまり、個別的な精神諸科学の活動の根底には、心的な活動があり、その活動によってそれらの学は支えられていると考える。[21] それに対して、若き心理学者たち、たとえばエビングハウスは、心理学を物理学や化学と比較し、発展の遅れた自然科学と見なすのである。[22] 彼らは根本において、諸科学の関係を還元主義的な階層構造で考えているのである。ダンジガーは、キュルペが影響を受けたマッハとアヴェナリウスの考え方を次のように要約している。「科学は、その一般化の抽象性の度合いによって階層化することができ、物理学は最も抽象的であり、したがって他の科学の基礎となる。階層構造の各ポイントにおいて、わたしたちは最も経済的な、つまり最も抽象的な方法で、機能的関係の観察を記述しようとする。生理学が扱う関係は心理学が扱う関係よりも一般的であるため、後者は可能な限り前者に還元されるべきである」。[23] このような発想に対して、ヴントは、自然哲学と精神哲学というドイツ的な学問の二元論を踏まえ、「どちらか一方の学問の概念と、もう一方の学問の概念の非還元性の原則」[24] に立つ。ここにもまたディルタイに似た立場を見いだすことができるだろう。ただしディルタイの場合には、後に見るように、心理学は個別諸科学と意識の事実の中間に位置している。

このような心理学における対立は、結局のところ若き世代の主導によって終わり、結果として、それまであった心理学と精神科学や哲学との関係は失われ、心理学は専門的な自然科学の一領域となってゆくのである。[25]

## 二　自然科学的心理学と精神科学的心理学との対立

### ⑴批判の応酬

以上のような状況において、ディルタイとエビングハウスの論争は生じた。ディルタイの「構想《イデーン》」に対するエビングハウスの批判は、ディルタイへの返信の手紙と雑誌に掲載された論文によってなされた。

ディルタイは、「構想《イデーン》」で精神科学の心理学的基礎づけの構想《イデーン》を提示した。そのなかで、自然科学的な実験心理学を「説明的心理学」と呼び、その心理学は仮説的な性格をもち、それゆえに精神科学の基礎学として不適切であり、むしろみずからの「記述的分析的心理学」こそが適切であると主張した。「説明的心理学」とは、「因果連関を立て、それにもとづいて心的生のあらゆる現象を解明するべき」とするものであり、「物理学や化学が物質的世界の仕組みを説明するのとまったく同じように、心的世界の仕組みを、その構成要素と力と法則によって説明しようとする」（V, 139：第3巻六三八頁）心理学である。この「説明的心理学は、一義的に規定された一定数の要素を用いて、心的生の現象を因果連関に従属させようとする」（V, 139：第3巻六三八頁）。この点に、説明的心理学が仮説性を有する原因がある。自然科学が仮説性を帯びることは当然である。感覚においては、その所与は共存と継起という仕方でしか与えられない。したがって、自然を法則的に把握するとすれば、そこに因果連関を仮説的に補足しなければならない。これは正当なことであり、したがって仮説は自然認識が進歩するための不可欠な手段である（V, 140：第3巻六三九頁）。説明的心理学は、この自然科学をモデルにする。そこから、説明的心理学の代表者は、心理学的認識にともなう仮説性を心理学の避けがたい運命であると主張する（V, 144：第3巻六四四頁）。しかしそうなると、説明的心理学は仮説に始まり、仮説に終わる。精神科学的認識においては、説明的心理学が用いる実験および量的規定だけでは不十分である。

エビングハウスは、このような「構想《イデーン》」での説明的心理学への批判を自分に向けられたものと受けとめ、反批判を繰り出すのである。その第一、および第二の批判は、ディルタイの説明的心理学のとらえ方に対する批判である。エビングハウスによれば、説明的心理学に対するディルタイの批判はヘルバルトにしかあてはまらず、加えて仮説性などの批判された特徴についても、現代の心理学はすでに考慮済であり、「連合心理学者は、ディルタイをすでに読んでしまったかのように振る舞っている」というのである。しかも、「連合心理学者は、諸原理の還元が成功すればそれで満足するのであり、それはあらゆる科学にとっても、そしてまた精神科学にとっても喜びなのである。連合心理学者は、これらの原理の数が制限されていることに特別な不安を示さないのである」[26]。

つまり、有り体に言えば、ディルタイは時代遅れで、かつ誤っている、ということである。しかも、エビングハウスにおいては、説明的心理学が要素還元主義的であることは、そのまま肯定されており、かつその要素が「一定数」であることにも躊躇はない。一見すると、この反批判は粗雑にも見えるが、注意深く考察すると、ここには、ディルタイとエビングハウスの議論のすれ違いを見て取ることができる。そしてエビングハウスとディルタイが二律背反的な関係にあることが分かる。

### (2) エビングハウスの立場

エビングハウスからすれば、ディルタイの説明的心理学の把握は古く誤っており、「現在の連合心理学」はディルタイの批判するようなものではない。ディルタイは、仮説性という点で連合心理学を批判していたが、むしろ連合心理学は、仮説を積極的に取り入れているのである。エビングハウスは、フェヒナーから影響を受け、方法論的には仮説演繹法をとる。実験と測定によって、その仮説を検証するのである[27]。

さらに、この論点は、因果性をめぐる議論、とくにエネルギー保存の法則のとらえ方にも関わる。エビングハウスは次のように考える。ディルタイによれば、説明的心理学の代表者は、心理学も、物理学の根本法則であるエネルギー保存の法則に従っていると考えている。しかしディルタイからすれば、この点は批判されるべきなのである、と[28]。たしかにディルタイは、エビングハウスの言うとおりに、エネルギー保存の法則は、物的世界においては適用しうるが、心的世界においてはそうではないと考えている（V, 167：第3巻六四七頁）。この考え方は、先に見たヴントにも、物的因果性と心的因果性の異質性という点に見いだすことができる。このようなディルタイの把握に対して、エビングハウスは、マッハ的な読み換えを踏まえて、「エネルギー保存の法則」に相当するものが、心的世界にも物的世界にも汎通的にあると見なしている。エビングハウスによれば、説明的心理学は物理学的な科学性の理想に従い、「外的世界の機械論的な説明可能性という仮説を支持する」と思われているが、それは誤りである。それを正すには、「厭うことなくE・マッハの著作を想起しよう。事柄の機械論的な説明は、正しく真なる科学的自然研究の必然的な構成要素ではない[29]」という。ここでは、「マッハの著作」に注は付されていないが、これについてM・マーシャルとB・ロドウェイは、エビングハウスが、これを精神物理的平行論の文脈で、マッハに従って次のように考えたとしている。「精神的な素材と物質的な素材は、同じ基本的な素材からなる——すなわち知覚である。現象の様相も、物的な様相も、客観的な優位をもつものではない[30]」。ここには、プルーテが指摘したように、力学的世界観の変化がある。マッハ的実証主義に立つエビングハウスからすれば、ディルタイは依然としてヘルムホルツ的力学的世界観に依拠しており——その「説明的心理学」に関する把握について言えば——、たしかに「時代遅れ」だと言えるだろう。

### (3)ディルタイの立場

エビングハウスの批判は、ディルタイの説明的心理学の把握は時代遅れで、ヘルバルトにしかあてはまらず、現在の連合心理学にはあてはまらない、というものだった。しかし、もし旧いヘルバルト的な心理学と、最新のマッハ的機能主義的な連合心理学とをともに射程に収める批判的視点が可能であれば、ディルタイの批判は有効だということになる。これは、説明的心理学と記述的分析的心理学とを対置させることそのものに含まれるディルタイの意図を明らかにすればよい。この点について、ディルタイ研究者であるF・ローディは次のように述べている。

私は、敢えて次のテーゼを述べたい。ディルタイにとって「構想《イデーン》」において第一義的に重要だったのは、記述的心理学と説明的心理学との間の方法論的な境界づけではなく、むしろ、人間についての根本学（Grundwissenschaft vom Menschen）の承認だったのであり、その根本学は、そのすべての分析において〔……〕、ディルタイによって「生」と呼ばれる「体験された連関」の根源的な経験に、遡及的に結びつけられているのである。すなわち、「生」は、いつも連関としてのみ現に存在する。（V, 144〔：第3巻六四三頁〕）[31]

ローディは「構想《イデーン》」の狙いが、説明的心理学を斥け、記述的分析的心理学を打ち出すことにあったのではなく、むしろディルタイの真意は、記述的分析的心理学を「人間の根本学」として提示することにあったと主張している。ここで言われている「根本学（Grundwissenschaft）」は、C・ヴォルフによって存在論（Ontologie）の訳語として導入されて以来、近代以降のドイツ哲学の伝統に位置づけられるものである。とくに重要なのは、自然諸科学が発展した十九世紀後半、その根本、ないしは基礎をどこに置くか、言い換えれば、どこに存在論的基礎を置くか、それとも個別諸科学の認識論的な基礎づけの学と見なすかによって、その用法が異なっていくという点である[32]。ディルタイ自身もこの概念を用いている（vgl., V, 268, 273）。以上のことを踏まえて、ローディがディルタイの真意としてみた「根本学」の特徴を指摘すれば次のようになる。

第一に、心理学を「根本学」と見なすことによって、説明的心理学か記述的分析的心理学かという対立のその先に、心理学を位置づけるということである。これは、エビングハウスにおいては、結局のところ、心理学は、自然科学に属する個別諸科学の一つにすぎないのに対し、ディルタイにおいては、精神諸科学も自然諸科学をも基礎づける根本学である。そのような「構想」があったからこそ、エビングハウスにさえ、建設的な批判を求めて「構想《イデーン》」の抜刷を送るのである。しかし実際のところ、エビングハウスは、背後にあったその人間の根本学の構想《イデーン》には気づかなかった。

第二に、この学の根本が「生」にあるということ。すなわち、この文脈で言えば、あらゆる分析が、「体験された連関」という根源的な経験に遡及しうるということである。このような遡及によって「仮説性」を意のままにすることができる。記述的分析的心理学も、説明的心理学と同様に、仮説なしに済ますことはできない（V, 140：第3巻六三九頁）。しかし、この「体験された連関」に繋留されるかぎり、この心理学は、仮説に終わることはあっても、仮説から出発することはない。

第三は、この根本学によって、生が連関として、あるいは構造的な連関としてとらえられているという点である。ただし、ローディの指摘によれば、ディルタイはこの点について「構想《イデーン》」では、説得的な議論を展開していない。(33) 実際、エビングハウスは、この弱点に向けて、構造連関は体験することはできず、後から構成されたものだという批判を展開し、それに対してディルタイ自身は、「注」において後から応答した。(34)

以上のような、ローディによる「人間の根本学」についての指摘は、概ね的確であると思われるが、ここでさらに立ち入りたいのは、上述の第二の仮説性という論点である。それは、研究者にはよく知られた、ディルタイがもち出す「トカゲ」の例に関わる（V, 205：第3巻七一三頁）。(35) ディルタイは「構想《イデーン》」第七章で、トカゲに刺激と運動の相互作用の合目的的性格を指摘し、これを類比的に、人間の心的生において解明しようとする。エビングハウスはここに、記述的心理学に対して、説明的心理学と同様の、仮説的な視点が導入されている点を見逃さない。(36) たしかに、ここで問われているのは、T・ネーゲルの言葉をもじって言えば「トカゲであるとはどのようなことか」という問いである。私たちは人間であり、トカゲではない。その限りにおいて、ディルタイの考察は仮説的である。しかし、これに対してディルタイ研究者のムルは、無機的自然と有機的自然の相違の視点を導入することで、この難点を切り抜ける。たしかに、「石であるとはどのようなことか」という問いは、無機物である石が視点を持ちえない以上、無意味である。それに対して、有機体であるトカゲが、ある視点を有すると想定することは無意味ではない。「人間的生は動物的生と対立するものではなく、動物的生に組み込まれた部分であることは明らかである」[37]。この議論のなかに見いだせるのは、ある主体が、視点を有するかどうかということ、言い換えれば、人称的であるかどうかということである。この観点に立てば、自然科学的／精神科学的というように引かれた区分の境界線を、無視点的＝無人称的／有視点的＝[有]人称的という区分に引き直すことができる。そして、この有視点的＝人称的な知の領域には、精神科学のみならず、自然科学の知も含まれる。ここに、「構想《イデーン》」では「諸理念《イデーン》（構想）」にとどまっていた「人間の根本学」を見い出すことができるだろう。次節では、この論点をもって、ディルタイの心理学を見てみることにするが、ここではひとまず、以上の、ディルタイとエビングハウスの論争を歴史的に小括しておこう。

ヘーゲル以後の科学思想は、ヘルムホルツ的な力学的自然観からマッハ的な新実証主義へと変化した。ヴントの弟子たちやエビングハウスなどの新世代の心理学者たちは、遅れてきた自然科学としての心理学を、この変化の波に乗せ、自然主義化を推し進めようとする者たちであった。それに対して、ヴントやディルタイは、その自然主義化の波に、精神科学の位置づけによって、しかもそこでの心理学のあり方によって抵抗する。ディルタイとエビングハウスの角逐は、まさにこの波の突端で生じたものであった。そしてこのとき、その焦点となったのは、「仮説性」という特徴である。エビングハウスは、仮説から出発し、心的法則を仮構することを厭わない。たとえば次のように言う。

慎重な記述と区別は学問にふさわしい場所であるが、記述されていないものを大胆に飛び越え、疑いや不安にエネルギーと熱意をもって立ち向かう仮説もまた、ふさわしいものである。仮説は、実りをもたらす原動力である。それなくしては、最初の仮説は不毛で無目的な活動に沈んでしまうのがふつうである。このことは、口を開けた経験の裂け目を埋めることを目的とする心理学にも、他のすべての学問にも当てはまる。[38]

ここには、冒険的仮説主義を貫く心理学者がいる。他方で、体験に立ち戻る生の哲学者ディルタイは、この仮説性によっては、生（Leben）と学的知との結びつきが失われると考えた。体験（Erleben）へと遡及してこそ、あらゆる知は実在性を保証されるのである。

ただし、次のことも付け加えておかなければならない。それは、ディルタイが、一方的に、自然科学を拒絶しているのではないということである。ディルタイには、実証主義からの影響、そしてベルリンの生理学者からの影響があった。さらに、ディルタイの根本的な意図は、実験的な説明的心理学をも取り込むような「人間の根本学」の構想にあった。しかし、当時の心理学の圧倒的な勢いの前で、その慎重な企てはかき消されてしまった。

これらのことを踏まえて以下での考察は、まずは、ディルタイが、自然科学に対してどのような関わり方をしているかに着目し、そのうえで、ディルタイの心理学を彼が目指していたはずの「根本学」という視点から読み解いてみたい。

## 三　ディルタイの心理学の特徴

### ⑴精神科学の自然認識に対する関係

上述の考察を踏まえて、以下では、まず精神科学と自然科学との関係を、精神科学から見た「自然認識」のあり方を探ることによって明らかにし、次いで、人称性という概念を手がかりにして、ディルタイの心理学の特徴を際立たせ、人間の根本学の構想《イデーン》を示してみたい。

精神科学の対象である歴史的−社会的現実を構成する要素となるのは「精神物理的統一体」である。「精神物理的（psychophysisch）」とは、フェヒナーの「精神物理学（Psychophysik）」に由来するが、ここでの精神物理的統一体とは、精神と身体をもった人間的個体のことである。人間学と心理学が、この精神物理的統一体に関する理論である

(I, 29：第1巻三八頁)。このように出発点を精神物理的統一体に取ることによって、非物体的な魂ではなく、この世界において身体的に、時間的空間的に制約され、個体化されたものとしての人間が考察の射程に入ってくる。ディルタイ自身は、この精神と身体ないしは物体との関係を次のように述べる。

> あらゆる心的作用は神経系を介してのみ、われわれの身体内部の変化と結びついて現われ、また反対にこの変化は、神経系に対する作用によってのみ、われわれの心的状態の変化を伴う。(I, 16f.：第1巻二六頁)

ここでは、明らかに、精神物理的統一体が心的状態と神経系の相互作用としてとらえられている。そしてこれに次のような文章が続く。

> 精神物理的な生の統一体をこのように分析することによって、生の統一体が自然の全連関に依存しており、[……] したがって社会的－歴史的現実の研究もまた自然認識に依存していることが、いまやより明確に考えられるのである。(I, 17：第1巻二六頁)

これらのことから、ここでまず解明しておくべきは、精神科学が依存する自然認識のあり方である。

### ①自然認識のあり方

ディルタイは『精神科学序説』において、「自然はわれわれにとって異他的《フレムト》なものである」(I, 36：第1巻四六頁)とする。そこからすれば、自然の事実と精神の事実は比較不可能である。[39] ディルタイはこれを、認識の場面で、感官と内的経験の比較不可能性としてとらえる。両者は、由来の異なった二つの事実(Faktizität)であり、一方から他方を導出することはできない[40]。このような事態に対して、われわれはそれをそのまま受け入れることができるだけである。そしてこれらの諸与件は、継起と同時性において確定された同型性（斉一性 Gleichförmigkeit）に従って関係づけられるだけである。ここに自然認識の限界がある。ただしこれは自然認識の「外的制限」ではなく、「経験自身に内在する自然認識の条件である」（I, 10：第1巻二〇頁）。それゆえ、このような制限があったとしても、認識の機能には支障がない。ディルタイは次のように言う。

〔自然〕科学が、現実における変化を原子の運動に還元しようとする計算に感官に与えられた〔物の〕性質または意識の事実を従わせようとも、この性質や意識の事実がこの計算に服従しさえすれば、それが導出不可能であるという事実は科学的操作には支障とはならないのである。（I, 10：第1巻二〇頁）

自然科学にとって重要なことは、所与をその認識連関のなかに組み込んでゆくことであって、それを行なうことができれば、なんら問題はないのである。したがってここから、音や色が認識連関のなかに組み込まれるのと同じように、「意識の事実」も組み込まれてゆく。ここには前節で見た、仮説的であることに躊躇しない、エビングハウスと同様の姿勢を見ることができるだろう。このような暴力的とも言える認識遂行に対して、自然科学について理解を有するディルタイは、自然科学的認識を拒否するのではなく、自然諸科学のあいだにある従属関係と、自然的事実と精神的事実との比較不可能性は質的に異なることを指摘する（I, 11：第1巻二一頁）。

②自然認識と精神科学の関係

では、以上のような自然認識は、精神科学とどのような関係にあるのか。言い換えれば、精神科学はその認識にあたって、自然科学の知をどのように用いるのか。結論を先取りすると、その答えは二つある。第一は、自然科学的因果連関は、精神科学においては関数的な対応関係だということであり、第二は、そのうえで精神物理的統一体としての人間は自然に対して合目的的な関わりをするということである。そしてここには「人称的世界」が開かれる端緒がある。

ディルタイは、自然認識の精神科学に対する関係を、自然科学の考察方法を起点にして考える。まず「自然科学は、自然経過の因果連関を分析する」ということを確認したうえで、次のように述べる。

> ところが、物質的事態あるいは物質的変化が心的事態または心的変化と規則的に結びつき、両者のあいだにそれ以外の中間項が見いだされないような点にまで、この分析が及ぶ場合には、両者のあいだの規則的な関係（regelmäßige Beziehung）自身が確認されるだけであって、原因と結果の関係はこの関係に適用できないのである。（I, 16：第1巻二五頁）

ここでディルタイは、自然認識を精神科学の側からとらえている。自然科学における因果連関は、心的な事態との結びつきから見るかぎりは規則性でしかない。さらにこの規則性は、一方の範囲の同型性と他の同型性との結びつきであって、関数（Funktion）という数学的概念である（I, 16：第1巻二五頁）。つまり、前節での議論を踏まえれば、自然科学的な因果連関は仮説性を免れないはずであるから、その因果連関は、あくまで仮構されたものである。この仮構された因果連関を、精神科学的に、心的な事態において生じていることとして見なせば、そこにある連関は、関数的な対応関係の規則性だということになる。

次いで、このような自然との対応関係においては、因果関係には生じえなかった変化が生じる。それは心的なものが物質的世界へと逆に引き起こす変化である。これは精神物理的統一体の自然への関わりのなかで生ずる、二重の関係である。すなわち、精神物理的統一体は、神経系を介して自然から影響を受けると同時に、自然の過程に働きかける。このとき、精神物理的統一体の活動において一方で自然は手段であり、他方でその活動は合目的的な行為として現れる（I, 17：第1巻二七頁）。精神物理的統一体は、自然に条件づけられると同時に、自然を支配する。ただし、この場合、精神物理的統一体の自然への関わりは、いわば無垢な自然との関係ではない。すでに精神物理的統一体によって媒介されている自然に、精神物理的統一体は再び関わる。[41] つまりここでの関わりは、関係への関係であって、このあり方を反復的な再帰性と特徴づけることができる。

以上のような自然認識に対する精神科学の関係においては、次のような「人称的世界」への端緒を見て取る解釈ができるだろう。ディルタイは、自然科学における因果連関が、精神科学においては規則的な対応関係でしかないことを指摘するさいに、次のように言う。

> したがって精神的なものが自然連関に依存していることは、一般的な自然連関によって因果的に制約されている物質的事態や変化が、われわれにとって（für uns）は規則的に、しかもそれ以外の認識できる媒介も経ずに精神的事態や変化と結びついているという関係なのである。このように自然認識から見れば、因果の連鎖は精神物理的生にまで及んでいる。　（I, 16：第1巻二五頁）

最後の一文にあるように、自然認識からは因果の連鎖は精神物理的生にまで及ぶのである。しかし、その因果性は、精神科学においては、「われわれにとって」の規則性としてある、と言い表されている。この「われわれにとって（für uns）」と言われる場合の「とって（für）」とは、自然連関についての知であるところの規則性が、誰かに差しだされたもの、誰かに帰属するものだということである。自然科学的な認識においては、その対象である異他的な自然に対して、因果性が仮説的に設定される。したがって、この因果性は、誰のものでもない。誰のものかは無規定的であり、人称的性格をもたない。それに対して、精神科学的認識において自然に関わるのは精神物理的統一体である。

精神物理的統一体は、身体的、時間空間的な制約を有する。それゆえ、そこで得られる規則性は、そのつど、個別化された「誰にとって（für）」あるものとなる。したがって、自然科学においては全称命題的に述べられる自然認識が、精神科学においては、相対的な「われわれにとって」という仕方で、複数一人称的に表現される、ということになる。ここで用いられる für は、後に見る、覚知の特徴である、「私にとって現にある（für mich da ist）」と言われる場合の、「とって（für）」と同義であると見なしてよいだろう。もっともそうすると、このとき、この「とってある」、とはどのような事態かということも問題になる。ともあれ、ここでのこの「誰にとって（für）」という仕方での世界への関わりに「人称的世界」への端緒を見いだすことができるだろう。これらの問題は、ディルタイの心理学を見たうえで、再び考察しよう。

### (2) 人称的知の基礎としてのディルタイの心理学

精神物理的統一体に関する理論としての心理学は、この統一体を、心的生の視点から記述－分析し、それによって精神科学的な認識を基礎づける。その出発点となるのは次の「現象性の原理」である。

きわめて真摯で首尾一貫したすべての哲学の始源を形成しているのは次の洞察である。それは、さまざまの個人さえも含んだ、私が関わりあっているすべての対象は、私にとって私の意識の事実としてのみ現に存在する（sind für mich nur da als Tatsachen meines Bewußtseins）、つまり意識の事実こそ客観が構築されるもとになる唯一の質料である、という洞察である。意識の事実は、客観が示す抵抗であり、客観が占める空間であり、客観が衝突して苦痛を感じさせたり快く接触したりすることである。（XIX, 58：第2巻一二二頁）

この現象性の原理には、ディルタイの心理学の主要な論点が示されている。精神科学では、すべての対象は自己との関わりあいにおいてある。この関わりあいこそが、ディルタイの言う「生」(V, 200：第3巻七〇八頁)であり、それは自己と外界との反復的再帰的な相互作用である。ディルタイにおいて意識はこの相互作用に重ねられ、それが意識の事実として覚知される。ディルタイがこのように意識をとらえるのは、意識を、外界から分断し、名詞化し、内面に囲い込み、そこに表象連関をとらえようとする「現象主義」から距離を置くためである。(42) そしてディルタイの心理学は、この覚知された意識の事実において心的連関を記述–分析する。さらに、この意識の事実は、自己と外界、あるいは他者との相互作用において、「抵抗経験」と言われる客観との衝突や接触を含むのである。

以下では、ディルタイの心理学の中心をなす意識の事実の覚知について明らかにし、ついで意識の事実において記述–分析される心的連関が精神科学の基礎となることを示す。そしてこれらを踏まえて、ディルタイの心理学を、世界を人称的なものとして開示する心理学として解釈する。それによって抵抗経験において、外界や他者が人称的なものとして分節化されることを明らかにする。

①意識の事実の覚知

「覚知(innewerden)」は、対象を、意識の事実として、私にとって現にあるように、実在性《リアリティ》をもってとらえる作用である。覚知においては、表象作用の場合と異なり、内容とその作用は対置されず、ある内容をなんの区別もなしに含んでいる。覚知は表象作用のすべてに伴い、それ以上に遡行することのできない「最終的判定基準」(XIX, 177：第2巻二七一頁)である。

ディルタイは覚知のプロセスを、ベートーヴェンの「英雄」を聴くことを例としてあげ、そのさいにこれを次のように分節化する。ここには、一方に「自己から区別され自己から独立した事実として、意識のうちで現われてくる」音があり、他方に「覚知する主観それ自身の状態として体験される」聴くことと音に感ずる喜びがある(XIX, 67：第2巻一三四頁)。前者の音そのものは、「聴く主観に対してそれとは異なったものとして向き合ってくる外界の一構成分」（XIX, 67：第2巻一三四頁）である。すなわち、生理学的な、鼓膜を震わせる無数の聴覚刺激である。後に見るように、この「音」すなわち外的な対象は、「抵抗経験」においてとらえられる。それに対して、覚知は、後者の「気分」や「喜び」を意識の事実として主観それ自体の状態として体験する。覚知は、知覚ではないゆえに音を対象として認識することはない。覚知が受けとめるものは音そのものではなく、音を聴くことによって生じた事実である。後に見るように、この事実が記述‐分析の対象になる。

この意識の事実は均質なものではない。「英雄」から受けとめたものがそうであるように、一定の秩序をもって在る——感情としては気分の連なりであり、表象としてはメロディとしての音の連なりである。ただし、それは覚知が能動的に働くからではなく、また受動的であるからでもない。「意識の事実〔…〕のもとで見いだされるのは知覚の諸契機であるが、そこでは〔…〕、ただ事実性（Tatsächlichkeit）だけが私の前にある」（XIX, 68：第2巻一三五頁）。したがって、このように意識の事実が覚知されることは一種の出来事（Geschehnis）の生起だと言ってよいだろう。そしてこの出来事は、ほかならぬ精神物理的統一体が実存する世界が生起することであり、その世界は、覚知に拠るゆえに、私にとって現にあるという仕方でリアリティを有する。精神科学における認識は、このように意志し感じ考える心的統一体としての人間が世界と相互作用を起こすプロセスで作用する覚知に基礎が与えられているのである。

### ②精神科学の基礎としての心的連関

ディルタイの心理学の記述‐分析は、外界との相互作用にある精神物理的統一体の心的側面——それが意識の事実として覚知される——に定位している。この場面は、さきに見た自然認識でいえば、感官と内的経験という二つの事実からなる場面である。自然認識は、そこで、暴力的に、対象を仮説的に因果連関として構成した。またヴントの心理学であれば、この場面を実験的に構成し、ここに心的因果性を見いだすであろう。それに対して、ディルタイの心理学は、心的生を、さまざまな心的構造連関として記述し、分析する。[43] しかも、ここで記述‐分析される連関は意識の事実と個別諸科学のあいだの「中間肢」として位置づけられる（XIX, 77：第2巻一四六頁）(44)。こうすることで、心理学は——心理学が生理学に還元され、生理学が物理学に還元されるような——諸科学の還元主義的な階層関係に置かれるのではなく、むしろ意識の事実と個別諸科学のあいだに立ち、意識の事実が有するリアリティを個別諸科学に保証するものとなる。この意味で心理学は、他の精神諸科学の基礎学である。したがって、先に見たように、意識の事実の覚知が一つの出来事の生起であるならば、心的連関とはこの出来事の生起において、その出来事がひとつの出来事として秩序づけられる、そのまとまったつながりを示すものである。この連関は、生の統一体と外界との相互作用の反復（wiederkehren）において類型的にとらえられ(45)、同型的（gleichförmich）な連関として分節化される。心的連関が記述分析されるこの精神的な生の領域は、詩的芸術的なイメージ形成の場でもある。外界から得た生理学的刺激が内的なイメージへと変換され、それが詩学の基礎となる(46)。

ディルタイは、この生の連関として、「構想《イデーン》」では、構造連関、発展連関、獲得連関という三つを分節化する。構造連関が心的生の横断面であるならば、発展連関は縦断面である。そして獲得連関は自己と外界との相互作用においてそのあり方を調整する役割を果たす。ここではその詳細には立ち入らず、とくに重要な「獲得連関」を取り上げる。

私たちの生は、「獲得された全体的な心的生」として、生き生きとした連関としてある。心理学的な記述‐分析は、この獲得された心的連関を前提としている（V, 177：第3巻六八一頁）。さらに、獲得連関は、生の統一体と外界との相互作用としての構造連関の、その方向づけを調整し、かつ制約する機能をもつ（V, 177：第3巻六八一頁）。ただし、この獲得連関は、他の連関とは少し異質なところがある。ディルタイ自身は、この獲得連関の機能については述べるが、この連関それ自体についての説明をあまり行なわない。だが、連関の同型的性格を踏まえれば、この獲得連関は、生の統一体と外界との相互作用の再帰的な反復のなかで生の統一体において獲得された、すなわち身につけられ我有化された（sich eignen）、その意味で人称化され個性化された外界に対する関わり方の「型（Typus）」のことを指すと考えられる。したがって、獲得連関は、内実としては、人間的実存の歴史的社会的条件であり、それを心理学的に記述したものであろう。

ただし、ここには問題がある。心的連関は、意識の事実として記述されるはずであるが、この獲得連関は「全体として意識されることはない」のである。したがって、この連関は「さしあたって再生された個々の部分において、あるいは心的過程に対する働きかけにおいて、間接的にわれわれに把握されうるにすぎない」（V, 180：第3巻六八四頁）というのである。ネルソンは、このような特徴を、「自己を構造と過程の動的な媒体として提示するものであり、これには明示的な意識的思考と、前論証的思考の無限の可変領域が含まれている[47]」と表現している。そこで、このような不透明性に対して、中期の心理学の段階でディルタイが提示する解決策は、その獲得連関の「創造物を比較する」（V, 180：第3巻六八四頁）という方法である。ここには明らかに心理学的な記述－分析の決定的な限界を見いだすことができ、かつそこで提示されている解決策は、体験の表現を理解する、後の解釈学を予想させるものである。しかしディルタイはここでは、それを解決すべき問題点と見なしていないように思われる。だとすれば、ディルタイにとってここでの課題は、この事態を理性的な明るみのもとにもたらすことではなく、心理学的な記述－分析が、ここでの前意識的な不透明性、言い換えれば「生の究めがたさ」との緊張関係にあることを示すことにあったのであろう。

### ③ディルタイの心理学における人称性の契機

これまで見たディルタイ心理学の特徴を踏まえて、そこに見られる人称性の契機について指摘してみたい。先に、自然科学的な自然認識と、精神科学における自然についての認識を対比するさいに、後者の特徴は、「誰にとって」という人称的性格をもつことを指摘した。これは再びネーゲルの言葉を借りれば、自然認識が「どこでもないところからの眺め」からなされる認識であるのに対して、精神科学的認識は、有視点的な「誰にとって」の眺めからなされる認識だということになる。そしてM・ユングの言うように、ディルタイの固有性は、この精神科学の有視点的知が、

精神的な領域だけではなく、自然にも向けられているという点にある。(48)

そして、この「誰にとって」という精神科学的認識の固有性とは、上述の覚知および心的連関の考察を踏まえれば、覚知における「私にとって現にある（für mich da ist）」というときの「とって（für）」のことである。この「私にとって」というあり方は、レッシングが言うように一人称的だと言ってよいだろう。レッシングによるこの指摘に、心理学者のガリカーはE・ジェンドリンの「ホリスティックな一人称の科学」を重ねる。(49) ただしディルタイの固有性は、さらに、この一人称的性格が、後年に展開される、体験の「帰属性（Zugehörigkeit）」という性格を含む点にある。(50) 体験において、出来事が私にとって現にあることによって、その出来事はリアリティのあるものとして受けとめられる。このリアリティゆえに、精神科学的認識の対象は生き生きとしたものとして与えられるのである。

以上の点は、自然認識が仮説的であるのとはまったく異なった特徴である。自然認識が、仮説的で、全称命題的であるとすれば、精神科学的認識は、個別化され人称化されたものである。それは、先に見た構造連関、とくに獲得連関がそうであった。心的連関は、自己と外界との相互作用のなかで再帰的に反復されるのであり、因果的な一般法則とはまったく異なったものである。ただしディルタイはここで、自然についての認識を排斥しているわけではない。ユングの指摘にあったように、その生の統一体による知る働きは自然にも及ぶ。それゆえ、デ・ムルはこの点から、ディルタイのなかにあり得た、第三の科学としての目的論的科学を見いだそうとする。(51)

次に以上のような「誰にとって」という人称性が、さまざまに変容するあり方を見る。

## ④抵抗経験と他者

心理学的記述－分析は、それが意識の事実の記述－分析であるかぎり、精神物理的統一体の界面の内側を対象とする。ここで明らかにしたいのは、その外側との関わり方である。すなわち、生の統一体と外界との反復的再帰的相互作用において、生の統一体が、みずからの外部である外界に対してどのように関わるかということである。

現象性の原理において「意識の事実は、客観が示す抵抗であり、客観が占める空間であり、客観が衝突して苦痛を感じさせたり快く接触したりすることである」（XIX, 58：第2巻一二二頁）と言われていたように、ディルタイは、意識と外界との関わりを、一種の接触説によって解明している。[52] そしてその接触の場面では、圧迫に対する抵抗、すなわち抵抗経験が生ずる。抵抗経験とは、心理学的に言えば、力を意志が阻止するということである。

いわばこうした接触の働きにおいて遂行されるのは、生ということである――理論過程ではなくて、われわれが体験という表現によって表わすもの、圧迫と抵抗、それ自身位置である物に対する位置、われわれの内部や周囲にある生の力、つまり、快苦のうちで、恐れや希望のうちで、否応なくのしかかってくるものへの嘆きのうちで、自己以外に一身を捧げてきたものについての至高の喜びのうちで、断えず経験され存在しているような生の力であり、傍観者、つまり、世界劇場の客席に座っている自我ではなくて、その劇場で王たちが演じていようと、愚か者や馬鹿者が演じていようと、とにかく同じ事実状態を強烈に経験させるような行為や反対行為そのものなのである。（XIX, 153：第2巻二四〇頁）

この引用では、接触の場面に「生の力」を見て、それに対する抵抗の経験がとらえられている。後半部の演劇の喩えが示すように、生という舞台において私たちは観客ではなく演者である。そしてこの力の場が体験として受けとめられている。このような抵抗経験の発想は、すでに指摘したように生理学者、物理学者ヘルムホルツの「無意識的推理」に対する批判を通して得られている。[53] この、外的対象を原因とし、知覚内容を結果とする外的知覚についての前意識的推理による説明は、それが推理であるかぎり依然として仮説にとどまっている（V, 114：第3巻五〇七頁）。それに対し、抵抗経験において得られるのは、仮説的推理にはない外界の実在性《リアリティ》への信念である。そしてさらに、抵抗経験は次のような固有の特徴をもつ。

まず、そもそもここでの経験が、「抵抗」という仕方で経験されているという点である。抵抗とは圧迫に対する阻止である。それは原因に対する結果ではない。また、ある力があって、しかる後、阻止があるのでもない。まず阻止という意識の事実がある。そしてその受動的な阻止としての意識の事実があるからこそ、そこに阻止を生じさせる力が想定できるのである。言い換えれば、受動は能動なくして生ぜず、能動をみずから引き起こすことはできないのである。ゆえに抵抗経験における主体である受動者は、つねに他者としての能動者を含み込んでいる。ただし他方で、能動者の側でも、それ自身が能動者であるためには、それを阻止してくれる受動者が必要である。ただし、その受動を能動者自身がコントロールすることはできないのである。かくして、受動者と能動者は、一方がなければ他方が存しえない相関的な関係にある。ここからすれば因果関係は受動能動関係から派生したものにすぎない。(54)

対象が外的な事物であれば、対象は、この抵抗経験によってリアリティを保証され、客観的で、固有の法則に従って作用する自立した現実という性格を受けとることになる。ただしこの「現実」は、もはやどこでもないところから眺められたものではない。自己と外界との相互作用に巻き込まれた「誰にとって」の「それ」である。

ところが、対象が他の人間としての他者である場合、事情が異なってくる。抵抗とは、抵抗者を圧迫する者と正面から向かい合うことである。これが、意識の事実に含まれている「とって」という契機のここでのあり方である。すなわちここでの他者は二人称として出現している。あなたが「わたしにとって現にある」ということと、わたしが「あなたにとって現にある」ということとが重なり合う。見つめ合うことがそうであるように、私の眼差しがあなたのものとなり、あなたの眼差しがわたしのものとなる。(55) ここには、一体的でかつ二人称的な関係が成立する。(56) ディルタイは、以上のような他者と自己の関係を、母子関係において、また父子、夫婦関係など、愛情に満ちた役割関係において例証してゆくが（V, 111f.：第3巻五〇三頁）、ここには、先の引用にあった「苦」や「恐れ」(57) の側面、すなわち「離別と距離の暴力とトラウマ、世界と他者の変質性、相互に依存し絡み合うものの対立と紛争」を見て取ることもできる。

そしてここで事柄が展開する。抵抗経験において生じていた右の二人称的相関性が失われ、二重の契機に分化する。一方では、〈私‐あなた〉の一体性が、同型的な私とあなたへと変貌する。他方では、あなた、私、それぞれに自己中心化が生じてくるのである。ディルタイは後者については、これを、他者が高度に実在性を帯びた自己目的を持っているという点に見てとっている（V. 111f.：第3巻五〇三頁）。他者が、他者それ自身において中心を持ち、自己の目的を有するかぎりで、自己にとって他者は、他者性（Fremdheit）を有する「他人」として立ち現われる。言うならば〈あなた〉は〈あなた〉であることをやめ、「他人」、すなわち三人称となったのである。他人とは「彼」であり「彼女」であり、そしてルターなり、ゲーテなりの歴史上の人物である。ここにおいて、他人の体験は、理解の対象となり、追体験の対象となる。以上のように、私にとって現にあるという一人称的事態が、他の人称的事態へと変容するのである。

このようにして、ディルタイの心理学は生の統一体と外界との反復的再帰的相互作用において、抵抗経験を通して外界にリアリティを見いだす。そして意識の事実の覚知を通して、そこに心的連関を記述‐分析することで、精神諸科学に基礎を据えるものとなる。

以上のようなディルタイの心理学は、構想《イデーン》として、個別諸科学ではなく、「人間の根本学（Grundwissenschaft）」であろうとする意図をもっていた。この真意にしたがって、ディルタイの心理学を「人間の根本学」として解釈するなら次のようになろう。この学の批判的視座からすれば、自然科学は、どこでもないところから眺められた、制限を有する仮説的な法則による疎《まば》らな世界を構成する。それに対して、人間の根本学に立つと、自然的、生物学的、歴史的、社会的な生は、そのつどつねに誰かのものとしてある人称性を帯びたものとしてとらえられ、無底の究めがたき領域を含む世界から反復的再帰的に獲得された心的連関として記述‐分析される。そしてそこから精神物理的統一体としての人間は、この人称的世界に関わるための合目的的な視座を手に入れるのである。根本学の役割は、諸科学と生とを結びつけることにある。それによって諸科学の知が、人間にとって有意義なものとなることができるのである。そしてその人称的世界は、一方の、世界を法則化する自然科学的な営みに対しても、他方の、世界についての合目的な視座に対しても、ともに開かれている。ディルタイの根本学の意図は、どこでもないところからの眺めと、誰にとっての眺めとを分離することにはない。(58) 根本学の役割は、諸科学と生とを結びつけることにある。それによって精神物理的統一体としての人間に開かれるのは、その個的な生と普遍的な生とが媒介された、人間が住まうにふさわしいはずの、しかしながら同時にそこに生きざるをえないはずの世界である。

ディルタイの思想の発展史から見れば、ディルタイはこの一八九四年の「構想《イデーン》」の後、エビングハウスからの批判もあり、すこしの中断をはさんで、「解釈学の成立」、「精神科学における歴史的世界の構成」などの後期テキストを発表する。ここでは一見すると、心理学的思索が退き、体験－表現－理解にもとづいた解釈学的思索が前景に出てくるように思われる。かつてのディルタイ解釈では、ここに心理学から解釈学への転回を見た。しかし現在ではもはやこの解釈は維持できない。むしろここでなされているのは、心理学の解釈学への拡張である。心理学は構造心理学として、作用連関という術語が示すように、対象を心的な領域から文化的領域へ、また意味への問いへと広げてゆくのである。ローディの言葉を借りれば、心理学的「構造理論から見れば、印象から体験の分節化への歩みが問題」となる。他方で、「解釈学的理論から見れば、完成された表現を客観化された体験の生動性へと再翻訳することが問題となる」。(59)

## 結論にかえて

本節では、ディルタイ＝エビングハウス論争を手がかりにして、ディルタイ心理学の特徴を明らかにした。ディルタイの心理学は、心理学のありかた、また諸科学のなかでの位置づけによって、十九世紀後半の生の自然主義化に抵抗する運動であった。ただし、ディルタイの心理学はそれだけにとどまらず、自然科学と精神科学を包括し、基礎づける「人間の根本学」を目指してもいた。ただし、その目論見は、エビングハウスによる激しい批判の前で目立たないものになってしまった。

ディルタイのこの心理学の歴史的意義を考えてみるなら、つぎのことが指摘できよう。知の一切を自然科学化しようとすることへの反対運動は現在でも見受けられるが、十九世紀後半に行なわれたディルタイ自身の抵抗は、思想史上ほぼ初めてのものであった。わたしたちはいま、精神科学、人間科学、人文社会科学などの知の探求領域を持ちえているが、これらの非自然科学的な領域をひとつの自立した領域として持ちえているのは、ディルタイによるこの抵抗があったからである。あまりに自明化しているこの事態を、わたしたちは、あらためて、驚きとともに受け止めるべきである。また、領域を心理学に限定しても同様のことが言える。現在では、心理学は高度に洗練された実験と統計によって先端を走る自然科学である。ただし、心理学には、そうした方法から距離をおく、人間性心理学や質的心理学の企てもある。これらが、ディルタイ的な意図の延長線上にあることは明らかである。

このようなディルタイの心理学の今日的意義を探るならどのようになるだろうか。無論、現代の科学的（学問的）水準は、ディルタイの時代とは大きく異なる。しかし、ディルタイの心理学、そして「人間の根本学」が有する、仮説性を斥け、知を体験へと遡及させるという点、また、心理学が他の諸科学との還元主義的な階層関係のなかに置かれず、意識の事実ないし体験と諸科学のあいだに位置づけられているということ、これらは、いまなおディルタイの心理学に固有のものではないだろうか。そして、これによって心理学は、人間の根本学として、学問的知と生との絆を与えるものとなっている。この役割はいまもなお必要とされているのではないだろうか。

## 注

（1）ディルタイは、一八七九年夏のW・シェーラー宛の手紙のなかで次のように書いている。「自然研究を歴史や哲学から完全に引き離そうとすること自体が時代遅れです。［……］歴史的方向と、数学的自然科学的方向の相互作用のない哲学部は想像できません。私たちが達成しなければならないのは、相互浸透を深めることであって、分離することではありません。この問題は私にとって非常に身近な問題であり、もし学部がバラバラになれば、私の現在の仕事に対する喜びは完全に終わってしまうでしょうから、いろいろとお聞きしたいと思います」(Wilhelm Dilthey: *Briefwechsel*, Bd. I: 1852–1882, hrsg. von Gudrun Kühne-Bertram und Hans-Ulrich Lessing, Göttingen 2011, S. 822)。

（2）W. Quine, Epistemology Naturalized, in: *Ontological Relativity*, Columbia univ. Press 1969, p. 82.

（3）「人称性」の視点からディルタイの哲学を読み解こうとする試みについては、たとえば、デ・ムルの論考がある。Jos de Mul, Understanding Nature. Dilthey, Plessner and Biohermeneutics, in: *Anthropologie und Geschichte. Studien zu Wilhelm Dilthey aus Anlass seines 100. Todestages*, Hrsg. Giuseppe D'Anna, Helmut Johach, und Eric S. Nelson, Würzburg 2013, S. 459–478. またそれ以外にも、M・ユングや、ネルソンなどの考察がその手がかりとなる。これについては本節の「三」を参照のこと。また「人間の根本学」とは、F・ローディの命名である。これについては本節の「二」を参照のこと。

（4）これらの書簡は、レッシングによって編集され公刊されている。Vgl. Lessing, H.-U. (Hrsg.): Briefe an Dilthey anläßlich der Veröffentlichung seiner Ideen über eine beschreibende und zergliedernde Psychologie, in: *Dilthey-Jahrbuch für Philosophie und Geschichte der Geisteswissenschaften*, Bd. 3 (1985), S. 193–232)。ここに残されている書簡のうち、ディルタイからP・ナトルプに宛てた書簡に次のような言葉が見える。「もしあなたが時間を割いて、時間の許す限り詳しく私に異論と賛意を伝えてくれるなら、私はそれをあなたの側からの友情に満ちた助力だと考えたい。人間本性の歴史性を心理学的に導出し、歴史的カテゴリーへの入り口を見いだそうとする試みは、確かに、非常に長い考察を経た後でも、まだ大いに補足を必要としているのです」(S. 200)。

（5）手紙は次の文献に収録されている。Wilhelm Dilthey: *Briefwechsel*, Bd. II: 1852–1882, hrsg. von Gudrun Kühne-Bertram und Hans-Ulrich Lessing, Göttingen 2015, S. 562f. 論文は、次の文献に所収されている。H. Ebbinghaus: Über erklärende und beschreibende Psychologie, in: *Zeitschrift für Psychologie und Physiologie der Sinnesorgane* 9 (1896), 161–205; Wiederabdruck in: F. Rodi/H.-U. Lessing (Hrsg.): *Materialien zur Philosophie Wilhelm Diltheys*, 45–87. 引用にさいしては後者の頁を付した。なお、この論争は、本節での科学観をめぐる論点からだけでなく、人間関係や学問論的意義などの観点からも考察すること

ができる。それについては、日本語版『全集』第11巻「解説」一三二五頁以下を参照のこと。

（6）これは、ディルタイ全集への収録のさいには、「構想《イデーン》」の末尾に掲載された。Vgl. V, 237–240: 第3巻七五一―七五五頁。

（7）Edmund Husserl: *Phänomenologische Psychologie*. Husserliana, Band IX, Den Haag 1962, S. 34.

（8）Helmut Pulte, Gegen die Naturalisierung des Humanen. Wilhelm Dilthey im Kontext und als Theoretiker der Naturwissenschaften seiner Zeit, in: *Dilthey als Wissenschaftsphilosoph*, Verlag Karl Alber/München 2016, S. 66.

（9）高橋澪子『心の科学史』講談社、二〇一六年、一三三頁。

（10）Helmut Pulte, ibid., S. 66f.

（11）カッシーラー『認識問題4』みすず書房、一九九六年、五頁。

（12）カッシーラー、前掲書、六頁。

（13）この点については、次の論考を参照のこと。Lessing H.-U., "Empirie und nicht Empirismus" Dilthey und John Stuart Mill, in: *Die Autonomie der Geisteswissenschaften. Studien zur Philosophie Wilhelm Diltheys. Erster Band: Dilthey im philosophie- und wissenschaftsgeschichtlichen Kontext*, Nordhausen 2015, S. 12.; Manfred Riedel, *Verstehen oder Erklären? Zur Theorie und Geschichte der hermeneutischen Wissenschaften*, Stuttgart 1978, S. 113f. 伊藤直樹「「自殺者クラブ」――一八六〇年代のベルリンに集う若き研究者たちによる実証主義受容」『理想』第702号、理想社、二〇一九年。

（14）高橋、前掲書、一八二頁以下。

（15）Oswald Külpe, *Grundriss der Psychologie*, Leipzig 1893, S. 13. エビングハウスについては、次の箇所を参照。Hermann Ebbinghaus, *Grundzüge der Psychologie Erster Band*, Leipzig 1905, S. 98f.

（16）ヴントは晩年の「生存闘争の心理学」で、次のように言う。「心理学のより基礎的な領域を「実験心理学」と呼び、そこにこの補助手段を用いなかった旧来の心理学との重要な違いを見いだすのであれば、それは確かに完全に正当化される。しかし、心理学全体を実験的と呼ぶのはたしかに誤った呼称であり、なぜなら、事柄の性質上、実験には接近できない領域があるからである」。Wundt, *Die Psychologie um Kampf ums Dasein*, Zweite Auflage, Leipzig 1913, S. 29.

（17）Kurt Danziger, The positivist repudiation of Wundt, in: *Journal of the History of the Behavioral Sciences* 15, 1979, p. 207.

（18）ディルタイもこの点に着目している。以下を参照のこと。V, 167：第3巻六四七頁。

（19）Kurt Danziger, Wundts Psychological Experiment in the Light of his Philosophy of Science, *Psychological Research* 42, 1980, p. 111.

(20) Eric S. Nelson, Impure Phenomenology: Dilthey, Epistemology, and Interpretive Psychology, *STUDIA PHÆNOMENOLOGICA* X, 2010.

(21) 「心理学は自然科学に対しては、補完的であり、精神科学に対しては基礎的であり、それゆえ哲学に対しては、準備的な経験科学なのである」。Wundt, *Grundriss der Psychologie*, Leipzig 1901, S. 20.

(22) H. Ebbinghaus, *Grundzüge der Psychologie*, S. 3, 6.

(23) K. Danziger, The positivist repudiation of Wundt, p. 212.

(24) ibid., p. 212.

(25) ちなみに、ヴントより少し世代の下のシュトゥンプ（C. Stumpf, 1848–1936）は、一九〇六年の著作で、次のようにヴント寄り、すなわちディルタイ寄りの考えを述べている。「心理学はすべての精神諸科学の基礎学であり、物理学はすべての自然科学の基礎学である」。Vgl. Helga Sprung, *Carl Stumpf – Eine Biografie. Von der Philosophie zur Experimentellen Psychologie*, Profil Verlag/ München Wien 2006, S. 292. またこの後の心理学の論争状況の展開については、以下の文献を参照のこと。Martin Kusch, *Psychologism: A case study in the sociology of philosophical knowledge*, London and New York 1995.

(26) H. Ebbinghaus: Über erklärende und beschreibende Psychologie, S. 63.

(27) Marilyn E. Marshall and Barbara Rodway, Hermann Ebbinghaus and the legacy of Gustav Theodor Fechner, in: *Ebbinghaus-Studien* Band 2, Hrsg. von Werner Traxel und Horst Guldach, Passau 1987, p. 49.

(28) H. Ebbinghaus, ibid. S. 67.

(29) H. Ebbinghaus, ibid. S. 68.

(30) Marilyn E. Marshall and Barbara Rodway, ibid., p. 53.

(31) F. Rodi, Die Ebbinghaus-Dilthey-Kontroverse. Biographischer Hintergrund und sachlicher Ertrag, in: *Das strukturierte Ganze. Studien zum Werk von Wilhelm Dilthey*, Göttingen 2003, S. 178.

(32) この根本学（Grundwissenschaft）をめぐる概念史については、以下を参照のこと。Vgl. Historisches Wörterbuch der Philosophie, Joachim Ritter（Hersg.）, Band 3, S. 925–929.; Wörterbuch der Philosophischen Begriffen, Rudolf Eisler（Hersg.）Bd 1., 1927, S. 610.

(33) Rodi, ibid., S. 182.

(34) V, 237：第3巻七五一頁。ちなみに、ローディは、ここで登場する「構造」概念に注目し、「構想」以後、この構造概念が、ディルタイにおいて、そしてディルタイ学派においても「原子論的で構成的な手続き」に反対するスローガンとなったことを指摘する（Rodi, ibid., S. 179; H.-U. Lessing, Der Ebbinghaus-Dilthey-Streit von 1895, in: Lessing, ibid., S. 161）。そして、別の論考では、構造概念を中心にして、後期ディルタイの心理学と解釈学の関係を特徴づける。このようなローディによる解釈は、ローディの視点から、――「根本学」という概念は用いられていないものの――ディルタイの「根本学」をとらえたものと考えることができる。次の論考を参照のこと。Rodi, Die Verwurzelung der Geisteswissenschaften im Leben Zum Verhältnis von ›Psychologie‹ und ›Hermeneutik‹ im Spätwerk Diltheys, in: *Diltheys Philosophie des Lebenszusammenhangs Strukturtheorie - Hermeneutik - Anthropologie*, Verlag Karl Alber Freiburg/ München, 2016, S. 104–119. また、本巻に収められたローディの論考も合わせて参照のこと。

（35） Rodi, Die Ebbinghaus-Dilthey-Kontroverse. Biographischer Hintergrund und sachlicher Ertrag, S. 179; H.-U. Lessing, Der Ebbinghaus-Dilthey-Streit von 1895, in: Lessing, ibid., S. 161.

（36） H. Ebbinghaus, ibid. S. 72.

（37） Mul, ibid., p. 56.

（38） H. Ebbinghaus, ibid. S. 80.

（39） この議論の背景には、デュ・ボワ＝レーモンの「イグノラビムス」に帰結する講演をめぐる議論がある。これについては、Frederic C. Beiser, *After Hegel. German Philosophy 1840–1900*, Princeton Univ. Press 2014, p. 97–132 を参照のこと。

（40） ディルタイは、この比較不可能性という事態に対して抵抗経験を具体例として挙げている（I, 10：第1巻一九頁以下）。ここで比較不可能であるのは、「抵抗という触覚の事実」と「物質という表象」の関係である。両者は、一方から他方を推論する（ableiten）ことはできない。ここにあるのは、抵抗経験という事態だけである。したがって「与件の事実性はわれわれにとって究めがたい（unergründlich）」のである。この点については、後に述べる抵抗経験に関するヘルムホルツ批判も参照のこと。

（41） マックリールは、次のように述べている。「私が指摘したのは、文化的－歴史的世界を解釈するさいには、つねに最初の参加者の自己解釈を考慮に入れる必要があるということである。精神諸科学における解釈は、すでに解釈された現実の再解釈を伴うという点で循環的である」。Rudolf A. Makkreel, Reinterpreting the historical world, in: *The Monist*, Vol. 74, No. 2, Oxford University Press April 1991, pp. 149–164.

（42） この点については、V, 91f.：第3巻四八一頁以下を参照のこと。

（43） 「連関」の原語は Zusammenhang である。これはそもそも、あるものとあるものとが「つながっている」ことを意味する。英語版著作集では「nexus」あるいは「coherence」などと訳出されている。用法として、心的連関、理性連関など、「つながっているもの」が形容詞として付せられる場合もあれば、因果連関、構造連関、目的連関、作用連関などのように、「つながり方」が示される場合もある。

(44) この点については、『精神科学序説』の次の箇所も参照のこと。I, 32：第1巻四一頁。

(45) これは、同型的なものを把握する能力としての「類型的に見ること（das typische Sehen）」と呼ばれる。以下の箇所を参照。V, 280：第4巻七九九頁。

(46) ディルタイの「詩学」はこの領域の探求を行なう。「詩人の想像力――詩学のための礎石」「詩人の想像力と狂気」などの論考がそれである。ともに日本語版『全集』第5巻に所収されている。ここでの想像力の働きについては、当該巻の「解説」一五五二頁以下を参照のこと。

(47) Nelson, ibid., p. 39.

(48) Matthias Jung, Das Leben artikuliert sich – Diltheys performativer Begriff der Bedeutung, in: *Revue Internationale de Philosophie*, Sonderheft "Dilthey", Nr. 4, 2003, 443. ユングはこの箇所で、T・ネーゲルを挙げてこのことを指摘している。

(49) Mark Galliker/ Hans-Ulrich Lessing, *Psychologie des Lebens, Dilthey im Diskurs*, Vandenhoeck & Ruprecht GmbH & Co. KG/ Göttingen 2020, S. 133.

(50) 「詩学断片」で次のように言われる。「体験は他のものとは異なった特徴をもっており、それは、実在性が私にとって現にある、というあり方をしている。つまり、体験は知覚されたものや表象されたものとして私に対面しているのではなく、体験は実在的なものとして、われわれがそれを覚知することによって、私がそれを何らかの意味で自分に属するものとして直接所有することによってわれわれにとって現にある」（VI, 313：第5巻三三二頁）。

(51) Vgl. Jos de Mul, Leben erfaßt hier Leben. Dilthey as a Philosopher of (the) Life (Science), in: *Interpreting Dilthey Critical Essays*, Edited by Eric S. Nelson, Cambridge Univ. Press 2019, S. 41–60.

(52) 「接触説」については、以下の著作を参照のこと。Hubert Dreyfus/Charles Taylor, *Retrieving Realism*. Harvard University Press 2015（H・ドレイファス／C・テイラー『実在論を立て直す』村田純一監訳、法政大学出版局、二〇一六年）。

(53) これについては、伊藤直樹「ディルタイとヘルムホルツ」、日本ディルタイ協会編『ディルタイ研究』第18号、二〇〇七年、および H.-U. Lessing, Dilthey und Helmholtz, Aspekte einer Wirkungsgeschichte, in: *Die Autonomie der Geisteswissenschaften, Studien zur Philosophie Wilhelm Diltheys; Erster Band Dilthey im philosophie- und wissenschaftsgeschichtlichen Kontext*, Verlag Traugott

Bautz GmbH 2015, S. 114–131.（舟山俊明訳「ディルタイとヘルムホルツ——影響史の諸相」慶応義塾大学大学院社会学研究科紀要第四三号、慶応義塾大学大学院編、一九九六年、一九頁—二九頁）を参照のこと。

(54) この点については「生と認識」の当該箇所（XIX, 368 ff.：第3巻六〇七頁以下）を参照のこと。

(55) 多田智満子『鏡のテオーリア』ちくま学芸文庫、一九九三年、二九頁以下。

(56) 筆者がここで「一体的でかつ二人称的な関係」と言い表したことを、デ・ムルは「協力（go along）」という仕方で表現している。「このことが意味するところは、動物（そして地球外生命体や人工生命体も含めて）に対する理解は、それが犬と遊ぶ場合のような平和的協力であれ、捕食者と被食者の相互作用のような血と汗の戦いであれ、共通の身体的実践においてどの程度「協力」できるかによって決まるということだ」（Jos de Mul, Understanding Nature. Dilthey, Plessner and Biohermeneutics, S. 470）。

(57) Nelson, ibid., p. 41.

(58) ユングは、ディルタイのこのような企てを、ディルタイ晩年の世界観学における三幅対の世界観の考察を通して明らかにしている。Vgl. M. Jung, "Der Blick von nirgendwo" Wilhelm Dilthey zur Perspektivität von Weltanschauungen, in: Im Netz der Begriffe. Religionsphilosophische Analysen, Hrsg. L. Hauser, E. Nordhofen, Oros Verlag 1994, S. 59–77.

(59) Rodi, ibid., S. 116.

# 第二節　文芸学におけるディルタイの遺産とその継承

## ――「芸術の終焉？」から「接続可能性」の芸術へ

三浦國泰

### はじめに　ディルタイの生涯と文学・芸術

青年ディルタイは、一八五二年の復活祭に、ギムナジウム卒業にさいして購入した日記を書き始めている（「若きディルタイ」日本語版全集第11巻）。その日記で興味深いことは、芸術に関して、最初にモーツァルトのオペラ『フィガロの結婚』が記述されていることである。それから哲学者フィヒテ、そしてゲーテの『ウェルテル』や詩人ヘルダーリンの『ヒュペーリオン』に関して綴られている。バイロンやゲーテについてはとりわけ心情のこもった深い考察があり、そして最後にスピノザや東洋的スピノザ主義としてゲーテの『西東詩集』に登場するペルシアの詩人ハーフィスの名が挙げられている。(1)

ここでこれらの詩人や芸術家の名前を列挙したのは、しかるべき理由がある。青年ディルタイは、この最初の日記で、あたかも自己の生涯の文学・芸術に関する探究を予告しているかのようである。いかにディルタイは芸術的感性にあふれていたのか、われわれは心に銘記しておく必要があるだろう。

また一八五三年の父親への「書簡3」では、ハイデルベルクからベルリンへと大学を変更する意思を伝えており、その主な理由としては大都会での生活の重要性、とくに文学や芸術への傾倒、そして演劇や音楽鑑賞の必要性などが綴られている。さらに竹馬の友であり、音楽家のショルツ夫妻との往復書簡（「ショルツ夫妻宛書簡」本全集第11巻）では、当然ながら音楽や文学が話題の中心となっている。哲学者ディルタイにとって、文学・芸術は生涯にわたって関心の対象でありつづけ、つねに彼の心を捉えていたと言えるであろう。

こうしたディルタイの芸術的感性を裏付ける言葉として、ディルタイの娘で『若きディルタイ』を編纂したクラーラ・ミッシュは、その「序文」の冒頭において、父の思い出として次のように語っている。

> 昔、私が父のお供をしてグリューネヴァルトを散策したとき、父は私によく次のようなことを言いました。「私の作品はすべて、青年時代の思索と計画を実行に移したものにほかならない」と。［…］父の父が、そしておそらくそれ以上に、音楽の素養のある父の母が、成長する自分たちの息子に十分な理解を示し、その結果父は好きなようにできたのです。故郷と家族とラインのほとりにあるビーブリヒの古い牧師館との親密な結びつきから力を得た居心地のよい生活を基盤にして、ベルリンの友人仲間とのさまざまな刺激に満ちた交際のなかで、目ざましい創作活動がはじまりました。この創作活動は、父の能力の幸運な発展とときおり犯す失敗のあいだを行きつもどりつし、芸術家のような創作活動を想起させるものでした。[2]
> （傍点は引用者による）

ディルタイの文学論を代表する『体験と創作』は、すでに若きディルタイがヴィルヘルム・ホフナーというペンネームなどで発表した諸論文をまとめて一九〇五年、ディルタイ晩年の七二歳の時に刊行され、その「初版の序文」には、「私はこの論文集を、わが弟、すなわち義理の弟であるヘルマン・ウーゼナーに捧げようと考えていた」と記されている。この序文からもわかるとおり、『体験と創作』はディルタイにとって、青春時代以来交わしたウーゼナーとの「精神共同体への記念」として考えられており、文芸と古典文献学はディルタイの生涯を通じて精神の内奥にかかわっていたのである。

また後期ディルタイの思索の根幹を形成する「解釈学の成立」は一九〇〇年に刊行されているが、ディルタイの解釈学構想は青年期以来探究しつづけた「シュライアーマッハー研究」と密接な関係にある。ディルタイは一八五九年、二六歳にして「シュライアーマッハー基金の懸賞論文」で受賞し、一八六四年には三一歳で「シュライアーマッハー倫理学の原理について」により博士号を、そして同年、「道徳的意識の分析の試み」により教授資格を取得している。後期ディルタイが解釈学研究に傾倒してゆくことは周知である。しかしその素地はすでにシュライアーマッハー研究から学んだ「聖書釈義」や「古典文献学」を基盤にしており、したがって「解釈学」はディルタイの生涯にわたる重要なライフワークに位置づけることができるのである。このような意味において、われわれはクラーラ・ミッシュが引用している「私の作品はすべて、青年時代の思索と計画を実行に移したものにほかならない」というディルタイの言葉に傾聴する必要があるだろう。しかもクラーラが語るようにディルタイの創作活動を「芸術家のような創作活動」として想起しなければならない。そうした理由から、ディルタイの文学・芸術論、解釈学は文学的解釈学として有機的な構造連関を形成し、その後のドイツ文芸学の精神史的方法の礎となったことは言を俟たない。

ところでディルタイの文学論、美学論、解釈学、シュライアーマッハー研究に関しては、それぞれ本全集第3巻『論理学・心理学論集』、第5巻『詩学・美学論集』、第9巻『シュライアーマッハーの生涯　上』、第10巻『シュライアーマッハーの生涯　下』、および第11巻『日記・書簡集』などに膨大かつ詳細な解説と克明な訳注が施されている。本論考においては、それらの解説・訳注との重複を避け、そこではあまり言及されていないディルタイの文学的遺産が「ドイツ文学・語学（Germanistik）」においてどのように継承されてきたのか、あるいは今後どのような継承の可能性があるのか、そうした受容史的観点からディルタイの文学・芸術論の現代的意義を考察してみたい。

## 一　ディルタイとドイツ文芸学

### 1　戦後東西分裂期のドイツ文芸学

戦後のドイツ文芸学は伝統的なドイツ精神を擁護し、とくにナチス政権に無抵抗に迎合せざるをえなかった政治的態度を批判的に反省するところから出発している。そのさい批判の矛先はディルタイによって基礎づけられた精神史的方法論に向けられ、時代の支配的なイデオロギーから自由な文芸固有の領域が模索されることになる。

ボン大学ドイツ文学・語学（Germanistik）教授ベンノー・フォン・ヴィーゼ（Benno von Wiese, 1903–87）は「精神史か、あるいは解釈法か」（Geistesgeschichte oder Interpretation?）[3]という論文のなかで、隣接諸科学との関係によって存続してきた伝統的なドイツ文芸学の「精神史的方法」から抜け出て、文芸学固有の領域をめざして文学作品の内在的な研究に向かった「作品内在的解釈法（Werkimmanente Interpretation）」の成立過程を記述し、それに対して正当な評価をあたえている。ドイツ文芸学の最も華やかな成果といわれた精神史的方法は、十九世紀の実証主義に代表される自然科学と精神科学との「科学論一元主義（wissenschaftstheoretischer Monismus）」に対抗して、精神科学の自然主義からの自律性を主張し、「科学論二元主義（wissenschaftstheoretischer Dualismus）」にもとづき、その独自の領域を確立することになった。ディルタイによってその独自の意味を与えられることになった精神科学は、その対象と方法論によって自然科学から区別される。ディルタイは「解釈学の成立」において次のように述べている。

自然科学においては、経験や経験に含まれている規則を測定することができ、また数量化することによって、はじめてすべての法則的認識が可能になるが、精神科学においては、すべての抽象的命題は、体験や理解に与えられている心的な生動性（die seelische Lebendigkeit）に関係づけられることによって、はじめて正当化される。[4]

しかも精神科学の基礎をなすものは「理解」であって、たんなる「説明」では不十分なのである。したがって「われわれは自然を説明し、心的生を理解する」という定式が成立する。このように考察された精神科学の伝統の下に成立し、発展した精神史的文学研究においては、その研究対象は人間精神（Geist）の客体化されたすべての領域と係わりをもつことになる。ベンノー・フォン・ヴィーゼも指摘するように、例えばそれらは極端に言えば「問題史（Problemgeschichte）」（ウンガー：Rudolf Unger, 1876–1942）としての文学研究であり、「理念史（Ideengeschichte）」（コルフ：Hermann Korff, 1882–1963）、「民族史（Volksgeschichte）」（ナードラー：Josef Nadler, 1884–1963）、「ジャンル史 Gattungsgeschichte」（フィエトール：Karl Viëtor, 1892–1951、ギュンター・ミュラー：Günther Müller, 1890–1957）、「偉人の内的記述（innere Darstellung großer Gestalten」（グンドルフ：Friedrich Gundolf 1880–1931）、「概念的に翻訳された神話学（Begriffliche übersetzte Mythologie」（ベルトラム：Ernst Bertram, 1884–1957）、「形式史（Formgeschichte）」（ベックマン：Paul Böckmann, 1899–1987）としての文学研究などである。

ここでヴィーゼが列挙している錚錚たるドイツ文学者たちは、ディルタイが築いた精神史研究を発展的に継承し、その生年からも知られるように戦前から戦後にかけてドイツ文芸学（Germanistik）をリードし、当時の日本のドイツ文学研究にも多大の影響を与えた研究者たちである。しかし文学研究の固有の領域から見れば、それらは「隣接領域からの借用（Anleihen aus Nachbargebieten）」[5]でしかないことになる。このような隣接領域からの借用としての文学研究がはたして文芸学の本質に適っているのか、という疑念が生じるのも当然のように思われる。「文芸を文芸として、すなわち言語芸術作品として正しく評価する手段および方法を形成しなければならない」[6]という動きが生じることになる。

このような文学作品の固有領域を回復しようとする傾向としては、ヴォルフガング・カイザー（*Das sprachliche Kunstwerk*, 1948）、ケーテ・ハンブルガー（*Die Logik der Dichtung*, 1957）、エーバーハルト・レンメルト（*Bauform des*

*Erzählens*, 1955)、そしてエーミール・シュタイガー(*Kunst der Interpretation*, 1955)などが挙げられる。

しかし作品の内在的解釈を求める新たな文芸学の傾向はマルクス主義的美学によって痛烈なイデオロギー批判を浴びることになる。たとえば第二次世界大戦後、東西に分裂したドイツの文芸学の状況は、東ドイツ側から見れば、西側の文芸学は「美学的形式主義(ästhetischer Formalismus)」であり「神学的実存主義(theologisierender Existentialismus)」である。しかし逆に西ドイツ側から見れば、東側の文芸学は「政治的素朴歴史記述(politisierende naive Geschichtsschreibung)」でしかない。このまったく相反する傾向を代表する方法が、西側ではシュタイガーに代表される解釈法的(interpretierend)な「作品内在的方法」であり、東側ではジェルジュ・ルカーチ、ハンス・マイアーなどに代表される社会主義リアリズムに立脚した「マルクス主義的文芸理論」である。

ところでカイザーやシュタイガーの「作品内在的方法」に少なからず疑問を懐いているヴィーゼは次のように自説を展開している。

もしも文芸学がその核心領域を——ここで私はカイザーに異論を唱えざるをえないのだが——やはり文学史のなかに認めないとするると、文学研究は根無し草になる恐れが充分にある。歴史的な部門からあまり極端に分離すると、実際には空虚な形式論に陥らざるをえないだろう。しかるに一方、文学の社会的な観察は、それ自体ではけっして文学固有の芸術性、文学の創造形式とその上に築かれた詩学に通じる道を見いだすことはできないのである。(7)

ここでヴィーゼは東西ドイツに分裂し、個々の立場に固執している方法論の狭量化の危険性を指摘しており、こうした両者の方法論の延長線上になんらかの接点を見いだすべきであると唱えている。なぜなら「テクストの解釈と歴史的状況からのテクストの理解、これら両者は、互いに示唆しあい、そうすることで相互の解明につながる」(8)可能性があるからである。「精神史か、あるいは解釈法か」と問うヴィーゼの立場は、「精神史」でも「作品内在研究」でもなく、あるいは一つのイデオロギーに組み込まれた「マルクス主義」でもない。むしろそれらを包括した、より広範な射程をもつ文芸学を目指している。方法論の多様化を「方法論複数主義（Methodenpluralismus）」と批判することは容易であるが、一方法論の教条的な解釈ほど、学問の進歩にとって危険なものはないだろう。

ベンノー・フォン・ヴィーゼの一例から分かるように、単一な主義（-ismus）による作品分析では、文芸作品の解明は不十分である。むしろ研究者の方法論のなかには複数の視点が包括的に介在せざるをえないのではないだろうか。もちろんその場合、相対主義に陥る危険性を回避せざるをえないにせよ、複雑に絡みあった諸視点の複眼的な複合体を通してのみ、文芸作品はそのモザイク的文様を開示することになる。こうした問題意識のもとに実証主義と精神史的方法を中心に、近代文芸理論に貫かれている潮流を概観してみたい。

## 2　文芸理論における実証主義と精神史的方法の相克

いかなる学問分野、あるいはいかなる方法論であろうとも、学問が客観的な学問として成立するためには、そこに要求される学的手続きは実証的（positiv）でなければならない。実証主義の立場から十九世紀末ドイツ文芸学の学問的大成を行なったのはヴィルヘルム・シェーラー（Wilhelm Scherer, 1841–1886）であるが、「作品内在的解釈法」が唯一の文芸学的方法であることを主張したシュタイガーは、実証主義の重要性に関して次のように発言している。

伝記学や実証主義的傾向の文献学の側からのこのような実のある援助を真っ向から避けようとする者がいようか。それは誰もできない。そういう立場には無関心だと言い張るひとでもできはしない。解釈法（Interpretation）は、ドイツ文芸学が一世紀にわたって獲得した広範な知識の上に成り立っている。そこでは拒絶されるべきものは実にわずかしかないが、感謝に値することは多いのである。(9)

このシュタイガーの発言に示されている通り、実証的態度は、すべての研究者が共通して自覚している基本的態度だと言えるだろう。しかしシュタイガーやカイザーに代表される作品内在的な「解釈法（Interpretation）」にせよ、ディルタイによって精神科学として基礎づけられ、その後のドイツ精神史研究に多大な影響を与えた「解釈学（Hermeneutik）」にせよ、あるいは歴史主義的・実証主義的に変質してゆく伝統的解釈学をマルクス主義的イデオロギー批判によって批判的に継承したテオドール・アドルノ、ユルゲン・ハーバマスなどに代表される「批判理論（Kritische Theorie）」にせよ、それらすべては、一度はその批判の矛先を実証主義に向けている。

しかし実証主義といっても、そこには方法上、さまざまなニュアンスの違いがみとめられる。多様な実証主義に最大公約数を求めるとすれば、経験的な事実の背後にはなんらの超経験的実在を認めず、すべての知識の対象は経験的所与たる事実に限られる、とする立場である。それは近代自然科学の方法と成果にもとづき、物理的、精神的現象世界の統一的な説明を目指すものであり、このような「科学論一元主義（wissenschaftstheoretischer Monismus）」はポパーの「批判的合理主義（Kritischer Rationalismus）」にいたるまで一貫している。またシェーラーによれば自然科学は「精神的な生を支配する」[10]ことにもなり、こうした自然科学優位の方法論によれば、学問の対象は形而上的、超越的であってはならない。

ところで従来の実証主義とは異なる立場をとっているポパーによれば、個々の法則から普遍的な法則、仮説、理論を推論する「帰納法的（induktiv）」な経験主義‐実証主義の試みは論理的には不十分である。個々のものが正しいからといって、それが普遍的な正しさをもっているとは言えないし、個々の感覚的なデータは認識の出発点にはなり得ない。むしろ経験的認識は、逆説的ではあるが、問題に対する解決の試みとしての理論（普遍的命題）をその先頭におかなければならない。

ポパーは『歴史主義の貧困』（Das Elend des Historizismus）の序文において、「いかなる科学的予測者――それが人間の科学者であろうと、あるいはコンピュータであろうと――も、科学的方法によって、自らが将来、得るようになる結果を予測することはけっしてできない――そのような予測をしようとする試みは、事が成ってから成果を得るにすぎず、その時には、もう予測というには遅すぎるのだ」[11]と主張することによって、普遍妥当的理論の形成に疑いを懐いている。しかしポパーにおいては、すべての帰納法的思考が抹消されているわけではない。一つの仮説が演繹的に検証され、反証され、再び新たな仮説を形成してゆく過程のなかに帰納法は生かされ、とりわけ作業の部分的過程として、その重要性をもっている。しかも新しい理論＝仮説の形成、批判的作業の中心に位置するものが、「人間の能動性（die menschliche Aktivität）」としての「問題意識（Problembewußtsein）」である。「私たちは、経験（Erfahrungen）を体験（Erlebnisse）の流れのように甘んじて受けるのではなく、私たちの経験を行なうのである（Wir machen unsere Erfahrungen）」[12]。ここでポパーは、実証主義において失われかけた人間の主体性をとり戻そうとしている。しかし発言（Aussage）が事実（Tatsache）と一致する限りにおいて真実である、とする彼の主張は、あくまでも「真実との一致理論（Korrespondenz-Theorie der Wahrheit）」であり、その点から言えば「科学論一元主義」から自由ではない。

こうした広義の実証主義の内部に依然としてとどまり、経験主義と純粋科学主義を克服できないポパーの立場をアドルノが鋭く批判することになる。ここに社会学上の「実証主義論争（Positivismusstreit）」[13]（一九六一年）が開始される。ところで、アドルノ、ハーバマスなどによって代表される「批判理論」は、ディルタイからガダマーに至る伝統的な解釈学の保守的要素を鋭く批判しながらも、人間の精神的現象をつねに部分的なものとして、法則をつねに仮説としてしか捉えきれなかった実証主義に抗して、生のダイナミズムを全的に把握し、人間の生の表現としての文化を全的なものとして捉えようとする解釈学の立場を継承している。

### 3　実証主義論争とディルタイの難問《アポリア》

二十世紀の社会学上の論争として闘われた、ポパーとアドルノらによる「実証主義論争」は、実はすでに十九世紀に根づいていると言っても過言ではない。十九世紀における歴史意識の発達とともに、解釈学はたんなる「理解の技術（Technik）」から歴史的‐社会的対象を扱う普遍的な「理論（Theorie）」へと発展した。そのさい、解釈学者たちの確信によれば、歴史的伝統は主体的に伝達された意識のなかに存在するとし、人文・社会科学を含む精神科学は、自然からの原則的な分離によってその固有の「理解（Verstehen）」の法則を要求したのである。ここに実証主義との明確な対立としての「科学論二元主義（wissenschaftstheoretischer Dualismus）」が打ち立てられ、精神科学は自然科学に代表される実証主義的学問から独立したその固有性を獲得することになる。

古代ギリシアに起源を遡り、Fr・シュレーゲル、Fr・シュライアーマッハー、そしてドロイゼン（J. Droysen, 1808–84）のロマン主義的歴史観の影響のもとに解釈学を体系的に基礎づけた十九世紀の代表者がディルタイであった。ディルタイが聖書釈義や古典文献学、シュライアーマッハーから学んだ旧来の解釈学を精神科学および歴史学の基礎となる「一般的解釈学」へと発展させて以来、それは文学、哲学の領域における主要な方法論として確立される。ディルタイによれば、歴史的産物はすべて人間の「体験（Erleben）」の「表現（Ausdruck）」として個別的である。だが同時に体験は、根本的に精神的共通性、「同質性」に支えられており、これらの表現は客観的に理解することが可能になる。そしてディルタイは、個的な人間の体験がいかにして普遍妥当的な学問として成り立ちうるのかという難問《アポリア》に次のように答えている。

> 個性をもっている一人の人間が、彼に感覚的に与えられている他人の個性的な生の表出を普遍妥当的で客観的な理解にもたらすことは、いかにして可能であろうか。この可能性が依拠している条件は、把握する人間の生動性の中に含まれていないようなものが、他人の個性的な表出の中に現れることはありえない、という点にある。(14)

しかし「今日における課題は、ディルタイ流の問題の立て方がもっていた支配的な影響と、ディルタイが基礎づけた〈精神史〉にまつわる先入見から脱却することであろう[15]」と主張するH-G・ガダマーは、シュライアーマッハーからディルタイに至る歴史的解釈学が歩み、実証主義的、歴史主義の袋小路（Sackgasse）へ落ち込んだその邪道を指摘している。ガダマーは『真理と方法』第二部において「歴史主義のアポリアに陥ったディルタイ[16]」批判を展開しているが、こうしたディルタイに対する否定的観点は、すでにハイデガーが『ディルタイ＝ヨルク伯往復書簡』に注目し、『存在と時間』第七七節「歴史性の問題の前述の開陳と、W・ディルタイの諸研究およびヨルク伯の諸理念との関連[17]」において指摘していた問題点でもあった。

ガダマーのディルタイ解釈学への問題提起は、「いかにしてすべての相対性のなかにあって、客観性が可能となり、いかにして有限と無限との関係が考えられうるのか[18]」という問いである。それではどのような論証によって、実証主義的でも、歴史主義的でもなく、真に解釈学的に基礎づけられた精神科学の自己理解が可能となりうるのだろうか。ここでガダマーは、「経験（Erfahrung）」概念に注目している。しかもガダマーが強調する「経験」概念は、同時に「対話（Gespräch）」の構造によって支えられている。なぜなら真の対話は、自分の意見を他者におしつけることでもなければ、他者の意見を無批判的に受け入れることでもないからである。対話をする者は、まず自己批判的な「率直性（Offenheit）」と、自己の見解を「修正（Revision）」する用意をもたなければならない。「それゆえ経験の否定性（Negativität）が本来的に創造的（produktiv）な意味をもつのである[19]」。自己の自己理解と世界理解が一時的なものであることを知る者は、徹底した非ドグマ的人間（der radikal Undogmatische）として、自己自身と世界を他者の視点から観察し、それらを新しく理解する準備ができていなければならない。したがってガダマーは「対話」の意義を強調する。

対話モデル（Gesprächsmodell）において説明された理解の構成要素は、ガダマーにとって〈テクスト理解〉と〈現在と過去との理解〉の解釈学的構造が成立する基盤となっている。自己の地平（Horizont）は、他者の地平とぶつかり、そこから真の対話が成り立つとすれば、両者の地平は、弁証法的に「地平の融合（Horizontverschmelzung）」を引き起こし、新たな地平が成立する。この「地平の融合」と「地平の生成」過程は、連続的に継続されなければならず、その過程は二人の対話者間の「共時的（synchronisch）」過程としてのみではなく「通時的（diachronisch）」に捉えられることによって、対話者は自己の行動の「影響史的（wirkungsgeschichtlich）」な規定性を発見する。すなわち自己の現存在（Dasein）の歴史性を認識することになる。対話モデルに基礎づけられた現存在の歴史性は、たんなる〈相対主義〉からの脱却の可能性を得ることになる。

## 4　文芸学における解釈学的理論の諸相

イデオロギー批判的に見れば、Fr・シュレーゲル、シュライアーマッハーからドロイゼン、ディルタイ、そしてハイデガー、ガダマーに至る観念論の系譜は、解釈学を市民的保守的伝統の中へと統合することによって成り立っている。ハーバマスは、まさにこうした伝統の、さしあたって最後の大著であるガダマーの『真理と方法』における〈復古的要素〉を指摘したのである。ハーバマスは『社会科学の論理によせて』のなかでガダマー批判を展開しているが、ハーバマスによれば、ガダマーは「権威（Autorität）」という概念を「反省作用（Wirkung der Reflexion）」の外に置くことによって、この概念を復活させようとしており、それゆえ反省は伝統の事実性という限界の内部でのみ可能となる。なによりもガダマーの解釈学は「伝統」を承認するところから出発し、こうした伝統は弁証法的運動の制約を受けるというよりは、むしろ一種のドグマ的な力を与えられ、権威的イデオロギーとして固定化されることになる。ハーバマスの解釈学的〈真理要求〉によれば、「歴史的所与の実体（das Substanzielle des geschichtlich Vorgegebenen）」は、それがいかなるものであれ、反省作用を受けずにいることは許されない[20]。

すでに言及したように、「批判理論」の立場に立つTh・アドルノは解釈学的視点からK・ポパーにおける実証主義を攻撃している。しかし同じ「フランクフルト学派」のハーバマスはガダマーの解釈学の市民的・保守的要素に対してマルクス主義の視点からイデオロギー批判を展開している。同様に「フランクフルト学派」は、教条的にひとつの教義に固執する正統的マルクス主義をもその批判の対象にしており、こうした事実に即して見れば、実証主義、解釈学、マルクス主義をことごとく槍玉にあげていく「フランクフルト学派」の「批判理論」、「否定の弁証法」の批判と否定の意味の由来はここにある。見方によっては、「フランクフルト学派」は、さまざまな局面で解釈学的要素を受容し、それを批判的に継承していることは見逃されてはならない。

以上のように複雑に錯綜する「実証主義」、「伝統的解釈学」、「批判的解釈学」の位相を「実証主義論争」、あるいは「ハーバマスのガダマー批判」などの視点から概観してきたが、こうした問題意識の文脈において、ガダマーの解釈学を発展的に継承したもう一つの例としてH・R・ヤウスの立場を見ておきたい。

ヤウスはガダマーの解釈学における「影響史的原理」を踏襲し、文学史を「受容美学的」に基礎づけようとする文芸理論を「挑発（Provokation）」という概念で提唱している。[21] ヤウスは自己の立場とガダマーの立場の一致を強調しているが、しかしその差異も明言している。そこに見られるヤウスのガダマー批判もハーバマスと同様に、ガダマーの〈伝統〉あるいは〈古典〉概念に対する異義申し立てである。つまり「ガダマーは、古典的という概念を過去と現在のすべての歴史的媒体の原型に高めようとしており」、それゆえこの概念は「すべての歴史的伝統にとって権威的な問いと答えの関係から脱落するのである」。ここで文学史の中から伝統という古典的概念を一切排除しようとするヤウスの文学史記述は、伝統概念を「文学的進化（Literarische Evolution）」概念に置き換えている。しかもヤウスの立場における新しい視点は、「パラダイム」の変遷という概念のもとに「創作美学」から「受容美学」へと視点を転換させたことにある。その場合、伝統は権威的に規範化された玉座に君臨するものではなく、それを受容する読者に支えられている。ここには「フランス〈新旧論争〉[22]」以来芽生えた「古代と近代の相克」、「新旧の逆転」、すなわち文学史における一種の〈コペルニクス的転回〉があり、ヤウスが文芸学におけるパラダイムの変遷を試み、伝統的解釈学に修正を加えたことは、これもまたディルタイ以来の精神史的研究の発展的継承にほかならない。

本章の冒頭に言及したベンノー・フォン・ヴィーゼの精神史的研究への懐疑にせよ、アドルノやホルクハイマーの「フランクフルト学派」、そしてヤウスの「受容美学」に至る文芸理論にせよ、その基盤が解釈学にあることは看過されてはならない。「文芸学における方法論複数主義」の激しい論争の過程で「過去の方法論」として忘れ去られた観があるディルタイの解釈学は、逆説的に聞こえるかもしれないが、アドルノ、ホルクハイマー、ヤウス、そしてハイデガーやガダマーの解釈学によって批判的に継承され、再び想起されたことは興味深いことである。否定するにせよ、肯定するにせよ、ディルタイの遺産は現在も継承されている。「Individuum est ineffabile（個体は言い尽くしがたい）」ことを承知し、「冥界に等しい深遠な人間精神」そのものを対象とする精神科学は、人間が自己の「存在を忘却」しないかぎり継続する。この厳粛な真理をディルタイは生涯をかけて追求したのである。

## 二　文学的解釈学と解釈の道（メタ・ホドス）

### 1　個と普遍の循環（個をどのように普遍化するか）

ディルタイの文学・芸術理論が後世に残した遺産として、それがどのような影響を与えているか、その受容関係を見ることにしたい。しかしその前に哲学者ディルタイが、そもそもなぜ文学・芸術に強い関心を懐き続けたのか、こうした問いはディルタイを総体的に理解する手がかりとなるだろう。ディルタイは、なによりも文学作品によって「生の衝動」を内向的に表現しようとする「詩人の直感的叙述」や「詩人の想像力《ファンタジー》」に注目し、精神という「冥界」に通じる「測り知れない」深淵の世界を究明しようとしたのである。そうしたディルタイの研究成果は『体験と創作』に示されており、もう一方で、ディルタイは科学（Wissenschaft）が科学として成立するためには、当時、隆盛していた自然科学的な実証的方法に依拠せざるを得なかったのである。

こうしたディルタイの抱えた難題を難問《アポリア》として指摘したのがガダマーであり、この問題に関しては、すでに見たとおりである。しかしここでは、あえてガダマーの批判的な指摘を逆手にとって、「難問」の意味を、ただたんに「論理的な行き詰まり」として否定的に捉えるのではなく、ギリシア語のアポリアが含意する「学問的難題、あるいは論点（wissenschaftliche Schwierigkeit, Streitfrage）」と解し、われわれに「課題を課す難題」として積極的に受け止めることも可能である。なぜなら哲学者ディルタイは、目に見えない精神を視覚化するために、つまり「予見者（Seher）としての詩人」の目を通して、「人間、個性、すなわち、私たちが生となづけ、そして人間の諸条件、諸関係、個人の深み、運命で織りあげられている連関を、私たちには把握不可能な、論理に頼らない仕方で叙述する」[23]方法を模索していたからである。ここには「人間の個を、いかに普遍化するか」というディルタイの究極のテーマがあり、彼は「論理の世界」と「詩人の空想力《ファンタジー》の世界」、この二つの世界をあえて自己の研究対象として引き受けたのである。こうした問題意識とシュライアーマッハー研究を通して、聖書釈義と古典文献学から学んだ「個と全体」としての解釈学構想とが融合することになったのである。さらにディルタイがシュライアーマッハーから学んだ重要な視点としては「予見的（divinatorisch）」という概念がある。語源的に見れば、それはラテン語の divinatio、つまり「著者の内面に神がかり的に感情移入する」ことを含意し、ディルタイの「予見者としての詩人」はシュライアーマッハーの divinatorisch 概念から着想を得たと言うこともできるだろう。[24]

## 2　感覚学としての美学（アイステーシス）——地平の拡大の可能性

ディルタイが哲学と文学の地平融合に取り組んだことは周知である。その成果は「バーゼル大学教授就任講義——一七七〇年から一八〇〇年までのドイツの文芸運動ならびに哲学運動」に見事に結実している。それでは、二十世紀から二十一世紀のわれわれの時代に、従来の美学・芸術論の地平拡大のために、どのような思索の変遷があるのか、その動向を垣間見ることにしたい。

哲学者で美学・倫理学研究者のゲルノート・ベーメは『感覚学としての美学』を著している。同書の原題は『アイステーティク――一般知覚理論としての美学講義（*Aisthetik – Vorlesungen über Ästhetik als allgemeine Wahrnehmungslehre*）』であるが、ゲルノート・ベーメは次のように「日本語版のための序言」において、書名に Aisthetik を使用した理由としてギリシア語の「知覚」を意味する「αἴσθησις」を想起させ、従来の美学に「感性」を重視するためであると説明している。

ヨーロッパの哲学における理性の優越は、いつかは感性の復活を必要とせざるをえないものであった。その最初の試みは、十八世紀中庸にアレクサンダー・ゴットリープ・バウムガルテンによって企図されることになる。それは、哲学の特殊な一学科として美学（Ästhetik）が誕生した瞬間でもあった。美学は、バウムガルテンの意図に従えば、感覚的認識の理論およびその方法論となるべきものであった。ところが、ある意味では、まもなくそれは客観的認識のためのデータ提供者へと格下げされてしまったのである。［…］

ニーチェ、フロイト、フーコーらによる辛辣な理性批判によって、感性を復権させようという要求が新たに認識されるようになったことは、けっして驚くには値しない。こうしてバウムガルテンが企図していたものが――異なった歴史的諸条件に置かれるとはいえ――再び取り上げられることになる。(25)

ベーメは感性的な知覚の例として、「私は寒い（Mir ist kalt）」というドイツ語文章を取り上げている。この文章の「再帰的関係性」において、与格で示されている最小限の自我である「私（Mir）」は、「知覚対象と対峙するような自立的審級として分離独立した自我にはまだなっていない」(26)。換言すれば、自我（Mir）と対象（kalt）の未分化状態は、「主体と客体の同一関係」になっている。

Mir ist kalt は、本来、Es ist mir kalt という文章であり、文法的には省略可能な仮の主語 Es は、実際には重要な機能をはたしている。Esは主体と客体の「共属的状況」を提示しており、主客の未分化状況においては、「寒さ」という感性的な温度差は未分化のままであり、「寒さ」は漠然とした客体として提示されている。「私」はすでに「冷気」のなかに内在し、その私が冷気を感覚的に感知するのである。つまり、冷気を感知する「主体」の私は、冷気に内在する「客体」としての私でもある。こうした主体と客体の同一関係は、それ自体が解釈学的循環構造に貫かれているかのようである。こうした循環構造と「再帰的用法」との関係で言えば、ギリシア語の中動相（態）（Medium）は興味深い用法である。

ギリシア語には能動相（Aktiv）と受動相（Passiv）との間に中間的な機能をもつ中動相（Medium）があり、中動相の語尾変化は受動相と同じであるが、その本来の意味はむしろ能動相である。つまりギリシア語に特徴的なのは、「主客関係」の同一性ばかりでなく「能動」と「受動」の態（Genus）が両義的であるということである。こうした観点は、今後の感覚論、美学論の地平拡大の可能性を孕んでいると言えるであろう。

文法上、あるいは翻訳上の問題との関連において、われわれはハイデガーが『芸術作品の根源』において指摘した「芸術作品の真理の両義性」を連想することになる。実のところゲルノート・ベーメの『感覚学としての美学』は、「雰囲気」、「雰囲気的なもの」、「情態性」、「情動的な襲われ」など、ハイデガー哲学の概念が中心的な考察対象になっており、ハイデガー哲学からの受容、影響関係は明らかである。[27]

ここで取り上げたゲルノート・ベーメの考察は、ささやかな一例にすぎないが、美学を「感覚的認識の理論」、すなわちアレクサンダー・ゴットリープ・バウムガルテンの本来の構想へ帰ろうとする意図を読み取ることができるのである。

## 3　ハイデガーの『芸術作品の根源』と体験概念

われわれは解釈学的循環構造との関連において、ゲルノート・ベーメが受容しているハイデガーの芸術論を確認しておきたい。ハイデガーは『芸術作品の根源』の「補遺（*Zusatz*）」において次のように述べている。

芸術とは何であるかとは、この論文のなかではいかなる答えも与えられないあのもろもろの問いの一つである。答えのような見掛けを提示するものは、問うことのためのもろもろの指示なのである（後記の冒頭の数文を参照せよ）。

本書八一頁と八九頁の、二つの重要なヒント（*wichtige Fingerzeige*）はこのような指示に数え入れられる。双方の箇所ではある両義性が語られている。八九頁では、「真理の作品の－内へと－据えること（Ins-Werk-setzen der Wahrheit）」としての芸術の規定に関して「本質的な両義性」が述べられている。それに従えば、真理はあるときは「主語」であり、別のあるときは「目的語」である。双方の（*Beide*）特徴づけは「不適切」のままである。真理が「主語」であるなら、「真理の、作品の－内へと－据えること」という規定は「真理がそれ自体を（*Sich*）－作品の－内へと－据えること」を言う（八一頁と三三頁を参照せよ）。芸術は、そうであれば、生起としての出来事（Ereignis）［sich ereignen］から思索される。しかし存在は人間への語り掛け（Zuspruch）であり、人間なしにはありえない。したがって、芸術は同時に、真理を作品の－内へと－据えることとして規定される。この場合、いまや（*jetzt*）真理は「目的語」であり、芸術は人間による創作（Schaffen）と見守り（Bewahren）とである。[28]

上記のように、「芸術とは何であるか」という問いの答えは与えられていない。ただ「答えのような見掛け」だけが与えられている。しかも「真理の両義性」は、あるときは「主語」として、別のあるときは「目的語」として説明されており、ハイデガーは『芸術作品の根源』の「後記（*Nachwort*）」では、次のように付言している。

> 前述の熟慮は、芸術の謎（Rätsel）に取り組むものである。芸術それ自体が謎である。謎を解くという要求は筋道を外れている。謎に遭遇することが課題となる。［…］芸術と芸術家についての［…］この考察は、美学的と呼ばれてきた。美学は芸術作品を一種の対象と見なす。しかも αἴσθησις、すなわち広い意味での感性的受容の対象と見なす。今日、人々はこの受容を体験と呼んでいる。人間が芸術を体験する仕方が、芸術の本質について説明することになる。体験は、芸術鑑賞だけでなく、芸術創作にとっても同様に基準となる源泉である。すべてが体験なのである。(29)

結局のところ、芸術は「謎」なのである。しかもハイデガーは美学をアイステーシス、すなわち「感性的受容の対象」と見なしており、「体験」こそが芸術創作の源泉と心得ている。こうしたハイデガーの芸術論において、われわれはディルタイの解釈学構想、および「体験概念」を想起することになる。そして同時に「芸術の謎」の「謎解き」に誘い込まれる。なぜハイデガーは「真理は目的語であり、芸術は人間による創作と見守りとである」、そして「すべてが体験なのである」と言ったのだろうか、と。

たしかに、われわれは真理を目的として追求する。そして芸術は人間による創作（Schaffen）、つまりDichtungである。しかしなぜ「見守り（Be-wahr-en）」なのか。その答えのヒントは、「真（*wahr*）」が「見守り（*Be-wahr-en*）」のなかに「秘匿」されている。その秘匿された「真（wahr）」を開示するのが創作（Dichtung）であり「詩人の空想力《ファンタジー》」、あるいは「予見者（Seher）としての詩人」である。しかもすべてが「生（Leben）」を会得する「体験（Er-*leben*）」なのである。

だがここでわれわれはもう一つの謎に遭遇する。はたしてハイデガーの芸術論の「体験」のなかに、ディルタイの体験概念をそのまま透かして見ることができるのだろうか、と。残念ながら、その答えは慎重に留保せざるをえない。なぜなら、そのためにはまた新たな思索が必要になるからである。しかしこのような謎に取り組むこと、そして新たに問いを立てることによって、われわれはディルタイの遺産を継続的に相続することが可能になるのである。

## 4 「芸術の終焉？」あるいは「芸術の地平拡大」

ハイデガーは『芸術の根源』の「後記（*Nachwort*）」において、ヘーゲルの『美学講義』に言及している。後世に残されているヘーゲルの『美学講義』はヘーゲル自身の直筆による講義録ではなく、ヘーゲルの聴講生が筆記した、いわゆる講義ノートである。そもそも講義ノートが、どれほどヘーゲルの真意を伝えているのか、という点について諸説あるが、いずれにしてもヘーゲルの言葉は「芸術の終焉（Ende der Kunst）」として後世の呪縛となっており、ハイデガーもヘーゲルの『美学講義』から次のように引用している。

「たしかに芸術がたえず向上して完成の域に達することを期待することはできるが、しかしその形式は精神の最高の要求であることをやめたのである」（Ebd., S. 135）。「これらすべての点において芸術は、その最高の使命の面からいえば、われわれにとって過去のものである（In allen diesen Beziehungen ist und bleibt die Kunst nach der Seite ihrer höchsten Bestimmung für uns ein Vergangenes）」（X, I, S. 16）[30]。

ここでわれわれが確認しておかなければならないことは、ヘーゲルは芸術を「過去のもの（ein Vergangenes）」と言っているが、「終焉（Ende）」とは言っていない。しかしヘーゲル以降の美学・芸術論においては、この「芸術の過去的性格」が「終焉」として受け止められている。ヘーゲルの『美学講義』[31]における芸術の発展段階によれば、芸術は古代ギリシア・ローマの「古典的芸術作品」で頂点をむかえ、その後、ロマン主義以降の近代芸術は衰退をたどることになる。

さらにハイデガーはヘーゲル美学の引用のあとに、次のように自説を述べている。

ヘーゲルの美学が最後に一八二八―二九年冬学期に講義されて以来、われわれは多くのそして新たな芸術作品と芸術の流派が生ずるのを見てきた。そうした可能性をヘーゲルはけっして否定しようとは思わなかった。しかしこのことが確認されても、われわれはヘーゲルがこれらの文章で下した判決（Spruch）から逃れられるわけではない。[32]

ハイデガーはヘーゲルの判決について態度を保留し、決定を下していない。なぜならハイデガーにとって、「この判決の背後には、ギリシア人以来の思索が存しているからである」。ここでハイデガーに深入りすることは、必ずしも本論考の主旨ではない。しかしわれわれが素朴に問題にするのは、たしかにある基準において、芸術作品は古代ギリシア・ローマで頂点をむかえ、そしてその後、近代の芸術は衰退をたどっているかもしれない。だが「芸術」そのものは継続し、創作をやめてしまったわけではない。依然として芸術は成立している。人間精神の表出、「生の表出」としての芸術に「終焉」はあるのだろうか。芸術作品の評価基準は多様であり、しかも現代芸術、前衛芸術は生成し続けている。われわれはこうした芸術の現実をどう捉えるべきであろうか。あまりにも「芸術の終焉」という言葉が一人歩きしているのではないだろうか。

こうした問題意識から、ガダマーは「芸術の終焉？――芸術の過去的性格についてのヘーゲルの理論から今日の反芸術まで」において、この「テーマ」に真摯に応答している。ガダマーは本論文において、「ヘーゲルの考える芸術とは何か」、「〈過去のものとなった〉とはどういう意味か」という問題提起から自己の芸術論を展開しており、そもそも「芸術とは何か」を考える重大な「きっかけ（起爆剤）」になったことを述懐している。結論的に言えば、ガダマーは「ヘーゲルの美学講義は全体としてみると、芸術の過去的性格からの転換をも確証できるような答えを提供している」、と述べている。すでに見たように「受容美学」や「影響史的美学」など、われわれの問題意識との関連において、ガダマーは「芸術の連続性」を視野に入れていることは明白である。「いまや新たな意味での芸術の真理が問われている」と語るガダマーにとって、「〈芸術とは何か〉を問うこと」、その問い自体が芸術の連続性を保証することになる。さらにガダマーは現代のおかれた現状について、われわれに次のように警告している。

情報技術や再生技術が洪水のように押し寄せ、絶えず人間を刺激している［…］。どのような芸術にかかわるにせよ、今日の芸術家は、その感受性を鈍らせるようなこうした種類の情報の氾濫と戦わなければならない。(33)

しかし現状を反省してみれば、「今日の芸術とそれ以前の芸術の違いは、それほど大きなものではない」、とガダマーは考えている。ここには過去の伝統を重視するガダマーの基本的な芸術観が表れている。本論文の最後に、次のように語るガダマーの言葉は傾聴に値するであろう。なぜならここでは「芸術の持続可能性」、「芸術の地平拡大」が表明されているからである。

芸術の終焉、人間の夢と憧憬にもとづく芸術創造のけっして中断することのない意思の終焉などということは、人間がその自らの生を営んでいるかぎりありえないだろう。何にせよ芸術について想定された終焉は、そのまま新たな芸術の始まりとなるのである。(34)

従来の芸術を否定して――反転させて――新たな芸術の芽生え（Ankeimen）を思索することは、いずれの領域にせよ、学問（科学）の持続的な営みを保証することになる。

## 5 芸術の終焉から接続可能性へ

先に言及したゲルノート・ベーメの『感覚学としての美学』における課題は、従来の美学を越えて、それにふさわしい美学を展開することであった。ベーメに求められているのは、「バウムガルテンからアドルノに至るヨーロッパ美学の偉大な伝統に対抗[35]」することであった。しかしここで忘れてならないことは、「偉大な伝統に対抗」するためには、われわれは偉大な伝統と対峙し、彼らと対話をしなければならない。対話の相手の真意を知らずして、論争することはできない。文献としての「テクスト」であれ、コミュニケーションとしての「対話」であれ、意思疎通の基本は解釈学の主題であった。ここには、ディルタイがシュライアーマッハー研究を通じて学んだ解釈学が生きている。こうした解釈学的な問題意識との関連において、ベーメも「ヘーゲルの呪縛」について、次のように述べている。

ヘーゲル以降周期的に繰り返される「芸術の終焉」論は、その度ごとに特定の芸術概念によって設定されていた限界を、芸術は実践として乗り越えてきたのだということによって説明することができよう。それゆえに芸術をめぐる議論の条件は、それが議論そのものをオープンに保っているということでなければならない。そのような条件の一番目としては「接続可能性 Anschlußfähigkeit」をあげることができよう。作品というものは、それが何らかの方法でそれまでの芸術展開に関連しているのであれば、芸術作品として受け入れられる正当な展望――それはそれまでのものへの抗議やはっきりとした否定であってもかまわない――をもっているはずである[36]。

一義的な固定観念から解放されて、過去の芸術作品と接点をもちつつ、つねに創造的に語りつづけること、そしてそれを受容する側が、それに聞き耳をたてること、そうすることで芸術活動の生きた連鎖反応が継続する。この連鎖反応はベーメの感覚論にも見られたように主客の共属性、能動と受動という「磁場」に保証された相互作用、すなわち主客が融合する構造連関に支えられている。なぜならディルタイが主張したように対象を「捉える（ergreifen）」

ためには、あらかじめその対象に「捉えられ〔感動して〕(ergriffen)」いなければならないからである。そうした循環は「悪循環(circulus vitiosus)」ではない。積極的にその循環を受け入れること、つまりディルタイに遡れば「倣って生きること(nach-leben)」、「体験すること(er-leben)」、「追体験すること(nach-erleben)」は解釈学的循環の要諦であったのである。

## おわりに　思索と言葉の謎

ゲーテは『ファウスト第一部』「書斎」において、次のように語っている。

いいかい、きみ。すべての理論は灰色で、緑に茂るのは生命の黄金の樹だ。(37)

ディルタイは文学と哲学を壮大なスケールで自己の思索の射程におさめようとした思想家であった。過去を忘却しては未来への「方向感覚(Orientierungsgefühl)」を見失う。この単純な原理を、われわれはディルタイの思索の道をたどることによって想起することになる。ディルタイは「灰色の論理」と「緑の生命」の二つの世界を究めようとしたのである。すでに見たように、そこにディルタイの難題《アポリア》があったことは確かである。しかしディルタイにとって、二つの世界を結びつけ、難題《アポリア》を克服したのはシュライアーマッハーに学んだ解釈学であった。近代科学の進歩にさらされている現状においてこそ、人間精神の表出としての芸術の役割は一層その重要性を増しているとも言えるのである。

ディルタイは青年期から生涯にわたり文学とかかわり続け、断続的に美学・芸術論を執筆していた。その記録は『ディルタイ＝ヨルク伯往復書簡』からも垣間見ることができる。ヨルク伯は文学的感性にも鋭い感覚を身につけていた。そのヨルク伯がディルタイの美学論文に対して、最大の褒め言葉で賛辞している以下の書簡文面は特筆に値するであろう。それはなによりもディルタイの美学論文の質の高さを証することになるからである。

昨日、ハンゼンの『ルントシャウ』であなたの美学論文を知りました。まさにあなたのお得意分野ですね。言葉や思考においては繊細かつしなやか、そして、感覚と表象のまったく独自な親密関係にもとづいており、それゆえに、きわめて精緻に概念化されています。なおどれほど多くのことが行間に盛りこまれていることか！　さらなる思考へと駆りたてる刺激がどれほど多いことか！　歴史叙述の区分はすばらしく、三つの時期がよくきわだっています。内面から眺められているので、重厚かつ包括的。(38)

この美学論は「近代美学の三つの時期とその今日的課題」であり、この論文でディルタイは「ヘーゲル学派のあらゆる議論は、きわめて疑わしい原理上の解決に留まっており、それを越えてより確かで実りのある個別的認識にまで進むことはなかった(39)」とヘーゲル美学を批判している。ヘーゲルの弁証法に懐疑的だったヨルク伯は、「我が意を得たり」とディルタイのヘーゲル美学批判に共鳴したのかもしれない。

ところでドイツの哲学者として、これほど多くの文芸・芸術論を残した哲学者は希有であろう。しかも哲学者ながら文芸学に強い影響を与え、ドイツ文芸学の確固たる礎石を築くことにもなったのである。ディルタイ像の全体を評価するとき、当然ながらディルタイの文芸・芸術論を無視するわけにはいかない。たしかに個人の体験を基盤とするディルタイの文学論は、時代に適しない「過去のもの（ein Vergangenes）」という印象はぬぐいがたい。しかしそもそも人間精神の表出としての語りは人間が存在するかぎり持続的である。そして古典作品の〈古典〉の意味は、時代を越えて受容され続けることに由来する。ディルタイの残した精神の軌跡を「遺産（Erbe）」として相続するか、あるいは「終焉（Ende）」として否定するか、それは現代のわれわれの感性的感覚に託されている。「想像力（Einbildungskraft)」としての「空想力（Phantasie)」は、詩人ばかりでなく、それを理解しようとするわれわれ読者にも求められている。

日本語版『ディルタイ全集』は本別巻をもって完結した。「謎の老人」と言われたディルタイは、いま日本の読者にもその全貌を開示することになるだろう。全巻を通してディルタイの生涯を回想するならば、娘のクラーラ・ミッシュが語ったようにディルタイの創作活動は、まさに「芸術家のような創作活動」だったと言えるだろう。思索的・詩作的体験としてのディルタイの生涯は、生動的な創作活動として一つの物語《ゲシヒテ》になっている。あたかもディルタイの生涯そのものが「体験と創作」であったかのようである。

**注**

（1）日本語版『全集』第11巻ではハーフェズと表記されているが、本論考では通常流布しているハーフィスと記す。岩波文庫版『西東詩集』（小牧健夫訳）参照。
（2）日本語版『全集』第11巻、四頁。
（3）Wiese, Benno von: *Zwischen Utopie und Wirklichkeit*. Düsseldorf 1963, S. 13.
（4）日本語版『全集』第3巻、八四三頁。
（5）Wiese, Benno von: *Zwischen Utopie und Wirklichkeit*. Düsseldorf 1963, S. 13.
（6）Ebd. S. 15.
（7）Ebd. S. 16.
（8）Ebd. S. 27
（9）Staiger, Emil: *Die Kunst der Interpretation*. Zürich 1955, S. 18.
（10）Scherer, Wilhelm: *Vorträge und Aufsätze zur Geschichte des geistigen Lebens in Deutschland und Österreich*. Berlin 1874, S. 411.
（11）Popper, K. R.: *Das Elend des Historismus*. Tübingen 1969.
（12）Popper, K. R.: *Logik der Forschung*. Tübingen 1966. S. 224.

(13) Theodor W. Adorno u.a.: *Der Positivismusstreit in der deutschen Soziologie*. Neuwied und Berlin 1969. アドルノ／ポパー他『社会科学の論理――ドイツ社会学における実証主義論争』城塚登他訳（新装版）、河出書房新社、一九九二年。
(14) Dilthey, Willhelm: *Gesammelte Schriften*. Bd. V. Stuttgart 1974, S 334. 邦訳：日本語版『全集』第3巻、八六五頁。
(15) Gadamer, Hans-Georg: *Wahrheit und Methode*. 4 Aufl, Tübingen 1960, S. 158.
(16) Ebd. 205ff.
(17) Heidegger, Martin: *Sein und Zeit*. Tübingen 1972, S. 397ff.
(18) Gadamer, Hans-Georg: *Wahrheit und Methode*. 4 Aufl, Tübingen 1960, S. 223.
(19) Ebd. S. 336
(20) Habermas, Jürgen: *Zur Logik der Sozialwissenschaften*. Tübingen 1967, S. 175. 『社会科学の論理によせて』清水多吉他訳、国文社、一九九一年、参照。
(21) Jauß, Hans Robert: *Literaturgeschichte als Provokation*. Frankfurt a. M. 1970, S. 170. 『挑発としての文学史』轡田收訳、岩波書店、一九七六年、参照。
(22) 「フランス〈新旧論争〉」に関しては、三浦國泰『ヘルメスの変容と文学的解釈学の展開』風間書房、二〇〇五年、六九頁以下（第二章　第一節「規範詩学と近代文芸批評――フランス〈新旧論争〉と古代と近代の相克意識」を参照のこと。
(23) 日本語版『全集』第11巻「ディルタイ＝ヨルク伯往復書簡集」書簡117、六二一頁。
(24) 日本語版『全集』第10巻『シュライアーマッハーの生涯　下』、七六三頁以下。
(25) ゲルノート・ベーメ『感覚学としての美学』井村彰他訳、勁草書房、二〇〇五年。
(26) 同上書、四一頁。
(27) 同上書、五一頁以下参照。
(28) Heidegger, Martin: *Der Ursprung des Kunstwerkes*. Mit einer Einführung von Hans-Georg Gadamer. Reclam Stuttgart 1960. S. 99f.
(29) Ebd. S. 91.
(30) Ebd. S. 92.
(31) G・W・F・ヘーゲル『美学講義』寄川条路他訳、法政大学出版局、二〇一七年、参照。
(32) Heidegger, Martin: *Der Ursprung des Kunstwerkes*. Mit einer Einführung von Hans-Georg Gadamer. Reclam Stuttgart 1960.

S. 92.

(33) Gadamer, Hans-Georg: Ende der Kunst? – Vom Hegels Lehre vom Vergangenheitscharakter der Kunst bis zur Antikunst von heute –, in: *Das Erbe Europas*. Surkamp Verlag Frankfurt am Main 1989. S. 85. なおガダマーの本論文は、バイエルン芸術アカデミーの主催で一九八四年五月、五日間行なわれた「芸術の終焉――芸術の未来」という公開講演で発表された講演原稿からの邦訳として、『芸術の終焉・芸術の未来』（H・フリードリヒ、H－G・ガダマー他、神林恒道監訳、勁草書房、一九八九年）に収められている。

(34) Ebd. S. 86.

(35) ゲルノート・ベーメ『感覚学としての美学』井村彰他訳、勁草書房、二〇〇五年、一一頁。

(36) 同上書、二六五頁。なお「接続可能性」概念との関連で、牧野英二『「持続可能性の哲学」への道』（法政大学出版局、二〇一三年）が参考になる。

(37) Goethe, Johann Wolfgang: *Faust. Der Tragödie*, erster Teil (Reclam Stuttgart).

(38) 日本語版『全集』第11巻「ディルタイ＝ヨルク伯往復書簡集」書簡101、五八二頁。

(39) 日本語版『全集』第5巻第2分冊、一一五八頁。

## 第三節　ディルタイと社会学——相互作用・文化体系・組織

廳　茂

### 一　はじめに

私たちに与えられた主題はディルタイと社会学の関係をめぐる論述である。だが現代の社会学者の大半は、こういった主題そのものを見当違いで無意味であるとみなすだろう。このネームは、社会学のファウンディング・ファーザーの一人とは今日みなされてはいないからである。社会学は、一定数の学科の創設者なるものを古典として想定し、それらの人物の社会学説なるもののなかに学科としての同一性を見いだしてきた。この学科は無数に拡散していく社会学の本体ともいうべき調査研究のこの言説連関への関係づけと取り込み（の身振り）において存立している。ディルタイはその創設に一切関係ないということは、自明のことであるかのようである。だが、じつに意外なことに、ディルタイが社会学のファウンディング・ファーザーの一人と見なされていた一時期がドイツにおいてはあったのである。十九世紀末から第二次大戦末までのドイツ社会学である。ディルタイは哲学者であり、精神史の大家である。とすると一体ディルタイのどこが、いかなる形で社会学にかかわったというのであろう。私たちがここで答えたいのはこの疑問であり、それを踏まえてとりわけ第二次大戦前までの時代におけるディルタイと社会学の関係に見通しを用意することである。以下、ディルタイと社会学の関係という問いを〈ディルタイと社会学〉問題と呼んでおく。

## 二　課題の限定

ドイツ社会学の歴史における〈ディルタイと社会学〉という主題の重要な意義は、第二次大戦前には明確に自覚されていた(1)。だがこの意義を主題的に相応の規模で論究しようとした研究は、散発的な諸論考を除けば、今日においてはもちろん、当時においてすら少ない。ディルタイの影響には、哲学においてと同様にさまざまの媒介による意義変容が介在していたせいである。今日の量的には少ないディルタイ論の大半は理解、解釈学といったごく限られたトピック選択にもとづく、現代社会学にとってのこの思想家の必ずしも大きくはない意義論である(2)。

問題は歴史的視角から想起という形で検討するしかない。ディルタイは、いま述べたように、二十世紀前半のドイツ社会学に非常に重要な影響を与えた。ディルタイ研究は、哲学や教育哲学からのものが多いので、この影響作用史は通常見過ごされてきた。とはいえディルタイと社会学との関係を十九世紀以降の思想的動向の歴史を意識しつつ検討しようとした意義ある業績は、数は少ないが存在している。社会学者によるものというより、思想史の専門家によるものである。とりわけH・ヨーアハとT・ブーベのそれである。全集編纂者の一人ヨーアハは、ディルタイの精神科学の基礎づけ論をE・デュルケムやM・ウェーバーに「匹敵する」「社会学者」(3)の産物として称える。その議論は、J・ハーバーマスのディルタイ像をほぼそのまま歴史的なディルタイに重ねることで成り立っており、ディルタイのテクストとの歴史的隔たりが大きすぎるという難点を抱えていた。ブーベは、ヨーアハの強引さを批判し、ディルタイには社会学への「理論」ではなく「傾向」があったと考えるべきであるとする(4)。とはいえ、問題はその「傾向」の意味である。彼のディルタイをめぐる哲学史的議論は詳細である。同時に彼は社会理論史的な解明も狙っていた。ここでは個々述べないが、ブーベの議論は、本節の我々にも有益であった。だが、彼はディルタイと同時代の社会理論ならびに現代社会学との考えられる関連を、結局はかなりランダムに列挙しているにとどまる。要するに、ディルタイと社会学との関係の思想史的な構図は、まだ十分には整理されていないのである。

私たちは、ここで二つの問いを立てることで、この課題に応えたいと思う。一つは、ディルタイにおけるブーベのいう社会学的「傾向」――「傾向」というと持続性と一貫性が含意されがちなので、私には契機という方がより適切だと思えるが――とは何かである。二つは、しかし私の見るところ、その社会学的契機だけでは、一九二〇年代以降には直接にはつながらず、その契機を社会学により適合的な形に修正した仲介が必要だった。その修正の論点は何かである。

ディルタイの精神科学の基礎づけ論における社会学的契機とは、彼の「精神の個別諸科学の連関」論（I, 1：第1巻一二頁）において中心的に提示される、相互作用と文化体系、組織の概念である。この諸概念が、個別精神諸科学のグループ化と連関づけの前提になるとされる。言い換えると、これはディルタイのいう精神科学の対象とされる「歴史的－社会的現実」（z. B. I, 23：第1巻三二頁）、とりわけ後者の「社会的現実」をめぐって彼が提起した基本的諸概念なのである。(5) この諸概念は、『精神科学序説』（以下『序説』と略記）第一部の主要テーマの一つだが、基礎づけをめぐる体系プラン全体では、他の箇所でも重要な論題であったものである。今日全集編纂者たちによってディルタイが残した構想概要をもとに再構成された一八八〇年頃から一九九〇年代初頭までの全体プランでは、結論部第六部「精神的現実の認識ならびに精神の諸科学の連関」（XIX, 19：第2巻三八二頁）においても取り上げられる。さらに『序説』第二部の精神科学の基礎づけの歴史を継続しようとした続編草稿でも問題となる。一八九三年のいわゆる「ベルリン草稿」では、体系プラン第三部は、「経験科学と認識論の段階　精神諸科学の今日の問題」（XIX, 301：第2巻四三五頁）である。そこでは相互作用、文化体系、組織は「現代」、「社会の自己省察としての哲学」、「現実と生の哲学」などの注目すべき主題群と関わって論じられる（XIX, 303 ff.：第2巻四三七頁以下）。ただし、これらの体系プラン草稿は、いずれも表題とその簡明な説明のみの断章であり、『序説』第一部ほどの論述密度はない。とはいえ、哲学者たちが関心を寄せる認識論や論理学、心理学、生、歴史をめぐる議論と比べると、思索のまとまった論述の量という点では一見劣るのだが、これらの基礎概念は、個別精神諸科学の分節と連関をめぐる議論の前提となるものであり、ディルタイの精神科学の基礎づけ論にとって間違いなく重要な位置を占める論点であったものである。

二十世紀初頭において、『序説』を、しかもその第一部を中心にディルタイの思想を考えることは、なんら周縁的な読みではなかった[6]。第一部は、確かに社会理論の契機を孕んでいた。一九二〇年代以降のディルタイの社会学における受容と影響は、相互作用、文化体系、組織という諸概念に、ディルタイ後年の生の客観態や解釈学といった議論を重ねるところに成立した。しかし前者の諸概念には、ディルタイ特有のバイアスがかかった曖昧なところがあり、かつ彼の精神科学の基礎づけ論の一貫した特徴である心理学を基礎学とする、社会学には受け入れにくい考えがつねに重なっていた。それゆえ、そのままでは直ちには社会学に摂取しにくいものであった。ここには、修正と翻案が必要であったのである。この仲介的役割を果たした人物は複数いるが、なんといってもG・ジンメルがその中心である。この人物を介在させるときはじめてディルタイは一九二〇年代以降の社会学につながる。この作用史におけるジンメルという媒介項の問題の重要性を、ヨーアハもブーベも、おそらくわかっている。しかしその仲介の構図論はクリアーに整理されていない。ここでは〈ディルタイと社会学〉問題の出発点となるべき彼の思想における社会学的契機の考察により大きな主眼を置き、このジンメルにおけるディルタイの媒介的修正については、議論が煩瑣になりすぎることを避けるため論点の整理軸の図式的な提示に限定する。最後に一九二〇年代以降、第二次大戦後の展開についてもごく簡単に触れる。

## 三　相互作用・文化体系・組織

### (1)「歴史的‐社会的現実」

精神科学の対象となる現実は、「歴史的‐社会的現実」と呼称されているといま述べた。この現実規定はしかし自明なことではない。だがその由来は、意外なほど問われてこなかった。相互作用と文化体系、組織は、ここでいう「社会的現実」の根本概念である。このディルタイが好んだフレーズは当時のいかなる議論を踏まえたものなのだろう。ディルタイは不思議なことに、彼の精神科学論の要ともいうべきこの「歴史的‐社会的」という現実規定を立ち入って説明していない。だがこれが彼のコント理解に関わるものであることは示唆している。「コントは、歴史的‐社会的現実の諸科学の構成を彼の大きな仕事の目標として考えた」(I, 23：第1巻三二頁)。この文言は、ディルタイが、コントの社会学の対象を「歴史的‐社会的現実」であると考えていたことを示している。だとすると、それは、コントの社会動学と社会静学という社会学の対象規定論のディルタイ的言い換えでもあることになる。ディルタイは明らかにコントを念頭に置きつつ、社会概念をこう説明している。「精神科学の対象は、人類が時間の経過のなかで自身を提示するかぎり歴史と呼ばれる。その対象は人類の生活状態を特定の瞬間における横断面において捉えるかぎり社会といわれる」(XX, 130：第2巻八一頁)。ただしコントは、動学と静学をハイフンでつなぐフレーズを用いていない。ディルタイは、コントの社会概念の特性を、つねにドイツ国家学の社会概念との対比において考えていた。コントは、「国家の概念とは相違して諸国家の境界によって限定されない共同体としての社会の概念」(I, 90：第1巻四四二頁)を提示した。すなわち現実全体の「包括的な連関」(I, 39：第1巻四八頁)としての概念をである。これに対し当時支配的学科であったドイツ国家学は異なる。それは「国家の前提と基盤を形成する共同生活の外的組織を呼称する必要があることから出発して、所与の時代の状態のなかで社会と国家とを区別する」(I, 36：第1巻四四〇頁)。

このディルタイの文言はわかりにくいが、国家学では一般に国家が民族とその人倫の共同体として最上位の集合概念であり、社会がそこから分離、自立するのかどうかが問題となった。その意味で、社会は現実のある特定の部分ないし局面を指す概念である。ディルタイが「歴史的‐社会的」というとき、その「社会的」とは、現実全体の包括的規定に関わる用法であり、したがって当時においては実証主義の社会概念の摂取を意味している。それは、ドイツ国家学におけるような現実の一部分領域のことではないのである。

ディルタイは周知のように人間に固有の「経験の立場」(I, 81：第1巻八九頁)を標榜することで、実証主義の徹底と同時に修正をめざした。彼は実証主義の自然主義的な形而上学性を一貫して弾劾しており、当然に動学と静学という自然科学において使用されていた分類法のアナロギー的転用を拒否する。社会は歴史的存在であり、人間固有の現象である。おそらく歴史的と社会的がハイフンで相即的に接続されているのは、コントの動学と静学というタームの自然主義的含意への批判であり、かつ社会の歴史性を強調するためのものであろう。彼のプランでは文化体系と組織の諸学がさらに歴史科学、あるいは晩年の言い方に即すと「歴史的世界の構成」(VII, 77ff.：第4巻八五頁以下)につなげられる予定になっているのもそのためである。ともあれ、ディルタイは、若い時期の実証主義への傾倒のせいもあったのだろうが、コントの現実全体を社会とする包括的用法を継承しているのである。

とはいえ、ここには批判と留保、組み換えも潜んでいる。第一に、ディルタイは、コントが「歴史的‐社会的現実全体を包括する科学の構成」(I, 23：第1巻三二頁)を「一つの全体科学」(I, 35：第1巻四四頁)において成就できると考えていたと想定していたがその仮想を断固として拒絶する。それはさまざまの個別的視角を通してしか解明しえないものである。(7) それが、有名な自然主義にもとづく形而上学的な歴史哲学としての社会学への批判につながる。

第二に、コントの社会概念は人類に通底するもので、各社会は、発展速度に相違はあるものの基本的に同じ進化の歴程をたどるものとされていた。これに対しディルタイはドイツの個性主義的な歴史的思考に深く根ざしていた思想家であり、民族と国家の個別性を認めていた。となると包括的な社会概念と個性的な民族、国家概念との整合性という難問が生起せざるをえないが、これは詰められておらず、問いとして留保される形となっている。ディルタイは、「国家とは一個の社会学的現象である」(8)として民族と国家を社会ないし社会的集団という現実主義的な基盤に差し戻す思索の同時代の典型的な例であったG・グンプロヴィチの『哲学的国法』(一八七七)について短評を発表している(XVII, 142f.)。民族と国家は、当時のドイツ国家学においては、一般に歴史的、個性的な統括概念である。これに対し、グンプロヴィチは両者をさまざまの集団の抗争の結果として形成、拡大、没落の普遍的な法則において変容していく統一として把握した。社会学的現象とはその意味である。ディルタイは、民族と国家の概念をめぐる国家学的議論とグンプロヴィチ的な見方との対立に、明確な態度をとるということをあえてしていない。この留保は、以下指摘するように文化体系と組織概念にも反映されている。ちなみにグンプロヴィチは、この書物で精神科学というタームの観念論的性格を実証主義の立場から批判している。(9)

第三は、社会概念の相互作用概念による組み換えである。ディルタイはなるほど現実全体を実証主義にならって社会と呼ぶ。しかしその全体の実体化は認めない。そこに彼が導入するのが、「諸個人の相互作用」(I, 45：第1巻五五頁)の概念である。個人の心理の基盤性が前提されているので「諸個人の相互作用」(以下傍点引用者)でもあるが、「諸個人の相互作用」であることも同じく強調されている。ディルタイがコントを語るさいつねに意識していたに相違ない知人でもあったドイツにおける初期コント受容の代表者C・(ないしK・)トヴェステンはコントの社会概念を「個々人の組み合わされた(combinirt)行為」(10)と定義していた。このシンプルな社会概念の定義は、行為連関としての社会という二十世紀において一般的となる考え方を先取りしたものでもあり、一八五〇年代後半に執筆された遺稿であることを考えるときわめて革新的な定義であった。だが、公表された一八七〇年代においてすらこの定義に着目し、言及する人物はいなかった。ただし、ディルタイは、その定義を知っていただろう。ディルタイはこの「組み合わされた」を相互作用的に組み合わされたにさらに変えようとしたかに見える。形而上学的な全体性概念の崩壊に伴って、十九世紀、とりわけその後半においては、多くの思想家や研究者のあいだで、しかも自然科学、精神科学を問わず、相互作用や相互関係という用語は徐々に広まりつつあった。とりわけ社会理論の領域では、グンプロヴィチからR・ラッツェンホッファーとジンメルへとつづく相互という概念を基礎に社会という現実を「社会的プロセス」[11]として把握する系譜が、O・リーリエンフェルト、A・シェフレなどの全体論的な社会概念への対抗のなかで形成されていく。大きくみれば、ディルタイも相互作用概念の援用という点では、この系譜の主要な人物の一人となる。社会は現実全体を包括する概念だが、その総体をたとえば有機体や民族心などの全体概念において捉えることはできず、さまざまの相互作用の動的な、つまり過程的な連関としてのみ存立する。したがって、ディルタイにとっての現実は、全体としての社会ではなく、「社会的プロセス」、つまり厳密には社会的なのである。当時にあって社会的は、しばしば社会主義的と同義とされ、忌避されることも多い用語でもあった。ディルタイは、現実の総体を集合主義的ではなく集合主義的に捉える発想を、実証主義から受容したのである[12]。

このような事態を受け、ディルタイは、『序説』の前提となる一八七五年の「人間、社会、国家に関する諸学の歴史研究」において、現実を〈個人－相互作用－関係様式（die Weisen der Beziehungen）－社会体系〉（vgl. V, 60：第1巻五八二頁）の構図において捉える議論を提示していた。社会体系というタームは、コントも含めて当時よく使われていた。ディルタイのいう社会体系は、集合性の全体のことではなく、個別の相互作用の連関のことである。そこでは、関係様式なるものについては言葉として示されてはいるもののほとんど説明されていない。『序説』第九章までは、彼はこの一八七五年論稿で提示された議論構図をほぼそのまま踏襲している。しかし、第一〇章から一三章にかけて、ディルタイはさらにこの社会体系を文化体系と、「外的」という形容詞が付加されることも多い組織に弁別する。この二分法は、一八七五年論稿の継承稿、いわゆる草稿I、草稿II（一八七六）でも提示されていないので、一八六〇年代の初期草稿などにその萌芽的議論を見て取れなくもないが（vgl. XVIII, 5ff.：第6巻四九〇頁以下）、少なくとも鍵概念としては基本的には『序説』が初めてとなるだろう。一八七五年論稿で言葉だけ示唆されている関係様式の概念の敷衍的説明ともとれるかもしれないが、ともあれ相互作用と個別精神科学との間に、文化体系と組織という中間的な統括とその科学群という発想がいまや明確に導入されるのである。組織は、ポピュラーな概念だった。しかし文化体系は違う。二十世紀の社会理論において最も重要な基礎概念の一つとなるこの用語の起源は、判然としない。[13]

### (2) 文化体系と組織

ディルタイの語る文化体系は、文化内容、すなわち精神的内容のみを指す概念なのではない。この文化には、目的的な実際的な行為の位相も入れ込まれている。文化体系は「表象、感情、動機の劇」(I, 37.：第1巻四七頁) に駆動される「目的連関」(z.B. I, 43：第1巻五三頁) とされる。この目的連関は「持続性」(z.B. I, 51：第1巻六〇頁) をもつ連関を構成するがゆえに体系と呼ばれる。ディルタイは自然科学に対抗する人間の科学を『序説』あたりから精神科学という呼称にほぼ統一するが、それまでたとえば一八七〇年代では「行為する人間の諸科学」、「道徳的－政治的学」などとも形容していた (z.B. XVIII, 19：第1巻五〇七頁)、つまり目的連関は行為へと至るとされていたのである。この文化的な目的的活動ならびに行為が、相互作用を通して互いに持続的な連関を形成する。それをディルタイは文化体系と呼んでいるのである。ディルタイはこの概念に、ほとんど論証ぬきに複数の重要なメルクマールを帰属させている。一つは、文化の根底に個々人の「自由な行為」(I, 54：第1巻六三頁) を想定するということである。二つは、相互作用はこの個人の自律的な自由の前提のために、依存性と協働性、連関性はもちうるが、外的な拘束と支配の要素は内蔵しないということである。三つは、文化体系は歴史的にさまざまに分岐するのであり、それはまた人間の本性の豊かさと多様性に対応した目的の異質性に淵源するものである、ということである。つまり、文化体系は倫理、法、経済、芸術、哲学、宗教、教育等々、複数存在するのである。G・シュモラーとO・v・ギールケは、『序説』への書評において、この議論を「社会の巨大な分化プロセス」論と呼んでいる。[14] 分化概念のディルタイにおける受容は、この概念をめぐる時代の代表者スペンサーの読解の進捗にも関わると思われる。[15] ただしディルタイの場合、分化はスペンサーのように自然科学からのアナロギーとしてではなく心的構造の内的経験に由来する「分肢（Gliederung）」の意味である（vgl. V, 169ff.：第3巻六七二頁以下）。文化体系の概念をめぐってはこのように自由な個人の活動と人間本性の前提が強調されているので、心理学の基盤性は語りやすい。まさに「諸個人の相互作用」なのである。とはいえ相互作用は個々人に還元しきれない「それ自身にもとづく客観性」（I, 51：第1巻六一頁）を生み出すことも確認されている。そのため、「第二次の心的事実」（z.B. I, 66：第1巻七五頁）というJ・S・ミルの性格学に論理上は対応するとも推測できる心理学的位相の存在が認められる。

文化体系は、社会的な現実の半面である。ここには、なるほど相互作用における個々人の「自発的な協調」（XX, 132：第2巻八三頁）、それゆえの持続と統一はあるのだが、現実の成立に不可避と思える「意志の共同的結合、外的結合、支配、従属」（I, 64：第1巻七三頁）の諸契機が欠けている。それをディルタイは、組織の概念によって確保しようとする。つまり彼にとって現実は、強制なき自由な個々人の相互作用と、拘束と強制を伴った「意志統一体」（I, 54：第1巻六三頁）とからなるとされるのである。組織に「外的」という形容がときに付されるのは、それが個々人の拘束という外的規制の契機にかかわるからである。組織ももちろん相互作用からなる連関とされるが、最初から強固な「意志統一体」が前提されているので、文化体系においてほどは相互作用の概念は前面には出ないことになっている。

ディルタイは、この自身の組織概念をめぐって、その概念がコントのそれと並ぶ時代のもう一つの代表的な社会概念である、国家学における国家と社会の区別論への対応であることを明確に語っている。組織概念は、「近年国家に対置されて狭義の意味で社会と呼ばれている」（I, 43：第1巻五三頁）というのである。このディルタイの発言は、厳密には正確なものではない。というのも、彼のいう組織には国家が入っており、国家学のいう社会の方にのみ対応するものではないからである。発言の真意は、彼のいう組織は、ドイツ国家学において提起された国家と社会の区別問題に彼なりに応答しようとした概念であるということであろう。その場合、ディルタイが念頭に置いているのは、とりわけ国家と個人の間にじつに多様に形成される社会圏の自律性に着目したR・モールの社会概念と国家概念との区別論である。この種の区別のもう一人の代表者であるL・v・シュタインの社会概念は、ディルタイの現実分節論に即すと、「財の世界を含む広い事象の領域」(I, 84. 第1巻九三頁)を指すので、[16]経済という文化体系が中心となるはずである。モールの社会概念は、ディルタイも属していた国民自由党の代表的論者H・トライチュケの『社会科学　批判的試み』(一八五九)において厳しく批判される。モールがその社会概念によって主張した、さまざまのゲマインデ、ゲノッセンシャフトなどの社会圏の形成が国家とも個人とも異なった「固有の人間の関係」[17]であるというテーゼは、事実の誤認もしくは誇張であり、それらは畢竟国家に統合され包摂されるべき組織、すなわち「国家の生、民族総体と国家との連関」[18]に属するというのである。ディルタイは、国家学のいう国家と社会をともに組織の概念に括っている。しかし組織における国家の包括的な特権的地位をどう考えるかという問題は残る。ディルタイは、一方でさまざまの組織の包括的な頂点は民族の統一を外的組織として機構化した国家であることを明言していた。したがって組織概念は、国家概念に収斂する。この組織の諸学においては「国家諸科学が中心を形成する」(XX, 132：第2巻八三頁)というナショナルな明言は、眼前に将来国家のエリートたらんとしている学生が講筵に列していた一八八三年の『序説』全体に対応する講義ではより強調されているが、じつは書物として公刊された『序説』第一部では一方ではそう語りつつも、他方では組織は必ずしも国家に包摂され統御されるものではなく国家の拘束は「部分的、相対的にすぎない」(I, 82：第1巻九一頁)ものであることも指摘されている。[19]そもそもさもないと、ディルタイにとり、コント的に社会を現実の総体を表す最上位の集合概念として摂取する意味などまったくなかっただろうし、くわえて国家もその一つとして包み込む組織の概念を導入する必要もなかったのである。集合概念は、トライチュケ同様に、国家で十分であったはずなのだ。それゆえ組織を国家に完全には収斂させないモール的立場は、ある部分受け入れられている。[20]とはいえモールにおける「特別な社会科学の存立権利の問題」(I, 85：第1巻九三頁)をめぐっては、ディルタイは、ナイフの有効性は実際に切ってみなくてはわからないという比喩を繰り返すことで(z.B. I, 85：第1巻九三頁)、事実上の微温的な保留ともいうべき姿勢をつねに慎重に示すのである。彼において、民族という概念が民族学的、自然史的なものなのか、現代でも有効な統一概念として想定されているものなのか不鮮明であるのも、国家概念の統轄性に関するこの曖昧さに関係している。結果として、ディルタイの文化と組織の概念には、それらが国家に糾合しつくされていないという意味で今日からみてリベラルなニュアンスが含意されることになっている。[21]

ディルタイによれば、自立的な個々人による相互作用からなる文化体系と外的拘束と支配の力をもった組織は、文化体系と組織の両方に未分化に両義的に属するとされる法の体系によって媒介される。すなわち、現実の統合を保証すべくある未分化的領域の存在を要請するのである。法とともにもう一つの規範的な「道徳的義務の強いる力」(I, 62：第1巻七二頁) の仲介も想定されている。倫理の文化体系である。倫理は分化した一領域とされているが他の領域に広範な影響力をもつとされている。倫理体系は、個人の良心と徳として、かつ公共的な評価的な判断として二重の様態において存在する。後者について、具体的には、ディルタイは習俗、習慣、名誉そして世論などを挙げている。国家も法を作る主体であろうが、倫理体系も深く法形成に関与する。ディルタイは、そう考えていたようだ。ともあれ、組織は文化体系の「活動空間を保護し制限する」(I, 54：第1巻六三頁) とされているのである。

こうして、ディルタイは、彼の考える「歴史的‐社会的」現実の、とりわけ「社会的世界」に関する根本諸概念を提起する。相互作用、文化体系、組織は、相俟って「生に満たされた社会全体」(I, 62. 第1巻七一頁) を構成するとされるのである。すなわち、〈個人‐相互作用‐文化体系／組織‐社会体系〉の構図である。個別の精神科学は、心理学を基礎学として、文化体系か組織、あるいはその両方に属するものとしてグループ化されることになっている。これらの根本諸概念は、「歴史的世界の構成」が集中的に問われる晩年に至っても保持され続ける。このディルタイの議論は、その後の社会理論にきわめて重要な刺激を与えるとともに、解かれざる難問を提示することとなった。

### (3) 問題点

コントの社会概念を有機体論的な全体として語らず、それを相互作用の連関として捉えなおしたことは、ディルタイがグンプロヴィチなどに比べるとはるかに知名度の高い人物であっただけに重要な問題提起であった。一つの普遍科学ではなく、個別の諸科学が存在するという連動する議論も意義あるものだった。彼は、全体を相互作用に戻し、その個別の様態を分析し、そのうえでその成果を認識論的に連関づけるという道をとったのである。相互作用概念は、先ほどのべたように当時自然科学でもよく用いられていた。ディルタイは、精神科学を自然科学から峻別することで、行為とその相互作用を自然とは異なった「表象、感情、動機の劇」からなる目的連関であると考えた。この劇において文化体系と組織は形成される。ここに後に、価値と意味、そしてそれらの理解の概念も重なってくる。これは、十九世紀ドイツの人間科学思想史における、トライチュケの社会概念批判とJ・G・ドロイゼンの実証主義的な歴史認識方法論への批判という二つの重大なポレーミクへのディルタイなりの総合的応答であるものともみなし得る。現象を集合的視点から扱う社会概念を導入することにより、歴史認識を政治史的、個人史的に捉える当時主流であった立場を相対化する。ただしその社会は経験的でありつつも非実証主義的に人間に則した方法において認識されるべきであるというのだ。

とはいえ、相互作用ならびにそこから構成される文化体系と組織の概念を中心とする「社会的現実」論は、彼自身詰め得なかった重大な難問をかかえているものでもあった。

第一に、相互作用と心的生との関係である。この関係の曖昧さは、文化体系と組織の概念に明確に表れている。文化体系は、自由な独自存在の人格性と生動性の関係とされているので、既述したようにその相互作用による連関が「客観性」の属性をもつことは確認されているものの、なおも心理学との関係づけは可能に見える。しかしながら、「客観性」には、直接には個人に戻せない位相がどうしても残る。ディルタイが、この「客観性」のために「第二次の心的事実」の概念を用意することはすでに触れた。だが二つの心的次元の関係は十分に検討されていない。組織概念では、個々人の相互作用という側面が退くうえに、拘束と支配、強制の契機が定義上入ってくるのでこの「客観性」の度合い、そして「目的、機能、構造の間の関係」(I, 75：第1巻八四頁)の問題が一層大きくならざるをえないはずである。とはいえディルタイは、組織もまた個人の心的生とその生動性にもとづくとしており、「共同結合の意識」（I, 66：第1巻七五頁）と「意志の間の支配と従属の関係」（I, 67：第1巻七六頁）を「第二次の心的事実」であるものと語っている。だが立ち入った内容は論述されていない。結局は相互作用、文化体系、組織の諸概念と個人心理との関係の詳細は、繰り返し認識論的議論をまたねばならないとして事実上先送りされつづけるのである。一八九〇年代の議論では、心的生とその構造と機能の議論はそれまでに比べると相当に深まるが、その議論をそのまま社会に適用するのはそれゆえにこそ無理がある。少なくとも、当時徐々に問題となりつつあった心的と集合的の区別論からすればそう見えた。この「客観性」問題は、まさに生の表出と外化の帰結として重視される晩年の生の客観態、客観的精神、作用連関などの概念の中心化によって一層に切迫したものとなる。そのさいも、ディルタイは心理学の基盤性の議論を放棄したわけではけっしてなく、その議論を保持し続けていた。つまり、問題は途上にそのまま残されたのである。(22)

第二に、文化体系の例として時折言及される経済体系が、この分節論では扱いにくいという問題である。L・v・シュタインの社会概念に対処するには文化体系としての経済とその位置を論ずる必要があった。とはいえ文化体系は、自由な倫理的人格存在の相互作用とされており、ここに功利主義的な利己心と収益関心を絡ませることには、原理的に無理があった。つまり、文化体系概念は、最初からある面において理想主義的なのである。それをディルタイは自身の「経験の立場」と矛盾するとは考えなかった。経済体系は、法体系と倫理体系の規制を受けることになっている。経済体系の倫理と法による拘束論が暗黙に前提されていると考えれば、W・ロッシャー以降の経済学の歴史学派との近親性を連想してしまうのだが、ともあれディルタイは、文化体系としての経済体系については、主題的にはほとんど論じていないのである。(23)

第三に、ディルタイが、『序説』においてまださほど目立った形ではないとしても、文化体系と組織との関係とともに、前者が後者を「配慮することなく」（I, 81：第1巻九〇頁）成り立つ場合も語っているという問題である。とりわけ、後者には芸術と哲学が当てはまる。ここに宗教も入るが、むろん宗教は教会という組織と不可分でもある。だがディルタイは、多くの論稿において、芸術、哲学、宗教を組織に疎遠という点で類似の文化体系として連動して並べている。個人の心的生の生動性と創造性が最も有効な領域としてである。この組織からの拘束や強制を受けない、あるいは受けたとしてもそれは個々人の相互作用の自由を保護するためでありその活動は棄損されないという文化体系への視点は、後年の芸術や哲学、世界観、そして宗教をめぐる議論では非常に重要となってくる。組織の拘束への視座が欠けるということは、結果として社会的現実への顧慮も抜け落ちることを意味する。この場合は、ディルタイのいう精神科学は、人文学のこととなり、文化体系概念に社会科学に親和的な体系と人文学に親和的な体系というまた別種の区別をもちこまざるをえなくなる。

ディルタイが残した難問、これは社会学に関心をもった次の世代の継承と応答の課題となる。この継承と応答の基礎をつくった人物として、W・ゾンバルトやE・トレルチ、M・シェーラーなど複数の大きなネームを挙げうるが、なんといってもディルタイと後の社会学者との最大の媒介者となったのは、ジンメルである。私たちは、ここでは問題の構図のスケッチのみを提示する。この整理軸でいいのかどうか正直なところ最終的な確信が抱きにくい難題ではあるが。ともあれ、そのことで〈ディルタイと社会学〉という問題を一九二〇年代以降に向けて開くことができる。

## 四　ジンメルによる仲介と翻案

### (1)ディルタイとジンメル

ディルタイは、ジンメルの論文を読んでいた。彼の構成主義的な歴史認識観と、歴史性をニーチェと同じく等閑視する（とディルタイは考えた）主観主義的な生理解を批判した[24]。ジンメルの社会学を肯定的に評価した草稿も残している。現存している資料では、ジンメルはディルタイ没後の講義「論理学と哲学序説」（一九一四）において、その名に言及している[25]。彼は、認識論の根底に悟性ではなく、心的生の全体、さらには生を置くという立場、すなわち

「悟性のみが認識するのではなく、人間全体が認識するという、ディルタイがとりわけ強調した哲学的な根本的立場(26)」を明確に評価していた。この二人の関係の特定は、相似してもいるが微妙に相違してもいるのでむつかしい。

ディルタイは、その卓越した精神史研究において、近代の新しさの究明に取り組んでいた。それに比して現代社会の解明は遅れていた。だが彼は、相互作用、文化体系、組織の諸概念の提示をめぐって、現代の性格とそれに対応する同時代の精神諸科学のさまざまの試みの検討という難題に迫られつつあった。集合性を社会的という外来の形容詞をもって当時語ることは、その集合性の現代的新しさの問題に必ずや行きつく。すでに触れたように「ベルリン草稿」の第三部において、ディルタイもまた「社会の自己省察」の前提として現代とは何かを問う必要を認めていた。その現代論の自身への問題確認的な粗いスケッチからすると、彼が検討しようとしていたのは、自然主義的な思考の急速な浸透、国民国家の形成、ドグマの解体、新聞の普及、社会的基盤の崩壊、社会改革運動の勃興と社会主義の興隆等々であった（XIX, 303ff.：第2巻四三七頁以下）。さらに彼は一八八〇年代の中葉以降の教育学、倫理学、世界観、シュライアーマッハーなどを論じた作品と講義でも、現代とは何かに言及する姿勢を示していた（z. B. VIII, 190ff.：第4巻六一二頁以下）。国家、経済、世論における分裂と対立にもより注意を注ぐ傾向にあった。社会をめぐる時代の議論は、混乱と対立の収拾のつかない混迷に陥りつつあった。ディルタイは現代の性格を、全体として、知性主義の進展と関心の此岸性の増大にもとづく「宇宙の合理化」（VIII, 202：第4巻六二五頁）と総括することもまた探っていた。とはいえ彼の本領はなんといっても精神史にあり、議論はなかなか進捗しなかった。

ジンメルの最大の関心は、最初からまさしく現代とそこで社会と名指されはじめたものの新しさの究明にあった。哲学者として彼は認識論への関心を一貫して保持していたが、その哲学的思惟の照準は、つねにこの現代とは何かに合わされていた。ジンメルは、師M・ラツァルスの提起した「個人と全体」、「個人を越えたもの（Überindividuelles）という問題(27)」の究明を生涯の課題と考えていた。ディルタイもラツァルスとは直接の交友があり、当初親密であったが、のちにパーソナルにも思想的にも疎遠となる。ジンメルでは、ラツァルスへの敬意は継続され、「個人を越えたもの」への関心は、社会への関心となる。ディルタイのいう相互作用そして文化体系と組織が形成する「客観性」、すなわちのちの生の客観態は、つねに生の生動性に淵源することになっていた。したがって、それは体験（Er-leben）の所産である。精神科学は、事象の根源にあるその生動性を捉え返すことを課題としていた。しかし、ジンメルでは、その「客観性」は、個人ならびにその生からすでに取り返しがつかないほど深く切断されているものであった。ここに両者の最も根本的な相違が存在した。現代にも目を向けつつあったディルタイにこの断絶の自覚がなかったとはけっしていえないが、おそらくジンメルはそう見なしていた。もはやディルタイのように「社会は我々の世界である」（I, 36：第1巻四六頁）とはいえないのである。この相違を受けて、ジンメルはディルタイの議論を修正した、いや批判的に翻案した。あるいはディルタイのみを意識していたわけではないので、ディルタイをも踏まえつつ新しい考えを提起したというほうが適切だろうか。ディルタイの思索の社会学的契機に関わる点についてのみ、以下私なりの対比的な整理軸を提起する。

### (2)ジンメルによる修正

①ジンメルは、「歴史的-社会的」のハイフンを切り離す。[28] 歴史認識はジンメルでは構成主義的に考えられるが、ディルタイと同様に、個人と生に親和的であるもの、いやあるべきものと想定されている。意味、時間、理解といった諸概念の主題化は、ディルタイと重なるところがある。[29] 他方社会については、その客観性をことばで捕捉するため、「発見法的（heuristisch）原理」[30]として自然主義的用語の導入が肯定される。つまり、ほとんどすべての論者が見逃してきたことであるが、ジンメルにおいては、歴史と社会は、別の用語系列において語られているのである。[31] その典型がスペンサーの分化概念の、それが自然主義的な用語であることを肯定しての社会理論における中心的導入である。ジンメルは、師の一人であるG・シュモラーの分業概念ではなく、スペンサーの分化概念の「進化論的利点」[32]の発想のほうを受け入れた。そのさい彼は、スペンサーにおいて不可分の対となっていた分化と統合を分離し、事実上前者の

「分出（Herausdifferenzierung）」[33]のみを問うた。したがって、ディルタイの体系や連関にあたる概念が、ジンメルではほとんど存在しない。社会は、分化を無限に更新していく複雑性とコンフリクトに満ちた、無数の相互作用の錯綜となる。ここでは、法と倫理を仲介とする文化体系と組織の連関論もなりたたない。倫理における個人的良心と公的判断の合致もない。習俗も名誉も解体していく。世論は、ジャーナリズムと結びつくことで、倫理性を失い党派化する。

②ディルタイでは、認識論的基礎づけにおいて経験的と規範的の二つの言明が最終的には連関づけられることになっていた。ジンメルでは、まさに人間と社会の断絶の自覚のせいでもあるが、それは経験的と哲学的の異なる言説の位相に区別される。経験的位相をめぐる議論では、ディルタイとの対照という点からみて、以下の論点が重要である。

(a)社会概念が現実を包括する広義の意味で用いられているのは、二人の思想家は共通である。ただし、ジンメルではディルタイの文化体系の概念においては混融していた文化内容と社会関係が区別される。文化内容という意味での文化体系は、ディルタイの偉大な理念的、思想的、世界観的な精神史的研究が対象としていたものである。文化の分化やその社会との関係の発想は独自には問われていない。この区別は、従来の社会学史研究ではまったく認識されていないが、グンプロヴィチが一八八五年の『社会学綱要』[34]において、スペンサーにあっては曖昧にされているとして、心理内容と社会関係の相違として強く主張した論題である。彼が、後者としてとりわけ念頭に置いていたのは支配関係である。支配は、社会の普遍的関係である。人々が語りたがる正しい支配や支配なき社会は、宗教的であったり美学的であったりするが、まったくの幻想である。支配関係には、さまざまの理念がつねに絡む。しかし、そのことで強制、抑圧、そして闘争、暴力の契機を不可避の構成要素とする支配関係そのものが変容するわけではないのだ。ジンメルは、社会関係の形式の自立的分化を説くことで、このグンプロヴィチの議論を継承している。この関係の形式も狭義の意味においてだが社会とよばれる。この形式は、支配のみならずコンフリクト、競争、集団の数的量、関係の頻度、党派形成、協調、一致等々、増やされる。ディルタイは、ジンメルについて語った手稿で、この発想を「承認する」（I, 421：第1巻四三〇頁）と語り、ジンメルのいう関係の形式は、自身が「ジンメルの前に」（I, 421：第1巻四三〇頁）組織の概念で述べようとしたことでもあると主張している。だがディルタイは、厳密な形では、文化内容と社会関係とを区別していなかった。文化体系も組織も、文化内容と行為関係をともに一体化している概念である。自由な相互作用と拘束を伴った結合体という二つの観点から現実が二分されていた。なおジンメルの社会関係論では、組織に凝固していない一時的で偶発的な関係も重要視される。

(b)文化内容について、ジンメルもまた分化を与件とする。彼は各文化の形式はそれぞれ固有の世界制作の「言語[35]」をもつと考えていた。ただし、その言語形式の構成の論理をのちのE・カッシーラーのように大規模に論ずることはしなかった。文化内容は、現実の社会では、理念的、思想的要素が減退すると見込まれる。近代社会では、分化した社会関係の「結合媒体[36]」の不可避性が肥大化するからである。貨幣や技術のような「内容に無関心な媒体[37]」が圧倒的になる。それが、貨幣や技術の「社会文化[38]」である。この媒体は分化した社会関係の媒介のゆえに質を解消し、それゆえに合理的である。同時に、流行、模倣、神経刺激、差異欲求、権力感情という感覚的な動因も、人々の行動の重大な動因となる。大都市の喧騒、広告、性、スポーツの時代である。理念ではなく、センスと欲望に訴える社会心理学的な動因である。こちらは、非合理である。

(c)自由と結合は、ディルタイと同様にジンメルの思索にあっても基盤的な主題である。経験的には、自立した人格的な個人が先にあるのではなく、相互作用のほうが先にある[39]。それゆえ、自由は結合からの解放ではなく、結合の様態の種差性の問題となる。心理学の基礎性は、認められない。相互作用は、分化の動態と絡みつつ、無数の個別化（Individualisierung）の渦を産み出す。そこには、個人という個別化、つまり「個人の分化[40]」も生ずる。今日の言葉の流行に合わせて、個人化としばしば訳されているものである。

(a)(b)(c)にもとづき、ディルタイの現実の分節構図〈個人－相互作用－文化体系／組織－社会体系〉は、ジンメルでは、ずっと複雑に〈相互作用－個別化（個人化を含む）－（理念的）文化内容・（関係の）結合媒体・社会心理／社会（関係の形式〉–〈分化していく〉社会〉の構図へと転換される。文化体系と組織の二分法についていえば、ジンメルは、体系という秩序性を与件化するかに見える概念を回避するので、文化（内容）と社会（関係）となる。しかし、体系概念はその後自然科学的なシステム概念とも重なりつつだが、社会理論において全体ないし連関を包括的に形容する概念として好んで選択された。ただしジンメルのシステムの不安定と不均衡、非統一という問題意識は、自然科学におけるその概念の同様の傾向とも重なりつつ、システム概念に組み込まれていく。ディルタイの文化体系と組織は、このジンメルの修正と翻案をへて以降、文化（内容）システムと社会（関係）システムとして一般には受け取られるようになる。両システムの区別は抽象的な作為なので実際には一方のシステムは他方のシステムを組み込んでいる。ちなみに、ディルタイの組織概念は、文化内容と社会関係の交点に形成される相対的に持続的な形象である。国家も規模も大きく強制力を持つが、その形象のあくまで一つである。分化は、文化内容にも社会関係にも異なった形でさまざまに生ずる。文化と社会の両システムあわせて広義の社会（的現実）である。相互作用の概念は、心理学主義と切り離されることで、ディルタイ後年の意味や理解の概念とも絡ませつつ、社会学にとっていまやはるかに受け入れやすくなる。

③哲学的位相をめぐる議論では、ディルタイとの対照という点からみて、以下の論点が重要である。

(a)ジンメルにおいて、個人と生、歴史、文化、社会の哲学的考察の意義は、現実の経験的議論とは異なったものとして、いやだからこそだが、同格に重視される。生は超越への動態としてきわめて形式的にのみ規定される。歴史をめぐる哲学的思索の対象となる理解、意味、時間などの論題は、生論にも連結しえたはずであったが、ジンメルには果たせなかった。生と文化の哲学的考察は、生の超越への動態をめぐる思索、芸術家と芸術作品を取り扱った個性形成をめぐる芸術哲学的思索、文化をめぐる主観的精神と客観的精神の断絶と架橋の模索など、相互に連動している論点からなる。個人の人格的形成は、与件ではなく課題となる。社会の分化による個人化は生の人格的に個性的な個体化につながらない。むしろ通常は逆なのだ。基礎づけ論の破棄、体系概念の回避にあわせて、非体系的文体が意図的に選択される。概念の厳密さよりも、イメージやメタファー、印象が言葉の出発点とされる。題材も日常的な細部から採用され、そこから深部を穿つことが目指される。

(b)生と社会の切断を受けてそのあるべき関連づけを模索する社会哲学的思索が重要となるが、残された議論は晦渋である。ジンメルは、左右両陣営の理想の社会を実質的なある理念の具体化として語る議論に希望を見いだせなかった。支配などの諸関係形式と分化の普遍性への着目のせいもあっただろう。彼は生と社会を直接に融合させる共同体や共同存在に関わるいかなる思想にも加担しなかった。彼は、分化した社会の「客観性」と機能性が生から離脱しているがゆえにこそ生に干渉しない事態はありうるか、ありうるとしてそのためには社会と個人、文化にいかなる条件が必要かを探っていた。この条件論は、当時の正しい社会を求める人々にはまったく理解されなかった。

生と相互性の関係づけをめぐる哲学的議論はジンメルには存在しないというのが、一般的見解であったが、これは必ずしも正しくない。たしかに、一九一〇年代前半に執筆され後に『生の直観』にまとめられる諸論稿は、一貫して個人の生の形式的体制のみを、すなわち「我々の存在の形式的構造」[41]のみを問うている。この生が他者と相互作用する存在であることが、そこでは視点として外されているかのようである。M・ブーバーがディルタイとジンメル両者の相互作用概念の人間の「間」をめぐる自身の着想への影響を語りつつ、「社会心理学的」[42]水準にとどまったジンメルよりは哲学的なディルタイのそれにより加担するかのような発言を残していること、そしてその加担はレーヴィットの「共にある人間」[43]論でも同様であること、[44]さらにはM・アドラーによるジンメルの生概念における複数性の視点の欠如への批判などは、ジンメルの生をめぐる思索が他者との相互作用という位相を外しているかにみえることに起因していよう。ディルタイの相互作用概念は、個人の自由な人格性、ならびに生に重なっているので、精神科学の認識論的基礎づけという文脈から切り離すことが前提となるが哲学的思索としても翻案しやすいのである。現代では、M・トイニッセンが「社会的なものの存在論」[45]というテーマの樹立をめぐって、ジンメルの相互作用論はあまりにも経験的な社会学にこだわりすぎて哲学的他者論を立てそこなったという趣旨の発言をしている。すなわちジンメルは、なるほど二人関係（Zweierverbindung）論を主題的に語った。それはよく知られている。とはいえその関係論は、経験科学の対象として「社会学に意義のあるゲゼルシャフト現象」[46]をめぐるものにあくまでとどまったというのである。しかし、トイニッセンの批判はジンメル論としては半面の真理しかついていない。ジンメルは、一九〇〇年代後半から、「生動的社会化（lebendige Vergesellschaftung）」[47]というテーマを強く意識しはじめていた。生動性と相互作用の結合、これは意味上はまさしくディルタイの相互作用と文化体系の概念の哲学的翻案ともとれるものである。たとえばそれは、感謝、誠実、贈与、感覚、信頼などにおける自他の関係という論題を含んでいた。この種の論題は、「道徳意識の分析」において、ディルタイが「相互性」（VI, 47：第6巻五七頁）の概念のもと問おうとしていたものでもあった。私と相手とのミクロな関係を問う経験的に社会学的な「生動的社会化」論も可能であった。現実の社会では、それは、存続そのものが危うい、いまや次の瞬間にも断ち切れるかにも思える織物の細い糸である。この「生動的社会化」論は、ジンメルは哲学的主題としても深めていくつもりであったのではないかと推測される。生動性は、社会の分化と合理的客観化に相反する、したがって反現実的な哲学的概念であったからである。実際に宗教性、社交性そして教育をめぐる一九〇五年以降の議論では、ジンメルは我と汝の相互性を哲学的に問う構えを見せていた。宗教論では、宗教性にもとづく相互作用である「霊的社会化」、「内的「社会化」」[48]が問われ、社交性論ではF・シュライアーマッハーが社交的なゲゼルシャフトと呼んだ「参与者によって十全に規定された完全な相互作用」[49]の主題が継承された。教育論でも「生徒の生」、「統一と全体としての生徒」[50]を着眼点にした教師と生徒の相互作用のあるべき仮想の形態が模索される。これらの論題は、ディルタイもある部分共有していた問題である。残念ながら、こういった思索を深めていく時間がジンメルには残されていなかった。

## 五　おわりに――ワイマール期以降へ

一九二〇年代以降の社会学に関与した人物たちの多くは、社会と文化の関係を、歴史概念をも絡ませつつ問う。この問いは、ディルタイとジンメルの総合でもあった。もちろん、社会概念には経済という文化体系を社会全体の規定因とするマルクスの議論も強力に重なる。このとき社会システムは、階級論的な社会形成体の概念に取り換えられ、文化は従属的概念となる。ディルタイ、ジンメル、マルクスの思想モチーフの重畳は、当時広くみられる。文化は、ディルタイ的には組織の強制と拘束から自由な文化とそれを被る文化の区別、ジンメル的には理念的な文化と中性的な「結合媒体」としての文化という区別をめぐって、文化と文明、文化と技術などに類別化され、それぞれ社会との関係が問われる。そこにシェーラー、A・ウェーバー、マンハイムなどの文化社会学、知識社会学が構想される。理念的な文化内容については、マンハイムの文献と表出されたものの解釈が典型であろうが、ディルタイの精神史と解釈学が摂取される。ジンメルの社会心理をめぐる議論には、フロイトのネームが編入される。ディルタイの歴史的思考におけるタイポロジーの手法と理解概念そしてジンメルの社会の関係形式論、H・リッカートの価値哲学とを絡ませたM・ウェーバーの社会経済学的、文化史的な著作もここに重なってくる。兄のウェーバーは、二〇年代後半から文化社会学あるいは歴史社会学の範例として、急速に名声が広がりはじめる。(51)

ワイマール期の後半は、近代とその反動の両極の抗争がもはや調停不可能なほど激しくなるので、ジンメル的な、というよりもジンメルの世代がある部分共有していた、言説の経験的と哲学的の区別の超克が再び目指される。一方の個人と生、他方の社会の「客観性」、この両者の乖離は容認しがたいものである。この生動性と社会との乖離は資本主義の革命的転覆によってか、実存あるいは民族への決断による飛躍によってしか克服されえないとされる。例えばH・フライヤーの「現実科学」論は後者の典型である。フライヤーはディルタイとジンメルをこの飛躍にはまだ決意が不十分であったものとして批判的にだが思索の出発点に置いた。(52) これに対してのちに第二次大戦後ドイツ社会学のリーダーとなるR・ケーニヒは、この革命と決断の議論を、「精神科学、とりわけ社会学における生への結合のラディカリズム」(53) を図るものとしてその非現実性を厳しく断罪した。ディルタイはハイデガーとともに主犯とされる。ケーニヒにとって生と現存在、この二つの概念は社会の合理性と抽象性への効力なさ対抗という点では同じであった。

いずれにせよ、こういった二〇年代以降の社会学をめぐる議論の軸、それもマンハイムがいうように間違いなく重要な軸の一つは、ジンメル的翻案を介してだが〈ディルタイと社会学〉問題だったのである。

第二次世界大戦後は、また構図が変わってくるのは言うまでもない。インタラクションと文化システムの概念は、世界の社会理論の共有財となる。前者の起源はディルタイだけではないのでまだよいとしても、後者はディルタイに由来する概念である。しかしそれを意識している社会学者はドイツにおいてすら少ない。それほどに一般化している。それが社会学の社会理論にとって最も重要な分化のロジックを内蔵した経験的概念であること、倫理や宗教、芸術などの精神史的現象を個人史的な見方を越えて相互に連関づけつつ、さらにそれを社会システムとの相関のなかで語れることは重大な魅力だったにちがいない。自然科学におけるシステム概念にすり替えることも容易だった。戦争の敗北、ナチズムの破綻、亡命、アメリカ文化の覇権、デモクラシー、これらのことは戦後のドイツ社会学のディルタイへの関係に深甚な影響を与えた。ディルタイの名はナチズムの加担者に頻繁に用いられていたからである。ディルタイは哲学者であり、その精神科学の概念は社会科学とは疎遠である。すなわち、文化的事象を社会概念に経験科学的に関連づけることを主旨とする社会学には、ディルタイの思想は関係が薄いということが共通了解となる。彼のある面において存在していた文化体系概念の、社会や組織の概念と切り離された用法がここでは中心化される。ディルタイの名が引照されて当然の文脈で彼のネームは伏され、ジンメル、M・ウェーバー、ミード、A・シュッツなどのネームが前景に置かれた。ディルタイを語る場合は、批判的や解放的の形容詞の付加が必要になる。のちの社会構築主義の興隆と近代社会の自己言及的性格の強調、社会システム論における意味と理解の概念の摂取、そしてライフヒストリー論などへの関心の高まりは、再びディルタイの相互作用概念や解釈学、伝記論への関心を高めつつあるかに見えるが、ヨーアッハの著作の背景にあったと思われるディルタイの名を社会学の古典リストに再度加えるという希望はまだ実現していない。

## 注

(1) マンハイムの次の発言を参照。「ディルタイは社会学を原理的に否定したが、その社会学は結局はこの学科の「西欧的形態」に関わるものでしかなかった。だが彼は、ドイツ文化社会学の（マルクスとL・v・シュタインとならぶ）最も重要な創設者とみなされるべき人物である。これらの極の緊張から、ドイツにおける歴史的－社会的研究におけるほとんどすべてのことが生まれた。とりわけM・ウェーバー、A・ウェーバー、シェーラー、ルカーチなどである」。K. Mannheim : Das conservative Denken (1927). In : Herg. K. Wolf : *Wissenschaftssoziologie. Auswahl aus dem Werk.* Berlin 1964, S. 410.『歴史主義・保守主義』所収、森博訳、恒星社厚生閣、一九一九年、七七頁。

(2) Vgl. S. Belardinelli Herg.: Wilhelm Dilthey heute : Das Problem des Verstehens in der Entwicklung der Sozialwissenschaften. In : *Annali de Sociologia – Soziologisches Jahrbuch.* Nr. 8 1992–1.

(3) H. Joach : *Handelnder Mensch und objektiver Geist. Zur Theorie des Geistes- und Sozialwissenschaften bei Wilhelm Dilthey.* Meisenheim a. M. 1974, S. 5.

(4) T. Bube : *Zwischen Kultur- und Sozialphilosophie. Wirkungsgeschichtliche Studien zu Wilhelm Dilthey.* Würzburg 2007, S. 333.

(5) 『序説』の副題は「社会研究と歴史研究の基礎づけの試み」である。一八八二年七月六日の日付のある当時の高等教育部門の責任者であるシェーネ宛書簡でも『序説』の主旨は「歴史諸科学と社会諸科学のよりよく根拠づけられた連関」（W. Dilthey: *Briefwechsel.* Bd. 1 1852–1882. Göttingen 2011, S. 887）の設立であると語っている。社会と歴史、どちらが先にくるかは別として社会研究は『序説』第一部において歴史のそれと等価に重視されている。そこでの現実の基礎概念の提示は、この重視に対応している。

(6) 本巻におけるレッシング論文での『序説』の社会学的も含む同時代的な読みについての発言も参照。

(7) ヴェンティヒは、ディルタイのこの想定が必ずしも適切ではないという批判を、いち早く提起している。コントは、社会学が複数の個別諸学科からなると考えていたとも言えるというのである。社会学は、基礎的ではあるが、一つの抽象的学科である（H. Waentig: *August Comte und seine Bedeutung für die Entwicklung der Socialwissenschaften.* Leipzig 1894, S. 295ff.）。たしかに、『実証哲学講義』の議論をみるかぎり、コントは実証主義という方法の一元的な統一、それにもとづく認識の連関は述べているのだが、経済学や政治学などの個別の諸学科が存在していること自体は前提しているかにも見える。Vgl. A. Comte : *Cours de Philosophie Positive.* Tome 4 (1839) Paris 1869, p. 254ff.　なおコントのいう社会概念はそもそも何かという重大な問いは、それが自明なことではないということの確認とともに、当時リーツによって正面から立てられている（Vgl. H. Lietz : *Die Probleme im Begriff der Gesellschaft bei Auguste Comte im Gesamtzusammenhang seines Systems.* Diss. Jena 1891, S. 36 ff.）。社会とは何かとならんで社会概念とは何かが問題となりつつあった。当時の表現でターミノロジー論といわれた議論の一例となろうが、テンニースはターミノロジー論をゼマンティクと呼称することを提案する（F. Tönnies: *Philosophische Terminologie in psychologisch-soziologischer Ansicht.* Leipzig 1906, S. 95）。

（8） L. Gumplowicz : *Philosophisches Staatsrecht. Systematische Darstellung für Studierende und Gebildete.* Wien 1877, S. 113.

（9） a.a.O. S. 4. なお精神科学という用語は、グンプロヴィチのような否定論もあったが、ディルタイ以外の論者にも、しかもより直接に社会科学の意味で肯定的に用いられている。たとえば、シェッフレは精神科学（Geistwissenschaft と表記）を「道徳的－政治的学」の意味で使用している。Vgl. A. Schäffle: *Bau und Leben des socialen Körpers.* Bd. 1（1875）. Tübingen 1881, S. 120.

（10） C. Twesten: *Die religiösen, politischen und socialen Ideen der asiatischen Culturvölker und der Aegypter, in ihrer historischen Entwickelung dargestellt.* Bd. 1 Berlin 1872, S. 159. なおディルタイは、トヴェステンのコント論に少し立ち入った解説を残している（XVII, 305 ff.）　トヴェステンは相互作用の概念も用いている（z. B. Twesten : a.a.O. S. 306）　ただし、彼の相互作用概念は有機体概念と結びついている（a.a.O. S. 56）。社会体系のタームも使われる（a.a.O. S. 253）。ちなみにトヴェステンとハイムの書簡上のコントの意義に関わっての「経験論（Empirismus）」の有効性と限界をめぐる論争では、経験論の経験概念の重要性を説くトヴェステンともっと人間に適合した別種の経験概念を要請すべきであるとするハイムが対立する。Vlg. J. Heyderhoff: Rudolf Haym und Karl Twesten Briefwechsel über positive Philosophie und Fortschrittspolitik 1853–61. In : *Preußischer Jahrbücher* Bd. 161 1915, S. 245 ff.　ディルタイにとってもきわめて重要な論争であったはずである。

（11） Vgl. G. Ratzenhofer: *Sociologische Erkenntnis. Positive Philosophie des socialen Lebens.* Leipzig 1898, S. 244.

（12） 社会的という西欧的用語を集合的という意味で使うことは、反発はつねに大きかったが、当時保守主義者の間においてすらも徐々に許容されつつあった。たとえば、名うての保守主義者、A・シュテッカーは、反ユダヤ主義をめぐるプロイセン議会での論争において、政治的運動概念である社会主義的という用語と区別して、社会的は「事物の社会的見方以外の何ものでもない」（A. Stöcker : Die Rede. In : Die Debatte um die Judenfrage vor dem preußischen Landtage am 20. 11. 1880, S. 67）と語っている。つまり、集合的の同義語としてだがその使用を認めるのである。社会主義を実践的な運動概念ではなく、集合主義的な現実の見方と把握する用法も当時あった。Vgl. E. Bernheim : *Geschichteforschung und Geschichtsphilosophie.* Göttingen 1880, S. 50 ff.

(13) M・リーデルは、ヘルバルトの先例をあげている（M. Riedel : System Struktur. In : Herg. Brunner O. et al. : *Geschichtliche Grundbegriffe* Bd. 6, Stuttgart 1990, S. 317.『社会概念史』川上倫逸他編訳、以文社、一九九〇年、三六六頁）。レッシングもリーデル説を引照している（H.-U. Lessing : *Wilhelm Diltheys ›Einleitung in die Geisteswissenschaften‹*. Darmstadt 2001, S. 113）。この用語の理論的な鍵概念化については、私はスペンサーの『社会学研究』のドイツ語版『社会学序説』における「精神的文化のシステム」（H. Spencer: *Einleitung in das Studium der Soziologie*. 2. Teil, Leipzig 1875, S. 230）（英語原文では「知性的文化のシステム」H. Spencer: *The Study of Sociology*. London 1873, p. 381）といった表現も顧慮すべきであるように思う。ディルタイはこの作品についてコメントを残しているので読んでいたことは確実である（XVIII, 342）。ヘルバルトの 'Cultursystem' は、完全性、法、公正、そして理念などの諸概念と結びついている（J. F. Herbart: Allgemeine praktische Philosophie（1808）. In : *Sämtliche Werke*. Bd. 2, Leipzig 1885, S. 449）。スペンサーの用法は、より経験主義的である。ちなみにヨーアッハは、ディルタイの文化体系を社会文化とも言い換えているが（Joach a.a.O. S. 32）、'soziale Kultur' は、ジンメルが頻繁にではないが重要な文脈で使用した用語である。ソシオカルチュラルは、二十世紀においてきわめて中心的な社会理論上の基礎概念となる。私はこれを一時ジンメルの造語の可能性もあると考えていたが、ごく一部の文献しかまだ探査できていないものの、これにも先例がある――ただしそれが最初の用例かどうかは、私はまだ判断できない。F・バーダー（F. Baader : Über das damalige Missverhältnis der Vermögenlosen oder Proletairs in den Vermögen besitzenden Classen der Societät（1835）. In : *Sämtliche Werke*. Bd. 5 Aalen 1987）参照。バーダーの 'sociale Cultur' は階級的な文化のことであり、無産者が参与できない、少数の恵まれた者のみが参与できる「ピラミッド」（Baader a.a.O. S. 132）的形状をもった文化のことである。ジンメルの用法では、階級論的発想は外されており、本文で述べるように社会関係の媒体ということが焦点化されている。なお本節では、'System' は、より自然科学的意味が強いばあいは、便宜上だがシステムと表記している。十八世紀以降、'System' 概念には、哲学や人文学、精神科学において使用される場合でも、自然科学由来の含意はつねに多かれ少なかれ入っていたことは言うまでもない。

(14) G. Schmoller : Rezension von W. Diltheys *Einleitung in die Geisteswissenschaften*, In : *Dilthey-Jahrbuch für Philosophie und Geschichte der Geisteswissenschaften* Bd. 1 1883, S. 100, vgl. O. Gierke : a.a.O. S. 151.

(15) ゾマーフェルトは『序説』の執筆時期、したがって一八八〇年代初頭の数年間の時期におけるブレスラウ大学図書館からのディルタイのスペンサーの著作貸し出し記録について調べている（H. Sommerfeld: *Wilhelm Dilthey und der Positivismus. Eine Untersuchung zur "Einleitung in die Geisteswissenschaften"*. Diss. Berlin 1926, S. 9）。ディルタイのスペンサーの独訳についてのコメントも参照（XVII, 436）。

(16) この一節にはシュタインの名が付されていないが、内容的にはそれはシュタインの社会概念の説明である。

(17) R. Mohl : *Die Geschichte und Literarur der Staatswissenschaft.* Bd. 1, Erlangen 1855, S. 101.

(18) H. Treitschke : *Die Gesellschaftswissenschaft. Ein kritischer Versuch.* Leipzig 1859, S. 13.

(19) ブーベは、ディルタイの議論をトライチュケの国家学における社会科学批判の「補完」(Bube a.a.O. S. 497) であるとも語っているが、「補完」とは何をどう補うことをいうのだろう。なお、ギールケは、ディルタイの組織の概念は、あくまで国家を中心としたものであると受けとっている (Gierke a.a.O. S. 154)。

(20) モールの社会圏の概念とグンプロヴィチの集団の概念は、国家の特権性論を外せば、接合しうる面がでてくる。後者の『哲学的国法』は、部分的にモール論ともいえるものであった (Gumplowicz a.a.O. S. 50ff.)。社会圏の概念が国家学の枠をこえて社会学的な集団概念と融合することは、指摘されることがないが、ドイツ社会学形成史上、きわめて重要な前提的問題の一つであった。ディルタイの組織概念の用法も大きくはこの問題の文脈に関わっている。

(21) ディルタイが国家と民族の概念に微妙な距離を確保しているのは、一八八〇年代初頭のA・クローンの長編のコント論 (A. Krohn: Beiträge zur Kenntnis und Würdigung der Soziologie. In: *Jahrbuch für Nationalökonomie und Statistik* Bd. 1, 1880 u. Bd. 3 1881) と対比するとよくわかる。クローンはコントの自然主義と経験主義を批判する。そのさい彼は、社会概念を形而上学的に「直観」(Krohn, Bd. 1, S. 426) されるべき「連関」(Krohn, Bd. 3, S. 13) と規定しそこに民族を重ねることで、ドイツにおける保守主義的な社会学概念の用法の創設者の一人となる。ディルタイも社会主義者たちからみれば保守主義者と一括されようが、当時の保守主義にもさまざまのタイプがある。

(22) ギールケは、ディルタイが文化体系と組織の両概念で提起している問題を「個人と社会」問題であると総括している (Gierke, a.a.O. S. 145)。廳茂「「人間本性」と「歴史・社会的現実」——W・ディルタイにおける心理学の特権性の論証」『社会思想史研究』第一〇号、一九八六年。

(23) ロッシャーについてほんの少し立ち入った議論はある (XVII, 43f. 74)。

(24) 廳茂「社会はいかにして可能か——〈ジンメルとディルタイ〉問題」『社會學研究』東北社会学研究会、二〇一〇年所収、同「〈哲学者ジンメル〉の問題提起」、日本ディルタイ協会編『ディルタイ研究』第27号、二〇一六年を参照。

(25) ジンメルにおける論理学をめぐる本格的講義は、一八九七年の夏学期、ディルタイの体調不良による代講を引き受けたことを発端としている (vgl. G. Simmel : Kolleghefte, Mit- und Nachschriften. *Georg Simmel Gesamtausgabe* (以下 GSG). Bd. 21, Frankfurt a. M. 2010, S. 1034) (KN. と略記)。ただしディルタイ研究の年譜では、ディルタイは講義を行なったことになって

いる (U. Hermann : *Bibliographie Wilhelm Dilthey. Qellen und Literatur.* Weinheim/Berlin/Basel 1969, S. 121)。次の年度からは、ジンメルは確実に断続的に論理学に関わる講義を開いている。ジンメルは一九〇〇年代中盤以降、論理学の講義を「現代哲学の諸問題」と絡ませるようになる (Simmel: KN. S. 631ff.)。彼の十九世紀哲学史、現代哲学論は、ニーチェとベルクソンを頂点とするものである。とすると生の概念が彼の哲学的思索の核心となってくることを意味している。そこにディルタイの名も重なってくる予定だったのか否か、それは現存する資料からは判断しにくい。いずれにせよ、論理学講義も生の概念を基礎にする方向にあったとも推測される。

(26) Simmel: KN. S. 1008.

(27) Simmel: *Briefe 1880–1911*. In : GSG. Bd. 22, 2005, S. 132.

(28) ジンメルは'das historisch-soziale Leben'という表記の曖昧さにネガティヴに言及している (Simmel : Die Zukunft der Soziologie. Eine Enquete über ihre Aussichten (1908). GSG. Bd. 17, 2005, S. 71)。ジンメルは、この表現では社会概念が一体何を意味するのか分からないという批判を提起している。

(29) 廳茂「G・ジンメルにおける「理解」問題——見取図の試案」、日本ディルタイ協会編『ディルタイ研究』第16号、二〇〇五年参照。

(30) Simmel : *Einleitung in die Moralwissenschaft* (1893). 2. Bd. In : GSG. Bd. 4 1991, S. 19.

(31) 用語の出自が、内的経験の体験からでも外的経験にもとづくアナロジーからでも両方正当にありうること、ジンメルはこれを主題とした、間接にディルタイへの批判的応答とも言える小論を残している。「外的なものは内的なものによって、内的なものはしかし外的なものによって、形態化され理解される。これは交互であり、またしばしば確実に同時にそうである」(Simmel : *Soziologie* (1908). In : GSG. Bd. 11 1992, S. 853.『社会学』上下、居安正訳、白水社、一九九四年、下巻三六三頁) (SO. と略記)。

(32) Simmel : *Über sociale Differenzierung* (1890), In : GSG. Bd. 2 1989, S. 853.『社会分化論　社会学』所収、居安正訳、青木書店、一九七〇年、一二八頁 (SD. と略記)。ディルタイの分化は、述べたように全体の分肢に関わる。その意味で有機体論批判にもかかわらずそこには全体とその構造の想定が潜在している。ただし、その全体は部分との無限の循環のなかに置かれることで、けっして実体化はされない仕掛けとなっている。ジンメルの分化は、本文で述べているように全体と統合を欠く分出である (z. B. Simmel : SD. S. 247f. 前掲訳書、一二八頁以下)。

(33) G. Simmel: SD. S. 248. 前掲訳書、一二九頁。

(34) L. Gumplowicz : *Grundriß der Soziologie*. Wien 1885, S. 102. G・リューメリンによる個々人の相互作用の関係、併存、競争、

敵対、一致という社会概念の規定も参照（G. Rümelin : Über den Begriff der Gesellschaft und einer Gesellschaftslehre (1888). In : *Reden und Aufsätze*. Dritte Folge. Freiburg u. Leipzig 1894, S. 274)。十九世紀後半、じつにさまざまの社会概念の規定が提案される。ディルタイもその錯綜した議論の渦中にあった。このムーヴメント全体の概要は、まだ把握されていない。

(35) Simmel : *Lebensanschauung* (1918). In : GSG. Bd. 16, 1998, S. 238 (LA. と略記)．『生の哲学』茅野良男訳、白水社、一九九四年、四五頁。

(36) Simmel : Zur Psychologie des Geldes (1889). In : GSG. Bd. 2 1989, S. 59.「貨幣の心理学のために」大鐘武訳、『ジンメル初期社会学論集』所収、一九八六年、一五〇頁。

(37) Simmel : *Philosophie des Geldes* (1900). In : GSG. Bd. 6 1989, S. 366 (PG. と略記)．『貨幣の哲学』居安正訳、白水社、一九九九年、二九四頁。

(38) Simmel : PG. 468. 前掲訳書、三七七頁。

(39) ディルタイの「自我の根源的自己所与性」(H. Joas : *Praktische Intersubjektivität. Die Entwicklung des Werkes von G.H.Mead.* Frankfurt a. M. 1980, S. 46) 論に距離を置き相互作用を出発点にするという姿勢において、一時期（一八八九—一八九一）ディルタイのもとで博士論文を書こうとしていたJ・H・ミードのインタラクション概念はジンメルの相互作用概念に類似の面がある。ジンメルとミードは、ドイツ思想と社会心理学への関心を共有していた。デュルケムの高弟C・ブグレは十九世紀ドイツの社会科学形成史を扱った重要な著作で、「近代の心理学は実体の統一ということよりもむしろ活動の統一に関心を寄せる」(C. Bouglé: *Les Sciences Sociales en Allemagne*. Paris 1902, p. 25) と総括している。ブグレはA・ヴァーグナーやR・v・イェーリングらとともに、いやなによりもその前にラツァルスとジンメルを重視している。ジンメルは、まさしくこの「活動の統一」の動的で相互作用的なロジックを解明しようとしていた。ミードも同様であろう。なお。本稿では、ディルタイとジンメルの両者にともに使われる客観的精神の概念には立ち入れない。そのためには、この概念の非形而上学的用法の提案者であるラツァルスの検討が不可欠である。

(40) Simmel : SD. S. 283. 前掲訳書、一六五頁。

(41) Simmel : LA. S. 212. 前掲訳書、九頁。

(42) M. Buber : Geleitwort zur Sammlung. In : W. Sombart : *Das Proletariat. Bilder und Studien*. Frankfurt a. M. 1981, S. X.

(43) K. Löwith : *Das Individuum in der Rolle des Mitmenschen* (1928). In : *Sämtliche Schriften*. Bd. 1 Stuttgart 1981,S. 18.『共同存在の現象学』熊野純彦訳、岩波書店、二〇〇八年、二五頁。

（44） M.Adler : *Das Rätzel der Gesellschaft*. Wien 1936, S. 48, 89, 110.

（45） M. Theunissen : *Das Andere. Studien zur Sozialontologie der Gegenwart*. 2 Auf. Berlin/New York 1981, S. 6.

（46） a.a.O. S. 6.

（47） Simmel : Soziologie der Sinne. In: *GSG*. Bd. 8 S. 292. 「生動的存在（das lebendige Dasein）」ともいう（Bericht über Simmels Vortrag, Wesen und Aufgabe der Soziologie（in Wien 1907）. In: *Arbeiter-Zeitung* 25 April 1907, Nr. 112 S. 7）。

（48） Simmel : *Die Religion*. 2. Auf.（1912）. In : *GSG*. Bd. 10 1995, S. 94, 95. 『社会分化論　宗教社会学』居安正訳、青木書店、一九九八年、二八四頁。

（49） F. Schleiermacher : Versuch einer Theorie des geselligen Betragens（1799）. In : *Schleiermachers Werke* Bd. 2 Leipzig 1913, S. 9.

（50） Simmel : *Schulpädagogik*. In : *GSG*. Bd. 20 2004 S. 341, S. 428. 『学校教育論』伊勢田耀子訳、明治図書出版、一九六〇年、四〇頁、一四二頁。

（51） 歴史社会学ということばを表題レベルではじめて使用したのは、ハルトマンである。彼は「目的の概念が進化の概念に、意識的な意志が適応と選択にとって替えられる」（L. M. Hartmann : *Über historische Entwicklung. Sechs Vorträge zur Einleitung in eine historische Soziologie*. Goatha 1905, S. 5）と語る。社会進化論の意味で使われている。M・ウェーバーは、歴史主義とタイポロジーの結合というディルタイ的用法を継いでいる。このことばには、歴史主義的発展と社会進化、この二つの語義が最初から重なっている。それは、今日においてもそうである。

（52） H. Freyer : *Soziologie als Wirklichkeitswissenschaft*. Leipzig, Berlin 1930, S. 30ff. 『現実科学としての社会学』福武直訳、日光書院、一九四四年、三八頁以下。

（53） R. König : *Kritik der historisch-existenzialistischen Soziologie*（1937）. München 1975, S. 23. 第二次大戦前の社会理論に関わる知的ラディカリズム批判としては、H・プレスナーの『ゲマインシャフトの限界——社会的ラディカリズム批判』（H. Plessner : *Grenzen der Gemeinschaft. Eine Kritik des sozialen Radikalismus*（1924）. Frankfurt a. M. 2001）も重要である。「社会思想のラディカリズム」（SO. S. 872. 前掲訳書、上巻、六頁）批判のモチーフをつねに抱懐していたジンメルは、自らの生をめぐる思索に現実主義の等閑視の危険を見ていなかった。むしろそれは現実への洞察を深める前提であった。

# 第四節　いかなる点で、存在するものの認識から、存在すべきものの規則が生じてくるのか？
## ——ディルタイの教育学テーゼに対する現代ドイツ教育学の応答について

瀬戸口昌也

### はじめに——現代ドイツ教育学におけるディルタイ研究の現状

現代ドイツの教育学研究は、カウダーによれば、自ら形成してきた「教育的な思考の歴史」をいかに取り扱うのか、という「古くて新しい」問題に対して、「歴史的なものの意義の喪失」もしくは「歴史の忘却」状態にあると言う[1]。カウダーはドイツの著名な学術雑誌『教育学』(*Zeitschrift für Pädagogik*) で報告された、一九四五年から二〇一九年までに至るドイツ語圏の教育学関連の博士論文の題目一万七八七七タイトルの表記から、歴史上の人物名を直接記載してあるものを抽出して、一〇年ごとに数値化した結果を報告している。それによれば当該のタイトル数は、一九五〇から一九五九年の間は全体で二六・三％であったものが、一九七〇から一九七九年の間では八・六％と急減し、二〇一〇から二〇一九年の間では三・五％と最小値を示している。また、タイトルに取り上げられた具体的人物名として、全体を通して最も多かったのがモンテッソーリの六〇本であった。それに対してディルタイは二〇位の一一本であり、各時期に一本から数本の博士論文が提出されているが、二〇一〇から二〇一九年の間には、一本も提出されていない。また、いわゆるディルタイ学派と呼ばれ、「精神科学的教育学」を代表するノール、リット、シュプランガーらの名前を記したタイトル数が、ディルタイのそれよりも総数として若干上回っている傾向にある。

ディルタイの教育学研究に関して、ヴィンクラーは二〇〇〇年以降、ディルタイの教育学と「精神科学的教育学」についての新しい研究は生じていないと報告している。(2) もちろん、文献的で通史的な研究はあるものの、(3) 二〇〇〇年以降に出版された教育学関連の事典やハンドブックを取り上げてみても、ディルタイや「精神科学的教育学」についての説明や記述はわずかに留まるか、もしくは皆無であると述べている。こうしてヴィンクラーは、二〇〇〇年以降のディルタイの教育学研究の現状について、次のように総括している。「しかし厳密な意味での科学的研究において、〔ディルタイの教育学と「精神科学的教育学」の〕研究はもはや見いだされない。この場合国際的に、総じてアジア圏において、どれほどの数の新しい研究が見いだされるか否かについては、まったく留保しておかなければならないけれども。アジア圏での関心は、ドイツよりも明らかに大きいものと思われる」。(4) ヴィンクラーのこの言葉は、現代のアジア圏におけるディルタイ研究者の存在意義を認識させるものであると同時に、ディルタイの教育学研究について、国際的研究がまだ発展途上段階にあることを示している。(5)

## 一　ディルタイの教育学テーゼ

以上のようなディルタイの教育学研究の現状を踏まえて、ディルタイの教育学がこれからの教育哲学研究においてどのような意義を持っているのかを展望することが、本論考の目的である。ここでその出発点に置くのが、ディルタイが一八八八年にプロイセン科学アカデミーで発表した「普遍妥当的な教育の科学の可能性について」（以下「教育学論文」と略記）のなかで提示した問い――「いかなる点で、存在するものの認識から、存在すべきものの規則が生じてくるのか？」（VI, 62：第6巻四八三頁）[6]――である。このテーゼ（証明されるべき命題）は、「人間、社会、国家に関する諸学の歴史研究」の続編の草案（一八七六年頃）（XVIII, 65：第1巻六一一頁）と「教育学論文」のなかで登場する。「教育学論文」のなかでは、ディルタイは当時の教育学が科学（学問）として遅れていることを指摘し、教育学の歴史的研究は倫理学、詩学、経済学と同様に、この問いに答えなければならないとしている。ディルタイ自身はこのテーゼに対して、「教育学論文」のなかで「心的生の目的論」を根拠にして回答している（VI, 69：第6巻四九一頁）。すなわち人間の心的生は、本来、内在的に目的論的構造を持つものとして把握され、この目的の完全な実現を目指して発展していくものである。このような心的生の持つ構造的特徴によって、存在するものの認識から当為の認識が生じてくるのである、と。

ディルタイが提示したこのテーゼとその回答が、のちのドイツ教育学に与えた影響について、ボルノーは次のように述べている。「この文〔テーゼ〕はその後多様に、しかも賛否両論の意味で受け入れられた。ある者はこの文を、確かに自明なものであり、教育学の本質に必然的に含まれている課題に対する的確な表現として受け入れ、しかし別の者は、記述的言明と規範的言明を許されざる仕方で混同しているので、科学性の最も基礎的な要求に抵触していると見なすのである」[7]。ボルノーは前者（賛同的立場）の例として、ヘルマンとグロートホフを挙げ、後者（否定的立場）の例としてブレツィンカを挙げている。そしてボルノー自身は、このテーゼを自明なものと認めて賛同的立場を取る一方で、その根拠をディルタイの「心的生の目的論」に求めるのではなく、別の見方（のちに詳述する存在論的観点）に求めている。

このようにディルタイが提示したテーゼは、二十世紀における教育学の科学性の問題についての論争の言わば火種となったものである。しかしこの論争は、それ以降積極的に継続されることはなく、二十一世紀になってドイツ教育学の諸理論がますます多元化していく過程のなかで、埋もれてしまった感がある。ディルタイが提示したテーゼが現在のドイツ教育学の科学性の問題にどのような影響を与え、どのような意義を持っているのかを明らかにすることは、二十一世紀における多元化した教育学の諸理論のなかで、教育学の科学性の問題をあらためて探究していく上で避けて通ることのできない課題であろう。本論ではディルタイが提示したテーゼを「教育学テーゼ」と呼ぶことにして、このテーゼに対する現代ドイツ教育学からの応答を、その内容から以下の三つに分類してそれぞれの特徴を考察する。

(1) ディルタイの「心的生の目的論」を現代的観点から再評価・再構成しようとする傾向(ヴィンクラー、アマラル)。
(2) ディルタイの「心的生の目的論」を存在論的に基礎づけようとする傾向(ケレンツ)。
(3) ディルタイの「心的生の目的論」を社会学的観点から再評価・再構成しようとする傾向(ホルシュタイン)。

## (1) ディルタイの「心的生の目的論」を現代的観点から再評価・再構成しようとする傾向

ヴィンクラーは、ディルタイの教育学の現代的意義について、①ディルタイの教育学と「精神科学的教育学」との関係について問い直す必要があること、②ディルタイの教育学は、実証的研究に狭隘化している現代ドイツの陶冶研究を批判するものとして読み直す必要があること、を指摘している[8]。②について言えば、ヴィンクラーはディルタイが教育学講義のなかで、人間の完全性を構成する要素として、人間の思考と感情と行為の三つを挙げ、これら三つの営みが相互に密接に関連していると述べていること(IX, 186:第6巻四一四頁)を挙げ、これら三つの動的な関係をディルタイは「心的生の目的論」というイメージで追求してきたのであって、このことは現代の陶冶理論における主体の捉え方に対する批判となり得ると指摘する[9]。

ヴィンクラーによれば、「主体性」は個人の心的構造からたんに派生してくるのではなく、「社会的および文化的環境との生き生きとした実践」のなかで生じてくる。この意味でディルタイの「主体性」は、個人の心的構造と社会的文化的環境との間で「接合的立場(Juxtaposition)」にある。換言すれば、ディルタイの「心的生の目的論」と、そこから展開された「獲得連関」の概念は、人間個人の心的生の構造に限られるものではなく、個人が生活する社会的・文化的環境との実践のなかで形成され、発展するのであり、そこから「主体性」が生じてくるのである。ヴィンクラーのこのような批判は、現代の教育学研究において、一方では子どもの「主体的な学び」を強調しながら、他方では子どもの能力を実験的で実証的な測定（客観テストによる評定など）によって評価しているような（ドイツも日本も変わりはない）状況に対する批判と見なすこともできるだろう。ヴィンクラーは、ディルタイの教育学テーゼと「心的生の目的論」によるその回答を妥当なものとして受容した上で、ディルタイの「心的生の目的論」を主体形成の観点から見直していると言うことができる。しかしヴィンクラーがディルタイの主体概念の現代的意義を主張するのであれば、ディルタイの主体概念をめぐるブリュッゲンやヒルシュらの批判に応える必要があるだろう。彼らはディルタイの言う「心的主体」と「論理的主体」の間で、分裂が生じているのではないかと批判している。つまりディルタイの主体概念を論じるには、「心的生の獲得連関」から「自我」や「自己」の意識が生じ、「論理的主体」として精神諸科学の対象となる過程が論点となるが、ヴィンクラーがこの問題に言及することはない[10]。

また、ブラジルの教育学者であるアマラルは、ディルタイの生の哲学（「生の解釈学」）を根拠にして、教育学テーゼを捉え直すことを試みている。アマラルはまず、ディルタイが一八六〇年の日記に書いた「生」の概念に着目する。そこでは次のように書きとめられている。「生とは、（世界を）眺めたり、活動したりするときに、世界のあらゆる力を自身へと働きかけさせ、自身の存在に具わるすべての特徴を統一的形態へとつくりあげることである――こうしてわれわれの現実存在という芸術作品が成立する。［…］――誰もがそのひと自身として独自のあり方をしている。自ら喜びや苦しみを感じ、世界を独自にとらえ、無限の喜びや苦しみの、無限の陶冶や活動の源泉を自己自身のうちに持つ。すべてはもっぱら、自己自身を理解し、自己自身を欲すること、すなわち、われわれが世界秩序のなかで占めている位置と一つになっている理想そのものにかかわるのである[11]」。

ディルタイが二〇代の時に書いたこの日記の記述に、アマラルはディルタイの生の哲学と教育学の土台を見いだし、ディルタイの生の理解（解釈学）にもとづいて、ディルタイの生の哲学と陶冶と教育学の関係を基礎づけようと試みている。その際アマラルは、生全体を両極的視点（「部分と全体、同型性と固有性、喜びと苦痛、理想と現実、存在と当為」）から分節化して、これら両極の「弁証法的な均衡」を進展させる「活力」として生を捉えている。[12] アマラルは生のこのような特徴を「生の論理学」あるいは生の「弁証法的な振り子運動」[13] とも呼んでいるが、この運動において最も重視している要素が「部分と全体」の関係と、それを把握するための「意味（Bedeutung）」カテゴリーである。そして「部分と全体の生き生きとした結合の実現」を個人に意識させることが陶冶であるとし、このような観点からアマラルは、ディルタイの教育学を捉え直そうとするのである。こうしてアマラルは、ディルタイが教育学の普遍妥当性の根拠とした「心的生の目的論」を「部分と全体、個性と全体性の既知の統一に対する、つまり根源的に生それ自体とともに与えられている連関に対する、新たなレッテル（Etikett）」[14] と見なす。そしてアマラルは、ディルタイが「心的生の目的論」の特徴とした心的生に内在する「完全性」への発展の根底に、部分と全体の調和と統一を目指す生の「活力」とその運動を置こうとする。「ディルタイが〔教育学のなかで〕形式的な完全性として特徴づけているものは、現実には〔生の〕根源的活力に特有の完全さに相当するのであって、この完全さは歴史的な創造行為のなかで、それを通して表現され、この創造行為に生を認めるのである」[15]。こうしてアマラルは、ディルタイの「心的生の目的論」を「空虚な形式」として批判するノールに対する反批判を行なう一方で、生の調和と統一を前提とするディルタイの生の解釈学にもとづく教育学は「楽観主義」であると評価している。[16]

以上のことから、アマラルは教育学テーゼに対する応答をディルタイとは異なり、「心的生の目的論」の形式的な完全性に求めるのではなく、部分と全体の対立から、その均衡と統一を目指して発展していく生の運動に置いているということが明らかになる。そして部分と全体の認識だけでなく、存在と当為の認識も、この運動にもとづいて対立と均衡、調和と統一を目指すような関係として捉えている。さらにアマラルは、この運動を把握するための生のカテゴリーとして「意味」を重視していることから、アマラルは教育学テーゼをディルタイとは異なり心理学的観点ではなく、解釈学的観点から基礎づけようと試みていると言える。しかしアマラルの言う「生の論理学」は、ディルタイの「生の解釈学」から把握される生の構造連関を二項対立として、あまりにも図式的で形式的に捉えているように思われる。そもそもアマラルの言う「生の論理学」と、ディルタイ自身が意図していた「精神諸科学の論理学」（VII, 220：第4巻二四二頁）、あるいはのちに詳述する「分析的論理学」ないしは「認識論的論理学」の関係についてアマラル自身は言及しておらず、それゆえディルタイが『精神科学序説』（一八八三年、以下『序説』と略記）のなかで「精神諸科学の認識論的基礎づけ」の根底に置いた「意識の事実」と「心的生の目的論」の関係や、「心的生の目的論」から発展した生の「獲得連関」、「作用連関」などの諸概念の関係性は、すべてアマラルの言う「生の論理学」に還元されてしまうことになる。アマラルが「生の論理学」を主張するのであれば、ディルタイの「精神諸科学の論理学」との関係について説明しなければならないだろう。

### ⑵ディルタイの「心的生の目的論」を存在論的に基礎づけようとする傾向

アマラルがディルタイの生の哲学の立場から、生の理解の根底に生き生きとした運動を置いたのに対して、生の理解の根底に人間の存在理解を置くことによって、教育学テーゼに応答しようとする傾向がある。この傾向は例えばボルノーによって、すでに一九七〇年代に示されていたが[17]、二〇二三年になってケレンツが、教育学における「解釈学的循環」に関する研究[18]のなかで、教育学テーゼに存在論的観点から言及している。

ケレンツはまず解釈学を、文字で書かれた文書の理解（「テキスト解釈学」）と、人間の「生活世界」のなかでの自己の存在理解（「実存解釈学」）の二つに大きく分けている。そして解釈学の歴史を、前者から後者への発展と捉える。ケレンツはさらに、「テキスト解釈学」と「実存解釈学」のそれぞれを二つの「段階」に区分して、それぞれの段階に焦点化することによって、解釈の中心的役割を果たす「解釈学的循環」を次の四つに分類している[19]。

①部分と全体の循環（テキストの一部をテキスト全体との関連で理解していく）。
②テキストと環境との循環（テキストを、作者やそれが書かれた社会的・文化的環境との関連で理解していく）。
③解釈者と解釈の対象との間での「地平融合」を見通した循環（ガダマーの哲学的解釈学の「地平融合」論にもとづ

いて、「伝統」との関連から、解釈の対象からの「事柄の真理要求」を理解していく）。

④解釈の対象の理解にさいして、解釈者自身の先入観の責任のなかで遂行される循環（規範性の創造とその正当性や問題化に関して、解釈主体が自己の先入観に責任を持って、自己自身あるいは他者に対して「責任としての真理」を正当化していく過程）。

以上のような解釈学的循環の四つの類型の関係については、ケレンツは互いに排除し合うようなものではなく、どの段階を重要視するかの違いであると述べている。[20]

ケレンツは、ディルタイの「解釈学の成立」（一九〇〇年）の記述から、ディルタイの言う解釈学はテキスト解釈学に属するものであり、このテキスト解釈学では、自然諸科学がデータを収集し、現実の数値的な測定を行なうことを方法論とするように、精神諸科学にも解釈学が「方法論の確実化」と「対象に対する制御技術」として役立つことが求められていると言う。解釈学がこのように役立てば、解釈の普遍妥当性は精神諸科学の「科学性を保証する印」[21]となる。そしてケレンツは、ディルタイの解釈学を解釈学的循環の四段階の最初の二つに位置づけた上で、さらにディルタイは、解釈学の可能性を制約するものとして二つのことを示唆していると言う。[22]一つは解釈が、認識主体の心理的意味での「関心」に制約されていることであり、もう一つは解釈が「認識される客体の確定の程度」（具体的には解釈学を「文書の解釈の技術論」に限定したこと）によって制約を受けていることである。ケレンツはディルタイ自身が解釈学にこのような制約を設けたことにより、ディルタイの解釈学は解釈学の古典に終わってしまったと評価した上で、「テキスト解釈学」から「実存解釈学」への第三の解釈学的循環の考察へと進むのである。

ケレンツはこの第三の解釈学的循環を、ガダマーの哲学的解釈学に見いだしている。それゆえ、この第三の解釈学的循環についての考察は、ケレンツによるガダマー解釈学の考察と捉えてよいだろう。ケレンツは精神諸科学における「真理」とは、方法を「技術的道具」として適用して得られる「確実性」とは区別されるものであり、それは、理解の諸々の可能性によって制約され、規定された人間一般の「情況（Verfasstheit）」から生じてくるものであるとしている。[23] それゆえ精神諸科学における「真理」の理解と獲得のためには、解釈の中心となる解釈学的循環のより詳細な規定が必要になるとして、第三と第四の解釈学的循環を区別するのである。

第三の解釈学的循環では、解釈の対象となるものが、歴史的な「伝統」のなかで解釈者に解釈することを要求してくる「事柄性」が「真理」と見なされる。「実存解釈学は、事柄の真理として事柄の内容に注意を向ける。事柄の内容は、解釈学的循環のなかで理解されるべきものに現れ、その事柄性を真理として、われわれはそこに向かって、地平の融合によって理想的な同意に至り、事柄の真理へと従属するまで、一歩一歩近づいてゆくことができる」[24]。この第三の解釈学的循環においては、解釈の対象が「伝統」へと組み込まれることによって、過去と現在が媒介される「地平の融合」が生じ、このなかで解釈者の主体性は「最低限に抑えられ」、事柄自体が「権威」を持つ。この「権威」によって、存在と当為の関係は「規範性」として理解されると言う。[25] このようにケレンツは、精神諸科学の「真理」の理解と獲得を、理解の諸々の可能性――テキスト解釈と実存解釈学――のなかで考察し、テキスト解釈から実存解釈へと進むような理解の「正しさ(Richtigkeit)」を問うている。そして第四の解釈学的循環では、「真理」は解釈の主体が自ら持っている「規範性」を「先入観」として問い直し、それに対して責任を持つことから生じるものとしている。[26]

以上、ケレンツの「解釈学的循環」についての研究を、教育学テーゼの観点から考察してきた。ケレンツの教育学テーゼに対する応答は、結局はケレンツの言う「実存解釈学」、とりわけその中の「第三の解釈学的循環」に求められる。その前提となっているものは、ガダマーの哲学的解釈学であり、そこでは「規範性」は、理解の対象が「伝統」のなかで「地平の融合」によって解釈の主体に要求してくる「真理」として捉えられている。そしてディルタイの解釈学は、あくまで「テキスト解釈学の古典」として位置づけられ、ディルタイの心理学および論理学との関連性については言及されることはない。ケレンツにおいては、理解は解釈学的循環によって、テキスト理解から人間の存在理解へと段階的に進むものであり、存在理解から規範が生じてくるものとされている。

### ⑶ディルタイの「心的生の目的論」を社会学的観点から再評価・再構成しようとする傾向

ディルタイの教育学テーゼに対する社会学からの応答を考察するには、ハーバーマスが『認識と関心』（一九六八年）のなかで行なったディルタイの解釈学批判を、まず挙げておかなければならない。この著作のなかでハーバーマスは、教育学テーゼに直接応答しているわけではないが、ディルタイの解釈学は「実証主義に密かにとらわれている」として批判し、解釈学が目指すのは「日常言語のコミュニケーションの中と、共通の諸規範にもとづいた行為のなかで、意思疎通の間主観性を保障すること」[27]であると述べている。

このようなハーバーマスによるディルタイの解釈学批判を踏まえて、教育学研究に教育社会学の観点から解釈学を適用しようと試みた研究として、ホルシュタインの研究が挙げられる。[28]ホルシュタインはディルタイの「心的生の目的論」について、それが個々人の心的生に共通している特徴であることから、ディルタイの「教育学論文」における理解概念とは、心的生の目的論にもとづいた「類似の推論」（類推）であることを強調する。そしてホルシュタインは、「心的生の目的論」にもとづいて他者の心的生とその行為を類推していくことが、ディルタイの言う「普遍妥当的な教育の科学」の方法として用いられる「理解」に相当するとしている。[29]その上でホルシュタインは、ディルタイが「教育学論文」で展開している理解概念には、「心的生の目的論」にもとづく類推とは別の理解概念が存在していることを指摘している。それはソクラテス、プラトン、コメニウス、ペスタロッチー、ヘルバルト、フレーベルなど、歴史上「教育的天才」と呼ばれる人物についての理解である。ディルタイに従えば、これらの人物の思想や行為を理解するには、心的生の目的論にもとづく類推では困難である。なぜなら「教育的天才」の心的生において支配的なものは、悟性よりも、「心情」と「直観力」であるとされ、こうした素質を持つ「教育的天才」を「われわれは、ただ愛を通してしか理解できない」（VI, 74：第6巻四九七頁）とされるからである。この『愛の術』――われわれ自身の感情を不可解なものの中へ、未発達のものへ、子どもらしいものへ、純粋なものへと減じていくこと――が、「教育的天才」を子どもへと近づけていくのである、とディルタイは言う。そしてこのような理解は「純真無垢な」ものであり、科学的分析にはそぐわないものであるとされる（VI, 74：第6巻四九七頁）。それゆえホルシュタインは、ディルタイの理解概念には教育的規則を導くことのできる「推論としての理解」と、教育的天才の行為に示される「愛情からの理解」という二つの異なった概念が混在していると主張するのである。[30]

以上のようなディルタイの「教育学論文」に見いだされる理解概念の特徴を分析したのち、ホルシュタインは教育学研究における解釈学の適用を、教育社会学の観点から考察している。その根底にあるのは、先述したハーバーマスのコミュニケーション理論と討議理論であり、その出発点となるのは、ディルタイが「教育学論文」のなかでその重要性を指摘して以来、「精神科学的教育学」の研究対象となった、教師と子どもとの関係（「教育的関係」）である。この「教育的関係」の理解が、ハーバーマスの理論と、この理論に影響を受け、「批判的・解放的教育学」を提唱したモレンハウアーの理論を経て、一九七〇年代から一九八〇年代にかけてドイツ教育学にどのように受容され、展開されていったのか、そして二〇〇〇年以降どのような現状にあるのか、ホルシュタインは詳細に分析し、跡づけている。そして最終的には、教師と子どもとの「教育的関係」にもとづいて、教師は子どもをよりよく「理解」しようとする（教えようとする）一方で、両者が「意思疎通」を経て「強制なき合意」に至るための方法とはいかなるものなのか、モレンハウアー以降追及されてきた「教育的関係」の理解の方法は、結局は未解決のまま残されている、と結論づけている。[31]

以上述べてきたホルシュタインの研究は、ディルタイ以降の教育学のなかで、理解概念と解釈学的方法を重視した教育学の系譜を、その著作の題名が示すように『理解から意思疎通へ』の展開という独自の観点から体系的に考察したものである。そこではハーバーマスとモレンハウアーの影響が見て取れるが、現代ドイツ教育学と解釈学との関係を考えていく上での一つの方向性を示している。しかしディルタイの理解概念については、「教育学論文」以降の展開にはほとんど言及されていない。この点については、「教育学論文」に限らず、ディルタイの思想全体の発展——

「心的生の目的論」から晩年の「作用連関」に至る過程——のなかで、その発展が考察されなければならないだろう。

## 二　教育学テーゼから「認識論的論理学」へ

ヴィンクラー、アマラル、ケレンツ、ホルシュタインらによるディルタイの教育学テーゼへの応答は、現代における教育学と解釈学との関係を、その先駆となったディルタイの教育学に言及しながら論じたものである。これらの研究はそれぞれが異なった内容と傾向を持つものであるが、教育学と解釈学との関係について、ディルタイを踏まえつつ、新たな方向性を探っていると言うことができるだろう。この意味では教育学テーゼは、教育学の科学性に関する問いとして、二十一世紀の教育学理論に影響を与え続け、さまざまな解決の方向性と可能性を与えていると言うことができる。ところで四者の研究はそれぞれが独自の観点から、ディルタイの教育学と解釈学について論じているが、しかし共通して不足している観点がある。それは、教育学テーゼは本来ディルタイの「精神諸科学の認識論的基礎づけ」の構想に関連して提示されたテーゼであり、ディルタイはこのテーゼを解決するために、のちに「分析的論理学」（あるいは「認識論的論理学」）を展開し、やがて生の哲学における解釈学的な「知識の理論」を提唱するに至った、という事実である。

教育学テーゼは、科学性の基礎づけという観点からすれば、教育学だけでなく、精神諸科学一般に適用されるべきものである。このことは先述したように、このテーゼが「人間、社会、国家に関する諸学の歴史研究」の続編の草案（一八七六年頃）のなかにすでに登場していること、また一八八四年にディルタイがヨルクへ宛てた書簡のなかで、自身の教育学を「個々の精神諸科学を扱う際の実例」であると位置づけていることからも明らかであろう。[32]ディルタイは『序説』（一八八三年）において、精神諸科学の成立の歴史的研究と、精神諸科学の認識論的基礎づけを関連づけながら精神諸科学の科学性を基礎づけていくことを試みるが、このうちの認識論的基礎づけについて次のように述べている。「私は、〔精神諸科学の基礎づけのための〕自分の思考のための揺るがぬ投錨地をもっぱら内的経験、意識の事実の中に見いだした。また、この点が立証されることを拒む読者はいないであろうと私は確信している。すべての科学は経験科学である。しかしすべての経験は、その根源的連関とそれによって規定された妥当性とを経験が現れる〔場である〕われわれの意識の諸条件のうちに、われわれの本性全体のうちに持っている。われわれは、この立場を認識論的立場と名づける。この立場は、これらの〔意識の〕諸条件の背後に遡り、いわば眼なくして見ること、認識の視線を眼自身の背後に向けることが不可能であることを一貫してわかっている。近代科学はこの立場以外を承認することができない」(I, XVII：第1巻七—八頁)。ディルタイがここで言う「意識の事実」とは、われわれの経験の根底を成し、それを妥当なものとしている意識のことである。このような「意識の事実」を疑いようのないものとして前提し、それを成立させている条件を分析していくことが、ディルタイの言う「認識論的立場」となる。そのさいにディルタイが強調することは、この分析が人間の思考活動のみではなく、感情と意志をも含めて人間の「本性全体」という観点から行なわれなければならないということである (I, XVIII：第1巻八—九頁)。

ディルタイのこのような態度は、「外的世界の実在に対する信念とその正当性についての問題解決のための寄稿」(一八九〇年)のなかで次のように述べられている。「私は、外界が存在するという信念を思考の連関から説明するのではなく、衝動・意志・感情において与えられる生の連関から説明するのであり、この場合に生の連関は、思考過程に相当するプロセスによって媒介されている。われわれは、自らの中で、感覚・表象・感情・衝動・意欲など、多様な内的過程を認めており、それらは意識において互いに他から明らかに際立っている。これらの経過は、心的生の構造に互いに結びつけられている。その構造は、地球上のすべての動物にとって同じであり、動物の心的法則を形成している」(V, 95：第3巻四八五—四八六頁)。ここでディルタイは「外界の実在性」についての信念を「思考連関」からではなく、衝動と意志と感情から成る「心的生の構造」から説明しようとする。その原理となるものは、「私にとって存在するものはすべて、それが私の意識の事実であるという、最も一般的な条件下にある」という「現象性の原理」(V, 90：第3巻四八〇頁)である。ディルタイは認識主体が日常的に経験するこのような「意識のあり方」を、簡潔に「覚知(Innewerden)」と呼ぶ(V, 101：第3巻四九二頁)。そして「覚知」を端緒とし、人間の「心的生の構造」を土台として、論証的思考を経由して、精神諸科学の知識が客観性と妥当性を持つに至る過程を記述分析することを試みるのである。

ディルタイのこのような試みの背景には、「経験と思惟」(一八九二年)のなかで主張されているように、当時のロッツェやジークヴァルトの形式論理学に対するディルタイ自身の疑問がある。形式論理学では、人間の思考連関は「確信感情」にもとづくものとされている。しかしディルタイによれば、この「確信感情」は「外界の実在性」についての信念と密接にかかわっているのである。「しかし確信感情と並んで、この確信感情から区別されなければならない第二の根源的事実がある。ある体験されたものや内的事実についての言明が確実である場合、実在性は、思考の媒介によって初めて、われわれに与えられるのではない。なぜならば、まさにこの確信感情は、内的経験においてのみ与えられており、それによって裏付けられるからである。両方の事実はいっしょに働いている。〔…〕妥当な判断の二つの規準、すなわち、〔判断の〕内容、あるいは内容の関係が経験に即した現実に含まれていることと、思考過程の拘束性や必然性とは、いっしょに働かなければならない。もっと詳しく考察すると、われわれの判断が現れる場所である思考連関の確実性は、直接知に対する確実性の規準と媒介された思考にとっての拘束性あるいは必然性の規準とが協働することによって生じると言わなければならない。ある内的事実を言い表す判断も、思考連関の枠組みの中にあり、直接に与えられているように見えるものも〔思考連関に〕媒介されている」(V, 85：第3巻五五二頁)。このようにディルタイは、形式論理学の根拠となっている「確信感情」は、実際は「実在性」という「内的経験」における所与〔「意識の事実」〕と、「思考連関の拘束性と必然性」という二つの基準の協働作用によって成立していると主張する。ディルタイにとっていまや問題となるのは、この二つの基準をどのように関係づけるかということである。「さてわれわれは、二つの根源的事実を互いに独立した思考の基礎として、認めなければならないのだろうか。思考活動に伴う確信感情があり、そして次には内的経験、場合によっては経験一般に所与のものとしての確実性があるというように。論理学的反省の立場においては、それはたしかにそうである。その立場では、それでよしとしなければならない。形式論理学全体は、この最終的な認識根拠の二重性にもとづいている。それはこの二重性を前提し、その部分としてわれわれの思考活動に伴う確信感情に含まれたものだけを展開する。私は実際の分析によってこれを乗り越えようと努める論理学を、分析的論理学と名づけたい」(V, 85f.: 第3巻五五二―五五三頁)。このようにディルタイは、従来の形式論理学では分断されたままになっている「認識根拠の二重性」――内的経験の実在性と思考の拘束性――の「発生的関係」(V, 84: 第3巻五五〇頁)を記述分析していくことを「分析的論理学」あるいは「認識論的論理学」(V, 74: 第3巻五三九頁、XXIV, 19)と呼んで、その課題とするのである。

それではこの記述分析は、どのようにして遂行されるのだろうか。この点についてディルタイは、一九〇五年の「精神科学の基礎づけのための第一研究」(以下「諸研究」と略記)のなかで、思考連関における「比較するという処置」を契機として、次のように述べている。「この比較の処置によって、論理的諸形式と諸思考法則を分析して、経験の素材を諸形式と諸思考法則の先験性に従属させるという仮象がまったく消滅するようにもたらすことが可能になる。このことは次のような仕方で生じる。すなわち、記号を用いないで体験と直観について遂行される思考の働きは、比較、結合、分離、関係づけといった基礎的諸操作(elementare Operation)によって提示されうる。これらの操作は、その認識価値に関しては、より高次の知覚と見なされうる。論証的思考(diskursives Denken)の諸形式と諸法則は、その権原に従って、基礎的諸操作の諸機能と、体験可能な記号の機能と、直観、感情、意欲の諸体験のなかに含まれている内容へと分解される。そして現実把握、価値付与、目的決定、規則定立は、これらの形式的でカテゴリー的な諸々の固有性に従うのと同様に、これらの共通性において、この直観、感情、意欲の体験のなかに含まれているものへと基礎づけられている。このような処置は、精神諸科学の領域で徹底的に遂行することが可能であり、そうしてこの領域における知識の客観的妥当性は、この方法に従って基礎づけられうるのである」(VII, 11: 第4巻一二―一三頁)。

ここでディルタイが述べていることは、論証的思考を特徴づけている思考の諸々の論理的形式と法則（判断・概念・推論や根拠律・因果律・排中律など）は、次の三つの観点から記述されうるということである。すなわち①言語化される以前に知覚され、体験と直観に根ざすものとされる「比較、結合、分離、関係づけ」などの「基礎的操作（高次の知覚）」への還元、②直観、感情、意欲の体験とその言語的表現との関係、③直観、感情、意欲の体験と現実把握、価値付与、目的決定、規則定立との関係、これら三点である（Vgl. VII, 45：第4巻四九頁）。論証的思考がこのような観点から記述されることにより、精神諸科学における知識の客観的妥当性が基礎づけられるとディルタイは主張するのである。

以上述べてきたディルタイの「精神諸科学の認識論的基礎づけ」の試み――「意識の事実」の「覚知」を端緒とし、人間の「心的生の構造」を土台として、論証的思考を経由して、精神諸科学の知識が言語として客観性と妥当性を持つに至る過程の記述分析の試み――の詳しい内容とその展開については、われわれはドイツ語版ディルタイ全集の十九、二〇、二四巻所収のディルタイの認識論や論理学、知識論や価値論に関する論文や講義録などから知ることができる。これらの研究の成果をディルタイは一九一〇年の「精神科学における歴史的世界の構成」（以下「構成」と略記）のなかで、精神諸科学における「対象的把握」という観点から、次のようにまとめている。「対象的把握のすべての体験は、その目的論的連関のなかで、現にあるもの――現実の把握に向けられる。知識はさまざまな機能の段階的領域を形成する。すなわち、所与のものは、思考の基本的諸機能によって解明され、諸表象の内で模写され、論証的思考において代示され、そのようにしてさまざまの仕方で代現されることになる。つまり、基本的な思考の諸機能による所与のものの解明、記憶された表象における模写、そして論証的思考における代示は、代現（Repräsentation）という包括的概念の下に包摂されうるのである。時間と記憶によって、把握は所与のものへの依存から切り離され、把握にとって意義あるものの選択が行なわれる。個別的なものは、全体との関係と、一般的なものへの包摂によって、現実把握の諸目的に従うことになる。直観的に与えられたものの可変性が、もろもろの概念のある関係の中で、普遍妥当的な代現にまで高められる。具体的なものは抽象と分析的手続きを通じて、規則的事象についての言明を可能にする同種的な諸系列にもたらされ、あるいはいろいろの分類を通じて、その構成について把握される。そのようにして把握作用は、所与のもののなかでわれわれが捉えうるものを、ますます多く汲み出している」（VII, 127：第4巻一三九―一四〇頁、Vgl. VII, 43f.：第4巻四七―四八頁）。このように精神諸科学において「現にあるものの把握」は、「思考の基本的機能」、「表象への模写」、「論証的思考」を介して個別的なものから一般的なものへ、直観的なものから普遍妥当的なものへと秩序づけられ、規則性や類型において把握可能となる。ディルタイはこのような認識作用を「代現」という概念で総括し、精神諸科学における「対象的把握」の「統一的原理」（VII, 43：第4巻四七頁）として特徴づけている。この原理は、ディルタイが「教育学論文」で教育学テーゼを提示して以降、彼が「精神諸科学の認識論的基礎づけ」の構想を展開していくなかで到達した、彼自身による応答と見なすことができるだろう。

## 三 「認識論的論理学」から「知識の理論」へ

教育学テーゼの内容は、「精神諸科学の認識論的基礎づけ」に関連した根本的な問いであった。この問いに答えるためには、思考が一方では諸々の形式と規則に拘束されていることが問題となり、他方では思考が所与の必然性（「意識の事実」）に拘束されていることが問題となった。両者の問題を切り離すことなく関連づけ、解決するために、ディルタイは「意識の事実」の「覚知」を出発点とし、心的生に内在する目的論的な構造連関を土台として、論証的思考を経由して、知識が客観性と妥当性を持った言明に至る過程を記述分析しようと試みたのである。ディルタイは「諸研究」（一九〇五年）のなかで、このような「知識の理論」あるいは「基礎づけ」は、哲学の機能であり、課題であり、「哲学的自己省察の最終で最高の段階」であると特徴づけている（VII, 7：第4巻八頁）。ディルタイが独自に展開した心理学（「記述的分析的心理学」と「比較心理学」）や論理学（「分析的論理学」あるいは「認識論的論理学」）、さらには解釈学の「認識論的・論理学的・方法論的基礎づけ」（V, 331：第4巻八六二頁）は、「精神諸科学の認識論的基礎づけ」の下で、すべてこの「知識の理論」と関連づけて考察されなければならないだろう。それにもかかわらず、現代ドイツ教育学の教育学テーゼに対する応答は、ディルタイの心的生の目的論と解釈学についてはともかく、「認識論的論理学」あるいはその発展である「知識の理論」については言及していない。それはなぜなのだろうか。

その理由として、ディルタイの「知識の理論」の構想そのものに内在する問題と、この構想が企てられた当時の歴史的状況の問題という二つの問題が挙げられる。第一の内在的問題は、記述と理論形成の関係に起因している。ディルタイの「知識の理論」にとって、記述の理想は「実際にただもろもろの事態を表現し、これらに対する確定した言語表現を創り出すこと」（VII, 10：第4巻一二頁）であり、そのために「知識のさまざまな連関を均等に見ること」（VII, 11：第4巻一二頁）が要求される。また「知識の理論」には、心的生の構造の機能についての「予備概念」（VII, 13：第4巻一五頁）が必要とされる。この「予備概念」とは、ディルタイの「記述的分析的心理学」の研究成果とその進展の集積を示しているが（VII, 13f.：第4巻八三頁）、そこから形成される諸概念は、心的構造の記述において慎重に扱われなければならないとディルタイは強調する。なぜならそれらは、「きわめて問題の多い仮説」（XIX, 351：第3巻五八四頁）、「検証不可能な仮説」（VII, 121：第4巻一三四頁）を含むものであり、均等であるべき心的連関の記述を妨げる危険性をもたらすからである。「〔記述を理想に近づけていくような〕この場合、とくに危険である諸概念、心的生の諸機能といった概念をつねに排除し続けることが、とりわけ必要である。この課題全体についての作業は、やっと始まったばかりである。問題となっている諸状態、諸過程、諸連関についての厳密な表現には漸次的に接近していくことができよう。ただしすでにここで当然明らかなことは、精神諸科学の基礎づけという課題は、すべての研究者仲間を納得させるような仕方でもっては、まだ解決されえないということである」（VII, 10f.：第4巻一二頁）。記述が正確な表現を求めて進行していくのに伴い、記述は心的構造の機能や、それらの知識との関係について、諸々の概念を形成し、仮説を設定し、理論を形成していくことを可能にする。こうして形成された理論はしかし、つねに記述へと立ち戻り、記述と関連づけられなければならない。「記述は、理論を根拠づけ、理論はその記述へと遡及的に関係する。認識過程の記述と知識の理論が、理論の個々の部分で相互に関係するのかどうか、あるいは関連する記述が理論より先にあるのかどうかということは、〔心的連関の〕合目的性の問題である」(VII, 13：第4巻一四頁)。記述と理論がこのような往還関係を取る限り、「知識の理論」は完結した体系性を持つことはない。なぜなら認識過程の記述を重視すれば、理論は部分的なものに留まり、理論の全体性と統一性(その最も総括的な表現が「代現」であると考えられる)を重視すれば、記述はそれに拘束されてしまうからである。このように見れば「知識の理論」の記述分析を進めていけば、キューネ＝ベルトラムも言うようにわれわれは結局、記述優先か理論優先かという「ジレンマ」に陥らざるをえなくなる。[33]

このことは、例えばディルタイによる理解概念の記述分析に顕著に現れている。ディルタイは「構成」の続編のための草案「他人と彼らの生の表出の理解」(一九一〇年頃)のなかで、理解を「基本的形式」と「高次の形式」の二段階に区分し、それぞれの段階の思考形式の特徴として、「基本的形式」には類推を、「高次の形式」には帰納を挙げている。しかし理解作用の論理学的な記述分析には最終的には限界があるとして、次のように述べている。「けれどもまた理解は、単純に思考活動として把握されえないことも明白である。というのも、置換、追構成、追体験――これらの事実はこの過程のなかで作用している心的生の総体を指示しているからである。この点で理解は、所与の状況における心的現実全体のまさに覚知であるにすぎない体験そのものと連関している。したがってあらゆる理解の内には、生そのものが非合理的であるように、ある非合理的なものが存在する。理解は論理的働きのいかなる定式によっても、代現されうるものではない。そして最終的な確実性は、それはこの追体験のなかでのまったく主観的な確実性なのだが、このような確実性は理解の過程を表すことのできる推論の認識価値の検証では、置き代えられえない。このことは理解の論理的取り扱いに対して、理解の本性によって設定された限界である」(VII, 218：第4巻二四〇―二四一頁)。理解の論理的分析をいくら進めようとも、理解が体験と連関しており、この体験がまた心的生の全体にもとづき、そこから覚知を出発点として論証的思考に進むものであるとすれば、結局のところ心的生の構造の記述分析が必要となる。これは完結しない課題となり、結局のところ生の非合理性が残るのである。

第二の歴史的状況の問題とは、ディルタイの「認識論的論理学」が「知識の理論」へと発展していく過程で、フッサールの『論理学研究』(一九〇〇/一九〇一年)に強い影響を受けながらも、やがてフッサールを「心理学的なスコラ主義」(VII, 237:第4巻二六四頁)と見なし、フッサールから離れていったという事実である。この事実は解釈学研究の歴史において、ディルタイの解釈学とフッサールの現象学との対立的構図を際立たせ、二十世紀以降には、フッサールの現象学からハイデガーの存在論を経て、ガダマーの哲学的解釈学に至る解釈学研究の流れを形成するに至った事実はよく知られている。ボルノーとケレンツは、基本的にはこのような系譜——解釈学の存在論的基礎づけ——を考慮した上で、教育学テーゼについて応答しているものと言える。その一方でディルタイの「知識の理論」は、「精神諸科学の認識論的基礎づけ」としては完結されないまま、ミッシュの「解釈学的論理学」へと継承されていくことになった。そしてディルタイの「知識の理論」が最終的に(具体的には一九〇四年から彼が死去する一九一一年まで)どのような展開を遂げたのか、その全貌が明らかになるには、二十一世紀になってドイツ語版全集第二四巻(二〇〇四年)の刊行まで待たなければならなかったのである。ディルタイの「知識の理論」をめぐる以上のような歴史的状況が、現代ドイツ教育学が教育学テーゼに対して、ディルタイの本来的意図とは異なり、心的生の目的論にもとづいて結びつけられるはずだった解釈学と論理学の関係に着目することなく応答するという結果をもたらしたと考えられる。

## おわりに——「知識の理論」の評価と教育学の科学性の基礎づけの課題

ディルタイの「知識の理論」では、「判断」や「規則」などが「妥当な言明」として、心的生の構造にもとづいて、人間の思考活動や感情や意志との関連において論理的に記述分析される。言語による表現と、人間の心的生の構造にもとづく「態度のあり方」（VII, 44：第4巻四八頁）との関係を、「代現」として記述分析していくディルタイのこのような「知識の理論」に、キューネ＝ベルトラムは二十世紀の言語哲学の言語行為論の端緒を見いだしている。しかしそれ以上に重要なことは、キューネ＝ベルトラムの指摘によれば、ディルタイの「知識の理論」が、ディルタイの生の哲学を継承したミッシュなどのディルタイ学派や、二十世紀の現象学的哲学に対して、哲学と解釈学と論理学を新たに関係づけようとする「解釈学的論理学」への道を切り拓いた点にある[34]。

けれどもここで注意すべき点は、ディルタイの「知識の理論」では、言語と思考の関係についてのハイデガーとガダマーの見解とは異なり、思考が言語に拘束されるような関係ではなく、両者が緩やかに結びつきながら言語的表現に至るような関係として捉えられているということである。「ディルタイにとって、言語はつねに思考と結びついているが、逆に、思考が言語を前提としているわけではない。言語の条件が思考なのである。言語と言語性への転換という意味での解釈学的転回は、ハイデガーとガダマーによって遂行され、のちに彼らの解釈者によって定められたものであるが、ディルタイの場合には見あたらない。逆にディルタイは、言語と思考のまさに密接な関係を緩めている。このことはディルタイが取り組んだ、人間の生の論理学的解釈の構想に属するものである。この解釈は言語の背後へと、そして言語を越え出ることを要求する。なぜなら生は、言語の中のみでなく、数多くの非論証的で多種多様な客観態のなかにも存するからである[35]」。キューネ＝ベルトラムの言うようにディルタイの「知識の理論」は、「精神諸科学の認識論的基礎づけ」に対して「解釈学的論理学」への道を切り拓き、精神諸科学の言語と思考との関係そのものを問い直すのである。

このことは教育学にも当然、当てはまる。ディルタイの「知識の理論」は、ディルタイが「教育学論文」で提示した教育学テーゼに対して、その後のディルタイ自身の思想の発展——心的生の目的論と解釈学と論理学との結合——から、先述した現代ドイツ教育学の三つの応答の方向性とは異なる新たな応答の方向性を示していると言ってよいだろう。ディルタイに従えば「知識の理論」は、教育の規則や規範が言語化される過程について、心的生の目的論にもとづいた記述分析を行ない、その客観性と妥当性について検証することになる。それゆえ、ディルタイが「教育学論文」で「科学的教育学」の第二部に位置づけた「普遍妥当的規範を導き出すこと」（VI, 75：第6巻四九九頁）の内容――ディルタイはこの内容として、知的陶冶に関連して、子どもの遊びや、直観教授、興味と注意、記憶、論理的思考、教授法などを挙げている（VI, 75-81：第6巻四九九―五〇五頁、vgl. XXI, 329-362：第6巻五一九―五六一頁）――は、「知識の理論」の観点から再度見直され、更新される必要があるだろう。

またディルタイは「教育学論文」のなかで、「陶冶（Bilden, Bildung）」を「心的生における諸過程とそれらの諸結合の完全性を確立しようと努めるあらゆる活動」であり、「こうして達成された完全性」（VI, 70：第6巻四九二頁）であるとしている。ディルタイは「教育学論文」以降、「精神諸科学の認識論的基礎づけ」の研究を進展させていくなかで、精神諸科学は自然諸科学とは異なり、体験・表現・理解の関連のなかで基礎づけられるとの見解を得るに至った。この精神諸科学特有の体験・表現・理解の関連を認識論的に基礎づけるための「分析的な予備作業」の役割を果たすものが、「知識の理論」なのである。「さて、これら〔精神〕諸科学の類縁性は、何に存するのだろうか。私は、それらが互いに共通に持っているある究極的なものに戻ることにしよう。これらの科学はすべて、人間と、人間相互の関係、人間と外的自然との関係に関わっている。さしあたり、私は経験のなかに現れる事態の実在価値についてのあらゆる認識論的解明は、度外視しておく。そのような解明は、後になって初めてなされうることである。なぜなら実在性や客観性のような諸概念は、精神諸科学におけるそれらの妥当性に従って、分析的な予備作業にもとづいて初めて解明されうるからである。さて、人間、人間相互の関係、人間と外的自然に対する関係に関して、これらすべての科学に共通しているものは何であろうか。それらの科学はすべて、体験によって、諸体験に対するいろいろの表現によって、そしてこれらの表現の理解によって基礎づけられている。体験されたものと、諸体験に対するさまざまな種類の表現の理解は、精神諸科学に特有のすべての判断、概念、認識を基礎づける」（VII, 70f.：第4巻七七頁）。精神諸科学が体験・表現・理解の関連のなかで、人間の生と世界の理解の拡大深化を可能にするのに対し、「知識の理論」はこの過程を認識論的・論理学的に基礎づける役割を負う。より詳しく言えば、「知識の理論」は人間の心的生の目的論的構造を土台として、感情や衝動、意志から、判断、論証的思考、規則定立、価値規定、目的決定が生じてくる過程を、知覚に伴う「基礎的操作」にまで遡って記述分析しようとする。それによって、心的生の諸経過と諸機能を完全性へと発展させる心理的・社会的・歴史的条件を導出し、言語化しようとするのである。このことは、ディルタイの言う「陶冶」の理論化に他ならない。こうしてディルタイの精神諸科学（教育学）において、科学性の基礎づけと解釈学と陶冶は「知識の理論」によって相互に結びつけられることになる。それゆえディルタイの「知識の理論」は、現代ドイツ教育学において分断された状態にある科学と解釈学と陶冶の関係[36]を修復するための鍵となるものである。しかし「知識の理論」における記述分析は、それが生の連関にもとづいて記述と理論形成の往還によって行なわれる限り、完結することはない。それゆえ体系性を持つことは困難であり、結局は生の非合理性が残されることになる。教育学を含む精神諸科学の理論が、「知識の理論」によって生の非合理性をどこまで解明できるのか、その可能性と限界をディルタイはわれわれに問うているのである。

### 注

（1）Kauder, P.: Erst schleichend, dann rapide. Zur Frage eines Bedeutungsverlusts des Geschichtlich-Historischen in deutschsprachigen Dissertationen der Erziehungswissenschaft（1945–2019）aus Sicht der erziehungswissenschaftlichen Wissenschaftsforschung. In: *Vierteljahrsschrift für wissenschaftliche Pädagogik*, 97（2021）, Paderborn: Brill Schöningh 2021, S. 318–336.

（2）Winkler, M.（2013）: Wilhelm Dilthey und die geisteswissenschaftliche Pädagogik. In: Scholz, G.（Hg.）: *Dilteys Werk und die Wissenschaft: Neue Aspekt*, Göttingen: V&R unipress 2013, S. 210.

(3) 例えば Mattes, E.: *Geisteswissenschaftliche Pädagogik – Ein Lehrbuch*. München: Oldenbourg Verlag 2011.

(4) Winkler（2013）, a.a.O., S. 211.

(5) ヴィンクラーはこの著書のなかで、二〇〇〇年以降のディルタイの教育学研究の厳密な意味での科学的研究として挙げられるものは、おそらくヴィンクラー本人の次の著作であると述べている。Winkler, M.（2002）: "In der Wildnis der Ideen". Wilhelm Dilthey und die Begründung der Geisteswissenschaftlichen Pädagogik. In: Horn, K.-P./Kemnitz, H.（Hrsg.）: *Pädagogik Unter den Linden – Von der Gründung der Berliner Universität im Jahre 1810 bis zum Ende des 20. Jahrhunderts.* Stuttgart: Franz Steiner Verlag 2002, S. 125–152.

(6) ドイツ語版『ディルタイ全集』の日本語訳は、凡例に従って日本語版『ディルタイ全集』の訳文を使用したが、文脈に応じて筆者が一部改変したものもある。

(7) Bollnow, O. F. : Über einen Satz Diltheys（1974）. In: Boelhauve, U./Kühne-Bertram, G./Lessing, H.-U.（Hrsg.）, *Otto Friedrich Bollnow Schriften*, Bd. 11. Würzburg: Königshausen & Neumann 2020, S. 59. O・F・ボルノー『解釈学研究』西村皓・森田孝監訳、玉川大学出版部、一九九一年、一四三頁。

(8) Winkler（2013）, a.a.O., S. 224.

(9) Ibid., S. 228f. Vgl. Winkler（2002）, a.a.O., S. 151f.

(10) この問題については次の拙論を参照。瀬戸口昌也「ディルタイの精神科学における「主体」の問題について」、別府大学紀要第三八号、一九九七年、八五―九三頁。

(11) Amaral, M. N. C. P.: Hermeneutik des Lebens und pädagogische Allgemeingültigkeit. In: Kühne-Bertram, G./Rodi, F.（Hrsg.）: *Dilthey und die hermeneutische Wende in der Philosophie.* Göttingen: Vandenhoeck & Ruprecht 2008, S. 248. ディルタイの日記の引用は次を参照。Misch, C.（Zusammengestellt, geb. Dilthey）: *Der junge Dilthey. Ein Lebensbild in Briefen und Tagebüchern, 1852–1870.* Göttingen: Vandenhoeck & Ruprecht 1960, S. 117. 日本語版『全集』第11巻、一五一頁。

(12) Amaral, a.a.O., S. 248f.

(13) Ibid., S. 250.

(14) Ibid., S. 251.

(15) Ibid., S. 251.

(16) Ibid., S. 255f.

(17) Vgl. Bollnow, a.a.O., S. 67：一五四頁。

(18) Koerrenz, R.: Der hermeneutische Zirkel. In: *Pädagogische Rundschau*, Bd. 2., März/April 2023, 77. Jahrgang, Lausanne: Peter Lang 2023, S. 131–163.

(19) Koerrenz, a.a.O., S. 143 ff.

(20) Ibid., S. 144.

(21) Ibid., S. 144.

(22) Ibid., S. 143.

(23) Ibid., S. 152.

(24) Ibid., S. 153.

(25) Ibid., S. 155.

(26) Ibid., S. 153.

(27) Habermas, J.: *Erkenntnis und Interesse*. Frankfurt am Main: Suhrkamp 1968, 11. Auflage 1994, S. 221. J・ハーバーマス『認識と関心』奥山次良・八木橋貢・渡辺祐邦訳，未來社，二〇一八年，一八八頁。

(28) Hollstein, O.: *Vom Verstehen zur Verständigung – Die erziehungswissenschaftliche Beobachtung einer pädagogischen Denkform*. Frankfurt am Main: Johann Wolfgang Goethe-Universität 2011.

(29) Hollstein, a.a.O., S. 94.

(30) Ibid., S. 97.

(31) Ibid., S. 347 f.

(32) Kühne-Bertram, G./Lessing, H.-U. (Hrsg.): *Wilhelm Dilthey Briefwechsel*, II. Band 1882–1895, Göttingen: Vandenhoeck & Ruprecht 2015, S. 101. 日本語版『全集』第11巻，四五七頁。

(33) Kühne-Bertram, G.: *Konzeptionen einer lebenshermeneutischen Theorie des Wissens – Interpretationen zu Wilhelm Dilthey, Georg Misch und Graf Paul Yorck von Wartenburg*. Würzburg: Königshausen & Neumann 2015, S. 192. 次の拙論も参照。瀬戸口昌也「論理性と心理性の間——ディルタイの認識論的論理学の展開について」，日本ディルタイ協会編『ディルタイ研究』第20号，二〇〇九年，一〇二頁。

(34) Kühne-Bertram, a.a.O., S. 174.

（35） Ibid., S. 205, vgl., S. 189.

（36） この問題については次の拙論を参照。瀬戸口昌也「ディルタイにおける生の哲学の解釈学的陶冶理論について」、日本ディルタイ協会編『ディルタイ研究』第34号、二〇二三年、七〇―七八頁。

# 第五節　ディルタイにおける社会と歴史の理論

## ――プラグマティズム・解釈学・システム論の契機から

鏑木政彦

### はじめに

十八世紀の啓蒙とともに生まれた社会と歴史に関する学問は、十九世紀に哲学から自立し、実証主義的な自然科学の影響を受けて専門分化する。この知の現代化のなかで、哲学の改造に取り組んだのがヴィルヘルム・ディルタイである。本節は二十世紀のディルタイ受容を振り返りながら、彼の社会と歴史の理論と、その現代的意義の解明に取り組む試みである。

ところで二十一世紀の現代にディルタイ哲学に取り組む理由とはなんだろうか。振り返ってみると、ディルタイ哲学の意義は二十世紀のはじめにすでに曖昧となっていた。ベルリンに留学した経験をもつオルテガ（一八八三―一九五五）の言葉が示唆的である。オルテガは、ディルタイを「生」という「大理念」を切り開いた偉大な思想家とみなし、それを知らなかったために「私の生涯のおよそ十年間を無駄にしてしまった」[1]という。だが、そのように述べるオルテガも、自分の仕事はディルタイに負うことなく、独自にその仕事を超えたと強調する。ここに描かれているのは、すでに乗り越えられた思想家としてのディルタイ像である。

だが、果たして本当にそういえるのだろうか。ディルタイとはどのような哲学者であったのかを示すために、三つの証言を紹介しよう。前述のオルテガはディルタイが切り開いた「生」を、「その要素もしくは成分がたがいにとびきりかけ離れている一つの有機体」[2]と特徴づけている。作家のホフマンスタールはディルタイへの弔文において、ゲーテによる塔の物見リュンケウスの詩の一節、「彼は遠くを見、近くを見る　月と星を、森と鹿を」を引用し、ディルタイがのぞきこんだ風景は「測り難く大きかった」と述べる。[3]そして政治思想家アーレントは、ホフマンスタールの弔文を「ディルタイの観想の特質であった理解の偉大さを最もよく伝えている」[4]と評した。

三者に共通するのは、「生」に向かうディルタイの視野の途方もない広がりである。[5]この広がりは、社会学者ハルトマン・ティレルに倣って言えば、ディルタイが歴史と社会とを結合したことによってもたらされた。[6]『精神科学序説』（一八八三）の副題は「社会と歴史の研究の基礎づけ」であった。ディルタイの学問には専門分化された現代ではほとんど見ることのできない対象の広さと多様な思想的契機が残されている。二十世紀のディルタイ解釈はそれを洗練化はしたが、それとともにディルタイ思想のもつ可能性を見落としてきたのではないだろうか。本論の関心は、現代を生き且つ考えるための意味ある契機をディルタイから引き出してくることにある。

では、ディルタイの多様な業績からいかに意味ある要素を掘り出してくればよいのだろうか。本節はそのために、ディルタイを批判し独自の仕事を成し遂げた理論家のディルタイ観を検討し、そこで見落とされた契機を洗い出し、そこからディルタイ理論の再構成を試みる。

まず「一」では、ハイデガー（一八八九―一九七六）を取り上げる。ディルタイより二世代ほど若いハイデガーは、ディルタイ思想の《解釈学的契機》を学びながらそれを批判し、「事実性の解釈学」へと展開していく。これが後のディルタイ解釈に大きな影響を与えることになるが、ディルタイにはこの解釈には収まらないものがある。それを本論は《プラグマティズム的契機》と名付け、米国からドイツに留学してディルタイのもとで学んだミード（一八六三

―一九三二）と関連づけて考察する。「二」では、ハーバーマス（一九二九―）を取り上げる。ハーバーマスのディルタイ理解はハイデガーの系譜にあり、ディルタイの解釈学的な契機を評価しながら、その客観主義を批判するものである。しかしこの批判にはハーバーマスのコミュニケーション論的な偏りがあり、そこで見落とされたものを《システム論的契機》として掬い取る。最後に「三」では、ディルタイの歴史と社会の理論の概要をこれらの契機から描き出す。

## 一　ディルタイ思想における解釈学的契機とプラグマティズム的契機

ディルタイ研究者のマティアス・ユングは、ディルタイの著作はプラグマティズムと解釈学の共通の始まりとして解釈できると主張する。(7)本項では、この主張を手がかりに、ディルタイにおける解釈学的契機とプラグマティズム的契機の関係を考察する。

### (1)ハイデガーによるディルタイの生概念の原理化

一般的に主流となるディルタイ解釈の形成に最も大きな影響を与えたのは、ハイデガーである。初期のハイデガーは事物存在と異なる人間存在の固有性を問うなかで、人間の存在を時間性・歴史性として捉える「事実性の解釈学」に取り組み、そのなかでディルタイを、人間の生の歴史性を解明する意義をもっと積極的に評価した。だがハイデガーは同時に、ディルタイがその課題を十分に成し遂げていないことを批判する。やがてハイデガーの関心が、人間の存在を超えて、存在の意味そのものに向かうようになると、彼のディルタイへの関心は消え、言及されるときは批判の対象としてのみとなった。

ハイデガーのディルタイ評価を知るうえでとくに重要なのは後年に発見されるいわゆる『カッセル講演』（一九二

五）である。この講演でハイデガーが取り組んだのは、歴史的存在としての人間の身分と条件、歴史的存在そのものの意味という課題である。ハイデガーによると、ディルタイは初期の一八六〇年代からこの問題についての意識を獲得していた。ディルタイは「精神的に存在するものとしての人間」の「諸構造」を探究し、「第一次的な生きた統一」である生が、「一、心的生はみずからを展開する　二、心的生は自由であり、　三、獲得された連関によって規定されている。つまり、歴史的である」ことを解明した。[8]

ハイデガーはディルタイの人間観を次のように読み解く。すなわち、心的連関において人は変化しながら同一であり続ける自己である。それは外界によって制約され影響を受ける一方、自己の方から外界に影響を与える。それゆえ心的連関は、「獲得連関」であるとともに、「作用連関」でもある。人間の生は、「自己と世界との連関」として瞬間ごとに存在している。この生の根本構造は、感覚のような要素から構成されるのではなく、それ自体全体として体験される。自己と世界のこの関係は、「動機と動機づけられるものの連関」[9]であり、この点から心的生は「目的連関」とも規定される。歴史的であるとは、生がこのような連関にあるという意味である。

ハイデガーはこのようなディルタイの思想を評価する一方で、だが「重要なのは歴史的なものをではなく、歴史的なものの存在を、つまり歴史性を浮き彫りにすること」[10]であるという。歴史性は、「経験的な歴史研究の問い」によって獲得されるものではない。ディルタイはそのような実証的な研究を超えて、瞬間ごとに連関として現実に存在している歴史的な実在にたどり着いたが、「歴史性そのものについての問いを、存在の意味についての問いを、存在するものが存在するということについての問いを提出してはいない」[11]。この批判は『存在と時間』（一九二七）の第七七節でも繰り返される。この批判を最初にディルタイに向けたヨルク伯（一八三五―一八九七）は「存在的なものと歴史的なもののあいだの類的差別があまりにもわずかしか強調されていません」[12]と述べたが、ハイデガーはヨルク伯の精神を引き継いで、その問題を存在者と存在との存在論的差異の欠如と捉えた。この批判はガダマー（一九〇〇―二〇〇二）へと引き継がれる。彼らのディルタイ批判の要点は、ディルタイの理論が科学的実証主義と、個人主義的で審美的なロマン主義というモダニズムに囚われていたことと要約できる。[13]

ハイデガーによるディルタイの批判をどのように理解すればよいのだろうか。ハイデガーは人間を存在の意味が現れる現存在とし、それを世界内存在として分析する。『カッセル講演』にもとづいて素描するならば、世界とは、認識の客観として与えられているのではなく、「環境世界として、つまり私が見て回ったり、何かを成し遂げたり、配慮的に気遣ったりする場として与えられている」[14]。このような環境と人間との関係の理解は、後に見るようにディルタイも共有している。ところが、周知のようにハイデガーによれば、この世界のなかで現存在はさしあたり不特定の「ひと」(das Man) の言葉や判断、要求によって生き、非本来的に存在している。公共性とは、自分自身であることから逃れてひととなって隠れる場である。このように自己を失っている人間が自己を取り戻すために、ハイデガーは現存在の極限的な可能性としての死に注目し、死の前に立つことによって「世界をもとにして生きるという可能性を、私は自分自身にもとづいて終わらせなくてはならない」[15]とする。このような現存在についてハイデガーは、「現存在であるとは、時間であることにほかならない」[16]と言い、時間こそ現存在の全体性を規定するものであるとする。「人間の生は時間のなかで生起するのではなく、時間そのものである」[17]。ハイデガーはこのような意味の時間から歴史性を捉える。時間そのものである生としての私とともに、歴史は生起する。「歴史は私自身とともに生起し、私はこの生起である」[18]。ディルタイを最も積極的に論じたと思われる『カッセル講演』でハイデガーは、このように歴史性を論じていた。ハイデガーからみれば、ディルタイの歴史的存在は「ひと」として存在しているにすぎず、その存在の意味に届いていないのである。

オランダのディルタイ研究者デ・ムルはハイデガーのディルタイ解釈の一面性を問題視している。ハイデガーがディルタイを批判したのは、ディルタイ哲学を否定するためというよりも、「ディルタイの思考が「問題」としたものをディルタイ自身が成し遂げた以上によりよく理解するために、ディルタイの業績の形而上学的前提を「解体」することへ誘う」[19]ためであった。その作業をするときに、ハイデガーがディルタイのテキストのすべてを見ることができなかったことを踏まえるならば、ハイデガーの解釈によってディルタイが解釈され尽くされると決め込むのではなく、ディルタイの生の存在論の独立した意義の確定を目指すべきなのである。

このデ・ムルの方向性をさらに推し進め、ハイデガーの存在論的差異にもとづくアプローチが、存在者の多元性を捉えることができない点を問題としたネルソンは次のように述べている。「ハイデガーは、ディルタイの思想に働く存在的差異（ontic difference）の優先性に、そこから存在的多様性を考えなければならない、より根源的な差異の名において挑戦した。ハイデガーの存在者の存在論的還元は存在的事象の認識と探究を二元論的に弱体化させる恐れがある。経験的条件に向かう科学的探究に対するハイデガーの保留とそれに続くラディカルな批判は、自分自身以外の何ものにも耳を傾けない自己中心的な思索を具現する」[20]。ネルソンはディルタイの生の哲学の特徴を多元的な存在者の理論と捉え、ハイデガーの存在論がその意義を縮減したことを批判する。

ここで確認しておきたいことは、ディルタイの生の哲学がハイデガーの存在論によって歴史性の解釈学へと変容させられていったこと、それはディルタイ哲学に含まれていた一つの可能性であったことである。ディルタイ哲学のなかに含まれていたこの可能性、本論の表現でいえば解釈学的契機は、ハイデガーによって原理的に深められていったのであり、その意味は間違いなく大きい。だが、ディルタイ解釈をその視点からのみ行なうならば、存在者の多元性を、歴史性のみならず生物学的次元や社会的次元を考察する機会を失うことになるだろう。

### (2)プラグマティズム契機とミード的発展の可能性

先に紹介したユングはディルタイのなかに、ハイデガーによって原理化された解釈学的契機とともに、ミードに受け継がれたプラグマティズム的契機を指摘する。ユングが注目するのは、次のようなディルタイの言葉である。「われわれ個人の生と、呼吸し、悩み、そして行動する個人の生を取り巻く環境との間のこの不断の相互作用、それがわれわれの生なのです」（VI, 95）。ユングのこの指摘はディルタイ思想の見失われた思想契機をたどり、その学問的意義を解明するために重要である。ディルタイ自身は彼の哲学をプラグマティズムという言葉で呼ぶことはないが、その思想における思考と実践との密接な関連性はたしかにプラグマティズム的である。ディルタイ哲学のそのような特徴は、ヘーゲル後の哲学が直面した共通の問題背景によると考えられる。

まずプラグマティズムという言葉が指す意味を明確にしておこう。ロバート・ブランダムはプラグマティズムを論じる自著の序章を「ドイツ観念論からプラグマティズムへ」と題し、ドイツ観念論に含まれていたプラグマティズム的契機を論じている。彼は、カント哲学の特徴として規範的転回とプラグマティズム的方法を挙げる。規範的転回は人間の判断や行為を動物の行動から区別する点を、判断と行為が独特の種類の規範的評価に左右されることに求め、人間の行為が何らかのコミットと責任を伴うことに注目する。プラグマティズム的方法は、このような意味で判断・行為をするとき、判断や行為の理由となる概念の内容を、何をしているのかという観点から理解するものである。

ブランダムによれば、この説明方式はカントからヘーゲルへ引き継がれ、「自然化する方向へ[21]」進んだ。パース、ジェームズ、デューイの古典的プラグマティストは、規範を自然化するというプロセスを引き継ぎ、ドイツ観念論の伝統を発展させた。彼らの手によってドイツ観念論は、「私たちについての、そして周囲の環境と私たちとのやりとりについての、経験科学による説明という形を取ることとなった[22]」のである。

だが、この動きはアメリカにおいてのみ進行したわけではない。フェルディナンド・フェルマンはディルタイの哲学の背景の一つとして、真理を意志のもとに関係づける「プラグマティズム的運動」を指摘している[23]。これはショーペンハウアーやニーチェ、および彼らと結びついて、心的なものを自発的なものと捉える思想的動向を指している。フェルマンはさらに、ディルタイが意識の自発的理論のために、スコットランドの常識学派トマス・リードとアレクサンダー・ベインを参照したことを指摘する。後者のベインがアメリカのプラグマティズムの発展に決定的な影響を与えていることを踏まえてフェルマンは、これらの事実は「ディルタイの精神科学の基礎づけと、プラグマティズムの意味を解明する方法が、同じ源泉からもたらされていることを示して」おり、「これがディルタイを《プラグマティスト》たらしめている[24]」と述べる。

ここで、本論文におけるプラグマティズムの意味を定義しておこう。プラグマティズムとは、概念の内容を、環境との関係から理解された行為という観点から捉えようとする思考の方法である。アメリカのプラグマティズムはこれを経験科学によって把握していこうとする。ディルタイも生を環境と自己の相互行為として捉えるが、その環境とは自然のみならず、社会や歴史など多元的なものとして捉えられ、自然科学のみによって捉えられるとは考えない[25]。本論は、このように自然をも含む環境との相互作用の機能として精神を見る見方を、ディルタイのプラグマティズム的契機と捉える。

このようなディルタイの思考の特徴を、ユングは次のように要約する。第一に、『序説』以来のディルタイの試みの中心は、「認知器官のカント的理解を個体発生学的・系統発生学的アプローチへと歴史化すること[26]」にあった。認知器官は環境に対する生命の機能であり、それは歴史において発展してきたものであると同時に、個々人において経験されるものである。第二に、あらゆる経験に先立つ先験的構造は歴史化され、経験を可能とする構造は歴史的社会的に発生した結果とみなされる。それにより、あらゆる科学は「経験的」なものとなる。「ディルタイの「発展」と「経験」のカテゴリーの解釈学的結合は、認知器官の能動的部分と受動的部分とのあいだの伝統的な裂け目（理性のカテゴリーvs内的外的感覚の経験）の関係を、歴史的に堆積したものと実際の経験（彼の晩年の作品の術語で言えば、客観的精神と体験）が互いに影響し合うモデルへと変容させる[27]」。そして第三に、発展史としての歴史はたんに認知的なものとして理解はできず、「我々の存在の全体性」から理解される。すなわち、人間とその環境の関係はたんに認知的なものなのではなく、意志的行為や感情的態度をも含むものとして捉えられる。

以上がプラグマティズム的契機を重視するユングのディルタイ解釈の要点である。このようなプラグマティズム的契機はとくにディルタイの中期にみられたが、晩年のディルタイは自然科学の方法論の一元的拡張に対抗するために、精神科学と自然科学の違いを強調する方向に進んだため、自然をも射程に入れるプラグマティズム的契機は弱まり、もっぱら歴史的世界にのみ関わる解釈学的な契機が優位を占めるようになった。そしてその流れはハイデガーによって決定づけられたのである。

しかし、このプラグマティズム的契機はまったく継承されなかったわけではない。ユングは社会心理学者ミードがそれを引き継いだと考える[28]。この系譜の指摘は重要である。もちろん、ディルタイの思想がミードに伝えられたとみるのはあくまで状況証拠にもとづく推論にとどまるが[29]、本論の目的にとってはそれで十分である。本論が目指しているのはディルタイとミードの継承関係の実証ではなく、ドイツ観念論後の哲学の展開という課題に挑んだディルタイの思想的可能性を掘り起こすことだからである。

ではミードにはディルタイに由来したとみられる、いかなる思想があったのだろうか。ユングが依拠するハンス・ヨアスのミード研究は、ミードの歴史的背景に踏み込んでその思想の多元性を明らかにし、ミードとディルタイの関係にも光を当てている。ヨアスによればミードの研究を導くライトモチーフは、①「科学的合理性の解放的可能性への確信」、②「「精神」を有機体に根付かせようとする努力」、③「社会的に発達した自我を理解しようとする間主観性論の試み」である[30]。ディルタイは後者の②、③のモチーフは共有するが、①に関しては根本的に異なっているとヨアスは述べる。ミードが自然科学の実験的方法こそが合理性の核心であると考えるのに対し、ディルタイは自然科学と精神科学の差異を重視し、後者の構造を前者に適応した方法で説明しようとするあらゆる試みを批判しているとヨアスはみるからである。この評価は、先述のとおりディルタイ後期の精神科学と自然科学との対立を強調する議論には当てはまるかもしれない。だが、自然をも射程にいれるディルタイのプラグマティズム的契機を重視するならば、ディルタイの精神科学と自然科学の二元論は、自然科学一元論に対抗するための議論であったことが見えてくる[31]。この視点から見ると、たしかにディルタイは科学によってもたらされる文化的危機をミードよりも憂慮していたとはいえるが、上記①について両者の間に決定的な違いがあったとはみなし難い。

さて、以上のヨアスの研究を土台に、ユングは両者の共通性を次のように論じる。ディルタイとミードにおいて共通するのは、まず生のプロセスへの視点である。先述のように、プラグマティズム的なディルタイはドイツ哲学の伝統的な概念であった主観性を発生的に扱うことによって、その根源が行為の過程にあることを明らかにした。ミードの『精神・自我・社会』は、この視点を体系的に拡張したものとみなしうる。このようにミードとディルタイの共通性は、心理学的・発生学的研究と哲学的・根本的考察との間の二項対立を克服しようとする課題の共通性にあったとユングは考える。[32]

次に両者の共通項とされるのは、社会的意味への注目である。ミードは「社会的環境は、社会的活動のプロセスという観点から意味を与えられている。社会的環境は、そのような活動に従事する生物集団との関係において、社会的経験や行動のプロセスにおいて生じる客観的関係の組織である」と述べている。[33] ここで社会的環境が相互作用のプロセスにおいて生じる客観的な組織とされている点にユングは注目する。ユングはこれをディルタイの晩年の概念である「客観的精神」と結びつけるが、むしろ中期の『精神科学序説』の中の「文化のシステム」と「社会の外的組織」と響き合っているとみることができよう。

先述のように、ディルタイは自然科学に対する精神科学の独立を求める闘争の仕事に集中するにつれ、プラグマティズム的契機が弱まっていく。晩年のディルタイが自然と区別され精神にのみ適用される意味のカテゴリーを拡張していったのに対して、ミードは人間に普遍的な自我の構造へと解明を進め、独自の社会的自我論を生み出した。ところで、先に論じたように、ハイデガーは存在者と存在を存在論的に区別し、存在が現れる場としての人間を現存在として分析する解釈学的な実存論を展開した。この三者の関係をまとめると、ディルタイからミードならびにハイデガーへの展開において、ディルタイのなかで結びつけられていた契機が分離していったといえるだろう。

後でもう少し詳しくふれるが、ディルタイの生の哲学のなかには、生物的な基盤を有しながら、環境との相互作用のなかで自律したシステムとして機能する心的生がある。心的生はデカルトの精神のような自立した実体ではなく、環境との相互作用のなかにある。ディルタイは、精神科学の知の独自性を強調するために、相互作用のなかでもとくに歴史的な表現との相互作用、つまり体験や理解の解釈学に集中する。この解釈学に含まれる、学問の方法論にとどまらない、人間存在の根源に関わる意味を引き出したのがハイデガーであった。このハイデガーを通して解釈学的契機はガダマーへ、さらにハーバーマスへと引き継がれていった。他方でプラグマティズム的契機はミードに継受され、そのミードをハーバーマスは自身の理論のコミュニケーション的転回のために受容する。分離した二つの契機は、ハーバーマスにおいて交わる可能性が生じたのだが、しかしそれは次に見るように実現することはなかった。

## 二　社会学理論におけるディルタイ——コミュニケーション論的契機の未発とシステム論的契機

本項では社会理論におけるディルタイ解釈をハーバーマスとシステム論に即して検討する。この作業を通して、ディルタイ哲学が二十世紀の社会理論にどのように受け止められたのか、その一端を解明し、そこでこぼれ落ちたものを探り出したい。

### (1)ハーバーマスによるディルタイ批判

ハーバーマスのディルタイ理解は、六〇年代における社会科学の理論をめぐる論争状況を背景とし、とくに六七年から七一年にかけて交わされた、ガダマーとの解釈学論争のなかで形成された。

ハーバーマスは実証主義論争においてポパーらの実証主義を批判したが、それは厳密科学の実証的な研究実践そのものというよりも、実証主義的な方法による科学の統一論に向けたものであった。実証主義科学は、すべての問題を技術的な問題に還元し、倫理的な問題やイデオロギーによる支配の問題を隠蔽する。これらを解明するには、伝統や制度、社会などの全体の文脈のもとで人間を問う方法が必要なのであり、そのための有力な方法としてハーバーマスは解釈学を評価した。だが、ガダマーが『真理と方法』（一九六〇）で提示した解釈学的哲学は、理性に先立つ言語的な世界を、理性が乗り越えられない絶対的なものとし、伝統への批判を封じるものであった。アーペルの影響を受けて言語論的転回を果たしていたハーバーマスは、解釈学を評価しつつ、伝統を批判しうる普遍的な認識をいかに獲得できるかという課題に取り組んだのである。

ハーバーマスはまず、ガダマーが共同的なものと捉える伝統の地平を個々人へと分解する。[34] ハーバーマスによると、各人は各々の地平のもとで生活世界を有するが、この同一ならざる地平の間で営まれるコミュニケーションで合意されるものこそが真理なのである。このようにしてハーバーマスは、真理をコミュニケーションに基礎づけるコミュニケーション論的転回に向かう。このようなハーバーマスの理論展開を前提において、彼のディルタイ解釈を確認しておこう。

ハーバーマスは『認識と関心』(初版一九六八)の「ディルタイの表現理解の理論――自我の同一性と言語によるコミュニケーション」という題目の節でディルタイを論じる。ディルタイの表現理論が、副題にある自我と言語、コミュニケーションを通じた同一性形成とどのように関わるかがハーバーマスにとっての論点である。

まず、ハーバーマスが批判するのはディルタイ「個性研究論考」(一八九五/九六)の感情移入論である。そこにはコミュニケーションがなく、人間の心がモナドのように捉えられている。[35] しかし、このような観点はディルタイ自身が修正し、「精神科学における歴史的世界の構成」(一九一〇)では体験・表現・理解という精神科学の方法論が提示された。「人間の諸状態が体験され、またこれらの状態が、さまざまな生の表出の内で表現されて、これらの表現が理解される限りでのみ、人間は精神科学の対象として成立する」(VII, 86)。このようにディルタイは表現とその理解という形で精神科学にコミュニケーションを組み入れる。だがハーバーマスが見るところ、この方法の基盤にあるのは生が精神の永続的な自己客体化であるとする生の捉え方である。十九世紀末の実証主義に囲まれたなかでディルタイは、客体の客観的な認識という実証主義的な「客観主義」に誘い込まれる。[36]

しかしハーバーマスは、ディルタイの自我同一性の捉え方が客観主義に陥るものとはいえない側面も見て取っている。ディルタイによれば、人生は生の諸連関から構成されており、それらは「一方では自我、他方ではこの自我の世界に入り込んでくる事物と人間というこの両者の間に存立している」[37]。このような人生の諸連関のなかで、自我同一性は生物学的な有機体の単一性とは異なり、人生の意味や意義によって構成される。この同一性は「たえず更新され、訂正され、累積的に拡大される人生の回顧的な解意によって、繰り返し作成されなければならない」[38]。ハーバーマスはここで、コミュニケーションを通じた自我同一性の形成の論理をディルタイのなかに読み取っている。

さらにハーバーマスは、人生の意味や意義は、記号によって確定されるため「つねに間主観的に妥当している」[39]が、この点もディルタイは共同性の理解を通して把握していると指摘する。「個人の生の経験に付着している個人的視点は、一般的生の経験のなかで訂正され、拡張される。一般的生の経験とは、なんらかの範囲で一緒にいる人々によって形成され、また共有されている（gemeinsam）もろもろの信条を意味する。〔…〕それらが共同生活（gemeinsam Leben）の産物であることが、その特徴である」（VII, 132f.）。ハーバーマスはディルタイの「共同」の概念を「同一の言語によって相互に伝達しあっている諸主体の集団に対して同一の記号がもっている間主観的な拘束性」[40]と解するのである。

以上の自我同一性と共同性の読解を通して、ハーバーマスは次のように述べる。ディルタイの理論において「人生は個人の累積的経験の時間的連関として、垂直方向において構成されるばかりではない。それは、さまざまな主体に共通なコミュニケーションの間主観性の水準で、一瞬毎に、水平方向において形成されるのである」[41]。ハイデガーは後者の契機を十分に汲み取ることがなかったが、ハーバーマスはそこから間主観性の契機を読み取ったのである。彼はここからさらに精神科学論のコミュニケーション論を引き出してくる。「個人は、間主観性を基盤として、相互の一致を確認し、また同種の主体として相互に承認し合い、こうして普遍的なものにおいて合致する。しかし、それと同時に、諸個人は、コミュニケーションにおいて、相互の隔たりを保ち、相互にそれぞれかけがえのない自我の同一性を主張し合いもする。言語的記号の間主観的妥当性にもとづく共同性は、これら二つの事態――相互の同一化および一方と他方との非同一性の確保――をともに可能にする」[42]。

　ところがハーバーマスは、この方面からのディルタイ解釈を続けることができなくなる。ディルタイ理論のコミュニケーションは、個々人の生活世界にもとづく対話ではなく、客観化された精神の普遍的な認識を目指すために、日常言語によるコミュニケーションが関わる余地がない。それに対して、個々人の日常言語を通じた解釈作業という対話が継続される場では、コミュニケーションは解釈学的循環の営みとして機能する。「解釈学的方法は、日常言語によるコミュニケーションと行動における了解の間主観性を、共通の規範の下で確保することを目指している」[43]。なぜなら解釈学的関心とは「客体化された現実の把捉に向けられるのではなく、その地平において現実がはじめてしかじかのものとして現象してくる了解のこの間主観性の保持に向けられる」[44]からである。

　ディルタイの精神科学論でコミュニケーション的な契機はなぜ消失していったのだろうか。ハーバーマスは、ディルタイが精神科学の実践的な認識関心のなかに危険性を感じ、精神科学が社会に作用を及ぼすことに対して「このような作用に至る道は、科学的認識の客観性を通過しなければならない」（VII, 138）と述べている点を取り上げる。ハーバーマスによれば、実践的生連関にもとづく解釈学の実践から「科学の客観性の侵害は生じるはずもない」[45]。ところがディルタイは実践的生連関を「科学」と対立するものと見ている。それは、ディルタイの精神科学のなかに「ひそかな実証主義が貫徹しているから」[46]だとハーバーマスは解釈するのである。つまり、解釈学的理解は実践的関心に埋め込まれているが、実証主義がひそかに貫徹しているために、ディルタイは「解釈学的理解を〔…〕この関心の連関から取り除こうとし、また純粋記述を理想として、観想に退こうとする」[47]。このようにしてハーバーマスは、「ディルタイは、精神科学の自己反省を中断し、客観主義に退落する」のであり、「その限りでは〔…〕実証主義の力にとらわれている」[48]と批判する。

　このハーバーマスのディルタイ批判は、当時の論争相手であったガダマーのディルタイ観と共通するところが多い。しかし、その克服の仕方は異なる。ガダマーは、ハイデガーの初期の存在論を受け継ぎ、ディルタイに欠けていた歴史性を、認識が置かれている前提としての先入見のなかに据え、他者との対話を通じて開かれているがけっして普遍的な認識にいたることのない地平融合として捉える。これに対してハーバーマスは、ディルタイ理論におけるひそかな実証主義の侵入に対し、解釈学的理解と日常言語のコミュニケーションの結合による克服を示唆する。ディルタイが求めた理解の客観性は「コミュニケーションの連関における再帰的な共演者という役割の内部においてのみ、可能である」(49)。ハーバーマスにとって、コミュニケーションにおける再帰的な共演者という役割の理論を切り開いたのはミードであった。

『コミュニケーション的行為の理論』(一九八二)においてハーバーマスは、自身のコミュニケーション理論への転機となる理論家としてミードを取り上げた。カント、ヘーゲルによって規定された意識哲学の問題設定のもと、ウェーバーからルカーチ、アドルノに至るまで、社会のさまざまな問題は意識の物象化として論じられてきた。しかしハーバーマスにとって、アドルノの歩んだ隘路から、この枠組みで問題が解決できないことは明らかであった。ハーバーマスは異なる道を選ぶ。意識哲学の内部において社会を考えると、行為は目的活動として捉えられ、それが意図に反する物象化に帰結する。この物象化は意識哲学的前提がある限り乗り越えがたい。意識哲学と目的行為ではなく、相互主観的なコミュニケーション理論によって社会を理論的に捉えることが必要なのである。

ディルタイを論じた『認識と関心』はコミュニケーション理論への移行期の作品である。ハーバーマスは、ディルタイの自我同一性と共同性の捉え方のなかにコミュニケーション論の可能性を見届けながら、実践的コミュニケーションを中断する客観主義のため、その社会科学の理論としての意義を認めることはなかった。それに対してミードの理論については、自我が社会化される過程をコミュニケーションにもとづいて解明したものとしてそれを評価する。ミードにおいて自我は間主観的なものと捉えられ、社会的な役割を取得する「Me」と、「Me」に反応しながら創発的に行為する「I」との相互作用を通じて形成される。実践的コミュニケーションは中断されず、慣習にとどまらない「I」は「いっそう包括的なコミュニティ」に向かう。ハーバーマスはこれを「普遍的討議」へと拡大して、ミードの理論を取り入れる。[50]

前項で紹介したヨアスの議論においてディルタイとミードは類似していたのだが、ハーバーマスの眼を通して見ると、両者は隔てられることになる。だが、それは本当にディルタイにコミュニケーション論が欠けていることを意味するのだろうか。ハーバーマスの議論は、ハイデガー、ガダマーを通じて受け取った、ディルタイ批判の繰り返しのように聞こえる。存在者に対する存在の優位と、意識哲学に対するコミュニケーション的間主観性の優位は、存在論と社会論の違いはあれ、類似した構造をもっている。ディルタイの生では、存在者も存在も、意識主体も間主観性も扱われる。ディルタイの解釈学的契機もプラグマティズム的契機も、それらの間に最初の区別の線を引かない。それゆえにディルタイ哲学は近代的で不徹底だとみなされたのだが、しかし先述の存在者の多元性というディルタイの視点から見るならば、ハイデガーもハーバーマスも別の意味で偏りを持っているように思われる。

### (2) ディルタイ哲学におけるシステム論的契機

では、ディルタイはどこに最初の区別の線を引くのだろうか。それは、「感官によって外的知覚（感覚 sensation）に与えられたものとしての外界と、心的出来事や心的活動の内的把握（反省 reflection）によって原初的に呈示されたものとしての内界」（I, 8）の間である。前者は環境、後者は心的生や精神的生などとも呼ばれる。

後で紹介するディルタイのシステム論的解釈にもとづいて、あらかじめディルタイのシステム論を提示しておこう。環境と心的生の区別につづいて、その両者も各々さまざまな部分にわけられる。環境についていえば、環境は心的生との関係から多様なものに区別される。自然環境、他人や他人の集合、生が生み出した客観態（テキストや社会制度等）が代表的なものである。環境と心的生は、区別以前は一つの全体である。それを精神物理的統一体という全体とよぶとすれば、さまざまな環境や心的生は部分であるといえる。だが、それらは精神物理的統一体という全体のたんなる構成要素ではなく、それぞれが自律したシステムでもある。心的生は社会的環境とつながっており両者の間に影響関係はあるが、一つの心的生の変化が社会的環境の作動の仕方を直ちに変化させるわけではない。世界の全体はつながっているが、しかしあるシステムの作動の仕方を、他のシステムの作動の仕方に還元することはできない。

心的生とその環境という最初の区別の線から、世界の全体を部分のシステムから捉えようとするディルタイ思想の視点を、システム論的契機と名付けることにしよう。実は、プラグマティズム的契機も解釈学的契機もこのシステム論的契機と連動している。心的生と環境との関係をある時点での相互行為の連関として把握するのが、プラグマティズム的契機である。これを言語論的に拡張すれば、コミュニケーション論へと広がる。そして、心的生と環境との関係を時間の流れのなかにおいて把握するのが、解釈学的契機である。ディルタイはもっぱら自己と表現（テキストや芸術作品という存在者）との解釈学的循環を問題としたが、表現をそれが生み出された歴史的時間そのものへと遡って自己との関係において追究すると、存在者と区別される存在の意味が、現存在を通して現れる存在論へと広がる。

だが、コミュニケーション論や存在論への拡張は、それを中心の軸としてしまうと、心的生や他者、客観的精神という多様な存在者を、それぞれの特性において捉えることを困難にするのではないだろうか。存在論においては存在者が、コミュニケーション論では論証や対話の水準に達しないさまざまな思想や感情が、切り捨てられる傾向はないだろうか。ディルタイは、存在者が各々の特性を持ちながら、相互に関わりあいつつ存在している、その全体を捉えようとした。そのために、さまざまなシステムがいかに機能的に関わっているのかという視点から全体を見る。これを本論はディルタイのシステム論的契機として把握する。

ここでは、ディルタイのシステム論的契機を解釈する実例として、社会学者アロイス・ハーンの論考を取り上げてみよう。ハーンはディルタイをルーマン（一九二七―一九九八）の先駆者として位置づけ、社会学者として復権させようとする。[51] 以下、ハーンの論述を敷衍しながら、ディルタイのシステム論的契機を見てみよう。

システム理論では、心的システムと社会システムは意味を通して作動するとみなされる。ディルタイ哲学においても、心的生と歴史的社会的世界は理解されるもの、つまり意味から成るものとされる。これら二つのシステムは、システム論においてもディルタイにおいても、それぞれ閉鎖的に作動するものと捉えられている。この認識をもとにディルタイの解釈学を捉え直すと、それは心的生と歴史的社会的生の「カップリング」（結合）の過程を記録する「手続き」[52]として把握できる。以上の基本認識をもとにハーンは、心的システムと理解、文化のシステムと外的組織、自伝的連関の三点についてディルタイの理論を検討する。

まず理解論である。理解は心的システムにおいて生じる。理解によって、システム内の事象間の結びつきや、異なるシステム間の結合を確立することができる。システムは変化するので、結合を成し遂げる理解は更新されなければならない。こうして、解釈学的循環が生じる。ある解釈が現実の状況に対処できない場合、そこでコミュニケーションが生じ、これまでと違う解釈が出される。重要なことは、解釈が正解であるかどうかではなく、代替可能性を確保できるかどうかである。例えば、聖書のテキストの一節を理解するという場合、それは同一システム内の事象（例えば聖書の他のテキスト）との関係を確立することが問題となる場合もあれば、他のシステム（例えば道徳や政治）との結びつきを更新することが問題となる場合もある。そこでは、テキストの真正なる唯一の意味の解釈ではなく、環境からもたらされる変化に対応するために、代替可能性を確保することが重要なのである。ハーンはこのようにして、解釈学のシステム論的な読み替えが可能であることを示す。

次に文化のシステムと外的組織である。ディルタイは宗教や道徳、芸術などを「文化のシステム」とよぶ。生命の有機的システムとは異なり、文化のシステムは意味によって機能ごとに分化している。システムの統一性は因果関係ではなく意味によるのであり、それはシステムにおいて作動的に実現される。例えば「言語とは、たんに自分を表現するあらゆる可能性の集合体ではなく、言語事象の連結体であり、それぞれの言語パフォーマンスである」[53]。同様に、例えば宗教においては、宗教的象徴に対する個々のパフォーマンスによって意味が実現する。このようなシステムの機能が実現されるために、人間社会は組織を編成する。それが社会の外的組織である。このようにハーンは、ディルタイの文化のシステムと社会の外的組織を、社会システム論の先駆として理解できるとする。

三点目にハーンは「自伝的連関」を取り上げ、それをディルタイ解釈学の特徴として強調している。ハーンによれば、ディルタイの心理学は、心的システムの自己記述の試みとして捉えられる。心的システム（ディルタイの表現では心的生）は、自己をシステムとして把握するために、「記憶された出来事間の参照を確立することによって首尾一貫性を生み出す機能、すなわち選択」を必須とする。心的システムは閉鎖的なシステムであるが、環境の変化を受けて変化する。そのさい、自己の一貫性を生み出すために、選択機能が働く。心的生の「オートポイエティックな性格」であるが、ディルタイはそれを「自伝的連関の創造的要素」[54]として考えた。

以上述べてきたように、ハーンによれば、ディルタイの理論にはシステム論と類似した諸契機が認められる。とくに解釈学は、自伝的な連関としての心的システムと精神の客観態である文化のシステムの維持に関わっている。システム論からみれば、それはシステムの自己言及であり、解釈学からみれば、心的生の体験・表現・理解の循環である。このように両者は重なっていると考えられるのだが、ハーンによれば、ディルタイ以降の解釈学は「まったく異なる道を歩む」ことになった。「解釈学が効果をもつ文脈は、システムではなく、テキストになった」[55]。意味の中心的な所在地は話し言葉や書き言葉であるため、言語的なコミュニケーションの解釈が中心となる。その代表であるハーバーマスからハーンは次の引用をする。「意義は、実際、記号によって確定される他はないから、厳密な意味においてはけっして私的なものではない。それはつねに間主観的に妥当している。それゆえに、モナド的に考えられた人生があるとすれば、そこでは意義の類いが構成されるはずもない」[56]。

先に見たようにハーバーマスは、ディルタイの精神科学論が客観主義に陥ったことを批判した。そして、コミュニケーションを通じた真理の合意を重視した。それに対して、心的生が独立したシステムであり、科学が文化のシステムであると理解すると、ディルタイの客観主義の印とされた「このような作用に至る道は、科学的認識の客観性を通過しなければならない」という言葉は違った意味で理解できる。精神科学のシステムは科学のシステムとして、客観的真理というコードによって作動する。だからといってそこでは管理や支配だけが行なわれるわけではない。各人は共同のシステムにおいてはコミュニケーションを継続するだろうし、心的システムとしては自伝的な意味連関を創造するだろう。

ディルタイは、このシステム論をもとに歴史の発展をも捉える。ハーンは、ディルタイの歴史観としての社会分化論を挙げる。ディルタイと同時代の歴史の発展理論では、スペンサーやデュルケムのように、社会的分業を通して社会が分化していくと理解するものが主流であった。それに対してディルタイは歴史を、機能的連関が「文化のシステム」として分化していく過程として捉える。ハーンはこれを後のルーマンに先行する先駆的な仕事とみなす。

以上、ハーンによるディルタイのシステム論的解釈をたどってきた。本論はディルタイにおける社会の理論の理解のために、システム論的契機がきわめて重要な意味をもつことを承認する。だが、この機能的な見方を全面化させてしまうと、機能に還元できない意味を見失うことになることにも注意したい。解釈学的循環のシステム論的解釈は、システムが回るために理解が機能するには、真理ではなく選択肢を用意できればよいとするが、代替可能な選択肢でしかない意味は主体的真理を担えるのだろうか。システム論は客観的に意味の作用を観察するが、内面に働く意味の力の理解はシステム論的に読み替えられない解釈学的契機を必要とするだろう。

本論はここまで、ハイデガーに通じる解釈学的契機、ミードに通じるプラグマティズム的契機、ハーバーマスによって未発達と評価されたコミュニケーション論的な契機、そしてルーマンに通じるシステム論的契機を拾い出してきた。次項では、それぞれの契機からどのように社会と歴史の理論が展開されうるのか、それを素描したい。

## 三　ディルタイにおける社会と歴史の理論——三つの契機からの素描

本項では、二十世紀のディルタイ解釈で分断されてきたディルタイの思想契機を結びつけ、それをもとに彼の社会と歴史の理論の骨格を描きだすことを試みる。

## ①生と環境の相互作用――プラグマティズム的契機

ディルタイの歴史と社会の理論の基礎にあるのは生である。生はつながりのもとに存在しているので、これを捉えるために、われわれは、心と身体、個人と全体などの間に境界線を引いて、生の抽象化を行なう。ディルタイは、先に引用した言葉の表現によれば、外界と内界、環境と個体の間に境界線を引き、その間に生じる相互作用を、生を捉える出発点におく。このような発想を、本論はプラグマティズム的契機とよんできた。

外界と内界の相互作用は構造のもとに生じる。生物の組織は衝動をもち、外界からの刺激によって興奮し活動し、均衡へ至る。「印象とそれに反応して均衡を再び作り出すこと、これが生物の図式である」(X, 48)。同じ箇所からの引用を続けてみよう。衝動は「外界と個体とのあいだに適応を作り出す」。このような環境と個体との関係は下等動物からみられるが、高等動物では「分化した諸々の器官や機能のあいだで分化と高度化の過程がますます増大」し、「印象は環境の多様性にますます対応したものになる」。こうして環境から刺激を受ける衝動をもった個体の内界では、「心的な形象・感覚・知覚・表象・思考・感情・気分・情緒・衝動・意志作用が互いに分化する」(X, 48f.)。生とは、反応と均衡、衝動と適応を通した組織・器官の分化であり、これを通した多様な環境への適応である。

生物的個体は衝動の束から成り、分化を通じて、感情や思考が生まれる。ディルタイはこれを進化と結びつけ、そこに種の保存という「目的」を読み取る。「われわれは、感覚をともなって運動する活動的な被造物はいずれも、みずからの個体ならびに種を保存しようとして、いや進化しようとして生きていることを知っている。このような性格を備えた諸行為を、われわれは合目的なものと特徴づける」(VI, 62)。そしてこの論理を人間の世界に拡張する「この目的論的な連関を根底として、人間の生活、社会、歴史におけるあらゆる合目的な結果は存在する」(VI, 63)。

### ②社会と歴史における機能の分化――システム論的契機

心的生は進化を通じて分化し、環境との相互作用を通じて、社会を形成する。ディルタイは精神科学と自然科学との違いを強調するが、世界そのものは精神と自然がつながる精神物理的全体であり、人間も心身からなる精神物理的全体である。この全体のなかで心的生と環境との間に線が引かれることによって、はじめてその間で生じる出来事を相互行為として把握できるようになる。心的生の側からみれば、心的生は環境世界を表象し行為する、あるいは行為し表象を摑む。

生とは無数の心的生と環境との相互作用の全体である。そのような無数の相互作用のうち、他の人間との間で生じる、ある様式をもった目的論的な連関のまとまりを、ディルタイは社会として捉える。「社会は外的要因、すなわち人間が生きている環境と、人間の本性のうちにある内的要因との協働のなかで発展する」(X, 92)。この協働、すなわち相互作用の様式は、『精神科学序説』で「文化のシステム」と「社会の外的組織」に整理される。

このようなディルタイの見方は、民族精神や民族魂のような集合的な精神の実体は認めないある種の方法論的個人主義であるが、この個人が他者との相互作用のなかで発達する個人であることには注意が必要である。さらに重要なことは、社会のシステムはそれとして自律しており、そのなかに個人が参入していくと捉えられている点である。

「われわれは諸個人から出発する。社会のなかで意志が相互作用するとき、諸々の恒常的な様式が存在する。これらの様式が存続し、他方では個々の意志それ自体が生の舞台に登場しそこからふたたび退場する。諸々の意志のあいだにあるこの関係様式は、その本性からみて、地球全体の普遍的な条件のもといたるところで生じ、それゆえ個人の出現や消滅にかかわらず、それ自体としてとどまりつづける。このような関係様式は、諸々の体系《システム》として現われ、もしもわれわれが完全に洞察できるならば、これらの体系を当の様式そのものの本性から導出することもできるであろう。そうなれば、そのような体系は一般的な概念や法則を含むようになり、それらから社会の実践的生の当該の側面を理解することも可能になるであろう」(V, 60)。

この引用からわかるように、「意志」つまり心的生の相互作用の様式として現れたシステムは、自律したものとみなされている。例えば、経済システムは必要や欲望などの心的要素を満たす相互作用を通して成立するが、そのような心的要素から切り離して、自律したシステムとして把握できる。

前述のとおりディルタイはこのようなシステムを「文化のシステム」とよび、システムの機能を担う集団や仕組みを「社会の外的組織」とよぶ。衝動の束である人間は、一個の自律的な存在として契約によって社会を構成するのではない。心的生はその機能を分化させながら発達するが、そのような発達が可能になるのは、社会の側にもろもろの機能に特化したシステムが形成され、そのシステムの働きを担う社会の外的組織が存在し、各々はそれらに参与しながら、自己を形成するとともに、社会を形成するからである。社会はこのように時間とともに形成されるのだが、とくにある時点における人々の集合の有機的組織として捉えられる。「社会という言葉で、われわれはある一定の瞬間における人間の状態を表わす。その社会の発展が歴史である。――(メネニウス・アグリッパによれば、社会とは――人間の有機的組織である)」[57]。古代ローマ人の言葉の引用からわかるように、ディルタイは近代に限定されない人類史を視野におきつつ、システムの分化や組織の発達として社会と歴史を捉えようとする。

### ③意味の世界としての社会と歴史――解釈学的契機

ここまでは、もっぱらシステム論的契機に即して、ディルタイの社会と歴史のいわば外的枠組みを捉えてきた。生をシステム論的な契機から見ると、外から観察される機能や様式の点から記述される。しかしディルタイの仕事の中心は、そのようなシステムとそれを生きる人間を内から理解することであった。

ディルタイは「心的生の統一体を、社会的‐歴史的世界の構成要素と理解する」(VII, 131)。このように捉えられた社会と歴史の理解とは、心的生の統一体の理解でなければならない。「心的生の統一体」とは、自己を統一体として覚知する者、端的にいえば個人と解してよい。ただしこの個人つまり心的生の統一体は、歴史に先行して存在する理性的な主体というものではない。心的生の機能を分化させ、社会の諸システムに関わる、諸システムの連関の「交点」(VII, 135) としての個人である。このような意味での心的生の統一体から、社会的‐歴史的世界は成る。

心的生の統一体は、さまざまに機能分化した社会のシステムに、つまり教育や経済、芸術や政治等に関わりながら生きている。心的生は、それぞれのシステムのなかで異なる役割を演じながら、自己を同一のものとして自覚している。例えば、権威主義的システムのなかで臣民として隷従する一方で、家族システムにおいては家長として家族を従わせるように、異なるシステムにおいて違う役割を演じながら、自己を統一的な存在として自覚している。ディルタイは、社会と歴史とを結びつけて、「歴史的‐社会的現実」(I, 4) や「社会的‐歴史的世界」(VII, 131) と表現するが、それによって、ある一定の時点における人間の状態の相と発展の相を結びつける。そのため、心的生の統一体を理解するために、ある一定の時点におけるシステムの構造連関だけでなく、その役割や機能を時間のなかで規定する作用連関まで摑む必要がある。

このように、心的生の統一体は、システムの共時的な機能や伝統の通時的な作用によって形成されており、それが社会や歴史の全体と個人とを結びつけている。その結びつきは体験や精神科学の知識を通じて強められ、その知識を拡張するには「生の客観態の解釈」(VII, 152) が必要である。ここにおいて、解釈学的契機がディルタイ精神科学の中心として登場する。

ディルタイが社会的‐歴史的世界を心的生の統一体と同一視したのは、社会と歴史をあくまで経験科学とするためであった。社会と歴史の理論のなかに、社会の理想や歴史の目的を紛れ込まさずに、経験的に確証できるものとするために、彼は「体験、表現、理解」の定式化を行なった。このために彼の理論は、科学主義や客観主義として批判を受けることになる。だがそのような批判は、ディルタイの生の哲学を、自然を支配する主体性の哲学とみなす誤りである。ディルタイが目指したのは、自然や人間を支配するシステムが歴史のなかに生まれてしまった事実を認めつつ、しかしそのシステムの論理が一元化することなく、多様な生が共存できる世界である。解釈学的契機は心的生の統一体——個人や共同体——を生み出し、成長させるために枢要な役割を担うものと位置づけられる。

### ④社会と歴史の理論と生を生きること

解釈学の実践を通じて人間は、自分の属する共同体を形成してきた歴史を、他者との対話を通じて理解する。それだけでなく、自身の内面を陶治し、歴史的社会的共同体や理念的共同体に参与したり、所属したりする意味を理解できるようになる。社会と歴史の理論には、そのような実践的な意味がみてとれる。

この解釈学的実践は、歴史的なテキストだけではなく、現在という時代を共に生きる人々の行為というテキストへと開くこともできるだろう。その場合、対話する他者は自己の属する共同体に関わる人だけでなく外の人へと広がる。そのとき、他者との通路は、共同体の歴史を共にするということではなく、人間の共通性を土台としたコミュニケーションによらねばならないだろう。ディルタイにおいて必ずしも展開されなかったこのコミュニケーション論的契機だが、ハーバーマスが指摘したように、ディルタイのなかにもその萌芽はあった。

社会と歴史の理論をこれまで論じた三つの契機との関連から見てみよう。ディルタイの理論の出発点にあるのは世界を環境と心的生との相互作用として見る《プラグマティズム的契機》である。心的生の相互作用をもとに社会が生じ、その発展として歴史が現れる。ここで社会と歴史は、一方では心的生の外側から、システム論的に観察される。社会は機能分化し自律したシステムとして、歴史はその発展として観察される。《システム論的な契機》は、心的生や社会のシステムを自律的なものとみなす土台を用意する。

だが、ディルタイの関心の中心を占めるのは、その土台の上で心的生が体験する意味としての社会と歴史であった。これは、ここでは簡単な紹介しかできないが、人間本性と環境との相互作用から生まれる、人類に特徴的で類型的な側面と、個々人に特徴的な創発的な側面がある。ミードは前者を「Me」として、後者を「I」として捉え、ディルタイは前者を人間本性の同型性、後者を想像力の創発性として問題とした。心的生は、このような類型的あるいは創発的な生の表現が堆積した歴史を地盤として成長し、生の表現の解釈を通じて自己を形成していく。これはヨルクやハイデガーによって原理的に追究された歴史性の側面である。この《解釈学的契機》を通じて、心的生は自己の歴史的意味を了解し、解釈学的循環という実践を通じて、歴史的な生へ関与しつつ、そのための精神を養っていく。社会の機能分化がさらに進むならば、共同体の歴史を共有しない同時代の他者と交わされる言論がさらに重みを増し、歴史的な共同体の枠を超えた、人類の共同体の可能性も見えてくるかもしれない。だが、このような《コミュニケーション論的な契機》による普遍的な共同体の構築には、人間の生の情動を乗り越える必要があり、それがどのようにして可能となるかは現段階でも不明である。

ディルタイの哲学は、二十世紀の理論家からの批判を通して見ると、ある意味、失敗であった。だが、生を捉えるという視点から見た場合、それは必ずしも失敗であったとは言い切れない。なぜなら、生とは多様なシステムを生きることであり、そのような多様な側面を捉えるには、矛盾・対立しあうような複数の視点を要するからである。そしてそのような視点があればこそ、ディルタイは広大な視野のもとに社会と歴史を見ることができたのである。

## 結び

本節は二十世紀のディルタイ解釈を通してディルタイ哲学における三つの契機を引き出し、そこからディルタイの社会と歴史の理論の骨格を素描することを試みた。これら三つの契機はディルタイ自身においては未分化であり、彼自身が明言しているものではない。本論は、現代におけるディルタイの可能性を探り出すという目的のために、あえてこのような試みを行なった。

このようなディルタイの発想の原点はおそらく、シュライアーマッハーの宇宙と個別性の同一性の直観や、ヘルダーやゲーテの自然の発生的な力による人間理解、そしてシェリングとヘーゲルの「精神は、それ自身の意識に到達する自然にすぎないのなら、つまるところ、それは自然と同一」(V, 26) であるとする世界観にあると思われる。若きディルタイはこれら十八世紀末のドイツの文芸と哲学にみられる形而上学を、「人間精神の経験科学」によって根拠づけねばならないと宣言した(「一七七〇年から一八〇〇年までのドイツの文芸運動ならびに哲学運動」一八六七、日本語版『全集』第11巻所収)。ディルタイの社会と歴史の理論の特質は本論で論じたのだが、右に述べたドイツ思想史との連関から最後に三点を付け加えておきたい。

まずディルタイの社会の理論の政治性である。当時、市民社会が勃興する歴史の趨勢のなかで、ヘーゲルの『法の哲学』にみられるように、公的なものと私的なものをいかに媒介するかが近代政治の課題として問われた。ディルタイは国家を社会の文化システムには解消せず、国家の動かしがたい価値を認め、社会とは別の統一体として国家を位置づけた。ディルタイは十九世紀ドイツの文化的プロテスタンティズムと教養市民層を背景としたリベラルなナショナリストであった。

第二に、おそらくはそのような歴史的な立ち位置のために、ディルタイの歴史理論は、カントの歴史論にある「自然の隠微な計画」やヘーゲルの「承認をめぐる闘争」のような矛盾や闘争の契機が弱い。その理論的な理由は、ディルタイが歴史哲学を形而上学として認めないことにある。彼が歴史において存在を認めるのは、歴史において働く経験的な力である。この経験的な力の例としてディルタイは、ロッツェの生者の感情に作用する死者の存在を挙げている。「この世で必死に戦っていることに、いまは亡き人々がそっと見守りつつ関わっているという悲哀に満ちた観念」(I, 104) は体験のなかで歴史に現に働き、このような体験の連鎖は、世代を通じて伝えられる。このような脱形而上学の歴史観は、ディルタイの意図を越えて次の時代を準備したように思われる。

最後に、アーレントのディルタイ観についてふれておきたい。「はじめに」で少しふれたように、アーレントは、ディルタイを物見に喩えたホフマンスタールに賛意を表し、その歴史的作品は評価したが、その哲学への関心は低い。(58)ディルタイの時代や政治的立ち位置は彼女にとって遠いものであったし、ハイデガーやヤスパースらの近くで見たディルタイ哲学は魅力的には思われなかったのだろう。だが、プラトン的伝統が転倒とともに始まったとし、世界における物の意義や生命の誕生を重視したアーレントの姿勢は、意外とディルタイに近いものがあるとも感じられる。両者とも生がこの世界に新たに加わることの特別な意味に敏感である。

ディルタイにとって、生は多様で豊かであり、歴史を通していっそう豊饒さを増す。近代社会は文化的な統合を失い、危機に直面していたが[59]、ディルタイによる哲学の改造は、このような近代の危機に向き合い、人間が他者を理解することを通して、新たな文化的な総合にいたる道を模索する試みであった。世界は多様なシステムからなり、生はそれを生きなければならない。そのような生を見守るためにどれほど広い視野が必要とされるのかについて、彼の仕事は今なお示唆にあふれている。

## 注

（1）オルテガ『ヴィルヘルム・ディルタイと生の理念』佐々木孝訳、未來社、一九八四年、一七頁。
（2）前掲書、一〇頁。
（3）Hugo von Hofmannsthal, Wilhelm Dilthey, in: *Gesammelte Werke Prosa III*, 1964, S. 55.
（4）ハンナ・アーレント「哲学者および歴史家としてのディルタイ」（一九四五）、J・コーン編『アーレント思想集成Ⅰ』齋藤純一・山田正行・矢野久美子訳、みすず書房、二〇〇二年、一八八頁。
（5）ディルタイの「生」概念が精神に限られるものでないことについては、本巻所収の牧野論文を参照。
（6）Hartmann Tyrell, History and sociology – the First Century. From Ranke to Weber, in: *Journal of History and Sociology*, 2010, p. 102.
（7）Matthias Jung, From Dilthey to Mead and Heidegger: Systematic and Historical Relations, *Journal of the History of Philosophy*, 1995, p. 662.
（8）Martin Heidegger, Wilhelm Diltheys Forschingsarbeit und der gegenwärtige Kampf um eine historische Weltanschauung.

10 Vorträge（Gehalten in Kassel vom 16. IV.–21. IV. 1925）. Nachschrift von Walter Bröcker. Herasugegeben von Frithjof Dodi, in: *Dilthey-Jahrbuch*, Band 8/1992–93, Vandenhoeck & Ruprecht in Göttingen, S. 156.（マルティン・ハイデッガーほか『ハイデッガー カッセル講演』後藤嘉也訳、平凡社、二〇〇六年、七一頁）

（9） Ebd., S. 157.（前掲訳書、七三頁）

（10） Ebd., S. 158.（前掲訳書、七六頁）

（11） Ebd.（前掲訳書、七六頁）

（12） *Breifwechsel zwischen Dilthey und dem Grafen von Yorck*, Max Niemeyer, 1923, S. 193.（日本語版『全集』第11巻、六三一頁）

（13） Eric S. Nelson, Heidegger and Dilthey: Language, History, and Hermeneutics, in: H. Pedersen, M. Altman (eds.), *Horizons of Authenticity in Phenomenology, Existentialism, and Moral Psychology*, Contributions to Phenomenology 74, p. 110.

（14） Heidegger, a.a.O., S. 163.（前掲訳書、八六頁）

（15） Ebd., S. 168.（前掲訳書、九九頁）

（16） Ebd., S. 169.（前掲訳書、一〇一頁）

（17） Ebd.（前掲訳書、一〇二頁）

（18） Ebd., S. 174.（前掲訳書、一一二頁）

（19） Jos De Mul, *The Tragedy of Finitude. Dilthey's Hermeneutics of Life*, translated by Tony Burrett, Yale University Press, 2004, p. 312.

（20） Nelson, a.a.O., S. 122.

（21） ロバート・ブランダム『プラグマティズムはどこから来て、どこへ行くのか』加藤隆文・田中凌・朱喜哲・三木那由他訳、勁草書房、上巻、七頁。

（22） ブランダム、前掲訳書、八―九頁。

（23） Ferdinand Fellmann, *Symbolischer Pragmatismus. Hermeneutik nach Dilthey*, Rowohlt, 1991, S. 22.

（24） Ebd., S. 23.

（25） Vgl. Matthias Jung, *Dilthey zur Einführung*, Junius Verlag, 1996, S. 121.

（26） Jung, From Dilthey to Mead and Heidegger, p. 665.

（27） Ebd. S. 665–666.

(28) ディルタイと社会学の関係を検討する場合、ジンメルとの関係も重要であるが、本論ではふれない。ジンメルとの関係については、本巻所収の廳論文を参照のこと。

(29) G・H・ミードは二〇歳代後半の一八八九年四月から一八九一年一〇月の間、フンボルト大学に在籍した。この時期、ブレスラウからベルリンに移ったディルタイは、「哲学の歴史と体系」、「学問としての心理学」などの講義を担当した。ミードは、ディルタイの論争相手であったエビングハウスの講義も受講し、後者からは「因果律による外的説明」を、前者からは「意味の解釈による理解」を学んだ。一八九一年、ディルタイはミードを博士候補生として受け入れた。「経験主義的な空間概念に対する批判」という題目の博士論文を執筆する計画であったが、ミシガン大学に就職が決まり同年冬学期に米国に帰国、博士論文は完成することはなかった。ミードの著作にディルタイの引証はない。

(30) Hans Joas, *Praktische Intersubjektivität. Die Entwicklung des Werkes von George Herbert Mead*, Suhrkamp, 1980, S. 38.

(31) Vgl. Jung, 1996, S. 116.

(32) Jung, 1995, S. 672.

(33) G. H. Mead, *Mind, Self, and Society. From the Standpoint of a Social Behaviorist*, edited by Charles W. Morris, The University of Chicago Press, 1934, p. 130.

(34) 五十嵐沙千子「ハーバーマスのガダマー批判――解釈学的論争をめぐって」(『哲学・思想論叢』第14号、筑波大学哲学・思想学会、一九九六年)を参照。

(35) Jürgen Habermas, *Eekenntnis und Interesse*, Suhrkamp, 1973, S. 186.(ハーバーマス『認識と関心』奥山次良・八木橋貢・渡辺佑邦訳、未來社、一九八一年、一五八頁)

(36) Ebd., S. 190.(前掲訳書、一六一頁)

(37) Ebd., S. 191.(前掲訳書、一六二頁)

(38) Ebd., S. 195.(前掲訳書、一六六頁)

(39) Ebd., S. 196.(前掲訳書、一六六頁)

(40) Ebd., S. 196.(前掲訳書、一六七頁)

(41) Ebd., S. 196f.(前掲訳書、一六七頁)

(42) Ebd. S. 198f.(前掲訳書、一六九頁)

(43) Ebd., S. 221.(前掲訳書、一八八頁)

(44) Ebd., S. 222.（前掲訳書、一八八頁）
(45) Ebd., S. 223f.（前掲訳書、一九〇頁）
(46) Ebd. S. 224.（前掲訳書、一九〇頁）
(47) Ebd.（前掲訳書、一九〇―一九〇頁）
(48) Ebd. S. 225.（前掲訳書、一九一頁）
(49) Ebd. S. 227.（前掲訳書、一九三頁）
(50) ハーバーマス『ポスト形而上学の思想』藤澤賢一郎・忽那敬三訳、未來社、一九九〇年、二七七頁。
(51) Alois Hahn, Die Systemtheorie Wilhelm Diltheys, in: *Berliner Journal für Soziologie*, Bd. 1, Heft, 1999. ディルタイのシステム論を論じる社会学者としてはハーンの他に、「はじめに」に挙げたハルトマン・ティレル（Hartmann Tyrell）がいる。
(52) Ebd., S. 5.
(53) Ebd., S. 15.
(54) Ebd., S. 22.
(55) Ebd., S. 23.
(56) Habermas, a.a.O., S. 196.（前掲訳書、一六六―一六七頁）
(57) *Wilhelm Dilthey Schriften zur Pädagogik*, besorgt von Hans-Hermann Groothof und Ulrich Herrmann, 1971, S. 114.
(58) アーレント、前掲訳書、一八五―一八七頁。
(59) 拙論「ディルタイとカッシーラー」、日本ディルタイ協会編『ディルタイ研究』第34号、二〇二三年を参照。

# 第四章　日本におけるディルタイ研究史——戦前および戦後

大石　学

## はじめに

従来、ディルタイ研究は主として哲学と教育学との二分野を中心に行なわれてきた。そのことはわが国をも例外としない。

ディルタイはバーゼルに員外教授として赴任した翌年、一八六八年夏学期に教育学講義を行ない、これを嚆矢として、ブレスラウ（七一年―）、ベルリン（八二年―）と移籍するたびに、教育学史、教育学の体系および歴史、プロイセン教育史を九二／九三年冬学期まで講じる。(1) このように、彼が学問的生涯のある時期まで両領域に並行してなみなみならぬ努力を傾注した事実は、おのずと彼の受容の方向を規定することになった。たとえば、哲学の領域では、ディルタイの思考は、ハイデガー（Martin Heidegger, 1889–1976）、ガダマー（Hans-Georg Gadamer, 1900–2002）をはじめとする解釈学的哲学のひとつの出発点として、また、「説明‐理解」論争の淵源として批判的継承の対象となり、はては克服の対象ともされる。他方、教育学分野にあっては、ディルタイの衣鉢を継ぐ人々が精神科学的教育学派（ディルタイ学派）を形成し、これが、第二次世界大戦後、およそ一九六〇年代までの旧西ドイツで多大な影響力を誇った。こうした事情はこれまでのディルタイの（批判的）受容がこの両分野を中心になされてきた事実を強力に物語るであろう。もっとも、ディルタイが両分野に意を注いだ事実は、それ自体とりたてて新奇というわけではない。実際、哲学史に目を向けてみさえすれば、そうした事例がいくつも見られるからである。たとえば、ルソーやカント、シュライアーマッハー、ヘルバルトなど、この両分野で活躍した面々の存在は枚挙にいとまがないのであって、両分野における当のディルタイの学問的業績は、彼らに伍することこそあれ、けっして劣ることはない。

もっとも、こうした語り方は、たとえば、『体験と創作』（およびその邦訳）をつうじてディルタイ〝入門〟を果たした人々に、本作をはじめとして、文学の領域における彼の達成の数々を無視していないか、との疑問の声を上げさせることにもなるであろう。実際、わが国でディルタイの名を江湖に知らしめたものとして、やはりこの文藝論集を無視することは難しいからである。いや、それはじつはわが国だけのことではないのかもしれない。『精神科学序説』(*Einleitung in die Geisteswissenschaften*) 第一巻、および『シュライアーマッハーの生涯』(*Leben Schleiermachers*) 第一巻(以下、この両書についてはそれぞれ『序説』『生涯』と略記し、必要に応じて巻数を併記)をのぞけば、彼の生前に一般読者の目に比較的に触れやすかったのは『体験と創作』だけであり、母国ドイツでさえ、広範な読者を獲得していたのはまずは本書にほかならなかったからである。それはともかく、日本語版『ディルタイ全集』でも、この領域における彼の諸業績は大部の二冊本にまとめられて一巻(第5巻)を形成し、ほかならぬ前記の論集も新たな訳文によって新たな息吹を与えられ、新たな時代の読者を待っている。

このようにディルタイは自身をひとつの姿に収斂させることを拒む体の多面性をもつ。研究者や読者は各自の関心に応じたそれぞれのディルタイ像を描くことができ、事実、ディルタイ自身のなかにもそうした受けとめ方を許容するところがある。くわえて、研究や受容の方向はそのつどの時代の情勢や要求や関心によって大きく規定されるのが一般的であろう。こういってよければ、思想研究の場にあってさえ、研究者が、その時代が醸す雰囲気やその時代固有のバイアスに左右されて、「見たいものをしか見ない」という事態が生じないともかぎらない。このことがディルタイをますます多面的にしたということもあったのではないか。

そこで、本章では、わが国におけるそうした多面的なディルタイの受容史/研究史を、アジア＝太平洋戦争をひとつの区切りとして、その前後のそれぞれについて概観してゆく。視点を学問分野別にではなく時期別に定めるのは、これによって、同時期になされた受容および研究の一般的傾向の把握が容易になるであろうからであり、また、もし時代が転換するにつれてそうした傾向が変化しているとすれば、それを通覧することは容易であろうからである。くわえて、アジア＝太平洋戦争を分岐点とするのは、この前後での、皇国史観一辺倒の時代からその否定の時代へ、という変遷に伴って、精神的‐思想的変化と受容の変化との出現が予想されるからにほかならない。そのような一般的傾向が見えてくれば、それはその傾向を生んだ時代の姿を端的に反映しているはずである。

こうした観点から、はじめに、戦前の、ディルタイの本格的受容にいたるまでの経緯を追ってみよう。ついで、哲学およびそれ以外の分野におけるディルタイ受容の諸相を通覧し、そののち、戦後の研究史に視線を移す。ここではまず、戦前に企画され、終戦直後に刊行が開始されたものの、結局は途絶の憂き目にあった日本語版『ディルタイ著作集』のあらましを確認し、ついで、一九八〇年代までのディルタイ研究および翻訳の状況を見届ける。この八〇年代、ドイツ語版『ディルタイ全集』の刊行が（新たなかたちで）継続されるとともに、ディルタイへの関心の再興、いわゆる〈ディルタイ・ルネサンス〉が大きな話題となった。この機運はわが国のディルタイ研究にも影響を与え、たとえば、日本ディルタイ協会の設立および雑誌『ディルタイ研究』の創刊につながる。そこで、その経緯を簡単に追跡し、最後に、日本語版『ディルタイ全集』の発刊から完成にいたるまでの経緯を概観したい。

## 一　アジア＝太平洋戦争以前の研究史

### 1　ディルタイの本格的受容前史——新カント学派、現象学への関心

一九四一（昭一六）年一一月二六日、「大東亜戦争」——開戦時の閣議決定による呼称——の火蓋が切って落とされるわずか二週間前、京都は円山の料亭左阿彌にて、とある会合が催された。後世、悪名を轟かせることになるその座談会は次の発言をもってはじまったことになっている。

こなひだ或る人に日本の歴史哲学とは一体どんなものかと訊かれてね、ちよつと返事に困つたのだが、考へてみると大体三つくらゐの段階を経てきたやうに思はれた。一番初めはリッケルト張りの歴史の認識論が盛んであ

つた時代で、今ではもう一昔前のことになつてしまつた。その次がディルタイ流の生の哲学とか解釈学といつたものから歴史哲学を考へようとした時代で、それが大体第二の段階と言つてよい。ところが今ではそれから更に一歩先に進んで、歴史哲学といふものは具体的には世界歴史の哲学でなければならない、さういふ自覚に到達してゐる、それが第三の段階だと思ふ。(2)

ここではまず、やや限定的な話題ではあるが、この発言者、高坂正顕（一九〇〇（明三三）―六九（昭四四））が紹介している、歴史哲学の受容順序に注目したい（ディルタイの哲学全般および教育学分野における研究状況については後述する）。高坂が、日本哲学史上、重要な価値をもつ「歴史哲学」書を三木清（一八九七（明三〇）―一九四五（昭二〇））とともに、ただし、後者にやや遅れるかたちで著わした事実(3)と、自身も明記するとおり、その出発点および克服の対象としてディルタイがあること(4)とをあわせて銘記すべきであろう。

高坂は三段階の最初として「リッケルト張りの歴史の認識論」の隆盛を指摘している。一九二二（大一一）年、『歴史哲学』の翻訳（田邊重三訳、大村書店。Rickert, H.: Geschichtsphilosophie, in: *Die Philosophie im Beginn des zwanzigsten Jahrhunderts. Festschrift für Kuno Fischer*, Bd. II, hrsg. von Wilhelm Windelband, Heidelberg 1905, S. 51–135 の邦訳）が刊行されたことをはじめ、同年、米田庄太郎『リッケルトの歴史哲学』（改造社）、板垣鷹穂『新カント派の歴史哲学』（同）が出版された。(5)詳しくは後述するが、歴史哲学を卒業論文の主題に選んだ三木がハイデルベルクのリッカート（Heinrich Rickert, 1863–1936）のもとに留学したのもこの年である。これらの事実が示すとおり、第一次世界大戦終結後の混乱期、いわゆる「フライブルク詣」が徐々に流行《モーデ》となりつつある直前には、新カント学派の人気が、とりわけリッカート熱が盛んであったこともあって、彼の歴史認識論は同時期の日本の歴史哲学的思考に少なからぬ影響を与えた。(6)

これにつづくのが、「ディルタイ流の生の哲学とか解釈学といつたものから歴史哲学を考へようとした時代」である。この時期、右の諸書からわずかに遅れて、勝部謙造（一八八五（明一八）―一九六四（昭三九））『デイルタイの哲学』（改造社、一九二四（大一三）年。訂一〇版、二七（昭二）年）、宮島肇（一九〇四（明三七）―？）『歴史と解釈学――ディルタイ歴史哲学序説』（成美堂書店、二七（昭二）年。河出書房、三六（昭一一）年）、阿部次郎（一八八三（明一六）―一九五九（昭三四））『理解と解釈』（『岩波講座 哲学』岩波書店、三三（昭八）年）などが上梓された。このうち勝部の著作は必ずしも歴史哲学に限定されないが、ディルタイを主題とするモノグラフのわが国における嚆矢として長く記憶にとどめられるであろう。

このあと高坂は、すでに「現下」、歴史哲学は「世界歴史の哲学でなければならない」との「自覚」に達しているとして、その理由を「日本の世界に於ける現在の位置」に求めている。[7] しかし、ディルタイ研究史という目下のわれわれの関心からすれば、この段階について深入りする必要はあるまい。

高坂の見取図では「歴史哲学」の日本的展開におけるディルタイ研究の位置づけは右のようになるが、次にもう少し視野を拡大し、高坂以前のディルタイ受容のあらましを見てみることにしよう。

茅野良男によると、わが国の文献に最初にディルタイの名が登場するのは桑木厳翼（一八七四（明七）―一九四六（昭二一））の一九〇七（明四〇）年から〇九（明四二）年にかけての印象記であった。[8] これは年代的にディルタイ生前の時期のものということになるが、茅野が引く桑木の印象の内容は現代のわれわれにとってことさら興味をおぼえるものではないようにも思われる。ただし、今日、そのようにいうことができるのは、当然ながら、当時よりもはるかに恵まれた現在のテクスト状況のおかげだからであり、当時の彼の慧眼そのものまで否定することはできまい。

むしろ、これとほぼ時期を同じくしながらもより注目に値するのは、なんといっても、西田幾多郎（一八七〇（明三）―一九四五（昭二〇））による、たとえば、「自然科学と歴史学」（一九一三（大二）年）における言及である。西田は、自然科学的知識が依拠する仮定と歴史的知識のそれとは相反するとしたうえで、「我々の精神生活を生きた個性の発展として内から直に之を理解する」方法として、ディルタイのいう「体験」に注目した。「心像はそれ自身に衝動的勢力をもつて居る、生きた出来事」にして、「成立し、発展し、消滅するもの」、「一つの核から発展する」「音楽的なもの」である、というのが西田の説明する「体験」の本質であった。「我々が他人の伝記とか、歴史とかいふものを理解するのは此体験によるのである、ゲーテの思想、感情などが彼の脳の構造や身体の性質などより理解のできない以上、この理解は自然科学的理解に対して独特の地歩を占めるものと云はねばならぬ」[9]。西田はこう述べたあと、ディルタイが『序説』を著わしたことに触れ、さらに、「勿論、ディルタイは歴史の基礎として、自然科学的心理学の法則を排斥しながらも、尚不変なる類型的法則を説くのは、ウィンデルバント、リッケルトなどの方からは不徹底とも見られるであらうが、兎に角氏は深き独創的な考を有つた学者であつた、氏は未だ受くべきだけの注意を受けて居らぬと思ふ」との評価をも与えた[10]。もっとも、西田はこの『序説』第一巻（一八八三〈明一六〉年刊）が当時は入手困難であったとこぼしてもいて[11]、右に述べた、「現在の、当時よりもはるかに恵まれたテクスト状況」にいるわれわれからすれば、これまたまさしく隔世の感を禁じえない。

では、西田とは一世代の開きがある三木清の場合、いかなる状況にあったか。結論からいえば、事情は大同小異であった。三木もまた、大学卒業当時（一九二〇〈大九〉年）、『序説』は絶版であってなかなか見ることができない書物であった、と回顧しているからである[12]。三木自身、新カント学派からの影響を強く自覚しており[13]、それがいわば遡及するかたちで〝宗家〟カントの研究を促したのであろう。桝田啓三郎（一九〇四〈明三七〉―九〇〈平二〉）によると、「批判哲学と歴史哲学」と題された三木の卒業論文には、当初、「カント哲学への瞥見」という副題が添えられていた（初出、『哲学雑誌』第五四号、一九二〇〈大九〉年九月）[14]。三木は、第一高等学校在学時、さらに、大学入学後は師西田の影響下に、カントおよび新カント学派の著作を多読した、と書いている。こうした読書経験はなにも三木だけにかぎったことではなく、当時、わが国で哲学に関心をもつ者全体に見られた傾向といってよい。曰く、「一般には、新カント派を通じてカントに還ることによつて同時にカント以後のいはゆるドイツロマン主義の哲学に結び附くといふ傾向が濃厚であつた」[15]と。このように見てくると、右に引用した高坂の発言中にもあるように、わが国がディルタイに興味を抱きはじめたのは新カント学派の受容後であったことがあらためて浮き彫りになってこよう。このころは「ディルタイの仕事の意味なども、まだ一般には十分に認識されてはゐなかった」[16]。

この新カント学派受容に、たとえば、西田や伊藤吉之助（一八八五（明一八）―一九六一年（昭三六））らをはじめとする現象学への関心（前述した「フライブルク詣」の流行）、ベルクソン（Henri-Louis Bergson, 1859–1941）、オイケン（Rudolf Christoph Eucken, 1846–1926）、ジンメル（Georg Simmel, 1858–1918）らのいわゆる「生の哲学」への、そして、新ヘーゲル主義への関心がつづく。これまた西田が早くからベルクソンを論じていることは注目に値するが[17]、それと同時に、ジンメルへの一般的関心もこのころから芽生えており[18]、いくぶんそれらの後塵を拝する格好で、大正末から昭和初めにかけて、ディルタイはようやく耳目を集めはじめたといってよい。

## 2 ディルタイ受容の諸相（その一）

わが国における「ディルタイ文献目録」の先駆ともいうべき佐藤忠恕（一九〇四（明三七）―八二（昭五七））の「ディルタイ文献覚書」によると、著作の標題にディルタイの名が最初に現われるのは楢崎浅太郎（一八八一（明一四）―一九七四（昭四九））の「Dilthey の『精神生活の Struktur』の意識に就いて」（『倫理教育研究』一九一五（大四）年一月、七月）である[19]。京都帝国大学文学部心理学科を卒業し、のちに教育心理学者として名を馳せることになる楢崎は、一〇年後、『哲學研究』誌上で「ディルタイの心理学的理念の基本的なるものに就いて」を五回に分けて発表した（（一）、第一〇巻第一〇号、二五（大一四）年。（二）、第一一巻第一号、（三）、同第七号、（四）、同第一一号、以上、二六（大一五）年。（完）、第一二巻第一号、二七（昭二）年）。これは楢崎が心的生の構造に関するディルタイの議論に早くから着目していたことを端的に示すとともに、これ以降の彼の学問関心を予想させる。

この大正期には、美学者上野直昭（一八八二（明一五）―一九七三（昭四八））の『精神科学の基本問題』（岩波書店、一九一六（大五）年）、哲学者得能文（一八六六（慶応二）―一九四五（昭二〇））の「自然科学と精神科学」（二〇（大九）年。

のち、『現今の哲学問題』第一書房、二八（昭三）年、所収）、哲学者にして美術史家矢崎美盛（一八九五（明二八）―一九五三（昭二八））の『現代哲学思潮』（改造社、二三（大一二）年）などの著作にもディルタイの名が散見され、言及されているというが、[20] これらはいずれもディルタイ自身を研究主題としているわけではない。もっとも、彼らのすぐあとには、土田杏村（一八九一（明二四）―一九三四（昭九））『現代哲学概論』（第一書房、二八（昭三））のような、ディルタイの哲学（および教育学）に関してまとまった考察を行なっている例もある。

そこで、先に挙げた、わが国最初の本格的なディルタイ研究書を著わした勝部にもう少し注目してみよう。彼は著作（二四（大一三）年）以前に「ディルタイの記載的分析的心理学」（『哲學研究』第三巻第九号、一八（大七）年）と題する論文を著わしていた。ここにいう「記載的分析的心理学」とはもとより「記述的分析的心理学」のことであり、これを見ても、新領域の開拓者には免れえない術語の確定の苦労がしのばれる。勝部は、翌一九（大八）年、同じ『哲學研究』誌上で「体験の哲学」（第四巻第一〇号）を、数年後には「デイルタイの哲学的方法」を三分載し（一）、第一一巻第一号、（二）、同第三号、（三）、同第四号、二六（大一五）年、五年後、『ディルタイの人生哲学方法論』と題する論文で文学博士の学位を取得した（京都帝国大学、三一（昭六）年三月）。この学位論文以前、時期的には前述の「ディルタイの哲学的方法」とほぼ時を同じくして「哲学の本質」の翻訳をも上梓しているが、問題含みのこの訳書についてはそのほかの邦訳書とあわせて後述する。

このように、京都哲学会（京都帝国大学文学部哲学科）の会誌『哲學研究』は、そののち、暫時、日本のディルタイ研究を主導していった。とはいえ、もとより哲学会（東京帝国大学文学部哲学科）の『哲学雑誌』も忘れてはならない。それゆえ、いま、両誌に拠った研究論文を目につくままに拾いあげてみよう。前者に掲載された論考としては、高坂正顕「詩的想像力と狂気――ディルタイ」（第一〇巻第一号、二五（大一四）年）、田中熙「ディルタイの倫理学思想」（第一五巻第四号、三〇（昭五）年）、石田仁「ディルタイの世界観論」（第一七巻第一二号、三二（昭七）年）、などがある。他方、後者には、三枝博音（一八九二（明二五）―一九六三（昭三八））「ディルタイに於ける認識論」（第四八一号、二七

（昭二）年）、「Diltheyに於ける学の理念」（第四八七号、同年）、尾高邦雄（一九〇八（明四一）―九三（平五））「了解・了解的方法・了解的態度」（第五四五、五四六、五四八号、三二（昭七）年）、細谷恒夫（一九〇四（明三七）―七〇（昭四五））「意味の根源的形態」（第五五八号、三三（昭八）年）、鬼頭英一（一九〇八（明四一）―六九（昭四四））「ディルタイと生全体の概念」（五六二号、同年）、金子武蔵（一九〇五（明三八）―八七（昭六二））「生の範疇」（同前）、細谷「ディルタイに於ける世界観の問題（特に類型の概念を中心として）」（同前）、小松摂郎（一九〇八（明四一）―七五（昭五〇））「解釈の理論」（第五七三号、三四（昭九）年）、豊川昇（一九〇五（明三八）―六一（昭三六））「ディルタイ最後のカント講義」（第五八四号、三五（昭一〇）年）、「若きディルタイ」（第五九七号、三六（昭一一）年）、等々が掲載された。このうち、鬼頭、金子、細谷の三篇を擁する第五六二号は「Dilthey生誕百年記念号」と銘打たれている。[21]鬼頭は「了解の対象」（第六〇七号、三七（昭一二）年）の著者でもあった。

研究成果の発表の場は、当然ながら、右の『哲學研究』および『哲学雑誌』だけに限定されるわけではない。二一（大一〇）年一〇月、『思想』が岩波書店から、そして、これに遅れること数年、昭和の時代に入って、『理想』が理想社からそれぞれ創刊された（二七（昭二）年）。この両誌にくわえ、これら以外の紀要や学術誌を舞台に、ディルタイ関連の研究が少しずつ実を結んでゆく。

『思想』誌に発表された諸成果には次のようなものがある。本田謙三（一八九八（明三一）―一九三八（昭一三））「精神科学的経済学とは？――経済学博士石川興二教授の学位論文「精神科学的経済学の基礎問題」について」（第一〇五号、三一（昭六））、細谷恒夫「「わかる」の本質――認識現象学序論」（第一二一号、三二（昭七）年）、高山岩男「歴史と類型――ヘーゲルの哲学史とディルタイの世界観説」（第一二二、一二三号、同年）、樺俊雄（一九〇四（明三七）―八〇（昭五五））「世界観の解釈の問題」（第一三〇号、三三（昭八）年）、小松摂郎「精神科学方法論。特にディルタイに就いて」（第一四一号、三四（昭九）年）、など。

他方、『理想』はどうか。創刊の翌年（二八（昭三）年）、海後宗臣（一九〇一（明三四）―一九八七（昭六二））による

「ディルタイの教育本質観」（第七号）を掲載したことを皮切りに、三〇（昭五）年には竹下直之（一九〇四（明三七）―一九八五（昭六〇））「解釈の理論――ディルタイ覚書の一断章」（第一〇号）、「生の哲学と歴史性の問題」（第一五、一七号）を、翌年（三一（昭六）年）、勝部「人間ディルタイ」（第二五号）、田邊元（一八八五（明一八）―一九六二（昭三七））「人間学の立場」、高山「人間学と世界観説」（第二七号）を、さらにその翌年（三二（昭七）年）、金子馬治（一八七〇（明三）―一九三七（昭一二））「生哲学の一般的動向」、池上鎌三（一九〇〇（明三三）―一九五六（昭三一））「契機としての〈生の哲学〉」、大西昇（一九〇七（明四〇）―七〇（昭四五））「生の哲学と藝術」、大江精志郎（一八九八（明三一）―一九九二（平四））「生の哲学の課題」、竹下「Diltheyの生の哲学」（第三四号）、三三（昭八）年には三木清「世界観構成の理論」、山本英一「生の解釈学――ディルタイに就いて」、高坂正顕「世界観と狂気」（第三九号）、高山「生の哲学の立場について」（第五一号、三四（昭九）年）、西谷啓治「人間解釈の類型性とその意義」（第五五号、三五（昭一〇）年）、等々をあいついで収録した。

また、両誌以外に発表された主な論考も忘れられてはならない。たとえば、『学習研究』（奈良女子大学）に出た伊藤恵「ディルタイの哲学」（（一）、第四巻第一〇号、二五（大一四）年、（二）、第五巻第一号、（三）、第二号、（四）、第四号、以上、二六（大一五）年）、『龍南』（第五高等学校）収録の小川義章（一八九一（明二四）―一九六一（昭三六））「ウィルヘルム・ディルタイ」（第二〇四号、二七（昭二）年）、『大正大学学報』の葉上照澄（一九〇三（明三六）―八九（平元））著「ディルタイの西洋古代に於ける汎神観」（第五号、一九二九（昭四）年）、『一橋評論』に掲載された川井正太郎「ディルタイ」（第一号、三七（昭一二）年）、等々は、ともすると看過されがちながらも、記憶にとどめられるべきである。このうち、葉上論文は、ディルタイ研究の草創期に、ややもすれば今日にあってすら研究蓄積の比較的手薄な主題に留目している点で、きわめて貴重であるといえよう。

右の川井論文まで来ると、昭和もすでに一〇年代を迎えている。この時期、数こそ少ないものの、細谷恒夫『ディルタイ・ナートルプ』（岩波書店、三六（昭一一）年）、三枝博音「ヴィルヘルム・ディルタイ」（石原純・恒藤恭・三木清編『人間主義』(「廿世紀思想」第七巻) 河出書房、三八(昭一三)年)、岸本昌雄『歴史主義哲学の根本問題——ディルタイの哲学と文化体系の客観性』(六盟館、四二(昭一七)年)といった本格的研究が現われた。このことは、こののちの時代推移を考慮するなら、特筆に値する。

ここまで、大正期からアジア=太平洋戦争期までのディルタイ研究を、主として哲学の領域に限定して概観してきた。当時の、今日とは比べようもないほどの資料的制約についてはあらためていうまでもないが、にもかかわらず、そうしたなかにあってさえ、〈精神諸科学の認識論的基礎づけ〉というディルタイ哲学の根幹について、その畢生の課題が抱懐する可能性と限界とを的確にとらえた研究、あるいは、解釈学を議論の中心に据えた研究が多いことは、この時期の研究に顕著な傾向である。とりわけ後者に関しては、三木をそのひとつの代表例とする、ハイデガーからの直接的影響によるところが大であろうし、そうした〝学恩〟がわが国の研究にさらなる波及的影響作用をおよぼしたであろうことは想像に難くない。[22] くわえて、ことに昭和期に入ると、まさしく時代の趨勢と要請とに呼応するためもあろうか、「世界観(学)」の問題や、これと関連して「類型」論が研究者たちの注意と関心とを喚起してゆく。とりわけ「世界観(学)」に関してはのちにとりあげる翻訳(書)にも見られる傾向である。

## 3 ディルタイ受容の諸相(その二)

ここで時間を少し戻して、哲学以外の諸分野のディルタイ研究に目を向けよう。まずは、本章冒頭に述べた二分野のうちのもう一方、教育学の領域における諸研究を追ってみたい。『哲學研究』『哲学雑誌』そのほかの雑誌、紀要類に発表された教育学関連論考についてはすでに確認したので、ここではそれ以外のものに焦点を当てる。

ディルタイ教育学関連の研究の代表としてなによりも指を屈しなければならないのは、刊行順に、渡部政盛(一八八九(明二二)—一九四七(昭二二))の『ディルタイ派の哲学とその教育学説』(啓文社書店、二五(大一四)年)、入澤宗壽(一八八五(明一八)—一九四五(昭二〇))による『ディルタイ派の文化教育学説』(広文堂、二六(大一五)年)、そして、すでに名前の出た海後宗臣の『ディルタイの哲学と文化教育学』（目黒書店、二六〈大一五〉年）である。これらにやや遅れて、勝部謙造『最近教育哲学の研究』（秀文館、二八年〈昭三〉年）、篠原助市「ディルタイと文化教育学」（『教育学研究』第一巻第九号、三二〈昭七〉年、第一巻第一〇号、三三〈昭八〉年）、乙竹岩造「ディルタイの教育学説」（『教育学研究』第三巻第一一号、三五〈昭一〇〉年）、垣下清一郎「ウィルヘルム・ディルタイの教育学的諸論文」（『教育学研究』第四巻第二号、同年）、などの研究業績がつづく。

容易に気づかれるとおり、これら著作や論文の標題には「文化教育学」の語が散見される。このジャンルの流行は、シュプランガー（Eduard Spranger, 1882–1963）の思想への関心が呼び起こしたものであり、茅野良男の表現を借りると、「ディルタイはむしろここから遡源的に研究されるようになったと言ってよい」[23]。たとえば、シュプランガーの『生の諸形式』（Spranger, E.: *Lebensformen. Ein Entwurf*, Halle/S. 1914; *Lebensformen. Geisteswissenschaftliche Psychologie und Ethik der Persönlichkeit*, Halle/S. ²1921）が『文化哲学概論――「生の形式」』（内外出版、二六〈大一五〉年）の標題で辻幸三郎によって訳出されたのを端緒として、奇しくも同年、前出の乙竹岩造『文化教育学概論』（目黒書店）、千葉命吉『スプランガー文化教育学講義と其の批判』（平凡社）、岡田怡川『文化教育学概論』（甲子社書房）が矢継ぎ早に公刊された。さらに、昭和期に入ると、市川一郎『シュプランガー文化哲学の本質』（啓文社書店、二七〈昭二〉年）、前出の楢崎浅太郎『純粋心理学考』（宝文館、同年）、上村福幸『了解心理学』（目黒書店、三〇〈昭五〉年）、などの著作にディルタイへの言及が見られる[24]。小野島右左雄『最近心理学十二講』（培風館、同年）をここにくわえてよいかもしれない。

田中潤一の研究によると、こうしたシュプランガー経由のディルタイ解釈は総じて肯定的な立場から行なわれているのに対して、たとえば、教育学者吉田熊次（一八七四〈明七〉―一九六四〈昭三九〉年）の『教育学説と我が国民精神』（目黒書店、三四〈昭九〉年）におけるディルタイ評価は批判的視点からなされたものであるという[25]。これに関して、田中はディルタイが教育改革運動に与えた影響に関する吉田の把握に疑問を呈しているが[26]、それはともかく、吉田が、このわずか二年後（三六（昭一一）年）に文部省教学局が発行した『国体の本義』の編集委員に紀平正美（一八七四（明七）―一九四九（昭二四））や和辻哲郎（一八八九（明二二）―一九六〇（昭三五））らとともに名を連ねた事実を思えば、彼の著作の標題――吉田には「国民精神」「国民道徳」を冠した著作が多々ある[27]――は、大正デモクラシー期の自由主義思想の隆盛が終焉を迎え、関東大震災、日中戦争への突入と泥沼化、そして、とどのつまりは「大東亜戦争」開戦という暗い時代に向かってひた走るこの国の思想状況を如実に示しているとはいえまいか。たとえば、池田計三「ディルタイの国民教育学に就いて」を収録する、『現下の問題を哲学する――精神科学論文集』（広島文理科大学広島高等師範学校精神科学会編、目黒書店）にしてからが、その巻頭を村上義幸の論考「日本国体学」が飾り、しかも、この論文集が開戦のわずか一か月前（四一（昭一六）年七月）に刊行されたという事実ひとつとってみても、「国民教育学」、ひいては「精神科学」という概念に関する著者たちの理解、ディルタイ当人の理解とのあいだには懸隔が存在すると見てよさそうである。

このほか、文藝学の分野では、徳永郁介（一九一一（明四四）―九二（平四））の「ディルタイの文藝手法論について」（『哲學研究』第一八第一一巻、三三（昭八）年）、山際靖・横山正美述『文藝学』（日本大学出版部、三六（昭一一）年）、等々が生まれた。また、経済学の領域では、すでに名前の出た石川興二の「ディルタイ哲学と経済哲学」（『経済論叢』（京都帝国大学法科大学）、（一）、第三二巻第四号、（二・完）、第三三巻第二号、三一（昭六）年）、出口勇蔵「ディルタイの歴史研究に於ける資本主義観」（『経済論叢』第三九巻第四号、三四（昭九）年）があるが、社会科学関連からなされたディルタイへの言及は概して少ないように思われる[28]。

最後に、この時期の訳業の数々を見ておこう。

管見のかぎりでいえば、邦訳書の嚆矢は勝部謙造訳『哲学の本質』（大村書店、二五（大一四）年五月。Das Wesen der Philosophie, in: V 339–416 の邦訳）である。これは早くも刊行翌月に再版され、翌二六（大一五）年一〇月に改訳（第三版）が、そして、三五（昭一〇）年にも同書肆から上梓されたことからして、総体的に好評裡に迎えられたといえよう。ところが、改訳にあたって、戸田三郎（一九〇一（明三四）―三七（昭一二））からの凄烈な論難があったことが知られている。戸田は、二六（大一五）年六月、『哲學研究』（第一一巻第六号）に「ディルタイ著「哲学の本質」の邦訳に就いての質疑」を発表し、勝部が「ディルタイを呑んでかゝつた」（一一三頁）として、その訳文が抱える問題点を逐一挙げ、執拗に批判していった。この執念たるや、まさしく「峻烈」のひとことに尽きるといっても過言ではなく、翌月、勝部は同誌（第一一第七号）に「ディルタイ「哲学の本質」の邦訳に就いて」を寄稿して反論するが、贔屓目に見てもやや分が悪いこともあって、結句、本論稿のわずか三か月後という異例の速さで前記の改訳を出版する。いや、出版を余儀なくされた、というのが実情であろう。ところが、両者の〝因縁〟はこれに尽きはしない。戸田が自身の翻訳を世に問うたのである。それは、当初、三〇（昭五）年に鉄塔書院から出た翻訳論文集『哲学とは何か』[29]に、そして、五年の歳月を経て、三五（昭一〇）年に岩波文庫に収録された。これなどなるほど研究者相互の切磋琢磨およぴ努力の結果と見られなくもない。しかし、あえていえば、結果として、同じものが再三にわたって翻訳されるという、今日までつづく〝悪しき慣行〟の先例になっていないであろうか。これについては、ディルタイ研究全般にかかわる問題として、本章の最後に述べることにしよう。

ついで、二八（昭三）年、三枝博音の訳で『序説』第一巻が大村書店から上梓され、これが二年後（三〇（昭五）年）に人文書房から再刊される。三枝といえば、江塚幸夫との共訳による『記述的分析的心理学』（モナス、一九三二（昭七）年。Ideen über eine beschreibende und zergliedernde Psychologie, in: V 139–240 の邦訳）も銘記されなければならない[30]。『序説』第一巻はこののち鬼頭英一によって訳出され、『世界大思想全集』第七六、八三巻として三三（昭八）年に、また、『哲学名著叢書』第一、二巻として三五（昭一〇）年に、都合二回にわたっていずれも春秋社から刊行された。

年代的には、このあと、栗林茂（一八九九（明三二）―一九八三（昭五八））による訳業が二点つづく。『ヘーゲルの青年時代』第一章の抄訳を内容とする『ディルタイ論文集』（丸善、二九（昭四）年。Die Jugendgeschichte Hegels, in: IV

1–187 の邦訳)、および「解釈学の成立」(『哲学』(慶應義塾大学三田哲学会)第一〇号、三三(昭八)年。Die Entstehung der Hermeneutik, in V 317–338 の邦訳)がそれである。ちなみに、前者の完訳は甘粕石介(一九〇六(明三九)—七五(昭五〇))によるもの(『青年時代のヘーゲル』三笠書房、三八(昭一三)年)まで待たなければならない。

また、先に2の掉尾で述べたとおり、昭和期には「世界観学」の翻訳も姿を見せはじめた。山本英一訳の『世界観の研究』(Die Typen der Weltanschauung und ihre Ausbildung in den metaphysischen Systemen, in: VIII 73–118(「世界観の諸類型と形而上学的諸体系におけるそれらの類型の形成」)の邦訳)が岩波文庫に収録された(三〇(昭五)年。三五(昭一〇)年)のを発端として、船山信一訳『世界観学——哲学の哲学』(叢文閣、三五(昭一〇)年。Das Geschichtliche Bewußtsein und die Weltanschauungen, in: VIII 1–71(「歴史意識と世界観」)、Die Typen der Weltanschauung und ...(「世界観の諸類型と……」)、Zur Weltanschauungslehre, in: VIII 167–233(「世界観学に向けて」)の三篇の邦訳。『世界観学』として四〇(昭一五)年に三笠書房より再刊)、といった具合である。さらに、歴史への関心、より正確には、時事問題とのかかわり——まさしく「時務の論理」といってよい——で、細谷徳三郎・富岡益五郎共訳『独逸精神史研究』(政経書院、三三(昭八)年。*Von deutscher Dichtung und Musik. Aus den Studien zur Geschichte des deutschen Geistes*, Leipzig 1933 の邦訳)、藤平武雄訳『歴史と生の哲学』(モナス、三四(昭九)年。Der Aufbau der geschichtlichen Welt in den Geisteswissenschaften, in: VII 77–187(「精神科学における歴史的世界の構成」)の邦訳)、樺俊雄訳『歴史の構造』(冨山房、四〇(昭一五)年。同前)、松山厚三訳『ルネサンス期以後の人間と世界観』(白揚社、四三(昭一八)年。Auffassung und Analyse des Menschen im 15. und 16. Jahrhundert, in: II 1–89(「十五、十六世紀における人間の把握と分析」)、Die Funktion der Anthropologie in der Kultur des 16. und 17. Jahrhunderts, in: II 416–492(「十六、十七世紀の文化における人間学の機能」)の邦訳)、村岡哲訳『フリードリッヒ大王とドイツ啓蒙主義』(三省堂、同年)、大野敏英訳『フリードリッヒ大王と独逸啓蒙思潮——独逸精神史の研究』(刀江書院、同年)、和田治平訳『プロイセン國家維新遂行者』(図書出版、四四(昭一九)年)が江湖に問われた。最後の三点のうち、前二者は、標題からもわかるとおり、訳者こそ異なるものの、同一論文（Friedrich der Grosse und die deutsche Aufklärung, in: III 83–205）を訳出したものである。さらに、和田訳（Die Reorganisatoren des preussischen Staates, in: XII 37–122 の邦訳）にいたっては、今日、言及されることが比較的少ない論考の邦訳という意味ではたしかに貴重ではあるが、それにしても、これがこの時期に訳出された事実に時代の要求とその刻印とを見ることはそう難しくあるまい。そのことは、「訳者の序」の次のくだりに単刀直入に表われている訳者の読みの方向性からも十分に裏づけられようからである。曰く、「「プロイセン国家の維新遂行者」に関する本書に収めた論究は即ちこの時代に就てディルタイが与へた研究報告である。がそれは格別新しい独自の研究を与へ様と努むるものではなくして、簡明な物語りの裡に、新ドイツ帝国に於てドイツ帝国が今日あるに至つた所のその論究点が何処にあるかを明確にしようと欲してゐるのである」と（前掲訳書、三頁。なお、最初の強調は原文）。

他方、教育学分野では、北野駿訳『科学としての教育学』（人文書房、三〇（昭五）年。Über die Möglichkeit einer allgemeingültigen pädagogischen Wissenschaft, in: VI 56–82（「普遍妥当的教育学の可能性について」）、および Schulreformen und Schulstuben, in: VI 83–89（「学校改革と教室」）の邦訳）、白根孝之訳『教育史・教育学概論』（理想社、一九三七（昭一二）年。Geschichte der Pädagogik, in: IX 11–164（「教育学の歴史」）の邦訳）、のわずか二点を数えるのみにとどまる。ところが、これに対して、文藝学、美学の分野では、江沢譲爾訳『文藝復興と宗教改革』（春陽堂、三一（昭六）年。前出の松山訳と同じ Auffassung und Analyse des Menschen … の邦訳）、佐久間政一訳『詩と体験』（モナス、三三（昭八）年）、徳永郁介訳『近世美学史——近世美学の三画期と今日の課題』（第一書房、三四（昭九）年。Die drei Epochen der modernen Ästhetik und ihre heutige Aufgabe, in: VI 242–287 の邦訳）、『想像力の分析』（野田書房、三七（昭一二）年。Die Einbildungskraft des Dichters. Bausteine für eine Poetik, in: VI 103–241（「詩人の想像力」）の邦訳）、服部正己訳『体験と文学』（第一書房、三五（昭一〇）年）、山西英一訳『ドイツの文学と音楽』（河出書房、四四（昭一九）年。上巻のみ。底本は前出の細谷・富岡訳と同じで、原著のIII頁（Vorwort「校訂編纂者序文」）から二四八頁（Johann

Sebastian Bach の末尾、Die Kunstform der Bachschen Oratorien「バッハのオラトーリオの藝術形式」）までの邦訳）、等々が現われた。標題から容易に推察されるとおり、佐久間訳、服部訳とも *Das Erlebnis und die Dichtung* の邦訳である。

## 4　小括

以上、わが国がアジア＝太平洋戦争に敗北を喫するまでの時期に展開されたディルタイ研究の諸相を概観してきた。ディルタイの没年はわが国では明治時代末期（一九一一（明四四）年）にあたっており、こののち、束の間とはいえ、民主主義を謳歌する時代を迎える。

と同時に、この時代は、これまでの行論中では言及しなかった、マルクス主義が流入し、隆盛を誇った時代でもあった。わが国におけるその受容は、たとえば、一九〇四（明三七）年、幸徳秋水（一八七一（明四）—一九一一（明四四））と堺利彦（一八七一（明四）—一九三三（昭八））とによるマルクスの『共産党宣言』の翻訳紹介に端を発するといってよいが、そののちの、官憲による弾圧につぐ弾圧が物語る、それこそ酸鼻を極めた歴史はここにあらためて述べるまでもない。

これに対して、ディルタイ研究はこうした弾圧を免れており、アジア＝太平洋戦争の敗北にいたるまで、細々とながら研究や翻訳が世に問われていた。少なくとも、そうした機会はかろうじて残されていたといってよいし、そのことはこれまで見てきたとおりである。しかし、ここまでのいくつかの事例からして、戦争突入までのこの国の右傾化、ファッショ化、皇国史観に支えられた軍国主義化のもとで、ディルタイの思想がそれになんらかの仕方で利用されたということ、あるいは、ディルタイ研究の方から、意図的にか否かは別として、結果的に〝寄与〟したということははたしてなかったか。あるいはまた、少なくとも、そう断言することははたして不可能であろうか。先に和田訳『プロイセン國家維新遂行者』の「訳者の序」の一部を引いたが、この序文全体を読めば、これらの問いへの答えはある一定の方向に向かうようにも思われる。

もっとも、右に示した問いは、それらにどう答えるかということもあわせて、すでに述べたように、現在のわれわれの視点による規定と方向づけとを被らざるをえないであろう。現代および未来のディルタイ研究者と、今日の、さらには向後の読者とにとって、もしこの時期までのディルタイ研究史から学ぶことがあるとすれば、それは、もとよりディルタイを受容するにあたっての時代的‐学問的‐政治的背景と、自身の立脚点とへの冷静な視線があってはじめて見えてくるものであるにちがいない。

## 二　アジア＝太平洋戦争以後の研究史

### 1　研究の再開──『ディルタイ著作集』（創元社）の刊行と途絶

「万物は争いによって生ずる」（*πάντα κατ' ἔριν γίνεσθαι*）[31]。

戦争は多大な犠牲と筆舌に尽くしがたい悲惨とを強いるのがつねながら、その一方で、新たな時代を醸成する契機となることもまた否定できない。戦争が終わると、それに加担した者は追われ、沈黙を強いられた者は息を吹き返す。ディルタイ研究とて例外ではない。すでに見たとおり、アジア＝太平洋戦争の激化に伴い、研究業績の数は尻すぼみとなる。管見のかぎりでいうと、論文は、岸本昌雄「生の概念（意識とその現象）」（『哲学雑誌』第六一二号）と、そして、厳密には論文ではないが、『一橋評論』に掲載された蓬澤淙「ディルタイ「青年時代のヘーゲル」紹介」（ともに三八（昭一三）年）とをもって、また、研究書は既出の岸本『歴史主義哲学の根本問題』（四二（昭一七）年）で、翻訳書は、どちらも同じ四四（昭一九）年刊行の和田訳（『プロイセン國家維新遂行者』）および山西訳（『ドイツの文学と音楽』）──いずれも前出──で戦前、戦中の研究史は幕を閉じた。

戦後のディルタイ研究は、佐久間政一訳『ゲーテ』（夏目書店。『体験と創作』中の Goethe und die dichterische Phantasie（「ゲーテと詩的想像力」）の邦訳）、金田民夫「藝術的世界の形成と発生形態──ディルタイに於ける感情構造と原始藝術」（『哲學研究』第三〇巻第一号）の二点をもって四六（昭二一）年に再開される。この年には、もう一点、重要な著作が姿を現わす。ドイツ語版『全集』第七巻を底本とする、水野彌彦・細谷恒夫・坂本都留吉訳『歴史的理性批判』（創元社）がそれである。これは、すでに戦前、戦中期に企画されながらも日の目を見ることのなかった、三宅剛一（一八九五（明二八）―一九八二（昭五七））と細谷との編集になる『ディルタイ著作集』[32]の第四巻として出版された（以下、この『ディルタイ著作集』を、必要に応じて、創元社版『著作集』とも呼称）。

ところが、全一五巻、別巻一巻という規模での刊行が計画されていたこの創元社版『著作集』は、事情は詳らかにしないが、本巻を刊行したのみで途絶してしまう[33]。いまとなってはかえすがえすも残念ながら、もしこれが完成していれば、わが国のディルタイ研究は総じて確実にいっそう底上げされたであろう。そして、なによりも、こののち半世紀近くを閲して刊行され、このたびようやく完結を見ることになったこの日本語版『全集』もそこから多大な刺激と恩恵とを受け、さらに良質のものを読者に提供できたかもしれない。

では、いったいこの〝幻の〟『著作集』各巻の内容はどのようなものであったのか。資料的価値はけっして少なくないと思われるゆえ、私の手許にあるそのパンフレット（内容見本）のコピーをもとに、先達への敬意をこめて、細かい部分――たとえば、第四巻以外の各巻の編集校閲者名および訳者名――を適宜省略しながら写してみよう。西田幾多郎、阿部次郎、伊藤吉之助、西田直二郎（一八八六（明一六）―一九六四（昭三九））による「推薦の辞」[34]のあと、「内容説明」として次のような巻構成が示される。

第一巻　精神科学序説 上
　　精神科学序説第一部、第二部
第二巻　精神科学序説 下
　　精神科学序説第三部

人間、社会及び国家に関する諸学の歴史的研究について
第三巻　心理学及び認識論
記述的分析的心理学考
外界実在性への信頼の起源問題解決への寄与
個性研究への寄与
解釈学の成立
**第四巻　歴史的理性批判（一九四六（昭二一）年）**
**精神科学に於ける歴史的世界の構成　訳者 水野彌彦　校閲者 細谷恒夫**
**「構成」への続稿　訳者 細谷恒夫　校閲者 水野彌彦**
**精神科学基礎論に関する諸研究　訳者 坂本津留吉　校閲者 三宅剛一**
第五巻　世界観論としての哲学
哲学の本質
世界観の諸類型と形而上学体系に於けるその展開
歴史的意識と世界観
第六巻　教育学、その体系と歴史
教育学体系綱要
教育史
教育改革と教室
第七巻　美学及び詩学
詩人の構想力

詩的構想力と狂気
近代美学の三つの時期と今日に於けるその課題
第八巻　体験と詩作
体験と詩作
第九巻　近世に於ける世界観と人間観の歴史
十五・十六世紀に於ける人間把握とその分析
十七世紀に於ける精神科学の自然的体系
十七世紀に於ける思惟の自律性、構成的合理主義、汎神論的一元論、及びそれ等の相互連関
第十巻　近代ヨーロッパ精神
発展史的汎神論と古代汎神論との歴史的連関
十六・七世紀に於ける人間観の役割
十八世紀と歴史的意識
十九世紀前半に於ける世界観体系の三つの基本形式
「三つの基本形式」への補遺
第十一巻　ドイツ精神史
ライプニッツとその時代
フリートリヒ大王とドイツ啓蒙思想
カント哲学について
ヘーゲル時代のドイツ哲学
第十二巻　ヘーゲルとその時代

ヘーゲルの青年時代第一—三章
第十三巻　シュライエルマッヘル伝 上
第十四巻　シュライエルマッヘル伝 下
第十五巻　日記、書簡、自伝
若きディルタイ
ディルタイとフォン・ヴルテンブルク伯との往復書簡
ディルタイのショルツ夫妻への書簡
ハイムへの書簡
自伝的諸文献
別巻　ヴィルヘルムディルタイ——生涯と思想

前述のように、ゴシックで示した第四巻だけがこのなかで唯一刊行されたものである。右に断ったとおり、同巻以外については編集校閲者も訳者名もここには記さなかったが、この内容見本のリスト中には、必ずしもディルタイ研究者ではない多数の人々が名を連ねていた。それは、なによりも、当時、ディルタイを専門とする研究者がきわめて少なかったことに起因しよう。しかし、まさしくそうであるからこそ、この陣容をあらためて眺めるにつけても、錚々たる面々が結集しているさまは圧巻であり、これを評するに、「わが国の学界の総力を結集して」という形容以上にふさわしいものは見あたるまい。前述のとおり、結句、この企画はわずか一巻を出したのみで途絶してしまったとはいえ、第七巻、第八巻にそれぞれ収録を予定されていた、『近代美学の三つの時期と今日に於けるその課題』、『体験と詩作』は、まことに幸いなことに、こののち双方とも『近代美学史——近代美学の三期と現代美学の課題』および『体験と創作』と改題したうえで岩波文庫に収録されて読者に届けられることになった。[35] 両者がいまだに折にふれて重刷されていること、また、後者に関しては、本章冒頭で述べたような、ディルタイ〝入門〟書としての役割を担ってきたこと、こうしたことを思えば、これらの恩恵に与ったディルタイ研究者や読者はけっして少なくないことがあらためて思いだされるはずである。

## 2　原典およびディルタイ関連研究書の邦訳、邦語研究書の着実な刊行（一九八〇年代まで）

この創元社版『著作集』につづく、戦後における翻訳状況を概観しておこう。

同第四巻出版の翌年（四七（昭二二）年）、トロツキー（Lev Davidovich Trotsky, 1879–1940）の訳者として名高い山西英一（一八九九（明三二）―一九八四（昭五九））が『シルレル論』『十八世紀の大音楽』を訳出し、いずれも河出書房から刊行する。(36) 五〇年代に入ると、岩波文庫の戸田訳『哲学の本質』の再刊（五二（昭二七）年）、氷上英廣訳「ゲーテと詩的想像力」および「『日本小説集』への書評」（前者は前出の佐久間訳と同じ Goethe und die dichterische Phantasie の邦訳（抄訳）。後者は Japanische Novellen, in: *Westermanns Illustrierte Monatshefte* 40 (1876), S. 577–587, jetzt wiederabgedruckt in: XVII 346–360 の邦訳（抄訳）。いずれも高橋義孝他編『世界藝術論大系』第九巻（ドイツ 現代）、河出書房、同年、に収録）(37)、徳永訳『近世美学史』の文庫化による再刊（創元文庫、創元社、五三（昭二八）年）があいついだ。

そして、一九六〇年代から八〇年代にかけて、復刊も含め、翻訳書の数は着実に増えてゆく。由良哲次訳『想像力と解釈学』（理想社、六二（昭三七）年。七五（昭五〇）年、増補第二版）、小林靖昌訳『近代的人間像の解釈と分析』（理想社、六六（昭四一）年。七九（昭五四）、改訂版。前出の江沢、松山訳と同じ Auffassung und Analyse des Menschen ... の邦訳）、久野昭訳『解釈学の成立』（以文社、七三（昭四八）年。八一（昭五六）年、改訂版）、久野・水野建雄訳『ヘーゲルの青年時代』（以文社、七六（昭五一）年）、甘粕訳『青年時代のヘーゲル』（名著刊行会、同年。三笠書房、三八（昭一三）年の復刊）、塚本正明訳「解釈学の成立」（ペゲラー編『解釈学の根本問題』晃洋書房、七七（昭五二）年、所収）、西村貞二訳『ルネサンスと宗教改革——一五・六世紀における人間の把握と分析』(創文社、七八(昭五三)年)、山本英一・上田武訳『精神科学序説——社会と歴史の研究にたいする一つの基礎づけの試み(上、下)』(以文社、七九(昭五四)—八一(昭五六)年)、尾形良助訳『精神科学における歴史的世界の構成』(以文社、八一(昭五六)年)、白根訳『教育史・教育学概論』(有明会館図書部、八二(昭五七)年。理想社、三七(昭一二)年の復刻版)、鬼頭訳『道徳・教育・認識・論理の基礎づけ——ディルタイ論文集』(公論社、八七(昭六二)年。Versuch einer Analyse des moralischen Bewußtseins, in: VI 1–55(「道徳意識の分析の試み」)ほかの邦訳)、ノール編『生の哲学』(久野監訳、以文社。Dilthey, W.: *Die Philosophie des Lebens*. Aus seinen Schriften ausgewählt von Herman Nohl, mit Vorwort von Otto Friedrich Bollnow, Stuttgart/Göttingen 1961 の邦訳)、『教育学論集』(日本ディルタイ協会訳、以文社。「普遍妥当的教育学の可能性について」ほかの邦訳。以上三点とも一九八七(昭五二)年)、『世界観学』(久野監訳、以文社、八九(昭五四)年)、がこの時期に出版された。

ただし、ここにもまた、同じものが翻訳され刊行される——場合によっては、復刊、復刻される——という、先に戦前の部分(三二三頁)で触れた傾向がうかがえる。

研究成果の蓄積は翻訳にかぎったことでない。時代をさかのぼりはするが、四七(昭二二)年一一月に戦後最初の研究書、由良哲次『ディルタイ・解釈学』(富士書店)が出、徐々にではあるが、確実に活況を帯びはじめる。茅野良男『ディルタイ』(有斐閣、一九五九(昭三四)年)、西村皓『ディルタイ』(牧書店、六六(昭四一)年)、尾形良助『ディルタイ研究——ディルタイと社会倫理思想』(理想社、七〇(昭四五)年)、海後宗臣『教育思想研究』(東京書籍、八一(昭五六)年(『海後宗臣著作集』第三巻))がこの時期を代表する著作であり、戦前、三六(昭一一)年に出た細谷『ディルタイ・ナートルプ』が八四(昭五九)年に「大教育家文庫」の一冊として同じ岩波書店から復刊された。また、覚道豊治ほか編『法と政治の現代的課題——大阪大学法学部創立三十周年記念論文集』(有斐閣、八二(昭五七)年)、西村ほかの編集になる『教育の根底にあるもの——長井和雄教授還暦記念論集』(以文社、八四(昭五九)年)、東京大学美学藝術学研究室編『美学史論叢——今道友信教授還暦記念』(勁草書房、八三(昭五八)年、八五(昭六〇)年)はディルタイを主題とする論考を収録している。[38] また、この時期を代表する著作のひとつとして、丸山高司『人間科学の方法論争』（勁草書房、八五（昭六〇）年）も挙げておかなければならない。丸山は、ディルタイのみならず、ガダマー、アーペル（Karl-Otto Apel, 1922–2017）、ハーバマス（Jürgen Habermas, 1929– ）、ウィトゲンシュタイン（Ludwig Wittgenstein, 1889–1951）、ウリクト（Georg Henrik von Wright, 1916–2003）などに幅広く目を配り、「人間科学」、すなわち、人文、社会科学を巻きこんだ「説明 - 理解」論争や実証主義論争を丹念に追っている。

以上にくわえて、戦後、欧米のディルタイ関連研究書の翻訳紹介がはじまった。あるいは意外に思われるかもしれないが、戦前、戦後の研究史を区別する顕著な特徴のひとつとして、欧米で出版されたディルタイ関連研究書の翻訳の有無という点が挙げられる。アジア＝太平洋戦争以前はもとより、戦中にあっては、ディルタイ自身の著述の邦訳こそ公刊されはしたものの、研究書の翻訳は行なわれていなかった。[39] したがって、そうした文献の訳出が開始されたことは、戦前には見られなかった大きな特徴であるといってよい。

その一例として、ボルノー（Otto Friedrich Bollnow, 1903–91）の著作、*Dilthey. Eine Einführung in seine Philosophie* がある。本書初版はすでに戦前（一九三六（昭一一）年）に刊行されており、そののちもいくたびか版を重ねた事実からも明らかなとおり、本書は依然としてディルタイ研究上の必読文献の地位を占めているが、麻生建による翻訳が『ディルタイ――その哲学への案内』（未來社、七七（昭五二）年。底本は原著第二版）として出版されるまでにじつに四〇年以上を要した。

このほか、この時期に現われた邦訳書として、オルテガ・イ・ガセット『ヴィルヘルム・ディルタイと生の理念』（佐々木孝訳、未來社、八四（昭五九）年）が挙げられよう。奇しくも『序説』第一巻刊行の年に生を受け、ベルリン留学のさいにディルタイの許を訪れようとして叶わなかった、〝思想不毛の地〟にして〝無脊椎国〟の住人オルテガ（José Ortega y Gasset, 1883–1955）が、ナチ党が政権を奪取した年（三三（昭八）年）に著わした論文 Guillermo Dilthey y la idea de la vida がこれであり、そこからじつに半世紀もの年月を経て訳出されたわけである。さらに、ディルタイとの関連でいうなら、時期は前後するが、やはりボルノーの『生の哲学』（戸田春夫訳、玉川大学出版部、七五（昭五〇）年。Bollnow, O. Fr.: *Die Lebensphilosophie*, Berlin 1958 の邦訳）も無視することはできないし、コリングウッド『歴史の観念』（小松茂夫・三浦修訳、紀伊國屋書店、七〇（昭二五）年。Collingwood, R. G.: *The Idea of History*, Oxford 1946 の邦訳）、アントーニ『歴史主義』（新井慎一訳、創文社、七三（昭四八）年。Antoni, C.: *Lo storicismo*, Torino 1957 の邦訳）、ホイシー『歴史主義の危機』（佐伯守訳、イザラ書房、七四（四九）年。Heussi, K.: *Die Krisis des Historismus*, Tübingen 1932 の邦訳）、ハーバマス『認識と関心』（奥山次良・八木橋貢・渡辺祐邦訳、未來社、八一（昭五六）年。Habermas, J.: *Erkenntnis und Interesse*, Frankfurt/M. 1968 の邦訳）なども指摘しておく必要があろう。

## 3　ドイツ語版『ディルタイ全集』の継続と〈ディルタイ・ルネサンス〉

右で見た一九八〇年代には、ディルタイ研究史上、ひとつの画期をなすといっても過言ではないできごとが生じた。いわゆる〈ディルタイ・ルネサンス〉がそれである。

一九八三（昭五八）年は、ディルタイ生誕一五〇年、『序説』第一巻刊行一〇〇年にあたっており、この年、ルール大学ボーフムのローディ（Frithjof Rodi, 1930– ）らが中心となって『ディルタイ年報』（*Dilthey-Jahrbuch für Philosophie und Geschichte der Geisteswissenschaften*）が創刊された（以下、『年報』と略記）。すでに七七（昭五二）年にローディおよびレッシング（Hans-Ulrich Lessing, 1953– ）の編集によって『ディルタイ全集』第一八巻が刊行され、『序説』第一巻のための準備稿や関連草稿等々が公開されていたが、その五年後、前記『年報』創刊の前年、八二（昭五七）年に、重要性の点でこれに勝るとも劣らない資料がわれわれに提供されたのである。それはディルタイが死の直前まで格闘しながら結局は完成しなかった『序説』第二巻のための夥しい草稿群ほかの資料であり、編者ローディおよびレッシングは諸草稿をディルタイの計画および構想に沿ったかたちで再構成し、『全集』第一九巻として公開したのであった。

編者の努力もさることながら、この公刊のもつ意味はひじょうに大きい。たとえば、同巻に収録された「ブレスラウ完成稿」がフッサール研究者たちの注目を集め、現象学の側から、ディルタイとの近さと、そして、もとよりかぎりなき隔たりとへの関心が喚起されたからである。その一例として、オルト（Ernst Wolfgang Orth, 1936– ）が編集した二書、『ディルタイと十九世紀以来の哲学概念の変貌』（Orth, E. W. (Hrsg.): *Dilthey und der Wandel des Philosophiebegriffs seit dem 19. Jahrhundert. Studien zu Dilthey und Brentano, Mach, Nietzsche, Twardowski, Husserl, Heidegger*, Freiburg/Br. 1984）、および『ディルタイと現代の哲学』（Ders. (Hrsg.): *Dilthey und die Philosophie der Gegenwart. Beiträge*, Freiburg/Br. 1985）を挙げることができよう（なお、彼が九〇（平二）年九月から一〇月にかけて来日した折、京都大学にて行なった講演「ディルタイとフッサール現象学――相対主義によって哲学がうけた挑戦」が塚本正明によって訳出されている。『思想』第八二五号、九三（平五）年）。

一方、わが国ではどうであったか。すでに七九（昭五四）年の第六五九号を「解釈学の課題」と題する特集号としていた『思想』誌は、第七一六号（八四（昭五九）年）で、小特集「ディルタイ・ルネサンス」を組み、次の四論文を掲載した。ボルノー「ディルタイと現象学」（高橋義人訳）、ローディ「ディルタイ、ガダマーと「伝統的」解釈学」（大野篤一郎訳）、高橋義人「ディルタイ解釈学の形態学的視座」、丸山高司「ディルタイにおける「心理学」と「解釈学」」がそれである。さらに、第七四九号（八六（昭六一）年）では、現在、『年報』第四巻に収録されているローディの論考「ハイデガーとディルタイ――ハイデガーのカッセル講演をめぐって」（高田珠樹・丸山高司訳）が、その『年報』掲載に先んじて日本の読者に紹介されたことも特筆されよう（この「カッセル講演」そのものの翻訳はこののち二〇〇六（平一八）年に平凡社から刊行された[40]）。

今日から回顧すると、〈ディルタイ・ルネサンス〉とは、従来の、後期を中心としたディルタイ像の修正を迫るとともに、いわゆる〈「心理学」から「解釈学」への転回〉という、ディルタイ解釈における旧来の〝カノン〟ないし〝ドグマ〟の修正を迫る一契機であったといってよい。そのなかにあって、解釈学への関心はアジア＝太平洋戦争以前以後をつうじて依然として維持されつづけている。それは、すでに見た三木清らの例からも明らかなとおり、もともとハイデガーを経由して醸成されていたといってよいが、これにくわえて、彼の後継者たち、すなわち、ガダマーやリクール（Paul Ricœur, 1913–2005）らによるディルタイとの批判的対決が紹介されたこと[41]を契機として、この領域への関心の度合はさらに高まっていった。後述するボルノーの『解釈学研究』（西村皓・森田孝監訳、玉川大学出版部、九一（平三）年）をはじめ、同（述）『思索と生涯を語る』（ゲベラー／レッシング編、石橋哲成訳、同前。*Otto Friedrich Bollnow im Gespräch*, hrsg. von Hans-Peter Göbbeler und Hans-Ulrich Lessing; mit einem Vorwort von Frithjof Rodi, Freiburg/München 1983 の邦訳）、シュネーデルバッハ『ヘーゲル以後の歴史哲学――歴史主義と歴史的理性批判』（古東哲明訳、法政大学出版局、九四（平六）年。Schnädelbach, H.: *Geschichtsphilosophie nach Hegel. Die Probleme des Historismus*, Freiburg/München 1974 の邦訳）、ペゲラー『ハイデガーと解釈学的哲学』（伊藤徹監訳、同前、二〇〇三（平一五）年。Pöggeler, O.: *Heidegger und die hermeneutische Philosophie*, Freiburg/München 1983 の邦訳）、ビールス編『解釈学とは何か』（竹田純郎ほか訳、山本書店、八七（昭六二）年。*Hermeneutische Positionen. Schleiermacher, Dilthey, Heidegger, Gadamer*, hrsg. und eingel. von Hendrik Birus, Göttingen 1982 の邦訳）、マックリール『ディルタイ――精神科学の哲学者』（大野篤一郎ほか訳、法政大学出版局、九三（平五）年。Makkreel, R. A.: *Dilthey. Philosopher of the Human Studies*, Princeton 1975 を底本とし、原著独語版（Ders.: *Dilthey. Philosoph der Geisteswissenschaften*, übersetzt von Barbara M. Kehm, Frankfurt/M. 1991）にくわえられた加筆修正が反映されている）、などがこの時期に出た邦訳書である。

　ただし、ボルノーに関しては、先に挙げた『ディルタイ』とならんで、『ディルタイとフッサール――二十世紀哲学の源流』（高橋義人訳・解説、岩波書店、八六（昭六一）年）の重要性も強調しておきたい。本書のドイツ語原著は未公刊のようであるが[42]、標題が直截に示すとおり、著者はこの両哲学者の相互影響関係に光を当てるとともに、前述したような現象学の側からディルタイに向けられた（批判的）視線に応答しつつ、ディルタイ哲学の可能性を探ろうと試みている。また、『ディルタイ』は、その刊行の時代の趨勢、とりわけハイデガー哲学の圧倒的な影響下にあって、いわばそれへの対抗が意図されていたと見てよいであろうが、ドイツ語版『全集』第一八、一九巻の刊行と、この〈ディルタイ・ルネサンス〉とを機に、ボルノー自身が中期ディルタイの思索の重要性に開眼し、その研究成果のひとつがこの『ディルタイとフッサール』として実を結んだといえるのではないか。表面上は〈ディルタイ対ハイデガー〉から〈ディルタイ対フッサール〉へと歩んだように見えるものの、これは、思えば、ミッシュが『生の哲学と現象学』（Misch, G.: *Lebensphilosophie und Phänomenologie. Eine Auseinandersetzung der Dilthey'schen Richtung mit Heidegger und Husserl*, Bonn 1930; Leipzig $^{2}$1931）をつうじて行なった、現象学に対するディルタイの立場の擁護をボルノーなりの仕方で行なった軌跡でもあろう。本書に付された訳者解説はディルタイ入門としても参考になる。

現象学への応答ばかりではない。ハイデガーとの関連でいうと、解釈学および生の論理学をめぐるボルノーの思索も重要である。ディルタイを起点にして、いささか単純化の気味は免れないが、もし次の二系列、

(1) ディルタイ――ハイデガー――ガダマー……「解釈学」の系列
(2) ディルタイ――ミッシュ――リップス……「生の（解釈学的）論理学」の系列

を想定することができるとすれば、ボルノーが『ディルタイとフッサール』とともに、はるか以前に取りくんでいたリップス（Hans Lipps, 1889–1941）研究などをも含む二巻本の『解釈学研究』（Bollnow, O. Fr.: *Studien zur Hermeneutik*, 2 Bde., Freiburg/München. 1982f.）がこの時期にまとめられたことによって、晩年のボルノー自身にとっても重要な局面が切り開かれたことになるであろう。その意味では、この二巻本著作はたいそう画期的な意義をもつといっても過言ではない。[43]

と同時に、あるいは、しかしながら、前記のとおり、このうちの第一巻が訳出されたことはもとより慶賀すべきこととはいえ、ミッシュ、リップス研究を含む第二巻が未訳のままであることはかえすがえすも残念であった。同書は、

日本のディルタイ研究のなかでいまだほとんど手つかずの領域、つまり、⑵系列の研究への導きとして、いまなお看過を許さない貴重な価値をもっているからにほかならない。

## 4　日本ディルタイ協会の設立と雑誌『ディルタイ研究』の創刊、日本語版『ディルタイ全集』の発刊と完成、および九〇年代以降の達成

八〇年代のわが国のディルタイ研究における画期的なできごととして、日本ディルタイ協会の設立（八五（昭六〇）年九月二五日）、および雑誌『ディルタイ研究』の創刊（八七（昭六二）年七月三〇日）が特筆される。設立から第一回総会開催までの詳しい沿革については同協会のサイトの参照を冀い[44]、ここではそれを参照しつつ、同協会が日本のディルタイ研究に果たした役割を概観しよう。

一九八五（昭六〇）年三月二七日、「日本ディルタイ協会」設立準備委員会が慶應義塾大学（三田）にて開催された。委員は長井和雄、西村晧、茅野良男、森田孝、尾形良助の五名、事務担当は舟山俊明、増渕幸男である。同九月二五日付で設立準備委員連名の「入会案内書」が作成され、ここに日本ディルタイ協会（Dilthey Gesellschaft in Japan）は産声を上げた。同年一一月一九日（ディルタイの誕生日）に第一回総会が開催され、同協会は正式に発足する。設立準備委員五名が理事、事務担当二名が事務局となり、西村が代表理事に就任した。

協会の「設立趣意書」も「入会案内書」もともに、〈ディルタイ・ルネサンス〉を、自然科学の著しい発展や研究と比較したさいに顕著な人文科学の立ち遅れに対して精神科学の内部から生じた反省の現われとして把握している。そのうえで、「入会案内書」は、ディルタイの影響力の大きさと研究領域の幅広さに呼応するかたちで、「ディルタイ研究者は言うまでもなく、関連のある分野の方々にもご参画を得て、「日本ディルタイ協会」を設立して、右記の活動（研究者相互の情報交換や学術交流、資料の整理）を展開したいと存じます」と記す。

実際、同協会には、哲学、教育学、文学、美学、法学などさまざまな分野の研究者が集っている。「右記の活動」、

すなわち、研究者相互の情報交換や学術交流、資料の整理のうち、学術交流に関しては、志半ばといわざるをえないが、資料整理に関しては、この日本語版『全集』の完成という一大事業を完遂したことを含め、それなりの成果を得たとはいえまいか。

そして、協会設立から二年後（八七〔昭六二〕年）、雑誌『ディルタイ研究』第1号が創刊された。その巻頭、西村の「『ディルタイ研究』創刊によせて」に曰く、

本研究誌は『ディルタイ研究』でありますが、その内容は単に「ディルタイ」の研究に限定せず、ディルタイの意図する「人間研究」の視点に立って、広く学際的研究を求めております。また研究誌も、現在のところ日本とドイツの研究者の論文が載せられると思いますが、将来は、それも近い将来にはドイツ以外の欧米や中国、韓国等の研究者による論文も載せられるようになりたいと思っております。

この巻頭言につづき、ボルノー「ディルタイ研究の新たな諸課題」（森田孝訳）、「生そのもののリズム――晩年のディルタイの目から見たヘーゲルとヘルダーリン」（宮下啓三訳）の二本の翻訳論文を筆頭に、高橋義人「コローキウム「ゲーテとディルタイ」」、山本雅弘「W・ディルタイにおける「連関」と「自己中心化」の概念について」、茅野良男「日本のディルタイ研究」、以上五点が創刊号を飾る。爾来、本年（二〇二四〔令六〕年）まで本誌は三五号を数え、さまざまな分野の研究や書評、翻訳が掲載されてきた。(45) この点では巻頭言中に挙げられた目標は実現されたことになるが、その一方で、いまだ道半ばというのが実情でもある。「ドイツ以外の欧米や中国、韓国等の研究者による論文」は、マックリール（アメリカ）のものをのぞいて、いまだ掲載されていないからにほかならない。私は右に「学術交流に関しては、志半ばといわざるをえない」と書いた。残念ながら、このことはこの事実によっても裏づけられよう。まさしく同協会の向後の課題といってよい。

本誌が10号（九八（平一〇）年九月）を数えた折、西村はその巻頭に「『ディルタイ研究』第一〇号発刊を迎えて」を寄せ、『ディルタイ全集』の邦訳が刊行される運びとなったことを報告した。実際、『理想』第六六六号（特集「ディルタイと現代」、二〇〇一（平一三）年一月）、西村・牧野・舟山編『ディルタイと現代——歴史的理性批判の射程』（法政大学出版局、同年三月）の二点を露払いとし、〇三（平一五）年五月、第一回配本分の第3巻が満を持して公刊される。早くも同年一二月には第2巻を第二回分として配本、そののち、遅々たる歩みではあったが、着実に刊行が重ねられた結果、今日、本巻を含めた全巻を読者にお届けすることができた。ここにその巻構成の概要を、刊行年とともにあらためて掲げておく（本巻の口絵もあわせて参照されたい）。

第1巻　精神科学序説 I（〇六（平一八）年）　編集・校閲　牧野英二
第2巻　精神科学序説 II（〇三（平一五）年）　編集・校閲　塚本正明
第3巻　論理学・心理学論集（〇三（平一五）年）　編集・校閲　大野篤一郎・丸山高司
第4巻　世界観と歴史理論（一〇（平二二）年）　編集・校閲　長井和雄・竹田純郎・西谷　敬
第5巻　詩学・美学論集（一五（平二七）年）　編集・校閲　和泉雅人・前田富士男・伊藤直樹
第6巻　倫理学・教育学論集（〇八（平二〇）年）　編集・校閲　小笠原道雄・大野篤一郎・山本幾生
第7巻　精神科学成立史研究（〇九（平二一）年）　編集・校閲　宮下啓三・白崎嘉昭
第8巻　近代ドイツ精神史研究（一〇（平二二）年）　編集・校閲　久野　昭・水野建雄
第9巻　シュライアーマッハーの生涯 上（一四（平二六）年）　編集・校閲　森田　孝・麻生　建・薗田　坦・竹田純郎・齋藤智志
第10巻　シュライアーマッハーの生涯 下（一六（平二八）年）　編集・校閲　森田　孝・麻生　建・薗田　坦・竹田純郎・三浦國泰

第11巻　日記・書簡集（二〇二三（令五）年）　編集・校閲　伊藤直樹・大石　学・的場哲朗・三浦國泰

別　巻　ディルタイ研究・資料（二〇二四（令六）年）

編集・校閲　牧野英二・伊藤直樹・大石　学・瀬戸口昌也

各巻の詳細内容については、本巻第二部、第一章、第四節「日本語版『全集』収録論文一覧」（111頁以下）に掲出されているので、そちらをご覧いただきたい。もし読者が右の日本語版『全集』巻構成とこのリストとを丹念にたどる労を惜しみさえしなければ、三二八―三三一頁に示した創元社版『著作集』の巻構成に似ていることにただちに気づかれよう。それもそのはず、日本語版『ディルタイ全集』刊行委員会事務局（伊藤直樹、大石学、齋藤智志、舟山俊明、牧野英二）が作成した編成案はこの巻構成を参考にしていたのである。もちろん、創元社版『著作集』が企画、公表された時点では、たとえば、ドイツ語版『全集』第一〇巻（「倫理学体系」講義）の刊行が五八（昭三三）年にまでずれこんだこともあって、同『著作集』ではそれらの収録は計画されなかった（理由は定かでないが、教授資格論文「シュライアーマッハーの倫理学原理について」も）。これに対して、この日本語版『全集』では、そのほかの、それ以降に公になった諸草稿や講義、資料も数多く、それらにも目配りして可能なかぎり盛りこんだ結果、まことに大部の日本語版『全集』がここに堂々完成したわけである。

本項を締めくくるにあたって、日本ディルタイ協会に集った人々、および会員以外の方々による、九〇年代以降の諸業績もかいつまんで見ておこう。

例によって、哲学、思想史関連から。渡邊二郎『構造と解釈』（筑摩書房、九四（平六）年）、四日谷敬子『個体性の解釈学――ライプニッツから現代まで』（晃洋書房、同年）、丸山高司「解釈学的哲学」とは何か――ディルタイの場合」（竹市明弘・金田晉編『久野昭教授還暦記念哲学論文集』以文社、九五（平七）年、所収）、塚本正明『現代の解釈学的哲学――ディルタイおよびそれ以後の新展開』（世界思想社、同年）、向井守『マックス・ウェーバーの科学論――ディルタイからウェーバーへの精神史的考察』（ミネルヴァ書房、九七（平九）年）、水野建雄『ディルタイの歴史認識とヘーゲル』（南窓社、九八（平一〇）年）、渡邊『歴史の哲学――現代の思想的状況』（講談社、九九（平一一）年）、小田川方子『生と知の根源――比較思想論集』（理想社、二〇〇〇（平一二）年）、鏑木政彦『ヴィルヘルム・ディルタイ――精神科学の生成と歴史的啓蒙の政治』（九州大学出版会、〇二（平一四）年）、塚本『生きられる歴史的世界――ディルタイ哲学のヴィジョン』（法政大学出版局、〇八（平二〇）年（「《思想 多島海》シリーズ」）、安酸敏眞『歴史と解釈学――《ベルリン精神》の系譜学』（知泉書館、一二（平二四）年）、牧野『「持続可能性の哲学」への道――ポストコロニアル理性批判と生の地平』（法政大学出版局、一三（平二五）年）、等々。

また、山本幾生の三部作、すなわち、『実在と現実――リアリティの消尽点へ向けて』『現実と落着――無のリアリティへ向けて』『落着と実在――リアリティの創出点』（いずれも関西大学出版部、〇五（平一七）年、一四（平二六）年、一八年（平三〇）年）も銘記されなければならない。著者は、先に言及した⑵系列（〈ディルタイ―ミッシュ―リップス〉）中、とりわけミッシュに注目し、彼が『生の哲学と現象学』をつうじて行なったフッサールおよびハイデガーとの対決を丹念に追いながら、著者自身の、この三部作を通底する主題、（生およびことばの）「リアリティ」のありかをめぐって真摯な思考を展開しているからである。

翻訳では、フフナーゲル『解釈学の展開――ハイデガー、ガダマー、ハーバーマス、ベッティ、アルバート』（竹田純郎・斎藤慶典・日暮陽一訳、以文社、九一（平三）年。Hufnagel, E.: *Einführung in die Hermeneutik*, Stuttgart/Berlin/Köln/Mainz 1976 の邦訳）と、ギールケ『歴史法学論文集（全二巻）』（庄子良男訳、信山社出版、二〇一九（平三一）年）とを挙げておく。後者の第二巻は「精神諸科学のための基礎づけ――ディルタイ『精神諸科学序説』書評論文」(Gierke, O.: Eine Grundlegung für die Geisteswissenschaften, in: *Preußische Jahrbücher* 53 (1884), S. 104–144; jetzt wiederabgedruckt in: *Dilthey-Jahrbuch*, Bd. 1 (1983), S. 118–155 の邦訳）を収録しており、まことに興味深い。同じ社会科学関連の著作として、塩野谷祐一『経済哲学原理――解釈学的接近』（東京大学出版会、〇九（平二一）年）も注目を要しよう。

教育学分野の研究成果としては、森田孝ほか編『人間形成の哲学』（大阪書籍、九二（平四）年）、小笠原道雄編『精神科学的教育学の研究――現代教育学への遺産』（玉川大学出版部、九九（平一一）年）、林忠幸・森川直編『近代教育思想の展開』（福村出版、二〇〇〇（平一二）年）、岡本英明『解釈学的教育学の研究』（九州大学出版会、同年）、山崎英則『シュプランガー教育学の研究――継承・発展過程と本質理論をたずねて』（溪水社、〇五（平一七）年）、田中克佳編著『「教育」を問う教育学――教育への視角とアプローチ』（慶應義塾大学出版会、〇六（平一八）年）、笹田博通編著『教育的思考の歩み』（ナカニシヤ出版、一五（平二七）年）、森邦昭『ディルタイから教育実践へ――アクティブラーニングの源流』（九州大学出版会、一六（平二八）年）、等々を挙げることができる。

## 5　総括と展望

以上、日本のディルタイ研究史を、アジア＝太平洋戦争前後に分けてたどってきた。ディルタイ受容の歴史は、彼の没後、比較的早い時期に開始されている。思えば、当時は、わが国がいわゆる「近代化」という国家事業をひとまず終え、形式的には欧米列強に徐々に追いつきつつあった時代、ということは、そのじつ、帝国主義への道を歩みはじめた時代でもあった。アジア＝太平洋戦争敗北後に再開され、今日までつづくその研究史は、表面的には華やかさこそないものの、着実な軌跡を描いてきたといってよい。

この間、思想の世界では、マルクス主義はいうにおよばず、現象学、実存主義、構造主義、ポスト構造主義、ポストモダニズム、等々と、「様々なる意匠」がそのつどの時期を席巻していた。これらは時期的に重なりつつ、相互に影響を受けながら、そこから得た養分を自身のものとし、成長し、やがては衰退してゆく。栄枯盛衰は世のならいとはいえ、今日、これらのなかにはその思想的影響力や起爆力をもはや失ってしまったものもあるが、よくも悪くも、ディルタイ哲学はそうした流行とは無縁であったかに見える。

はたしてそうだろうか、いや、じつはそうではないのではないか。というのも、たとえば、「哲学的人間学」の流行と、その文脈でのディルタイ理解という潮流を挙げることができるからである。

周知のように、「哲学的人間学」はシェーラー（Max Scheler, 1874–1928）、およびプレスナー（Helmuth Plessner, 1892–1985）を学問的始祖とし、生物学や医学、動物学などの自然諸科学の成果と知見とを取りこんで、およそ融通無碍ともいうべき広がりを示した。第一次世界大戦後に生まれたこの分野は、わが国でもすでに昭和のはじめに当のシェーラーの翻訳書（『哲学的人間学』樺俊雄・佐藤慶二訳、理想社出版部、三一（昭六）年。『宇宙に於ける人間の地位』大島豊訳、第一書房、三七（昭一二）年）が出たり、城戸幡太郎（一八九三（明二六）—一九八五（昭六〇））や高山岩男がそれぞれ『哲学的人間学』を著わしたり（城戸、岩波書店、三二（昭七）年。高山、岩波書店、三八（昭一三）年）、入澤宗壽・大志萬準治『哲学的人間学による教育の理論と実際』（モナス、三四（昭九）年）、ほかとして結実したりしたが、戦後、一九六〇年代から七〇年代にかけて、たとえば、ポルトマン『人間はどこまで動物か——新しい人間像のために』（高木正孝訳、岩波書店、六一（昭三六）年。Portmann, A.: *Biologische Fragmente zu einer Lehre vom Menschen*, Basel $^{2}$1951 の邦訳）、同『生命あるものについて——生物の科学と人間』（八杉龍一訳、紀伊國屋書店、七六（昭五一）年）、ゲーレン『人間学の探求』（亀井裕・滝浦静雄ほか訳、紀伊國屋書店、七〇（昭四五）年。Gehlen, A.: *Anthropologische Forschung*, Hamburg 1961 の邦訳）、ボルノー／プレスナーほか『現代の哲学的人間学』（藤田健治ほか訳、白水社、七六（昭五一）年。*Philosophische Anthropologie heute. Elf Beiträge*, hrsg. von Roman Roček und Oskar Schatz, München 1972 の邦訳）、シェーラー『宇宙における人間の地位』（亀井裕・山本達訳、『シェーラー著作集』第一三巻、白水社、七七（昭五二）年。Scheler, M.: *Die Stellung des Menschen im Kosmos* の邦訳）などの翻訳書の刊行があいついだ。今日、「哲学的人間学」は当時ほどの勢いをもたないとはいえ、人間を多角的に把握しようとするその意図そのものを否定することはできまい[46]。すでに見たとおり、教育学者である西村が「人間研究」ということを強調し、ディルタイのなかにその方向を見ようとしたのも、この「哲学的人間学」が彼をひとつの淵源とすることからすれば、当然である。とはいえ、それ以上に、ひとつの像を結ばせることを拒否するディルタイ自身のありようがなによりもそうした志向の正当性を物語っていることの証左となるにちがいない。

それとともに、はたして従来のディルタイ研究は宿題をそのまま抛置してきた、ということはなかったか。哲学分野に限定した少々専門的な話になるが、たとえば、茅野良男も指摘していたように、[47] 三宅剛一が『人間存在論』（勁草書房、六六（昭四一）年）のなかで行なっているディルタイ批判、とりわけ歴史を作用連関と見なすのであれば、それを行為の面から考えなければならず、歴史の作用連関を分析する場合、生の客観態を制度として考察し、行為を中心にして、制度を扱う仕方を取りこむことで歴史学派的視点と社会科学の分析とは結合可能である、とする見解にどう応えるか。三宅の批判は晩期ディルタイの思考を俎上に載せた議論から導かれており、たしかにそこに行為論を読みとることは容易でないかもしれない。ただし、時代的に見て、三宅が中期ディルタイの思考を知ることは難しかったから、もし彼がドイツ語版『全集』第一九巻を手にすることができていたら、どのような反応を示したであろうか。いや、三宅ならずとも、中期ディルタイのなかにこの問題における可能性を読みとってゆくことははたして難しいことなのか。

とはいえ、この問題に関して、われわれにはすでに先達がいることも事実である。たとえば、クラウサー『有限的理性批判――一般的学問論および行為論のヴィルヘルム・ディルタイによる革命』(Kraussser, P.: *Kritik der endlichen Vernunft. Wilhelm Diltheys Revolution der allgemeinen Wissenschafts- und Handlungstheorie*, Frankfurt/M. 1968)、ヨーアハ『行為する人間と客観的精神――ヴィルヘルム・ディルタイにおける精神諸科学および社会諸科学の理論のために』(Johach, H.: *Handelnder Mensch und objektiver Geist. Zur Theorie der Geistes- und Sozialwissenschaften bei Wilhelm Dilthey*, Meisenhaim/G. 1974) をその代表と見なすことができよう。両書は、ドイツ語版『全集』第一八、一九巻刊行以前に中期ディルタイの草稿に実際にあたって検討した研究の成果である。残念ながら、これらはいくつか言及こそされはしたものの、翻訳紹介される機会を逸してしまった。[48] これまた茅野が述べるとおり、ブプナー／クラーマー／ヴィール編

『解釈学と弁証法』(Bubner, R./Cramer, K./Wiehl, R. (Hrsg.): *Hermeneutik und Dialektik. Aufsätze* (Hans-Georg Gadamer zum 70. Geburtstag), 2 Bde., Tübingen 1970) とか、アーペル『哲学の変換』(Apel, K.-O.: *Transformation der Philosophie*, 2 Bde., Frankfurt/M. 1973) とか「における解釈学への諸論稿を、〔……〕ガダマーやハーバマスの態度と比較考察し、人間の諸学の成立の可能性の現在的検討の一項として最近のディルタイ研究の動向に組み入れ、それらを総合的に概観することなどは、将来の課題として残るものである」[49]。今日、茅野のこの発言からすでに半世紀、「最近のディルタイ研究の動向」すらもこの発言時のままではありえぬ反面、この課題はいまだ果たされておらず、このまま「将来の課題」として向後も先送りされつづけるのであろうか。わが国で注目される機会にあまり恵まれなかったという点では、ツェクラーの『ディルタイと解釈学――実践学としての解釈学の基礎づけとその受容の歴史』(Zöckler, Chr.: *Dilthey und die Hermeneutik. Diltheys Begründung der Hermeneutik als Praxiswissenschaft und die Geschichte ihrer Rezeption*, Stuttgart 1975) もここに入れてよい。

こうした欠落は、少なくとも、これまでにも散見されたディルタイ研究上のある種の偏りに起因するように思われる。すでに指摘した、同一作品がたびたび翻訳紹介されるという現象も、その著作の重要性を鑑みての所為であることを、そして、翻訳の質の向上という利点があることを十分に認めたうえでなお、研究のさらなる拡大と深化とを生むことにつながるかどうかという点に関して、若干の疑問なしとしない[50]。

くわえて、こうした個別的な研究とならんで、あるいは、それ以上に、哲学史との関連でディルタイを読みなおす作業ももっと行なわれてよいはずである。これまでのディルタイの読みは、戦前からつづく解釈学への関心に依拠したそれ、とりわけ、三三八頁に述べた(1)系列(〈ディルタイ――ハイデガー――ガダマー〉)に沿うものが多かった。これは、現代からディルタイに光を当てる、いわば哲学史を〝遡上する〟読みであり、戦前戦後をつうじて維持された解釈学への関心に因るところ大であったが、これに対して、彼に先行する時代から彼を照射する把握、なんといっても、彼自身が対話および批判の相手としたドイツ古典哲学やイギリス経験論、英仏実証主義と彼との対質がこれまで以上に求められている。さらには、彼の師トレンデレンブルク（Friedrich Adolf Trendelenburg, 1802–72）や直近の先行者ロッツェ（Rudolf Hermann Lotze, 1817–81）といった人々からの影響関係の探究、そして、いうまでもなくヨルク（Hans Ludwig David Paul Yorck von Wartenburg, 1835–97）との思想的交流の内実の検討はほとんど手つかずの、もしくは、それに近い状態にあるといってまちがいない。こうした研究状況は、当然ながら、ここに挙げられた面々についての個別研究をも要するがゆえに、まさしく「日暮れて途遠し」である。

右に挙げたのはほんの一例にすぎない。たとえば、ディルタイがさまざまな歴史家たちを論じた諸作品――そのなかには、**一　アジア＝太平洋戦争以前の研究史の3　ディルタイ受容の諸相（その二）**で触れたDie Reorganisatoren des preussischen Staates（「プロイセン国家の再編者たち」）も含まれる――の読みなおしは向後の課題のひとつとなりうるであろう。〈精神諸科学の基礎づけ〉構想を支えるディルタイの実践的志向はもとより学問論的関心に由来していたが、それとともに、歴史家たちの歴史記述の根底にある国家意識への共鳴が少なからずあるようにも思われるからである。この、多分にナショナリスティックな構えは『序説』には表立っては現われていない。しかし、晩年の「精神科学における歴史的世界の構成」と、その「続編の構想」（Plan der Fortstzung zum Aufbau der geschichtlichen Welt in den Geisteswissenschaften）とのそこかしこに見え隠れしている。もっとも、それが過激なナショナリズムへ向かうことはなかった。この点でも、右に紹介した和田訳の「訳者の序」に表われている彼自身の「読み」はあらためて検討されなければならない。少なくともディルタイ自身にはそうした志向はなかったのであり、バランスの妙こそ彼の魅力のひとつである。

もしこうした未着手の領域がほかにもあるとすれば、それは〝宝のもち腐れ〟とか研究の立ち遅れとかといった否定的言辞でのみ評価される事態ではない。そうではなく、研究材料はまだ埋もれており、掘りだされるのを待っている、ということなのである。ディルタイをめぐる、「人間研究」にかかわるすべての分野における〝未開地〟の開拓こそ、現役の、そして、必ずやあとにつづくであろうディルタイの研究者ないし読者に贈与された課題にほかならな

い。(51)

## 注

ディルタイを引用、参照する場合、本巻の「凡例」に従って、当該箇所を、『全集』(Dilthey, W.: *Gesammelte Schriften*, Bd. I–XXVI, hrsg. von Paul Ritter, Georg Misch, Herman Nohl, Bernhard Groethuysen, u. a., Stuttgart/Göttingen 1914–2006)の巻(ローマ数字)と頁(アラビア数字)とをもって示す。

また、以下で『西田幾多郎全集』を参照する場合、旧版(安倍能成ほか編)に依拠する。

ディルタイのみならず、すべての引用文および書名中、〔 〕内の語句や強調(傍点)は引用者による。邦文文献からの引用のさい、仮名使いは出典どおりとし、旧字体はすべて新字体に改めるが、人名表記はそのかぎりでない。また、日本人名については原則として初出以外は姓のみ示す。

さらに、年号表記は西暦を主、和暦を従とし、明治以降の元号については、明、大、昭、平、令と略記する。西暦を表記するさい、誤解が生じないと思われるかぎり、上二桁(「一八」、「一九」、「二〇」)を省略するが、生没年に関してはこのかぎりではない。

(1) ただし、キール(六八年冬学期—七一年夏学期)では教育学を講義していない。また、八四年夏学期の一回だけであるが、「教育学の基礎づけとの関連におけるルソーおよびカントについて」と題する演習を行なっている。Vgl. IX 1f.; Herrmann, U.: *Bibliographie Wilhelm Diltheys. Quellen und Literatur*, Weinheim/Berlin/Basel 1969, S. 123; Groothoff, H.-H./Ders. (Hrsg.): Dilthey, W.: *Schriften zur Pädagogik*, Paderborn 1971, S. 372. この年度以降、彼が教育学を講じなくなった——正確には、講義義務を解かれた——のは、九四年夏学期にパウルゼンが哲学および教育学の正教授としてベルリンに招聘されたからである。なお、パウルゼンについては後掲注(27)も参照。

(2) 高坂正顕・西谷啓治・高山岩男・鈴木成高『世界史的立場と日本』藤田親昌編、中央公論社、一九四三(昭一八)年、三頁。

(3) 三木清『歴史哲学』岩波書店、一九三二(昭七)年。高坂正顕『歴史的世界——現象学的試論』岩波書店、一九三七(昭一二)年。

（4）高坂「跋」（前掲書、三八一頁以下）を参照。

（5）こののち、三一（昭六）年には山本泰教による翻訳も春秋社から公刊された（『世界大思想全集』56）。これはフッセル『純粋論理学へのプロレゴーメナ』（鬼頭英一訳）との併載である。

（6）この時期のリッカート受容に関連して、彼の価値哲学が、たとえば、左右田喜一郎（一八八一（明一四）年—一九二七（昭二）年）に与えた影響を、また、この左右田が三木に与えたであろう少なからぬ影響も看過することはできない。とはいえ、ディルタイ研究史という本章の主題からは逸脱するので、ここでは指摘するだけにとどめる。

（7）前掲『世界史的立場と日本』、三—四頁。ちなみに、この第三段階に属する著作として、鈴木成高（一九〇七（明四〇）—八八（昭六三））の『歴史的国家の理念』（弘文堂書房、四一（昭一六）年）、高山岩男（一九〇五（明三八）—九三（平五））の『世界史の哲学』（岩波書店、四二（昭一七）年）、同『日本の課題と世界史』（弘文堂書房、四三（昭一八）年）などを挙げることができよう。

（8）茅野良男「最近のディルタイ研究について」『創文』（創文社）第一四五号、一九七五（昭五〇）年、二頁。茅野がここで挙げている桑木の『哲学綱要（訂正縮刷）』（太陽堂書店、二九（昭四）年、および『哲学と文学との間』（大日本図書出版、三六（昭和一一）年にも、わずかではあるが、ディルタイへの言及が見られる。

（9）『西田幾多郎全集』第一巻、岩波書店、一九七八（昭五三）年、二八二—二八三頁。

（10）前掲書、二八四—二八五頁。引用は二八五頁。なお、西田は一九三七（昭一二）年一二月に「今日ではディルタイはもはや大なる注意を受け、精神科学に偉大な影響を与へた」（前掲箇所）との追記を施す。

（11）些細なことながら、ここで西田は『序説』の刊行を「一八七三年」としているが、これが誤記であることはあらためていうまでもない。それはさておき、右に引いた一文の直後に、「当時は〔『序説』をはじめとする〕ディルタイの書は絶版にて得難いものであつた」（前掲箇所）とあり、さらに、当時、計画されながらも未刊に終わった『ディルタイ著作集』——アジア＝太平洋戦争終結後の四六（昭二一）年に第四巻のみ出版された。これについては後述する——に寄せた西田の推薦文にも、彼が京都帝国大学に赴任した当時、ディルタイの書物は品切れになっていて難儀したとの趣旨の文言が見えている。『ディルタイ著作集』推薦の辞」『西田幾多郎全集』第一三巻、岩波書店、一九七九（昭五四）年、二四六頁。なお、前述のごとく、この創元社刊行の『著作集』については、後出の、「**二　アジア＝太平洋戦争以後の研究史**」の、「**1　研究の再開——『ディルタイ著作集』（創元社）の刊行と途絶**」の当該箇所（本巻三二八頁以下）を参照。

一方、当のディルタイとて、そうした状況に手を拱いてばかりいたわけではない。『序説』第一巻（および『生涯』第一巻）

の再版と両書第二巻の完成とに向けた努力を没年まで地道につづけており、そのことは、『ディルタイ書簡集』第四巻に収録されている、出版人グロイター（Walter de Gruyter, 1862–1923）との一連のやりとりからも如実にうかがわれよう（以下、本書 Dilthey, W.: *Briefwechsel*, Bd. IV, hrsg. von Gudrun Kühne-Bertram und Hans-Ulrich Lessing, Göttingen 2022 に言及、参照、引用する場合、当該箇所を、DB–IV の略号と頁（算用数字）とをもって示す）。そのなかでも、ここでは一九〇九（明四二）年一二月二四日付グロイター発と一一（明四四）年八月一六日付グロイター宛との二通をとりわけ注目すべき資料のひとつとして指摘しておく。Vgl. DB–IV 275 u. 275f. Anm. 2; S. 366. 本件に関しては次の拙稿も参照。「ディルタイを〝非神話化〟する(4)——G・キューネ＝ベルトラム／H－U・レッシング編『ディルタイ書簡集Ⅳ　一九〇五—一九一一年』」、日本ディルタイ協会編『ディルタイ研究』第34号、二〇二三（令五）年、八八頁、および注（6）。

(12)　三木清「読書遍歴」『三木清全集』第一巻、岩波書店、一九八四（昭五九）年、四〇六頁参照。茅野良男「日本のディルタイ研究（一）」『創文』第一五〇号、七六（昭五一）年、二頁もあわせて参照。なお、茅野の本論稿は「日本のディルタイ研究（二）」（同第一五一号、七六（昭五一）年、八—一二頁所収）とあわせて『ディルタイ研究』第1号、八七（昭六二）年、五三—六四頁に再録されているが、以下でこの両稿を参照する場合、初出に拠る。

本章の記述は、茅野良男『ディルタイ』有斐閣、五九（昭三四）年、の巻末に掲載されている「文献解題」、前掲注（8）で挙げた茅野稿（「最近のディルタイ研究について」）と前掲稿（「日本のディルタイ研究（一）、（二）」）、松友昭繁による文献目録（「ディルタイに関する和文文献目録」『聖カタリナ女子短期大学紀要』第一二号、七九（昭五四）年、一九八—二一〇頁、および、Matsutomo, A.: Dilthey in Japan. Bibliographie 1913–1983, in: *Dilthey-Jahrbuch*, Bd. 2 (1984), S. 359–376）に多くを負っている。

(13)　前掲注（11）とも関連するが、『序説』第一巻が門弟グレートゥイゼン（Bernhard Groethuysen, 1880–1946）の編集により『ディルタイ全集』第一巻に収録されて出版されるのは三木がドイツに留学する一九二二（大一一）年である。彼が「ベルリンで初めて本屋を覗いたとき〔……〕出てゐるのを見附けて無性に嬉しくなり、ホテルの一室で読み耽つた」「この本の新版」（「読書遍歴」四〇六頁）こそ、この『全集』第一巻であった。

なお、右では『ディルタイ全集』と書いたが、正確には、『ディルタイ著作集』としなければならない。というのは、当初、ディルタイの弟子たちが計画したのはあくまでも師の主要著作の集成（*Schriften*）を刊行することであって、全著述の集成（文字どおりの *Gesammelte Schriften*）は意図されていなかったからである。この件については、後出の、本巻第二部、第二章、第二節「ドイツ語版『全集』および『書簡集』完成までの経緯」（145頁以下）を参照。

（14）桝田啓三郎「後書」『三木清全集』第二巻、岩波書店、一九八四（昭五九）年、四七七頁。なお、三木の本論文はいくらかの修正が施されたうえで『史的観念論の諸問題』（岩波書店、二九（昭四）年）に収録された。現在、本書は前掲巻、七―七九頁に収載。

（15）三木「読書遍歴」、四〇七頁。三木は第一高等学校在学時に恩師から「哲学をやるにはカントを研究しなければならず、カントを研究するにはコーヘンのカント論を読まねばならぬといわれたという（前掲書、一九四頁）。茅野は、三木のこの回想に即して、「大正の時代は新カント学派がわが国の哲学界の主流であったと言えるし、本格的なカント研究や訳業も大正時代に始まると言える」（前掲箇所）とする。

（16）三木、前掲書、四〇六頁。広く知られているとおり、三木が親「新カント学派」から転じてディルタイの強い影響下に入るのはマールブルクに移ってハイデガーの謦咳に接した――および、レーヴィット（Karl Löwith, 1897–1973）の指導を受けた――ことによる。

（17）西田幾多郎「ベルグソンの哲学的方法論」、初出『藝文』（京都文学会）第一年第八号、一九一〇（明四三）年。「ベルグソンの純粋持続」、初出『教育学術界』臨時増刊、同文館、一一（明四四）年。『現代に於ける理想主義の哲学』弘道館、一七（大六）年、第七講「純粋経験の哲学及び結論」中、「一、純粋経験の哲学」。最初の二編はそののち『思索と体験』千章館、一五（大四）年に収められ、現在は、厳密な校訂を経たうえで、前出の『西田幾多郎全集』第一巻、二一七―二二六頁、二二七―二三三頁に、また、『現代に於ける理想主義の哲学』は同第一四巻、七九年、三―八二頁にそれぞれ収録されている。

（18）たとえば、『ゲエテ』（小田秀人訳、清和書店、一九二〇（大九）年、大村書店、二四（大一三）年。Simmel, G.: *Goethe*, Leipzig 1913, ⁵1923 の邦訳）、『カントとゲエテ』（谷川徹三訳、大村書店、二二（大一一）年。岩波書店（岩波文庫）、二八（昭三）年（改訳）。Ders.: *Kant und Goethe. Zur Geschichte der modernen Weltanschauung*, Leipzig ³1916, ¹1906 の邦訳）、『社会学の根本問題』小田秀人訳、大村書店、二六（大一五）年（Ders.: *Grundfragen der Soziologie. Individuum und Gesellschaft*, Berlin/Leipzig 1917 の邦訳）、『社会的分化論』五十嵐信訳、岩波書店、二七（昭二）年（Ders.: Über sociale Differenzierung. Sociologische und psychologische Untersuchung, in: *Staats- und socialwissenschaftliche Forschung* 10 (1890), S. 1–147; Das Problem der Soziologie, in: *Jahrbuch für Gesetzgebung, Verwaltung und Volkswissenschaft in Deutschen Reich* 18 (1894), S. 1301–1307 の邦訳）、などをはじめとする翻訳の数々、さらには、恒藤恭『ジムメルの経済哲学』改造社、二三（大一二）年、林惠海『ジムメル社会学方法論の研究』甲子社書房、二六（大一五）年、等々の研究書が陸続と出版された。

（19）佐藤忠恕「ディルタイ文献覚書」『書物展望』（書物展望社）第一〇巻第九号、一九四〇（昭一五）年、一九一頁。

(20) 茅野、前掲稿、三頁。
(21) 以上、佐藤、前掲稿、一九一—一九五頁を参照。
(22) これまで本文中で言及する機会のなかった三木清「現代思潮」(『現代思潮』岩波書店、二八(昭三)年」、同「ディルタイの解釈学」(『哲学講座』近代社、同年。翌二九(昭四)年、『史的観念論の諸問題』(岩波書店)に収録。前掲注(14)を参照)に散見されるディルタイへの批判的言及は忘れられてはならないし、ここには田邊元『哲学通論』(岩波書店、三三(昭八)年)、和辻哲郎『人間の学としての倫理学』(岩波書店、三四(昭九)年)、等々が行なったディルタイとの対決ももとより数えいれられるべきである。茅野、前掲稿、五—六頁も参照。
(23) 茅野、前掲稿、四頁。
(24) 前掲箇所を参照。また、田中潤一「ディルタイ教育学とその時代——日本における受容を中心に」『教育科学セミナリー』(関西大学教育学会)第五二巻、二〇二一(令三)年、二九頁、も参照。
(25) 田中、前掲箇所を参照。
(26) 前掲箇所。
(27) 『国民道徳と教育』(目黒書店、一一(明四四)年)、『国民道徳の教養』(弘道館、一三(大二)年)、『我が国民道徳』(弘道館、一八(大七)年)、『国民精神の教養』(国民精神文化研究所、一九三四(昭九)年)、『修身教授と国民道徳』(弘道館、三七(昭一二)年)、ほか。
なお、吉田はベルリン留学中(〇三(明三六)年)にディルタイの同僚にして〝宿敵〟でもあったパウルゼン(Friedrich Paulsen, 1846–1908)の講義に出席し、その記念として、毛筆署名のある自身のポートレートを彼に寄贈した。その写真は以下に掲載されている。Vgl. Steensen, Th. (hrsg.): *Friedrich Paulsen. Weg, Werk und Wirkung eines Gelehrten aus Nordfriesland*, Husum 2010, S. 23.
(28) 前注とも関連するが、ドイツに留学してディルタイに師事した日本人に筧克彦(一八七二(明五)—一九六一年(昭三六))がいる。彼は、当初、行政法や教育制度の研究を目的としてギールケ(Otto von Gierke, 1841–1921)の指導を仰ぐが、やがてハルナック(Karl Gustav Adolf von Harnack, 1851–1930)のキリスト教教理史やヴィラモーヴィッツ＝メーレンドルフ(Ulrich von Wilamowitz-Moellendorff, 1848–1931)の古典ギリシア学を聴講するとともに、ディルタイのもとで哲学を学ぶことに専心し、指導を受けた。のちに筧の次男泰彦(一九〇八(明四一)—二〇〇〇(平一二))が記すところによると、「ディルタイ教授からは研究の指導を受けたのみでなく、その家族とも親しくなり、最も強い影響を受けたと思われ」るという。「令嬢クララの夫君となったゲオルク・ミッシュやヘルマン・ノールなどと親しく交わ」り、ディルタイがノールを助手としてヘーゲル青年期の著作《ユーゲントシュリフテン》の編纂および研究に従事していたので、そこから「キリストならびにキリスト教の精神の哲学的思想的理解に大いに得るところがあったと思われます」。管見のかぎりでいうと、克彦自身はディルタイについて書き残してもいなければ論じてもいないようであるが、泰彦のこの文章は戦前におけるディルタイとわが国との接点を示す逸話としてたいへん貴重な記録であるといわなければならない。寛泰彦「父寛克彦のことども」『学士会会報』第六九〇号、一九六六（昭四一）年、三七—五二、七七頁。引用は四一頁。また、次も参照。松友昭繁「日本人とディルタイ」『ディルタイ研究』第17号、二〇〇六（平一八）年、一—二頁。

ちなみに、DB-IV 収録の、娘クラーラが夫ミッシュとのアジア旅行中に父に宛てた東京発一九〇八年一〇月二六日付書簡には、頭のよい親切な Matui という人物に世話になったとあり、彼女はつづけて、彼は依然としてパパの誠実な弟子である、と綴っているが、この Matui なる人物——名前からしてまず日本人と考えられよう——が実際にディルタイに師事したのか、あるいは、彼はディルタイに私淑していたにすぎず、その様子から彼女がこう表現したのか、ということも含めて『書簡集』編者にも私にも詳しいことはわからない。Vgl. DB-IV 199; 200, Anm. 6. 前掲拙稿、九一頁も参照。

(29) 本論集には次の三論文が収録された。ディルタイ「哲学の本質」（戸田三郎訳）、フッサアール「厳密なる学としての哲学」（坂田徳男訳）、シエーラー「哲学の本質並びに哲学的認識の道徳的制約について」（三木清訳）。

(30) 三枝には、ディルタイの弟子フリッシュアイゼン゠ケーラー（Max Frischeisen-Köhler, 1878–1923）による師の追悼文 (Frischeisen-Köhler, M.: Wilhelm Dilthey als Philosoph, in: *Logos. Internationale Zeitschrift für Philosophie der Kultur* 3 (1912), S. 29–58) の抄訳「哲学者としてのディルタイ」（『思想』第三二号、二四（大一三）年）がある。ディルタイ自身の著作の翻訳ではないが、指摘しておく。

(31) Herakleitos, Fr. 8, in: Diels, H.: *Die Fragmente der Vorsokratiker*, Bd. 1, hrsg. von Walther Kranz, Zürich $^{19}$1991, S. 152. [= DK 22B8.]

(32) 前掲注（11）にて言及した、西田の推薦文はこの『ディルタイ著作集』に寄せたものである。後掲注（34）も参照。

(33) 茅野の前掲書、前掲稿とも、このことについてはなにも述べていない。

(34) このうち、西田のものについては前掲注（11）を参照。阿部は、ディルタイの論文の手法を薄肉彫にたとえ、デッサンがしっかりしているが、ある箇所を歪曲したり、手法をこれ見よがしに強調したりしないので、読者は彼を理解するには「底にあるデッサンを自分で浮き出さして、その線や面の交錯の静かな節奏を聴取する必要がある」という。また、伊藤は、ディルタイを真に理解するにはその全体を把握しなければならぬ、として、全集出版の意義を強調する。さらに、日本史家である西田直二郎は、「国史の研究にあつて近ごろ、真に歴史の生命的なものを把握しようとする願が昂まつてゐる」から、「ディルタイの著作が翻訳せられ、読まれ易くなることは、この方面にあつて寄与するところ多いと信ずる」と書く。

(35)『近代美学史――近代美学の三期と現代美学の課題』澤柳大五郎訳、六〇（昭三五）年。『体験と創作』（上）柴田治三郎訳、同（下）柴田治三郎・小牧健夫訳、六一（昭三六）年。

(36) ちなみに、この『シルレル論』と『十八世紀の大音楽』との双方が訳出刊行されたことで、四四（昭一九）年に上巻のみ公刊された『ドイツの文学と音楽』とあわせて、原著 *Von deutscher Dichtung und Musik* の全訳が完成されたことになる。『シルレル論』は原著二九九頁（Klopstock, Schiller, Jean Paul 中の Schiller（「シルレル論」）から四六三頁（Jean Paul「ジャン・パウル論」）までを、また、『十八世紀の大音楽』は原著一八九頁（Die grosse deutsche Musik des 18. Jahrhunderts（「十八世紀の大音楽」）から三一八頁（Klopstock の末尾、Die Trilogie「三部作」）までを、それぞれ内容とする。

(37)「『日本小説集』への書評」には全訳がある。ディルタイ「ミットフォード書評」大石学訳、『ディルタイ研究』第12号、二〇〇〇（平一二）年、九〇―一四〇頁。

(38)『法と政治の現代的課題』は矢崎光圀「法・国家の柔構造的把握をめぐる一系列――尾高とディルタイ」を、『教育の根底にあるもの』は西村「ディルタイにおける構造的思考について」、ボルノー「人間性と倫理――ディルタイの後期哲学における生のカテゴリー」森田孝・増淵幸男訳を、『美学史論叢』は増渕宗一「ディルタイの美学」をそれぞれ収録する。
　また、法学分野でディルタイを取りあげた例として次の二編を挙げておく。柳沢謙次「W．ディルタイの精神科学における法」（『清和法学研究』（清和大学）第五巻第二号、一九九八（平一〇）年）、同「ディルタイとヴィトゲンシュタイン――法が顕れる場をめぐって」（『清和研究論集』第一二号、二〇〇六（平一八）年）。

(39) 管見のかぎりでいえば、いずれも研究書ではないが、本文中で紹介した蓬澤稿（「ディルタイ「青年時代のヘーゲル」紹介」）と、前掲注（30）で挙げた、ディルタイ追悼文（フリッシュアイゼン゠ケーラー）の三枝による抄訳とのほかに、若山超関「アルフォンス・デェゲネル『ディルタヰと形而上学の問題』」（『哲学雑誌』第五六二号、一九三三（昭八）年。Degener, A.: *Dilthey und das Problem der Metaphysik*, Bonn/Köln 1933 (Diss., Münster SS 1927) の書評）があるにとどまる。

(40)『ハイデッガー　カッセル講演』後藤嘉也訳、平凡社、二〇〇六（平一八）年。

(41) ガダマー『真理と方法――哲学的解釈学の要綱』(Gadamer, H.-G.: *Wahrheit und Methode. Grundzüge einer Philosophischen Hermeneutik*, Tübingen 1960) の翻訳が刊行されたのも、リクール『フロイトを読む――解釈学試論』(Riceour P.: *De l'interprétation.*

*Essai sur Freud*, Paris 1965）をはじめとする解釈学関連著作が陸続と邦訳されたのも、いずれも一九八〇年代に入ってからのことである（ガダマー、同第一巻、轡田收ほか訳、法政大学出版局、八三（昭五八）年。リクール、久米博訳、新曜社、八二（昭五七）年）。

(42) 同書の成立経緯については、「訳者あとがき」、二二八頁を参照。参考までに、同書の章立て——ただし、節以下は省略する——を掲げる。

はじめに
I ディルタイの中期の哲学
II 晩年における生の範疇
III ディルタイのフッサールに対する関係
IV ディルタイとの関係における晩年のフッサール
V 結語
後書 ディルタイ解釈の難しさ

(43) 広岡義之「ボルノーの生涯と思想(2)」『梅光女学院大学論集』第二九号、九六（平八）年、五一頁以下を参照。とりわけリップス研究については四八頁以下を参照。

(44) 次のサイトを参照のこと。https://sites.google.com/site/diltheygesellschaftinjapan/yan-ge-she-likara-di1hui-zong-huimade

(45) 主な論文は本巻第二部、第二章、第三節「ディルタイ関連文献目録（邦語文献）」、(245)頁以下に掲載されている。また、同協会サイト（https://sites.google.com/site/diltheygesellschaftinjapan/forschung-1）には、既刊全号の掲載物（論文、翻訳、シンポジウム報告、書評、等々）の一覧が掲出されているし、刊行後五年を経過した掲載物については、そのすべてではないが、J-STAGE（https://www.jstage.jst.go.jp/browse/dilthey gsj/-char/ja）に登載されているので、それぞれ参照されたい。

(46) そうしたなかにあって、近年、グレートゥイゼンの『哲学的人間学』（Groethuysen, B.: *Philosophische Anthropologie*, München 1931）が訳出されたことは注目に値する（金子晴勇・菱刈晃夫訳、知泉書館、二〇二一（令三）年。なお、原書の初版は一九二八年に刊行されており、翻訳は一九六九年の復刻版を底本としている）。

(47) 茅野「日本のディルタイ研究（二）」『創文』第一五一号、七六（昭五一）年、一一頁を参照。

(48) 茅野、前掲稿、一二頁を参照。茅野もここで三宅の志向をヨーアハと対比することの重要性を語っている。

(49) 前掲箇所。

(50) 茅野曰く、「〔……〕過去にせっかく或る水準の訳業なり研究なりがあるにもかかわらず、それらを発掘してその先を一歩でも進めるのではなく、そのつどいわば無から創造するかのように始めるのが根本的だという錯覚があるのではなかろうか」(前掲箇所)、と。けだし至言である。

(51) 本章で言及したものも含めて、文献書誌については本巻(230)頁以下所収の「ディルタイ関連文献目録(邦語文献)」を参照されたい。

# 人名索引

1）収録する人名は，序論，第一部全体および第二部第二章第一節，第二節の論文（翻訳を含む）の本文と注のなかで日本語により表記された人物に限定した。ただし，当該人物へのコメントが付されていない場合，または記載が欧文表記のみの場合には収録しなかった。
2）「ヴィルヘルム・ディルタイ」は頻出するので省略したが，彼の複数の筆名を収録した。
3）便宜上，漢字名とカタカナ名とに二区分し，それぞれの索引を作成した。
4）漢字名は，原則として常用漢字で表記し，音読みで五十音順に配列した。
5）カタカナ名は，姓，名の順に表記し，原綴を併記した。
6）複数の人名表記がある場合，「ハイデガー／ハイデッガー」のように併記した。
7）頁数は，縦書の第一部では通例のアラビア数字で，横書の第二部では（123）のように丸かっこ内に記載した。

## ア　行


アヴェナリウス，リヒャルト　Richard Avenarius　162–63
アガンベン，ジョルジョ　Giorgio Agamben　115, 145, 147, 150
アディケス，エーリヒ　Erich Adickes　(132), (137)–(138), (148), (155), (160)
アドラー，マックス　Max Adler　240
アドルノ，テオドール　Theodor Wiesengrund Adorno　199–201, 203, 205, 214, 218, 291
アーノルト，エミール　Emil Arnoldt　(122)
アーペル，カール＝オットー　Karl-Otto Apel　288, 334, 347
アーマース，マイケル　Michael Ermarth　86–88, 91
アマラル，マリア・ナザレ・デ・カマルゴ・パチェコ　Maria Nazaré de Camargo Pacheco Amaral　254–57, 262
アリストテレス　Aristoteles　16, 33, 44, 89
アルトホーフ，フリードリヒ　Friedrich Theodor Althoff　136
アーレント，ハンナ　Hannah Arendt　145, 150, 278, 303–04
アントーニ，カルロ　Carlo Antoni　335
イェシェ，ゴットロープ　Gottlob Benjamin Jäsche　(121), (130)
イナイヘン，ハンス　Hans Ineichen　72
ヴァインホルト，カール　Karl Weinhold　(125), (136)
ヴァッハ，ヨアヒム　Joachim Wach　70
ヴァルツェル，オスカー　Oskar Walzel　70
ヴィスマン，ハインツ　Heinz Wismann　75
ヴィーゼ，ベンノー・フォン　Benno von Wiese　195–98, 205
ウィトゲンシュタイン　Ludwig Wittgenstein　334

ヴィール，ライナー　Reiner Wiehl　346
ウィルソン，バリー　Barrie A. Wilson　88
ウィルソン，ホリー　Holly L. Wilson　88
ヴィンクラー，ミヒャエル　Michael Winkler　252, 254–55, 262, 274
ヴィンデルバント，ヴィルヘルム　Wilhelm Windelband　37, 65–66, 146,（137）
ヴェーニガー，エーリヒ　Erich Weniger　68–69
ウェーバー，アルフレート　Weber Alfred　242, 244
ウェーバー，マックス　Weber Max　221, 243–44, 250, 291
ヴェンティヒ，ハインリヒ　Heinrich Waentig　244
ヴォバミーン，ゲオルク　Georg Wobbermin　（137）
ヴォルフ，クリスティアン　Christian Wolff　167,（126）
ヴォルフ，フリードリヒ・アウグスト　Friedrich August Wolf　24
ウーゼナー，ヘルマン Hermann Usener　193
ウリクト，ゲオルク・ヘンリク・フォン　Georg Henrik von Wright　334
ウンガー，ルードルフ　Rudolf Unger　69, 196
ヴント，ヴィルヘルム　Wilhelm Wundt　159–63, 166, 169, 177, 187, 188
エアマート，マイケル　Michael Ermarth　72
エビングハウス，ヘルマン　Hermann Ebbinghaus　8, 10, 65–66, 158–59, 161, 163–69, 172, 184–85, 187, 306（138),（143)
エルカン，カール（＝ディルタイ）　Karl Elkan　(145)
オイケン，ルードルフ　Rudolf Christoph Eucken　64–65, 316
オウエンズビー，ジェイコブ　Jacob Owensby　88
オヴェンドン，デイヴィッド・S.　David S. Ovenden　88
オルテガ・イ・ガセット，ホセ　José Ortega y Gasset　277–78, 334
オルト，エルンスト・ヴォルフガング　Ernst Wolfgang Orth　88, 336

## カ　行

カー，デイヴィッド　David Carr　88
カイザー，ヴォルフガング Wolfgang Kayser　196–97, 199
カウダー，ペーター　Peter Kauder　251
ガダマー，ハンス＝ゲオルク　Hans-Georg Gadamer　5, 8, 32–34, 72, 83, 89, 113, 116, 125, 148, 200, 202–06, 212–13, 219, 257–59, 270–71, 280, 287–88, 290, 292, 310, 334, 336–38, 343, 347, 355,（152)
カッシーラー，エルンスト　Ernst Cassirer　114, 238,
ガリカー，マーク　Mark Galliker　180
カルナップ，ルードルフ　Rudolf Carnap　114, 147
カント，イマヌエル　Immanuel Kant　9, 14, 16, 44, 47–48, 50–54, 56–57, 60, 62, 87, 118, 131, 134–35, 139, 151, 152, 160, 283–84, 291, 303, 310, 315, 352,（119)–(132),（133)–(144),（147)
キシール，セオドア　Theodore Kisiel　89
キューネ＝ベルトラム，グードルン　Gudrun Kühne-Bertram　16–17, 61,

75, 269, 271, (153), (155)
キュルペ，オズワルト　Oswald Külpe 161–63, (137)
ギールケ，オットー・フォン　Otto von Gierke　64, 228, 247, 343, 353
クラウサー，ペーター　Peter Krausser 72, 346
クラカウアー，フーゴ　Hugo Krakauer 69
クラックホーン，パウル　Paul Kluckhohn　70
クラーデニウス，ヨーハン・マルティン Johann Martin Chladenius　23
クラーマー，コンラート　Konrad Cramer　346
クリステヴァ，ジュリア　Julia Kristeva　150
クリプキ，ソール　Saul Aaron Kripke 114
グリュンダー，カールフリート Karlfried Gründer　(149)–(150), (153), (158)
グレートゥイゼン，ベルンハルト Bernhard Groethuysen　62, 67–68, 351, 356
グロイター，ヴァルター・デ　Walter de Gruyter　351
クローン，アウグスト　August Krohn 247
クワイン，ウィラード　Willard van Orman Quine　89, 114, 158
クーン，トマス　Thomas Samuel Kuhn　115, 147
グンドルフ，フリードリヒ　Friedrich Gundolf　196
グンプロヴィチ，ルートヴィヒ Ludwig Gumplowicz　226–27, 231, 237, 245, 247
ゲダン，パウル　Paul Gedan　(137)–(138)
ゲーテ，ヨーハン・ヴォルフガング・フォン　Johann Wolfgang von Goethe 27, 120, 183, 192, 215, 278, 302, 315, (121), (136), (142), (147)
ケーニヒ，ヨーゼフ　Josef König　34, 70
ケーニヒ，ルネ　Réne König　242
ゲプハルト，ガブリエーレ　Gabriele Gebhardt　75
ゲベラー，ハンス＝ペーター　Hans-Peter Göbbeler　337
ケルクホーフェン，ギイ・ファン　Guy van Kerckhoven　75
ケレンツ，ラルフ　Ralf Koerrenz 254, 257–59, 262, 270
ゲーレン，アルノルト　Arnold Gehlen 345
コスロフスキー，ペーター　Peter Koslowski　88
ゴドレイ，ファラ　Farah Godrej　89
コルフ，ヘルマン　Hermann Korff 196
コーンゴールド，スタンリー　Stanley Corngold　88
コント，オーギュスト　Isidore Auguste Marie François Xavier Comte　38, 47, 161, 224–27, 229–31, 244–45, 247

## サ　行

シェイクスピア，ウィリアム　William Shakespeare　(147)
シェフレ，アルベルト　Albert Schäffle 227
ジェームズ，ウィリアム　William James　283
シェーラー，ヴィルヘルム　Wilhelm Scherer　186, 198–99
シェーラー，マックス　Max Scheler

69, 234, 242, 244, 345, 354
シェリング，フリードリヒ　Friedrich Schelling　302, (142)
ジェンドリン，ユージン　Eugene Tovio Gendlin　13, 180
ジークヴァルト，クリストフ　Christoph von Sigwart　264
シャーフ，ロバート・C.　Robert C. Scharff　89
ジャルバート，ジョン・E.　John E. Jalbert　88
ジャンス，ジャン＝クロード　Jean-Claude Gens　126
シュタイガー，エーミール　Emil Staiger　197–99
シュタイン，アルトゥール　Arthur Stein　69
シュタイン，ローレンツ・フォン　Lorenz von Stein　229, 233, 244, 247
シュタインタール，ハイマン　Hermann Heymann Steinthal　147
シュタムラー，ルードルフ　Rudolf Stammler　137–38
シュタルク，ヴェルナー　Werner Stark　(132), (139)
シュッツ，アルフレート　Alfred Schütz　243
シュテッカー，アードルフ　Adolf Stöcker　245
シュトゥンプ，カール　Carl Stumpf　188, (136)–(137)
シュネーデルバッハ，ヘルベルト　Herbert Schnädelbach　337
シュプランガー，エドゥアルト　Eduard Spranger　34, 62, 70, 252, 321
シュミット，エーリヒ　Erich Schmidt　(137)
シュモラー，グスタフ　Gustav Schmoller　64, 228, 236
シュライアーマッハー，フリードリヒ・ダニエル・エルンスト　Friedrich Daniel Ernst Schleiermacher　23–24, 32, 36, 43–44, 51–52, 57, 59, 63–64, 66, 68, 72, 77, 87, 90–91, 104, 108–09, 124, 194, 201–03, 206, 214–15, 235, 241, 302, 310, 341–42, (135), (143), (147), (156), (160)
シュレーゲル，フリードリヒ　Friedrich Schlegel　201, 203
シューレンブルク，ジークリト・フォン・デァ　Sigrid von der Schulenburg　69
ショーペンハウアー，アルトゥール　Arthur Schopenhauer　42, 48, 283
ショルツ，グンター　Gunter Scholtz　8, 17, 37–61, (153), (158)
ショルツ，ベルンハルト　Bernhard Eduard Scholz　69, 193, (155)
ショルツ，ルイーゼ　Marie Luise Scholz　69, 193
シンガー，ピーター　Peter Singer　150
ジンメル，ゲオルク　Georg Simmel　223, 227, 234–43, 246–50, 306, 316
スキャンロン，ジョン　John Scanlon　88
スピノザ，ベネディクトゥス／バルーフ・デ　Benedictus/Baruch de Spinoza　192, (154), (159)
スペンサー，ハーバート　Herbert Spencer　228, 236–37, 246, 296
ゼーボーム，トマス　Thomas M. Seebohm　88
ゼメリンク，ザミュエル　Samuel Thomas von Soemmerring　(126)
セルバンテス・サアベドラ，ミゲル・デ　Miguel de Cervantes Saavedra　(148)
ゾマーフェルト，ハンス　Hans Sommerfeld　246

ゾンバルト，ヴェルナー　Werner Sombart　234

## タ 行

ダーウィン，チャールズ　Charles Robert Darwin　129–30, 132
タトル，ハワード　Howard N. Tuttle　88
ダランベール，ジャン・ル・ロン　Jean Le Rond d'Alembert　47
ダルベルト，フランチェスカ　Francesca D'Alberto　75
ダンジガー，カート　Kurt Danziger　163
ツィーグラー，テオバルト　Theobald Ziegler　64
ツェクラー，クリストフ　Christoph Zöckler　72, 347
ツェラー，エドゥアルト　Eduard Gottlob Zeller　160, (125), (136)
ディヴァルト，ヘルムート　Hellmut Diwald　72
デイヴィッドソン，ドナルド　Donald Herbert Davidson　114
ディーデリヒス，オイゲン　Eugen Diederichs　(146), (157)
ティーフトルンク，ヨーハン Johann Heinrich Tieftrunk　(120)
テイラー，チャールズ　Charles Taylor　115, 147, 190
ディールス，ヘルマン　Hermann Diels　(136)–(137)
ティルマン，メアリー・キャサリン　Mary Katherine Tillman　88
ティレル，ハルトマン　Hartmann Tyrell　278, 307
ディーン，コリン・L.　Colin L. Dean　88
デカルト，ルネ　René Descartes　54–57, 286
デ・ムル，ヨース，Jos De Mul　86, 88–89, 180, 186, 191, 281–82
デューイ，ジョン　John Dewey　283
デュ・ボワ＝レーモン，エミール　Emil du Bois-Reymond　160, 189
デュルケム，エミール　Émile Durkheim　221, 249, 296
テュルゴー，アン＝ロベール＝ジャック　Anne-Robert-Jacques Turgot, Baron de Laune　47
テンニース，フェルディナント　Ferdinand Tönnies　245
トイニッセン，ミヒャエル　Michael Theunissen　240–41
トヴェステン，カール　Carl (Karl) Twesten　226, 245
トゥキュディデス　Thukydides　147
トゥマルキン，アンナ　Anna Tumarkin　62
トマス，エミール　Emil Thomas　138
トライチュケ，ハインリヒ　Heinrich Treitschke　230, 232, 247
ドレイファス，ヒューバート　Hubert Dreyfus　190
トレルチ，エルンスト　Ernst Troeltsch　37, 146, 234
トレンデレンブルク，フリードリヒ　Friedrich Adolf Trendelenburg　43–44, 51, 57, 66, 87, 107, 348
ドロイゼン，ヨーハン・グスターフ　Johann Gustav Droysen　8, 24–25, 201, 203, 232
トロツキー，レフ　Lev Davidovich Trotsky　332

## ナ 行

ナードラー，ヨーゼフ　Josef Nadler　196

ナトルプ，パウル　Paul Natorp　65, 186, (137)
ニコロヴィウス，マティアス　Matthias Friedrich Nicolovius　(122)
ニーチェ，フリードリヒ　Friedrich Wilhelm Nietzsche　25, 38, 107, 207, 234, 248, 283
ネルソン，エリック　Eric S. Nelson　133, 135, 151–52, 163, 179, 186, 282
ノイラート，オットー　Otto Neurath　114
ノヴァーリス　Novalis (eigtl.: Georg Philipp Friedrich von Hardenberg)　62, 75
ノール，ヘルマン　Herman Nohl　34, 62, 67–70, 81, 252, 256, 333, 354, (146)

## ハ　行

バイザー，フレデリック・C.　Frederic C. Beiser　189
ハイデガー，マルティン　Martin Heidegger　5, 8, 32–34, 36, 70, 87, 89, 113, 115–18, 139, 148, 150–51, 153, 202–03, 205, 208–12, 242, 270–71, 278–82, 285–87, 289–90, 292, 296, 302–03, 310, 320, 336–38, 343, 347, 352
ハイム，ルードルフ　Rudolf Haym　69, 245, (155)
バイロン，ジョージ・ゴードン　George Gordon Noel Byron　192
ハインツェ，マックス　Max Heinze　(122), (137)–(138), (142)
バウフ，ブルーノ　Bruno Bauch　(138)
バウムガルテン，アレクサンダー・ゴットリープ　Alexander Gottlieb Baumgarten　207–08, 214
パウルゼン，フリードリヒ　Friedrich Paulsen　349, 353
バークリー，ジョージ　George Berkeley　47, 56
パース，チャールズ・サンダース　Charles Sanders Peirce　137–38, 152, 283
バーダー，フランツ・フォン　Franz von Baader　246
ハーバーマス／ハーバマス，ユルゲン　Jürgen Habermas　72, 89, 113, 146, 199–200, 203–04, 221, 260–61, 279, 287–92, 295–96, 301, 334–35, 343, 347
ハーフィス　Hafis (eigtl. Ḫāǧe Šams ad- Dīn Moḥammad Ḥāfeẓ-e Sīrāzī)　217
バフチン，ミハイル　Mikhail M. Bakhtin　114
ハーマン，ヨーハン　Johann Georg Hamann　(124)
ハラウェイ，ダナ　Donna Jeanne Haraway　150
ハルトマン，ニコライ　Nicolai Hartmann　61
ハルトマン，ルード・モーリッツ　Ludo Moritz Hartmann　250
ハーン，アロイス　Alois Hahn　293–95, 307
バンバック，チャールズ　Charles R. Bambach　88–89
ハンブルガー，ケーテ　Käte Hamburger　196
ヒッペル，テオドール　Theodor Gottlieb von Hippel　(124)
ヒューナーマン，ペーター　Peter Hünermann　72
ヒューム，デイヴィド　David Hume　45, 47, 54–56, 61
ビールス，ヘンドリク　Hendrik Birus　337
ファーレン，ヨハネス　Johannes Vahlen　(136)–(137)
ファン・フラーセン，バスティアーン・

コルネリウス　Bastiaan Cornelis van Fraassen　114
フィエトール，カール　Karl Viëtor　196
フィッシャー，クーノ　Kuno Fischer　160
フィヒテ，ヨーハン・ゴットリープ　Johann Gottlieb Fichte　45, 47, 60, 192, (142)
フィルヒョウ，ルードルフ　Rudolf Virchow　160
フェヒナー，グスタフ・テオドール　Gustav Theodor Fechner　165, 170
フェルマン，フェルディナンド　Ferdinand Fellmann　283
フォアレンダー，カール　Karl Vorländer　(137)
ブグレ，セレスタン　Célestin Bouglé　249
フーコー，ミシェル　Michel Foucault　207
フッサール／フッセル，エトムント　Edmund Gustav Albrecht Husserl　8, 31, 33, 37, 58, 66–67, 70, 76, 79, 87–88, 115, 146, 270, 336–38, 343, 350, 354, 356, (155)
ブーバー，マルティン　Martin Buber　240
フフナーゲル，エルヴィン　Erwin Hufnagel　343
ブプナー，リュディガー　Rüdiger Bubner　346
ブーベ，トビアス　Tobias Bube　221–23, 247
フライヤー，ハンス　Hans Freyer　70, 242
フラキウス・イリリクス，マティアス　Matthias Flacius Illyricus　23
プラトン　Platon　16, 44, 260, 304
ブランダム，ロバート　Robert Boyce Brandom　283
プランティンガ，シオドア　Theodore Plantinga　86, 88
フリッシュアイゼン゠ケーラー，マックス　Max Frischeisen-Köhler　62, 69, 354–55, (137)
フリーマン，デレク　Derek Freeman　88
プルーテ，ヘルムート　Helmut Pulte　160, 166
ブルホーフ，イルゼ・ニーナ　Ilse N. Bulhof　72, 86, 88
フレイ，エヴァルト　Ewald Frey　(137)
プレスナー，ヘルムート　Helmuth Plessner　35, 70–71, 131, 250, 345
フロイト，ジクムント　Sigmund Freud　207, 242
ベーア，カール・エルンスト　Karl Ernst von Baer　131
ベイン，アレクサンダー　Alexander Bain　283
ヘーゲル，ゲオルク・ヴィルヘルム・フリードリヒ　Georg Wilhelm Friedrich Hegel　16, 31, 63, 68, 118, 160, 169, 211–12, 214, 216, 218, 283, 291, 302–03, 316, 318, 323–24, 327, 330–32, 337, 340, 343, 354–55, (131), (142)-(143)
ペゲラー，オットー　Otto Pöggeler　332, 337
ベック，アウグスト　Philipp August Böckh　8, 24
ベック，ヤーコプ　Jakob Sigismund Beck　47
ベックマン，パウル　Paul Böckmann　196
ベートーヴェン，ルートヴィヒ・ファン　Ludwig van Beethoven　176
ヘフラー，アロイス　Alois Höfler　137

ベーメ，ゲルノート　Gernot Böhme　207–08, 214
ベルクソン／ベルグソン，アンリ　Henri Louis Bergson　122, 149, 248, 316, 352
ヘルダー，ヨーハン・ゴットフリート　Johann Gottfried von Herder　302
ヘルダーリン，フリードリヒ　Johann Christian Friedrich Hölderlin　62, 75, 192, 340
ヘルツ，マルクス　Markus Herz　124
ベルトラム，エルンスト　Ernst Bertram　196
ヘルバルト，ヨーハン　Johann Friedrich Herbart　165–66, 246, 260, 310
ヘルマン，ウルリヒ　Ulrich Herrmann　72
ヘルムホルツ，ヘルマン　Hermann von Helmholtz　48, 160–61, 166, 169, 181, 189–91
ホイシー，カール　Karl Heussi　335
ボイテンディーク，フレデリック　Frederik J. J. Buytendijk　131
ポパー，カール・ライムント　Karl Raimund Popper　199–201, 203, 218, 287
ホフナー，ヴィルヘルム（＝ディルタイ）　Wilhelm Hoffner　193,（145）
ホフマイヤー，ジェスパー　Jesper Hoffmeyer　137–38, 143, 152
ホフマンスタール，フーゴ・フォン　Hugo von Hofmannsthhal　278, 303
ホルクハイマー，マックス　Max Horkheimer　205
ホルシュタイン，オリバー　Oliver Hollstein　254, 260–62
ポルトマン，アードルフ　Adolf Portmann　131, 345
ボルノー，オットー・フリードリヒ　Otto Friedrich Bollnow　35, 68, 71, 121–22, 149, 253, 257, 270, 334–38, 340, 345, 355

## マ　行

マイアー，ハンス　Hans Mayer　197
マイモン，ザーロモン　Salomon Maimon　47
マイヤー，ハインリヒ　Heinrich Maier（137）
マキァヴェッリ，ニッコロ　Niccolò Machiavelli（147）
マーシャル，マリリン・E.　Marilyn E. Marshall　166
マックリール，ルードルフ・A.　Rudolf A. Makkreel　8–9, 17, 72, 75, 86–102, 103, 120, 122–23, 139–40, 149, 153, 189, 337, 340,（158）
マッハ，エルンスト　Ernst Mach　166, 169
マルクス，カール　Karl Marx　242, 244, 326
マルシュ，ガブリエーレ　Gabriele Malsch　75
マンツァヴィノス，クリソストモス　Chrysostomos Mantzavinos　114, 146
マンハイム，カール　Karl Mannheim　242–44
ミッシュ，クラーラ　Clara Misch (geb. Dilthey)　69, 193–94, 217, 354,（159）
ミッシュ，ゲオルク　Georg Misch　34–35, 62, 67–71, 113, 121, 158, 193–94, 217, 270–71, 338, 343, 354,（146）–（151）,（158）
ミード，ジョージ・ハーバート　George Herbert Mead　89, 243, 249, 278, 282, 285–87, 291–92, 296, 301, 306
ミュラー，ギュンター　Günther Müller

196
ミュラー，ゲオルク・エリアス　Georg Elias Müller　161
ミュラー，ヨハネス　Johannes Müller　160
ミル，ジョン・ステュアート　John Stuart Mill　161, 229
ムジュール，シルヴィ　Sylvie Mesure　75
メンツァー，パウル　Paul Menzer　62,（137），（138），（142）
モーツァルト，ヴォルフガング・アマデウス　Wolfgang Amadeus Mozart　192
モムゼン，テオドール　Theodor Mommsen　125
モール，ローベルト・フォン　Robert von Mohl　229–30, 247

## ヤ　行

ヤウス，ハンス・ローベルト　Hans Robert Jauß　204–05
ヤコービ，フリードリヒ・ハインリヒ　Friedrich Heinrich Jacobi　47
ヤスパース，カール　Karl Jaspers　13, 303
ユクスキュル，ヤーコプ　Jakob von Uexküll　115, 126, 128–32, 134–35, 137–38, 150–52
ユーバーヴェーク，フリードリヒ　Friedrich Ueberweg　44
ユング，マティアス　Matthias Jung　89, 147–48, 179–80, 186, 190–91, 279, 282, 284–86
ヨアス，ハンス　Hans Joas　285, 292
ヨーアッハ，ヘルムート　Helmut Johach　72–73, 243, 246
ヨルク・フォン・ヴァルテンブルク，パウル　Hans Ludwig David Paul Graf Yorck von Wartenburg　44, 54, 60–61, 65, 69–70, 82, 107, 110, 202, 215–16, 218–19, 262, 280, 302, 348,（138），（140），（142）–（143），（155），（157）

## ラ　行

ライケ，ルドルフ　Rudolf Reicke　（122），（135），（138），（140）
ライプニッツ，ゴットフリート　Gottflied Wilhelm Leibniz　（121），（126），（136）
ラスヴィッツ，クルト　Kurd Laszwitz　137
ラーツ，ヨハネス　Johannes Rahts　137
ラツァルス，モーリッツ　Moritz Lazarus　147, 235, 249
ラッセル，バートランド　Bertrand Russell　114
ラッツェンホッファー，グスタフ　Gustav Ratzenhofer　227
ランケ，レオポルト・フォン　Leopold von Ranke　34,（147）
ラントグレーベ，ルートヴィヒ　Ludwig Landgrebe　70
リクール，ポール　Paul Ricœur　113, 146, 337, 355
リーツ，ヘルマン　Hermann Lietz　245
リード，トマス　Thomas Reid　283
リッカート，ハインリヒ　Heinrich Rickert　64, 66, 69, 115, 148, 242, 313, 350
リックマン，ハンス・ピーター　Hans Peter Rickman　72, 86–87
リッター，ハインリヒ　Heinrich Ritter　44
リッター，パウル　Paul Ritter　67–68,

79, (150)
リップス，ハンス　Hans Lipps　34–35, 338, 343, 356
リーデル，マンフレート　Manfred Riedel　72, 246
リーリエンフェルト，パウル，フォン　Paul von Lilienfeld　227
リール，アロイス　Alois Adolf Riehl　65
リンク，テオドール　Rink, Friedrich Theodor　(121), (130)
ルカーチ，ジェルジュ　György Lukács　8, 37, 71, 113, 146, 197, 244, 291
ルーマン，ニクラス　Niklas Luhman　293, 296
レーヴィット，カール　Karl Löwith　240, 352
レッシング，ゴットホルト・エフライム　Gotthold Ephraim Lessing　8, 16, 17, 62, 74–75, 121, 180, 186, 244, 246, 335, 337, (124)
レッシング，ハンス＝ウルリヒ　Hans-Ulrich Lessing　62–85, (153), (156)
レーデカー，マルティン　Martin Redeker　23
レーマン，ゲルハルト　Gerhard Lehmann　(132), (136), (139), (143), (160)
レームケ，ヨハネス　Johannes Rehmke　64–65
レンメルト，エーバーハルト　Eberhard Lämmert　196
ローゼンクランツ，カール　Karl Friedrich Rosenkranz　(122), (131)
ロータッカー，エーリヒ　Erich Rothacker　34, 70
ローディ，フリティョフ　Frithjof Rodi　8–9, 16–17, 23–36, 72–75, 88–90, 119, 148, 167–68, 184, 186, 188–89, 335–36, (139)–(140), (149), (152)–(153)
ロッシャー，ヴィルヘルム　Wilhelm Roscher　233, 247
ロッツェ，ルードルフ　Rudolph Hermann Lotze　44, 47, 264, 303, 348
ロドウェイ，バーバラ　Barbara Rodway　166

＊　＊　＊

## あ 行

阿部次郎　314 ,328
伊藤吉之助　316, 328
伊藤直樹　10, (143)
稲義人　16
大石学　11, 309–57, (145)–(160)
尾形良助　333, 339

## か 行

筧克彦　353
筧泰彦　353–54
勝部謙造　314, 317, 319, 321–23
樺山紘一　13
鏑木政彦　10, 277–307, 343
茅野良男　314, 321, 333, 339–40, 346–47, 350, 351, 352, 356
木村敏　13
桑木厳翼　314, 350
高坂正顕　313–15, 317, 319
高山岩男　318–19, 345, 350

## さ 行

三枝博音　317, 319, 323, 354, 355
坂部恵　13–14
佐々木健一　13
佐藤忠恕　316
瀬戸口昌也　10, 251–76

## た 行

田中潤一　321
田辺元／田邊元　148, 319, 353
廰茂　10, 220-50
塚本正明　149, 332, 336, 342-43
戸田三郎　323, 332

## な 行

長井和雄　16, 339
楢崎浅太郎　316, 321
西田幾多郎　12, 148, 314-16, 328, 350, 352, 354
西田直二郎　328, 355
西村晧／西村皓　4, 15-16, 333, 339-41, 345, 355
野家啓一　13, 147

## は 行

葉上照澄　319
舟山俊明　339, 341-42, (157)
細谷恒夫　318-19, 328-29, 333

## ま 行

牧野英二　3-17, 103-10, 111-54, 341-43, (132), (144), (160)
桝田啓三郎　315
松友昭繁　351, 354
丸山高司　334, 336, 342
三浦國泰　10, 192-219
三木清　148, 305, 313, 315, 319-20, 337, 350-53
三島憲一　13
水田洋　14
三宅剛一　328-29, 346, 356
森田孝　339, 344

## や 行

山西英一　325, 327, 332
山本幾生　343
由良哲次　332-33
吉田熊次　321-22, 353

## わ 行

和田治平　324-27, 348
和辻哲郎　322, 353

# 事 項 索 引

1）第一部研究編全体と第二部資料編第二章第一節・第二節の本文および注における主要な事項を，日本語表記に限定して収録した。
2）書物名や論文名などは収録しなかった。
3）頁数は，縦書の第一部では通例のアラビア数字で，横書の第二部では（123）のように丸かっこ内に記載した。

## あ 行


アイステーシス　206, 210
アナロジー　248
意識哲学　125, 291-92
意識の事実　45-46, 53, 55, 163, 172, 175-83, 185, 257, 263-64, 266-67
イデオロギー批判　197, 199, 203-04 (152)
意味　131, 139, 256, 306
　——志向　31
　——のカテゴリー　139, 143, 286
因果　50, 266, (135)
　——連関　164, 173-74, 177, 190
因果性　50, 129, 162-63, 165-66, 174, 177
　心的——　162, 166, 177
　物的——　162, 166
影響史　113, 203-04
　——的美学　212


## か 行


懐疑論　41, 48, 56
　——者　47
解釈（の）主体／対象　258-59
解釈学　8-11, 23-24, 31-35, 71-72, 76, 86, 88, 113-16, 121, 128, 147, 179, 184, 189, 194, 199-206, 214-15, 199-206, 210, 214-15, 221-23, 242-43, 259-62, 268-73, 277-79, 282, 287-93, 301, 336-38
　——的　76, 164, 167, 184, 185, 221, 223, 279, 299, 310, 338, (152)
　——的カテゴリー　27
　——的基礎づけ　164, 167, 185
　——的循環　24, 26, 117, 122, 143, 208, 215, 257-59, 290, 293-94, 296, 302
　——的哲学の優位性　113
　——的転回　34, 271
　——的論理学　35, 270-71
　——の巨匠　23, 25
　——の存在論的基礎づけ　270
　——の歴史　23-24, 32-35, 257
　ガダマー（の）——　203-05, 258
　事実性の——　33-34, 36, 278-79
　自然主義的——　146
　実存——　257-59
　シュライアーマッハーの——　23
　聖書——　24, 294　→聖書釈義
　生の——　86, 118, 120-21, 138, 144, 255-56, 319
　生命記号論的——　112, 114, 122, 126, 129-30, 137-38, 142-44, 147, 150-51
　ディルタイの——　30, 34, 143, 194, 205, 210, 258-60, 270, 279, 292, 294,

353
テキ(ク)スト—— 257-59
哲学的—— 33, 72, 89, 257-59, 270
文学的—— 194, 205
文献学的—— 24-25
歴史的生の—— 113, 122, 125, 128, 132-34, 137-39, 144
解釈学者 24, 37, 201
科学 4, 38-43, 45, 47, 49, 52-54, 56, 88, 91, 108-09, 133, 137, 147-48, 157, 160-63, 165, 169, 172, 180, 186-87, 195, 199-201, 205, 213, 215, 225, 228, 252-53, 260, 263, 272-73, 284-85, 287, 290, 295, 300, 342, 345, 353
——主義 300
——哲学 161
覚知 45, 175-78, 180, 183, 190, 264, 266-67, 269-70, 299
学問 5, 17, 23-25, 40-41, 62, 64, 66, 72-74, 91, 107, 112, 119, 129, 143, 147-48, 158-59, 163, 169, 198-99, 201, 213, 253, 277-78, 287, 306, 311, 316-17
——の進歩と科学技術の発展 5
仮説 46, 49, 54, 123, 125, 132-33, 164-66, 168-70, 181, 199-200, 268
——性 158, 164-65, 168-70, 173, 185
——的な性格 164
価値論 75, 266
感覚学 206
感官知覚の知的性格 161
環境 25, 48-49, 112, 115, 117, 127-28, 132, 134-37, 150, 254, 257, 281-84, 286, 292-95, 297-98, 301
間主観性 260, 285, 289-90, 292
感情移入 206, 288
関心 258, 290
完全性 246, 254, 256, 272-73
カント主義 38, 47-48, 116, 134, 160
新—— 39, 42, 48
記述－分析 161, 175-80, 183
基礎づけ 40, 53-54, 64-67, 72, 125, 127, 133, 135-36, 139, 164, 167, 185, 222, 240, 320, 348, (123), (148)
科学性の—— 273
精神諸科学の—— 268
精神科学の心理学的—— 164
精神諸科学の哲学的—— 66
精神科学の認識論的—— 31, 117, 121, 140, 240, 257, 262, 266-68, 270-72, 320
存在論的—— 270
知識と科学の—— 40
認識論的—— 25, 237, 262
論理学的—— 273
論理学的－方法論的—— 31
基礎的操作 266, 273
規範 115, 117, 218, 258-60, 272, 283, 290
客観性 33-34, 88, 202, 229, 232-33, 236, 240, 242, 264, 266-67, 272, 290-91, 295
教育 66, 157, 228, 241, 244, 252, 260-61, 272, 300, 310, 316, 319, 321, 344-45
——的関係 261
——的規則 261
——的天才 260-61
——哲学 13, 221, 252
教育学 10, 13, 59, 68, 77, 79, 235, 251-57, 259-62, 267-68, 270-74, 310, 313, 317, 320-22, 325, 333, 339, 344-45, 349, 352-53
——テーゼ 251-57, 259-60, 262, 267-68, 270-71
——の科学性 253-54, 262, 270
——の普遍妥当性 256
科学的—— 272
批判的・解放的—— 261
距離 117, 144, 148, 150, 182
人間と他の生物との伝統的な——

144
経験　123, 125, 133
──主義　5, 26, 119, 199–200, 246–47, 306
間接的──　160, 162
根源的な──　50, 167–68
直接的──　160, 162
囚われない──　119
内的──　39, 42–43, 45, 47, 57, 60, 107, 171, 177, 229, 248, 263–65
経済学　163, 233, 242, 244, 253, 322
形而上学　39–40, 42, 44–45, 52, 54–55, 58, 114, 133, 140, 160, 225–26, 247, 281, 303, (121), (123), (126)-(127), (148)
──の努力　39
仮説的──　57
教条的──　44–45
芸術　7, 10, 66, 108, 120, 140, 178, 192–94, 197, 205–06, 208–16, 219, 228, 233–34, 239, 243, 294, 300
──的感性　192–93
──の終焉　211–14
権威　42, 203–04, 259, 300
言語　31, 45, 120, 129–30, 140, 143, 146–48, 150, 238, 260, 266, 271–73, 287–91, 293–95
──芸術作品　196
──行為論　271
──哲学　271
──論的転回　146, 288
現象学　46, 49, 70, 74, 87–89, 127, 270–71, 312, 316, 318, 336–38, 344
──的哲学　271
現象主義　47, 53, 176
──者　54
主知主義的──者　54
絶対的──　48
現象性の原理（現象性の命題）　45, 175, 181, 263
言明　35, 45, 51, 237, 264, 267, 270
記述的──　253
規範的──　253
公共性　281
構想力
詩人の──　329
詩的──　330
個性　87, 115, 121, 125, 178, 201, 206, 225–26, 239, 314
──研究　104, 159, 288, 328
──と全体性　256
現代社会の歴史的──　2
構造連関　51, 87, 120, 133–34, 136, 140, 168, 177–78, 180, 190, 194, 214, 256, 267, 300
心的──　177
心的生の──　51
生の──　87, 133, 256
体験・表現・理解における──　136, 272–73
歴史的社会的現実における──　120, 134
合目的性　119, 134–36, 151–52, 269
客観的──　136
自然の──　134, 151–52
精神的生の主観的な内在的──　136
有機的生の内在的──　134
古典文献学　32, 194, 201, 206
事柄性　259
コミュニケーション　138, 214, 261, 279, 287–96, 301–02
日常言語の──　260, 291
根本学　10, 157–58, 167–70, 183–86, 188–89

## さ 行

再帰性／的　174, 176, 178, 180, 183, 207–08, 291
作品内在的解釈法　195, 198

詩学　27, 31, 178, 190, 197, 253
時間　26, 29, 117, 140, 159, 171, 175, 224, 236, 239, 266, 279, 281, 289, 293, 299–300
自我　34, 45, 54, 123, 181, 207, 249, 255, 285–86, 288–89, 291, (123)
自己　33, 54, 120, 122–25, 127–28, 133, 135–36, 140–42, 151, 175–76, 178–83, 192, 202–06, 212, 215, 255, 257–58, 280–81, 284, 290, 293, 295, 299–302
自己省察　41, 47, 136, 140, 143, 222, 235
　哲学的——　267
事実　45–46, 114, 189
　意識の——　176–83, 185, 267
　生の——　129
　精神的——　172
　第二次の心的——　229, 232–33
システム論　243, 277, 279, 287, 292–96, 298–99, 301, 307
自然　31, 39, 42, 45–46, 48, 50, 56, 57, 71, 77, 91, 112, 114–16, 119, 122, 130–31, 133–34, 137–38, 141, 145, 147, 151–52, 164, 166, 168–75, 177, 179–80, 186, 196, 201, 230, 232, 272, 283–86, 292, 298, 300, 302–03, 310
　——の技巧　134, 152
　——の合目的性　134, 151–52
　——の支配　39
自然（諸）科学　5, 15, 24, 41–43, 48, 50, 55, 65–66, 87, 113–17, 119, 122, 125–28, 131–32, 137, 139–40, 147–48, 157–61, 163–64, 167, 169–70, 172–75, 179, 183–86, 188, 195, 199, 201, 205, 225–26, 228, 232, 239, 243, 246, 258, 272, 277, 284–86, 298, 314–16, 339
　——的因果法則　116
　——と精神科学との統合の可能性　113
自然主義　46, 49, 108, 113–14, 119, 122, 130, 133, 139, 146, 157–58, 162, 195, 225, 235–36, 247
自然主義化　114, 126, 130, 157–59, 169, 184
　生の——　10, 157, 159, 184
　精神的世界の——　130
自然哲学　163
　思弁的な——　133
　生気論的な——　133
実験　161–65, 170, 177, 185, 187, 255, 285
　——心理学　→心理学
実在性　29–30, 38–39, 41, 43–45, 47–53, 56, 58, 60, 149, 170, 176, 183, 190, 264–65, 272
　外界の——　43, 48–49, 54, 56, 60, 64, 78, 104, 135, 181, 263–64
　体験そのものの——　48
実在論　53, 91
　——的体系　37–38, 40–43, 146
　素朴な——　58
　認識論的——　43, 53
　反省的——　58
　理想——　87, 91
実証主義　5, 26, 38–39, 42, 47, 87, 119, 133, 160–61, 166, 169–70, 187, 195, 198–204, 225–27, 232, 244, 260, 277, 280, 287–88, 290–91, 347, (147)
　——論争　200–01, 204, 287, 334
実践理性　60
自（叙）伝　104, 294–96
社会　39, 42, 64, 163, 178, 224–43, 245–50, 291, 297–99, 301, (140)
　——体系　227, 231, 238, 245
　——的世界　231, 293
　——的生　183
　——文化　238, 246
　——理論　221, 223, 227, 228, 231, 236, 239, 243, 246, 250, 287
　——と歴史の理論　277, 296, 300–03
　——の歴史性　225

社会科学　87, 147, 230, 234, 322, 334, 346, (152)
社会学　64, 104, 200, 201, 220–26, 234, 237, 239–44, 247, 250, 254, 260–61, 278, 287, 293, 306
——的契機　222–23, 236
現代——　221–22
ドイツ——　220–21, 242–43
宗教学　108–09
受容史　35, 62, 70, 77, 194, 311
受容美学　204–05, 212
主体　118, 121, 130–32, 138, 141, 143, 150–51, 169, 182, 201, 207–08, 231, 254–55, 258–59, 264, 274, 289, 292, 296, 300
心的——　255
論理的——　255
主体性　122, 131, 142, 143, 200, 254, 259, 300
象徴　294
——形式の哲学　114
世界連関の——　140
進化論　236
ダーウィン的な——　128
社会——　128, 250
新カント学派　33, 39, 42, 48, 66, 87, 113, 115–17, 140, 160, 312–13, 315–16, 352
心身二元論克服の試み　125
信念　49, 52–54, 56, 64, 91, 181, 263–64
真理　26, 37, 41–42, 46, 53, 118, 203, 205, 208–10, 213, 241, 258–59, 283, 288, 295–96
事柄の——　258–59
自然科学的——　114
責任としての——　258
心理学　10, 13, 26–27, 30, 40, 45, 59, 64–66, 75, 87, 104, 116–18, 123, 125–27, 131, 135–36, 147, 157–70, 175–81, 183–89, 223, 229, 231–33, 238–40, 247, 249, 256, 259, 267, 270, 286, 295, 306, 316, 321, 336
記述的——　64–65, 87, 126–27, 129, 132, 167–68
記述的分析的——　30, 64, 104, 116, 121, 159, 161, 164, 166–68, 267–68, 317
構造——　27, 30, 184
自然科学的——　158, 164, 315
実験——　116, 158–62, 164, 187
実在——　26
説明的——　65, 116, 159, 164–68, 170
連合—　165–66
心理学から解釈学へ　184
心理学的なスコラ主義　270
推論（推理）　49, 189, 199, 260–61, 266, 269
無意識的——　49, 56–57, 161, 181
図式　28, 30, 143–44, 152, 297
生（生命）　38, 70–71, 151, 167–68, 170, 176, 178, 181, 184–85, 234, 236, 241–42, 255–57, 269–71, 273, 278, 280, 284, 288, 297, 302, 304
——記号論　112–13, 128–29, 137–38, 150
——と作用連関　233, 257
——と死　116, 142, 149, 153
——の運動　256
——のカテゴリー　116, 129–30, 135, 138–41, 143, 256, 355
——の客観態　113, 120–21, 123–24, 128, 144, 223, 233, 236, 300, 346
——の客観的精神　128, 233
——の究めがたさ　179
——の根源性　126
——の自然主義化　157, 159, 184
——の力　181
——の調和と統一　256
——の統一体　49, 119, 142, 171, 178, 180, 183, 299–300

——の謎　40, 126, 140, 142, 146
——の理想　(147)
——の歴史性　279
——の連関　27, 29, 32, 126, 135, 178, 263, 273
——の論理学　256, 257, 271, 338
——力　160
科学主義による——の抑圧　200
社会的——　183
心的——　51, 118–19, 125, 138, 158, 164, 168, 175, 177–78, 196, 232–34, 253–57, 260, 263–64, 266–73, 280, 286, 292–95, 298–302, 316
動物的——　168–69
人間的——　168
剝き出しの——　112, 145
善き——　112, 145
理解されるテクストとしての——　32
政治　112, 145, 232, 244, 294, 296, 300, 303
——学　244
聖書釈義　194, 201, 206
精神（諸）科学　40, 42, 55, 62, 63–67, 71–74, 76, 79, 113–14, 116–17, 119–20, 125, 127, 132–33, 136, 139, 222, 226, 234, 252, 254, 258–59, 262, 265–68, 270, 272, 286, 288, 290, 320, 348, (148), (152)
——的教育学　252, 254, 261, 310
——と自然科学との相互的補完関係　119
——と生物学　134
——の巨星　4
——の哲学者　158
——の認識論的基礎づけ　31, 117, 121, 140, 240, 257, 262, 266–68, 270–72, 320
——の百科全書　40
精神史　66, 68, 194–96, 198–99, 202, 205, 220, 235, 237, 242–43
精神物理的な生の統一体　48, 171
生動性　119, 184, 195, 201, 232, 234, 236, 241–42
生動的社会化　241
生の哲学　8, 32, 54, 68, 70–71, 80, 112, 114–16, 118, 120–22, 141, 144, 147, 222, 255, 257, 262, 271, 282, 286, 300, 313, 316, 319, 338, 343
帝国主義的な——の創始者　8, 71
歴史的——　112, 122, 134
歴史的・解釈学的な——　121
生物学　28–30, 117, 119, 121, 126–36, 138–39, 148–49, 152, 183, 282, 289, 345
——主義　116–17, 127, 150
——的生　121, 135
——的転回　136, 152
——的認識　126, 133, 138–39, 141
現代——　130
合成——　145, 154
ディルタイの——　128
ユクスキュルの——　115, 132–35
生理学　49, 130, 159–60, 162–63, 177–78
——の領域　27
感覚——　65, 160–61
脳——　46
世界　50, 52, 255, 257, 263, 280, 298, 301, 304, (147)–(148)
——秩序　255
環境——　27, 119, 125–26, 128–32, 134, 136–38, 143, 150, 281, 298
生活——　257, 288, 290
内的経験の——　43–43
歴史的——　43, 105, 117, 122, 132–33, 140, 189, 225, 231, 285, 299–300, (147)–(148)
世界観　40–41, 46, 66, 68, 70, 91, 108–09, 166, 191, 234–35, 237, 303, 317–20, 324
世界観学　40, 67, 90, 107, 109, 132, 141–42, 191, 324

接続可能性　192, 214, 219
説明　27, 65, 117, 133, 151, 196
　——と理解　117, 131, 144
　「——－理解」論争　310, 334
　因果発生論的な——　27
　生理学的——　49
　人間学的——　49
セミオティックス　129, 137
　暗号・コードバイオ・——　129
　解釈学的バイオ・——　129, 137
　動物——　129
　物理的バイオ・——　129
全体論的－形態学的な自然観察の方法　17
先入観　258–59
相互作用　26, 44, 49, 128, 135–37, 150, 168, 171, 176–78, 180, 182–83, 186, 191, 214, 220, 222–24, 226–29, 231–41, 243, 245, 248–49, 282, 284, 286–87, 291, 297–99, 301
創作美学　204
想像力　120–21, 190, 216, 301
　音楽的——　120, 140
　言語的——　120
　非言語的——　120
相対主義　37, 115, 140, 198, 203, 336
創発性　301
組織　30, 90, 220, 222–39, 242–43, 247, 286, 294, 297, 299
　社会の外的——　286, 294, 298–99
存在　44, 53, 135, 263, 279–81
　——と当為　255–56, 259
　——理解　257, 259
　解釈者の——　138
　現実——　255
　人間——　125, 279, 287
　歴史的——　128, 141, 225, 280–81
存在論　34, 114, 133, 144, 147, 153, 167, 240, 254, 257, 270, 280, 282, 286, 290, 292–93
　——的観点　253, 257
　生の——　282

## た 行

体験　29, 31–32, 34–35, 48, 53, 55, 77, 89, 105, 117, 120, 123, 125, 135–36, 143, 146, 167–68, 170, 176–77, 179–81, 183–85, 190, 195, 200–01, 208, 210, 215–17, 236, 248, 264–66, 269, 272–73, 280, 284, 287–88, 300–01, 303, 314–15, 317
　生の——　5, 133, 139, 143, 295
　追——　38, 43, 135, 183, 215, 269
代現　266–67, 269, 271
対象的把握　266–67
対話　124, 202–03, 214, 290–91, 293, 301, 347
　——モデル　202–03
　終わりなき——　124
他者　29, 89, 120–25, 127–28, 133, 135, 137, 139, 142–44, 176, 180, 182–83, 202–03, 240, 258, 260, 291, 293, 298, 301–02, 304
　異質な——　121, 124–25, 144, 148
多元化　253–54
多文化共生　115
知覚　40, 46, 50, 55–56, 161, 166, 177, 181, 190, 207, 266, 273, 297
　外的——　46, 55, 161, 181, 292
　高次の——　265–66
知識論　39, 266
地平の融合　89, 203, 259
中動相（態）　208
抵抗　10, 49–50, 60, 123, 149, 157–59, 169, 175, 181–82, 184–85, 189
　——経験　53–54, 60, 123, 161, 176–77, 180–83, 189
　他者との——　123
ディルタイ学派　70, 113, 189, 252, 271,

310, (152)
ディルタイ研究者　9, 16–17, 74, 149, 167–68, 252, 279, 281, 327, 331, 332, 339
ディルタイ主義者　14
ディルタイ像　5, 74, 216, 221, 278, 311, 336
ディルタイ・ルネサンス　5–6, 12, 14, 312, 335–36, 338–39
哲学　38, 40–41, 55, 62, 66, 69–74, 76–77, 175, 240–41, 277, 303–04, (120), (123)
　——体系　8, 38, 40, (135)
　——的自己省察　267
　——の哲学　40, 66, 68
　——部　188
　科学——　161
　伝統的意識——　125
　文化体系の——　108
　ポスト形而上学的——　39
　歴史的・解釈学的な生の——　121
伝統　13, 23–24, 32, 34, 114–15, 148, 167, 196, 201, 203–04, 213, 214, 258–59, 283, 287–88, 300, 304, (152)
ドイツ国家学　224–26, 229
ドイツにおける精神生活の発展　66
ドイツ文学研究（文芸学）　62, 194–96, 198, 216
討議理論　261
同型性　172–73, 255, 301
陶冶　66, 254–56, 272–73, 301
　知的——　272

## な　行

二元論　114, 116, 133, 163, 282, 285
　心身——　125
人間科学／人文科学　104, 146–47, 185, 232, 334
人間学　26, 28–30, 49, 55, 71, 77, 87, 109, 139, 170, 319, 324, 345, (120)-(121), (130), (134), (138)
　——と心理学　170
　——の諸前提　26
　哲学的——　70, 117, 345, 356
人間研究　340, 345, 348
人間本性　186, 229, 301
　——の全体性　26
人称（性）／的　121, 135, 158, 169–70, 175–76, 179, 182–83, 186, 191
　——的世界　173–75, 183, 184

## は　行

発生的関係　265
発展史　184, 284, (122)-(124), (127)-(129), (134)-(135)
パラダイム　159, 204
反復　174, 176, 178, 180, 183
批判　8, 10, 24, 41, 47, 65–67, 70–71, 112–13, 140, 161–62, 164-68, 181, 184–85, 189, 195, 216, 221, 225–26, 230, 232, 234, 240–41, 244, 247–48, 250, 261, 285, 295, 300, 302, 306, 315, 323
　——理論　199–200, 203–04
　——的合理主義　199
　ガダマー——　203–04
　形而上学の——　74
　ディルタイ——　38, 115–16, 125, 146, 148, 159, 280, 287, 290, 292, 346
　ハイデガー——　150–51
　理性——　118, 207
　歴史的理性——　5, 114
方法論複数主義　198, 205
物象化　291
普遍妥当性　45, 256, 258
プラグマティズム　277, 278–79, 282–87, 292–93, 296–97, 301, 305
フランクフルト学派　204–05

フランス〈新旧論争〉 204
分化　183, 228, 231, 236–41, 243, 248, 277–78, 294, 296–300, 352
　機能——　300–02
文化　136–37, 148, 228–43, 246, 254, 297, (140)
　——教育学　320–21
　——体系　108, 118, 142, 220, 222–39, 241–43, 246–47, 320
　——哲学　321
文学的進化　204
文芸学　10, 192, 195–98, 203–05, 216
　ドイツ——　194-96, 198, 216
　東西分裂後の——　10
分析哲学　113–14
　——の伝統　114
　ポスト——　115
へだたり　116, 118, 148
弁証法　44, 203–04, 216
　——的な均衡　256
　——的な振り子運動　256
　否定の——　204
暴力　172, 177, 182, 237

## ま　行

マルクス主義　14, 71, 113, 197–99, 204, 326, 344
民族精神　298
目的論　30, 141, 143, 180, 267, 297–98
　——的構造　253, 273
　——的連関　130, 266
　心的生の——　253–57, 260, 262, 268, 270–73

## や　行

唯物主義　46–47
有機体　49, 71, 127, 132, 136, 137, 151, 168, 227, 245, 278, 285, 289
　——論　27, 115, 133, 140, 231, 248
予見者　206, 210, (154)
予見的　206

## ら　行

楽観主義　256
理解　38, 72, 142–44, 147, 150, 179, 183–84, 221, 242, 255, 257, 259–61, 269, 272–73, 284, 288, 294–96, 299, (121), (124), (132), (135)
　——の基本的形式　269
　——の高次の形式　269
　自己——　38, 139, 142, 144, 202
　自己と他者との（相互）——　120, 122, 124
　循環的－全体的な——　32
　生の——　32, 38, 255, 257
　他者——　123–24, 128, 139, 149
　テクスト——　24, 29, 149, 202
理性　48, 118–19, 126, 132, 140, 287
　——中心主義　126
理性（の）批判　118, 207
　純粋——　56, (132)
　歴史的——　5, 74, 104, 114, (139)
理論　39, 50, 52, 54, 199–201, 207–08, 221, 268–69
　——の理論　39–40
　知識の——　10, 262, 267–73
倫理学　68, 106, 112, 150, 235, 253
　——の体系　68, 106, 136, (154)
　（ディルタイの）——体系　68, 91, 106, 136, 342
類型　108, 125, 178, 190, 258, 267, 301, 315, 318–20
　現代の世界観の——　108
類推　260, 269
類推推理　181
歴史　37, 40, 64, 66–67, 70, 72, 135–36, 141–42, 148, 222–23, 239, 242, 250,

281, 284, 296–97, 299, 301, (139)
——学派　32, 233, 346
——観　201, 296, 303
——観察　30
——（の）認識論　312-13
——の忘却　251
解釈学的 - 人間学的な——　30
解釈学の——　257
歴史家　5, 8, 13, 24, 34, 87, 105, 131, 348
——の耳　43
歴史（的）
——意識　68, 107–08, 122, 201, 324
——の運動　37
——社会的現実　170–71
歴史主義　37, 67, 115, 122, 147–48, 199, 202, 250
歴史性　33, 72, 163, 186, 202–03, 225, 234, 279–82, 290, 302, 319, (139)
歴史的生　5, 113, 117–18, 120–23, 125, 127–28, 132–34, 137–39, 141, 143–44, 178
歴史哲学　40, 147, 225, 303, 312–15
連関　49, 51, 58, 67, 73, 189, 222, 237, 280, 290, 295, 297, (121), (123), (125), (134), (138)
——としての生　25-26
因果——　51–52, 164, 172–74, 177, 190, (135)
獲得——　178–80, 254, 255, 257
構造——　51, 87, 120, 133–34, 136, 140, 168, 177–78, 180, 190, 194, 214, 256, 267, 300
作用——　28, 30, 32, 109, 125, 134, 139, 184, 190, 233, 257, 262, 280, 300, 346
思考——　264
自然——　174
心的——　176–80, 183
生の——　273
体験された——　167–68
実在的——　51
実在的（の）因果——　→因果連関
内的——　(125), (138)
認識——　172
発展——　134, 178
表象——　178
目的——　134–35, 190, 228, 232, 280
論理的——　51
ロマン主義　126, 130, 201, 211, 281, 315
論理学　31, 35, 39–40, 44–45, 57, 60, 223, 234, 247–48, 256, 265–71, 338
形式——　264–65
精神諸科学の——　257
認識論的——　73, 257, 262, 265, 267–68, 270
分析的——　257, 262, 265, 267

## わ 行

私にとって現にあること　175-77, 180, 183, 190

# 第二部　資料編

# 第一章　ディルタイの年譜と著作一覧

伊藤　直樹
瀬戸口昌也

# はじめに

ここでは，以下の情報をとりあげる。

第一節　ディルタイの生涯・業績・関連の歴史的出来事
第二節　書評一覧
第三節　ドイツ語版『全集』収録主要論文一覧
第四節　日本語版『全集』収録論文一覧

それぞれの凡例は以下のようになる。

## 「第一節　ディルタイの生涯・業績・関連の歴史的出来事」について

1）ヘルマンのクロノロギー（Ulrich Hermann, *Bibliographie Wilhelm Dilthey, Quellen und Literatur*, Weinheim/Berlin/Basel 1969）を底本とした。ただしこの文献の刊行以後に修正および更新されている情報については適宜補足修正した。

2）ディルタイの生涯，全集収録文書，全集未収録文書，講義題目，関連の歴史的出来事という五つの項目を年代順に記述する。

3）ディルタイの生涯の項に関しては，上掲のヘルマンのクロノロギー，またドイツ語版『全集』の他，以下の文献を主に参考にした。

*Wilhelm Dilthey: Briefwechsel*, Bd. I: 1852–1882, hrsg. von Gudrun Kühne-Bertram und Hans-Ulrich Lessing, Göttingen 2011.

*Wilhelm Dilthey: Briefwechsel*, Bd. II: 1882–1895, hrsg. von Gudrun Kühne-Bertram und Hans-Ulrich Lessing, Göttingen 2015.

*Wilhelm Dilthey: Briefwechsel*, Bd. III: 1896–1905, hrsg. von Gudrun Kühne-Bertram und Hans-Ulrich Lessing, Göttingen 2019.

*Wilhelm Dilthey: Briefwechsel*, Bd. IV: 1905–1911, hrsg. von Gudrun Kühne-Bertram und Hans-Ulrich Lessing, Göttingen 2022.

*Der junge Dilthey. Ein Lebensbild in Briefen und Tagebüchern 1852–1870*, zusammengestellt von Clara Misch geb. Dilthey, 1933.

4) 全集収録文書の項には，ドイツ語版『全集』，および日本語版『全集』に収録されている文書をリストアップした。末尾の丸括弧内に，ドイツ語版『全集』巻数をローマ数字で，日本語版『全集』をアラビア数字で表記した。例　(XVI: 7 巻)

5) ドイツ語版『全集』第 17 巻に収録されている書評類からは，日本語版全集に収録されている文書しか記載していない。書評の扱いについては，以下の「書評一覧」の凡例を参照のこと。

6) ドイツ語版『全集』に収録されておらず，日本語版『全集』にのみ収録されているものは，単行書の略語と日本語版『全集』巻数を示した。
例　(GP: 5 巻–2)

7) 全集未収録文書の項には，書評を除く，全集に収録されていない文書をリストアップした。雑誌等に発表されたものは略語を用いて掲載雑誌を記し，その巻号と頁を記載した。

8) 講義題目は，原則としてヘルマンのクロノロギーに従ったが，この文献以後，全集の刊行などによって明らかになった箇所は補足修正した。講義録が全集に収録されているものは巻数を示した。

## 「第二節　書評一覧」について

1) ディルタイによる書評記事は膨大な数にのぼるため，書評を年代順に並べ，別の節として立てた。本巻にこれらを収録した理由については，以下の「「書評一覧」を掲載することの意義について」を参照のこと。

2) ヘルマンのクロノロギーのなかで Rezension と表記されているタイトルと，ヘルマンが編集し，ディルタイの書評類を収録したドイツ語版『全集』XV, XVI, XVII 巻に掲載されているタイトルを年代別にリストアップした。表記は原文のままで，原則的に著者名，書名，掲載雑誌略語，巻号，頁数の順で示し，ドイツ語版および日本語版『全集』に再録されているものは，それぞれの巻数を示した。

### 「第三節　ドイツ語版『全集』収録主要論文一覧」について

1）ドイツ語版『全集』に収録されている主要論文をリストアップした。
2）巻号に並べて編者と出版年を記した。
3）右側に日本語版『全集』の収録箇所を示した。巻号が記されていない文書は，日本語版『全集』に未収録のものである。
4）全集に収録されていないいくつかの単行書，書簡集・日記もリストアップし，日本語版『全集』の収録箇所を示した。

### 「第四節　日本語版『全集』収録論文一覧」について

1）日本語版『全集』に収録されている主要論文をリストアップした。
2）右側に，ドイツ語版『全集』の対応巻数をローマ数字で記した。ドイツ語版『全集』に未収録の論集，書簡集・日記などは略語を用いて記した。

### 略語表

AfGP: *Archiv für Geschichte der Philosophie*, Berlin, 1898 ff.

APZ: *Allgemeine Preußische (Stern) Zeitung*, Berlin 1861.

BAZ: *Berliner Allgemeine Zeitung*, Berlin 1862/1863.

BDA: *Vier Briefe Wilhelm Diltheys an Erich Adickes*, Winter 1904/05, in: Deutsche Akademie der Wissenschaften zu Berlin 1946–1956, Berlin 1956, S. 429–434.

BDH: *Briefe Wilhelm Diltheys an Rudolf Haym 1861–1873*, hrsg. von Erich Weniger, Berlin 1936.

BDHu: Der Briefwechsel Dilthey-Husserl, in: *Materialien zur Philosophie Wilhelm Diltheys*, herausgegeben und eingeleitet von Frithjof Rodi und Hans-Ulrich Lessing, Frankfurt/M. 1984, S. 110–117.

BDSch: *Briefe Wilhelm Diltheys an Bernhard und Luise Scholz 1859–1864*, hrsg. von Sigrid von der Schulenburg, Berlin 1933.

BDY: *Briefwechsel zwischen Wilhelm Dilthey und Graf Paul Yorck von Wartenburg*, hrsg. von Sigrid von der Schulenburg, Halle 1923.

DB–I: *Wilhelm Dilthey: Briefwechsel*, Bd. I: 1852–1882, hrsg. von Gudrun Kühne-Bertram und Hans-Ulrich Lessing, Göttingen 2011.

DB–II: *Wilhelm Dilthey: Briefwechsel*, Bd. II: 1882–1895, hrsg. von Gudrun Kühne-Bertram und Hans-Ulrich Lessing, Göttingen 2015.

DB–III: *Wilhelm Dilthey: Briefwechsel*, Bd. III: 1896–1905, hrsg. von Gudrun Kühne-Bertram und Hans-Ulrich Lessing, Göttingen 2019.

DB–IV: *Wilhelm Dilthey: Briefwechsel*, Bd. IV: 1905–1911, hrsg. von Gudrun Kühne-Bertram und Hans-Ulrich Lessing, Göttingen 2022.

DL: *Deutsche Literaturzeitung*, Berlin/Leipzig 1880–1993.

DM: *Deutsche Dichtung und Musik. Aus den Studien zur Geschichte des deutschen Geistes*. Hrsg. von Herman Nohl und Georg Misch. Ab 1. Aufl. Leipzig: Teubner 1932.

DR: *Deutsche Rundschau*, Gebrüder Paetel: Berlin 1874–1964.

DZCW: *Deutsche Zeitschrift für christliche Wissenschaft und christliches Leben*, Berlin 1850–1861.

GP: *Die große Phantasiedichtung. Und andere Studien zur vergleichenden Literaturgeschichte*. Hrsg. von Hermann Nohl, Göttingen 1954.

Her: Herrmann, Ulrich: *Bibliographie Wilhelm Diltheys. Quellen und Literatur*, Weinheim/Berlin/Basel 1969.

Hus: Husserl, E.: *Briefwechsel*, Bd. III: *Die Göttinger Schule* (*Husserliana Dokumente*, Bd. III, Teil III), hrsg. von Karl Schuhmann, Dortrecht/Boston/London 1994.

JD: *Der junge Dilthey. Ein Lebensbild in Briefen und Tagebüchern 1852–1870*, zusammengestellt von Clara Misch geb. Dilthey, 1933.

KG: *Kants gesammelte Schriften*. Hrsg. von der Preußischen Akademie der Wissenschaften. In: 1. Abteilung, Werke. 1. Bd.: Vorkritische Schriften I (1747–1756). Berlin: Reimer 1910.

KpT: *Kleine pädagogische Texte*, Heft 3.: Nohl, Hermann (Hrsg.): Wilhelm Dilthey, Über die Möglichkeit einer allgemeingültigen pädagogischen Wissenschaft, Langensalza: Beltz o. J., 1930 ; Weinheim/Bergstr., 4. Auflage, 1963.

LWB: *Wilhelm Dilthey Leben und Werk in Bilden*, Guy van Kerckhoven, Hans-Ulrich Lessing, Axel Ossenkop, München 2008.

LWJ: William James, *The Letters of William James*, edited by his son Henry James, Boston 1969.

mC: Toni Cassirer, *Mein Leben mit Ernst Cassirer*, Hildesheim: Gerstenberg 1981.

NZ: *Nationalzeitung*, Berlin 1848–1938.
PJ: *Preußische Jahrbücher*, Reimer: Berlin 1858–1935.
PKZ: *Protestantische Kirchenzeitung*, Berlin 1854–1896.
PM: *Philosophische Monatshefte*, Heidelberg 1886.
PZ: *Preußische Zeitung*, Berlin.
RpTK: *Realenzyklopädie für protestantische Theologie und Kirche*. 1. Auflage, Gotha 1854–1866, 2. Auflage, Leipzig 1877–1888, 3. Auflage, 1896–1909.
RsG: Frithjof Rodi, *Das strukturierte Ganze. Studien zum Werk von Wilhelm Dilthey*, Velbrück Wissenschaft /Weilerswist 2003.
SzP: *Wilhelm Dilthey, Schriften zur Pädagogik*, besorgt von Hans-Hermann Groothoff und Ulrich Hermann, Paderborn: Ferdinand Schöningh 1971.
WM: *Westermanns illustrierte deutsche Monatshefte*, Westermann: Braunschweig 1856–1987.
WT: Wilhelm Diltheys Tod vor fünfundsiebzig Jahren, in: *Dilthey-Jahrbuch für Philosophie und Geschichte der Geisteswissenschaften* Band 4, Hsg. von F. Rodi, Vandenhoeck & Ruprecht/Göttingen 1987.
ZV: *Zeitschrift für Völkerpsychologie und Sprachwissenschaft*, Berlin 1860–1890.

# 第一節

## ディルタイの生涯・業績・関連の歴史的出来事

| 年 | 生涯 | 全集収録文書 |
|---|---|---|
| 1833 | (0歳) 11月19日，ビーブリヒ北部のモスバッハにある牧師館に，父マクシミリアン・ディルタイ，母ラウラ（旧姓，ホイシュケル）のあいだの長男として生まれる。 | |
| 1834 | (1歳) | |
| 1835 | (2歳) 3月30日，幼少期からの友人B.ショルツ生まれる。 | |
| 1836 | (3歳) 妹マリー生まれる。 | |
| 1839 | (6歳) モスバッハにある国民学校に通う。弟カール生まれる。 | |
| 1840 | (7歳) 牧師館内の空き家となった「薄気味悪い」古い納屋などが遊び場となる。隣は墓地で，そこから古い城跡に続く道があった。 | |
| 1843 | (10歳) ショルツとハンマーミューレで遊んだのはこの頃か（BDSch, 4)。 | |
| 1844 | (11歳) ヴァイルブルクのギムナジウムの校長となったベルンハルトが経営していた私立学校に通う。 | |
| 1845 | (12歳) | |
| 1846 | (13歳) 妹リリィ生まれる。 | |
| 1847 | (14歳) この頃すでに「精神的世界の研究」にとらえられている［最晩年からの回顧（vgl. V, 418)］。 | |
| 1848 | (15歳) | |
| 1849 | (16歳) ヴィースバーデンのギムナジウムの第四学年に編入する。カントの『論理学』，レッシング『反ゲーツェ』，ゲルヴィーヌスの著作などを読む（BD–I, 548)。 | |
| 1850 | (17歳) ギムナジウムの担任がフィルンハーバーとなる（JD, 311)。 | |
| 1852 | (19歳) 首席でギムナジウムを卒業。代表として答辞を述べる。ハイデルベルク大学神学部入学。日記をつけ始める（JD: 11巻)。クーノ・フィッシャーと交流する。ポケットにヘルダーリンをしのばせ，ハイデルベルクの町を徘徊する（BD–I, 142)。 | |

| 全集未収録文書（講演含む） | 学期 | 講義題目 | 関連の歴史的出来事 |
|---|---|---|---|
| | | | カーライル『衣装哲学』。 |
| | | | シュライアーマッハー死去。 |
| | | | バルザック『ゴリオ爺さん』。<br>12月，ドイツ最初の鉄道開通（ニュルンベルク－フェルト間）。 |
| | | | ベルリン－ポツダム鉄道開業（1838年）。 |
| | | | |
| | | | ドイツ，フリードリヒ＝ヴィルヘルム四世即位。産業革命本格化。<br>トレンデレンブルク『論理学研究』（初版）。 |
| | | | J. S. ミル『論理学体系』。 |
| | | | ショーペンハウアー『意志と表象としての世界』第二版。<br>コント『実証精神論』。 |
| | | | ランケ『宗教改革期におけるドイツ史』（～47）。 |
| | | | トレンデレンブルク『カテゴリー論史』（～1867）。 |
| | | | ヘルムホルツ，論文「力の保存について」。 |
| | | | フランス二月革命。ドイツ三月革命。<br>マルクス，エンゲルス『共産党宣言』。<br>ドイツ，フランクフルト国民議会（～49）。 |
| | | | キルケゴール『死に至る病』。 |
| | | | ディケンズ『デイヴィッド・コパーフィールド』。 |
| 「青年への古典ギリシアの影響について」（ギムナジウムの卒業生代表としての挨拶）。 | | | フランス，皇帝ナポレオン三世即位。<br>ロッツェ『医学的心理学』。 |

| 年 | 生涯 | 全集収録文書 |
| --- | --- | --- |
| 1853 | (20 歳) 冬学期より, ベルリン大学神学部へ転学。「自殺者クラブ」に加入。11 月 L. ヨーナスと知り合う。K. I. ニッチュ (Karl Immanuel Nitzsch) に惹かれる。 | 草稿「ベルリン時代からの初期アフォリズム」(XVIII)。 |
| 1854 | (21 歳) 1 月, ピアノを上達させようと考える。3 月, パウロの書簡や原始キリスト教史に没頭。シュライアーマッハーを勉強し始める。後にヴェスターマン画報の編集者となる A. グラーザーと知り合う。4 月, ワイマールに旅行し, ヴァルトブルク城, シラー・ハウス, 図書館, ヘルダー教会などに行く。B. ショルツがベルリンに来る。この頃, M. ラツァルスと知り合いになる。 | |
| 1855 | (22 歳) 2 月 27 日, ヴィースバーデンにて神学の試験を受ける。W. ヴェーレンペニヒと親しく交際する。教会史研究に取り組む。以後, この研究が継続される。 | |
| 1856 | (23 歳) F. A. B. ニッチュ, W. ホフマン, H. ヴァインガルテンらとプラトンの会を始める。ヴェーレンペニヒ, ラツァルスらと親しく付き合う。10 月, ヴェスターマン画報が発刊される。11 月より, ベルリンの王立フランス語ギムナジウムで助教となる (57 年の復活祭まで)。11 月初め, 文献学の試験をベルリンにて受ける。 | |
| 1857 | (24 歳) ヨアヒムスタール・ギムナジウムで教員助手となる (58 年秋まで)。7 月中旬, リューゲン島に友人と旅行。 | |
| 1858 | (25 歳) ベルリンで個人教師をする。ヘルマン・ウーゼナーと知り合いになる。秋, ラツァルスと学問論について, 活発に議論する。11 月, ホフマン, ヴァインガルテン, ウーゼナー, H. ドンドルフ, ニッチュらとアリストファネスの集いを結成。クリスマスはラツァルスのところで過ごす。 | 「マルキオン, グノーシス派とその学派」(XV: 7 巻)。「ヨーハン・ゲオルク・ハーマン」(XI)。 |
| 1859 | (26 歳) 3 月 26 日,「理性批判」に関する日記を記す。4 月半ば, ディルタイとショルツ夫妻のあいだでの往復書簡始まる (1864 年まで) (BDSch: 11 巻)。5 月,「紀元後三世紀間の流出論体系史」に取り組む。シュライアーマッハー財団の懸賞論文の課題が発表される。ヨーナス死去 (9 月 19 日) 後, シュライアーマッハーの書簡集の編集を引き受ける。ドイツの歴史記述家の研究を開始する (全集 II および XI に所収)。この年もクリスマスはラツァルスのところで過ごす。 | 「シュライアーマッハー」(XV: 7 巻)。「復活祭とキリスト復活劇」(XVI)。「歴史小説としてのキングズレーの『ヒュパテイア』」(XVI)。 |

| 全集未収録文書（講演含む） | 学期 | 講義題目 | 関連の歴史的出来事 |
| --- | --- | --- | --- |
| 「タイヒミュラーとディルタイとの若き友情。書簡と日記」（1853 年より）（*Archiv für spiritualistische Philosophie und ihre Geschichte*, 1 Bd. 1939, 385–412）。 | | | プロイセン・オーストリア通商条約締結（～1865）。 |
| | | | モムゼン『ローマ史』第一巻。<br>グリム兄弟『ドイツ語辞典』刊行。 |
| | | | スペンサー『心理学原論』。 |
| | | | ヘルムホルツ『生理光学ハンドブック』（～66）。 |
| 「事典項目：Lapsi」（RpTK, 8. Bd. 200–201）。<br>「事典項目：Lerinum」（RpTK, 8. Bd. 333–335）。<br>「事典項目：Llorente」（RpTK, 8. Bd. 443–447）。<br>「事典項目：Leon」（RpTK, 8. Bd. 452–454）。<br>「事典項目：Lütkemann」（RpTK, 8. Bd. 536–538）。 | | | バックル『イギリス文明史』（～61）。<br>ボードレール『悪の華』。<br>フロベール『ボヴァリー夫人』。 |
| | | | フリードリヒ＝ヴィルヘルム四世が精神に異常をきたし，ヴィルヘルム（後のヴィルヘルム一世）が摂政につく。「新時代」始まる。<br>ドロイゼン『史学綱要』。 |
| | | | オーストリア，イタリア統一戦争。<br>T. ヴァイツ『自然民族の人類学』第一巻。<br>ダーウィン『種の起源』。<br>ラツァルス，シュタインタール編『民族心理学および言語学雑誌』創刊。<br>マルクス『経済学批判』。<br>ミル『自由論』。 |

| 年 | 生涯 | 全集収録文書 |
| --- | --- | --- |
| 1860 | (27 歳) 2月半ば，ヴェーレンペニヒがパンフレットを出版する。シュライアーマッハーの書簡集の印刷がはじまる。3月，シュライアーマッハー財団の懸賞論文に当選し，年間 200 ターラー支給されることになる。3月半ば，スコラ学の第一期の研究に打ち込む。復活祭頃，ヴェーレンペニヒが結婚する。初夏，ラツァルスの「民族心理学」の構想に疑念を持つ。夏はビーブリヒに帰省し，帰りはケルン経由で，デューラーなどを観てベルリンに戻る。10月半ば，ヴェーレンペニヒから『プロイセン年報』で文芸欄を担当しないかとの誘いがあるが，研究のことを考え，断る。11月14日，日記に「宗教的生の最内奥を歴史においてとらえ，人の心を動かすような叙述をするのが私の天職である」と書きつける。この時期から，新聞や雑誌に書評や評論を執筆するようになる。 | 「過去のプロテスタント解釈学と対決するシュライアーマッハーの解釈学の体系」[ベルリンのシュライアーマッハー協会が 1859 年に募集した懸賞論文] (XIV–2: 10 巻)。<br>「キリスト教文学におけるサタン（ダンテ―民衆劇とカルデロン―ミルトンとクロップシュトック―ゲーテのファウスト)」(5 巻 –2)。<br>「カール・イマヌエル・ニッチュの記念日によせて」(XI)。<br>「C. イマヌエル･ニッチュの記念日」(XVI)。<br>「マコーリによる性格描写について」(XVI)。<br>「フォン・シュタイン男爵の伝記」(XVI)。<br>「ギゾーの『メモワール』」(XVI)。<br>「キリスト教教義学と倫理学 [D. シェンケルの著作について]」(XVI)。<br>「法の哲学について [A. トレンデレンブルク著]」(XVI)。<br>「記述的心理学をめぐる論争のための初期テキスト（1860–1880 年頃)」(XXII)。<br>「ベルリン時代の初期のアフォリズム　心理学と歴史との関係について」(XVIII)。 |
| 1861 | (28 歳)　専攻の変更に関して，ラツァルスに相談し，ラツァルスから返信がある (BD–I, 173)。復活祭前，B. ショルツ宛の手紙で，教授資格を神学ではなく哲学で取るかもしれないと漏らす。R. ハイムと知り合う。7月はじめ，シュライアーマッハーの書簡集の編集方針に関して，ジドー（K. L. Adolf Sydow）らとの間に問題が生ずる。 | 「シュライアーマッハーの国家に対する関係」(XII)。<br>「ギーゼブレヒト著『ドイツの皇帝時代の歴史』について」(XVI)。<br>「A. ショールの講演「政治家としてのゲーテ」について」(XVI)。<br>「イギリス史 [バックル著『イギリス文明史』]」(XVI: 7 巻)。<br>「H. バウムガルトナー『スペインの歴史』」(XVI)。<br>「H. ヘットナーの講演「ゲーテの発展史との関係における『イフィゲーニエ』」(XVI)。<br>「B. アウエルバッハの講演「ゲーテと物語芸術」」(XVI)。<br>「H. グリムの講演「イタリアのゲーテ」」(XVI)。<br>「H. G. ホトーの講演「ゲーテとシラー」」(XVI)。<br>「ゲーテ展」(XVI)。<br>「フィルヒョーの講演「自然研究者とくに解剖学者としてのゲーテ」」(XVI)。<br>「カントの哲学について [ヴィートのヘルマン侯爵の著作]」(XVI)。 |

| 全集未収録文書（講演含む） | 学期 | 講義題目 | 関連の歴史的出来事 |
|---|---|---|---|
| | | | フェヒナー『精神物理学原論』。<br>クーノ・フィッシャー『カントの学説とその基礎』。<br>ブルクハルト『イタリア・ルネサンスの文化』 |
| | | | フリードリヒ＝ヴィルヘルム四世死去。<br>ヴィルヘルム一世即位。(2月)。<br>ドイツ国民協会結成。<br>ドイツ進歩党結成。<br>アメリカ，南北戦争（～65)。<br>ミル『功利主義論』。 |

| 年 | 生涯 | 全集収録文書 |
| --- | --- | --- |
| | 7月，シュレージエン地方に旅行。神学から哲学へと専攻を変える。L. v. ランケ，A. トレンデレンブルクのゼミナールに参加する。10月末，弟カールが，ボン大学のO. ヤーンの記念論集に「カリマコスのキューディッペーのエレギアについて」という論文を発表。11月，『シュライアーマッハーの書簡集』自己宣伝文を，ハイム編集の『プロイセン年報』に掲載。シュライアーマッハー財団より，シュライアーマッハーに関する講演の依頼を受ける。 | 「A. W. シュレーゲルのフーバー宛書簡」（[「十八世紀の学術誌」として] XVI: 11巻)」。<br>「シュライアーマッハー書簡の広告記事」（[「ディルタイによる『プロイセン年報』第一四半期号広告記事」として] 11巻）。<br>「プロイセン年報」（XII）。<br>「フリードリヒ・クリストフ・シュロッサー」（XI [終結部のみ再録]）。<br>シュライアーマッハー書簡に関する［ディルタイの］解説（11巻）。 |
| 1862 | (29歳) 1月上旬，ハイム宛の手紙で，掲載予定のシュロッサー論の原稿が仕上がっていないことを詫びる（BD–I, 216)。3月，父親宛の手紙で，自分はそう思われているほど政治に時間をかけていないと弁明する。4月，この頃よく交流しているのは，A. F. J. リーデル，ニッチュ，J. シュミットなど(BD–I, 236)。5月，図書館の向かい側に位置する部屋に転居する。H. バウムガルテンの手紙のなかに「私たちはともに立憲党の極端な「左派」であり」との文言が見える（BD–I, 241)。 | 「フリードリヒ・クリストフ・シュロッサー」（XI）。<br>「プロイセン年報」（XVI: 11巻）。<br>「シュライアーマッハーの政治的信条と貢献」（XII［短縮され再録]: 7巻）。<br>「世俗的文書に関する平信徒書簡　I. 世俗的神学的文献，II. グスタフ・フライタークと過去のドイツにもとづくイメージ」(XI)。<br>「イタリア・ルネサンスの文化，ヤーコプ・ブルクハルトの試み」（XI: 7巻）。<br>「B. アウエルバッハの講演「世界苦の詩，とくにレーナウを考慮して」」（XVI）。<br>「R. ゴーシュの講演「ローエングリン」」（XVI）。<br>「フリードリヒ教授の講演「ヨーハン・ヨアヒム・ヴィンケルマン」」（XVI: 5巻–2）。<br>「エンゲルの講演「国勢調査」」（XVI）。<br>「ブルーギシュによるゲルマンの博物館の最善のあり方についての講義」（XVI）。<br>「リーデル教授による講演「フリードリヒ二世，ブランデンブルク選帝侯」」（XVI）。<br>「J. シュタールによる議会政治の歴史についての講演」（XVI）。<br>「ギゾー著『一八四〇年のイギリス社会』より」（XVI）。<br>「バックル著『歴史と科学』から」（XVI: 7巻）。<br>「J. F. G. アイゼレン著『プロイセン国家』」（XVI）。<br>「政治のある体系　[G. ヴァイツの著作について]」（XVI）。<br>「一八〇〇年頃のドイツの歴史［ペルテスの著作について]」（XVI）。 |

| 全集未収録文書（講演含む） | 学期 | 講義題目 | 関連の歴史的出来事 |
|---|---|---|---|
| 『書簡に見るシュライアーマッハーの生涯より（*Aus Schleiermachers Leben. In Briefen*）』第三巻［ルートヴィヒ・ヨーナスが準備し，その死後はディルタイが編集した］(Berlin: Reimer 1861)。 | | | |
| | | | ドイツ関税同盟，フランスと通商条約締結。<br>ビスマルク，プロイセン王国首相就任。<br>ヴント『感官知覚論』。<br>ツェラー，「認識論の意義と課題について」を発表。<br>ユゴー『レ・ミゼラブル』。<br>スペンサー『第一原理』（総合哲学体系）。 |

| 年 | 生涯 | 全集収録文書 |
| --- | --- | --- |
| | 7月下旬，ハイム宛の手紙で，H. v. トライチュケを高く評価している旨を述べる(BD–I, 250)。11月末，一日に数時間，学問論の草稿を書いている（BD–I, 262)。『プロイセン年報』の編集を，ハイム，ヴェーレンペニヒ，ディルタイで進めるという案が出る。12月，クリスマスは，ヴェーレンペニヒのところで過ごす。ウーゼナーが翌年からグライフスヴァルト大学で教授職に就くことが明らかになる。ケルンで，B. ショルツのオペラが上演される。 | 「カール五世皇帝の思い出［カール五世の手記から］」(XVI)。<br>「E. シュミット＝ヴァイセンフェルス著『プロイセンの領邦議会員』」(XVI)。<br>「人間と報酬［G. F. コルプの著作について］」(XVI)。<br>「C. フランツ著『未来のある政治』」(XVI)<br>「ラインホルト・レンツの伝記［O. F. グルッペ著］」(XVI)。<br>「H. グリム著『現代の短編小説』」(XVI)。<br>「J. v. エルデナの講演「アルベルトゥス・マグヌス」(XVI)。<br>「フェルスター教授の講演「ヨハネス・ケプラーと天球の調和」(XVI)。<br>「アルトゥール・ショーペンハウアーの哲学について」(XVI: 7巻)。<br>「シュライアーマッハーの『心理学』」(XVI)。<br>「ショーペンハウアーの学説と生涯［W. グィンナーの著］」(XVI)。<br>「倫理学者と政治家としてのフィヒテ」(XVI)。<br>「シェリングの哲学遺稿より」(XVI)。<br>「フリードリヒ・カール・フォン・サヴィニーについての伝記［R. スティンツィング，A. F. ルドルフの著作から］」(XVI)。<br>「ヨアヒム・ユンギウス［往復書簡について」(XVI)。 |
| 1863 | (30歳）2月，眼病に罹り，医師から眼を陽光の下で使ってはならないと告げられる。口述筆記にて学位論文を作成する。3月，眼は少しずつ回復する。6月，ハイムに対し，ハイムとトヴェステンが『プロイセン年報』の編集者を務めるのがよいと提案する（BD–I, 286)。8月，ハイムらとともに，スイス南東部からイタリア北部へ旅行。 | 「L. ホイザー著『ドイツの歴史』」(XVI)。<br>「あるプロイセンの政治家［T. G. v. ヒッペルの声明から］」(XVI)。<br>「フリードリヒ・シュレーゲルのカトリック主義［S. ボワズレー著］」(XVI)。<br>「ゲーテへの三度の訪問［S. ボワズレー著］」(XVI)。<br>「『ルートヴィヒ・ウーラント』［O. ヤーン著］」(XVI)。<br>「音楽の理論について［H. ヘルムホルツの音響論について］」(XVI)。<br>「テオドール・ヴァイツの『人類学』」(XVI)。<br>「ある唯物論哲学者の書斎より［L. ビュヒナーの著作から］」(XVI)。<br>「言語［M. ミュラーの言語学についての講義から］」(XVI)。<br>「カール・リッターの遺稿より」(XVI)。<br>「ルソーの発展史［F. ブロッカーホフの著作について］」(XVI)。<br>「フリードリヒ・アウグスト・ヴォルフ［J. F. J. アーノルドの著作について］」(XVI)。<br>「自然科学の唯物論［M. J. シュライデンの著作について」(XVI)。<br>「世界秩序の要綱［C. ウィーナーの著作について］」(XVI)。<br>「フェルディナント・クリスティアン・バウルの『教会史』」(XVI)。 |

| 全集未収録文書（講演含む） | 学期 | 講義題目 | 関連の歴史的出来事 |
|---|---|---|---|
| | | | |
| 『書簡に見るシュライアーマッハーの生涯』第四巻［ルートヴィヒ・ヨーナスが準備し，その死後はディルタイが編集した］(Berlin: Reimer)。 | | | ライプツィヒでラサール指導の下，全ドイツ労働者協会設立。<br>H. テーヌ『イギリス文学史』。 |

### ディルタイの教歴

| | |
|---|---|
| ベルリン大学私講師 | 1864/65 年冬学期～ |
| バーゼル大学正教授 | 1867 年夏学期～ |
| キール大学正教授 | 1868/69 年冬学期～<br>［開講は 69 年夏学期から］ |
| ブレスラウ大学正教授 | 1871/72 年冬学期～ 1882/83 年冬学期 |
| ベルリン大学正教授 | 1883 年夏学期～ 1905/06 年冬学期 |

ただし，1906 年夏学期講義，および 06/07 年冬学期，07 年夏学期，07/08 年冬学期演習が，出席者を限定して私的に行なわれた。

| 年 | 生涯 | 全集収録文書 |
| --- | --- | --- |
| 1864 | (31歳) 1月16日，学位取得。春，H. グリムと親交を結ぶ。6月9日，「スピノザの認識論と彼の形而上学の基礎概念との関係について」という題目でベルリン大学哲学部で試験講義を行なう。6月17日，教授資格取得。「シュライアーマッハーのプラトン再考 (De Platone a Schleiermachero restaurato)」という題目でベルリン大学での公開就任講義を行なう。ベルリン大学私講師となる。<br><br>9月，Jägerstraße で B. エルトマンスデルファーと隣同士で住む。10月, H. ロッツェの『ミクロコスムス』第三巻が出版され，大いに関心をもって読む。10月末，私講師として初めての授業を行なう。論理学には5人，シュライアーマッハーの講義には40人の受講生がいる。クリスマス前，父親に50ターラー無心する。クリスマスは，ヴェーレンペニヒのところで，ラツァルスらとともに過ごす。 | 『シュライアーマッハーの倫理学（*De principiis ethices Schleiermacheri*, Berlin: Schade)』[博士論文。ドイツ語には翻訳されなかったが，内容的には次の巻に取り入れられている。XIII, XIV: 9巻，10巻]。「道徳的意識の分析の試み（教授資格論文)」(VI: 6巻)。「アルトゥール・ショーペンハウアー」(XV: 7巻)。 |
| 1865 | (32歳) 3月，スピノザ理解のために公開講義および討論会をはじめる。3月末，弟カールが学位取得。6月，ドゥンカー家で開かれるパーティなどに顔を出す。ベルリンで，次のような啓蒙的な連続公開講義を企画。1. はじめに「ヴォルテール」(ヘルマン・グリム)，2.「フリードリヒ大王とレッシング」(エルトマンスデルファー)，3.「ルソー」(ヘルマン・グリム)，4.「アダム・スミス」(いずれかの国民経済学の教授)，5.「カント」(ディルタイ)，6.「ゲーテ」(ディルタイ)。しかし，結果的には開催できなかった。<br><br>12月，ボン大学で，F. リッチュルの後任人事の選考があり，その候補三人のうちにウーゼナーが選ばれる。 | 「ノヴァーリス」(XXVI: 5巻–1)。<br>「フェルディナント・クリスチャン・バウル」(IV)。<br>「ドイツの歴史記述者 I. ヨハネス・フォン・ミュラー」(XI)。<br>「L. ホイザー著『ドイツの歴史』」(XVI)。<br>「J. シュミット著『文学史』」(XVI)。<br>草稿「初期の計画と草稿 (1865/66年頃)」(XVIII: 1巻)。 |
| 1866 | (33歳) 1月14日，「人間と歴史の学問的研究序説」のための構想と草稿「心理学と文化の諸学問」の研究を開始する [これは，「哲学に対するわれわれの文学の時代の関係について」の構想（バーゼル就任講演）につながる]。4月，ウーゼナーがボン大学の正教授として着任。4月末，この頃から，父宛の手紙の内容が政治色を帯びる。6月半ば，普墺戦争が始まり，ドロイゼン，M. ドゥンカー，C. G. C. ベーゼラー，J. シュミット，G. E. ライマーなどと運動を起こすか協議するが，結局行なわない。この戦時下に講義を行なうのは楽しい，と吐露する。レッシング論が完成し，引き続きシュライアーマッハー論にとりかかる (BD–I, 347)。 | 「ドイツの歴史記述者 II. バルトルト・ゲオルク・ニーブール」，「III. フリードリヒ・クリストフ・シュロッサー」，「IV. フリードリヒ・クリストフ・ダールマン」(XI)。<br>「ゲーテ，ティークおよびオットー・ルートヴィヒの想像力による視覚現象」(XV: 5巻–1)。<br>「エドゥアルト・ギボン」(XV)。 |

| 全集未収録文書（講演含む） | 学期 | 講義題目 | 関連の歴史的出来事 |
| --- | --- | --- | --- |
| | | | 第二次シュレスヴィヒ・ホルシュタイン戦争。第一インターナショナル設立。 |
| | 1864/65 冬学期 | **ベルリン大学私講師**<br>講義「論理学　個々の学問の歴史と方法論をとくに考慮して」(XX: 3 巻)。<br>講義「シュライアーマッハーについて（われわれの世紀の哲学と神学との関連で）」。 | ウィーン講和条約。 |
| 『哲学的諸学問の体系および論理学の要綱（講義のための広告として）』(Berlin: Mitteler)。 | 1865 夏学期 | 講義「スピノザと近代の汎神論との関係について」。<br>演習「スピノザと近代の汎神論との関係について」。 | ライプツィヒで第一回全ドイツ女性会議開催。全ドイツ婦人協会創設。リープマン『カントとその亜流』。<br>J. S. ミル『ハミルトン哲学の検討』。<br>ベルナール『実験医学入門』。 |
| | 1865/66 冬学期 | 講義「論理学　個々の学問の歴史と方法論をとくに考慮して」(XX: 3 巻)。<br>講義「シュライアーマッハーについて（われわれの世紀の哲学と神学との関連で）」。<br>演習「論理学」。 | |
| 「ドイツ・テ・デウム（聖書と教会の婚礼歌の言葉による）(Deutsches Tedeum nach Worten der Heiligen Schrift und kirchlichen Hymnen)」[ベルンハルト・ショルツとディルタイとの共作；1867 年 5 月 1 日にベルリンで公演]。 | 1866 夏学期 | 講義「ヘーゲルとヘルバルトの死までの哲学一般史」。<br>講義「レッシング，ヘルダー，ゲーテ，シラーと哲学の関係について | 普墺戦争始まる（6 月 15 日。8 月後半にはプロイセンの勝利で終結）。<br>ランゲ『唯物論史』。<br>福沢諭吉『刊本西洋事情』初編。 |

| 年 | 生涯 | 全集収録文書 |
|---|---|---|
| | 7月半ば，ベルリンにコレラが流行する。フランネルの腹巻きを着ける。9月4日，妹のリリィがウーゼナーと結婚する。秋，ベルリンに住み始めたショルツ家と，食事をしたり演奏会をして，日曜を一緒に過ごす。12月，バーゼル大学より員外教授としての招聘提案の連絡が来る。これに対してディルタイは，正教授としてならば承諾するとの返事をする。22日，バーゼル大学に正教授として招聘される。 | |
| 1867 | (33歳) 3月，ある手紙のなかで，この年書いたレッシング論について，これは，ヘルダー，ゲーテ，ノヴァーリス，ティークなどの論文も含む別の論集に結実すると漏らす (BD–I, 397)。バーゼルで，解剖学者 W. ヒスから生理学について教授してもらう。自然科学に親しむようになる。4月末，物理学者や生理学者と連絡を取り合う。H. ヘルムホルツの『光学』の読書開始 (BD–I, 408)。5月，W. シェーラー，E. ツェラーなどと「精神諸科学の一般的研究」のための雑誌を計画する。6月，父宛の手紙で，自然科学者 (W. ヒス，ハーゲンバハ [Hagenbach-Bischoff, E.]) などとは付き合いがあるが，J. ブルクハルトとは交流したいと思わないと述べる (BD–I, 418)。夏学期は心理学を講義し，受講生は100人ほどいる。「倫理的意識の時代」についてというテーマで計画を立て草稿を執筆。<br><br>7月29日，父死去。8月3日，A. ベック死去。10月，『シュライアーマッハーの生涯』の資料収集のためベルリンにひと月ほど滞在する。トライチュケ宛の手紙で，バーゼルを出たいと漏らす。10月17日，W. ジェームズが，エマーソンの紹介でグリムの家で会食をする。そのさいディルタイが居合わせる。テーブルでディルタイは，呼吸すると同じくらい自然に，快活に学問的な話をし続ける (LWJ, pp.109)。12月，キール大学よりディルタイの業績に関して問い合わせがある。バーゼル大学は，ディルタイの移籍をおそれ，給与を上げるなどするが，結局翌年，キールに移ることになる。 | 「ゴットホルト・エフライム・レッシングについて」(XXVI: 5巻–1)。<br>『シュライアーマッハーの生涯』[第一巻第一部のみ] (XIII: 9巻)<br>「ヘルダーリンと彼の狂気の原因」(XXVI: 5巻–1)。<br>「一七七〇年から一八〇〇年までのドイツの文芸運動ならびに哲学運動 (バーゼル大学就任講義，1867年7月初旬)」(V: 11巻)。<br>「レッシングの魂遍歴説について」(XXVI: 5巻–1)。 |
| 1868 | (35歳) 冬，学問論の講義 (「バーゼル論理学」) の準備に注力する。2月，キール大学への招聘が決まる。3月，シュライアーマッハー関連の資料収集のためもあり，ベルリンに行く。ヘルムホルツ，W. ヴントなどとも交流する。<br>7月半ばから8月半ばまでリギで過ごす。体調悪し。9月，W. シェーラーがウィーン大学に着任。10月下旬，体調不良のため，2か月ほどの休暇を申請する。医師から研究活動を停止するように言われる。『シュライアーマッハーの生涯』の原稿を携えて，イタリア旅行に出る。マルセイユを経由して，ローマに行く。12月，『シュライアーマッハーの生涯』がうまく進まず苦しむ。 | 「ロマン派の詩人　I. ルートヴィヒ・ティーク，II. ノヴァーリス」(XV: 5巻–1)。 |

| 全集未収録文書(講演含む) | 学期 | 講義題目 | 関連の歴史的出来事 |
|---|---|---|---|
| | 1866/67<br>冬学期 | 講義「ヘーゲルとヘルバルトの死までの哲学一般史」。<br>講義「シュライアーマッハーについて（われわれの世紀の哲学と神学との関連で）」。 | ビスマルク与党である，国民自由党結成。 |
| 短編小説「生の闘いと安らぎ（Lebenskämpfe und Lebensfriede）」(WM, 22. Bd., Nr. 129, 241–265)。 | 1867<br>夏学期 | **バーゼル大学教授**<br>講義「心理学」。<br>演習「スピノザの倫理学について」。 | オーストリア・ハンガリー二重帝国成立。<br>レクラム文庫創刊（第一巻 ゲーテ『ファウスト』)。<br>マルクス『資本論』第一部。 |
| | 1867/68<br>冬学期 | 講義「論理学と哲学的諸学の体系」(XX: 3巻)。<br>講義「シュライアーマッハーの体系，その十九世紀の哲学，神学，教会との関係」。<br>演習「論理学演習」。 | 江戸幕府による大政奉還。 |
| | 1868<br>夏学期 | 講義「教育学［ボルノーによれば実際には開講されなかった］」。<br>講義「シュライアーマッハーの体系。現代の哲学と神学との関連で」。<br>演習「シュライアーマッハーの哲学的倫理学について」。 | ドイツ関税議会選挙。<br>明治維新。 |
| | 1868/69<br>冬学期 | **キール大学教授**<br>講義「ヘーゲルとヘルバルトの死までの哲学一般史」。<br>講義「シュライアーマッハーについて」。<br>演習「スピノザの倫理学について」［ただし講義，演習とも休暇のため開講されず］。 | 11月21日，シュライアーマッハー生誕100周年。 |

| 年 | 生涯 | 全集収録文書 |
|---|---|---|
| 1869 | (36歳) 3月, ローマから移動し, ナポリ, カプリ島に逗留する。4月下旬, キールに着任する。キール大学での講義は, 概ね好評。景観の美しい海辺に住み, 豊かな社交も得る。<br><br>8月, 北海の島, ヘルゴラントに旅行。体調回復する。9月末, キールで言語学会が開かれる。M. ミューラーと交流する。このときM. v. ヴィッツレーベン嬢と知り合う。10月, 弟カール, ボンで教授資格取得。12月, C. F. D. ヘゲヴィッシュ女史やヴィッツレーベン嬢と交際する。 | |
| 1870 | (37歳) 3月初旬, ウィーン大学への招聘の話が出る。同月, 長いあいだ執筆してきた『シュライアーマッハーの生涯』の第一巻全体がようやく出版される。直ちに第二巻の準備を始める。4月, 高等数学を学び始める。現在のエストニアにあるドルパート大学から, 今の給与より高額での誘いがある。5月, ルネサンス以降の哲学史を執筆中 (BD–I, 544)。イギリスの哲学者の著作を一通り読む。「十七世紀の人間学についての諸研究」(IIに所収の「十六, 十七世紀の文化における人間学の機能」の素材となる)。<br><br>11月, ヴィッツレーベンとの婚約を友人, 知人に知らせる。12月半ば, ヴィッツレーベンとの婚約を解消。 | 『シュライアーマッハーの生涯』[第一巻完全版, Berlin: Reimer] (XIII: 9巻)<br>「ある想像的人間の告白——カール・フィリップ・モーリッツ」(XV)。 |
| 1871 | (38歳) 2月, 「理論哲学と実践哲学の探究」第二巻に取り組む。スピノザの論文執筆中。この年の3月末から8月まで, 『シュライアーマッハーの生涯』第二巻の資料収集のために, 休暇をとりベルリンに滞在する。3月31日, ブレスラウ大学の教授職への招聘があり, 受諾する。6月, 親しかったF. ユーバーヴェークが45歳の若さで死去したことに動揺する。6月半ば, スピノザ論が完成するが公刊されず (BD–I, 599)。<br><br>7月末, ある官僚より内密に, シュトラスブルク大学について聞く (BD–I, 603)。8月より, 南ドイツ, スイスに旅行する。9月, ドレスデンでのホルバインに関する美術史家の集まりに参加する。秋, 竹馬の友であるB. ショルツが, オーケストラ協会の監督としてブレスラウに移る。10月初め, ディルタイ, ブレスラウ大学に着任。11月, ブレスラウでの人間学と心理学の講義は大盛況。講義にさいしては, 解剖学者ヘンレ (Henle, F. G. J.) やルートヴィヒ (Ludwig, K. F. W.) などの著作を参考にする。 | 「フリードリヒ・ユーバーヴェークの思い出」(XV)。<br>「一八七五年論文のための準備稿——人間, 社会, 国家に関する諸学の歴史研究」(XVIII: 1巻)。<br>「クラウス・グロート著『早生まれ』」(XVI)。 |
| 1872 | (39歳) 1月24日, トレンデレンブルク死去。2月はじめ, ライマーに, 「一八七五年論文」の第一部としてスピノザに関するテキストを用意している旨を告げる。しかし, これは完成しなかった。4月末, O. リベックから, ニーチェの『悲劇の誕生』の感想を記した手紙が来る (BD–I, 630)。5月, ヴュルツブルク大学から招聘の打診があるが, その返信のなかで, 自分の『シュライアーマッハーの生涯』第二巻出版以後の重要な課題は「実証諸科学, およびヨーロッパ文化の発展との相互作用における諸科学の再建以降の西洋哲学史」にあるとし, とりわけそれに関する資料収集と, 人的交流が重要であると述べる (BD–1, 634)。招聘そのものは受諾しない。 | 「プロイセンの歴史について」([「プロイセン国家の再組織者 1807–1813」として] XII)。 |

| 全集未収録文書(講演含む) | 学期 | 講義題目 | 関連の歴史的出来事 |
|---|---|---|---|
| | 1869<br>夏学期 | 講義「論理学と学問論」。<br>講義「シュライアーマッハーについて」。<br>演習「論理学演習」。 | トルストイ『戦争と平和』(64～)。 |
| | 1869/70<br>冬学期 | 講義「哲学史（前半)」。<br>演習「スピノザの倫理学（第三および第四部)」。 | |
| | 1870<br>夏学期 | 講義「古代・中世哲学史概説」。<br>演習「シュライアーマッハーの倫理学について」。 | 普仏戦争。<br>フランス第三共和制。<br>この頃，フランスに自然主義文学興る（～90)。 |
| | 1870/71<br>冬学期 | 講義「カントから今日に至る現代哲学史」。<br>講義「心理学」。<br>演習の記載なし。 | |
| 「シュトラスブルク大学設立に関する所見」(Die Erziehung, 16. Jg. 81–85)。 | 1871<br>夏学期 | 講義「論理学」。<br>演習「シュライアーマッハーについて」[ただし，講義演習とも休講]。 | ドイツ第二帝国(ヴィルヘルム一世)。<br>パリ・コミューン。<br>ゾラ『ルーゴン・マッカール叢書』(～93)。<br>メンガー『国民経済学原理』。 |
| | 1871/72<br>冬学期 | **ブレスラウ大学教授**<br>講義「スピノザの生涯と作品，およびゲーテとレッシングにおけるスピノザ主義について」。<br>講義「人間学と心理学」。<br>演習「スピノザの倫理学について」。 | |
| | 1872<br>夏学期 | 講義「カント哲学と現代哲学について」。<br>講義「論理学」。<br>演習「哲学演習」。 | ニーチェ『悲劇の誕生』。<br>デュ・ボワ＝レーモン，講演「自然認識の限界について」。 |

| 年 | 生涯 | 全集収録文書 |
| --- | --- | --- |
| | 7月，ベルリン大学のトレンデレンブルクの後任としてE. ツェラーが就任。12月，ライマーに「エゴイズムの理論，およびヨーロッパにおけるその理論による社会，法，国家の基礎づけの形成，ならびにその哲学的検証」といった内容の著作を出版したい旨を告げる。しかし実現せず(BD–I, 645)。 | |
| 1873 | (40歳)「経験の哲学のための試論」の計画。この年，ヴェスターマン画報に，膨大な量の書評を執筆する［書評一覧を参照］。キール大学から転じるC. ユスティからの，後任人事の候補者として誰がよいかという手紙に対し，ヴントを筆頭にあげる（BD–I, 649）。春，予定している研究がうまく進まない悩みを，ウーゼナーに吐露する。<br><br>7月，ハイム宛の手紙で，自分が綿密な調査研究から「知的発展における歴史的因果関係を確立しようとして」おり，さらに「認識論と音楽美学に関する体系的な論文」を書こうとしていると記す（BD–I, 660）。9月，保養地バート・エルスターで，後に妻となるカタリーナ・ピュットマンと知り合う。これ以後，結婚するまで，ピュットマン宛のかなりの量の手紙が書かれる。ディルタイは，ときおりピュットマン宛の手紙（＝ラブレター）で，彼女のことを「黄金のケーテ（goldene Käthe）」と呼ぶ。なぜなら「天と地の間にある心情は最高のものである」からである，と（BD–I, 702)。11月19日，ピュットマンとの婚約発表。 | 「フリードリヒ・クリストフ・ダールマン」(XI)。<br><br>「ヘルマン・グリム著『ラファエル』」(XVI)。<br>「アドルフ・トレンデレンブルクの『小品集』」(XVI)。 |
| 1874 | (41歳) 1月21日，ピュットマン宛の手紙でヨルク伯がディルタイを訪ねたことが記される（BD–I, 719)。この時期，解剖学者J. F. コーンハイムや医師K. ハッセなどと交流する。3月21日，カタリーナ・ピュットマンと結婚。新婚旅行はスイス。 | 「フリードリヒ・フォン・ラウマー」(XI)。<br>「自然法の歴史に関する研究序説」(XVIII: 1巻)。<br>草稿「認識論の断片（1874/79)」(XVIII)。<br><br>「美術史論考［W. リュプケ『美術史概観』『ドイツの近世建築史』に関する書評]」(XVII: 5巻 –2)。<br>「J. S. ミルの『全集』」(XVI)。 |
| 1875 | (42歳) この年に入り，G. ヴェスターマン，あるいは「ヴェスターマン画報」の編集者A. グラーザーとの手紙のやりとりが増える。春，ウーゼナー宛てに，「ある大学の学部を一種の研究共同体のようなものにする」という，かつてあった計画（BD–I, 383）は，もう実現しえないことを告げる（BD–I, 766f.)。ディルタイ自身は，書評なども含めて猛然と研究する。6月，経済学者L. ブレンターノの家族やショルツ家と親しく交わる。 | 「モハメッド」(XV)。<br>「ガリツィン侯爵令嬢」(XV)。<br>草稿「シュライアーマッハーと思弁的体系の批判」［1875年論文と1883年『序説』に関連した研究］(VIII)。<br>草稿「カントを超えて」(VIII)。 |

| 全集未収録文書(講演含む) | 学期 | 講義題目 | 関連の歴史的出来事 |
|---|---|---|---|
| | 1872/73<br>冬学期 | 講義「現代までの哲学一般史」。<br>演習「哲学演習」。 | |
| 「オランダの文学」(WM, 35. Bd., Nr. 207, 320–331; GP, 160–176)。 | 1873<br>夏学期 | 講義「現代までの哲学一般史(哲学一般史第二部)」。<br>講義「犯罪心理学」。<br>演習「哲学演習」。 | ドイツ，文化闘争はじまる。<br>ヴント『生理心理学綱要』(–74)。<br>ジークヴァルト『論理学』第一巻。<br>ドストエフスキー『悪霊』。 |
| | 1873/74<br>冬学期 | 講義「論理学」。<br>演習の記載なし。 | ドイツ，オーストリア，ロシア，三帝協定成立。 |
| 「ヴォルテール」(WM, 36. Bd., Nr. 212, 171–178; GP, 177–186)。 | 1874<br>夏学期 | 講義「心理学」。<br>講義「歴史と教育技術の原理」。<br>演習「哲学演習」。 | ブレンターノ『経験的立場からの心理学』。<br>ジェヴォンズ『科学の法則』。 |
| | 1874/75<br>冬学期 | 講義「古代・中世哲学史」。<br>講義「教育の歴史と体系」。<br>演習「スピノザについて」。 | |
| 「G. A. ビュルガーに関する新たな報告」(WM, 38. Bd., Nr. 226, 443–448; GP, 229–236)。 | 1875<br>夏学期 | 講義「現代までの哲学一般史(近代哲学史)」。<br>演習「スピノザの『神学政治論』について」。 | ドイツ社会主義労働者党結成。 |

| 年 | 生涯 | 全集収録文書 |
|---|---|---|
| | 11月, シェーラーに「心理学の講義はとても楽しい」と吐露。11月28日,「詩人の想像力」に着手する。12月下旬, 自分の現状が「ますます経験主義的になり, あらゆる説明に対して懐疑的になり, 単純な事実の決定と定式化においてより正確になり, ロッツェ＝ヘルバルト的な過渡期から最終的に脱皮している」と述べる（BD–I, 783）。 | 「ヴィットリオ・アルフィエーリ」(XXV)。<br>「人間, 社会, 国家に関する諸学の歴史研究」(V: 1巻)。<br>「感情論と意志論と構造心理学についての小テキスト（1875–1892年頃）」(XXII)。 |
| 1876 | (43歳)『精神科学序説』(1883) の研究計画 (「人間, 社会, 国家に関する諸学の歴史研究」(1875) の続編として)。グラーザーからの年の初めの手紙に, ヴェスターマンがディルタイを高く評価していることが指摘されている。この年, ヴェスターマン画報に, 夥しい量の書評を執筆する［書評一覧を参照］。そのため編集者グラーザーとの手紙での連絡が頻繁に行なわれる。 | 「リヒャルト・ヴァーグナー」(XV; 5巻–2)。<br>「ゲーテとコロナ・シュレーター」(XV)。<br>「日本の小説」(XVII)。 |
| | 12月はじめ,「詩人の想像力」を『民族心理学雑誌』に掲載することになったため, 編者であるラツァルスに礼状を出す。ただし, 受け取ったラツァルスは, その手紙に「生きている者のなかで最も恩知らずな者の追憶」とメモしている（BD–I, 795）。 | 「ハインリヒ・ハイネ」(XV: 5巻–1)。<br>「ジョン・スチュアート・ミル」(XV)。<br>「美術産業に関する最新事情」(XVII: 5巻–2)。<br>「一八七五年論文の続編」(XVIII: 1巻)。 |
| 1877 | (44歳) 2月3日, 長女クラーラ誕生。この年も, 依然としてヴェスターマン画報に夥しい量の書評を執筆する［書評一覧を参照］。 | 「天才小説家チャールズ・ディケンズ」(XXV: 5巻-2)。<br>「詩人の想像力について」(XXVI: 5巻–1)。<br>「ゲオルゲ・グローテ」(XV)。<br>「美術産業に関する最新事情」(XVII: 5巻–2)。 |
| | 11月15日付のヨルク伯に宛てた未送の手紙がある。11月23日, ヨルク伯からディルタイに宛てられた最初の書簡。 | |
| 1878 | (45歳) この年より, ヨルク伯との書簡の往復が頻繁になされるようになる。この年も, ヴェスターマン画報に大量の書評を執筆する［書評一覧を参照］。 | 「プロイセン教育制度史の概論的構想（1879/80年）」(KpT: 6巻)。<br>「心理学の基礎づけ」(XXII, 14)。 |
| | 8月, 体調不良ゆえ医師より2か月のあいだ, 研究活動を禁じられ, スイス, グリンデルヴァルトへと旅行する。そこで, エルトマンスデルファーや, W. ヴィンデルバントなどとも会う。その後, ビーブリヒに回り, ベルリンを経由して, ブレスラウへ戻る。11月, J. ブラームスのレクイエムを聴く。ブラームスは毎年, ブレスラウに滞在する。 | |

| 全集未収録文書（講演含む） | 学期 | 講義題目 | 関連の歴史的出来事 |
|---|---|---|---|
| | 1875/76 冬学期 | 講義「心理学」(XXI)。<br>演習「哲学演習」。 | |
| 「バルザック」(WM, 39. Bd., Nr. 233, 476–483; GP, 237–246)。<br>「第一フランス革命についてのわれわれの認識に関する論考」(WM, 40. Bd., Nr. 235, 75–77)。<br>「フランス革命の社会的側面について」(WM, Bd. 40, Nr. 236, 209–216)。 | 1876 夏学期 | 講義「教育学の歴史」。<br>演習「哲学演習」。 | ヴァーグナー「ニーベルンゲンの指輪」初演。<br>フェヒナー『美学入門』。<br>リール『哲学的批判主義』(～87 年)。 |
| | 1876/77 冬学期 | 講義「古代・中世哲学史」。<br>演習「哲学演習」。 | |
| 「ジョルジュ・サンド　伝記的素描」(WM, 42. Bd., Nr. 247, 93–98; GP, 247–253)。 | 1877 夏学期 | 講義「現代までの哲学一般史（哲学一般史第二部)」。<br>演習「哲学演習」。 | 帝国議会選挙，保守党勝利。<br>ゾラ『居酒屋』。<br>トルストイ『アンナ・カレーニナ』。 |
| | 1877/78 冬学期 | 講義「論理学」。<br>講義「教育学の歴史」。<br>演習「哲学演習」。 | |
| | 1878 夏学期 | 講義「シュライアーマッハーについて」。<br>講義「心理学（XXI)」。<br>演習「哲学演習」。 | 5 月と 6 月に初代ドイツ皇帝ヴィルヘルム一世狙撃事件発生。<br>ドイツ，社会主義者鎮圧法制定される。<br>デューリング『論理学および科学理論』。<br>エンゲルス『反デューリング論』。<br>ジークヴァルト『論理学』第二巻。 |
| | 1878/79 冬学期 | 講義「プロイセンの教育史」(KpT: 6 巻)。<br>講義「古代・中世哲学史」。<br>演習「哲学演習」。 | |

| 年 | 生涯 | 全集収録文書 |
|---|---|---|
| 1879 | (46 歳) この年，ヴェスターマン画報編集部から書評の分担執筆を提案され，受諾する (XVII, XVIII f.)。初夏，シェーラー宛の手紙によれば，シュトラスブルクであったように，ブレスラウでも自然科学者たちが非自然科学の学部からの分離独立のための運動を起こしている，という。ディルタイは，両学部を分離させることではなく，相互浸透させることが重要だと考える (BD–I, 822)。 | 「シュライアーマッハーのクリスマス祭」(XIII–2, 146–174)。<br>草稿「認識論の断片 (1874/79 年)」(XVIII)。<br>草稿「精神諸科学の認識論と論理学のための初期草稿」(XIX: 2 巻)。 |
| | 8 月，リューゲン島のザスニッツに避暑。11 月初め，ウーゼナー宛の手紙で，現在，「体系的な研究」と，「シュライアーマッハー研究」の二つを続けていると述べる。前者の研究は，『精神科学序説』のための研究となる [V, LXXVI の注 (S. 434) を参照]。「1. 経験主義と思弁に対する経験と現実の哲学についての試み (モットー：「経験主義でなく経験を」)。2. 経験主義と思弁に対する経験と現実の立場からの (人間と社会と国家の) 科学的研究の序説の試み」を執筆開始。なお，後者のシュライアーマッハー研究については，来年夏には印刷できると考えている。 | 「美術出版最新事情」(XVII: 5 巻 –2)。 |
| 1880 | (47 歳) この年，ヴェスターマン画報に大量の書評を執筆する [書評一覧を参照]。2 月，ブレスラウ大学での弟子である，K. ラスヴィッツより論文が送られる。これをきっかけとして，F. ブレンターノからの手紙がくる (F. ブレンターノは，すでに知人である弟 L. ブレンターノの兄)。春，ハイムの『ヘルダー論』第一巻が刊行されるが，ディルタイの評価はやや厳しい (BD–I, 838)。<br>5 月，H. ロッツェ，ベルリン大学への招聘を受諾。 | 草稿「私の哲学の根本思想 (1880 年頃)」(VIII: 4 巻)。<br>草稿「『序説』第二巻のための完成稿第四—六部 (「ブレスラウ完成稿」1880–1890 年頃)」(XIX: 2 巻)。<br>草稿「記述的心理学の完成稿」(XVIII)。<br>草稿「精神諸科学の認識論と論理学のための初期計画 (1880 以前)」(XIX)。 |
| | 夏，スイスへ保養。12 月末，コッタ社社長，C. v. コッタに「ドイツ精神史研究」のプロジェクトがあることを伝える。しかし，この企画は，この時期には実現しない。 | 「リュプケ『イタリア絵画史』」(XVII: 5 巻 –2)。<br>「芸術史について」(XVII: 5 巻 –2)。<br>「美術出版最新事情」(XVII: 5 巻 –2)。 |
| 1881 | (48 歳) この年，ヴェスターマン画報に大量の書評を執筆する [書評一覧を参照]。夏学期よりロッツェ，ベルリン大学で講義。5 月，ロッツェの評価についてヨルク伯と議論する。ヨルク伯のほうがロッツェの評価が高い。7 月，ロッツェ急逝。 | 「美術出版最新事情」(XVII: 5 巻 –2)。 |
| | 8 月末，ドゥンカー&フンブロート社と『精神科学序説』の出版契約を結ぶ。 | |

| 全集未収録文書（講演含む） | 学期 | 講義題目 | 関連の歴史的出来事 |
|---|---|---|---|
| | 1879<br>夏学期 | 講義「現代までの哲学一般史（近代哲学史)」。<br>演習「哲学演習」。 | ヴント，ライプツィヒ大学に実験室を開設。<br>エジソン，白熱電灯を発明。<br>ドイツ・オーストリア同盟。<br>トライチュケ『十九世紀ドイツ史』(〜94)。<br>ヘルムホルツ『知覚の事実』。 |
| | 1879/80<br>冬学期 | 講義「人間学と心理学」(XXI)。<br>演習「哲学演習」。 | |
| | 1880<br>夏学期 | 講義「教育学の歴史」。<br>講義「論理学」。<br>演習の記載なし。 | ゾラ『ナナ』。<br>モーパッサン『脂肪の塊』。<br>ドストエフスキー『カラマーゾフの兄弟』。<br>エンゲルス『空想から科学へ』。<br>この頃フランスに象徴派運動興る（〜1920)。 |
| | 1880/81<br>冬学期 | 講義「古代・中世哲学史」。<br>演習「哲学演習」。 | |
| | 1881<br>夏学期 | 講義「論理学」。<br>講義「現代までの哲学一般史（近代哲学史)」。<br>演習「哲学演習」。 | ランケ『世界史』(〜87)。 |
| 「事典項目：Lütkemann」（RpTK, 2.Aufl. 8. Bd. 3–5)。 | 1881/82<br>冬学期 | 講義「心理学」。<br>演習「哲学演習」。 | |

| 年 | 生涯 | 全集収録文書 |
| --- | --- | --- |
| 1882 | (49歳) この年，ヴェスターマン画報に大量の書評を執筆する［書評一覧を参照］。1月下旬，『精神科学序説』の校正刷をジークヴァルトに送ったため，それに対する返信がくる。3月半ば，ライマー宛の手紙のなかで，『シュライアーマッハーの生涯』第二巻の執筆中に，「精神科学の認識論的基礎づけ」に関する書物（=『精神科学序説』）を先に書いておくべきことに気づき，ドゥンカー&フンブロート社からそれを先に出版すること，その出版の後,『シュライアーマッハーの生涯』第二巻を仕上げることを約束する（BD–I, 874f.)。5月，ベルリン大学でのロッツェの後任人事決定の期限が迫り，シェーラーから就任を打診されるが，ディルタイ自身はさほど興味を示さない（BD–I, 879)。ヨルク伯宛の書簡のなかで（『序説』の）「校正刷」ばかりが気になると吐露する（BD–I, 880)。5月末，この時期ディルタイは，ヘルムホルツの著作に没頭している（BD–I, 882)。ロッツェの後任候補として，エルトマンとディルタイの名前が上げられる。6月3日のシュレージエンの新聞で，正式決定以前に，ディルタイがロッツェの後任となることが報じられる。6月26日，正式にディルタイが第一候補となる。その後，ディルタイをベルリンに招聘する交渉がはじまるが，ディルタイは給与の問題などで直ちには承諾しない。<br><br>7月初旬，R. シェーネ宛書簡で,『精神科学序説』の第一巻，および第二巻の内容を説明する（BD–I, 885)。7月22日，ベルリンの正教授に正式任命される。ブレスラウで『精神科学序説』の第一巻の第二部を執筆する。夏は,『序説』第二巻の完成を目指し執筆を続けつつ，スイスのタラシュプで静養，後にチューリヒ, ヴィースバーデンなどに移る。10月15日, ベルリンに着く。体調があまりすぐれない。 | |
| 1883 | (50歳)2月, いわゆる「アルトホーフ書簡」が発信される(BD–II, 30)。この後，F. T. アルトホーフとの書簡のやりとりが続く。3月，アルトホーフからヴントに関する問い合わせがある。5月初旬,『精神科学序説』の見本刷り出来上がる。5月半ば，これ以後，ウーゼナーやジークヴァルトから，刊行された『精神科学序説』に関する感想などを記した手紙が来る。この年の前半にヴェスターマン画報に多くの書評を執筆する［書評一覧を参照］。<br><br>夏はスイスにて過ごす。体調回復する。11月末，ヨルク伯宛書簡のなかで，H. エビングハウスと散歩したことなどが記されている。 | 草稿「アルトホーフ書簡」(XIX: 2巻)。<br><br>『精神科学序説』(I: 1巻)。 |
| 1884 | (51歳) 2月，R. ライケの論文に触発され，アルトホーフにカント全集の計画をもちかける（BD–II, 70)。2月，G. ジンメルがベルリンで教授資格取得のための試験講義を行なうが認められない（11月27日に再度行ない認められる。BD–II, 73)。3月，カント『純粋理性批判』の演習に参加した学生たちよりカントの彫像を贈られる（BD–II, 75)。4月11日，息子マクシミリアン生まれる。<br><br>7月，アルトホーフよりC. シュトゥンプに関する問い合わせがある。この学期は，ヨーロッパ教育史の講義に力を入れる。 | 草稿「説明的心理学との対決のために（1884–1894頃)」(XXII)。 |

| 全集未収録文書（講演含む） | 学期 | 講義題目 | 関連の歴史的出来事 |
|---|---|---|---|
| | 1882<br>夏学期 | 講義「教育学の歴史」。<br>講義「論理学」。<br>演習の記載なし。 | 独墺伊三国同盟。<br>ヘルムホルツ『科学論文集』。<br>伊藤博文ら憲法取調のため渡欧。 |
| | 1882/83<br>冬学期 | 講義「古代・中世哲学史」。<br>演習「哲学演習」。 | |
| | 1883<br>夏学期 | **ベルリン大学教授**<br>講義「精神科学序説　―法学、国家学、神学および歴史学」(XX: 2 巻)。<br>講義「近代哲学史(文化一般と特殊科学との関連で)」。<br>演習「カント。『純粋理性批判』」。 | ニーチェ『ツァラトゥストラはかく語りき』(〜85)。<br>シュトゥンプ『音響心理学』第一巻。<br>マッハ『力学の発達』。 |
| | 1883/84<br>冬学期 | 講義「論理学と認識論」。<br>講義「経験科学としての心理学（XXI）」。<br>講義「心理学の教育学への応用」。<br>演習の記載なし。 | |
| | 1884<br>夏学期 | 講義「教育学の歴史と体系」(IX: 6 巻)。<br>講義「近代哲学史(文化一般と特殊科学との関連で)」。<br>演習「ルソーとカント。教育学の基礎づけとの関連で」。 | |
| | 1884/85<br>冬学期 | 講義「論理学と認識論」。<br>講義「経験科学としての心理学（XXI）」。<br>講義「心理学の教育学への応用」。 | |

| 年 | 生涯 | 全集収録文書 |
|---|---|---|
| 1885 | (52歳) 5月，哲学史の講義を行ない，それに集中する。多くの受講生が集まる。<br><br>8月，T. カーライル『衣装哲学』を読む。夏は，『序説』第二部の歴史的部分に注力する。 | 「哲学一般史の伝記的－文献的綱要」(XXIII)。 |
| 1886 | (53歳) 8月25日のE. ツェラー学位取得50周年記念祭，および記念論集の出版のために奔走する。<br><br>8月6日，ディルタイの盟友の一人であったW. シェーラーが死去する。追悼文を執筆し，それをシェーラーの弟子たちに見せる。それがシェーラーの『詩学』の出版につながる。 | 講演「詩的想像力と狂気（1886年8月2日)」［後に，ドゥンカー&フンブロートより小冊子として刊行される］(VI: 5巻–1)。<br>「ヴィルヘルム・シェーラー」(XI)。 |
| 1887 | (54歳) 母死去。H. ディールス，B. エルトマン，E. ツェラーらとともに『哲学史論叢』(*Archiv für Geschichte der Philosophie*, 1887–1894) を創刊。ベルリン科学アカデミー会員となる。<br><br>7月，『序説』第二巻（「歴史的理性批判」第三部）について構想を練る。 | 草稿「形而上学的意識の基本モティーフ」(II: 7巻)。<br>「詩人の想像力　詩学のための礎石」(VI: 5巻–1)。<br>「ベルリン科学アカデミー就任講演（1887年6月30日)」(V: 11巻)。 |
| 1888 | (55歳) ウーゼナー宛の書簡のなかで『序説』第二部が完成していない悩みを打ち明ける。6月初旬，教育学概論を執筆中。<br><br>9月30日，娘レーニ生まれる。12月，ヨルク宛の手紙のなかで，バスティア (Bastiat)，ベンサム，ミル父子などの名前を上げ，目下「学問における自然主義的運動はとどまるところを知らない」と吐露する (BD–II, 194)。 | 1886年に出版されたカント以降の哲学の文献についての年次報告 (AfGP, 1. Bd., Heft 1., 122–141) (XV)。<br>「ヘーゲルからの書簡／ヘーゲルへの書簡 (Briefe von und an Hegel)」(XV)。<br>「普遍妥当的な教育学の可能性について（ベルリン科学アカデミーでの1888年7月19日の講演)」(VI: 6巻)。 |
| 1889 | (56歳)「国民意識の涵養」に役立つ「学術文献のための公文書館」の設立計画策定 (vgl., IV, 574) のため，各地の図書館や研究者などに，文献所蔵を確認する手紙を出す。 | 「ゲーテの自然哲学について」(II)。<br>「哲学史研究に関する学術文献の公文書館の意義」(VI)。<br>「ロストックのカント手稿1」(IV)。<br>「学術文献のための公文書館」(XV)。 |

| 全集未収録文書（講演含む） | 学期 | 講義題目 | 関連の歴史的出来事 |
|---|---|---|---|
| 「中等教育の問題と教育学（Die Frage des höheren Unterrichts und die pädagogische Wissenschaft, 1885年か1890年か1900年）」（KpT: 6巻）。 | 1885<br>夏学期<br><br><br><br>1885/86<br>冬学期 | 講義「近代哲学史（文化一般と特殊科学との関連で）」。<br>講義「教育学の歴史と体系」。<br>演習「カント。『純粋理性批判』」。<br><br>講義「論理学と認識論」（XX: 3巻）。<br>講義「経験科学としての心理学」（XXI）。<br>講義「心理学の教育学への応用」。<br>演習「カント。『純粋理性批判』」。 | エビングハウス『記憶について』。<br>マルクス『資本論』第二部，エンゲルスによって公刊。 |
| | 1886<br>夏学期<br><br><br><br>1886/87<br>冬学期 | 講義「近代哲学史（文化一般と特殊科学との関連で）」。<br>講義「教育学の歴史と体系」。<br>演習「近代哲学演習」。<br><br>講義「論理学と認識論」。<br>講義「経験科学としての心理学」。<br>講義「心理学の教育学への応用」。<br>演習「近代哲学演習」。 | マッハ『感覚の分析』（第二版は1900年）。 |
| | 1887<br>夏学期<br><br><br><br>1887/88<br>冬学期 | 講義「近代哲学史（文化一般と特殊科学との関連で）」。<br>講義「教育学の歴史と体系」。<br>演習「近代哲学演習」。<br><br>講義「論理学と認識論」。<br>講義「経験科学としての心理学」。<br>講義「心理学の教育学への応用」。<br>演習「近代哲学演習」。 | 「ドイツ帝国物理学・技術研究所」設立。<br>テニエス『ゲマインシャフトとゲゼルシャフト』。<br>ディルタイやパウルゼンに学んだL. ブッセがお雇い外国人教師として（東京）帝国大学に着任（93年まで）。 |
| | 1888<br>夏学期<br><br><br><br>1888/89<br>冬学期 | 講義「近代哲学史（文化一般と特殊科学との関連で）」。<br>講義「教育学の歴史と体系」。<br>演習「近代哲学演習」。<br><br>講義「論理学と認識論」。<br>講義「経験科学としての心理学」（XX）。<br>講義「心理学の教育学への応用」。<br>演習の記載なし。 | 皇帝ヴィルヘルム一世没後，フリードリヒ三世即位，まもなく逝去。<br>ヴィルヘルム二世即位（在位は1918年まで）。<br>ベルクソン『意識の直接与件に関する試論』。 |
| | 1889<br>夏学期 | 講義「近代哲学史（文化一般と特殊科学との関連で）」。<br>講義「教育学の歴史と体系」。<br>演習「近代哲学演習」。 | 第一回国際心理学会（パリ）。<br>パリで第二インターナショナル設立。<br>パウルゼン『倫理学の体系』。 |

| 年 | 生涯 | 全集収録文書 |
|---|---|---|
| | ギムナジウム改革において人文主義的教養を擁護する「ハイデルベルク宣言」にディルタイも署名する。 | |
| 1890 | (57 歳) 2 月初め，夏学期の倫理学講義について，自分の体系的思想を反映させるべく (DB-II, 266)，計画を立てる。K. ラスヴィッツの『中世からニュートンまでの原子論の歴史』を読んで，啓発される。<br><br>5 月 1 日に行なった「実在性論考」の講演の論文を各地の心理学者に送る。その返信が，A. ゴルトシャイダー，R. ゾンマー，K. リーガー，T. リップス，シュトゥンプなどの心理学者から来る。この時期ギムナジウム改革について，ヨルク伯と書簡で頻繁に論争。クリスマス休暇中，『序説』の続編を書かねばならないと思い立つ。 | 「宗教研究の自由権についての検閲に対するカントの闘争。ロストックのカントの手稿からの第三寄稿」(IV)。<br>「外界の実在性についてのわれわれの信念の起源とその信念の正当性とに関する問いを解決することへの寄与」［1890 年 5 月 1 日のベルリンアカデミーでの講演］(V: 3 巻)。<br>「フリードリヒ・ダニエル・エルンスト・シュライアーマッハー」(IV: 7 巻)。<br>草稿「学校改革と教室」(VI: 6 巻)。<br>草稿「偉大な想像文学」(GP: 5 巻 –2)。<br>1887/88 年に出版されたカント以降のドイツ哲学についての文献の年次報告 (AfGP, 3. Bd., 134–146) (XV)。<br>1887–1889 年におけるカント以降の諸外国の哲学についてのドイツの研究報告 (AfGP, 4. Bd., 357–365) (XV)。 |
| 1891 | (58 歳)『序説』第二巻 (「歴史的理性批判」第三部) となる，精神史的考察の執筆を続ける。4 月，アカデミーで発表のための美学論文の原稿を仕上げる。<br>7 月，美学論文を印刷できる状態に仕上げ，終わり部分だけを残す。印刷したものをエビングハウスに送ることなど考える (BD–II, 336)。『序説』第二巻の始めになるはずの論文「十五，十六世紀における人間の把握と分析」の抜刷をヨルク伯に送り，意見交換をする。 | 1889/1890 年におけるカント以降のドイツ哲学についての報告 (AfGP, 4. Bd., 684–718) (XV)。<br>「トーマス・カーライル」(IV)。<br>「十五，十六世紀における人間の把握と分析」(II: 7 巻)。<br>草稿「宗教改革礼賛について」(II: 7 巻)。 |
| 1892 | (59 歳) ヴントが H. ミュンスターベルク，エビングハウスを暗に批判することについて触れたシュトゥンプからの手紙 (BD–II, 354) を受け取る。 | 「経験と思考―十九世紀の認識論的論理学についての研究」［1892 年 4 月 28 日ベルリン科学アカデミーでの講演］(V: 3 巻)。<br>「近代美学の三つの時期とその今日的課題」(VI: 5 巻 –2)。<br>草稿「『詩学』の第一改作案」(VI: 5 巻 –1)。<br>「十七世紀における精神科学の自然的体系」(II: 7 巻)。 |

| 全集未収録文書（講演含む） | 学期 | 講義題目 | 関連の歴史的出来事 |
|---|---|---|---|
| | 1889/90<br>冬学期 | 講義「論理学と認識論」。<br>講義「経験科学としての心理学」(XX)。<br>講義「心理学の教育学への応用」。<br>演習の記載なし。 | |
| 「ロストックのカント手稿から 2 ケストナーの論文に関するカントの未発表論文（Aus den Rostocker Kanthandschriften.II: Ein ungedruckter Aufsatz Kants über Abhandlungen Kästners」(AfGP, 3. Bd., H. 1, 79–90)。<br>「ケストナーと，イェーナ文芸新聞のヨーハン・シュルツによる批評に関するカントの論文（Kants Ausätze über Kästner und sein Anteil an einer Rezension von Johann Schultz in der Jenaer Literaturzeitung)」(AfGP, 3. Bd., H. 1, 275–281)。<br>草稿「十五，十六世紀における人間の把握と分析についての計画と草稿」，「ヨーロッパの人間の分析等によって可能となった，歴史記述と芸術における自由で生き生きとした人間の叙述」(GP, 2–4, 318–319)。 | 1890<br>夏学期<br><br>1890/91<br>冬学期 | 講義「近代哲学史（文化一般と特殊科学との関連で)」。<br>講義「倫理学。その原理と個々の叙述において」(X: 6 巻)。<br>講義「教育学の歴史と体系」。<br>演習「近代哲学演習」。<br><br>講義「論理学と認識論」。<br>講義「経験科学としての心理学」(XX)。<br>講義「心理学の教育学への応用」。<br>演習の記載なし。 | ドイツ，ビスマルク宰相辞任。ヴィルヘルム二世の「新航路」政策始まる。<br>ジェームズ『心理学原論』。<br>ジンメル『社会分化論―社会学的・心理学的研究』。 |
| 「美学におけるさまざまな方法の価値について（Über den Werth der Verschiedenen Methoden in der Ästhetik)」(1891 年 4 月 30 日のベルリン科学アカデミーでの講演。［これが,『近代美学の三つの時期とその今日的課題』として仕上げられる］)。 | 1891<br>夏学期<br><br>1891/92<br>冬学期 | 講義「近代哲学史（文化一般と特殊科学との関連で)」。<br>講義「教育学の歴史と体系」。<br>演習「近代哲学演習」。<br><br>講義「論理学と認識論」。<br>講義「経験科学としての心理学」(XX)。<br>講義「心理学の教育学への応用」。<br>演習の記載なし。 | ランプレヒト『ドイツ史』(～1909)。<br>ドイツ社会民主党，「エアフルト綱領」。 |
| | 1892<br>夏学期 | 講義「近代哲学史（文化一般と特殊科学との関連で)」。<br>講義「教育学の歴史と体系」。<br>演習「近代哲学演習」。 | ヴィンデルバント『一般哲学史』。<br>リッカート『認識の対象』。 |

| 年 | 生涯 | 全集収録文書 |
|---|---|---|
| | 11月,体調を崩す。引き続き『序説』第二部(「歴史的理性批判」)第三部)の精神史的考察を執筆する。12月半ば,この論考をめぐって,ヨルク伯とキリスト教のとらえ方について議論となる(BD–II, 380f.)。また,この論考にたいしてウーゼナーから賛同を得る(BD–II, 388)。 | 草稿「生と認識。認識論的論理学と範疇論のための草案」(1892/93年頃)(XIX: 3巻)。 |
| 1893 | (60歳)1月下旬,ベルリン,ゲッティンゲン,ライプツィヒ,ミュンヘン,ウィーンの各大学のアカデミーによる国際的なアカデミーの連合体が組織される計画が持ち上がる(BD–II, 394)。ベルリンの代表はT.モムゼン。ディルタイは,ここには関わっていない。G.シュモラー宛の手紙で,ヴントを除けば,シュトゥンプが傑出した心理学者であることに言及する(BD–II, 405)。1810年以降のプロイセンの教育改革についての研究開始。<br><br>8月,この頃からツェラーの後任を探しはじめる(BD–II, 408ff.)。ディルタイはシュトゥンプを念頭におく。9月下旬,妻が病気のためリギに滞在し,そこで「体系的なもの」(ベルリン草稿)を書く(BD–II, 414)。12月末,ツェラーと連名で,プロイセン文部省とその王立科学アカデミーに,カント全集のプロジェクトに関する請願書を提出する。 | 「十七世紀における思惟の自律,構成的合理主義および汎神論的一元論の連関」(II: 7巻)。<br>「ジョルダーノ・ブルーノとスピノザ」(II: 7巻)。<br>草稿「『序説』第二巻のための全体計画　第三―六部(「ベルリン草稿」)」(XIX: 2巻)。<br>草稿「九〇年代の記述的心理学(1893–1895年頃)」(XXII)。 |
| 1894 | (61歳)1月,娘クラーラに手紙で「人間の不滅性」についての質問に答える(BD–II, 446)。夏学期より,教育学講義をF.パウルゼン,心理学講義をシュトゥンプへ引き継ぐ。<br><br>9月8日,ヘルムホルツ死去。11月上旬,カント全集の計画の申請がアカデミーで認可される(BD–II, 461)。眼病のため冬学期の開講が,11月後半に遅れる。眼病の療養のため北イタリアに保養しつつ,2月と6月に行なった記述的分析的心理学に関する講演原稿を論文にするための作業を進める。 | 「記述的分析的心理学の構想(1894年2月22日と6月7日のベルリン科学アカデミー講演)」(V: 3巻)。<br>「宗教改革者の信仰論」(II)。<br>「ゲーテのスピノザ研究時代から」(II: 7巻)。<br>「ジューフェルン」(IV)。 |
| 1895 | (62歳)1月,ベルリン科学アカデミーの現代文学のポストをめぐって,H.グリムとE.シュミットが争う。ディルタイはグリムを推すが,シュミットに決まる。3月初め,「記述的分析的心理学の構想」に対して批評をもらうべく友人たちに,その旨の手紙を出す。カルス(Carus, J. V.)やマルテンス(Martens, C.E.v.)などの動物学者たちと手紙をやりとりする。5月,アディケス,モムゼン,シュトゥンプと会食。アディケス,カント全集の編集委員になることを内諾する。6月,シェイクスピアに関する論文を執筆する。保守派トライチュケをアカデミー会員に選出するかどうかで紛糾するが,結局,トライチュケは会員となる。 | 「比較心理学について　個性研究のための寄与(1895年4月25日のベルリン科学アカデミー講演)」(V: 3巻)。<br>草稿「『人類の予見者としての詩人』[未刊]の序文」(XXV)。<br>草稿「シェイクスピアと同時代者」(XXV: 5巻 –2)。<br>草稿「シラー」(XXV)。 |

| 全集未収録文書(講演含む) | 学期 | 講義題目 | 関連の歴史的出来事 |
| --- | --- | --- | --- |
| | 1892/93冬学期 | 講義「論理学と認識論」。<br>講義「経験科学としての心理学」(XX)。<br>講義「心理学の教育学への応用」。<br>演習の記載なし。 | |
| | 1893夏学期 | 講義「近代哲学史(文化一般と特殊科学との関連で)」。<br>講義「教育学の歴史と体系」。<br>演習「近代哲学演習」。 | デュルケム『社会分業論』。<br>キュルペ『心理学綱要』。<br>ブッセに代わり,R.ケーベルがお雇い外国人教師として帝国大学で哲学を教える。 |
| | 1893/94冬学期 | 講義「論理学と認識論」。<br>講義「経験科学としての心理学」。<br>講義「心理学の教育学への応用」(XXI:6巻)。<br>演習の記載なし。 | |
| | 1894夏学期 | 講義「近代哲学史」。 | ヴィンデルバント講演「歴史と自然科学」。<br>フランス,ドレフュス事件。<br>日清戦争。<br>マルクス『資本論』第三部,エンゲルスによって公刊。 |
| | 1894/95冬学期 | 講義「近代哲学史」。<br>演習「近代哲学演習」。 | |
| | 1895夏学期 | 講義「近代哲学史」。<br>演習「近代哲学演習」。 | 対日本,三国干渉。<br>レントゲン,X線を発見する。 |

| 年 | 生涯 | 全集収録文書 |
| --- | --- | --- |
| | 9月上旬，比較心理学の前半部の推敲作業を行なう。休暇の申請が承認される。休暇中は，『序説』第二巻に注力する予定。10月下旬，ヨルク伯から「比較心理学」に関する丁寧なコメントが来る。10月27日，エビングハウスから，ディルタイの「記述的分析的心理学」に対する厳しい批判論文の抜刷と，やや礼を欠いた手紙が届く。その後，ヨルク伯，A. ホイバウム，A. リール，ヴントなどからディルタイ擁護の手紙が届く。年末頃より，心身ともに体調がすぐれない。主治医のゴルトシャイダーより，仕事を控えるように注意される。 | |
| 1896 | (63歳) 2月，カント関連の資料を収集すべく全国に呼びかける。『シュライアーマッハーの生涯』第二巻の研究と解釈学研究の継続。3月，ウーゼナー『神々の名前宗教概念の形成論の試み』出版される。W. ジェームズより，国際心理学会に出席するかの問い合わせがある。さらにT. リップスからは，そのときに講演しないかという打診がある。しかしエビングハウスと同席したくない，という理由で断る。5月，P. メンツァーがアカデミー版カント全集の秘書として着任する。『シュライアーマッハーの生涯』第二部に再び着手。シュライアーマッハーの資料収集のため，各所に手紙を出す。6月25日，ベルリン科学アカデミーで「解釈学について」という標題の前半部分の講演を行なう。<br><br>7月，カント全集編集委員会第一回会議開催。この年の後半は，カント全集のための各地への連絡に忙殺される。12月，再び体調がすぐれず。 | 「個性研究についての論考」(V: 3巻)。<br>草稿「私の体系の概観」(VIII: 4巻)。<br>草稿「哲学とは何か」(VIII: 4巻)。<br>草稿「歴史意識と世界観（1896–1906年頃)」(VIII: 4巻)。<br>草稿「世界観の諸類型に関する論文への手書きの追記と補遺（1896–1906年頃)」(VIII: 4巻)。<br>草稿「世界観学のために（1896–1906年頃)」(VIII: 4巻)。 |
| 1897 | (64歳) 2月，この頃より，ときおり長女クラーラ（20歳)が秘書を務める。ウーゼナー，片眼を失明する。3月，妻のカタリーナの筆記による口述筆記の手紙（BD–III, 120）がある。以後，カタリーナの手になる手紙が見られる。4月, 北イタリア, ボルツァーノ近郊にて静養。5月，ベルリンに戻り，ヨルク伯の病状が悪いことを知る。初夏，ブラームス『レクイエム』の演奏会に行く。<br><br>8月，保養地オーバーストドルフで静養。9月12日，P. ヨルク伯死去。11月,『教養史綱要』第三巻に関して，著者のA. ハルナックに手紙をしたためる。 | 「バウムガルテンとゼムラーの解釈学について（1897年2月4日ベルリン科学アカデミーでの講演)」(V: 3巻)。<br>「エドワルド・ツェラーの青年時代」(IV)。<br>草稿「ヨーロッパにおける此岸哲学と汎神論の成立，およびそれに制約されたシュライアーマッハーの講話の時期の位置づけ」[『シュライアーマッハーの生涯』第二巻の構想］(XIV: 10巻)。 |
| 1898 | (65歳) 3月以後，ヨルク伯の息子，ハインリヒ・ヨルク伯と手紙をやりとりし，ディルタイの手元にあったP. ヨルクの原稿を返却する。8月，アルトホーフに宛てて，次学期までに「体系に関わる一つの巻」を印刷準備状態にまでもってゆくと告げる（DB-III, 190f.)。 | 「シュライアーマッハーのプラトン研究について（1898年1月6日ベルリン科学アカデミーでの講演)」[『シュライアーマッハーの生涯』第二巻の草稿］(XIV: 10巻)。 |

| 全集未収録文書（講演含む） | 学期 | 講義題目 | 関連の歴史的出来事 |
|---|---|---|---|
| | 1895/96<br>冬学期 | 演習「近代哲学演習」［ただし、休暇のため開講されず。シュトゥンプが代講する］。 | |
| | 1896<br>夏学期 | 講義「近代哲学史」。<br>演習「近代哲学演習」。 | エビングハウス，論文「説明的心理学と記述的心理学について」を発表。<br>『心理学綱要』。<br>マッハ『熱学の諸原理』。<br>リッカート『自然科学的概念形成の限界』。<br>ベルクソン『物質と記憶』。 |
| | 1896/97<br>冬学期 | 講義，演習とも記載なし。 | |
| | 1897<br>夏学期 | 講義「近代哲学史」<br>講義「論理学と認識論」。<br>演習の記載なし。 | エビングハウス『心理学綱要』（第一巻前半部のみ）。<br>『カント研究』創刊。 |
| | 1897/98<br>冬学期 | 講義の記載なし。<br>演習「シュライアーマッハーの哲学的倫理学に関する演習」。 | |
| 「ハレ大学へのシュライアーマッハーの招聘（1898 年 3 月 3 日ベルリン科学アカデミーでの講演）」。 | 1898<br>夏学期 | 講義「近代哲学史」［この学期より 1906 年まで，「哲学体系概説」としてまとめられる講義が始まる］。<br>演習「シュライアーマッハーの弁証法に関する演習」。 | 第一回ハーグ平和会議。 |

| 年 | 生涯 | 全集収録文書 |
|---|---|---|
| | | 草稿「現代の文化と哲学」(VIII: 4 巻)。「オットー・リベック」(XV)。「カント以降の哲学についての年次報告II：十九世紀前半の体系の 3 つの基本形式」(IV)。 |
| 1899 | (66 歳)1 月, ウーゼナーに, 手紙で体調不良(悲惨な睡眠, ほとんど絶え間ない頭痛, 会話や騒音に対する絶え間ない恐怖, 何よりも疲労といらだちで, 時には話すこともままならないほど）を訴える（BD–III, 211)。 | カント以降の哲学についての年次報告III：シェリング, ベア, シュトラウス, ヴィシャーに関する著作ついて（AfGP, 12. Bd., Heft 3., 325–338)(XV)。 |
| 1900 | (67 歳）3 月, ベルリン科学アカデミー創設 200 周年の催しが行なわれる。ハルナックによって『ベルリン王立プロイセン科学アカデミーの歴史（*Geschichte der Königlich Preussischen Akademie der Wissenschaften zu Berlin*)』が刊行される。<br>ドイツ精神史の研究, 世界観学の研究を続ける。E. フッサール『論理学研究』第一巻刊行に影響を受ける。6 月, 将来のギムナジウムをテーマとするドイツ学校会議（ベルリン）に構成員の一員として参加。11 月, 文化省でプロイセンの学校で使用されているすべての教科書を収集するための機関を設立させるというアイデアを, アルトホーフに告げる（BD–III, 255)。 | 草稿「歴史的意識の始まり。初期論文と回想」(XI)。<br>草稿「一般ラント法」(XII: 6 巻)。<br>草稿「シュモラーの国民経済論要綱について」(XI)。<br>「アンナ・フォン・ヘルムホルツ」(XI)。<br>「解釈学の成立」(V: 3 巻)。<br>「ライプニッツとその時代」[「ベルリン科学アカデミー, その過去と現代的課題」の改訂]（III: 8 巻)。<br>「古代の汎神論的体系との歴史的連関による発展史的汎神論」(II)。<br>「学校改革」[1890 年もしくは 1900 年]（KpT: 6 巻)。 |
| 1901 | (68 歳)1 月, 赤鷲勲章を授与される。H. ノールより, 美学・文学史に関して指導を仰ぐ手紙が来る。3 月に P. リッターに宛てられた手紙を G. ミッシュが口述筆記する（BD–III, 268)。前年ミッシュは, ディルタイのもとで学位を取得した。7 月, ライプニッツ全集を編集刊行することを思いつく（BD–III, 278)。8 月 27 日, R. ハイム死去。翌年, 記念論集が刊行されるもディルタイは執筆していない。9 月, ディルタイはこの頃, 十八世紀に関する論文やライプニッツ研究などを含む『ドイツ精神史』を計画していた（BD–III, 292)。 | 「国家およびフリードリヒ大王のアカデミーにおけるドイツの啓蒙」(III: 8 巻)。<br>「十八世紀と歴史的世界」(III: 8 巻)。<br>「シュライアーマッハーの国家論（1901 年 6 月 6 日ベルリン科学アカデミーでの講演)」(XIV: 10 巻)。 |

| 全集未収録文書（講演含む） | 学期 | 講義題目 | 関連の歴史的出来事 |
|---|---|---|---|
| | 1898/99 冬学期 | 講義の記載なし。<br>演習「近代哲学演習」。 | |
| 「哲学的体系の陶冶論と分類についての構想（1899年7月20日ベルリン科学アカデミーでの講演）」。 | 1899 夏学期 | 講義「近代哲学史」［このときの講義内容が「哲学体系概説　A 体系 1」として XX: 3 巻に収録されている。3 巻 946 頁を参照］。 | ヘッケル『宇宙の謎』。<br>リッカート『文化科学と自然科学』。 |
| 「高等行政官の国家試験についてのヴィルヘルム・フォン・フンボルトの 1809 年の所見」［ホイバウムとの共同出版］(In: Jahrbuch für Gesetzgebung, Verwaltung und Volkswirtschaft im Deutschen Reich, N.F. 23. Jg., Heft 4, 245–261)。 | 1899/1900 冬学期 | 講義「近代哲学史」。<br>演習「シュライアーマッハーについて」。 | 英米独によるサモア分割協定。 |
| 「文化と国家についてのシュライアーマッハーの理念の関係と連関について（1900年6月5日ベルリン科学アカデミーでの講演）」。<br>「クロップシュトック」(DM, 301–324)。<br>「ヘルバルトの実践的な教育効果についての実証的寄稿」［ホイバウムとの共同刊行］。 | 1900 夏学期 | 講義「哲学体系概説」。<br>演習「講義と関連した内容」。 | ヴント『民族心理学』(〜20)。フッサール『論理学研究』。ハルナック『キリスト教の本質』（初版）。<br>フロイト『夢判断』。<br>ジンメル『貨幣の哲学』。 |
| | 1900/01 冬学期 | 講義「近代哲学史」。 | |
| 「シュライアーマッハーからガスへの 3 通の手紙」［文献報告］(Festschrift zum zehnjahrigen Bestehen der Literaturarchiv-Gesellschaft in Berlin. 37–50)。 | 1901 夏学期 | 講義「哲学体系概説」。<br>演習「近代哲学演習」。 | 初のノーベル賞，ベーリングに医学賞が，レントゲンに物理学賞が授与される。<br>トマス・マン『ブッテンブローク家の人びと』。 |
| | 1901/02 冬学期 | 講義「近代哲学史」。<br>演習「近代哲学演習」。 | |

| 年 | 生涯 | 全集収録文書 |
|---|---|---|
| 1902 | (69歳) 2月，ディルタイが執筆したヘルムホルツ夫人アンナの追悼記事を，コジマ・ヴァーグナーに送ったゆえ，そのお礼の手紙が来る（BD–III, 316)。3月，学生からディルタイの哲学史講義への賞賛の手紙が来る（BD–III, 321)。11月，親しく交際しているE. v. ヴィルデンブルフの戯曲 *Königin Laurin* が成功を収める。12月下旬に，『シュライアーマッハーの生涯』第二巻の完成のための助手を依頼する件でシュプランガー宛に手紙を出す（BD–III, 338)。 | 「シュライアーマッハーの美学と過去および同時代人の芸術論との関係について（1902年1月30日のベルリン科学アカデミーでの講演)」(XIV: 10巻)。<br>「アカデミー版『カント全集』第1巻の序文」(KG: 別巻［本巻])。<br>草稿「シャフツベリーについて（1902/1903年頃)」(II: 7巻)。 |
| 1903 | (70歳) 2月に出版されたディールス編の *Die Fragmente der Vorsokratiker. Griechisch und Deutsch.* がディルタイへと捧げられており，それに対する礼の手紙を送る。2月より，ディルタイの若き友人リッター（Paul Ritter, 1872–1954）が，ライプニッツ全集の学術公務員に着任する。後にリッターはライプニッツ全集の責任者となる。ディルタイはこの時期，大量の仕事を抱えている。1.『シュライアーマッハーの生涯』第二巻，2.『ヘーゲルの青年時代』，3.『精神科学序説』第二巻，4.『ドイツ精神史研究』。これに加えて，アカデミー版カント全集の企画編集，さらにアカデミー版ライプニッツの創刊に加わっている。11月1日，モムゼン死去。11月19日は，ディルタイ70歳の誕生日。各方面から学生，友人，ファンなどが集まった。そのときR. レプシウスによって肖像画が描かれ，翌年8月に完成する（LWB, 268)。 | 「生誕七〇年記念講演」(1903年11月19日)（V: 11巻)。<br>草稿「夢（誕生祝いの講話のための草案)」(VIII: 4巻)。 |
| 1904 | (71歳) 1月，ツェラーの生誕90歳記念の会に，ベルリン大学の代表として参加し，スピーチする。『ヘーゲルの青年時代』の完成に注力する。<br>10月，H. ノールを娘婿にしたいと考えるJ. オーザーより手紙があり，ノールの人物・能力を賞賛する返信を送る（BD–III, 429)。11月，ミッシュからの自伝研究について述べた手紙に返信し，ドイツの発展小説についての考えを披瀝する（BD–III, 433f.)。 | 草稿「『序説』のための緒言と補遺」［『精神科学序説』第一巻第二版］(I: 1巻)。<br>草稿「近代人と世界観の争い。ある対話」［1903年「夢」の続き］(VIII: 4巻)。<br>「十六，十七世紀の文化における人間学の機能（1904年1月7日と2月11日のベルリン科学アカデミーの講演)」(II: 7巻)。<br>「エミリー・ツェラー」(XV)。<br>「精神諸科学の基礎づけに関する講演（1904年12月22日のベルリン科学アカデミー講演)」(Ⅶ: 4巻)。<br>草稿「構造論と知識の理論との連関についての草稿（1904年以降)」(XXIV)。<br>草稿「リッカートおよび現象学における認識問題と価値問題に対する批判（1904年以降)」(XXIV)。<br>「ディルタイからエーリヒ・アディケスに宛てた4通の書簡（1904/05冬)」(BDA: 11巻)。 |

| 全集未収録文書（講演含む） | 学期 | 講義題目 | 関連の歴史的出来事 |
| --- | --- | --- | --- |
| 「事典項目：Lütkemann」（RpTK, 3.Aufl. 11. Bd. 681–682）。 | 1902<br>夏学期<br><br>1902/03<br>冬学期 | 講義「哲学体系概説」。<br>演習「講義と関連した内容」。<br><br>講義「近代哲学史」。<br>演習の記載なし。 | ポワンカレ『科学と仮説』。<br>ジェームズ『宗教的経験の諸相』。<br>ホフマンスタール「チャンドス卿の手紙」。 |
| 「ベルリンにおけるニーブールの活動の最初の年について（1903年2月12日のベルリン科学アカデミーの講演）」。 | 1903<br>夏学期<br><br>1903/04<br>冬学期 | 講義「哲学体系概説」［このとき，「哲学体系概説」B体系2とD. Bischoff の Wilhelm Diltheys geschichtliche Lebensphilosophie でのディルタイのカント論が講義される（XX, XX; 3巻944頁以下を参照）］。<br>演習の記載なし。<br><br>講義「近代哲学史」。<br>演習の記載なし。 | 第一回ドイツ都市会議がドレスデンで開催。<br>ディールス『ソクラテス以前哲学者断片集』。<br>ラッセル『数学原理』（～1913）。 |
| | 1904<br>夏学期<br><br>1904/05<br>冬学期 | 講義「哲学体系概説」。<br>演習「講義と関連した内容」。<br><br>講義「近代哲学史」。<br>演習「近代哲学演習」［内容的にはフッサール『論理学研究』第二巻を扱ったと思われる（Hus, 460）］。 | 日露戦争。<br>カント協会設立。<br>ウェーバー『プロテスタンティズムの倫理と資本主義の精神』（～1905）。<br>マイノング『対象論について』。 |

| 年 | 生涯 | 全集収録文書 |
|---|---|---|
| 1905 | (72 歳) 1 月，勲二等王冠勲章を授与される。2 月，ウーゼナー宛の手紙のなかでフッサールの重要性を伝える (BD–III, 464)。ディルタイの後任の人事についての議論が始まる。6 月，ウーゼナー宛の手紙のなかで，自分の後任はヴィンデルバント，エルトマン，リールのいずれかがよいと漏らす。<br><br>7 月 3 日付の文化大臣からの手紙で，今学期をもって，教授職が解かれる旨が告げられる (BD–III, 485) [ただし，講義は翌年以後も行なわれる。Vgl. XXIV, 311]。ディルタイの後任は，A. リールとなる。10 月 21 日，ウーゼナー死去。12 月半ば『体験と創作』が刊行されるが，同時に『ヘーゲルの青年時代』の原稿も印刷中。この頃，フッサールがディルタイ宅を訪れ，個人的に会話する。ここで得た強い印象からフッサールは，「自然科学と精神科学」に関する演習を行う。(Hus, 460)。 | 「哲学一般史の伝記的－文献的綱要（第六改訂版）」(XXIII)。<br>「精神科学の基礎づけに関する研究：第一研究　心的構造連関（3 月 2 日，ベルリン科学アカデミーで講演）」(Ⅶ : 4 巻)。<br>「精神科学の基礎づけに関する研究：第二研究　知識の構造連関（3 月 23 日，ベルリン科学アカデミーで講演）」(Ⅶ : 4 巻)。<br>「ヘーゲルについての著作の断片」[ヘルマン・ノールと協同作業] (8 巻)。<br>草稿「チャールズ・ディケンズと物語詩人の天才」[1877 年の草稿の緒言部分と最終部分の改訂] (XXV: 5 巻–1)。草稿「価値評価と価値体系の理論のための草稿と断片（1905–1911 年頃）」(XXIV)。 |
| 1906 | (73 歳) 昨年末以来，ノールと頻繁に連絡を取りながら，『ヘーゲルの青年時代』の完成にむけて作業する。3 月，弟カールからの，考古学コレクションに関する助成金の要求を，アルトホーフに伝える。後に，ゲッティンゲン大学に助成金が下りる。4 月 24 日，『ヘーゲルの青年時代』公刊。『若きディルタイ』に収録されているラウラ・ケップによる「年代記」が刊行される。<br><br>7 月，E. カッシーラーがベルリンで教授資格を取得するさい，担当のリールとシュトゥンプが反対したが，ここにすでに教授職を解かれていたディルタイが介入し，「私はカッシーラーを拒絶したなどと後に言われたくない」と，カッシーラーを弁護する。その結果カッシーラーは教授資格を取得する (mC, 100)。10 月，この頃，北イタリア・ボルツァーノの近郊のメラーノに滞在。12 月，この時期，『精神科学序説』第一巻の第二版と，第二巻に取り組む。12 月末，H. v. ホフマンスタール宛に手紙を出す (BD–IV, 104)。 | 『体験と創作』初版 (XX VI: 5 巻 –1) [実際には，前年の 12 月中旬には出版されている (vgl. BD–III, 12)]。<br>「ジャン・パウル」(1906 年頃) (XXV)。<br>「ヘーゲルの青年時代（1905 年 11 月 23 日と 12 月 14 日にベルリン科学アカデミーでの講演の改稿）」(IV: 8 巻)。<br>「精神科学の基礎づけに関する研究：第三研究　精神諸科学の境界設定（1906 年 12 月 6 日にベルリン科学アカデミーで講演）」(Ⅶ : 4 巻 [341–348 頁])。<br>「十八世紀の偉大なドイツ音楽」(DM: 5 巻 –2)。 |

| 全集未収録文書(講演含む) | 学期 | 講義題目 | 関連の歴史的出来事 |
|---|---|---|---|
| | 1905<br>夏学期 | 講義「哲学体系概説」。<br>演習「講義と関連した内容」。 | ドイツ，ロシア両皇帝によるビョルケの密約。<br>アインシュタイン，特殊相対性理論を発表。 |
| | 1905/06<br>冬学期 | 講義「近代哲学史」。<br>演習「近代哲学演習」[正教授としての最後の学期]。 | |
| | 1906<br>夏学期 | 講義「哲学体系概説—知識の理論の論理的基礎づけにおける価値評価の理論」(XXIV) [出席者の限られた私的な講義。「講義」としては，これが最後となる]。<br>演習の記載なし。 | ハンブルクで初めての大衆政治ストライキ実施。<br>ウェーバー「ロシア革命論」。 |
| | 1906/07<br>冬学期 | 講義の記載なし。<br>演習「近代哲学演習」。 | この年のベルリンの冬学期に，オルテガがA. リールの授業に出席する。ディルタイと面識はなく，ディルタイの演習は私的に自宅で行なわれていたため参加せず。 |

| 年 | 生涯 | 全集収録文書 |
|---|---|---|
| 1907 | (74 歳) 年頭の B. グレートゥイゼン宛の手紙で，グレートゥイゼンが執筆中のフランス革命に関する教授資格論文についてのコメントをする (BD–IV, 107)。2 月，1905 年に若手研究者によって「哲学協会」が結成され，ディルタイは，A. マイヌング，A. リールらとともに，趣旨等を十分に理解しないまま名誉会長職を引き受けていたが，じつはその職責があまりに重大であることを知り，三者ともに辞任することになる (BD–IV, 117, 136)。3 月，ホフマンスタール宛の手紙のなかで，ホフマンスタールの「小戯曲集」(*Kleine Dramen*, 1907) を賞賛する。3 月 4 日，弟のカール死去。葬儀のためビーブリヒにゆく。その旨を，心からの友であるディールスに伝える (BD–IV, 119)。この後，体調がすぐれない。<br><br>7 月 5 日，K. フィッシャー死去。P. リッター宛の手紙から，ディルタイが依然として「ドイツ精神史研究」のプロジェクトの仕事を進めていることが分かる (BD–IV, 143)。9 月終わり頃より，スイスないしは北イタリアに滞在。10 月半ば以前に，クラーラから G. ミッシュと結婚したい旨を伝えられる (BD–IV, 150)。11 月 9 日，ここ数週間，体調不良のため仕事ができず，まったく無為に過ごす，とヴィルデンブルフに吐露する。 | 『体験と創作』第二版［レッシング論に関する数行を補足］。(XXVI: 5 巻 –1)。<br>草稿「古代世界におけるキリスト教」(II: 7 巻)。<br>「哲学の本質」(V: 4 巻)。<br>草稿「哲学の哲学について」(VIII: 4 巻)。<br>草稿「詩学の概観——詩学のための断片 (1887 年の「詩人の想像力」の改訂 1907/08 年頃)」(VI: 5 巻 –1)。 |
| 1908 | (75 歳) 年をまたぎ，依然としてメラーノに滞在する。3 月，古典文献学者である甥の F. ケップに，弟カールの遺品から論文集を編集するように依頼するが, 断られる (BD–IV, 167)。3 月 19 日，E. ツェラー死去 (94 歳)。4 月，ツェラーの追悼文もカント全集の仕事も，体調不良のゆえに進まないことを嘆く (BD–IV, 170)。5 月 15 日，G. ミッシュとクラーラの結婚式が，いろいろな問題を含みながらも，メラーノで祝福され行なわれる (vgl. BD–IV, 177f.)。8 月 14 日，パウルゼン死去。8 月末，南イタリア，南チロルなどでの静養を終え，ベルリン (グリューネヴァルト) に戻る。以後，体調は回復し，仕事をすすめる。10 月末，ミッシュと世界旅行中のクラーラから，東京にいる旨の手紙が届く (BD–IV, 196)。11 月，ケップに編集を断られた弟カールの論文集を，U. v. ヴィラモーヴィッツ＝メレンドルフらの協力のもと刊行準備する。テュービンゲン学派の神学者，C. バウルの遺稿を編集することを目論む。11 月末，「ドイツ精神史研究」に注力する。 | 「エドゥアルト・ツェラー」(XV)。 |
| 1909 | (76 歳) 前年より注力していた「ドイツ精神史研究」を，P. リッターとともに精力的に執筆する。4 月下旬，体調を崩し，転地療法に出る。6 月，南チロルに逗留。6 月半ば，ベルリンに戻り，研究活動を再開する。この頃，E. シュプランガーとともに『シュライアーマッハーの生涯』の研究を継続する。10 月，「一般ラント法」となる原稿を執筆。12 月末に，グロイターと，『シュライアーマッハーの生涯』第一巻の改訂版を 1910 年末に出版し，その後 5 年以内に第二巻を出版する契約を結ぶ。 | 「精神科学の基礎づけのための第三研究　精神諸科学の本質とその自然諸科学との関係について (1909 年 1 月 7 日にベルリン科学アカデミーで講演)」([「精神科学の基礎づけに関する研究：第三研究：精神諸科学の境界設定」として]VII: 4 巻 76–82 頁)。 |

| 全集未収録文書（講演含む） | 学期 | 講義題目 | 関連の歴史的出来事 |
| --- | --- | --- | --- |
| | 1907<br>夏学期 | 講義の記載なし。<br>演習「近代哲学演習」。 | 英仏露三国協商。<br>帝国議会選挙で社会民主党惨敗。<br>ベルクソン『創造的進化』。<br>ジェームズ『プラグマティズム』。<br>フッサール『現象学の理念』。 |
| 「ゲルマンの世界」(DM, 1–60)。<br>「騎士の詩と国家の叙事詩」(DM, 61–187)。 | 1907/08<br>冬学期 | 講義の記載なし。<br>演習「近代哲学演習」［退官後の最後の演習］。 | 冬学期（および翌年の夏学期まで），桑木厳翼がベルリンの A. リールの講義，演習やパウルゼンの講義に出席する。 |
| | | | オーストリア，ボスニア，ヘルツェゴビナを併合。<br>全ドイツ青少年労働者連盟設立。 |
| | | | ドイツ農民同盟結成。<br>ドリーシュ『有機体の哲学』。<br>レーニン『唯物論と経験批判論』。 |

| 年 | 生涯 | 全集収録文書 |
| --- | --- | --- |
| 1910 | (77 歳) 1 月，カント全集が再版されることになる。4 月以後，カント全集の再版をめぐって出版者の W. d. グロイターとの手紙のやりとりが続く。9 月，スイスのインターラーケン，レマン湖周辺に逗留。11 月半ば，ベルリンに戻る。戻り次第，P. リッター，シュプランガーと連絡を取る。体調悪し。12 月後半，体調回復。 | 「他者とその生の表出の理解（1910 年 1 月 20 日にベルリン科学アカデミーで講演，精神科学の基礎づけに関する第四研究；「構成」続編の一部)」(VII: 4 巻)。『体験と創作』第三版［「新たなヨーロッパ文学の動向」を付け加える］（XXVI: 5 巻 –1)。「精神科学における歴史的世界の構成」（VII: 4 巻）［12 月］。草稿「精神科学における歴史的世界の構成の続編の構想」(VII: 4巻)。 |
| 1911 | 1 月，ホフマンスタールを自宅に招く約束をする。2 月半ば，自分の体調のことを考え，アカデミー版カント全集の運営を他の者（メンツァー，アディケス）に任せる旨の連絡を委員会へ伝える。3 月初め，グロイターから『シュライアーマッハーの生涯』の改訂第一巻の原稿，および第二巻の進捗状況についての問い合わせがあり，昨年の 12 月末より原稿作成に注力していることを直ちに伝える。4 月，メラーノに逗留。5 月，グロイターから，ディルタイの『精神科学における歴史的世界の構成』が売り切れたとの連絡が来る。ベルリンに戻る。6 月 29 日，フッサールとの往復書簡はじまる。<br>7 月半ば，アカデミー版カント全集編集委員会に対して，今後の印刷部数，印税などについて提案する。7 月末，依然としてリッター，シュプランガーらと連絡を取り，「ドイツ精神史研究」『シュライアーマッハーの生涯』の完成に向けて注力する。8 月半ば，旅行に出かける旨をグロイターに伝え，合わせて『シュライアーマッハーの生涯』改訂第一巻の原稿が，ほぼ 2 か月後には仕上がることを告げる。9 月 2 日，ミッシュ宛書簡で，全集 V，VI 巻のタイトルを「精神的世界」に決定し，その概観としてシュライアーマッハーの「宗教の問題」執筆中であることを報告（XV, XXXVIII)。9 月 20 日，シュプランガーがライプツィヒの員外教授に就任したお祝いの手紙をしたため，そのなかで『シュライアーマッハーの生涯』改訂第一巻を可能な限り刊行させたい旨を告げる。10 月 1 日，南チロルのザイスにあるホテル・ザレーグ (Salegg) にて，赤痢のため死去。M. ブーバーが，偶然，ザイスにおり，死に立ち会った（WT)。 | 草稿「『論集』序言」(V: 11 巻)。「世界観の諸類型と形而上学的諸体系におけるそれらの類型の形成」(VIII: 4 巻)。草稿「宗教の問題」［ディルタイ死去のため途絶］（VI: 4 巻)。 |

| 全集未収録文書（講演含む） | 学期 | 講義題目 | 関連の歴史的出来事 |
|---|---|---|---|
| | | | 進歩人民党結成。<br>リルケ『マルテの手記』。<br>新カント派の機関誌『ロゴス』創刊。 |
| 「ニーブールの青年時代における歴史的世界観の成立について（1911年2月16日のベルリン科学アカデミーでの講演）」。 | | | 第二次モロッコ事件による独仏の全面戦争の危機に直面。<br>マックス・プランク研究所の前身である，カイザー・ヴィルヘルム協会設立。<br>ジンメル『哲学的文化』。<br>ブレンターノ『心的現象の分類について』。 |

# 第二節

# 書評一覧

## 「書評一覧」を掲載することの意義について

以下の「書評一覧」には，ヘルマン編『クロノロギー』およびヘルマン編集のドイツ語版『全集』XV, XVI, XVII 巻収録の書評類をほぼ網羅的に収録した。ここでこれらを収録した意図や狙いについて述べておきたい。

まず，事実関係を確認しておく。

第一にディルタイは，書評類の執筆にあたり，これまで確認されただけでも 7 種類の筆名を使用している。①匿名。無記名（DZCW, PZ, PJ, PKZ, BAZ, WM）か符号［D, υ, W.D.］（DZCW, PZ, NZ, Im neuen Reich, Schlesische Zeitung），② Wilhelm Hoffner（WM），③ Friedrich Welden（WM）*，④ Karl Elkan（WM），⑤ Wilhelm von Kleist（WM），⑥ Georg Steven（WM），⑦本名（AfGP）。

第二に，ディルタイが執筆した書評類の内容は，少なくとも 4 種類に区分することができる。①新刊書の紹介的なもの，②新刊書に対する書評的な性格の強いもの，③新刊書の内容に関連した歴史上の人物や出来事に関連する評論，④当時の表現芸術の批評。

第三に，これらの書評類の執筆時期についてである。ディルタイは 1858 年にギムナジウム教師を辞任したあと，1867 年にバーゼル大学に就任するまでの間，生計維持と研究のための文献収集を目的として，知人が編集に関わった新聞・雑誌（DZCW, BAZ など）に書評類を匿名で執筆するようになる。この執筆はバーゼル大学就任後も継続し，1871 年のブレスラウ大学異動後は，WM に膨大な量の書評類を執筆するようになる。そして 1883 年にベルリン大学に異動したあとは，自ら創刊にかかわった AfGP を中心にして，

本名で書評類を執筆するようになるのである。

読者は，第一節の「ディルタイの生涯・業績・関連の歴史的出来事」と以下の「書評一覧」を参照し，ディルタイの膨大なジャーナル的著作物の個々に当たることによって，次のことが可能になるだろう。第一に，19世紀当時のドイツの学問・芸術・政治・経済・社会・宗教などの動向を広く知ることができる。当時，教養市民層と呼ばれた人たちにとって教養とはいかなるものであったのか，その具体的な内容を理解することができる。

第二に，ディルタイの多方面にわたる興味関心と教養の深さ，それを教養市民層向けに伝えることのできる能力の高さを見て取ることができる。現代であればディルタイは，隠れたオピニオンリーダーとしても評価されるべき存在であり，彼のジャーナリスト的才能をうかがい知ることができるだろう。

第三に，ジャーナリズムを媒体としてディルタイの思想表現とその発展過程をたどることができる。ディルタイ研究にとって現在でも議論となっているディルタイの宗教と政治に対する関心の変遷や，19世紀当時の精神諸科学と自然諸科学に関する最新の知識と方法論（とりわけ実証主義）と研究成果を，自己の哲学と歴史研究に取り入れ，受容しようと格闘しているディルタイの姿を目にすることができる。この意味で「書評一覧」は，ディルタイが生涯取り組んだシュライアーマッハー伝と『序説』の完結に向けた，膨大な参考文献集とみなすことも可能であろう。

*ディルタイの筆名③ Friedrich Welden（フリードリヒ・ヴェルデン）については，シューレンベルク編「ショルツ夫妻宛書簡集」序文中ではFriedrich Welten（フリードリヒ・ヴェルテン）と記載されているが（日本語版『全集』第11巻706頁参照），初出文献（『月刊ヴェスターマン画報』1867年掲載の短編小説）によればWelden（ヴェルデン）が正しい。

### 参考文献

舟山俊明「一九世紀後半ドイツにおける教養市民層と出版文化——雑誌寄稿者としてのディルタイ」，小笠原道雄監修『近代教育の再構築』福村出版，2000年，54-68頁所収。

矢代梓『フユトン・クリティク——書物批判への断片』北宋社，1987年。

## 1858年

該当なし

## 1859年

Tölle, Fr.: Über das Verhältniß der Religion zur Kunst (DZCW, N. F. 2.Jg., Nr. 8, 2月19日, S. 63–64).

Kingley, C.: Hypatia oder Neue Feinde mit altem Gesicht. 2 Teile (PZ, Nr. 543, 11月19日 ; Nr. 545, 11月20日) (XVI).

## 1860年

Bauer, G.: Festrede zur Säcularfeier des Geburtsfestes Schillers am 10. November 1859 im Namen der Ludwigs-Universität gehalten (DZCW, Nr. 6, 11月2日, S. 45–46).

Deinhardt, J. H.: Der Begriff der Religion, in: Programm des Königlichen Gymnasiums zu Bromberg (DZCW, Nr. 11, 3月17日, S. 85).

Schenkel, D.: Die christliche Dogmatik vom Standpunkt des Gewissens dargestellt. 2. Bd. (DZCW, Nr. 22, 6月2日, S. 169–172) (XVI).

Zur Charakteristik Macaulay's. Thomas Babington Macaulay's ausgewählte Schriften geschichtlichen und literarischen Inhalts. Neue Folge. 3 Bände (PZ, Nr. 489, 10月18日 ; Nr. 495, 10月21日 ; Nr. 499, 10月24日 ; Nr. 503, 10月26日 ; Nr. 505, 10月27日) (XVI).

Baur, W.: Das Leben des Freiherrn vom Stein. Nach Pertz erzählt. (PZ, Nr. 509, 10月30日) (XVI).

Guizot, F.: Mémoires pour servir à l'histoire de mon temps. 3. Bd. (PZ, Nr. 531, 11月11日) (XVI).

Trendelenburg, A.: Naturrecht auf dem Grunde der Ethik (PZ, Nr. 603, 12月23日 ; Nr. 607, 12月28日 ; Nr. 611, 12月30日) (XVI).

## 1861年

Giesebrecht, W.: Geschichte der deutschen Kaiserzeit. 1. u. 2. Bd. (PZ, Nr. 19, 1月12日 ; Nr. 21, 1月13日 ; Nr. 23, 1月15日 ; Nr. 25, 1月16日) (XVI).

Buckle, H. T.: Geschichte der Civilisation in England, 1. Bd. (PZ, Nr. 273, 6月15日 ; Nr. 277, 6月18日) (XVI).

Baumgarten, H.: Geschichte Spaniens zur Zeit der französischen Revolution. Mit einer Einleitung über die innere Entwicklung Spaniens im 18. Jahrhun-

dert (NZ, 14. Jg. Nr. 429, 9 月 14 日) (XVI).

Hermann Fürst zu Wied: Ein Ergebniß aus der Kritik der Kantischen Freiheitslehre (PKZ, 8. Jg. Nr. 47, 11 月 23 日) (XVI).

## 1862 年

Freytag, G.: Bilder aus der deutschen Vergangenheit. 2 Bde.; Derselbe: Neue Bilder aus dem Leben des deutschen Volkes. (PKZ, 9. Bd. Nr. 34, 8 月 23 日 ; Nr. 35, 8 月 30 日) (短縮され XI 再録).

Buckle, H. Th.: Geschichte der Civilisation in England. 2 Bde. (BAZ, Nr. 246, 5 月 29 日) (XVI).

Stahl, F. J.: Siebenzehn parlamentarische Reden und drei Vorträge (BAZ, Nr. 264, 6 月 11 日).

Eiselen, J. Fr. G.: Der preußische Staat. Darstellung seiner geschichtlichen Entwicklung und seiner gegenwärtigen natürlichen, sozialen und politischen Verhältnisse (BAZ, Nr. 266, 6 月 12 日) (XVI).

Guizot, F: Mémoires pour servir à l'histoire de mon temps. 5. Bd. (BAZ, Nr. 316, 7 月 11 日 ; Nr. 320, 7 月 13 日) (XVI).

George, L. (Hrsg.): Friedrich Daniel Ernst Schleiermacher, Sämtliche Werke. 3. Abt. Zur Philosophie, 4. Bd.: Psychologie (BAZ, Nr. 402, 8 月 30 日).

Waitz, G.: Grundzüge der Politik nebst einzelnen Ausführungen (BAZ, Nr. 410, 9 月 4 日) (XVI).

Burckhardt, J.: Die Kultur der Renaissance in Italien. Ein Versuch (BAZ, Nr. 420, 9 月 10 日) (XI: 7 巻).

Perthes, C. Th.: Politische Zustände und Personen in Deutschland zur Zeit der französischen Herrschaft. Das südliche und westliche Deutschland (BAZ, Nr. 464, 10 月 5 日 ; Nr. 466, 10 月 7 日) (XVI).

## 1863 年

Sulpiz Boisserée. 2 Bde. (BAZ, Nr. 65, 2 月 8 日) (XVI).

Büchner, L.: Aus Natur und Wissenschaft. Studien, Kritiken und Abhandlungen (BAZ, Nr. 101, 3 月 1 日) (XVI).

Müller, M.: Vorlesungen über die Wissenschaft der Sprache. Von der kaiserlichen Akademie zu Paris gekrönte Preisschrift. Für das deutsche Publikum bearbeitet von Carl Böttger (BAZ, Nr. 113, 8 月 3 日) (XVI).

Freytag, G.: Die Technik des Dramas (BAZ, Nr. 143, 3 月 26 日 ; Nr. 149, 3 月 29 日 ; Nr. 157, 4 月 3 日 ; Nr. 163, 4 月 9 日) (GP, S. 132–159 再録) (XXV:

5巻-2).

Jahn, O.: Ludwig Uhland（BAZ, Nr. 193, 4月26日）(XVI).

Ritter, C.: Allgemeine Erdkunde. Ders., Europa. Vorlesungen an der Universität zu Berlin. Hrsg. von H. A. Daniel. 2 Bde.（BAZ, Nr. 253, 6月4日）(XVI).

Brockerhoff, Fr.: Jean Jacques Rousseau. Sein Leben und seine Werke（BAZ, Nr. 259, 6月7日）(XVI).

Häusser, L.: Deutsche Geschichte vom Tode Friedrichs des Großen bis zur Gründung des Deutschen Bundes. 1. Bd.（BAZ, Nr. 267, 6月12日；Nr. 269, 6月13日；Nr. 321, 7月14日）(XVI).

Helmholtz, H.: Die Lehre von den Tonempfindungen als psychologische Grundlage für die Theorie der Musik（BAZ, Nr. 285, 6月23日）(XVI).

Arnold, J. F. J.: Friedrich August Wolf in seinem Verhältnisse zum Schulwesen und zur Pädagogik. 1. u. 2. Bd.（BAZ, Nr. 307, 7月5日）(XVI).

Schleiden, M. J.: Über den Materialismus der neueren deutschen Naturwissenschaft, sein Wesen und seine Geschichte（BAZ, Nr. 335, 7月22日）(XVI).

Schopenhauer, A.: Von ihm. Über ihn. Ein Wort der Vertheidigung von Ernst Otto Lindner und Memorabilien, Briefe und Nachlaßstücke von Julius Frauenstädt I.（BAZ, Nr. 355, 2月8日), II.（BAZ, Nr. 359, 8月5日).

Wiener, Chr.: Die Grundzüge der Weltordnung（BAZ, Nr. 371, 8月12日）(XVI).

Baur, F. Chr.: Kirchengeschichte des neunzehnten Jahrhunderts. Herausgegeben von Eduard Zelter（BAZ, Nr. 407, 9月2日）(XVI).

Waitz, T.: Anthropologie der Naturvölker（BAZ, Nr. 457, 10月1日）(XVI).

### 1864年

該当なし

### 1865年

Schmidt, J.: Geschichte der deutschen Literatur seit Lessings Tod. 1. Bd.（PJ, 16. Bd., S. 401–403）(XVI).

Häusser, L.: Deutsche Geschichte vom Tode Friedrichs des Großen bis zur Gründung des Deutschen Bundes. 3. Bd.（WM, 19. Bd., Nr. 111, S. 255–261）(XVI).

### 1866年

Hettner, H.: Literaturgeschichte des 18. Jahrhunderts. 1.–3. Teil;

Schmidt, J.: Geschichte der deutschen Literatur seit Lessings Tod. 1. Bd. (WM, 20. Bd., Nr. 119, S. 482–491) (短縮されてXI再録).

### 1867 年

Bastian, A.: Die Völker des östlichen Asiens. 1. Bd. (WM, 22. Bd., Nr. 129, S. 315–317).

### 1868 年

Bastian, A.: Die Völker des östlichen Asiens. 3. u. 4. Bd. (WM, 24. Bd., Nr. 141, S. 269–276) (XI).

### 1869/1870 年

該当なし

### 1870 年

『シュライアーマッハーの生涯』(XIV: 10 巻)。

Moritz, K. P.: Anton Reiser (WM, 28. Bd., Nr. 164, S. 192–204) (XV).

### 1871 年

Groth, K.: Quickborn. 2. Teil (Im Neuen Reich, 1. Jg., 1. Bd., S. 809–817) (XVI).

### 1872 年

Trendelenburg, A.: Kleine Schriften. 2 Bde. (PJ, 29. Bd., Nr. 252–254) (XVI).

Grimm, H.: Das Leben Raphaels von Urbino. Italienischer Text von Vasari. 1. Teile (Schlesische Zeitung, Nr. 302, 7 月 2 日) (XVI).

Wuttke, H.: Religion und Staatsidee in der vorchristlichen Zeit und die Frage von der Unfehlbarkeit der biblischen Bücher in der christlichen Zeit. Aus dem Nachlasse Karl Adolf Menzels (WM, 33. Bd., Nr. 195, S. 340) (XVII).

### 1873 年

Pfeifer, F. (Hrsg.): Briefwechsel zwischen Joseph Freiherrn von Laßberg und Ludwig Uhland (WM, 33. Bd., Nr. 196, S. 373–374) (XVII).

Scherr, J.: Allgemeine Geschichte der Literatur. 2 Bde. (WM, 33. Bd., Nr. 196, S. 449) (XVII).

Rochau, A.: Geschichte des deutschen Landes und Volkes. 2 Teile (WM, 33.

Bd., Nr. 196, S. 449–450) (XVII).

Frauenstädt, J.: Schopenhauer-Lexikon. Ein philosophisches Wörterbuch nach Arthur Schopenhauers sämtlichen Schriften und handschriftlichem Nachlaß. 2 Bde. (WM, 33. Bd., Nr. 196, S. 450–451) (XVII).

Ditfurth, F. W. F. v. (Hrsg.): Deutsche Volks- und Gesellschaftslieder der 17. und 18. Jahrhunderts (WM, 33. Bd., Nr. 196, S. 451–452).

François, K. v.: ein deutsches Soldatenleben. Nach hinterlassenen Memoiren von Clotilde von Schwartzkoppen (WM, 33. Bd., Nr. 196, S. 452).

Braun, K.: Tokai und Jokai. Bilder aus Ungarn (WM, 33. Bd., Nr. 196, S. 452).

Heigel, K.: Neue Novellen (WM, 33. Bd., Nr. 196, S. 452).

Jensen, W.: Drei Sonnen (WM, 33. Bd., Nr. 196, S. 452).

Hermann, Th.: Wilhelm Wolfschild (WM, 33. Bd., Nr. 196, S. 452).

Ebers, G.: Eine ägyptische Königstochter (WM, 33. Bd., Nr. 196, S. 452).

Detlef, K.: Mußte es sein? (WM, 33. Bd., Nr. 196, S. 452).

Prutz, H.: Kaiser Friedrich I. 2. Bd. (WM, 33. Bd., Nr. 197, S. 564).

Hoffmann, W.: Deutschland, eine periodische Schrift zur Beleuchtung deutschen Lebens in Staat, Gesellschaft, Kirche, Kunst und Wissenschaft, Weltstellung und Zukunft (WM, 33. Bd., Nr. 198, S. 610).

Westerkamp, J. B.: Über die Reichsverfassung (WM, 33. Bd., Nr. 198, S. 610).

Kreyßig, F.: Geschichte der französischen Nationalliteratur (WM, 33. Bd., Nr. 198, S. 610).

Chwolson, D.: Die semitischen Völker (WM, 33. Bd., Nr. 198, S. 653).

Geiger, L.: Ursprung und Entwicklung der menschlichen Sprache und Vernunft. 2. Bd. (WM, 33. Bd., Nr. 198, S. 691–692) (XVII).

Beyer, C.: Neue Mitteilungen über Friedrich Rückert und kritische Gänge und Studien. 2 Bde. (WM, 33. Bd., Nr. 198, S. 692) (XVII).

Loewenhardt, S. E.: Benedict von Spinoza, in seinem Verhältnis zur Philosophie und Naturforschung der neueren Zeit (WM, 34. Bd., Nr. 199, S. 35).

Schmidt, P. W., Holtzendorf, F. v. (Hrsg.): Protestanten-Bibel Neuen Testaments (WM, 34. Bd., Nr. 199, S. 35).

Tylor, E. B.: Die Anfänge der Cultur. Untersuchungen über die Entwicklung der Mythologie, Philosophie, Religion, Kunst und Sitte. 2 Bde. (WM, 34. Bd., Nr. 199, S. 79) (XVII).

Müller, J. H. (Hrsg.): Zeitschrift für deutsche Kulturgeschichte. N. F. Bde. 1–4 (WM, 34. Bd., Nr. 199, S. 79).

Naumann, E.: Deutschlands musikalische Heroen in ihrer Rückwirkung auf die

Nation (WM, 34. Bd., Nr. 200, S. 156).

Die Verluste der deutschen Armeen an Offizieren und Mannschafften im Kriege gegen Frankreich 1870 und 1871 (WM, 34. Bd., Nr. 200, S. 156).

Raabe, W., Pechlin, C.: Eine internationale Liebesgeschichte. 2 Bde. (WM, 34. Bd., Nr. 200, S. 156).

Storm, Th.: Zerstreute Kapitel (WM, 34. Bd., Nr. 200, S. 184).

Stahl, A.: Aus guter alter Zeit (WM, 34. Bd., Nr. 200, S. 184).

Cron, C.: Adelaide (WM, 34. Bd., Nr. 200, S. 184).

Schweichel, R.: Der Bildschnitzer vom Achensee. 3 Bde. (WM, 34. Bd., Nr. 200, S. 184).

Klippel, G. H.: Das Leben des Generals von Scharnhorst. 3 Bde. (WM, 34. Bd., Nr. 200, S. 220) (XVII).

Bergk, Th.: Griechische Literaturgeschichte. 1. Bd. (WM, 34. Bd., Nr. 201, S. 268) (XVII).

Brandes, G.: Die Hauptstömungen der Literatur des 19. Jahrhunderts. 1. Bd. (WM, 34. Bd., Nr. 203, S. 508–509) (XVII).

Lazarus, M. (Hrsg.), Twesten, K.: Die religiösen, politischen und sozialen Ideen der asiatischen Kulturvölker und Ägypter in ihrer historischen Entwicklung. 2 Bde. (WM, 34. Bd., Nr. 203, S. 555–556f.) (XVII).

Friedländer, L.: Darstellungen aus der Sittengeschichte Roms in der Zeit von Augustus bis zum Ausgange der Antonine. 3. Bd. (WM, 34. Bd., Nr. 204, S. 660–668) (XVII).

Ausgewählte Werke Friedrichs des Großen. 1. Bd., 1. Hälfte (WM, 35. Bd., Nr. 205, S. 107–108) (XVII).

Spiller, P.: Das Naturerkennen nach seinen angeblichen und wirklichen Grenzen (WM, 35. Bd., Nr. 206, S. 219) (XVII).

Ulrich, H.: Der Philosoph Strauß. Kritik seiner Schrift "Der alte und der neue Glaube" und Widerlegung seiner materialistischen Weltanschauung (WM, 35. Bd., Nr. 206, S. 219) (XVII).

### 1874 年

Asmus, P.: Das Ich und das Ding an Sich. Geschichte ihrer begrifflichen Entwicklung in der neuesten Philosophie (WM, 35. Bd., Nr. 208, S. 404).

Kreyßig, Fr.: Über die französische Geistesbewegung im 19. Jahrhundert. Drei Vorträge (WM, 35. Bd., Nr. 208, S. 404) (XVII).

Lewes, G. H.: Geschichte der alten Philosophie (WM, 35. Bd., Nr. 209, S. 496–

497)(XVII).

Zeller, E.: Geschichte der deutschen Philosophie seit Leibnitz (WM, 35. Bd., Nr. 209, S. 497)(XVII).

Gomperz, Th. (Hrsg.): John Stuart Mill, Gesammelte Werke. 12 Bde. (WM, 36. Bd., Nr. 212, S. 178–179)(XVI).

Giesebrecht, W.: Geschichte der deutschen Kaiserzeit. 1. Bd. (WM, 36. Bd., Nr. 213, S. 310–311)(XVII).

Rauch, P. M.: Die Einheit des Menschengeschlechts. Anthropologische Studien (WM, 36. Bd., Nr. 213, S. 311–312).

芸術史について I (WM, 36. Bd., Nr. 213, S. 329–332)(XVII: 5巻-2).

Lübke, W.: Grundriß der Kunstgeschichte, derselbe.: Geschichte der neueren Baukunst in Deutschland.

Fischer, K.: Geschichte der neueren Philosophie. 6. Bd. (WM, 37. Bd., Nr. 217, S. 21–25)(XV).

### 1875年

Löher, F. v.: Die Magyaren und andere Ungarn (WM, 37. Bd., Nr. 220, S. 447–448).

Weltmann, A.: Holbein und seine Zeit. 2 Bde. (WM, 37. Bd., Nr. 220, S. 448).

Baedeckers Reisehandbücher für Ober- und Mittelitalien (WM, 37. Bd., Nr. 220, S. 448).

Meyer's Konversationslexikon. 1. u. 2. Bd. (WM, 37. Bd., Nr. 221, S. 559–560).

Daniel, H. A.: Deutschland nach seinen physischen und politischen Verhältnissen. 4. Teil (WM, 37. Bd., Nr. 221, S. 560).

Mendelssohn's Werke. Serie 19. Lieder und Gesänge (WM, 37. Bd., Nr. 222, S. 595).

Dippel, u. a.: Die gesammten Naturwissenschaften. Für das Verständniß weiterer Kreise und auf wissenschaftlicher Grundlage (WM, 37. Bd., Nr. 222, S. 660).

Scherer, G. (Hrsg.): Jungbrunnen, die schönsten deutschen Volkslieder (WM, 38. Bd., Nr. 223, S. 111).

Wellmer, A. (Hrsg.): Komödianten-Fahrten. Erinnerungen und Studien von Karoline Bauer (WM, 38. Bd., Nr. 224, S. 154).

Lilienfeld, C.: Die antike Kunst. Ein Leitfaden der Kunstgeschichte (WM, 38. Bd., Nr. 224, S. 154).

Naumann, E.: Deutsche Tondichter von Sebastian Bach bis zur Gegenwart

(WM, 38. Bd., Nr. 228, S. 642).

Vambéry, H.: Der Islam im 19. Jahrhundert. Eine culturgeschichtliche Studie (WM, 39. Bd., Nr. 229, S. 36) (XVII).

Beulé, M.: Die römischen Kaiser aus dem Hause des Augustus und dem Flavischen Geschlecht. 2. Bd. (WM, 39. Bd., Nr. 229, S. 154).

Laun, A. (Hrsg).: Molières Werke. 9 Bde. (WM, 39. Bd., Nr. 229, S. 154).

Geiger, L.: Ursprung und Entwicklung der menschlichen Sprache und Vernunft. 2. Bd. (WM, 39. Bd., Nr. 231, S. 291) (XVII).

## 1876年

Storm, Th.: Hausbuch aus deutschen Dichtern seit Claudius (WM, 39. Bd., Nr. 232, S. 445–446) (XVII).

Koberstein, A.: Grundriß der Geschichte der deutschen Nationalliteratur (WM, 39. Bd., Nr. 232, S. 447–448) (XVII).

Dreher, E.: Die Kunst in ihrer Beziehung zur Psychologie und zur Naturwissenschaft (WM, 39. Bd., Nr. 232, S. 448) (XVII).

Richter, H. M.: Geistesströmungen (Allgemeiner Verein für deutsche Literatur, 1. u. 2. Bd.) (WM, 39. Bd., Nr. 233, S. 504).

文献通信 I (WM, 39. Bd., Nr. 233, S. 555–560) (XVII).

Rosenkranz, W : Die Principien der Naturphilosophie.

Mann, L.: Betrachtungen über die Bewegung des Stoffes.

Noiré, L.: Der monistische Gedanke, eine Concordanz der Philosophie Schopenhauers, Darwins, R. Mayers und Ludwig Geigers.

Noiré, L.: Grundlegung einer zeitgemäßen Philosophie.

Luthardt, E.: Albrecht Dürer (WM, 39. Bd., Nr. 234, S. 591).

Brandes, G.: Die Hauptströmungen der Literatur des 19. Jahrhunderts (WM, 39. Bd., Nr. 234, S. 616).

Hyese, P.: Im Paradies. Roman in sieben Büchern (WM, 40. Bd., Nr. 235, S. 77) (XVII).

Schmidt, A.: Pariser Zustände während der Revolutionszeit von 1789 bis 1800. 1. Bd. (WM, 40. Bd., Nr. 235, S. 75–77) (XVII).

文献通信 II (WM, 40. Bd., Nr. 235, S. 102–106) (XVII).

Lubbock, J: Die Entstehung der Civilisation und der Urzustand des Menschengeschlechtes erläutert durch das innere und äußere Leben der Wilden.

Lenormant, Fr.: Die Anfänge der Cultur. Geschichtliche und archäologische

Studien. 2 Bde.

文献通信 III（WM, 40. Bd., Nr. 235, S. 106–112）（XVII）.

Giesebrecht, W. v : Geschichte der deutschen Kaiserzeit. 1. Bd.（XI）

Usinger, R.: Die Anfänge der deutschen Geschichte.

Mannhardt, W.: Der Baumcultus der Germanen und ihrer Nachbarstämme.

Busch, M.: Die Urgeschichte des Orients bis zu den medischen Kriegen. 3 Bde.

Historische Commission bei der Bayerischen Akademie der Wissenschaften: Allgemeine Deutsche Biographie. 1. u. 2. Lieferung.

Kramer, G.: Karl Ritter. Ein Lebensbild, aus seinem handschriftlichen Nachlaß dargestellt. 2 Bde.

Grote, H.: George Grote, sein Leben und Wirken.

Schmidt, A.: Pariser Zustände während der Revolutionszeit von 1789 bis 1800. 2. Bd.（WM, 40. Bd., Nr. 236, S. 209–216）（XVII）.

Brosin, O.: Schillers Verhältnis zu dem Publikum seiner Zeit（WM, 40. Bd., Nr. 236, S. 223）.

Marquardsen, H.（Hrsg.）: Herbert Spencer, Einleitung in das Studium der Soziologie. 2 Teile（WM, 40. Bd., Nr. 236, S. 262)（XVII）.

Darwin, C.: Reise eines Naturforschers um die Welt（WM, 40. Bd. Nr. 236, S. 291）.

Zittel, K. R.: Aus der Urzeit（Reihe: Die Naturkräfte）.（WM, 40. Bd. Nr. 236, S. 291）.

Klein, J. L.: Geschichte des Dramas. Bd. XI, 1: Das spanische Drama, 4. Bd.（WM, 40. Bd., Nr. 237, S. 335–336）.

文献通信 IV（WM, 40. Bd., Nr. 236, S. 216–222）（XVII）.

Der junge Goethe. Seine Briefe und Dichtungen von 1764–1776. 3 Bde.

Schmidt, E.: Richardson, Rousseau und Goethe. Ein Beitrag zur Geschichte des Romans im 18. Jahrhundert.

Beaulieu-Marconnay, K. F. v.: Anna Amalia, Karl August und der Minister von Fritsch.

Hillebrand, K.: Zeiten, Völker, Menschen. 2. Bd.

Hillebrand, K.（Hrsg.）: Italia. 2. Bd.

Geiger, L.: Petrarca.

Carmontel, Leclerq : Dramatische Sprüchwörter. 2 Bde.

Bernhardy, G.: Grundriß der griechischen Literatur. 4. Bearbeitung, 1. Teil.

Woermann, K: Die Landschaft in der Kunst der alten Völker.

文献通信 V（WM, 40. Bd., Nr. 237, S. 330–335）（XVII）.

Honegger, J.J.: Grundsteine einer allgemeinen Culturgeschichte der neuesten Zeit. 5 Bde.

Sachs, J.: Geschichte der Botanik vom 16. Jahrhundert bis 1860.

Koberstein, A.: Grundriß der Geschichte der deutschen Nationalliteratur. 5. Bd.

Benrath, K.: Bernardino Ochino von Siena.

Paur, T.: Zur Literatur- und Culturgeschichte.

Meyer, F.: Berühmte Männer Berlins und ihren Wohnstätten.

Grimm, H.: 15 Essays.

Crove, J. A., Cavalcaselle, G. B.: Geschichte der altniederderländischen Malerei.

Baer, K. v.: Reden, gehalten in wissenschaftlichen Versammlungen, und kleinere Aufsätze vermischten Inhalts. 2. u. 3. Teil（WM, 40. Bd., Nr. 238, S. 402–403）（XVII）.

Tyndall, J.: Das Licht. 6 Vorlesungen（WM, 40. Bd., Nr. 238, S. 403）.

文献通信 VI（WM, 40. Bd., Nr. 238, S. 437–445）（XVII）.

Erdmann, Joh. Ed. : Psychologische Briefe.

Lazarus, M : Das Leben der Seele. 1. Bd.

Perty, M.: Über das Seelenleben der Thiere.

Hartmann, R.: Die Nigritier. Eine anthropologisch-ethonologische Monographie. 1. Teil.

Oettingen, A. v.: Die Moralstatistik in ihrer Bedeutung für eine christliche Sozialethik.

Oettingen, A. v.: Die Moralstatistik und die christliche Sittenlehre. Versuch einer Socialethik auf empirischer Grundlage. 2. Teil.

Marquardsen, H.（Hrsg.）: Herbert Spencer, Einleitung in das Studium der Soziologie. 1. Teil.

Schäffle, Alb. C. Fr.: Bau und Leben des sozialen Körpers. Encyclopädischer Entwurf einer realen Anatomie, Physiologie und Psychologie der menschlichen Gesellschaft, mit besonderer Rücksicht auf die Volkswissenschaft als socialen Stoffwechsel. 1. Bd.

Roscher, W.: Geschichte der Nationalökonomie in Deutschland.

Rau, K. H.: Lehrbuch der politischen Ökonomie. 1. Bd. 1. Teil, l. Halbband.

Stein, L. v.: Gegenwart und Zukunft der Rechts- und Staatswissenschaft Deutschlands.

Noorden, K. v.: Europäische Geschichte im 18. Jahrhundert. 1. Abt., 2. Bd. (WM, 40. Bd., Nr. 238, S. 445–446) (XI).

文献通信 VII (WM, 40. Bd., Nr. 239, S. 553–560) (XVII).

Darwin, C.: Gesammelte Werke.

Haeckel, E.: Ziele und Wege der heutigen Entwicklungsgeschichte.

Baer, K. E. v.: Studien auf dem Gebiete der Naturwissenschaften. 2. Teil.

Gizycki, G. v.: Philosophische Konsequenzen der Lamarck-Darwinschen Entwicklungstheorie.

Ulrici, G. G.: Got und die Natur.

Waller, H.: Letzte Reise von David Livingstone in Centralafrika.

Peschel, O.: Versuch einer Morphologie der Erdoberfläche.

Dawkins, W. B.: Die Höhlen und die Ureinwohner Europas.

Körner, F.: Instinkt und freier Wille. Beiträge zur Thier- und Menschenpsychologie.

Volkmar, V. R. v.: Lehrbuch der Psychologie vom Standpunkte des Realismus und nach genetischer Methode. 2 Bde.

Göhring, K.: System der kritischen Philosophie.

Spir, A.: Denken und Wirklichkeit. Versuch einer Erneuerung der kritischen Philosophie. 2 Bde.

Spir, A.: Moralität und Religion.

Spir, A.: Empirie und Philosophie.

Schwarz, B.: Jakob Wimpheling, der Altvater des deutschen Schulwesens (WM, 40. Bd., Nr. 239, S. 560).

Mitford, A. B.: Geschichten aus Altjapan (WM, 40. Bd., Nr. 240, S. 577–587) (序章と終章のみ GP, S. 318–319 に再録) (XVII).

Dühring, K. E.: Kritische Geschichte der Nationalökonomie und des Sozialismus (WM, 40. Bd., Nr. 240, S. 618–619) (XVII).

文献通信 VIII (WM, 40. Bd., Nr. 240, S. 665–672) (XVII).

Der Rigveda oder die heiligen Hymnen der Brahmanen.

Gaß. W.: Optimismus und Pessimismus.

Dozy, R.: Geschichte der Mauren in Spanien bis zur Eroberung Andalusiens durch die Almoraviden (711–1110).

Klein, J. L.: Geschichte des englischen Dramas. 1. u. 2. Bd.

Reumont, A. v.: Geschichte Toscanas seit dem Ende des florentinischen Freistaates. 1. Bd.

Waitz, G.: Deutsche Verfassungsgeschichte. 5. Bd.

Waagen, G. F.: Kleine Schriften.
Frenzel, K.: Renaissance und Rokoko.
Springer. A.: Michelangelo in Rom.
Ausgewählte Werke Friedrichs des Großen. 2. Bd., 2. Hälfte, 1. Abt.
Neue Mitteilungen aus Johann Wolfgang von Goethes handschriftlichem Nachlaß. 3. Teil: Goethe Briefwechsel mit den Gebrüdern von Humboldt (1795–1832).
Hausrath, A.: David Friedrich Strauß und die Theologie seiner Zeit. 1. Teil.
Lehmann, M.: Knesebeck und Schön. Beiträge zur Geschichte der Freiheitskriege.
Becker, J. H.: Die hundertjährige Republik. Soziale und politische Zustände in den vereinigten Staaten Nordamerikas.
文献通信Ⅸ（WM, 41. Bd., Nr. 241, S. 103–110）（XVII）.
Gubernatis, A. d.: Die Thiere in der indogermanischen Mythologie.
Preller, L.: Griechische Mythologie. 2 Bde.
Lehrs, K.: Populäre Aufsätze aus dem Altertum.
Müller, K. O.: Geschichte der griechischen Literatur bis auf das Zeitalter Alexanders. Nach der Handschrift des Verfasser. 1. Bd.
Die Geschichten des Herodot. Deutsch von Heinrich Stein. 2 Bde.
Bussolt, G.: Der 2. athenäische Bund.
Bonitz, H.: Platonische Studien.
Barca, C. d. I.: Religiöse Dramen.
Sämtliche Gedichte Michelangelos in Guastis Text.
Gregorovius, F.: Lucrezia Borgia. 2 Bde.
Gerhardt, C. J. (Hrsg.): Die philosophischen Schriften von Georg Wilhelm Leibnitz. 1. Bd.
Boxberger, R.: Dramatische Entwürfe und Pläne Gotthold Ephraim Lessings.
Richter, K. (Hrsg.): Pädagogische Bibliothek. Eine Sammlung der wichtigsten pädagogischen Schriften älterer und neuerer Zeit.
Post, A. H.: Der Ursprung des Rechts. Prolegomena zu einer allgemeinen vergleichenden Rechtswissenschaft（WM, 41. Bd., Nr. 241, S. 110）（XVII）.
Thausing, M.: Albrecht Dürer. Geschichte seines Lebens und seiner Kunst（WM, 41. Bd., Nr. 241, S. 111）（XVII）.
文献通信Ⅹ（WM, 41. Bd., Nr. 242, S. 214–221）（XVII）.
Wundt, W.: Grundzüge der physiologischen Psychologie.
Griesinger, W.: Die Pathologie und Therapie der psychischen Krankheiten.

Krause, A.: Die Gesetze des menschlichen Herzens. Wissenschaftlich dargestellt als die formale Logik des reinen Gefühles.

Glogau, G.: Steinthals psychologische Formeln.

Dumont, L.: Vergnügen und Schmerz. Zur Lehre von den Gefühlen.

Smiles, S.: Der Charakter.

Smiles, S.: Die Sparsamkeit.

Spencer, H.: Erziehungslehre.

Hermann, K.: Die Aesthetik in ihrer Geschichte und als wissenschaftliches System.

Rümelin, G.: Reden und Aufsätze.

Roßbach, J. J.: Geschichte der Gesellschaft. 8 Bändchen, Nr. 8: Vom Geiste der Geschichte.

Fröbel, J.: Die Wirtschaft des Menschengeschlechtes auf dem Standpunkt der Einheit idealer und realer Interessen. 3 Bändchen (hier Nr. 3).

Rau, K. H.: Lehrbuch der politischen Ökonomie. 1. Bd.

Knies, K.: Geld und Kredit. 1. u. 2. Abt.

Kapp, Fr.: Aus und über Amerika. 2 Bde.

Holst, H. v .: Verfassung und Demokratie der Vereinigten Staaten von Amerika. 1. Teil.

Rüttimann, J. J.: Das nordamerikanische Bundesstaatsrecht verglichen mit den politischen Einrichtungen der Schweiz. 2. Teil, 2. Abt.

Hilty, K.: Vorlesungen über die Politik der Eidgenossenschaft.

Oncken, W.: Die Staatslehre des Aristoteles in historisch-politischen Umrissen. 2 Bde.

Lange, L.: Römische Altertümer. 1. Bd.

Giesebrecht, W. v.: Geschichte der deutschen Kaiserzeit. 3. Bd. 1. Teil.

Schmidt, A.: Pariser Zustände während der Revolutionszeit (1789–1800). 3. Teil.

Droysen, J. G.: Geschichte der preußischen Politik. 3.–5. Teil. (XI)

Silberstein, A.: Dichtkunst des Aristoteles. Versuch eines Systems der „Poetik". 1. Bd. (WM, 41. Bd., Nr. 242, S. 224).

Hann, F. G.: Die Ethik Spinozas und die Philosophie Descartes (WM, 41. Bd., Nr. 242, S. 224).

Baas, H.: Grundriß der Geschichte der Medicin und des heilenden Standes (WM, 41. Bd., Nr. 243, S. 260).

Singer, C.: Das Geistesleben der Taubstummen; derselbe: Das Geistesleben der

Blinden (WM, 41. Bd. Nr. 243, S. 260).

美術産業に関する最新事情 I (WM, 41. Bd., Nr. 243, S. 326–329) (XVII.: 5 巻–2).

Goethe: Faust. Mit Bildern und Zeichnungen von A. v. Kreling. 1. Liefer.

Krell, P. F. (Hrsg.): Die Klassiker der Malerei. Erste Serie: Die italienische Renaissance. Eine Sammlung ihrer bedeutendsten Werke (in Liefer).

Mannfeld, B.: Durchs deutsche Land. Malerische Stätten aus Deutschland und Österreich in Original-Radierungen.

Braun, H.: Heinesche Lieder im Bilde.

Abenteuer und Reisen des Freiherrn von Münchhausen, neu bearb. v. Edmund Zoller, illustriert von Gustav Doré.

Haeckel, E.: Arabische Korallen.

文献通信 XI (WM, 41. Bd., Nr. 243, S. 329–335).

Weber, A.: Akademische Vorlesungen. Indische Literaturgeschichte.

Brockerhoff, F.: J. J. Rousseau. 3 Bde.

Hugo, V.: Taten und Reden. Gesammelte Reden. 1. Bd.

Hillebrand, K.: Zeiten, Völker, Menschen. 3. Bd.

Memoiren einer Idealistin. 3 Bändchen.

Bachmann, J.: Ernst Wilhelm Hengstenberg. Sein Leben und Wirken. 1. Bd.

Thausing, M.: Albrecht Dürer.

Hagen, A.: Norica, das sind nürnbergische Novellen aus alter Zeit.

Woltmann, A.: Geschichte der deutschen Kunst im Elsaß.

Bouvier, M. P. L.: Handbuch der Ölmalerei für Künstler und Kunstfreunde.

Freytag, G.: Die Technik des Dramas.

Hiller, F.: Briefe von Moritz Hauptmann an Ludwig Spohr.

Hiller, F.: Musikalisches und Persönliches.

Ostendorf, J.: Unser höheres Schulwesen gegenüber dem nationalen Interesse (WM, 41. Bd., Nr. 243, S. 336).

## 1877 年

Ausgewählte Werke Friedrichs des Großen (WM, 41. Bd., Nr. 244, S. 392).

Perty, M.: Anthropologie als Wissenschaft von dem körperlichen und geistigen Wesen des Menschen. 2 Bde. (WM, 41. Bd., Nr. 244, S. 409) (XVII).

文献通信 XII (WM, 41. Bd., Nr. 244, S. 438–447).

Hertzberg, G. F.: Geschichte Griechenlands seit dem Absterben des antiken Lebens bis zur Gegenwart. 1. Teil.

Döhler, E.: Die Antonine. 1. Bd.

Dante Alighieris Göttliche Komödie. 2 Bde.

Förster, E.: Geschichte der italienischen Kunst. 4 Bde.

Elze, K. (Hrsg.): Jahrbuch der deutschen Shakespeare-Gesellschaft. 11. Bd.

Struve, H. v.: Hamlet.

Bobertag, F.: Geschichte des Romans und der ihm verwandten Dichtungsgattungen in Deutschland. 1. Abt. 1. Bd., 1. Hälfte.

Maltzan, W. v.: Deutscher Bücherschatz des 16., 17. und 18. Jahrhunderts, gesammelt und mit bibliographischen Angaben Erläuterungen.

Briefwechsel zwischen Schiller und Wilhelm von Humboldt.

Classen, Joh.: Barthold Georg Niebuhr.

Briefwechsel und Tagebücher der Fürstin Amalie von Galitzin.

Briefe der Fürstin an den Philosophen Franz Hemsterhuys.

Lebensbild der heimgegangenen Marie Nathusius, geborene Scheele. 3 Bde.

Oncken, W.: Österreich und Preußen im Befreiungskriege. 1. Bd.

Aus den Papieren des Ministers und Burggrafen von Marienburg Theodor von Schön. 2. u. 3. Bd.

Jäger, E.: Geschichte der socialen Bewegung und des Socialismus in Frankreich. 1. Bd.

Hazard, R. G.: Zwei Briefe über Verursachung und Freiheit im Wollen, gerichtet an John Stuart Mill（WM, 41. Bd., Nr. 244, S. 447）（XVII）.

Schleiden, M. J.: Das Meer（WM, 41. Bd., Nr. 245, S. 522–523）.

文献通信 XIII（WM, 41. Bd., Nr. 245, S. 546–559）.

Der Rigveda oder die heiligen Hymnen der Brahmanen. 2. Bd.

Müller, K. O.: Geschichte der griechischen Literatur bis in das Zeitalter Alexaders. 2. Bd.

Bartsch, K.: Dante Alighieris Göttliche Komödie. 3 Teile.

Elze, K.: William Shakespeare.

Lange, F. A.: Geschichte des Materialismus und Kritik seiner Bedeutung in der Gegenwart. 1. Buch.

Lewes, G. H.: Geschichte der neueren Philosophie, 2. Bd.

Poel, G., Hamann, G. J.: der Magus im Norden, 2 Teile.

Deutsche Lehr- und Wanderjahre. Selbstbiographien berühmter Männer und Frauen.

Pröhle, H.: Lessing, Wieland, Heinse.

Aichbergen, G. K. v.: Johann Anton Leisewitz.

Blümmer, H.: Lessings Laokoon.

Schultze, F.: Kant und Darwin. Ein Beitrag zur Geschichte der Entwicklungslehre.
Stadler, G.: Die Grundsätze der reinen Erkenntnistheorie in der Kant'schen Philosophie.
Laas, E.: Kants Analogien der Erfahrung. Eine kritische Studie über die Grundlagen der Philosophie.
Herrig, L. u. a. (Hrsg.): Sammlung englischer Schriftsteller.
Laun, A.: Oliver Goldsmith.
Gizycki, G. v.: Die Philosophie Shaftesburys.
Engel, E.: Lord Byron.
Trevelyan, G. O.: Leben und Briefe Lord Macaulay's. Aus dem Englischen von C. Böttger. 2 Bde.
Charpentier, J. P.: Geschichte der Literatur des 19. Jahrhunderts.
Assing-Grimell, L. (Hrsg.): Aus dem Nachlaß des Fürsten von Pückler-Muskau.
Ruge, A.: Aus früherer Zeit. 3 Bde.
Zeller, E. (Hrsg.): Gesammelte Schriften von David Friedrich Strauß. 1. Bd.
Droysen, J. G.: Das Leben des Feldmarschalls Grafen York von Wartenburg. 2 Bde. (WM, 41. Bd., Nr. 245, S. 559–560) (XVII).
文献通信 XIV (WM, 41. Bd., Nr. 246, S. 665–669) (XVII).
Heuglin, M. Th. v.: Reise in Nordostafrika. 2 Bde.
Lichterfeld, F.: Illustrierte Thierbilder.
Röpke, R., Dümmler, E.: Jahrbücher der deutschen Geschichte: Otto der Große.
Rochholz, E. L.: Tell und Geßler in Sage und Geschichte.
Lorenz, O.: Drei Bücher Geschichte und Politik.
Curtius, E.: Altertum und Gegenwart.
Droysen, J. G.: Abhandlungen. Zur neueren Geschichte.
Frantz, C.: Literarisch-politische Aufsätze.
Ebers, G.: Uarda. Roman aus dem alten Ägypten. 3 Bde. (WM, 41. Bd., Nr. 246, S. 670–671) (XVII).
Sand, G.: Eine biographische Skizze (WM, 42. Bd., Nr. 247, S. 93–98) (GP, S. 247–253).
文献通信 XV (WM, 42. Bd., Nr. 247, S. 105–108) (XVII).
Theodor Storm, Gesammelte Schriften. 1. Gesamtausgabe, 7.–10. Bd.
Dahn, F.: Ein Kampf um Rom. 4 Bde.

Bodenstedt, F.: Einkehr und Umschau. Neueste Dichtungen.

Delius, N. (Hrsg.): Shakespeares Werke. 2 Bde.

Cosack, W.: Materialien zu G. E. Lessings Hamburgischer Dramaturgie.

Goedecke, K. (Hrsg.): Georg Rollenhagen, Froschmeuseler.

Becker, W. A.: Charikles, Bilder altgriechischer Sitte. Neu bearbeitet von Göll. 1. Bd.

Friedrich der Große, Ausgewählte Werke. 1. Bd.

Trevelyan, G. O. (Hrsg.): Leben und Briefe Lord Macaulay's.

Lewes, G. H.: Goethes Leben und Werke. 2 Bde.

文献通信 XVI（WM, 42. Bd., Nr. 248, S. 213–223）（XVII）.

Marquardt, J., Mommsen, Th.: Handbuch der römischen Altertümer. 1., 4., 5. Bd.

Wackernagel, W.: Deutsches Lesebuch. 1., 2., 3. Teil.

Wackernagel, W.: Geschichte der deutschen Literatur. 1. Lieferung.

Hellwald, F. v.: Culturgeschichte in ihrer natürlichen Entwicklung bis zur Gegenwart.

Bobertag, F.: Geschichte des Romans und der ihm verwandten Dichtungsgattungen in Deutschland. 1. Bd. 2. Hälfte.

Bernhardi, Th. v.: Geschichte Rußlands und der europäischen Politik in den Jahren 1814–1831. 2 Teile.

Philippson, M.: Heinrich IV. und Philipp III. Die Begründung des französischen Übergewichts in Europa 1598–1610. 3. Teil.

Mann, F. (Hrsg.): Bibliothek pädagogischer Classiker.

Helmholtz, H.: Populäre wissenschaftliche Vorträge.

Henle, J.: Anthropologische Vorträge, 1. Heft.

Förster, W.: Sammlung wissenschaftlicher Vorträge.

Secchi, A.: Die Einheit der Naturkräfte. Ein Beitrag zur Naturphilosophie. 1. Bd.

Darwin, C.: Gesammelte Werke.

Lorinser, F. W.: Die wichtigsten eßbaren, verdächtigen und giftigen Schwämme.

Von dem Pflanzenreiche. 13.–20. Lieferung.

Lamarck, J.: Zoologische Philosophie.

Spencer, H.: System der synthetischen Philosophie. 2. Bd.

Ribot, Th.: Die Erblichkeit. Eine psychologische Untersuchung ihrer Erscheinungen, Gesetze, Ursachen und Folgen.

Fechner, G, Th.: Vorschule der Ästhetik. 1. Teil.

Siebeck. H.: Das Wesen der ästhetischen Anschauung. Psychologische Untersuchungen zur Theorie des Schönen und der Kunst.

Volkelt, J.: Die Traumphantasie.

Frohschammer, J.: Die Phantasie als Grundprincip des Weltprozesses.

Ulrici, G. G.: Abhandlungen zur Kunstgeschichte als angewandte Ästhetik.

Tobias, W.: Grenzen der Philosophie, constatiert gegen Riemann und Helmholtz, verteidigt gegen von Hartmann und Lasker.

Classen, A.: Physiologie des Gesichtssinnes. Zum ersten Mal begründet auf Kants Theorie der Erfahrung.

Preyer, W.: Über die Grenzen der Tonwahrnehmung. (Physiologische Abhandlungen, 1. Reihe, 1. Heft).

Scheffler, H.: Die Naturgesetze und ihr Zusammenhang mit den Principien der abstracten Wissenschaften. 1. Teil.

Michelet, C. L.: Das System der Philosophie als exakte Wissenschaft, enthaltend Logik, Naturphilosophie und Geistesphilosophie. 2 Bde.

Kym, A. L.: Metaphysische Untersuchungen.

文献通信 XVII（WM, 42. Bd., Nr. 249, S. 329–332）（XVII）.

Crowe, H. A., Cavalcaselle G. B.: Geschichte der italienischen Malerei. 6 Bde.

美術産業に関する最新事情 II（WM, 42. Bd., Nr. 249, S. 332–336）（XVII: 5 巻–2）.

Gruner, L.: Rafael Santi's Deckengemälde der Stanza del Eliodoro im Vatican.

Unger, W.: Die Galerie zu Cassel in ihren Meisterwerken.

Krell, P. F. (Hrsg.): Die Klassiker der Malerei. 1.–6. Liefer.

Schrödter, A.: 6 Bilder zu Don Quixote, erfunden und radiert von A. Schrödter.

Eye, A. v.: Atlas zur Culturgeschichte.

Köstlin, H. A.: Geschichte der Musik im Umriß für die Gebildeten aller Stände (WM, 42. Bd., Nr. 250, S. 370).

文献通信 XVIII（WM, 42. Bd., Nr. 250, S. 440–446）（XVII）.

Bluntschli, J. C.: Die Lehre vom modernen Staat. 1.–3. Teil.

Gumplowicz, L.: Race und Staat.

Gumplowicz, L.: Philosophisches Staatsrecht.

Bluntschli, Brater, Loening (Hrsg.): Deutsches Staatswörterbuch. 3 Bde.

Schmid, K. A.: Enzyklopädie des gesamten Erziehungs- und Unterrichtswe-

sens. 1. Bd.
Hirzel, K.: Vorlesungen über Gymnasialpädagogik.
Ziller, T.: Vorlesungen über allgemeine Pädagogik.
Rein, W（Hrsg.）: Pädagogische Studien. 10 Hefte.
Leyser, J.: Joachim Heinrich Campe, ein Lebensbild aus dem Zeitalter der Aufklärung. 2 Bde.

Hartmann, E. v.: Gesammelte Studien und Aufsätze gemeinverständlichen Inhalts（WM, 42. Bd., Nr. 250, S. 448）.

Friedrich Daniel Ernst Schleiermacher, Werke. 1. Abt., 1. Bd.（WM, 42. Bd., Nr. 250, S. 448）.

文献通信 XIX（WM, 42. Bd., Nr. 251, S. 555-560）（XVII）.
Gutschmidt, A. v.: Neue Beiträge zur Geschichte des alten Orients. Die Assyriologie in Deutschland.
Ihne, W.: Römische Geschichte. 4 Bde.
Capponi, G.: Geschichte der florentinischen Republik.
Reumont, A. v.: Geschichte Toscanas seit dem Ende des florentinischen Freistaates.
Wattenbach, W.: Geschichte des römischen Papsttums.
Hirsch, F.: Byzantinische Studien.
Pajol, C.-P.-V.:（Jean-Baptiste）Kléber, sa vie, sa correspondance.
Duncker, M.: Aus der Zeit Friedrichs des Großen und Friedrich Wilhelms III.
Kern, Th. v.: Geschichtliche Vorträge und Aufsätze.
Riehl, W. H.: Historisches Taschenbuch.
Martin Luther als deutscher Classiker in einer Auswahl seiner kleineren Schriften.
Lindner, G. A.: J. A. Comenius, Große Unterrichtslehre.
Kirchner, F.: G. W. Leibnitz, sein Leben und Denken.
Michelsen, A. L. J. (Hrsg.): Briefe von Schiller über die ästhetische Erziehung.

Richter, K. (Hrsg.): Pädagogische Bibliothek. Eine Sammlung der wichtigsten pädagogischen Schriften älterer und neuerer Zeit（WM, 42. Bd., Nr. 252, S. 614）.

文献通信 XX（WM, 42. Bd., Nr. 252, S. 669-672）（XVII）.
Gerhard, G. (Hrsg.): Theodor Waitz, Anthropologie der Naturvölker.
Peschel, O.: Völkerkunde.
Steinthal, H.: Der Ursprung der Sprache im Zusammenhang mit den letzten

Fragen alles Wissens.
Darwin, C.: Gesammelte Werke.
Pott, A. F. (Hrsg).: Wilhelm von Humboldt, Über die Verschiedenheiten des menschlichen Sprachbaues und ihren Einfluß auf die geistige Entwicklung des Menschengeschlechts. 2 Bde.
Harleß, E.: Lehrbuch der plastischen Anatomie.
Silberstein, A.: Dichtkunst des Aristoteles. Versuch eines Systems der „Poetik". 1. Bd. (WM, 43. Bd., Nr. 253, S. 28).
文献通信（WM, 43. Bd., Nr. 253, S. 109–112）（XVII）.
Brink, B.: Geschichte der englischen Literatur. 1. Bd.
Lotheissen, F.: Geschichte der französischen Literatur im 17. Jahrhundert. 1. Bd. 1. Hälfte.
Taine, H.: Die Entstehung des modernen Frankreich. 1. Buch.
Buckle, H. Th.: Geschichte der Civilisation in England. 3 Bde.
Friedländer, L.: Darstellungen aus der Sittengeschichte Roms in der Zeit von Augustus bis zum Ausgang der Antonine. 3 Bde.
Teichmüller, G.: Neue Studien zur Geschichte der Begriffe, Heft 1 (WM, 43. Bd., Nr. 254, S. 148).
美術産業に関する最新事情Ⅲ（WM, 43. Bd., Nr. 254, S. 220–224）.
Krell, P. F.: Die Klassiker der Malerei.
Mannfeld, B.: Durchs deutsche Land. Malerische Stätten aus Deutschland und Österreich. 5. u. 6. Liefer.
Homers Odyssee. Vossische Übersetzung, mit 40 Originalkompositionen von Friedrich Preller.
Lacroix, P.: Sciences et lettres au moyen âge et à l'époque de la renaissance.
Döpler, C. E.: Blätter für Kostümkunde. Neue Folge, 2 Hefte.
美術産業に関する最新事情Ⅳ（WM, 43. Bd., Nr. 255, S. 332–336）.
Krell, P. F.: Die Klassiker der Malerei. 13.–16. Liefer.
Gutekunst, H. G. (Hrsg.): Die Kunst für Alle.
Bohnsen, G.: Deutsche Renaissance.
Das Grüne Gewölbe in Dresden.
Der Rhein, Aquarelle von C. P. C. Köhler.
Die Ruinen Roms, von Franz Reber.
Zimmermann, W.: Illustrierte Geschichte des deutschen Volkes. 3 Bde.
Rütimeyer, L.: Der Rigi. Naturgeschichtliche Darstellung der Landschaft.

## 1878年

文献通信（WM, 43. Bd., Nr. 256, S. 444–447）（XVII）.

Schmidt, A.: Das perikleische Zeitalter. 1. Bd.

Hertzberg, F. G.: Geschichte Griechenlands seit dem Absterben des antiken Lebens bis zur Gegenwart. 2. Bd.

Gladstone, W. E.: Homer und sein Zeitalter.

Champagny, G. d.: Die Antonine, 69–180 n. Chr., 2. Bd.

Villari, P.: Niccolo Machiavelli und seine Zeit.

Elze, K.: Abhandlungen zu Shakespeare.

Seufert, B.: Maler Müller.

Strauß, D. F.: Gesammelte Schriften, 2.–4. Bd.

Liebmann, O.: Zur Analyse der Wirklichkeit. Philosophische Untersuchungen（WM, 43. Bd., Nr. 256, S. 448）.

文献通信（WM, 43. Bd., Nr. 257, S. 557–560）（XVII）.

Pohl, C. F.: Joseph Haydn. 1. Bd. 1. Abt.

Nohl, L.: Mozarts Briefe. Nach den Originalen hrsg.

Hettner, H.: Georg Forsters Briefwechsel mit F. Th. Sömmering.

Nerrlich, P.: Jean Paul und seine Zeitgenossen.

Rangabé, A. R.: Précis d'une histoire de la littérature néohellénique. 2 Bde.

Humboldt, W. v.: Über die Verschiedenheit des menschlichen Sprachbaues und ihren Einfluß auf die Entwicklung des Menschengeschlechts, hrsg. von A. F. Pott.

Neudrucke deutsche Litteraturwerke des 16. und 17. Jahrhunderts. 4 Bde.

Laun, A. (Hrsg.): Molière's Werke.

Heß, D.: Dichtungen von Johann Martin Usteri. 3 Teile.

Gottschall, R. v.: Poetik, die Dichtkunst und ihre Technik vom Standpunkte der Neuzeit. 2 Bde.

Schulte, J. F.: Geschichte der Quellen und Literatur des kanonischen Rechts von Gratian bis auf die Gegenwart. 3 Bde.

文献通信（WM, 43. Bd., Nr. 258, S. 665–669）（XVII）.

Riehl, A.: Der philosophische Kriticismus und seine Bedeutung für die positive Wissenschaft. 1. Bd.

Spir, A.: Denken und Wirklichkeit. 2 Bde.

Lange, F. A.: Logische Studien.

Zeller, E.: Vorträge und Abhandlungen. 2. Sammlung.

Faber, E.: Eine Staatslehre auf ethischer Grundlage.

Joel, M.: Beiträge zur Geschichte der Philosophie. 2 Bde.

Kaufmann, D.: Geschichte der Attributenlehre in der jüdischen Religionsphilosophie des Mittelalters von Saadja bis Maimuni.

Euripides. Deutsch in den Versmaßen der Urschrift übersetzt von J. J. C. Donner. 3 Bde.

Gödeke, K.: Schillers Briefwechsel mit Körner. 2 Teile.

Urlichs, L. (Hrsg.): Briefe an Schiller.

Frese, J. (Hrsg.): Goethes Briefe aus Fritz Schlossers Nachlaß.

Schäfer, J. W.: Goethes Leben. 2 Bde.

Viehoff, H.: Goethes Leben, Geistesentwicklung und Werke. 4 Teile.

文献通信（WM, 44. Bd., Nr. 259, S. 107–111）（XVII）.

Schwartz, K.: Leben des Generals Carl von Clausewitz und der Frau Marie von Clausewitz, geb. Gräfin von Brühl.

Maurenbrecher, D. (Hrsg.): Denkwürdigkeiten aus dem Leben des Generals der Infanterie von Hüser.

Bernhardi, Th.: Geschichte Rußlands und der europäischen Politik in den Jahren 1814–1831. 3. Teil.

Giesebrecht, W. v.: Geschichte der deutschen Kaiserzeit. 4. Bd.

Maspero, G.: Geschichte der morgenländischen Völker im Altertum.

Gindely, A.: Geschichte des dreißigjährigen Krieges. 2. Bd.

Fränkel, M.: Die attischen Geschworenengerichte. Ein Beitrag zum attischen Staatsrecht.

Gebier, C. v.: Die Acten des Galileischen Processes. Nach der vaticanischen Handschrift.

Brosch, M.: Papst Julius II. und die Gründung des Kirchenstaates.

Riehl, W. H.: Historisches Taschenbuch. 5. Folge, 7. Jg.

Kalischer, S.: Goethe, Werke. 33. Teil.

Wegele, F. X.: Goethe als Historiker.

Kleist, H. v.: Der zerbrochene Krug（WM, 44. Bd., Nr. 260, S. 216–219）.

文献通信（WM, 44. Bd., Nr. 260, S. 219–224）（XVII）.

Heyse, P. (Hrsg.): Hermann Kurz, Gesammelte Werke. 10 Bde.

Reuter, F.: Sämtliche Werke, Volksausgabe in 7 Bden. Liefer 1.–3.

Jacoby, J.: Schriften und Reden.

Diel, J. B.: Clemens Brentano. Ein Lebensbild nach gedruckten und ungedruckten Quellen, Ergänzt und hrsg. von W. Kreiten. 1. Bd.

Albrecht von Haller.

Waltershausen, W. S. v.: Gauß zum Gedächtnis.

Crowe, J. A., Cavalcaselle, G. B.: Tizian. Leben und Werke. 2 Bde.

Dommer, A. v.: Handbuch der Musik-Geschichte von den ersten Anfängen bis zum Tode Beethovens.

Brugsch-Bey, H.: Geschichte Ägyptens und der Pharaonen.

Kalckstein, C. v.: Geschichte des französischen Königthums unter den ersten Karolingern. 1. Bd.

Lilienfeld, P. v.: Gedanken über die Socialwissenschaft der Zukunft. 2. u. 3. Teil.

Mehring, F.: Die deutsche Socialdemokratie. Ihre Geschichte und ihre Lehre.

Marx, K.: Das Capital, Kritik der politischen Ökonomie, Buch 1.

Lexis, W.: Zur Theorie der Massenerscheinungen in der menschlichen Gesellschaft.

Carrière, M.: Die sittliche Weltordnung (WM, 44. Bd., Nr. 261, S. 333–335) (XVII).

文献通信（WM, 44. Bd., Nr. 262, S. 442–445）（XVII）.

Richthofen, F. F. v.: China. Ergebnisse eigener Reise und darauf gegründeter Studien. 1. Bd.

Kapp, E.: Grundlinien einer Philosophie der Technik. Zur Entstehungsgeschichte der Cultur aus inneren Gesichtspunkten.

Biedermann, G.: Philosophie als Begriffswissenschaft. 1. u. 2. Bd.

Cohen, H.: Kants Begründung der Ethik.

Harms, F.: Die Philosophie in ihrer Geschichte.

Lazarus, M.: Das Leben der Seele in Monographieen über seine Erscheinungen und Gesetze. 2. Bd.

Müller, E.: Zur Grundlegung der Psycho-Physik.

美術産業に関する最新事情V（WM, 44. Bd., Nr. 262, S. 445–447）（XVII）.

Köhler, H. (Hrsg.): Polychrome Meisterwerke der monumentalen Kunst in Italien. Vom 5.–16. Jahrhundert. 4. Liefer.

Lacroix, P. P.: XVIIIe siècle. Lettres, sciences et arts. France 1700–1789.

Krell, P. (Hrsg.): Die Klassiker der Malerei. 1. Serie: Liefer. 33/34; 2. Serie: Liefer. 19.–24.

Scherr, J.: Germania. Zwei Jahrtausende deutschen Lebens. 34 Hefte.

文献通信（WM, 44. Bd., Nr. 263, S. 553–557）（XVII）.

Sybel, H. v.: Geschichte der Revolutionszeit 1789–1795. 3 Bde.

Holst, H. v.: Verfassungsgeschichte der Vereinigten Staaten von Amerika seit

der Administration Jackson's. 1. Bd.
Laband, P.: Das Staatsrecht des deutschen Reiches. 2. Bd.
Hausrath, A.: David Friedrich Strauß und die Theologie seiner Zeit. 2. Teil.
Erdmann, Joh. Ed.: Grundriß der Geschichte der Philosophie. 2 Bde.
Rocholl, R.: Die Philosophie der Geschichte. Darstellung und Kritik der Versuche zu einem Aufbau derselben.
Stein, H. v.: Sieben Bücher zur Geschichte des Platonismus. Untersuchungen über das System des Plato und sein Verhältnis zur späteren Theologie und Philosophie. 3. Teil.

文献通信（WM, 44. Bd., Nr. 264, S. 670–672）（XVII）.

Brillat-Savarin: Physiologie des Geschmackes oder physiologische Anleitung zum Studium der Tafelgenüsse.
Renan, E.: Philosophische Dialoge und Fragmente.
Eucken, R.: Geschichte und Kritik der Grundbegriffe der Gegenwart.
Michelet, C. L.: Das System der Philosophie als exakter Wissenschaft, enthaltend Logik, Natur- und Geistesphilosophie.
Horwicz, A.: Psychologische Analysen auf physiologischer Grundlage. Ein Versuch zur Neubegründung der Seelenlehre. 2. Teil, 2. Abt.
Pfannenschmid, H.: Germanische Erntefeste im heidnischen und christlichen Cultus mit besonderer Beziehung auf Niedersachsen.
Hauck, A.: Tertullians Leben und Schriften.
Brandl, A.: Barthold Heinrich Brockes. Nebst darauf bezügliehen Briefen von König an Bodmer.

文献通信（WM, 45. Bd., Nr. 265, S. 132–135）（XVII）.

Klopp, O. (Hrsg.): Werke von Leibniz, gemäß seinem handschriftlichen Nachlaß in der Kgl. Bibliothek zu Hannover. 1. Reihe. Bde. 6–10.
Langenberg, E. (Hrsg.): Ernst Moritz Arndt, Briefe an eine Freundin.
Ginsberg, H. (Hrsg.): B. Spinoza, Theologisch-politischer Traktat.
Erdmann, B.: I. Kant, Prolegomena.

文献通信（WM, 45. Bd., Nr. 266, S. 261–264）（XVII）.

Poetisches Gedenkbuch. Gedichte aus dem Nachlaß von David Friedrich Strauß. Bd. 12 der Werke von D. F. Strauß.
Die Naturkräfte. Eine naturwissenschaftliche Volksbibliothek.
Poschinger, H. v.: Bankwesen und Bankpolitik in Preußen. 1. Bd.
Böhm, J.: Geschichte der Pädagogik mit Charakterbildern hervorragender Pädagogen und Zeiten.

Der letzte Constantin (von Felicia Hemans) und Wordsworth, Politische Sonette.

Zöllner, F.: Wissenschaftliche Abhandlungen. 1. Bd.

Erdmann, B.: Die Axiome der Geometrie. Eine philosophische Untersuchung der Riemann-Helmholtzschen Raumtheorie.

Spencer, H.: Die Prinzipien der Biologie (WM, 45. Bd., Nr. 266, S. 265–266) (XVII).

Pfleiderer, Edm.: Die Idee des goldenen Zeitalters, ein geschichtsphilosophischer Versuch (WM, 45. Bd., Nr. 266, S. 266).

Euripides. Deutsch in den Versmaßen der Urschrift übersetzt von J. J. C. Donner. 3 Bde. (WM, 45. Bd., Nr. 266, S. 267) (XVII).

Karl Krafft und Wilhelm Crecelius, Briefe und Dokumente aus der Zeit der Reformation im 16. Jahrhundert (WM, 45. Bd., Nr. 266, S. 267).

Meyers Handlexikon des allgemeinen Wissens. 1.–9. Liefer. (WM, 45. Bd., Nr. 266, S. 267).

美術産業に関する最新事情 VI (WM, 45. Bd., Nr. 267, S. 386–398) (XVII).

Krell, P. F. (Hrsg.): Die Klassiker der Malerei. 2. Serie.

Ebers, G.: Ägypten. 2 Bde.

Scherr, J.: Germania. Zwei Jahrtausende deutschen Lebens.

Handzeichnungen deutscher Meister. Eine Sammlung von Bildern aus Italien und der Schweiz von G. Bauernfeind, A. E. Disen, Th. v. Eckenbrecher u. a. Reproducirt von Schober und Bäckmann.

Die Ostsee. Malerische Stätten aus ihrem Küstengebiet. Gezeichnet von A. Hindorf. 1. Liefer.

Scheuren, C.: Am deutschen Rhein. 1. Liefer.

Friese, R.: Thierbilder. 1. Serie.

Beckmann, C.: Fritz-Reuter-Galerie. 1. Liefer.

Deutsche Minnesänger in Bild und Wort. Gezeichnet von E. v. Luttich. Text von H. Holland.

Schwind, M. v.: Das Märchen von den Sieben Raben und der treuen Schwester (6 Blätter).

Schwind, M. v.: Die schöne Melusine (11 Blätter).

## 1879年

文献通信 (WM, 45. Bd., Nr. 268, S. 523–528) (XVII).

Kehr, K. (Hrsg.): Geschichte der Methodik des deutschen Volksschulunter-

richts. Bd. 1. u. 2.

Langenberg, E. (Hrsg.): Adolf Diesterweg, Ausgewählte Schriften. Liefer. 1–16.

Schmelzer, K.: Die Überbürdung auf den höheren Lehranstalten.

Sybel, H. v.: Geschichte der Revolutionszeit von 1789–1800. 4. Bd.

Gindely, A.: Geschichte des dreißigjährigen Krieges. 1. Abt. 3. Bd.

Hänselmann, L.: Gauß, 12 Kapitel aus seinem Leben.

Cotta, B. v.: Die Biologie der Gegenwart.

Krause, A.: Kant und Helmholtz über den Ursprung und die Bedeutung der Raumanschauung.

Spiller, P.: Das Leben. Naturwissenschaftliche Entwicklung des organischen Seelen- und Geistesleben.

文献通信（WM, 45. Bd., Nr. 270, S. 781–784）（XVII）.

Eduard Mörike, Gesammelte Schriften.

Das neue Leben, von Dante Alighieri.

文献通信（WM, 46. Bd., Nr. 271, S. 125–128）（XVII）.

Ratzel, F.: Aus Mexico. Reiseskizzen aus den Jahren 1874 und 1875.

Wallace, M.: Rußland. 1. Bd. 1. Hälfte.

Liebig, J. v.: Chemische Briefe.

Pfaff, F.: Fünf naturwissenschaftliche Vorträge.

Ludwig, C.: Rede zum Gedächtniß an Ernst Heinrich Weber.

Müller, F.: Grundriß der Sprachwissenschaft. 2. Bd. 1. Abt.

文献通信（WM, 46. Bd., Nr. 274, S. 511–516）（XVII）.

Bodemann, Ed.: Johann Georg Zimmermann. Sein Leben und bisher ungedruckten Briefe an denselben.

Wigger, Fr.: Die Geschichte der Familie Blücher. 2 Bde. 1. Abt.

Hertzberg, W.: The libell of Englishe Policye 1436.

Wasielewski, W.: Geschichte der Instrumentalmusik im 16. Jahrhundert.

Morel-Fatio, A.: L'Espagne au XVIe et au XVIIe siècle. Documents historiques et littéraires.

Smith, A.: Natur und Ursachen des Volkswohlstandes. 1.–8. Liefer.

Langenberg, E. (Hrsg.): Adolf Diesterweg, Ausgewählte Schriften.

Förster, E.: Geschichte der italienischen Malerei. 5. Bd.

Franz Liszt, Chopin (Gesammelte Schriften, 1. Bd.).

David Friedrich Strauß, Gesammelte Schriften. 8.–11. Bd.

Riehl, W. H.: Historisches Taschenbuch.

Stoy, K. V.: Encyklopädie, Methodologie und Literatur der Pädagogik.
Weber, A.: Geschichte der Volksschulpädagogik und Kleinkindererziehung.
Treitschke, H. v.: Deutsche Geschichte im 19. Jahrhundert. 1. Teil.（WM, 46. Bd., Nr. 274, S. 776–777）（XVII）.
文献報告（WM, 47. Bd., Nr. 277, S. 124–130）
Suphan, B.（Hrsg.）: Herders sämtliche Werke. 1.–3. Bd.
Erdmann, B.（Hrsg.）: Immanuel Kant, Kritik der reinen Vernunft.
Erdmann, B.（Hrsg.）: Kants Kritizismus in der 1. und 2. Auflage der Kritik der reinen Vernunft.
Aristotelis Ethica Nicomachea. Ed. G. Ramsauer.
Grant, A.: Aristoteles.
Lindner, G, A（Hrsg.）: August Hermann Niemeyer, Grundsätze der Erziehung und des Unterrichts. 2 Bde.
Schäffle, A.: Bau und Leben des socialen Körpers. 2. Teil.
Rösler, H.: Vorlesungen über Volkswirtschaft.
Schweinfurth, G.: Im Herzen von Afrika.
Bastian, A.: Die Culturländer des alten Amerika. 2 Bde.
Klöpper, K.: Repetitorium der Geschichte der Pädagogik von den ältesten Zeiten bis auf die Gegenwart（WM, 47. Bd., Nr. 277, S. 132）（XVII）.
美術出版最新事情 I（WM, 47. Bd., Nr. 278, S. 258–259）（XVII）.
Aus den Alpen. Ansichten aus der Alpenwelt. Nach Aquarellgemälden von Franz Alt u. a., 1.–5. Lieferung, 15 Blätter.
Märchen und Sagen: Aschenputtel, componiert von H. Aigner.
Märchen und Sagen: Otto der Schütz, componiert von H. Aigner.
Kunsthistorischer Bilderbogen. 10. Sammlung.
Giacomo Leopardi. 2 Bde.
Lazarus, M.: Ideale Fragen（WM, 47. Bd., Nr. 278, S. 260）（XVII）.
美術出版最新事情 II（WM, 47. Bd., Nr. 279, S. 386–388）（XVII: 5 巻 -2）.
Wurzbach, A. v.（Hrsg.）: Die französischen Maler des 18. Jahrhunderts. Eine Sammlung der bedeutendsten Werke.
Wurzbach, A. v.（Hrsg.）: Goldene Bibel.
John Milton, Das verlorene Paradies. Illustriert von Gustav Doré. 1.–7. Lieferung.
Italien. Eine Wanderung von den Alpen bis zum Aetna. In Schilderungen von Karl Stieler u. a.
Hellas und Rom. Eine Culturgeschichte des klassischen Altertums, von

Jacob von Falke.

### 1880年

文学史モノグラフ（WM, 47. Bd., Nr. 281, S. 642–644）（XVII）.

Sauer, A.: Joachim Wilhelm von Brawe, der Schüler Lessings.

Falck, P. T.: Der Dichter Lenz in Livland.

Freundesbriefe von Wilhelm und Jakob Grimm. Mit Anmerkungen hrsg. von Alexander Reifferscheid.

Leopardi, G.: Opere inedite, pubblicate sugli autografi recanatesi da Giuseppe Cugnoni. Vol. I.

Friedrich der Große, Politische Correspondenz. Bd. 1 u. 2.（WM, 47. Bd., Nr. 281, S. 644）（XVII）.

Hartmann, E. v.: Phänomenologie des sittlichen Bewußtseins. Prolegomena zu jeder künftigen Ethik（WM, 47. Bd., Nr. 281, S. 645）（XVII）.

Geschichte der deutschen Literatur im achtzehnten Jahrhundert. Separatabdruck aus Hettners Literaturgeschichte des achtzehnten Jahrhunderts. 4 Bde.（WM, 48. Bd., Nr. 283, S. 148–150）（XVII）.

Wusterwitz, E.: Märkische Chronik nach Angelus und Hafftiz（WM, 48. Bd., Nr. 283, S. 152）.

Heeren, Uckert, Giesebrecht（Hrsg.）: Geschichte der europäischen Staaten（WM, 48. Bd., Nr. 284, S. 279–280）（XVII）.

文学史について（WM, 48. Bd., Nr. 284, S. 280–281）.

Witte, K.: Danteforschungen. 2 Bde.

Badke, O.: Das italienische Volk im Spiegel seiner Volkslieder.

Bartsch, K.: Deutsche Liederdichter des 12. bis 14. Jahrhunderts.

Wackernagel, W.: Geschichte der deutschen Literatur.

Sanders, D.: Geschichte der deutschen Sprache und Literatur bis zu Göthes Tod.

Pearson, E. S.: Translations from the German poets.

文献覚書（WM, 48. Bd., Nr. 284, S. 283–284）.

Windelband, W.: Geschichte der neueren Philosophie in ihrem Zusammenhang mit der allgemeinen Cultur und den besonderen Wissenschaften dargestellt. 1. Bd.

Eucken, R.: Geschichte und Kritik der Grundbegriffe der Gegenwart.

Teichmüller, G.: Neue Studien zur Geschichte der Begriffe. Heft 2.

Erstes Jahres-Supplement（1879–1880）zu Meyers Conversations-Lexikon.

Illustriertes Conversationslexikon der Gegenwart. 1.–8. Liefer.
Naumann, E.: Illustrierte Musik-Geschichte.
Lipperheide, F. (Hrsg.): Illustrirte Frauenzeitung und Modenwelt.

心理学と美学の著作（WM, 48. Bd., Nr. 285, S. 410–412）（XVII）.

Nietzsche, F.: Menschliches, allzu Menschliches, ein Buch für freie Geister.
Perty, M.: Erinnerungen aus dem Leben eines Natur- und Seelenforschers.
Proelß, R.: Vom Ursprung der menschlichen Erkenntnis. Eine psychologische Untersuchung.
Körner, F.: Die Seele und ihre Tätigkeiten.
Prel, K. d.: Psychologie der Lyrik. Beiträge zur Analyse der dichterischen Phantasie.
Frohschammer, F.: Über die Bedeutung der Einbildungskraft Kants und Spinozas.
Neudecker, G.: Studien zur Geschichte der deutschen Ästhetik seit Kant.
Friesen, R. F. v.: Vom künstlerischen Schaffen in der bildenden Kunst. Eine ästhetische Studie.

Lübke, W.: Geschichte der italienischen Malerei vom 4.–16. Jahrhundert. Bd. I. 1. u. 2. Halbbd. (WM, 48. Bd., Nr. 286, S. 535–538) (XVII) (5巻–2).

歴史関連新刊（WM, 48. Bd., Nr. 287, S. 664–668）（XVII）.

Hillebrand, K.: Geschichte Frankreichs. 2. Bd.
Krones, R. v.: Geschichte der Neuzeit Österreichs vom 18. Jahrhundert bis auf die Gegenwart.
Taine, H.: Entstehung des modernen Frankreich. 2. Bd., 1. Abt.
Lecky, W. E. H.: Geschichte Englands im 18. Jahrhundert. 1. Bd.
Theodor von Bernhardi, Vermischte Schriften. 1. Bd.
Politische Correspondenz Friedrich's des Großen. 2. Bd.
Freytag, G.: Bilder aus der deutschen Vergangenheit.

教育学の歴史について（WM, 48. Bd., Nr. 288, S. 795–796）（XVII）.

Hipler, F.: Christliche Lehre und Erziehung im Ermlande und im preußischen Ordensstaate während des Mittelalters.
Vogel, A.: Geschichte der Pädagogik als Wissenschaft.
Böhm, J.: Geschichte der Pädagogik mit Charakterbildern hervorragender Pädagogen und Zeiten. 2. Hälfte.

今日の教育学の基本文献（WM, 49. Bd., Nr. 289, S. 137–138）.

Schmid, K. A. (Hrsg.): Encyklopädie des gesammten Erziehungs- und Unterrichtswesens.

Pädagogisches Handbuch für Schule und Haus, auf der Grundlage der Encyklopädie des gesammten Erziehungs- und Unterrichtswesens vornehmlich für die Volks-, Bürger-, Mittel- und Fortbildungsschulen in alphabetischer Ordnung bearbeitet von K. A. Schmid.

国民経済学と政治学の文献について（WM, 49. Bd., Nr. 289, S. 139–140）（XVII）.

Roscher, W.: Ansichten der Volkswirtschaft aus dem geschichtlichen Standpunkt.

Poschinger, H. v.: Bankwesen und Bankpolitik in Preußen. 2. Bd.

Holtzendorff, F. v.: Die Prinzipien der Politik.

Holtzendorff, F. v.: Wesen und Werth der öffentlichen Meinung.

Schrader, W.: Die Verfassung der höheren Schulen. Pädagogische Bedenken.

ヘルダーの伝記（WM, 49. Bd., Nr. 289, S. 140–141）（XVII）.

Haym, R.: Herder nach seinem Leben und seinen Werken. 1. Bd.

芸術史についてII（WM, 49. Bd., Nr. 289, S. 142–143）（XVII: 5巻–2）.

Woltmann, A.: Die Malerei des Mittelalters und der Neuzeit.

Janitschek, H.: Die Gesellschaft der Renaissance in Italien und die Kunst.

Hetnner, H.: Italienische Studien. Zur Geschichte der Renaissance.

エスノグラフィーと人間学の新著（WM, 49. Bd., Nr. 290, S. 282–284）（XVII）.

Wallace, M.: Rußland. Nach der sechsten Auflage des Originals übersetzt von Ernst Röttger.

Radde, G.: Die Chews'uren und ihr Land, untersucht im Sommer 1876.

Beck, L. C., Hellwald, F.: Die heutige Türkei.

Criegern, F. v.: Ein Kreuzzug nach Stambul.

Liebrecht, F.: Zur Volkskunde.

Kohn, A., Mehlis, C.: Materialien zur Vorgeschichte des Menschen im östlichen Europa. 2 Bde.

美術出版最新事情III（WM, 49. Bd., Nr. 290, S. 284–286）（XVII: 5巻–2）.

Wurzbach, A. v. (Hrsg.): Französische Maler des achtzehnten Jahrhunderts.

Wurzbach, A. v. (Hrsg.): Goldene Bibel. Die Heilige Schrift, illustriert von den größten Meistern der Kunstepochen. Lfrg. 11.–16.

Kunsthistorischen Bilderbogen, für den Gebrauch bei akademischen und öffentlichen Vorlesungen, beim Unterricht in der Geschichte usw.

Italien. In Schilderungen von K. Stieler, E. Paulus, W. Kaden; mit Bildern von Calame, Dill, H. Kaulbach, W. v. Kaulbach, Keller, Lindemann-Frommel, Passini, Riefstahl, A. v. Werner u. a.

記念碑的な歴史書（WM, 49. Bd., Nr. 291, S. 413–417）（XVII）.

Oncken, W. (Hrsg.): Allgemeine Geschichte in Einzeldarstellungen.

国民の歴史家としてのシュロッサー（WM, 49. Bd., Nr. 291, S. 417–419）（XVII）.

Schlosser, F. C.: Weltgeschichte für das deutsche Volk, fortgeführt bis zur Gegenwart. Besorgt von Oskar Jäger und Th. Creizenach.

Schlosser, F. C.: Geschichte des 18. Jahrhunderts und des neunzehnten bis zum Sturz des französischen Kaiserreichs mit besonderer Rücksicht auf die geistige Bildung. 8 Bde.

## 1881 年

Nicolai, R.: Griechische Literaturgeschichte. 3 Bde.（WM, 49. Bd., Nr. 294, S. 810–811）（XVII）.

哲学関連新刊（WM, 49. Bd., Nr. 294, S. 811–812）.

Erdmann, B. (Hrsg.): Immanuel Kant, Kritik der Urtheilskraft.

Volkelt, J.: Immanuel Kants Erkenntnistheorie. Nach ihren Grundprinzipien analysiert.

Gomperz, T. (Hrsg.): John Stuart Mill, Gesammelte Werke. 12. Bd.

Krause, E.: Erasmus Darwin und seine Stellung in der Geschichte der Deszendenztheorie.

Müller, M.: Essays. 1. Bd.

Caspari, O.: Die Grundprobleme der Erkenntnisthätigkeit, beleuchtet von psychologischen und kritischen Gesichtspunkten. 2. Teil.

Monrad, M. J.: Denkrichtungen der neueren Zeit.

Artikel Lütkemann（RpTK, 8. Bd., S. 3–5）.

社会学関連新刊（WM, 50. Bd., Nr. 297, S. 394–395）（XVII）

Kolb, G. Fr.: Handbuch der vergleichenden Statistik. Achte, auf Grundlage der neuesten staatlichen Gestaltungen bearbeitete Auflage.

Causeries scientifiques par Henry de Parville.

Birnbaum, C.: Wichtige Tagesfragen.

Jellinek, G.: Die sozial-ethische Bedeutung von Recht, Unrecht und Strafe.

Körner, G.: Das deutsche Element in den Vereinigten Staaten von Nordamerika 1818–1848.

Semler, H.: Geschichte des Sozialismus und Kommunismus in Nordamerika.

哲学関連新刊（WM, 50. Bd., Nr. 298, S. 522–526）（XVII）.

Lotze, H.: Logik. Drei Bücher vom Denken, vom Untersuchen und vom Erkennen.

Lotze, H.: Metaphysik.
Sigwart, C.: Logik. 2. Bd. (XIX, E).
Wundt, W.: Logik. 1, Bd.

文学史について（WM, 50. Bd., Nr. 298, S. 526–527）.
Schi-king : Das kanonische Liederbuch der Chinesen.
Lotheissen, F.: Geschichte der französischen Literatur im 17. Jahrhundert. 1. Bd.
Gödeke, K., Tittmann, J. (Hrsg.): Deutsche Dichter des 16. Jahrhunderts. Bd. 13.
Neudrucke deutscher Literaturwerke des 16. und 17. Jahrhunderts, Heft 12–14.
Frey, A.: Albrecht von Haller und seine Bedeutung für die deutsche Literatur.
Jonas, F. (Hrsg.): Wilhelm von Humboldt, Ansichten über Ästhetik und Literatur. Seine Briefe an Christfan Gottfried Körner.
Zierden der englischen Literatur in biographischen Einzeldarstellungen. Bearbeitet von Leopold Katscher. 3 Bde.

心理学関連新刊（WM, 51. Bd., Nr. 301, S. 138–139）(XVII).
Schneider, G. H.: Der thierische Wille. Systematische Darstellung und Erklärung der thierischen Triebe und deren Entstehung, Entwicklung und Verbreitung im Thierreiche als Grundlage zu einer vergleichenden Willenslehre.
Hoffmann, L.: Thierpsychologie.
Dreher, E.: Beiträge zur exakten Psycho-Physiologie.
Spitta, H.: Die Schlaf- und Traumzustände der menschlichen Seele mit besonderer Rücksicht ihres Verhältnisses zu den psychischen Alienationen.

記念碑的な歴史書（WM, 51. Bd., Nr. 302, S. 284–287）(XVII).
Oncken, W. (Hrsg.): Allgemeine Geschichte in Einzeldarstellungen.

美術出版最新事情Ⅳ（WM, 51. Bd., Nr. 303, S. 419–421）(XVII: 5 巻の 2).
Die französischen Maler des 18. Jahrhunderts. 30. Lieferung.
Goldene Bibel. 25. Lieferung.
Simons, Th., Wagner, A.: Spanien.
Falke, J. v.: Hellas und Rom. Eine Kulturgeschichte des klassischen Altertums. 35. Lieferung.
Kretschmer, A., Rohrbach, K.: Die Trachten der Völker vom Beginn der

Geschichte bis zum neunzehnten Jahrhundert.
Berlepsch, H. E. v.: Rembrandts sämtliche Radierungen nach den im königlichen Kupferstichkabinett zu München befindlichen Originalen. Heft 1.
Hübner, A. F. v.: Ein Spaziergang um die Welt.
Oberländer, R.: Fremde Völker.
Kleinpaul, R.: Rom in Wort und Bild. Schilderung der Stadt und Campagna.
Stillfried-Alcantara, R. G., Bernhard, K.: Die Hohenzollern und das deutsche Vaterland.
Lübke, W., Lützow, C. v.: Denkmäler der Kunst.
Geiger, L. (Hrsg.): Goethe-Jahrbuch (WM, 51. Bd., Nr. 304, S. 547).

**1882年**

軍事関連新刊（WM, 52. Bd., Nr. 308, S. 272–273).
Militärische Klassiker des In- und Auslandes. Heft 1.–5.
Sarauw, C. v.: Die Feldzüge Karls XII.
Colomb, E. v.: Beiträge zur Geschichte der preußischen Cavallerie seit 1808.
民族の歴史関連の新刊（WM, 52. Bd., Nr. 308, S. 274).
Junge, Fr. (Hrsg.), Müller, D.: Geschichte des deutschen Volkes in kurzgefaßter übersichtlicher Darstellung.
Maurer, Chr. F.: Marksteine in der Geschichte der Völker.
Müller, W.: Politische Geschichte der Gegenwart. XIII: Das Jahr 1879.
Stacke, L.: Erzählungen aus der neuesten Geschichte. 1815–1871.
Herbst, W.: Encyclopädie der neueren Geschichte. Liefer. 1 u. 2,
哲学関連新刊（WM, 52. Bd., Nr. 310, S. 543–546）(XVII).
Kirchmann, J. H. v. (Hrsg.): Philosophische Bibliothek. Hefte 261–281.
Riehl, A.: Der philosophische Kriticismus. 2. Bd., Teil 1.
Scheffler, H.: Die Naturgesetze und ihr Zusammenhang mit den Prinzipien der abstrakten Wissenschaften, 3. Teil.
Hoppe, I.: Die persönliche Denkthätigkeit. Eine Erkenntnistheorie mit Widerlegung Kants.
Bilharz, Alf.: Der heliocentrische Standpunkt der Weltbetrachtung. Grundlegung zu einer wirklichen Naturphilosophie.
Bilharz, Alf., Danegger, P.: Metaphysischer Anfangspunkt der mathematischen Wissenschaften.
Meyer, L.: Die modernen Theorien der Chemie und ihre Bedeutung für die chemische Statik. 1. Teil.

Spencer, H.: Die Thatsachen der Ethik.
Fechner, G. Th.: Die Tagesansicht gegenüber der Nachtansicht.
Harms, Fr.: Die Philosophie in ihrer Geschichte. 1. u. 2. Bd.
Sterne, C.: Werden und Vergehen.
Ziller, T.: Allgemeine philosophische Ethik.

文献覚書（WM, 52. Bd., Nr. 310, S. 546–548）（XVII）.
Gregorovius, F.: Athenais. Geschichte einer byzantinischen Kaiserin.
Taine, H.: Der Verstand.
Die Entstehung des modernen Frankreich, 2. Bd., 1. u. 2. Abt.
Lange, Fr. A.: Geschichte des Materialismus und Kritik seiner Bedeutung in der Gegenwart.
Lilienfeld, P. v.: Gedanken über die Socialwissenschaft der Zukunft. 5. Theil.
Euler, K.: Friedrich Ludwig Jahn, sein Leben und sein Wirken.

Brehms Thierleben（WM, 52. Bd., Nr. 311, S. 679–680）.

伝記（WM, 52. Bd., Nr. 312, S. 809–810）（XVII）.
Kramer, G.: August Hermann Francke. Ein Lebensbild. 1. Bd.
Ecker, A.: Lorenz Oken. Eine biographische Skizze.
Friedrich und Paul Goldschmidt, Das Leben des Staatsraths Kunth.
Charles Kingsley, Briefe und Gedenkblätter. Hrsg. von seiner Gattin. 2 Bde.

イギリスの歴史（WM, 52. Bd., Nr. 312, S. 810–811）（XVII）.
Büdinger, M.: Vorlesungen über englische Verfassungsgeschichte.
Lecky, W. E. H.: Geschichte Englands im 18. Jahrhundert. 1.–3. Bd.
McCarthy, J.: Geschichte Englands von der Thronbesteigung Victorias bis zum Berliner Congreß. 1837–1878. 1. Bd.

古代の歴史から（WM, 52. Bd., Nr. 312, S. 811）（XVII）.
Droysen, J. G.: Geschichte Alexanders des Großen.
Beloch, J.: Der italienische Bund unter Roms Hegemonie. Staatsrechtliche und statistische Forschungen.
Burckhardt, J.: Die Zeit Constantins des Großen.

文化史について（WM, 53. Bd., Nr. 313, S. 141–142）（XVII）.
Specht, F. A. K. v : Das Festland Asien-Europa.
Arnold, W.: Deutsche Geschichte. 1. Bd.
Schultz, A.: Das höfische Leben zur Zeit der Minnesänger. 2. Bd.
Maurer, K.: Zur politischen Geschichte Islands.
Keller, L.: Geschichte der Wiedertäufer und ihres Reichs zu Münster.
R. von Eitelherger von Edelberg, Gesammelte kunsthistorische Schriften.

Rosenkranz, K.: Neue Studien. 4. Bd.
Janko, W. E. v.: Fabel und Geschichte.

教会史の新刊（WM, 53. Bd., Nr. 313, S. 142–143）（XVII）.
Ritschl, A.: Geschichte des Pietismus. 1. Bd.
Nippold, Fr.: Handbuch der neuesten Kirchengeschichte. 1. Bd.

ドイツの過去の歴史から（WM, 53. Bd., Nr. 314, S. 278–280）（XVII）.
Lindenschmidt, L.: Handbuch der deutschen Alterthumskunde. Übersicht der Denkmale und Gräberfunde, 1. Theil.
Giesebrecht, W. v.: Geschichte der deutschen Kaiserzelt, 5. Bd.
Lindner, Th.: Geschichte des deutschen Reiches vom Ende des 14. Jahrhunderts bis zur Reformation, 1. Abt. 2. Bd.
Janssen, J.: Geschichte des deutschen Volkes seit dem Ausgang des Mittelalters. 3 Bde.

## 1883 年

プロイセン国家の歴史についての文献（WM, 53. Bd. Nr., 316, S. 551–554）（XVII）.
Ranke, L. v.: Hardenberg und die Geschichte des preußischen Staates von 1793 bis 1813. 2 Bde.
Politische Correspondenz Friedrichs des Großen. 4. Bd.
Rethwisch, C.: Der Staatsminister Freiherr von Zedlitz und Preußens höheres Schulwesen im Zeitalter Friedrichs des Großen.
Phillipson, M.: Geschichte des preußischen Staatswesens vom Tode Friedrichs des Großen bis zu den Freiheitskriegen. 1. Bd.

文学史と文化史について（WM, 53. Bd., Nr. 316, S. 554–556）（XVII）.
Gödeke, K.: Grundriß der Geschichte der deutschen Dichtung. 3 Bde.
Gottschall, R. v.: Deutsche Nationallitteratur des 19. Jahrhunderts. 4 Bde.
Brandes, G.: Die Literatur des 19. Jahrhunderts in ihren Hauptströmungen.
Biedermann, K.: Deutschland im 18. Jahrhundert. 4 Bde.

Mohl, R. v.: Encyklopädie der Staatswissenschaften（WM, 53. Bd., Nr. 317, S. 703）.

Bluntschli, J. C.: Deutsche Staatslehre und die heutige Staatenwelt（WM, 54 Bd., Nr. 319, S. 144）.

Devaux, P.: Études politiques sur les principaux évènements de l'histoire romaine. 2 vol.（WM, 54 Bd., Nr. 320, S. 278）（XVII）.

Götzinger, E.: Reallexikon der deutschen Altertümer. Ein Hand- und Nachschlagebuch für Studierende und Laien（WM, 54. Bd., Nr. 320, S. 278–

279)（XVII).

人間の哲学について（WM, 54. Bd., Nr. 321, S. 411–412)（XVII).

Steinthal, H.: Abriß der Sprachwissenschaft, 1. Bd.

Wundt, W. (Hrsg.): Philosophische Studien, 1. Heft.

Lippert, J.: Die Religionen der europäischen Kulturvölker in ihrem geschichtlichen Ursprunge.

Post, A. H.: Bausteine für eine allgemeine Rechtswissenschaft auf vergleichend-ethnologischer Basis. 2. Bd.

Morselli, H.: Der Selbstmord.

Noiré, L.: Das Werkzeug und seine Bedeutung für die Entwicklungsgeschichte der Menschheit.

精神的生の歴史について（WM, 54. Bd., Nr. 321, S. 412)（XVII).

Hettner, H.: Geschichte der Literatur des achtzehnten Jahrhunderts.

Wehmut : Geschichte der englischen Literatur von 1660 bis 1770.

Schäfer, J.: Geschichte der deutschen Literatur des achtzehnten Jahrhunderts.

Pabst, E. R.: Vorlesungen über Lessings „Nathan".

Zart, G.: Einfluß der englischen Philosophen seit Bacon auf die deutsche Philosophie des achtzehnten Jahrhunderts.

Ziegler, Th.: Geschichte der Ethik.

Semmig, H.: Kultur- und Literaturgeschichte der französischen Schweiz und Savoyen.

Schumann, Chr. G.: Pädagogische Chrestomathie. 2 Teile.

Schultze, F.: Philosophie der Naturwissenschaft. 2 Teile（WM, 54 Bd., Nr. 321, S. 413)（XVII).

Schneider, G. H.: Der menschliche Wille vom Standpunkt der neueren Entwicklungstheorien（WM, 54 Bd., Nr. 321, S. 413)（XVII).

人間と歴史についての著作（WM, 55. Bd., Nr. 326, S. 277–278)（XVII).

Fechner, G. Th.: Revision der Hauptpunkte der Psychophysik.

Wundt, W.: Philosophische Studien. 4. Heft.

Conte, J. l.: Die Lehre vom Sehen.

Melde, F.: Die Akustik.

Graßmann, R.: Das Tierleben oder die Physiologie der Wirbeltiere und namentlich des Menschen.

Gumplowicz, L.: Der Rassenkampf.

Frohschammer, J.: Über die Genesis der Menschheit und deren geistige Ent-

wicklung in Religion, Sittlichkeit und Sprache.

### 1884年

Carlyle, Th.: Sartor Resartus oder Leben und Meinungen des Herrn Teufelsdröckh (WM, 56. Bd., Nr. 331, S. 135).

Renan, E.: Erinnerungen aus meiner Kindheit und Jugendzeit (WM, 56. Bd., Nr. 331, S. 135).

Thünen, J. H. v.: Ein Forscherleben (WM, 56. Bd., Nr. 331, S. 135).

Behagel, O.: Briefe von Johann Peter Hebel. 1. Sammlung (WM, 56. Bd., Nr. 331, S. 135).

Hirzel, L.: Albrecht Hallers Tagebücher, seine Reisen nach Deutschland, Holland und England, 1723–1727 (WM, 56. Bd., Nr. 331, S. 136).

Duncker, M.: Geschichte des Altertums. 6 Bde. (WM, 56. Bd., Nr. 333, S. 410) (XVII).

哲学の著作（WM, 57. Bd., Nr. 338, S. 290–291）(XVII).

Kirchmann, J. H. v. (Hrsg.): Philosophische Bibliothek.

Rig, J.: Die positive Philosophie von August Comte im Auszuge. 2 Bde.

Windelband, W.: Präludien. Aufsätze und Reden zur Einleitung in die Philosophie.

Sommer, H.: Die Neugestaltung unserer Weltansicht durch die Erkenntnis der Idealität des Raumes und der Zeit.

Bahnsen, J.: Der Widerspruch im Wissen und Wesen der Welt. Prinzip und Einzelbewährung der Realdialektik. 2 Bde.

### 1885年

Wundt, W.: Logik. 2. Bd. (WM, 57. Bd., Nr. 342, S. 848).

Hohlfeld, P., Wünsche, A. (Hrsg): Karl Christian Friedrich Krause, Vorlesungen über Ästhetik oder über die Philosophie des Schönen und der schönen Kunst (WM, 57. Bd., Nr. 342, S. 848).

Duncker, M.: Geschichte des Altertums. 1. Bd. (WM, 58. Bd., Nr. 345, S. 423–424).

### 1886年

該当なし

## 1887年

Schmidt, J.: Geschichte der deutschen Literatur von Leibniz bis auf unsere Zeit. 1. u. 2. Bd.（1670–1783）. 2 Bde.（DR, 52. Bd., S. 152–157）（XI）.

## 1888年

1886年に出版されたカント以降の哲学の文献についての年次報告（AfGP, 1. Bd., Heft 1., S. 122–141）（XV）.

Frederichs, F.: Der Freiheitsbegriff Kants und Fichtes.

Stein, H. v.: Die Entstehung der neueren Ästhetik.

Stein, H. v.: Die Ästhetik der deutschen Classiker. Sonderabdruck aus: Bayreuther Blätter. Zeitschrift zur Verständigung über die Möglichkeit einer deutschen Cultur, 1. Jg.

Hartmann, E. v.: Ästhetik. Erster historisch-kritischer Teil: Die deutsche Ästhetik seit Kant.

Suphan, B.（Hrsg.）: Herders sämtliche Werke. 23.–25. Bd.

Steiner, R.: Grundlinien einer Erkenntnistheorie der Goetheschen Weltanschauung.

Semler, Chr.: Goethes Wahlverwandtschaften und die sittliche Weltanschauung des Dichters.

Harnack, O.: Goethe in der Epoche seiner Vollendung.

Koegel, F.: Lotzes Ästhetik.

Achelis, Th.: Lotzes praktische Philosophie in ihren Grundzügen.

Charakteristik Herbarts. Lesefrüchte aus seinen Schriften.

Hohlfeld, P., Wünsche, A.（Hrsg）: Karl Christian Friedrich Krause, Grundriß der Geschichte der Philosophie.

Classen, J.: Franz von Baader, Leben und theosophische Werke. 1. Bd.

Melzer, E.: Erkenntnistheoretische Erörterungen über die Systeme von Ulrici und Günther.

Sommer, H.: Die positive Philosophie Comtes.

Sterzel, G. Fr.: Comte als Pädagog.

Werner, K.: Die italienische Philosophie des 19. Jahrhunderts.

Hegel, K.（Hrsg.）: Briefe von und an Hegel（AfGP, 1. Bd., Heft 2., S. 289–299）（XV）.

## 1889年

該当なし

## 1890年

1887/88年に出版されたカント以降のドイツ哲学についての文献の年次報告（AfGP, 3. Bd., S. 134-146）(XV).

Wolff, E.: Johann Elias Schlegel.

Suphan, B.: Herders sämtliche Werke. 29.-31. Bd.

Schmidt, F. J.: Herders pantheistische Weltanschauung.

Ritschl, O.: Schleiermachers Stellung zum Christentum in seinen Reden über Religion.

Ebeling, E.: Darstellung und Beurteilung der religiösen Lehren J. G. Fichtes.

Schwabe, G.: Fichtes und Schopenhauers Lehre vom Willen.

Schmidt, J.: Aristotelis et Herbarti praecapta, quae ad psychologiam spectant.

Claassen, J.: Franz von Baaders Leben und theosophische Werke. 2. Bd.

Gizycki, G.v.: Kant und Schopenhauer. Aufsätze.

Haacke, Fr.: Über den inneren Gedankenzusammenhang des Schopenhauerschen philosophischen Systems.

Engels, Fr.: Ludwig Feuerbach und der Ausgang der klassischen deutschen Philosophie.

Stählin, L.: Kant, Lotze, A. Ritschl. Kritische Studien.

Hartmann, E. v.: Lotzes Philosophie.

## 1891年

1887-1889年におけるカント以降の諸外国の哲学についてのドイツの研究報告（AfGP, 4. Bd., S. 357-365）(XV).

Darwin, F.: Leben und Briefe von Charles Darwin. 3 Bde.

Höffding, H.: Einleitung in die englische Philosophic unserer Zeit.

Gaquoin, K.: Die Grundlage der Spencerschen Philosophie.

Grosse, E.: Spencers Lehre vom Unerkennbaren.

Murry, Spencers Erziehungslehre.

Antal, G. v.: Die holländische Philosophie im 19. Jahrhundert.

Ravaisson, F.: Die französische Philosophie im 19. Jahrhundert.

1889/1890年におけるカント以降のドイツ哲学についての報告（AfGP, 4. Bd., S. 684-718）(XV).

Barth, P.: Die Geschichtsphilosophie Hegels und der Hegelianer bis auf Marx und Hartmann.

Reich, E.: Grillparzers Kunstphilosophie.

Preyer, W. (Hrsg.): Wissenschaftliche Briefe von Gustav Theodor Fechner und Wilhelm Preyer.

### 1892–1898 年

該当なし

### 1899 年

カント以降の哲学についての年次報告Ⅲ.: シェリング, ベア, シュトラウス, ヴィシャーに関する著作ついて (AfGP, 12. Bd., Heft 3., S. 325-338) (XV).

Fischer, K.: Geschichte der neueren Philosophie. 6. Bd.: F. W. J. Schelling.

Hartmann, E. v.: Schellings philosophisches System.

Stölzle, R.: Karl Ernst von Baer.

Zeller, E.: Ausgewählte Briefe von David Friedrich Strauß.

Vischer, Fr. Th.: Das Schöne und die Kunst. Zur Einführung in die Ästhetik.

### 1900 年

Fischer, K.: Geschichte der neueren Philosophie. 8. Bd.: Hegels Leben, Werke und Lehre. 1.–4. Lieferung (DL, 21. Jg., Nr. 1) (XV).

### 1901–1911 年

該当なし

# 第三節

# ドイツ語版『全集』収録主要論文一覧

| ドイツ語版『全集』出版年，編者 | 日本語版『全集』収録箇所 |
|---|---|
| **1. Band, hrsg. von Bernhard Groethuysen, 1922 *.**<br>**Einleitung in die Geisteswissenschaften. Versuch einer Grundlegung für das Studium der Gesellschaft und der Geschichte.**<br>* RsG やルール大学ボーフムのディルタイ研究所の公式ウェブサイトでは 1914 年となっているが，本巻ではヘルマンのクロノロギー（Her）に従って 1922 年とする。 | 第 1 巻に全体を収録 |
| **2. Band, hrsg. von Georg Misch, 1914.**<br>**Weltanschauung und Analyse des Menschen seit Renaissance und Reformation.** | 第 7 巻 |
| Auffassung und Analyse des Menschen im 15. und 16. Jahrhundert. | 第 7 巻 |
| Das natürliche System der Geisteswissenschaften im 17. Jahrhundert. | 第 7 巻 |
| Die Autonomie des Denkens der konstruktive Rationalismus und der pantheistische Monismus nach ihrem Zusammenhang im 17. Jahrhundert. | 第 7 巻 |
| Giordano Bruno. | 第 7 巻 |
| Der entwicklungsgeschichtliche Pantheismus nach seinem geschichtlichen Zusammenhang mit den älteren pantheistischen Systemen. | 第 7 巻 |
| Aus der Zeit der Spinoza-Studien Goethes. | 第 7 巻 |
| Die Funktion der Anthropologie in der Kultur des 16. und 17. Jahrhunderts. | 第 7 巻 |
| Zusätze aus den Handschriften. | 第 7 巻 |

| | |
|---|---|
| **3. Band, hrsg. von Paul Ritter, 1921.**<br>**Studien zur Geschichte des deutschen Geistes.** | |
| Leibniz und sein Zeitalter. | 第 8 巻 |
| Friedrich der Große und die deutsche Aufklärung. | 第 8 巻 |
| Das 18. Jahrhundert und die geschichtliche Welt. | 第 8 巻 |
| Anfänge der historischen Weltanschauung Niebuhrs. | |
| **4. Band, hrsg. von Herman Nohl, 1921.**<br>**Die Jugendgeschichte Hegels und andere Abhandlungen zur Geschichte des deutschen Idealismus.** | |
| Die Jugendgeschichte Hegels. | 第 8 巻 |
| Fragmente zur Fortsetzung aus dem Nachlaß. | 第 8 巻［「第三章　精神の自己展開としての宇宙」のみ収録］ |
| Der Streit Kants mit der Zensur über das Recht freier Religionsforschung. | |
| Briefe Kants an Beck. | |
| F.D. Schleiermacher. | 第 7 巻 |
| F. Chr. Baur. | |
| Aus Eduard Zellers Jugendjahren. | |
| Süvern. | |
| Thomas Carlyle. | |
| Die drei Grundformen der Systeme in der 1. Hälfte des 19. Jahrhunderts. | |
| Archive der Literatur in ihrer Bedeutung für das Studium. | |
| **5. Band, hrsg. von Georg Misch, 1924.**<br>**Die geistige Welt. Einleitung in die Philosophie des Lebens. 1. Hälfte: Abhandlungen zur Grundlegung der Geisteswissenschaften.** | |
| Vorbericht des Herausgebers. | |
| Vorrede Diltheys. | 第 11 巻 |
| Rede Diltheys zum 70. Geburtstag. | 第 11 巻 |
| Antrittsrede vor der Akademie der Wissenschaften. | 第 11 巻 |

| | |
|---|---|
| Die dichterische und philosophische Bewegung in Deutschland 1770–1800. | 第11巻 |
| Über das Studium der Geschichte der Wissenschaften vom Menschen, der Gesellschaft und dem Staat. | 第1巻 |
| Erfahren und Denken. | 第3巻 |
| Beiträge zur Lösung der Frage vom Ursprung unseres Glaubens an die Realität der Außenwelt und seinem Recht. | 第3巻 |
| Ideen über beschreibende und zergliedernde Psychologie. | 第3巻 |
| [Über vergleichende Psychologie] Beiträge zum Studium der Individualität. | 第3巻 |
| Die Entstehung der Hermeneutik. | 第3巻 |
| Das Wesen der Philosophie. | 第4巻 |
| **6. Band, hrsg. von Georg Misch, 1924. Die geistige Welt. Einleitung in die Philosophie des Lebens. 2. Hälfte: Abhandlungen zur Poetik, Ethik und Pädagogik.** | |
| Versuch einer Analyse des moralischen Bewußtseins. | 第6巻 |
| Über die Möglichkeit einer allgemeingültigen pädagogischen Wissenschaft. | 第6巻 |
| Schulreform und Schulstuben. | 第6巻 |
| Dichterische Einbildungskraft und Wahnsinn. | 第5巻–1 |
| Die Einbildungskraft des Dichters. Bausteine für eine Poetik. | 第5巻–1 |
| Die drei Epochen der modernen Ästhetik und ihre heutige Aufgabe. | 第5巻–2 |
| Das Problem der Religion. | 第4巻 |
| **7. Band, hrsg. von Bernhard Groethuysen, 1927. Der Aufbau der geschichtlichen Welt in den Geisteswissenschaften.** | 第4巻に全体を収録 |
| Studien zur Grundlegung der Geisteswissenschaften. | |
| Der Aufbau der geschichtlichen Welt in den Geisteswissenschaften. | |
| Anhang mit Zusätzen zu den Abhandlungen. | |
| **8. Band, hrsg. von Bernhard Groethuysen, 1931. Weltanschauungsanalyse. Abhandlungen zur Philosophie der Philosophie.** | 第4巻に全体を収録 |
| Das geschichtliche Bewußtsein und die Weltanschauungen. | |

| | |
|---|---|
| Die Typen der Weltanschauung und ihre Ausbildung in den metaphysischen Systemen. | |
| Handschriftliche Zusätze und Ergänzungen der Abhandlung über die typen der Weltanschauung. | |
| Zur Weltanschauungslehre. | |
| **9. Band, hrsg. von Otto Friedrich Bollnow, 1934. Pädagogik. Geschichte und Grundlinien des Systems.** | 第6巻に全体を収録 |
| **10. Band, hrsg. von Herman Nohl, 1958. System der Ethik** | 第6巻に全体を収録 |
| System der Ethik. | |
| **11. Band, hrsg. von Erich Weniger, 1936. Vom Aufgang des geschichtlichen Bewusstseins. Jugendaufsätze und Erinnerungen.** | |
| Johann Georg Hamann. | |
| Carl Immanuel Nitzsch. | |
| Laienbriefe über einige weltliche Schriften. | |
| Die Kultur der Renaissance in Italien von J. Burckhardt. | 第7巻 |
| Deutsche Geschichtsschreiber. | |
| Literarhistorische Arbeiten über das klassische Zeitalter unserer Dichtung. | |
| Adolf Bastian. | |
| Erinnerungen an deutsche Geschichtsschreiber. | |
| Julian Schmidt. | |
| Wilhelm Scherer. | |
| Zu Schmollers Grundriß der Volkswirtschaftslehre. | |
| Anna von Helmholtz. | |
| **12. Band, hrsg. von Erich Weniger, 1936. Zur preussischen Geschichte.** | |
| Schleiermachers politische Gesinnung und Wirksamkeit. | 第7巻 |
| Die Reorganisatoren des preußischen Staates. | |
| Die Preußischen Jahrbücher. | |
| Das allgemeine Landrecht. | 第6巻 |

| | |
|---|---|
| **13. Band, hrsg. von Martin Redeker, 1970.**<br>**Leben Schleiermachers, Erster Band.** | 第9巻に全体を収録 |
| **14. Band, hrsg. von Martin Redeker, 1966.**<br>**Leben Schleiermachers, Zweiter Band: Schleiermachers System als Philosophie und Theologie.** | 第10巻に全体を収録 |
| Schleiermachers System als Philosophie. | |
| Schleiermachers System als Theologie. | |
| Das hermeneutische System Schleiermachers. In der Auseinandersetzung mit der älteren protestantischen Hermeneutik. | |
| **15. Band, hrsg. von Ulrich Herrmann, 1970.**<br>**Zur geistesgeschichte des 19. Jahrhunderts. Portraits und biographische Skizzen Quellenstudien und Literaturberichte zur Theologie und Philosophie im 19. Jahrhundert** | |
| Archive für Literatur. | |
| Friedrich Daniel Ernst Schleiermacher. | 第7巻 |
| Friedrich Christoph Schlosser. | |
| Arthur Schopenhauer. | 第7巻 |
| Eduard Gibbon. | |
| Phantastische Gesichtserscheinungen von Goethe, Tieck und Otto Ludwig. | 第5巻–1 |
| Hölderlin und die Ursachen seines Wahnsinnes. | |
| Die romantischen Dichter. | 第5巻–1 |
| Ludwig Tieck. | 第5巻–1 |
| Novalis. | 第5巻–1 |
| Zum Andenken an Friedrich Überweg. | |
| Ludwig Uhland. | |
| Aus F. W. J. Schellings Leben. | |
| Mohammed. | |
| Die Fürstin Galitzin. | |
| Richard Wagner. | 第5巻–2 |
| Goethe und Corona Schröter. | |
| Heinrich Heine. | 第5巻–1 |
| John Stuart Mill. | |

| | |
|---|---|
| George Grote. | |
| Otto Ribbeck. | |
| Emilie Zeller. | |
| Eduard Zeller. | |
| Die Gnosis. Marcion und seine Schule. | 第 7 巻 |
| Jahresbericht über die im Jahre 1886 erschienene Literatur über die Philosophie seit Kant. | |
| Briefe von und an Hegel. | |
| Jahresbericht von der 1887 und 1888 erschienenen Literatur über die deutsche Philosophie seit Kant. | |
| Bericht von deutschen Arbeiten über die auswärtige nachkantische Philosophie 1887–1889. | |
| Diltheys Rezensionen aus dem Bericht über die deutsche Philosophie seit Kant für die Jahre 1889 und 1890. | |
| Jahresbericht über die nachkantische Philosophie (1899). | |
| Das Hegel-Buch Kuno Fischers. | |
| Nachtrag: Selbstbekenntnisse eines Phantasiemenschen. | |
| **16. Band, hrsg. von Ulrich Herrman, 1972. Zur geistesgeschichte des 19. Jahrhunderts. Aufsätze und Rezensionen aus Zeitungen und Zeitschriften 1859–1874.** | |
| Zur Charakteristik Macaulays. | |
| Zur Geschichte der deutschen Kaiserzeit (Giesebrecht und Sybel). | |
| Goethe als Staatsmann (Schöll). | |
| Englische Geschichte (Buckle). | 第 7 巻 |
| Geschichte Spaniens (Baumgarten). | |
| Die “Preußischen Jahrbücher”. | |
| Volkszählungen (Engel). | |
| Vorlesungen zum Besten des Germanischen Museums (Brugsch). | |
| Friedrich II., Kurfürst von Brandenburg. | |
| Zur Geschichte des Parlamentarismus (Stahl). | |
| Aus der englischen Gesellschaft von 1840 (Guizot). | |
| Zur Biographie des Freiherrn vom Stein (Baur). | |

| | |
|---|---|
| Die Memoiren Guizots. | |
| Geschichte und Wissenschaft (Buckle). | 第7巻 |
| Der preußische Staat (Eiselen). | |
| Ein System der Politik (Georg Waitz). | |
| Deutsche Geschichte um 1800 (Perthes). | |
| Die Memoiren Kaiser Karls V.. | |
| Preußische Landtagsmänner (Schmidt-Weißenfels). | |
| Der Mensch und die Zahlen (Kolb). | |
| Eine Politik der Zukunft (Frantz). | |
| Deutsche Geschichte von Ludwig Häusser (1863). | |
| Ein preußischer Staatsmann (von Hippel). | |
| Deutsche Geschichte von Ludwig Häusser (1865). | |
| Osterfest und Osterspiele. | |
| Kingsley's "Hypatia" als historischer Roman. | |
| Goethes "Iphigenie" in ihrem Verhältnis zur Bildungsgeschichte des Dichters (Hettner). | |
| Goethe und die Erzählkunst (Auerbach). | |
| Goethe in Italien (Herman Grimm). | |
| Goethe und Schiller (Hotho). | |
| Goetheausstellung. | |
| Die gelehrten Zeitschriften im 18. Jahrhundert. | |
| Notiz über die Schleiermacher-Briefe. | 第7巻 |
| Die Poesie des Weltschmerzes mit besonderer Rücksicht auf Lenau. | |
| Lohengrin (Gosche). | |
| Johann Joachim Winckelmann (Friedrichs). | 第5巻-2 |
| Julian Schmidts "Literaturgeschichte". | |
| Der "Quickborn" von Klaus Groth. | |
| Die Raffael-Biographie von Herman Grimm. | |
| Zur Biographie von Reinhold Lenz. | |
| Die moderne Novelle (Tieck, Heyse, Herman Grimm). | |
| Friedrich Schlegels Katholizismus. | |
| Drei Besuche bei Goethe (Sulpiz Boisserée). | |
| Ludwig Uhland. | |

| | |
|---|---|
| Zur Theorie der Musik (Heimholtz). | |
| Christliche Dogmatik und Ethik (Schenkel). | |
| Goethe als Naturforscher, besonders als Anatom (Virchow). | |
| Zur Philosophie Kants. | |
| Albertus Magnus. | |
| Johannes Kepler und die Harmonie der Sphären. | |
| Zur Philosophie Arthur Schopenhauers. | 第7巻 |
| Schleiermachers “Psychologie”. | 第7巻 |
| Die “Anthropologie” von Theodor Waitz. | |
| Adolf Trendelenburgs "Kleine Schriften". | |
| Zur Philosophie des Rechts (Trendelenburg). | |
| Schopenhauers Lehre und Leben. | |
| Fichte als Ethiker und Politiker. | |
| Aus Schellings philosophischem Nachlaß. | |
| Biographisches über Friedrich Carl von Savigny. | |
| Joachim Jungius. | |
| Aus dem Studierzimmer eines materialistischen Philosophen (Büchner). | |
| Die Sprache (Max Müller). | |
| Aus Carl Ritters Nachlaß. | |
| Rousseaus Entwicklungsgeschichte. | |
| Friedrich August Wolf. | |
| Materialismus der Naturwissenschaft (Schleiden). | |
| Die Grundzüge der Weltordnung (Wiener). | |
| Die “Kirchengeschichte” Ferdinand Christian Baurs. | |
| Die “Gesammelten Werke” John Stuart Mills. | |
| **17. Band, hrsg. von Ulrich Herrmann, 1974. Zur Geistesgeschichte des 19. Jahrhunderts. aus “Westermanns Monatsheften”: Literaturbriefe Berichte zur Kunstgeschichte verstreute Rezensionen 1867–1884.** | |
| Literaturbrief 1876–1879 | |
| 1. Literaturbrief (1876). | |
| 2. Literaturbrief (1876). | |
| 3. Literaturbrief (1876). | |

| | |
|---|---|
| 4. Literaturbrief (1876). | |
| 5. Literaturbrief (1876). | |
| 6. Literaturbrief (1876). | |
| 7. Literaturbrief (1876). | |
| 8. Literaturbrief (1876). | |
| 9. Literaturbrief (1876). | |
| 10. Literaturbrief (1876). | |
| 11. Literaturbrief (1876). | |
| 12. Literaturbrief (1877). | |
| 13. Literaturbrief (1877). | |
| 14. Literaturbrief (1877). | |
| 15. Literaturbrief (1877). | |
| 16. Literaturbrief (1877). | |
| 17. Literaturbrief (1877). | |
| 18. Literaturbrief (1877). | |
| 19. Literaturbrief (1877). | |
| 20. Literaturbrief (1877). | |
| 21. Literaturbrief (1877). | |
| 22. Literaturbrief (1878). | |
| 23. Literaturbrief (1878). | |
| 24. Literaturbrief (1878). | |
| 25. Literaturbrief (1878). | |
| 26. Literaturbrief (1878). | |
| 27. Literaturbrief (1878). | |
| 28. Literaturbricf (1878). | |
| 29. Literaturbrief (1878). | |
| 30. Literaturbrief (1878). | |
| 31. Literaturbrief (1878). | |
| 32. Literaturbrief (1879). | |
| 33. Literaturbrief (1879). | |
| 34. Literaturbrief (1879). | |
| 35. Literaturbrief (1879). | |
| Berichte zur Kunstgeschichte 1874–1881 | |

| | |
|---|---|
| Lübke: Geschichte der italienischen Malerei (1879) | 第5巻–2 |
| Zur Kunstgeschichte I (1874). | 第5巻–2 |
| Zur Kunstgeschichte II (1880). | 第5巻–2 |
| Neuigkeiten des Kunstverlags I (1879). | 第5巻–2 |
| Neuigkeiten des Kunstverlags II (1879). | 第5巻–2 |
| Neuigkeiten des Kunstverlags III (1880). | 第5巻–2 |
| Neuigkeiten des Kunstverlags IV (1881). | 第5巻–2 |
| Neuigkeiten des Kunsthandels I (1876). | 第5巻–2 |
| Neuigkeiten des Kunsthandels II (1877). | 第5巻–2 |
| Neuigkeiten des Kunsthandels III (1877). | |
| Neuigkeiten des Kunsthandels IV (1877). | |
| Neuigkeiten des Kunsthandels V (1878). | |
| Neuigkeiten des Kunsthandels VI (1878). | |
| verstreute Rezensionen 1867–1884. | |
| Bibliographie der von Dilthey in den “Monatsheften” besprochenen Schriften. | |
| **18. Band, hrsg. von Helmut Johach; Frithjof Rodi, 2000. Die Wissenschaften vom Menschen, der Gesellschaft und der Geschichte. Vorarbeiten zur Einleitung in die Geisteswissenschaften (1865–1880).** | |
| A. Frühe Pläne und Entwürfe (ab ca. 1865/66). | 第1巻 |
| B. Vorarbeiten zur Abhandlung von 1875. “Über das Studium der Geschichte der Wissenschaften vom Menschen, der Gesellschaft und dem Staat” (ab 1871). | 第1巻 |
| C. Einleitungen zu Untersuchungen über die Geschichte des Naturrechts (um 1874). | 第1巻 |
| D. Fortsetzungen der Abhandlung von 1875 (um 1876). | 第1巻 |
| E. Ausarbeitung der deskriptiven psychologie (ca. 1880). | |
| F. Erkenntnistheoretische Fragmente (1874/79). | |
| G. Anhang: frühe Aphorismen aus der Berliner Zeit (vor 1860). | |

| | |
|---|---|
| **19. Band, hrsg. von Helmut Johach; Frithjof Rodi, 1982; 1997 (2. Auf). Grundlegung der Wissenschaften vom Menschen, der Gesellschaft und der Geschichte. Ausarbeitungen und Entwürfe zum zweiten Band der Einleitung in die Geisteswissenschaften (ca. 1870–1895).** | |
| A. Frühe Entwürfe zur Erkenntnistheorie und Logik der Geisteswissenschaften (vor 1880). | 第2巻 |
| B. Ausarbeitungen zum zweiten Band der Einleitung in die Geisteswissenschaften. Viertes bis sechstes Buch (ca. 1880–1890). | 第2巻 |
| C. Gesamtplan des zweiten Bandes der Einleitung in die Geisteswissenschaften. Drittes bis sechstes Buch ("Berliner Entwurf") (ca. 1893). | 第2巻 |
| D. Leben und Erkennen. ein Entwurf zur erkenntnistheoretischen Logik und Kategorienlehre (ca. 1892/93). | 第3巻 |
| E. Anhang. | 第2巻[「アルトホーフ書簡」のみ収録] |
| **20. Band, hrsg. von Hans-Ulrich Lessing; Frithjof Rodi, 1990. Logik und System der philosophischen Wissenschaften. Vorlesungen zur erkenntnistheoretischen Logik und Methodologie (1864–1903).** | |
| A. Frühe Vorlesungen zur Logik und zum System der philosophischen Wissenschaften (Berlin und Basel 1864–1868). | 第3巻 |
| B. Die Vorlesung zur Einleitung in die Geisteswissenschaften (Berlin 1883). | 第2巻 |
| C. Die Berliner Logik-Vorlesungen der achtziger Jahre (1883–1888). | 第3巻 |
| D. Die späten Vorlesungen zur Systematik der Philosophie (Berlin 1899–1903). | 第3巻 |

| | |
|---|---|
| **21. Band, hrsg. von Guy van Kerckhoven; Hans-Ulrich Lessing, 1997.**<br>**Psychologie als Erfahrungswissenschaft. Erster Teil: Vorlesungen zur Psychologie und Anthropologie (ca. 1875–1894).** | |
| A. Die Breslauer Vorlesungen zur Psychologie und Anthropologie (ca. 1875–1882). | |
| B. Die Berliner Psychologie-Vorlesungen der achtziger Jahre (1883–1889). | |
| C. Die Vorlesung über Anwendungen der Psychologie auf die Pädagogik (Berlin ca. 1893/94). | 第 6 巻 |
| **22. Band, hrsg. von Guy van Kerckhoven; Hans-Uirich Lessing, 2005.**<br>**Psychologie als Erfahrungswissenschaft. Zweiter Teil: Manuskripte zur Genese der deskriptiven Psychologie (ca. 1860–1895).** | |
| A. Frühe Texte zur Auseinandersetzung um eine deskriptive Psychologie (ca. 1860–1880). | |
| B. Kleinere Texte zur Gefühls- und Willenslehre und zur Strukturpsychologie (ca. 1875–1892). | |
| C. Zur Auseinandersetzung mit der erklärenden Psychologie (ca. 1884–1894). | |
| D. Die beschreibende Psychologie der neunziger Jahre (ca. 1893–1895). | |
| **23. Band, hrsg. von Gabriele Gebhardt; Hans-Ulrich Lessing, 2000.**<br>**Allgemeine Geschichte der Philosophie. Vorlesungen 1900–1905.** | |
| A. Der Grundriss der allgemeinen Geschichte der Philosophie. | |
| B. Die Berliner Vorlesung zur allgemeinen Geschichte der Philosophie (Berlin 1900–ca. 1903). | |
| **24. Band, hrsg. von Gudrun Kühne-Bertram, 2004.**<br>**Logik und Wert. Späte Vorlesungen, Entwürfe und Fragmente zur Strukturpsychologie, Logik und Wertlehre (ca. 1904–1911).** | |
| A. Die Theorie der Wertschätzung in der logischen Grundlegung der Theorie des Wissens (ca. 1906–1908). | |

| | |
|---|---|
| B. Texte zum Zusammenhang von Strukturlehre und Theorie des Wissens (nach 1904). | |
| C. Entwürfe und Fragmente zur Theorie der Wertschätzung und Wertsystematik (ca. 1905–1911). | |
| D. Kritik des Erkenntnis- und wertproblems bei H. Rickert und in der Phänomenologie (nach 1904). | |
| **25. Band, hrsg. von Gabriele Malsch, 2006. Dichter als Seher der Menschheit. Die geplante Sammlung literarhistorischer Aufsätze von 1895.** | |
| I. "Dichter als Seher der Menschheit". | |
| II. Phantasie und Dichtung. | 第5巻–1に「戯曲の技法」のみを収録 |
| **26. Band, hrsg. von Gabriele Malsch, 2005. Das Erlebnis und die Dichtung. Lessing, Goethe, Novalis, Hölderlin.** | 第5巻–1に全体を収録 |
| Gang der neueren europäischen Literatur. | |
| Gotthold Ephraim Lessing. | |
| Goethe und die dichterische Phantasie. | |
| Novalis. | |
| Friedrich Hölderlin. | |

| 全集未収録の単行書 | 日本語版『全集』収録箇所 |
| --- | --- |
| ***Kleine pädagogische Texte, Wilhelm Dilthey, Über die Möglichkeit einer allgemeingültigen pädagogischen Wissenschaft.*** **Hrsg. und bearbeitet von Herman Nohl, Langensalza: Beltz o.J., 1930.** | |
| Über die Möglichkeit einer allgemeingültigen pädagogischen Wissenschaft. | 第 6 巻 |
| Fragmente von Entwürfen: Die Frage des höheren Unterrichts und die pädagogische Wissenschaft. | 第 6 巻 |
| Ergänzende Stücke aus dem Entwurf der Abhandlung. | 第 6 巻 |
| Entwurf einer Einleitung zur Geschichte des preußischen Unterrichtswesens. | 第 6 巻 |
| Schulreform. | 第 6 巻 |

| | |
| --- | --- |
| ***Wilhelm Dilthey, Schriften zur Pädagogik.*** **besorgt von Hans-Hermann Groothoff und Ulrich Hermann, Paderborn: Ferdinand Schöningh 1971.** | |
| Vorwort Diltheys zu seinen Pädagogik-Vorlesungen. | 第 6 巻 |
| Grundplobleme der Geschichte der Pädagogik. | 第 6 巻 |
| Systematischer Teil. | 第 6 巻 |
| Schriften zur Organisation und Reform des Erziehungs- und Bildungswesens. | 第 6 巻 |
| Psychologie | 第 3 巻 |
| Ethik | 第 6 巻 |
| Weltanschauungslehre, Geisteswissenschaften und geschichtlice Welt. | 第 4 巻 |

| | |
| --- | --- |
| ***Die große Phantasiedichtung und andere Studien zur vergleichenden Literaturgeschichte.*** **Hrsg. von Herman Nohl, Göttingen: Vandenhoeck & Ruprecht 1954.** | |
| Die große Phantasiedichtung. | 第 5 巻–2 |
| Shakespeare und seine Zeitgenossen. | 第 5 巻–2 |

| | |
|---|---|
| Satan in der christlichen Poesie. | 第5巻–2 |
| Die Technik des Dramas. | 第5巻–2 |
| Die Literatur der Niederlande. | |
| Voltaire. | |
| Vittorio Alfieri. | |
| G. A. Bürger und sein Kreis. | |
| Balzac. | |
| George Sand. | |
| Charles Dickens und das Genie des erzählenden Dichters. | 第5巻–2 |

| | |
|---|---|
| ***Von deutscher Dichtung und Musik. Aus den Studien zur Geschichte des deutschen Geistes.*** **Hrsg. von Herman Nohl und Georg Misch. Leipzig: Teubner 1932.** | |
| Die germanische Welt. | |
| Die ritterliche Dichtung und das nationale Epos. | |
| Die grosse deutsche Musik des 18. Jahrh. | 第5巻–2 |
| Klopstock, Schiller, Jean Paul. | |

| 書簡集・日記 | 日本語版『全集』収録箇所 |
|---|---|
| ***Briefwechsel zwischen Wilhelm Dilthey und dem Grafen Paul Yorck von Wartenburg 1877–1897.*** **Hrsg. von Sigrid von der Schulenburg, Halle（Saale）1923.** | 第11巻に全体を収録 |

| | |
|---|---|
| ***Der junge Dilthey. Ein Lebensbild in Briefen und Tagebüchern 1852–1870.*** **Zusammengestellt von Clara Misch, geb. Dilthey, Leipzig: Teubner 1933.** | 第11巻に全体を収録 |

| | |
|---|---|
| ***Briefe Wilhelm Diltheys an Bernhard und Luise Scholz 1859–1864.*** **Mitgeteilt von Sigrid von der Schulenburg, in: *Sitzungsberichte der preußischen Akademie der Wissenschaften*, Berlin 1933.** | 第11巻に全体を収録 |

| | |
|---|---|
| *Briefe Wilhelm Diltheys an Rudolf Haym 1861–1873.* Mitgeteilt von Erich Weniger, in: *Sitzungsberichte der preußischen Akademie der Wissenschaften*, Berlin 1936. | 第 11 巻に全体を収録 |

| | |
|---|---|
| *Briefwechsel zwischen Wilhelm Dilthey und Erich Adickes (Winter 1904–05).* In: Lehmann, Gerhard: *Beiträge zur Geschichte und Interpretation der Philosophie Kants*, Berlin 1969. | 第 11 巻に全体を収録 |

上記書簡集のディルタイ宛，あるいはディルタイが差出人の書簡はすべて，新たに編集された以下の書簡集に収載されている。これらの書簡集と JD，BDY との対応については，日本語版『全集』第 11 巻【資料 I 】と【資料II】を参照のこと。ただし，JD に収録されている「日記」および「ディルタイ以外の人物のあいだで交わされた書簡」は，これらの書簡集にも収載されていない。

| | |
|---|---|
| *Wilhelm Dilthey: Briefwechsel, Bd. I: 1852–1882*, hrsg. von Gudrun Kühne-Bertram und Hans-Ulrich Lessing, Göttingen 2011. | |
| *Wilhelm Dilthey: Briefwechsel, Bd. II: 1882–1895*, hrsg. von Gudrun Kühne-Bertram und Hans-Ulrich Lessing, Göttingen 2015. | |
| *Wilhelm Dilthey: Briefwechsel, Bd. III: 1896–1905*, hrsg. von Gudrun Kühne-Bertram und Hans-Ulrich Lessing, Göttingen 2019. | |
| *Wilhelm Dilthey: Briefwechsel, Bd. IV: 1905–1911*, hrsg. von Gudrun Kühne-Bertram und Hans-Ulrich Lessing, Göttingen 2022. | |

# 第四節

# 日本語版『全集』収録論文一覧

| 日本語版『全集』<br>編集代表　西村晧・牧野英二 | ドイツ語版『全集』収録巻，および収録単行書 |
|---|---|
| **第1巻　精神科学序説Ⅰ**　編集/校閲　牧野英二 | |
| **Ⅰ　精神科学序説　第一巻** | |
| 『精神科学序説』第一巻 | I |
| **Ⅱ　『精神科学序説』草稿群** | |
| 「初期の計画と草稿」 1865年／66年以降 | XVIII |
| 「一八七五年論文のための準備稿——人間，社会，国家に関する諸学の歴史研究」 1871年以降 | XVIII |
| 「自然法の歴史に関する研究序説」 1874年頃 | XVIII |
| 「人間，社会，国家に関する諸学の歴史研究」 1875年 | V |
| 「一八七五年論文の続編」 1876年頃 | XVIII |

| | |
|---|---|
| **第2巻　精神科学序説Ⅱ**　編集/校閲　塚本正明 | |
| **『精神科学序説』第二巻関連草稿・講義** | |
| 「精神科学の認識論と論理学のための初期草稿」 1880年以前 | XIX |
| 「精神科学序説講義　——精神科学研究序説，法学，国家学，神学および歴史学」 ベルリン　1883年夏学期 | XX |
| 「『精神科学序説』第二巻のための完成稿——第四部から第六部まで」 1880年—1890年頃 | XIX |
| 「『精神科学序説』第二巻のための全体計画——第三部から第六部まで（「ベルリン草稿」） 1893年頃 | XIX |
| 「『精神科学序説』のための解説——いわゆる「アルトホーフ書簡」より」 1882年頃 | XIX |

| 第3巻　論理学・心理学論集　　編集/校閲　大野篤一郎・丸山高司 | |
|---|---|
| Ⅰ　論理学 | |
| 「絶対論理学と形式論理学　初期ベルリン論理学講義」 1864年／65年冬学期 | XX |
| 「論理学と哲学的諸体系の概要　初期ベルリン論理学講義」 1865年／66年冬学期 | XX |
| 「論理学と哲学的諸学体系　バーゼル論理学講義」 1867年／68年冬学期 | XX |
| 「論理学と認識論　ベルリン論理学講義」 1885年／86年冬学期 | XX |
| 「哲学体系概説　晩年のベルリン講義」 1899年―1903年 | XX |
| Ⅱ　認識論 | |
| 「外界の実在性論考」 1890年 | V |
| 「経験と思考――十九世紀の認識論的論理学についての研究」 1892年 | V |
| 「生と認識――認識論的論理学とカテゴリー論のための草案」 1892年／93年 | XIX |
| Ⅲ　心理学と解釈学 | |
| 「記述的分析的心理学」 1894年 | V |
| 「比較心理学――個性の研究」 1895年／96年 | V |
| 「解釈学の成立」 1900年 | V |

| 第4巻　世界観と歴史理論　　編集/校閲　長井和雄・竹田純郎・西谷敬 | |
|---|---|
| Ⅰ　歴史論 | |
| 「精神科学の基礎づけに関する研究」 1905年以降 | VII |
| 「精神科学における歴史的世界の構成」 1910年 | VII |
| 「精神科学における歴史的世界の構成の続編の構想　歴史的理性批判のための草案」 1910年頃 | VII |
| 「付録」 1904年以降 | VII |
| Ⅱ　世界観学 | |
| 「歴史意識と世界観」 1896年頃―1906年頃 | VIII |
| 「世界観の諸類型と，形而上学的諸体系におけるそれらの類型の形成」 1911年 | VIII |

| | |
|---|---|
| 「世界観の諸類型に関する論文への手書きの追記と補遺」 1896年頃―1906年頃 | VIII |
| 「世界観学に向けて」 1896年頃―1906年頃 | VIII |
| 「哲学の本質」 1907年 | V |
| 「宗教の問題」 1911年 | VI |

| | |
|---|---|
| **第5巻　詩学・美学論集**<br>編集/校閲　和泉雅人・前田富士男・伊藤直樹 | |
| **I　詩学** | |
| **第一部　詩的想像力《ファンタジー》の世界** | |
| 「ゲーテ，ティークおよびオットー・ルートヴィヒの想像力による視覚現象」 1866年 | XV |
| 「ロマン派の詩人たち――ティークとノヴァーリス」 1868年 | XV |
| 「ハインリヒ・ハイネ」 1876年 | XV |
| 「詩的想像力と狂気」 1886年 | VI |
| 「詩人の想像力――詩学のための礎石」 1887年 | VI |
| 「詩学断片」 1907／08年 | VI |
| **第二部　体験と創作** | |
| 「近代ヨーロッパ文学の歩み」 1910年 | XXVI |
| 「ゴットホルト・エーフライム・レッシング」 1910年 | XXVI |
| 「ゲーテと詩的想像力」 1910年 | XXVI |
| 「ノヴァーリス」 1910年 | XXVI |
| 「フリードリヒ・ヘルダーリン」 1910年 | XXVI |
| **第三部　偉大な想像力文学** | |
| 「偉大な想像力文学」 1890／91年 | GP |
| 「シェイクスピアと同時代人たち」 1953年刊行 | GP |
| 「キリスト教文学におけるサタン」 1860年 | GP |
| 「戯曲の技法」 1863年 | GP |
| 「天才小説家チャールズ・ディケンズ」 1877年 | GP |
| **II　美学　第一部** | |
| **第一部　近代美学史** | |
| 「近代美学の三つの時期とその今日的課題」 1892年 | VI |

| | |
|---|---|
| 第二部　音楽史と美術史 | |
| 「ドイツ音楽」 1906／07年頃，1876年 | DM |
| 「十八世紀の偉大なドイツ音楽」 | DM |
| 「偉大なドイツ音楽の起源」 | DM |
| 「リヒャルト・ヴァーグナー」 | XV |
| 「美術史学の諸相」 1862年，1874–81年 | XVII |
| 「ヨーハン・ヨアヒム・ヴィンケルマン」 | XVI |
| 「美術史彙報」 | XVII |

| | |
|---|---|
| **第6巻　倫理学・教育学論集**<br>編集/校閲　小笠原道雄・大野篤一郎・山本幾生 | |
| Ⅰ　倫理学 | |
| 「道徳意識の分析」 1864年 | VI |
| 「倫理学体系」 1890年 | X |
| Ⅱ　教育学1 | |
| 「教育学の歴史」 1884年／94年 | IX |
| 「教育学体系の草稿」 1884年／94年 | IX |
| Ⅲ　教育学2 | |
| 「普遍妥当的教育学の可能性について」 1888年 | VI |
| 「ベルリン大学教育学講義覚え書きからの抜粋」 1884年 | SzP, S. 111–118 |
| 「教育学への心理学の応用に関する講義」 ベルリン　1893年／94年頃 | XXI |
| 「学校改革と教室」 1890年 | IX |
| 「学校改革」 1900年 | KpT, S. 83–86 (4 Aufl.). |
| 「中等教育の問題と教育学」 1885年 | KpT, S. 43–48 (4 Aufl.). |
| 「プロイセン教育制度史の概論的構想」 1878年／79年 | KpT, S. 75–82 (4 Aufl.). |
| Ⅳ　法と教育 | |
| 「プロイセン一般ラント法」 1900年／11年頃 | XII |

| 第７巻　精神科学成立史研究　　編集/校閲　宮下啓三・白崎嘉昭 | |
|---|---|
| I　近代における精神科学の成立 | |
| 「十五, 十六世紀における人間の把握と分析」 1891年／92年 | II |
| 「十七世紀における精神科学の自然体系」 1892年／93年 | II |
| 「十七世紀における思惟の自律, 構成的合理主義　および汎神論的一元論の連関」 1893年 | II |
| 「十六, 十七世紀の文化における人間学の機能」 1904年 | II |
| 「ゲーテのスピノザ研究時代から」 1894年 | II |
| 「形而上学的意識の基本モティーフ」 | II |
| 「古代世界におけるキリスト教」 | II |
| 「宗教改革礼賛について」 | II |
| 「ジョルダーノ・ブルーノ」 1893年 | II |
| II　シュライアーマッハー関連論考 | |
| 「フリードリヒ・ダニエル・エルンスト・シュライアーマッハー」 1890年 | XVI |
| 「シュライアーマッハーの政治的信条と貢献」 1862年 | XVI |
| 「シュライアーマッハー　その横顔と生涯」 1859年 | XVI |
| 「シュライアーマッハーの「心理学」」 1862年 | XVI |
| 「シュライアーマッハーの書簡集について」 1861年 | XVI |
| III　ショーペンハウアー関連論考 | |
| 「アルトゥール・ショーペンハウアー」 1864年 | XV |
| 「アルトゥール・ショーペンハウアーの哲学について」 1862年 | XVI |
| IV　歴史家について | |
| 「イタリア・ルネサンスの文化, ヤーコプ・ブルクハルトの試み」 1862年<br>〔ヤーコプ・ブルクハルト『イタリア・ルネサンスの文化』バーゼル, 1860年〕 | XVI |
| 「歴史と科学」 1862年<br>〔バックル『イギリス文明史』(1860／61) について〕 | XVI |
| 「イギリス史」 1861年<br>〔バックル『イギリス文明史』第一書簡第一部を読む〕 | XVI |
| V　その他 | |
| 「グノーシス――マルキオンとその教派」 1858年 | XV |

| 第8巻　近代ドイツ精神史研究　　編集/校閲　久野昭・水野建雄 | |
|---|---|
| I　ライプニッツとその時代　1900年 | IV |
| II　フリードリヒ大王とドイツ啓蒙主義　1901年 | IV |
| III　十八世紀と歴史的世界　1901年 | IV |
| IV　ヘーゲルの青年時代　1906年／他 | IV |
| V　ヴィルヘルム・ディルタイによるヘーゲル研究の断章 | IV |

| 第9巻　シュライアーマッハーの生涯　上<br>編集/校閲　森田孝・麻生建・薗田坦・竹田純郎・齋藤智志 | XIII |
|---|---|

| 第10巻　シュライアーマッハーの生涯　下<br>編集/校閲　森田孝・麻生建・薗田坦・竹田純郎・三浦國泰 | XIV |
|---|---|

| 第11巻　日記・書簡集<br>編集/校閲　伊藤直樹・大石学・的場哲朗・三浦國泰 | |
|---|---|
| I 「若きディルタイ」 1933年 | JD |
| II 「ディルタイ＝ヨルク伯往復書簡集」 1923年 | BDY |
| III 「ショルツ夫妻宛書簡集」 1933年 | BDSch |
| IV 「ルードルフ・ハイム宛書簡集」 1936年 | BDH |
| V 「ディルタイ＝アディケス往復書簡集」 1969年 | BDA |
| VI 「ディルタイ＝フッサール往復書簡集」 1911年 | BDHu |
| VII 「講義・講演と序言――自叙伝的寄稿より」 | |
| 「一七七〇年から一八〇〇年までのドイツの文芸運動ならびに哲学運動」 | V |
| 「科学アカデミー会員就任講演」 | V |
| 「生誕七〇年記念講演」 | V |
| 「『論集』序言」 | V |

# 第二章　ディルタイ関連資料および文献目録

大石　　学
鵜澤　和彦
齋藤　元紀
走井　洋一
上島洋一郎

# 第一節

# アカデミー版『カント全集』第1巻
# ディルタイによる序文　翻訳・解説

鵜澤和彦 訳

## 凡 例

(1) 本翻訳は，ヴィルヘルム・ディルタイによるアカデミー版『カント全集』第1巻に付せられた「序文」(Wilhelm Dilthey, Vorwort, in: *Kant's gesammelte Schriften*, herausgegeben von der Königlich Preußischen Akademie der Wissenschaften, Band I, S. V–XV, Berlin 1910）の全訳である。底本はアカデミー版第1巻を使用した。

(2) 原文は著書名，論文名，引用文に同じ引用符を用いているが，邦訳では著書に関しては二重鍵『　』，その他は通常の一重鍵「　」を用いた。原文が隔字体の箇所は，訳文に上点を付した。

(3) 日本語版『全集』第11巻（日記・書簡集，編集／校閲　伊藤直樹・大石学・的場哲朗・三浦國泰，法政大学出版局，2023年）からの引用は『日記・書簡集』と表記し，ページ数を付した。

(4) ドイツ語の『ヴィルヘルム・ディルタイ往復書簡集』(*Wilhelm Dilthey Briefwechsel*, Band I: 1852–1882, Band II: 1882–1895, Band III: 1896–1905, Band IV: 1905–1911, hrsg. Gundrun-Kühne-Bertram und Hans-Ulrich Lessing, Vandenhoeck & Ruprecht, 2011–2022）からの典拠はBWと略記し，コンマを付した。またローマ数字で巻数，アラビア数字でページ数を表記した。

(5) 読者の便宜を図るため，本節では〔　〕内にタイトルの表記と欄外の訳注を施している。したがってこれらの注記は，すべて訳者によるものである。

# 序　文

〔第一節　従来のカント著作集の問題点〕

プロイセン王立科学アカデミーによって刊行されたこの全集版は，『カント全集』という表題の下で，カントの精神的遺産の全体を収録している。それは著作，書簡，手書きの遺稿，そして彼のライフワークの認識に役立ちうる，講義録総体を含んでいる。

カント自身は，自分の著作の出版を気にかけることはあまりなかった。彼は最期まで，自分の体系を個々の諸部分の隅々にいたるまで完成することに全力を挙げていた。彼は一連の自身の哲学研究を振り返るたびに，自分の哲学研究が，その批判的な主要著作の立場と一致するかどうかを基準にして，自身の哲学研究の持続的価値を測っていた。カントの許可なく小論文を編纂した著作集が，1793 年以降陸続と出版された。だが，これらの著作集は，カントの怒りをかうことになった。そこで，彼は二度にわたって，脚注を補足したより優れた自分の版を出版するつもりだと表明した。しかし，その場合でも，カントは自身の『著作集』の合法的な版の編集を，すすんで弟子のティーフトルンクに委ねたのである。カントは 1770 年以前の，すなわち，批判的立場への偉大な転換に先立つ全著作をこの著作集の版から外したほうがよいと考えていたのであろう。そして，このことは，彼の前批判期の仕事との関連でとくに注意すべきことである。〔しかし〕ティーフトルンクが編集した版についても，カントがその改善と脚注の補充を行なったとする形跡はどこにも見いだされなかった。彼は，自分の主要著作の印刷に関してすらほとんど気にかけることがなかったのである。

カントは健康〔状態〕と精神力の減退のゆえに講義から退いたとき，心血を注いだ偉大な精神的仕事のいずれを後世に残すことができるかを自問しなければならなかったのであろう。彼は草稿の段階から自分で人間学〔の原稿〕に手を入れていた。他の講義には，自然地理学，論理学，教育学のほかに，

明らかに形而上学，自然神学，道徳論も含まれるが，彼はこれらの講義の編集と出版を弟子のイェシェとリンクに任せた。これに加えて，〔これらに関する〕手書きの資料も弟子たちの手にゆだねたのである。

これらの講義録は，二つの部門に区分された。〔しかし〕どちらの部門でも，イェシェとリンクがカントの講義録から編集した出版物によって，カントの意図が実現されることはなかった。

カントが青年時代に執筆した諸作品にみられる連関は，宇宙全体〔の構造〕とその成立から地球の歴史や自然地理学，さらに人間学にまで及んでいた。彼が天界の自然史に従ってこの連関から述べたことは，講義を通じて補足する必要があった。彼の地球の自然史に関する思想，次に地球記述，最後に地球の諸条件下における人類の発展に関する考えは，一つの全体を形成しており，当時の知識の限界を批判的に自覚しながら長い熟慮を経て得られたのである。そこで，彼はそれらの思想を公表したいという願いを抱いていたに違いない。この願いは，もしかしたらヘルダーの『人類歴史哲学考』とカントとの〔対抗〕関係を通じて，強くなったのかもしれない。けれども，リンクによる自然地理学の編集は，カント自身による人間学〔の原稿〕の修正を考慮に入れるとしても，彼によって成し遂げられた仕事の範囲を余すところなく取り上げているわけではない。

また，弟子たちの編集によって上述の体系的な講義録を出版するという計画も，きわめてわずかの部分しか実現されておらず，それもきわめて不十分にしか実現されなかった。この〔カントの意図の〕実現を妨げる要因は，イェシェとリンクがこの困難な課題をやり遂げるには力不足であったこと，他のグループが無許可で〔カントの〕著作集を出版するという差し迫った状況，このようにして生じた不愉快な争いごとにあった。〔その結果〕出版されたのは論理学と教育学のみである。ところが，論理学に関するカントの講義録の内容は，イェシェによって十分に活用されてこなかったのである。

カントの遺稿には，不幸な運命が待ち構えていた。ゲーテとライプニッツの遺稿は，崇敬の念をもって保管されてきた。これに対して，カントの手稿は，きわめて不完全な状態で私たちにもたらされたのである。彼が亡くなったとき，弟子たちに渡されていた手稿は，おそらく返却されなかったのであろう。また，カントの死後，彼の手元にあった遺稿も次第に散逸していった。このようにして，手稿として残されていたものは，さまざまな人の手に渡る

ことになる。それから，未綴じ原稿〔ローゼブレッター〕や書簡の各頁もあちこちに分散してしまった。その結果，慎重に〔資料の〕追跡調査を行なったにもかかわらず，現在のアカデミー版についても〔カントの〕書き残したものを完全に網羅しているとは期待できないのである。

これらの事実は〔以下のことを〕十分明確に物語っている。これらの事実から明らかになることは，カントの全集版が〔当時〕いかに必要とされていたか，また，その全集版は出版物に制限されてはならない，ということであった。そのうえ，これらの事実は同時に〔編集上の〕極度の難しさを〔私たちに〕気づかせることにもなった。そして，この困難のために，この課題の十分な解決がこのように長きにわたって先延ばしにされてきたのである。

〔第二節　従来のカント全集版の問題点と発展史の意義〕

カント全集の一つの版は，カントの晩年に出版者のニコロヴィウスによって検討されてきた。しかし，それは実現することがなかった。〔その後〕カント全集は1838年に初めて出版されるが，二つの版の同時刊行が始まった。一方の版(1)は，カントの想い出を忠実に残そうとするケーニヒスベルク〔大学の〕関係者の手によるものであった。そして，編者はローゼンクランツとシューベルトであった。他方の版(2)は，ハルテンシュタインによって企画・編集された。彼は1867–68年に二度目となる全集版を刊行するが，この版は過去の二つの全集版よりはるかに優れたものであった。彼の二番目の全集版(3)では，テキストに最大の注意が払われ，また，著作の年代順の配列が徹底された。しかしながら，彼もまた，手稿のなかに散見される書簡を収集するという課題に首尾一貫した努力を払わなかった。したがって，彼はカントの記録文書に関するシューベルトの不十分な報告〔の域〕を出なかったのである。

ところで，カント研究は1850年代の中頃から，カントの根本思想を実証科学の進歩と関係づけたドイツ哲学の潮流によって強い示唆が与えられることになった。カントの発展史，彼の著作の成立と構成は，卓越した学者らによって研究された。ベノ・エルトマンとライケの著作は，手書きの遺稿〔の研究〕から生まれたものである。講義録の研究は，エルトマン，アーノルト，ハインツェが中心となった。ライケは，長年に及ぶ書簡収集の仕事を開始した。また同時に，アーノルトと彼は，カントの生活の様子を解き明かすこと

に専心した。

　このようにして，カントが書き残したすべての作品を編集するための最も好都合な条件が整った。すなわち，それは作品のすべての分野に及ぶ強い関心，カント研究に生きた人たち，この書き残した作品〔の解明〕に取り組んだ多数の研究である。私がドイツ作家の手稿を研究する機会を得たとき，明確になったことがある。それは〔カントのような〕全集版を遅らせてはならない，ということであった(4)。時間を失ったり，関心が分散したりすることで，いかに数多くのことが達成できなくなるかは明らかであった。そうしたわけで，カントの精神的遺産のすべてを収録した全集版の計画が立案されたのである。

　重要なことは，カントが仕上げた体系の連関に関する知識を，手稿と講義録にもとづいて補完することであった。同時に，他の課題も解決されねばならなかった。偉大な思想家たちの発展史は，彼らの体系を解明してくれる。したがって，発展史は人間の精神史の理解にとって不可欠の基礎である。芸術家，詩人，科学者，哲学者の誰であっても，今日の研究では発展史の問題を避けて通ることができない。とくに哲学的思考の歴史は，この方法を通じてのみ，思想の個々の形態が互いに関係づけられ，また，われわれの本質の究極的な深淵と結びつけられている連関を把握することができる。大部の手書きの遺稿は，われわれがこの課題を十分に解決するさいには，たいてい役に立たないものである。この〔大部の遺稿の〕ケースは，哲学の天才とその思想形成の理解に特有な意味を与えることはない。そうした遺稿は，ここ〔ドイツ〕の近代の思想家たちに認められるのだが，その場合でもひょっとしたら，手書き原稿がわれわれに語らないところで〔思考の歩みを〕止めたほうがより安全である，という補助手段くらいにはなるかもしれない。こうした理由により，これらの〔発展史の理解に〕典型的なケースでは，取るに足らないこと，ならびに，小さな事柄に専心すること(5)が，いたるところでこの最も大きな課題とつながっている。これらのことが，真の歴史的精神の徴表なのである。

　カントの発展史はこの種のケースに当てはまるが，それは同時にそれだけで人間とその歴史について最も大きな意味を有している。カントの偉大な天才的能力は，きわめて複雑な内的過程に依拠して，ドイツの古い形而上学を打破し，批判哲学の観点を基礎づけ，自己活動的な純粋自我の内に，経験諸

学の妥当性および道徳的諸原則の無制限な妥当性のための揺るぎない土台を見いだすのである。そして今日では，この思考過程を認識するための資料が存在する。その資料は〔一度〕散逸したもので，年代および事柄に即してこれまで整理されてこなかったが，しかし，非常に幅広い分野に関わっている。

とくにわれわれの関心を引くのは，15年に及ぶカントの沈黙の期間である。この沈黙は，わずかに数編の論文と1770年の教授就任論文によって一時的に中断されたにすぎないのである。カントは『美と崇高の感情に関する観察』（1764年）と『視霊者の夢』（1766年）によって，われわれドイツ民族の学術的な著作家の一人としてヴィンケルマンやレッシングと並び称せられた。これらの著述家では，青年期の思考の輝きとその成熟，自由で屈託のないものの見方，思い悩む思慮深さといった特徴が稀にも一つに結びついている。カントが同時代に与えた強い影響力は，ヒッペル，ヘルツ，ハーマン，とくにヘルダーの著作が示しているように，カントのさまざまな講義と人格に由来していた。そして，彼の思考の変革は，まさにこのわずかな仕事しか残さなかった時期に成し遂げられた。したがって，この時期の記録および講義録から得ることができるものには，すべてきわめて重要な意味がある。これらの記録の多くには，発展史的な関心とともに永続的な固有の価値も認められる。しかし，偉大な思想家たちの青年期を満たす諸理念は，つねにその一部しか展開されないのである。それゆえ〔展開されなかった〕複数の可能性もよく考えてみる〔必要がある〕。〔というのも〕それらの可能性は，体系形成が進むと顧慮されなくなるとしても，その場合でもやはり，その哲学がさらに発展していく過程でその意義を申し立ててくるようになる〔からである〕。

発展史〔の理解〕にも役立つ究極的目標とは，カントのライフワークを歴史的に理解することである。彼自身が一度「著者が自分自身を理解するよりもよりよくその著者を理解する」(6)という課題について述べている。この課題〔の解決〕によって可能になるのは，もっぱら客観的な解決に向かって一歩一歩近づくことである。しかし，そうした漸次的接近は，カントが思索した歴史的状況をつねに再区分することを通して，〔また〕われわれに残されたカントの思惟に関する全資料を用いてのみもたらされうるのである。したがって，この資料を整理して完全な形で〔読者に〕提供することが，この場合にも必要な前提条件となる。この資料は体系の客観的・歴史的認識という究極的目標にとっても有益である。そして，このことがどれほど控えめに考え

られるとしても，この資料がよく整理され，可能な限り年代順に配列されるならば，今日カント研究者の間に見られ，そして，カントの全体像の理解から主要概念の解釈にいたるまで見られる争いは，やはり抑止されることになる。

ところで，〔全集〕版が上述の諸目標の実現にふさわしくあるべきなら，カントの手稿や講義になお見いだすことができる事柄はすべて，まずもって〔その全集版を〕調べることを通じて確かめられ，その上で利用される，というように〔全集版を編集〕する必要があった。そして，このようにさまざまな分野に関する資料を一つにまとめるのは〔今後〕長期間にわたってそう簡単に繰り返すことができない。なぜなら，編集をやり直すには，あまりに多くの困難がその作業を妨げるからである。そのため，手稿の〔内容の〕変化，内容の一致や差異といった他の外的な特徴から手稿の年代を特定し，著作，手稿，講義の間の内的連関を解明することは重要であった。この全集版そのものは，当然のことながら，個別研究に先立ってその目標を達成することを意図しているわけではない。しかし，それは個別研究のための客観的な土台を提供するはずである。

上述のことは，私が 1893 年にプロイセン文部省とその王立科学アカデミーに提出した〔編集方針の〕諸観点であった(7)。同アカデミーは 1894 年，ツェラーと私の申請を認めて，カント全集の刊行を決定した。哲学および歴史部門から設置されたアカデミーの委員会には当初，現在の委員の他に，同部門の当時の事務局長モムゼン，ツェラー，ヴァインホルトも参加していたのである。

〔第二節　アカデミー版カント全集の各部門の解説〕

この版は著作，書簡，手稿，講義の四部門からなり，それらの部門はこの順序で並べられている。今ここでは四部門における出版物の範囲を定めることとその理由づけ，それらの配置に関する利用者のための一般的な手引きに関してのみ要約しておくことにする。個々の部門の構造に関するより詳細な説明は，各部門〔の序論〕のなかで行なわれる。

著作の部門は，最も短い新聞記事や他の人の著作への寄稿から，大部の著作までカントの学術的な仕事のすべてを含んでいる。これらの出版物は，カント自身によって，あるいは，明らかに〔弟子に〕委託して公刊されたもの

である。著作は，その学術的な狙いという第一の特徴によって，カントが出版した公告から区別される。公告のきっかけと目的は個人的なものであり，このため公告は書簡の後に位置づけられる。カントが出版のために，あるいは，他者の利用のために執筆したが，その場合，まったく出版されなかったか，あるいは，カントが明らかに〔弟子に〕委託して公刊したわけではない作品群は，この〔個人的目的という〕第二の特徴によって著作から除外される。過去の全集版は，こうした厳格な著作の区別を行なわなかった。したがって読者は，これまでの版では著作に分類されていた複数の論文が，このアカデミー版全集では手書きの遺稿と書簡に収録されていることを目にするであろう。そういうわけで，ライプニッツとヴォルフ以来のドイツ形而上学の進歩に関する懸賞課題の解答に関連するカントの準備原稿，そして1788年から1791年までの7編の小論文は，遺稿に分類されている。「哲学一般について」という論文は，この版から完全に削除され，今ではその代わりに『判断力批判』の序論というカント自身の原稿がおかれている。この序論はベックが自身の論文を執筆するさいにその基礎とした資料であり，その後ロストックで発見されたものである。このカントの原稿は，手書きの遺稿に分類される。『判断力批判』の序論，『単なる理性の限界内の宗教』の序文，そして個々の諸論文は，その重要な価値に関して著作と比べて遜色がないとしても，出版というカントの最終的な決意がやはりそれらには欠けている。そして「熱狂とそれへの対抗手段」そして「ゼメリンク著『魂の機関』について」は，従来の全集版では著作に分類されていたが，上述の区分原理に従えば，これらはこのアカデミー版では書簡集に入れられている。第1部門の論文の配置に関するより詳しい説明は，第1巻の脚注の冒頭にある序論を参照していただきたい。

書簡集は〔本全集版の〕第2部門を成している。最初の3巻は書簡を，第4巻は書簡の序論と解説を含んでいる。偉大な人物の他の全集版は，彼ら自身の書簡のみを掲載しているが，そのような制限はアカデミー版の目的および資料の性格から考えてふさわしくない。〔本全集版ではカント宛書簡と〕バランスが取れる量のカントの書簡だけが収録された。それゆえ，カント宛の書簡は，彼の文通の範囲，方法，目標をはじめて明らかにしたのである。従来の〔カント全集〕版は，その版〔の編集者〕に入手可能である限りで，すでに特定数の著名人の〔カント宛〕書簡を掲載していた。しかし，他人の書簡をカン

ト全集に加えることを決定したならば，やはりカント宛の入手可能なすべての書簡を完全に収集すべきなのである。そして，このことによってのみ，カントの残された書簡を理解できるように編集し，失われた書簡に関する情報を入手し，さらにこれらの情報源から得られた資料を使ってカントの生涯と学説を明らかにする，という課題が十分に果たされうるであろう。その成果は，この〔編集〕方法の正しさを証明するにちがいない。カントの人格，彼とその時代，とくに啓蒙の実現へのさまざまな企てとの関係，そして彼の生活の経過に関する従来の像は，カント宛のこれらの書簡を全集に収録することによって最も望ましい仕方で補われることになる。書簡集はカントの人生に関する資料であるが，それを補うものとしてカントの宣言，遺言，そして備忘録に書き記された詩歌が書簡集に収められている。カントは大学での自分のポストから職務上の書簡を交わしたが，これらも書簡集に収められている。ただし，それは，カントが与えた影響という側面を何らかの仕方で特徴づけることができるような書簡に限られている。この〔書簡〕選択の責任は，もっぱらこの全集版の編集主幹にある。そして，カント宛書簡を完全な仕方で読者に提供することは，カントの人格と生涯に関するだけでなく，同時に彼の学説とその影響の発展史についても解明することになる。カントは同時代の形而上学に初めて熱心に取り組み，次第にその立場から離れて，批判哲学を形成したが，これらのことはカントと同じように〔形而上学に〕専心し，それとは反対の立場をとった同時代人との対決によるのである。批判哲学は，年を追うごとにその影響力を増していった。このことは〔カントに〕賛同する著名な学者や無名の読者による書簡から明らかになる。そして，カントの体系を変革〔することに貢献〕した人々との往復書簡は，最初の師弟関係から次第に明確となる対立〔が生じてくるプロセス〕を物語っているのである。

第３部は手書きの遺稿を収録している。遺稿〔集〕を著作の部門から区別することについてはすでに論じられた。遺稿〔集〕はその部門が持つ学術的な狙いによって，書簡の部門から区別されている。したがって，遺稿に見られる個人的な省察は，書簡の補遺として〔本全集に〕収められている。そういうわけで，この第３部門は，手短かな備忘録からきわめて重要な価値を持つ大部の仕事にいたるまで，今日なお保存されているカントの学術的な記録のすべてを含んでいる。記録〔の内容〕は，さまざまなテキストのなかに何度も見いだされる。そして，その記録は多くの場合，著作に含まれていた

内容と比較すると，もちろん何ら新しいものを含んではいない。ところで，もし記録と講義あるいは著作とを関係づける〔遺稿〕資料が提出されたならば，その資料を収録しないことで〔全集の〕分量を大幅に縮小する，などといったことはありえなかった。したがって，より正しい選択肢は，発展史にとってこれほど重要な資料を〔読者に〕完全な仕方で提供することによって，あらゆる選択の内に潜む主観的性格を排除することだと思われた。この第3部の資料の配列は，その序論でより詳しく報告されている。その配列の原理は，この全集版の計画にもとづいている。手稿はその出所ではなく，事柄に即して付けられた表題に従って配列される。この表題に依拠して，少なくとも各グループおよび個々の記録の相対的な年代特定，そして，それに対応する時系列が可能な限り配列される。遺稿のなかの記録の時系列に関する知識は，今日の〔カント〕研究にとって欠くことができないので，したがって分散していた資料をいわばその元の順序に戻す補助手段が研究のさいに必要となる。この手段については，同部門に関する序論によってより詳しい説明が与えられる。

カントの書簡および手書きの遺稿などすべての手稿の印刷には，〔元原稿の〕正書法，発音，そして文法の固有性を忠実に再現するという慎重な措置をとっている。ただし，とくに手稿に最初から見られる句読法は〔標準的な〕句読法の表記とは異なっている。それでもやはり，手稿の句読法を標準のものに置き換えて，さらに書き間違いを訂正することは，手書きの遺稿の部門では必要であると思われた。書簡の部門では，上述の措置は不必要だった。なぜなら，そこではこのような理解の難しさはなかったからである。

最後の部門は〔学生の〕講義録のなかから重要なものを収めている。この部門は，言葉の厳密な意味でカントの著作の範囲を超えており，その限りで，それを前の諸部門から独立した一つの全体と見なしてもかまわない。また〔読者が〕このような出所の資料を使用することに懸念を抱く理由もよく理解できる。講義録のなかで最も重要なものであっても，それは書き伝えるという種類の不確実性を帯びる。こうしたノートは，カントによって語られた言葉に関する正当な文書と見なすことがけっしてできない。カント自身は，講義の教育学的な狙いについても，非常に明確に自分の考えを述べていた。この教育学的な狙いからしても，発展途上で思索する思想家が，講義のなかで自分の到達点を隠し立てなく述べていたなどとは，けっして推測できないの

である。しかしながら，こうした困難があるからといって，それが講義録を使用しないとする理由にはなりえない。〔講義録の〕資料調査は，それが進めば進むほど多数の講義録を発見させることになった。これらすべての講義録と印刷された講義および手稿とを互いに関係づけることによって，講義録を批判的に活用することができる。同時に〔学生の記録という〕資料の出所が持つ意味もいっそうはっきりと強調された。講義録は〔次の〕二つの観点で必要である。〔第一に〕講義録は，講義で伝えられたことを通じて，カントの印刷された著作を補完し，その体系的連関を成立させるという課題を解決するのに役立つ。その限りで，講義録を批判的に使用するならば，彼の最晩年という状況下でよりも，より完全な仕方で彼の意図を実現できるのである。それゆえ，講義録の批判的使用は，当時公表された講義資料の成立年代および講義資料の忠実な再現に関して確実な証拠がない状況下で，ますます必要になってくる。〔第二に〕同時に，この部門はカントの発展史に関するきわめて豊富な資料を提供している。講義ノートは，ヘルダーがカントの講義の熱心な聴講生であった時期から，カントの最晩年の学術的仕事にいたるまで批判哲学の形成と歩みを共にしている。講義ノートによって，カントの発展のさまざまな段階で彼の思想圏を概観することが可能になる。一般読者に対してよりも大学講堂での〔講義の〕ほうが，彼の同時代人や先行者との関係について，忌憚なく彼の考えが現れている。彼は著作では触れていない作家たちについても，折々の機会を見つけて何度も言及している。同じ哲学の科目に関するさまざまな時期に行なわれた講義から，彼の思想形成のそのつどの段階を伺い知ることができる。彼の体系の一部がとくに講義の対象ではない場合でも，『判断力批判』に関わる事例が示しているように，やはり体系の他の部分に関する講義から彼の体系的な発展史のための重要な情報を得ることができる。そして，すべての講義録を総括して考えるならば，彼がさまざまな分野の教育によって行なった個々の講義科目は，とても充実した内容を持っていたことが明らかになる。最後に，カントの教育活動，講演，そして思想の発展が聴講生のグループに及ぼした教育学的側面に関する明確なイメージは，この一連の長い講義録〔の研究〕によってもたらされるのである。

この全集版は資料研究の成果を伝えるものであり，この成果の範囲は，ここでも当然のことながら，出版物として利用する条件を満たしているもの，したがって，同時にまた，十分確実に確認されうる出版物に限られる。とく

に問題となるのは，講義ノートの年代特定と作成方法およびこの手書きノートと印刷された講義録との関係である。第4部門の編集主幹は，その部門の冒頭で〔講義録の〕選択，配置，テキストの取り扱いを定めた基本原則について必要なことを述べるだろう。

したがって，カント，リンク，イェシェが，論理学，自然地理学，人間学に関する便覧を出版したように，この〔全集〕版でもこれらの便覧は，著作の部門に入る作品として出版される。さらに，講義録の部門のなかで筆記録から重要なものが出版された。これは避けがたいことであった。これら3冊の便覧はカントの原稿を基にして成り立っており，人間学はカント自身が手を加えている。そして，論理学と自然地理学はカントの指示にもとづいて出版されたのである。したがって，これらの便覧のテキストは，手を加えられることも補足されることもあってはならなかった。それゆえ，上述の理由から，まさに同じ対象を扱う講義録の編集が必要になったが，それ〔に関する詳論〕は講義録の部門で行なわれることになった。

この全集版の編集作業は，その開始時からさまざまな方々の好意あるご支援を賜った。〔カントの〕講義時間割表は，その最初の計画から編集作業にとって非常に興味深いものであった。そして，それは今日に至るまで編集作業の一部を支える力強い後ろ盾となった。公的機関，とくにドルパット，ケーニヒスベルク，ロストック，ベルリンの図書館は，保有する手稿を進んで長期間貸し出してくださった。これらのご協力に謝意を表しなければならない。この全集版の個々の部門〔の資料〕の出所について触れておくならば，とくに無報酬で純粋に事柄への関心から保有する資料を使用させてくださった多数の市民の方々に対してもそのご厚意に報いるべく謝意を表しておきたい。

ベルリン
1902年7月

ヴィルヘルム・ディルタイ

## 注

(1)　Karl Rosenkranz und Friedrich Wilhelm Schubert (Hrsg.), *Immanuel Kant's sämmtliche Werke*, 12 Bände, Leibzig 1838–42. この『カント全集』の編者は，二人ともケーニヒスベルク大学の学長経験者である。カール・ローゼンクランツ（1805年4月23日マグデブルク生まれ，1879年6月14日ケーニヒスベルク没）は，1833年にケーニヒスベルク大学のカント講座の正教授に招聘される。1845年から1862年にかけて何度も同大学の学長職を務めた。ヘーゲル哲学にも造詣が深く，今日ではヘーゲル研究者として知られている。フリードリッヒ・ヴィルヘルム・シューベルト（1799年5月20日ケーニヒスベルク生まれ，1868年7月21日同地没）は，ケーニヒスベルクの歴史家，政治学者。同全集版の第11巻第2部に収録された「カントの伝記」を執筆した。1826年にケーニヒスベルク大学の歴史学および政治学の正教授に着任する。彼も何度も学長を経験している。

(2)　Gustav Hartenstein (Hrsg.), *Immanuel Kant's Werke*, Gesammtausgabe, 10 Bände, Leibzig 1838–39. 同全集版編者のグスタフ・ハルテンシュタイン（1808年3月18日プラウエン生まれ，1890年2月2日イェーナ没）は1836年，ライプチヒ大学の哲学正教授に就任。彼はケーニヒスベルク大学の哲学・教育学の正教授，ヨーハン・フリードリヒ・ヘルバルトの研究者として知られ，科学，とくに連想心理学を基礎とする教育学の理論，ヘルバルト主義の熱心な支持者とされる。

(3)　Gustav Hartenstein (Hrsg.), *Immanuel Kant's sämmtliche Werke* in chronologischer Reihenfolge, 8 Bände, Leipzig 1867/68.

(4)　ディルタイがアカデミー版『カント全集』の出版を急いだ背景には，編集・出版の機が熟していたため，そのチャンスを無駄にするようなことがあってはならないとの判断があった。しかし，なぜカントなのかという点に関しては，必ずしも本文からは理解できない。この点を補足する資料として，ディルタイが1889年1月16日に独文学協会で行なった講演「文学アルヒーフ」とその内容を敷衍した二編の論文，すなわち「文学のためのアルヒーフ」(XV, 1–16) および「哲学史研究における文学アルヒーフの意義」(IV, 555–575) が挙げられる。ディルタイは，これらの論文で手書きの備忘録や遺稿をアルヒーフ化（書庫化）するのに適した実例としてカントの名を挙げている。そして，そのなかでカントの資料の保存・管理に関する準備作業を行なうと示唆している。この準備作業が4年後にアカデミー版カント全集のプロジェクトとして結実した。なお，ディルタイの準備作業については，以下の研究からも示唆を得た。Tanja Gloyna, Edition – Neuedition: die drei Critiken Immanuel Kants in der Akademie-Ausgabe. Eine Baubeschreibung, in: Anette Sell (Hrsg.), *Editionen – Wandel und Wirkung*, Berlin 2007, S. 113.

(5)　ディルタイは1889年に発表した「哲学史研究における文学アルヒーフの意義」(IV, 36f.) で，この「序文」(1902年) の論点を以下のように表現している。「一見したところ，重要には思えない草稿の各ページは，そうした上述の繊細で，深く，また，複

雑に入り組んでいる連関のなかでは，因果関係の認識の一契機になりえる。完成した書籍は，それ自身その成立の秘密について語らない。さまざまな計画，概観，草稿，書簡の内で，その人物の生ける精神が息づいている。このことは，デッサン〔の方〕が，出来上がった絵よりも，その人物〔の特徴〕についてより多くのことを教えてくれるのと同様である」（IV, 561f. 傍点筆者）。

(6)　この標語は，イマヌエル・カント著『純粋理性批判』超越論的弁証論第2部第1章「理念一般について」（B370）にその典拠がある。そこでは，該当する本文で以下のように述べられている。「ただ私が述べているのは，普通の対話においても，書物においても，著者が自らの対象について語りだす諸思考を比較することによって，著者が自分自身を理解した以上に理解するのは少しも異例なことではない，ということだけである」（B 370）。カント全集第5巻（岩波書店），有福孝岳訳，28頁。ディルタイは『哲学の本質』（1907年）第1部第2節のなかで，カントのこの標語を精神諸科学の方法に関する基本姿勢としてとらえている。Vgl. V, 355. なお，この標語の含意に関しては，以下の文献に有益な解説がある。牧野英二著『持続可能性の哲学への道――ポストコロニアル理性批判と生の地平』（法政大学出版局，2013年），209–212頁参照。

(7)　ディルタイは1893年，プロイセン教育省に『カント全集』の出版に関する申請書を提出し，同省は翌年，王立科学アカデミーの会議でディルタイの出版計画を「カント作品の批判完全版」のプロジェクトとして認可した。Vgl. ABBAW, Dienstliche Akten Kant-Kommission, Bestand PAW, Sign. II–VIII–153, Blatt 1. ヴェルナー・シュタルクは，ディルタイを同プロジェクトの spiritus rector（精神的指導者）と特徴づけている。Vgl. Werner Stark, *Nachforschungen zu Briefen und Handschriften Immanuel Kants*, Berlin 1993, S. 8. ディルタイがカント全集の出版のために尽力した様子に関しては，以下の文献を参照されたい。Frithjof Rodi, Dilthey und die Kant-Ausgabe der Preußischen Akademie der Wissenschaften. Einige editions- und lebensgesichtliche Aspekte, in: *Dilthey-Jahrbuch 10*, 1996, S. 108–126. Tanja Gloyna, a.a.O., S. 113. なお，カントとディルタイの思想的関係については，以下の文献を参照されたい。牧野英二「第三部　ディルタイをめぐる哲学者群像（カントとディルタイ――歴史的理性批判から歴史的判断力への道）」，『ディルタイと現代――歴史的理性批判の射程』（法政大学出版局），2001年。また，ゲルハルト・レーマンは，『アカデミー版カント全集』の編集史とそれに関する詳細な関連資料を提供している。このなかには，ディルタイが定めた編集の詳細な基本方針，プロイセン王立科学アカデミーへの報告書，遺稿編集に関するディルタイとアディケスの往復書簡などの資料も含まれる。Vgl. Gerhard Lehman, Zur Geschichte der Kantausgabe 1896–1955, in: Gerhard Lehmann, *Beiträge zur Geschichte und Interpretation der Philosophie Kants*, Berlin 1969, S. 3–26.

# 解説　ディルタイとアカデミー版『カント全集』

鵜澤和彦

## はじめに

アカデミー版『カント全集』（以下，本全集と略称）の序文は，本全集第1巻の冒頭に収録され，全集編集のマスタープランを披瀝した論考である。しかし，この序文が書かれた時期は20世紀初頭であることから，現代の読者からすれば，ディルタイによる本全集刊行の意図や，彼が生きた時代の社会的・歴史的背景には理解が及ばない点が少なくないと危惧される。そこで本解説では，当時のプロイセン国家の状況および社会的・歴史的背景を補足することによって，序文の内容とその含意について今日の読者の把握に資することを目的とする。このような意図から，本解説は以下の三つの設問に答える仕方で，ディルタイによる序文の内容とその含意を明らかにする。まず本全集は，先行する著作集および全集版と比較して，どのような特徴を有しているのか。次にディルタイは，どのようにこのプロジェクトを立案し，編集委員会を組織し統率していったのか。さらに彼はどのような社会的・歴史的背景から，長年にわたるカント全集の仕事を決断するにいたったのか。本解説(1)の各節は，これらの主要な三つの設問への応答として書かれている。

## 第1節　アカデミー版『カント全集』の諸特徴

本全集の第1の特徴は，序文第1節の冒頭で述べているように，カントの精神的遺産（著作，書簡，手書きの遺稿，講義録）のすべてを収録している点にある。カントの死後，手稿は各地の図書館に譲渡されたり，多くの人の手に渡ったりしたことから，その追跡調査にはきわめて大きな困難を伴うこ

とが当初から予測されていた。それにもかかわらず，ディルタイは資料収集の完全性という理念を掲げ，カントの歴史的資料を可能な限り渉猟・調査する方法を選択した。彼はこの方法をとることで，先行のカント著作集および全集版の諸版から自身が編集するアカデミー版を差異化し，後者の優位性を強調したのである。

この資料収集の完全性という理念は，序文第2節の後半部で深く掘り下げて論じられている。ディルタイがこの理念を掲げる理由は，カントの歴史的資料を可能な限り完全に調査することによってのみ，カントの「発展史」の把握が可能になることにある。ディルタイが主張する「発展史」とは，カントの著作や記録に確認できるさまざまな思想を一つの「連関」すなわち「全体」として歴史的に把握することである。さらに，このことは「彼の学説とその影響の発展史」という仕方で，カント哲学の影響作用史をも含意している。序文では「連関」「全体」「発展史」というディルタイ哲学のキーワード，およびカントや同時代の思想家との影響作用史が論じられている。たとえば，ディルタイは序文第1節で，カント初期の宇宙論から始めて，自然学および自然地理学への展開，さらにそこから人間学へと連関していく彼の思想の発展を，一つの「全体」として論述している。また，ディルタイは序文第2節で，とくに前批判期から批判期へと移行していく期間，すなわち，「沈黙の期間」と呼ばれる時期のカントの思想的発展をとくに重視している。カントはこの期間，わずかな仕事しか残さなかったが，彼の「思考の変革」はまさにこの時期に成し遂げられたのである。したがって，この時期のカントの発展史を把握するためには，彼がこの期間に執筆した書簡，手稿，講義録といった歴史的資料が不可欠である。

さらにディルタイは，テキストの成立過程という観点からも，上述の歴史的資料の重要性を説いている。大部の著作や遺稿群は，その成立状況を自ら説明しているわけではない。むしろ，それに先立って執筆された歴史的資料，とくにそれらの資料に確認される「取るに足らないこと，および小さな事柄」が，思想の連関や発展史を理解するさいのキーワードになりうるのである。通常，大部の著作が執筆される前には，その構想を練るために，多数のメモ，ノート，草稿，準備原稿などが書かれるが，そのなかには，著作のテーマに関する重要な着想も，短文や単語の形で書き残される。これらの短文や単語などの「小さな事柄」が機縁となって，大部の著作を完成させたので

あれば，この小さな事柄（原因）と著作（結果）との間には，一つの「因果連関」(IV, 561 f.) が成立する。ディルタイによれば，思想家の発展史の理解とは，この因果関係の連鎖を把握することである。そのさい重要なことは，著作を歴史的資料で補完し，その体系を発展史として把握することであった。その意味で，発展史は「人間の精神史の理解にとって不可欠の基礎」なのである。したがって，本全集の第2の特徴は，読者がカントの体系を発展史として理解できるよう，さまざまな歴史的資料を分野ごとに区分し，それらを年代的に配置している点にある。

そして本全集の第3の特徴は，アカデミー版をカント哲学体系の客観的・歴史的認識の基礎に据えることで，その体系をより正確に把握し，同時にカント解釈上の争いを抑止することである。この特徴は，発展史の概念をその究極目標へと掘り下げることから明らかになる。ディルタイによれば，発展史の究極目標とは「カントのライフワークを歴史的に理解すること」，またこれを通して「体系の客観的・歴史的認識」に到達することである。カント哲学体系の客観的・歴史的認識とは，可能な限り完全な原典資料に依拠することで，研究者が認めざるを得ないような，カント哲学体系の客観的把握にいたることである。この客観的把握は，シュライアーマッハーおよびディルタイの解釈学によれば，「著者が自分自身を理解するよりも，よりよくその著者の思想を理解する」(vgl. GS V, 328, 序文第二節参照) ことにほかならない。ディルタイは，カント哲学体系の客観的・歴史的認識が「私たちの本質の究極的な深淵」に関わり，ひいては「人間とその歴史について最も大きな意味」を与えるとも述べているが，残念なことに，彼は序文でこれらの内容を敷衍するにはいたっていない。

## 第2節　本全集編集上の経緯

本全集編集上の経緯は，さまざまな歴史的資料から再構成することができる。ディルタイが本全集を企画した端緒は，ルドルフ・ライケによるカントの文献学的・実証的研究であった。ライケは1882年から『旧プロイセン月報』に「カント晩年の未刊行著作」という表題[2]で，これまで知られていなかったカントの歴史的資料（書簡，手書き原稿，講義録）を編集し，その資料の出版を開始した。このライケの文献学的・実証的研究は，ディルタイに大

きなインパクトを与える結果となった。彼はこれをきっかけとして，プロイセン文部省高等教育局長のアルトホーフ宛の書簡（1884年2月付，BW II, 70f.）で，初めて本全集へとつながる着想を披瀝したのである。

ところで，本全集のプロジェクトは，ディルタイの研究人生の約半分の期間を占めている。ディルタイは，1896年（63歳）から没年の1911年（77歳）までの14年間(3)，カント全集編集委員会の委員長，同時に「著作」部門の編集主幹として，同プロジェクトの推進に大きな功績を残した。さらに，これに先立つ構想および準備期間（1884年から1895年までの11年間）(4)を加えると，ディルタイはおよそ四半世紀にわたって，本全集のプロジェクトを推進し，それに関与してきたことになる。後年，カントの『遺稿 Opus postumum』（本全集第21巻と第22巻）を編集したレーマンは「私たちは全集の立案者であり，また組織の運営者でもあったディルタイが，その準備作業のさいに，いかに大きな役割を果たしたかを見聞してきた」(5)と回想している。

序文第二節で述べているように，ディルタイは1893年，プロイセン文部省とその王立科学アカデミーに，カント全集のプロジェクトに関する請願書をエドゥアルト・ツェラーと連名で提出した。その請願書は，それ自身が「1冊分の書物に相当する」(6)ようであった，と報告されている。ディルタイは，まずプロイセン文部省高等教育局長のアルトホーフに面会し，次いでプロイセン王立科学アカデミーに出向いて，カント全集は既存のゲーテ全集と対をなすほど重要なもので，ライプニッツ全集よりも先に完結させるべきである，と同プロジェクトの重要性(7)を力説した。これを受け，プロイセン文部省は翌年の1894年，プロイセン王立科学アカデミーの会議で「カント作品の批判完全版」(8)，また「同じようなすべての編集の見本版」(9)となるべきプロジェクトとして，ディルタイの計画を認可したのである。

カント全集編集のプロジェクトが認可されてから約2年後の1896年2月，プロイセン王立科学アカデミーは，ベルリンの有力紙と雑誌にカント関連資料の貸し出しを求める回状を掲載し，さらに，国内のすべての図書館とアルヒーフ，そして，個人の直筆原稿収集家宛にも関連文書の貸し出しを依頼する回状(10)を送付した。これらの回状には，カント全集編集委員会を代表して，ヴィルヘルム・ディルタイ，ヘルマン・ディールス，カール・シュトゥンプ，ヨハネス・ファーレン，カール・ヴァインホルトの5名の名前が記載され

ている。カント全集編集委員会は，新聞と雑誌の回状のなかで「カントの未公開の遺稿について何らかのことを知っているすべての人の支援」を仰ぐとし，その遺稿には直筆原稿や個々の覚書のほか，書簡，教科書，自家用本，カント所有の書籍，講義録，カントに関する伝記的な報告などが含まれると説明している。カント作品の批判完全版を作ることは，ドイツ国民がその偉大な哲学者から受けた「名誉」に報いることであり，まさにその意味で「国民の事業」であるとされている。この資料収集は，カント全集編集委員会が行なった最初の大きな仕事[(11)]であった。

この全国規模の広報活動が実施された1896年7月，カント全集編集委員会の第1回会議[(12)]が，ベルリンで開催された。ディルタイは，その翌年の年次報告[(13)]のなかで，国内外の図書館やアルヒーフのほか，多数の市民が資料の貸し出しに協力してくれたことに対し，一人ひとりの氏名とその居住地を挙げて謝意を表している。とくに，非常に多くの講義録がアカデミーに集められ，ハインツェが編集主幹を務める「講義録」は，これによってすでに十分な数の資料を獲得できたと報告されている。また，全集第3部「遺稿」の編集主幹が，紆余曲折を経て，最終的にアディケスに決まったことも伝えられた。これにより，カント全集編集委員会のメンバー[(14)]は最終的に，以下のように決定されたのである。

委員長：ヴィルヘルム・ディルタイ
委員：ヘルマン・ディールス（委員長代理）[(15)]，パウル・メンツァー，エーリヒ・シュミット，カール・シュトゥンプ，ヨハネス・ファーレン
秘書：パウル・メンツァー
第1部門：著作
編集主幹：ヴィルヘルム・ディルタイ
共同作業者：エーリヒ・アディケス，ベノ・エルトマン，マックス・フリッシュアイゼン＝ケーラー，パウル・ゲダン，マックス・ハインツェ†，アロイス・ヘフラー，オズヴァルト・キュルペ，クルト・ラスヴィッツ，ハインリヒ・マイヤー，パウル・メンツァー，パウル・ナトルプ，ヨハネス・ラーツ，ルドルフ・シュタムラー，カール・フォアレンダー，ヴィルヘルム・ヴィンデルバント，ゲオルク・ヴォバミーン
ドイツ語校正者：エヴァルト・フレイ

ラテン語校正者：エミール・トマス
第 2 部門：書簡
編集責任者：ルドルフ・ライケ
第 3 部門：遺稿集
編集責任者：エーリヒ・アディケス
第 4 部門：講義録
編集主幹：パウル・メンツァー[16]
共同作業者：ブルーノ・バウフ，パウル・ゲダン，パウル・メンツァー，
ルドルフ・シュタムラー

次に，編集委員長としてのディルタイの仕事を見ていこう。彼の仕事の内容は 1904 年から 5 年にかけて，彼とアディケスとの間で交わされた往復書簡[17]の内容から明らかになる。この往復書簡では，カントの各分野の遺稿の配列，とくに人間学の遺稿[18]をどこに配置するかという問題が話し合われた。二人はそれぞれの立場から見解を述べ，それにもとづいて議論を行なった。アディケスは，遺稿の成立年代を基準にして資料を配列すべきと述べたのに対して，ディルタイは，カント哲学の体系的連関を考慮して，遺稿の順序を決めることを主張した。ここで注意すべきことは，ディルタイが遺稿の「内的連関」[19]を重視している点である。そこで，アディケスは，ディルタイ，ハインツェ（第 4 部「講義録」の編集主幹）と協力しながら，三人の合意にもとづいて，第 3 部「遺稿」と第 4 部「講義録」の資料を同じ配列にする調停案を申し出た。そして，この案が採用されて，遺稿の配列をめぐる問題は解決されたのである。

しかし，全集編集が軌道に乗り始めた矢先，個々の編集の問題をめぐる委員間の対立や全集における句読法の問題などが，ディルタイの心に重くのしかかってきた。彼は 1896 年 11 月 5 日付のヨルク伯宛書簡[20]のなかで，全集編集上の諸問題について親友に助言を求めている。さらに，1895 年から 96 年にかけてエビングハウスとの心理学に関する論争[21]，そして，その翌年には親友のヨルク伯の死といった出来事も起きている。これらは，ディルタイの心身を消耗させたが，これらの心労が絶えないなかであっても，本全集の計画が滞ったり，中断したりすることはなかった。ディルタイは，委員長としての自分の役割をしばしば「演出家」[22]に譬えている。すなわち，表

舞台には登場しないけれども，舞台裏から編集者を統率するのが自分の役目であると考えていた。彼は編集委員長としての仕事を果たしながら，編集委員を統べる知見と技能[23]を身につけていった。ローディとシュタルクは，この統率力からディルタイを本全集編集の spiritus rector（精神的指導者）[24]と評している。このディルタイの精神的指導力こそが，国家プロジェクトを長年統率し，カント研究者の協力をつなぎとめてきた源泉だったのである。

## 第３節　本全集編集に関わる社会的・歴史的背景

おそらく現代の読者にとって最も理解困難なことは，ディルタイが生きた時代の社会的・歴史的背景であろう。ディルタイは思想家として円熟期を迎えながらも，四半世紀にわたって本全集の編集に尽力してきた。しかし，なぜカントがディルタイにとってそれほどまでに重要であったのだろうか。というのも，カントとディルタイの哲学は，理性批判対生の解釈学，あるいは，認識の普遍性対歴史性（vgl. GS VIII, 17, 174f.）というように，相反する特徴[25]を帯びているからである。他方，ディルタイは青年期からカントの「理性批判」に大きな関心を抱き，カントの理性批判を根本的に転換することによって，最晩年に至るまで「歴史的理性批判」の構想[26]に取り組んでいた。ディルタイによるこの思索と関連する本全集の企画の動機をめぐる問題については，複数の先行研究（レーマン[27]，ローディ[28]，ヤコブス[29]）が存在するが，本解説ではそれらの解釈に深く立ち入らず，むしろ「ルントシャウ論文」と「アルヒーフ論文」から事実関係を述べるにとどめたい。

ディルタイの本全集の企画と編集に関する社会的・歴史的背景を理解するためには，19 世紀末から 20 世紀初頭までのプロイセンの複雑な状況を踏まえておく必要がある。彼は 1889 年 1 月 16 日，ベルリンの「独文学協会」で「文学アルヒーフ」に関する講演を行ない，その内容を「ルントシャウ論文」と「アルヒーフ論文」にまとめて発表した。彼はこれらの論文で，とくにドイツの精神生活に大きな影響を与えた作家の遺稿が人に贈与されたり，売却されたり，また，さまざまな事情で散逸してしまう当時の状況を憂慮していた。このため，彼は遺稿の収集と研究を可能にするために，国立文学アルヒーフ[30]という公的な施設の設立を力説したのである。

このディルタイの発言には，当時のドイツの文化的・精神的状況が背景にある。ドイツは 1871 年 4 月，ドイツ帝国憲法の発布によって悲願の政治的統一を成し遂げたが，新たな時代の幕開けに「民族固有の価値の感情」，すなわちドイツ固有のアイデンティティを確立しようと模索していた。ドイツの「国民国家」(XV, 2) は，まだやっと産声を上げたばかりであった。ディルタイは独文学協会の講演で，文学が「政治的分断や軍事的無力といった悩める日々にも〔ドイツ民族の心を〕結びつける絆，ドイツ精神をまずもって言い表すもの」(XV, 1) であったと述べ，文学が社会にこれまで果たしてきた，そして，今後果たすべき役割の重要性を説いている。文学はディルタイにとって，国民国家の精神的支柱であったのである。このように考えるならば，ドイツ精神史に偉大な功績を残した作家の遺稿が散逸していくありさまは，同時にドイツ民族のアイデンティティの喪失にも映ったのである。したがって，ディルタイが国立文学アルヒーフの設立を切望したことは，当時のドイツの社会的・歴史的状況からの必然的な帰結だったのである。

興味深いことに，ディルタイはこれらの論文のなかで，資料散逸の実例(31) (IV, 565–569; XV, 9 ff.) としてカントの遺稿を挙げている。ディルタイは，カントのテキストを完全なものにするには，遺稿の収集と評価を行なう中心的な組織が不可欠であり，その仕事はベルリン・アカデミーの名誉ある義務であるとしている。さらに，その年と翌年にかけて，カントの遺稿に関して雑誌『哲学史のアルヒーフ』に合計四本の論文を掲載した。これらの最初の三本の論文は，いずれもロストックで発見されたカントの遺稿とその編集，ヤコブ・ジギスムント・ベックとの往復書簡に関するものである。また，ケーニヒスベルクに残された遺稿の現状を調査し，これに関するライケ（書簡集の編集主幹）からの返答も詳細に論じた。そして，ディルタイは 1893 年 12 月，ヨルク伯宛書簡で「まる一か月間，記念碑的なカント全集の問題について熟慮を重ね，そのための，十二ボーゲン分の綿密に詳述された計画を起草したところです」（ディルタイ全集第 11 巻『日記・書簡集』606 頁）と記している。

ローディは，ルントシャウ論文とアルヒーフ論文に依拠して「われわれの民族意識を守り育てることは，ディルタイの意図を最もよく表している」(32) と述べている。ドイツ民族の啓蒙という教育的・歴史的動機は，ディルタイにとって大きな関心事であった。ローディによれば，ドイツ精神史の研究を

通じて民族の啓蒙を成し遂げようとするディルタイの研究目的が，18世紀の精神史で高く評価されたカント哲学と結びつくことで，カントの思想的遺産を保存・継承する計画に結実した。この論点は，ディルタイ哲学の目的とするところから，本全集のプロジェクトの成立を説明するものである。このように捉えるならば，ドイツ精神史に偉大な足跡を残したカントの遺稿の惨状を目の当たりにして，ディルタイがその思想的遺産を守り，それを後世に伝える使命を自覚したことは，十分に納得がいくであろう。この点は，先に言及したルントシャウ論文とアルヒーフ論文でも確かめることができる。このように見ていくと，本全集のプロジェクトは，ディルタイによるカントの批判精神の発展的継承とともに，彼が構想した文学アルヒーフの延長線上に位置づけられると見ることができる。

## 注

(1)　ディルタイの序文（1902年）は，1889年に執筆された二編の論文，すなわち「文学のためのアルヒーフ」（「ルントシャウ論文」と略記，XV, 1–16）および「哲学史研究における文学アルヒーフの意義」（「アルヒーフ論文」と略記，IV, 555–575）と内容的に密接な関連がある。これらの理由により本解説では，この二編の論文を適宜参照しながら，序文の内容と含意について解説する。なお，本節は筆者が過去に『ディルタイ研究』（日本ディルタイ協会編）に発表した二編の文書，すなわち，同誌第25号の資料翻訳「アカデミー版カント全集序文」（991–117頁），同誌第26号の論文「編集者としてのディルタイ――アカデミー版カント全集の歴史的経緯からの考察」（56–72頁）にもとづき，さらに日本語版『全集』第11巻『日記・書簡集』（伊藤直樹・大石学・的場哲朗・三浦國泰編集校閲，法政大学出版局，2023年）の内容を踏まえて，全体を書き改めたものである。したがって，本節の論述には，多くの個所で同誌の二編の文書との重複があることを注記しておく。

(2)　Rudolf Reicke, Ein ungedrucktes Werk von Kant aus seinen letzten Lebensjahren, in: *Altpreussische Monatsschrift*. Neue Folge 19（1882）; S. 66–127, 255–308, 425–479, 569–629, 20（1883）; S. 59–122, 342–373, 415–450, 513–566, 21（1884); S. 81–159, 309–387, 389–420, 583–620. Vgl. BW II 72.

(3)　ディルタイは1896年から1911年（没年）まで，プロイセン王立科学アカデミーのカント全集編集委員会の委員長として『年次会議報告書』に編集上の人事案件やプロジェクトの進捗状況などについて報告している。Vgl. *Sitzungsberichte der Königlich Preussischen Akademie der Wissenschaften zu Berlin*, Jahrgang 1896–1911.

(4)　BW II 70f（アルトホーフ宛ディルタイ書簡，1884 年 2 月）を参照。『カント研究』の以下の資料も参照されたい。Vgl. Die neue Kantausgabe, in: *Kant-Studien*, Jan 1, Band 1, Berlin 1897, S. 148.

(5)　Gerhard Lehmann (1969), Zur Geschichte der Kantausgabe 1896–1955, in: Gerhard Lehmann, *Beiträge zur Geschichte und Interpretation der Philosophie Kants*, Berlin 1969, S. 3.

(6)　日本語版『全集』第 11 巻『日記・書簡集』(608 頁）を参照。

(7)　Lehmann (1969), a.a.O., S. 3.　ディルタイは，このときの会談で計画承認の内諾を得た。彼は 1893 年 12 月 30 日付ヨルク伯宛書簡で次のように記している。「批判版カント全集の計画は――ゲーテ全集と肩を並べるとはいえ，私はまったく別の豊饒を生んでくれるように希望していますが，まる一冊分の陳情書にして私が文部省に提出し賛同を得ており，その実現はおそらく確実でしょう。実現すれば，これによってカント文献学の連綿と続く研究は真に有益なものとなり，決定版として利用されることになります」。上掲訳書，608 頁。なお，ディルタイは，1887 年からプロイセン王立科学アカデミーの正会員（哲学・歴史学部局）に就いているが，アカデミーでもこのプロジェクトについて発表している。これは同僚の賛同と支持を得る目的で行なわれたと考えられる。Vgl. Kurzbeschreibung der Bestände der Nachlaßabteilung von Wilhelm Christian Ludwig Dilthey, Bestandbezeichnung: NL. W. Dilthey, in: *Archiv der Berlin-Brandenburgischen Akademie der Wissenschaften*.

(8)　Vgl. *Archiv der Berlin-Brandenburgischen Akademie der Wissenschaften* (ABBAW), Dienstliche Akten Kant-Kommission, Bestand PAW, Sign. II–VIII–153, Blatt 1.

(9)　Die neue Kantausgabe, in: *Kant-Studien* 1 (1897), S. 148–154, hier S. 149. 本全集は，後のフィヒテ，シェリング，ヘーゲルの全集編纂のモデルにもなった。Tanja Gloyna, Edition – Neuedition: die drei Critiken Immanuel Kants in der Akademie-Ausgabe. Eine Baubeschreibung, in: Anette Sell (Hrsg.), *Editionen – Wandel und Wirkung*, Berlin 2007, S. 112.

(10)　回状の文書は『カント研究』に転載されている。Vgl. Die neue Kantausgabe, in: *Kant-Studien*, 1897, Band 1, S. 150–154. 上掲訳書，640 頁，652 頁も参照。

(11)　G. Lehmann (1969), S. 3.

(12)　上掲訳書，668 頁を参照。

(13)　*Sitzungsberichte der Königlich Preussischen Akademie der Wissenschaften zu Berlin*, Jahrgang 1897. Erster Harbband, Januar bis Juni, Stück 1–XXXII, S. 48f.

(14)　Vgl. *Kant's gesammelte Schriften*, herausgegeben von der Preußischen Akademie der Wissenschaften, Band I, S. XVI–XVII, Berlin 1910.

(15)　Die neue Kantausgabe, in: *Kant-Studien*, 1897, Band 1, S. 149.

(16)　ディルタイは当初，マックス・ハインツェに「講義録」の編集の仕事を依頼していたが，ハインツェは 1909 年に死亡する。彼の死後，秘書のメンツァーが講義録の編集主幹の仕事を引き継いだ。

(17) ディルタイとアディケスの往復書簡（合計7通）は，アディケスが「カント全集第3部に関する報告」としてアカデミーに提出したものである。これらはレーマンの著書に転載されている。上掲訳書，832–870頁，Paul Menzer (1958), Die Kant-Ausgabe der Berliner Akademie der Wissenschaften, in: *Kant-Studien*, Bd. 49, 1958, S. 369 und G. Lehrmann (1969), S. 12–26. なお，ディルタイとアディケスの往復書簡は，日本語版『全集』第11巻で全訳されている。同巻の翻訳，脚注，解説を参照されたい。上掲訳書，832–856頁，1204–1217頁，1369–1376頁。

(18) カントの人間学をめぐっては上掲訳書，1204–05頁の脚注（4）を参照されたい。

(19) G. Lehmann (1969), S. 13.

(20) 上掲訳書，674頁。

(21) ディルタイは，1896年3月10日付けヨルク伯宛書簡で，エビングハウスとの論争が精神をすり減らすことになったと述べている。上掲訳書，654頁を参照。なお，エビングハウスとの論争については，以下の諸論文を参照されたい。伊藤直樹「心理学・人間科学のメタ理論としてのディルタイ心理学」『科学基礎論研究』第40号，2012年，43–54頁。同著者「ディルタイ－エビングハウス論争について——19世紀末における心理学と哲学の構想の断面」『比較文化史研究』第9号，2008年3月，11–44頁。同著者「心理学と哲学の帰路—— W・ディルタイの心理学を手がかりにした，19世紀末の心理学と哲学をめぐる状況」『法政哲学』第5号，15–29。また日本語版『全集』第11巻の解説も参照されたい。上掲訳書，1325–1333頁。

(22) 上掲訳書，625頁を参照。「演出者」という表現は，同690頁にも登場する。

(23) ディルタイはこの点について以下のように述べている。「私自身はカント問題や官僚機構で経験を重ねており，これらはきわめて啓発的です」。上掲訳書，677頁。

(24) Vgl. Werner Stark, *Nachforschungen zu Briefen und Handschriften Immanuel Kants*, Berlin 1993, S. 8. F. Rodi, a.a.O., S. 161.

(25) Vgl. Wilhelm Dilthey, *Grundgedanke meiner Philosophie*（GS VIII, S. 17）und *Der Fortgang über Kant*（a.a.O., S. 174f.）. ディルタイは，カント哲学を抽象的な悟性の哲学とし，これに自らの現実性の哲学を対置する。いずれの遺稿（1880年頃）にも，ヘーゲルとシュライアーマッハーのカント批判の影響が強く見られる。なお，カントとディルタイの思想的関係については，以下の研究を参照されたい。西村・牧野・舟山編『ディルタイと現代』（法政大学出版局），2001年。牧野英二著『「持続可能性の哲学」への道——ポストコロニアル理性批判と生の地平』（法政大学出版局，2013年）。

(26) ディルタイによる「理性批判」の構想については，牧野英二著『京都学派とディルタイ哲学』（法政大学出版局，2024年）第3章第3節，109–119頁およびその注（14），137–138頁を参照。

(27) G. Lehmann (1980), Die Vorlesungen Kants in der Akademieausgabe, in: *Kants Tugenden. Neue Beiträge zur Geschichte und Interpretation der Philosophie Kants*, Berlin 1980.

(28) Frithjof Rodi, Dilthey und die Kant-Ausgabe der Preußischen Akademie der

Wissenschaften. Einige editions- und lebensgesichtliche Aspekte, in: Frithjof Rodi, *Das strukturierte Ganze. Studien zum Werk von Wilhelm Dilthey*, Göttingen 2003.

(29) Wilhelm G. Jacobs, Dilthey als Editor Kants, in: *Editio*, Bd. 20, Berlin 2006, S. 133–142.

(30) ディルタイは，近代政治史の分野ではよく整備されたアルヒーフが存在するが，文学の分野でもそうしたアルヒーフが必要であると説いている。ただし，ここで「文学という表現は，詩作，哲学，歴史そして学問を包括する」（GS IV, 555）と補足説明を加えている。

(31) ディルタイは，ルントシャウ論文で，カントの他にさまざまな思想家と詩人を挙げて，遺稿の散逸の状況を説明している。なお，カントとディルタイの思想的関係については，以下の研究を参照されたい。牧野英二著「カントとディルタイ――歴史的理性批判から歴史的判断力への道」（『ディルタイと現代――歴史的理性批判の射程』法政大学出版局，2001 年），184–195 頁。同著者『「持続可能性の哲学」への道』，194–223 頁。シンポジウム「ディルタイとカント」（日本ディルタイ協会編『ディルタイ研究』第 13 号，2002 年），5–56 頁。

(32) F. Rodi, a.a.O., S. 156.

# 第二節

# ドイツ語版『全集』および『書簡集』完成までの経緯

大石　学

## はじめに

ディルタイの学問的仕事はいったいいかなる仕方で保存され，集成，編集され，公刊されてきたか。

彼が生前に書物のかたちで江湖に問うたのは，刊行順に，『シュライアーマッハーの生涯』第1巻（1869/70年。以下『シュライアーマッハーの生涯』は『生涯』と略記し，必要に応じて巻を示す），『精神科学序説』第1巻（83年。以下，『精神科学序説』は『序説』と略記し，巻については上記同様），『体験と創作』（1905年），以上3点程度にすぎない(1)。おまけに，このうちの前二者は第1巻しか公刊されず，「第2巻」なるものは，後世，別人の手によって編集，刊行されたものにとどまる。この事実ゆえ，彼は「第1巻の男」（Mann der ersten Bände）などという，およそありがたくもない渾名を頂戴する仕儀となった。

一方，「雑誌寄稿者」としての彼の一面も無視することはできない(2)。彼が遺した書評や論評の数々，とりわけ青年期のそれは，匿名やイニシャルで，はたまた，ヴィルヘルム・ホフナー（Wilhelm Hoffner）やカール・エルカン（Karl Elkan）等々の筆名で発表されている（もっとも，その主がディルタイ当人であることはおよそ仲間内ではなかば“公然の秘密”ではあったが）。しかも，彼の学問的述作の多くは『ベルリン・アカデミー報告』（*Sitzungsberichte der königlich preußischen Akademie der Wissenschaften zu Berlin*）や『アカデミー論集』

(*Abhandlungen der Preußischen Akademie der Wissenschaften*, phil.-hist. Klasse) を発表の場とした。こうした事情からすると，ディルタイの名がとりわけ『体験と創作』刊行以前は学界の枠を超えて広く浸透していたとはいいがたい。いや，ディルタイの姿は時として門弟たちの目にすら謎めいて映っていた。

以下では，この「第1巻の男」「謎めいた老人」の著述と書簡との双方に関する編纂事業の歴史的経緯を概観し，彼の業績の価値をあらためて浮き彫りにしよう。この試みは1世紀以上にわたるプロジェクトに身を捧げた人々の熱意と努力との賞揚にもつながるはずである。そこで，まず，1で著述の集成である『著作集』／『全集』(3)の前史を確認し，ついで，2で『著作集』／『全集』の，そして，3で『書簡集』の，それぞれの刊行経緯をたどってゆく。

## 1　前史――『精神的世界――生についての哲学　序説』

ひとは夕暮れにふと一抹の寂しさを覚えるようである。とりわけそれが生の暮れ方であれば，なおさらおのれの来し方を顧みて，その寂しさをなんらかのかたちで埋めようとするものなのか。

ディルタイも多分にその例に漏れなかったように見える。彼は，最晩年(1911年)，ミッシュ (Georg Misch, 1878–1965) やノール (Herman Nohl, 1879–1960) ら高弟たちの慫慂もあいまって，「体系的著述を集めた」(V VII) 自身の論文集を編むことを考え，それによって自身の学問的業績をひとつのかたちにまとめようと試みた。『精神的世界――生についての哲学 序説』(*Die geistige Welt. Einleitung in die Philosophie des Lebens*) と題された二巻本選集がそれである。ミッシュが伝えるところによると，この標題はほかならぬディルタイ自身が決めていたものであった (vgl. *a. a. O.*)。そのうえ，この論集の計画は新興出版社社主ディーデリヒス (Eugen Diederichs, 1867–1930) の関心をいたく喚起するところとなり，この出版人がその刊行に向けた熱意にはなみなみならぬものがあったという(4)。

論文集の副題に明示されたディルタイの自己規定にもかかわらず，彼を「生の哲学者」(Lebensphilosopher) として括ることの当否がこれまでも云々され，しばしば問題視されてもきた。紙幅の制約ゆえにその議論は割愛するが，ここではディルタイがこの副題に „Philosophie des Lebens“ の語を選

んだことに注目を促すべく，あえてこの表現を「生についての哲学」と訳しておく。そのうえで，彼が自身の哲学への「導入《アインライトゥング》」を企図した未刊論集の意図を，彼自身による，未完草稿として遺された「序言」（Vorrede）と，ミッシュの記述――今日，『著作集』／『全集』第Ｖ巻巻頭に置かれた「編者の予備報告」（Vorbericht des Herausgebers　以下，「予備報告」と略記）――とをてがかりにしながら瞥見しよう。なんといっても，この未刊論集こそがまさしく『著作集』／『全集』刊行の前史をかたちづくっており，とりわけ，ミッシュの「予備報告」は両巻への「序論《アインライトゥング》」にとどまらず，『著作集』／『全集』全体への，ということは，ディルタイ哲学全体への「序論」にもなっているからにほかならない。

ディルタイは，「序言」劈頭，この論集に収録される論文は未改訂であると言明し，その理由を，現在の見解にあわせるべくそこに加筆修正を施すならば，構想の統一性や当初の気分を奪うことになるから，とする（vgl. V 3, 897 頁[5]）。カント（Immanuel Kant, 1724–1804）によって哲学へ導かれた彼は，やがてヘルムホルツ（Hermann Ludwig Ferdinand von Helmholtz, 1821–1894）や実証主義の洗練を受けることになったものの，これらにはとうてい満足しえず，歴史的－精神的世界への道を模索してゆく。曰く，「生そのものの表現の多様さと深さとを把握しようとする飽くことなき努力を重ね」るなかで，シェイクスピア（William Shakespeare, 1564–1616）やセルバンテス（Miguel de Cervantes Saavedra, 1547–1616），ゲーテ（Johann Wolfgang von Goethe, 1749–1832）等々の偉大な作家たちから「世界をここから理解し，これを基盤として生の理想を形成すること」を教えられ，また，トゥキュディデス（Thukydides, ca. 460 BC–395 BC），マキァヴェッリ（Niccolò Machiavelli, 1469–1527），ランケ（Leopold von Ranke, 1795–1886）からは「ほかになにも必要とせずに自身の中心のまわりを運動する歴史的世界」を示唆された，と（vgl. V 4　898 頁）。もとよりシュライアーマッハーの影響も忘れられてはならない。神学研究がディルタイをこの少壮神学者の世界考察へと導いたのであり，この世界考察は，「人類の経験は〈万有《ウニヴァーズム》〉の特定の個体化の経験としてそれ自身で完結しており」，「ほかになにも必要とせずにそれ自身で充足している」点で看過を許さぬ重要性を具えていた（vgl. *a. a. O.*　前掲箇所。〈　〉はミッシュによる補足）。

当時の自然科学の興隆に影響された哲学の跋扈，そして，こうした風潮へ

の反動たる形而上学的残滓。この双方から距離をとろうとするディルタイは自身の姿勢をあらためて回顧的に説きおよぶ。そこには本論集をまとめようとした彼の意欲と標題にこめられた思いとがつまっている。曰く，

> このような状況から，私の哲学的思考を支配する，生を生それ自身から理解しようとする衝動が生じたのである。私が求めていたのは，いわば歴史的世界の魂を聴きとるために，その世界によりいっそう深く沈潜することであった。くわえて，この歴史的世界の有する実在性への入口を見いだし，その世界の妥当性を根拠づけ，その客観的認識を確保しようとする哲学的願望もあったが，この衝動は，私にとって，歴史的世界によりいっそう深く沈潜しようとする私が求めていたことの要求の別の側面にすぎなかった。これはいわば，そのようにして生じた畢生の仕事の異なる二側面にすぎなかったのである。(vgl. *a. a. O.* 899 頁)

ここに語られる「畢生の仕事の異なる二側面」が「精神諸科学の哲学的（認識論的）基礎づけ」と「歴史的－精神史的研究」とであることはいうまでもない。このうち，後者は，たとえば，『生涯』や，『著作集』／『全集』第 III，IV，XI，XII 巻，さらには『ドイツの文藝と音楽』[6]，等々に収録の諸論考に代表される。また，いくつもの書簡が伝えるごとく，ディルタイはわけても晩年に『生涯』第 2 巻の完成に向けた地道な努力を重ねていた[7]。これに対して，本論文集は主として前者の側面にかかわる論考の集成として計画され，その収録物も標題と同様に哲学者自身によって選定されている。それらは『序説』完成に向けた諸作品《シュトゥッケ》，ミッシュの表現を借りると，ディルタイが「『序説』第 1 巻刊行直後，1887 年から 95 年の 10 年間に，この著作を締めくくる体系的部分の「諸材料」として——実際，〔『ベルリン・アカデミー報告』や『アカデミー論集』といった〕目立たぬ場所で——つぎつぎに公にした」(V VII) 諸論文にほかならない。『序説』全体は，その直後，1895/96 年冬に完成されるはずであったが，彼はその計画を断念することも考えたという (vgl. *a. a. O.*)。しかし，死の前年（1910 年）に発表した，「基礎づけのための思考をとりまとめた」論文，「精神科学における歴史的世界の構成」によって，「彼はこの間に前進して到達するにいたった自身の立場を解明することをつうじてこれ以前の件《くだん》の体系的諸労作〔同論集に収録予定の諸論文〕から距離

をとり，それらをもとのかたちで復刻することに同意することができた」(VⅦf.)。ミッシュは以上につづけて，「この両巻〔『著作集』/『全集』第V，VI巻〕では，本質的に，個々の論考はディルタイが配列のために決めた計画に沿ったかたちで問題に即して《ザッハリヒ》ふたつのグループに分けて並べられている」(VⅧ）と述べ，各巻——引用文中にいう「ふたつのグループ」——の内容を列挙してゆく。

この未刊論集は，教授資格論文「道徳意識の分析の試み」(1864年）にはじまり絶筆となった「宗教の問題」(1911年）にいたるまでの学問的生涯全体におよぶディルタイの思索の展開を，手際よく把握しうる仕様となっている。しかし，その一方で，彼自身が企画した同論集は，『著作集』/『全集』の前史であるにとどまらず，よくも悪くも，それ本体の編纂の方向を規定することにもなった。この「よくも悪くも」ということの意味は次節の叙述から明らかになろう。

## 2 『著作集』/『全集』の刊行

### 2-1 弟子筋による編集事業（1913-1958年）

今日，ディルタイの著作集成は当初の計画では全6巻構成となることが資料からも明らかになっている[8]。この資料や，グリュンダー（Karlfried Gründer, 1928–2011）の記述（「ヴィルヘルム・ディルタイの『全集』継続に向けた序言《フォアヴォルト》」)，筆者の手もとにあるドイツ語版『全集』パンフレット（のコピー)，ローディ（Frithjof Rodi, 1931– ）の著作『構造化された全体』の巻末資料[9]などを参看すれば，本著作集成の（予定）巻構成は，

①全6巻 → ②全8巻 → ③全12巻 → ④全30巻

という具合に，時代が下るにつれて拡大し，最終的には，現行の，⑤全26巻構成に落ち着くことになった。まずはこの流れをおさえたうえで，この変遷の経緯をもう少し詳しく跡づけてみよう。

それに先立ち，二点お断りしておく。

まず，以下の叙述では，前記②段階（全8巻構成）までを『著作集』と称し，③段階（全12巻構成）以降を『全集』と呼称する。本来，正確を期すな

ら，『全集』の名に値するのは④段階以降であり，より厳密には，完成形態としての⑤しかない。とはいえ，今日の『全集』の基礎となっているのは実質的に③であるから，こうした呼びわけに関して問題が生じることはないと思われる。

つぎに，日記類などの個人的文書については言及しない。個人的文書に関しては，後述する『書簡集』との関連もあるので，必要に応じてあとで触れる。ちなみに，書簡類は④では『全集』本体に収録されることになっていたが，そもそも③段階まではその収録は計画に入っていなかった。

さて，グリュンダーによると，ディルタイの学問的草稿類は全部で約300束遺されたという。それらは，ディルタイ自身が創設し，1968年以降はアカデミーの中心アルヒーフの一部をなしている「文献アルヒーフ」（Literatur-Archiv）に保管され，彼の逝去直後から弟子のリッター（Paul Ritter, 1872–1954）が目録の作成に着手した（vgl. XV VIII）。これら草稿類を整理して出版することが，まずは当初の，①段階の目標となる。この計画に即して，1914年，ミッシュの編集による第II巻の刊行をもって『著作集』はその歴史を歩みはじめた。

前述のとおり，「契約書」および「計画書」には，『著作集』が全6巻構成となること，『体験と創作』のいわば「続編」が別枠で刊行されることが明記されている。ところが，グリュンダーによれば，「1914年から1931年まで計8巻が出版され，こののちさらに4つの巻が〔……〕くわわった」（XV VII）。彼のこの説明が正しければ，当初の「契約書」や「計画書」をつうじて確認された合意事項はある時点で見直しを余儀なくされたことになろう。しかし，いずれにせよ，各巻の収録分量が増大したことに伴って増巻ないし分冊の必要に迫られ，事実上，この31年時点で当初の計画からの大幅な逸脱が生じた。

具体的に説明しよう。まず，当初の構想にはなかった第III巻（「ドイツ精神史研究」）と第VIII巻（「世界観学」）とが新たに追加され，ついで，第IV巻（「精神的世界」）が，収録論文の増大により，第V，VI巻に分割されて上梓された。ちなみに，第VI巻の一部分は『著作集』とは別枠の『体験と創作』——『体験と創作』第2巻とか『詩人の想像力，および政治学や詩学に関する他の論考』とかといった仮題が与えられていたもの——に該当する。あわせて，第IV巻への収録が予定されていた「普遍妥当的教育学の可能性

について」が第VI巻へ，また，同じく「基礎づけ研究」が『全集』第VII巻へといった具合に，収録巻にかかわる細かい変更も生じた(10)。ともあれ，こうした事態が出来したにもせよ，「アトリエ版（Werkstattausgabe）と呼ばれてよい」（*a. a. O.*）体裁の8巻がこうして出揃う（前記，②段階）。

そして，ここに「さらに4つの巻が〔……〕くわわ」る。34年から36年までのあしかけ3年間に公刊された第IX巻から第XII巻，すなわち，当初は計画外であった教育学や倫理学や精神史等々の諸論考，断章，講義，草稿類を収めたこれら4巻をもって，全12巻を擁する著作集成がここに完結した。前述の③段階がこれであるが，厳密にいえば，第X巻はこの時点では未刊であり，第二次世界大戦後，1958年になってようやく刊行の運びとなる。

### 2-2　後継者たちによる編集事業の継続（1967年以降）

1962年，それまで『著作集』の刊行に従事してきたトイプナー社はその出版権を書肆ファンデンヘック・ウント・ルプレヒト社（Verlagsbuchhandlung Vandenhoeck & Ruprecht）に譲渡する。それに伴い，ミッシュ夫妻と事業承継社とのあいだで『全集』の継続についての意見交換が行なわれ，ベルリンに保管されている草稿を点検した結果，つぎの7点が確認された。その内容の概要を以下に示す。

(1)　ディルタイの重要性が再認識され，12巻本『全集』〔『著作集』〕完結後，彼の哲学的遺産の編集公刊への期待が高まっていること。

(2)　遺稿は未刊の断簡《シュトゥック》を多く含んでおり，晩年の弟子たちが眼前にしていたディルタイの思考や教えが時代の経過とともに徐々に歴史的な隔たりを伴ってきたがゆえに，それらの編集が無条件に望まれていること。

(3)　以前，著作を一括するさいに生じていたごとき困難はもはや今日では除去されるなり克服されるなりしていること。

(4)　現行版を包括的な歴史的－批判的版に編集しなおすのは実際的でないばかりか不適切でもあり，むしろ，巻をさらに継続することによって『著作集』〔『全集』〕を補完するほうが得策であること。

(5)　したがって，これ以降の巻では第I巻から第XIV巻までに用いられた断簡は用いないこと。

(6) それゆえ，継続の各巻は，歴史的－批判的全集という現代の基準に照らせば，内容上の範囲とその組み立てという点では評価が低くなることを甘受しなければならないが，スタイルの点では以前の巻を凌駕しているにちがいないこと。また，これ以降の編集者はもはやアトリエで行なわれていたことに精通したりそのやり方を踏襲したりしなくともよく，むしろ，編集にさいしては各断簡が書かれた時代をより正確に特定することに専心しなければならないこと。

(7) したがって，責任感のある数多の編集者と協力者とがこの重大な仕事に参加すべきであること。(vgl. XV VIII–IX)

たとえば，上記(1)や(3)に示されていることがらは，ローディに依拠して具体的にいえば，1960年代の学問状況とディルタイ研究をめぐる状況とに対応しよう。これらはおおよそつぎの4点に集約される[11]。

a．ガダマー(Hans-Georg Gadamer, 1900–2002) の『真理と方法』(*Wahrheit und Methode*) 刊行（1960年）が火をつけた，解釈学へのグローバルな関心の増大。

b．社会科学における学問論的方法論争（いわゆる実証主義論争）の文脈で顕著になった解釈学的次元の重視。

c．精神諸科学のドイツ的伝統に対するイデオロギー批判。

d．従来のディルタイ解釈の枠組みを方向づけ，制約してもいたディルタイ学派重鎮たちの相つぐ死去。

なお，上記(1)と(5)とのあいだで巻数にずれが生じているのは，グロイター社（Walter de Gruyter）から単行本として刊行された『生涯』第1巻（1869/70年），第2巻（1966年）をそれぞれ『全集』第XIII，XIV巻として組みこんだからである。

それはさておき，この段階――前記『全集』パンフレットでの表現に従うなら，「第2編集段階　ディルタイ研究グループのプロジェクト」(1967年以降）――では，全30巻を擁する編成となることはまだ明言されていない。この構成計画（＝④段階）はあくまでもこののち作成されたパンフレットとローディの前掲書（『構造化された全体』）とに示された情報であった[12]。

ともあれ，上記(1)から(7)が『全集』継続のための準拠基準となったことに変わりはなく，グリュンダーとヘルマン（Ulrich Herrmann, 1939– ）とを中心として『全集』の刊行が継続されることになる。70年の第XV巻の出版を皮切りに，72年に第XVI巻，74年には第XVII巻がそれぞれ上梓された。前述のごとく，これらは，ディルタイが学問的生涯の最初期からベルリン大学退官直前までの長期間，『月刊ヴェスターマン画報』（*Westermanns Illustrierte Monatshefte*）や『プロイセン年報』（*Preußische Jahrbücher*），『ベルリナー・アルゲマイネ・ツァイトゥング』（*Berliner Allgemeine Zeitung*）をはじめとする諸紙誌に，匿名や筆名やイニシャルで，あるいは実名で寄稿した夥しい数の書評，月旦，論説，紹介記事を内容とする。もっとも，この3巻にしても，この方面での彼の全仕事を網羅するものではない。たとえば，こと『月刊ヴェスターマン画報』だけにかぎってみても，読者は『全集』第XVII巻巻末に収録されている，「『月報』上でディルタイが言及している著作の目録」（Bibliographie der von Dilthey in den „Monatsheften" besprochenen Schriften）を一瞥しさえすれば，『全集』収録分の背後にある，同誌に掲載されながらも未収録の著述数にあらためて瞠目させられよう（vgl. XVII 471–520. 前章第二節の「書評一覧」（(53)頁以下）も参照されたい）。

これらの刊行後，しばらく置いて，83年（『序説』第1巻刊行100年の記念すべき年），ルール大学ボーフムにディルタイ研究所（Dilthey-Forschungsstelle）が創設された[13]。これにはつぎのごとき経緯がある。

ローディは同大学哲学科に「精神科学の歴史と理論」講座の設置を計画し，尽力した。これはこの教授職によるディルタイ研究所の補完を目してのことであったという。フォルクスヴァーゲン財団（VolkswagenStiftung）の財政援助になるこの新教授職は，リュッベ（Hermann Lübbe, 1926– ），グリュンダー，エールミュラー（Willi Oelmüller, 1930–1999）が歴任したのち，91年にショルツ（Gunter Scholtz, 1941– ）に継承される[14]。ディルタイ研究所は，この教授職との連携をもとに，また，85年以降，ドイツ研究振興協会の財政援助を受け，世界のディルタイ研究をリードする拠点となった[15]。これ以後，所長ローディ以下，ヨーアハ（Helmut Johach, 1941– ）やレッシング（Hans-Ulrich Lessing, 1953– ），ケルクホーフェン（Guy van Kerckhoven, 1951– ），キューネ＝ベルトラム（Gudrun Kühne-Bertram, 1952–2022），等々を共同編集者として，ディルタイの遺稿の公開に向けて地道な努力が重ねら

れてゆく。そのかいあって，全30巻構成での出版が計画されていた『全集』は，紆余曲折を経て，第XXVI巻までの刊行をもって2006年に完結を迎える。この結果，いわゆる『序説』に結実する予定であった準備稿や続編草稿，未刊の断片草稿などが第XVIII，XIX巻に収録され[16]，これ以降，「精神科学序説講義」や「学問論講義」「論理学講義」（以上，第XX巻），「心理学講義および関連草稿」（第XXI，XXII巻），「哲学史講義」（第XXIII巻），「論理学および価値論」（第XXIV巻。講義や草稿断片その他を含む）など，一連の講義録や草稿群，ならびに『体験と創作』本体とその関連草稿（第XVI巻），ディルタイが1895年に出版を計画し，結局は上梓されることのなかった『人類の予見者としての詩人』（*Dichter als Seher der Menschheit*）が彼の当初の構想に則るかたちで公刊された（第XXV巻，2006年）。没後ほぼ100年を経て，彼の思想はようやく全貌を現わしたといえる。

とはいえ，少々残念ながら，現行の『全集』にもいくつかの瑕疵があることは否定できない。そのひとつとして，前章（(21)頁以下），およびヘルマンの『文献目録』中で紹介されているディルタイの講義[17]の多くが収録されていない事実を指摘することができる。

もっとも，これには急ぎ注記を要しよう。前述の③段階ですら，「講義」録，もしくはそれに準ずるテクストを収録した巻が含まれていたからにほかならない。第IX巻に収録された「教育学の歴史」，および第X巻を構成する「倫理学の体系」がそれである。この両テクストが抱える編集上の問題はとりあえず措くが，このようにすでに『著作集』でも「講義」録は収録されていたし，上述のごとく，④段階では実際に種々の講義が“復元”されもした。しかし，たとえば，彼がベルリン（私講師時代。64/65年冬学期～66/67年冬学期）やキール（68/69年冬学期～71年夏学期），ブレスラウ（71/72年冬学期～82年夏学期）でしばしば行なったスピノザ（Baruch de Spinoza, 1632–77）関連講義はまったく収録されていない[18]。最初期のその講義ノート類は失われているとの由であるが，「哲学史講義」での扱いや，直接，間接の別を問わない言及の数々（vgl. z. B. II 391ff., 455ff.; XIII 315ff., u. a.）を見るかぎり，スピノザへの関心は晩年にいたるまで持続しており[19]，その点では物足りなさが残る。

また，前掲(4)および(6)の原則が生んだ結果とはいえ，『全集』は，あとから増築に増築を重ねた建物よろしく，はなはだ中途半端なパッチワーク様の

ものとなってしまった。このことは第XVIII巻以降についても該当する。

## 3 『書簡集』の刊行――『全集』補完版としての位置づけ

前節まで，前史を含めて『全集』(『著作集』) 巻構成および収録内容の変遷を概観してきた。ここからは『書簡集』の成立のしだいを見てゆく。

ディルタイの名を冠する「書簡集」およびそれに類するものはこれまですでに6点が公にされており[(20)]，昨年（2023年）刊行の日本語版『全集』第11巻はそのすべてを収録した。あらためて時代順に挙げてみよう。青年期の日記とともにまとめられた『若きディルタイ』[(21)]，同じく青年期の「ショルツ夫妻宛書簡集」[(22)]，「ハイム宛書簡集」[(23)]，ブレスラウ期以降に開始される，盟友ヨルクとの，その没年までつづいた書信の往還『ディルタイ＝ヨルク伯往復書簡集』[(24)]，アカデミー版『カント全集』発刊をめぐる重要記録「アディケス往復書簡集」[(25)]，そして，20世紀初頭の，生についての哲学と現象学との対話――あるいは，上滑りの“儀礼的”対決――たる「ディルタイ＝フッサール往復書簡集」[(26)]である。

このうち，『若きディルタイ』から『ヨルク書簡集』までの4点が，1933年から36年までに，それこそ矢継ぎ早にといってもけっして過言ではない速さで刊行された事実にあらためて注意を払っておきたい。周知のように，ナチ党が政権を奪取したのが33年，ロカルノ条約を一方的に破棄して非武装地帯ラインラントに進駐したのが36年であった。国際社会がこの横紙破りに明確な反対姿勢を示さなかったことがその後の世界の命運を定めることになったのはこれまた知られるとおりであるが，ナチ党のイデオローグからは程遠い思想内容をもつこれらのテクストがまさにそのような時期に急ぎ江湖に問われたことの意味は重い。

さて，既述のごとく，『全集』は2006年に完結した。**2-1 弟子筋による編集事業（1913-1958年）**の冒頭に記した④から⑤への変更が行なわれたわけであるが，これは，経済的－政治的状況の変化と，それに伴う，ルール大学ボーフムが属するノルトライン＝ヴェストファーレン州の学術文献刊行補助金の大幅な削減とからする，やむをえぬ結果といってよい[(27)]。刊行計画の縮小によって，第XXVII巻以降を構成するはずであった『書簡集』各巻[(28)]は，『全集』本体とは別立ての，三巻本として刊行されることになった。

2011年，その第I巻（1852–82年の書簡を収録）が，キューネ＝ベルトラム

およびレッシングを編者として，満を持して公にされる。ところが，こんどは『書簡集』刊行当初の計画が変更を来たす。1882年から1905年までの書簡を収める計画であった第II巻が収録量の増大を理由として二分割され，その前半部（82–95年）を第II巻として，また，後半部（96–1905年）を第III巻として，それぞれ2014年，18年に出版される。そして，4年後の22年，最終の第IV巻（05–11年）をもってここに大団円を迎えた。

もっとも，この『書簡集』にしても『全集』と同様の物足りなさが残ることは指摘しておかなければならない。たとえば，ディルタイ――およびヨーナス（Ludwig Jonas, 1797–1859）――が手がけたシュライアーマッハーの書簡集(29)はもとより，現在，刊行継続中の『批判版全集』の一部門（Abteilung V）を形成する「往復書簡および伝記資料」(30)と比較すると，分量の点で見劣りがする。その理由のひとつとして，ディルタイ発に比べて当人宛書信の収録の圧倒的な少なさを挙げることができよう。とはいえ，こうした“瑕疵”は本書簡集成そのものの価値を損なうものではけっしてなく，いわんや，向後のディルタイ研究の足枷になることも断じてありえない。

以上，『全集』および『書簡集』完成までの経緯をたどってきた。1914年に産声を上げた『著作集』はじつに100年余の時間を経て，全26巻を擁する『全集』として完成し，後続の『書簡集』全4巻とあいまって，学問的遺産の継承とさらなる研究の発展とを後代の研究者および読者の手に委ねているのである。

## 注

(1)　厳密にいえば，このほかに，博士論文『シュライアーマッハーの倫理学原理について』（*De principiis ethices Schleiermacheri*, Berlin 1864），講義用テクスト2点『論理学および哲学的諸学の体系綱要』（*Grundriß der Logik und des Systems der philosophischen Wissenschaften. Für Vorlesungen*, Berlin 1865），『哲学一般史の文献綱要』（*Biographisch-literarischer Grundriß der allgemeinen Geschichte der Philosophie*, Berlin 1885, $^{2}$1889, $^{3}$1893, $^{4}$1897, $^{5}$1898, $^{6}$1905），および『詩的想像力と狂気』（*Dichterische Einbildungskraft und Wahnsinn. Rede,* Leipzig 1886）が出版されている。

(2)　後掲注（4）を参照。

(3)　これ以降，『ディルタイ著作集』(Wilhelm Dilthey: *Schriften*)，『ディルタイ全集』(Ders.: *Gesammelte Schriften*) をそれぞれ『著作集』，『全集』と呼称し，邦訳『ディルタイ全集』については日本語版『全集』と表記する。つまり，たんに『著作集』ないし『全集』とあれば，いずれもドイツ語版のそれぞれをさす。引用および参照箇所の掲出に関しては『全集』の巻（ローマ数字）と頁（算用数字）とをもって行なう。また，『ディルタイ書簡集』(Dilthey, Wilhelm: *Briefwechsel*) は『書簡集』と略記し，参照箇所は，DB の略号，巻（ローマ数字），頁（算用数字）をもって示す（【例】DB–III 94)。

なお，ディルタイを含め，引用文中の強調（傍点箇所）はすべて引用者による。

(4)　このことについては，舟山俊明「一九世紀後半ドイツにおける教養市民層と出版文化——雑誌寄稿者としてのディルタイ」，小笠原道雄監修，坂越正樹・高橋勝・増渕幸男・田代尚弘編集『近代教育の再構築』福村出版，2000 年，66–67 頁を参照。舟山は，同論稿で，ディーデリヒスの著作（Diederichs, E.: *Selbstzeugnisse und Briefe von Zeitgenossen*, zsgest. u. erl. von Ulf Diederichs, Düsseldorf 1967）中に引用されている，この出版社社主と哲学者とのあいだでやりとりされた書簡の概要を紹介している。筆者は本稿執筆にあたって本書を参看することは能わなかったが，それにしても，これらの書簡は，かくも重要である以上，『著作集』／『全集』成立史にとって看過すべからざる価値をもつことになるわけであるから，本来であれば，DB–IV に収録されてしかるべきではなかったか。

(5)　以下，必要に応じて日本語版『全集』第 11 巻の当該頁を並記する。

(6)　Dilthey, W.: *Von deutscher Dichtung und Musik. Aus den Studien zur Geschichte des deutschen Geistes*, hrsg. von Herman Nohl und Georg Misch, Leipzig 1933, Stuttgart/Göttingen [2]1957.

(7)　Vgl. V VII; DB–IV 254f., 269f., 271f., 274.　なお，拙稿「ディルタイを“非神話化”する (4) ——G. キューネ＝ベルトラム／H-U. レッシング編『ディルタイ書簡集IV 1905–1911 年』」『ディルタイ研究』第 34 号，2023 年，85–94 頁，もあわせて参照せよ。

(8)　先年，『著作集』の当初の出版計画に関する興味深い資料が公開された。それは，ディルタイの学問的－思想的盟友パウル・ヨルク・フォン・ヴァルテンブルク（Hans Ludwig David Paul Yorck von Wartenburg, 1835–1897）の長男にしてディルタイの遺産管財人ハインリヒ・ヨルク（Hans Ludwig David Paul Heinrich Yorck von Wartenburg, 1861–1923）と出版社トイプナー（B. G. Teubner）とのあいだで 1913 年 1 月 29 日に締結された「出版契約書」，ならびに，同年 2 月ないし 3 月に記された「『著作集』巻構成計画」の三葉の写真である（vgl. Kerckhoven, G. v./Lessing, H.-U./Ossenkop, A.: *Wilhelm Dilthey. Leben und Werk in Bildern*, Freiburg/München 2008, S. 309–316)。この「契約書」「計画書」双方からも明らかなごとく，そこには『著作集』を全 6 巻構成とすることをはじめとして，各巻の内容や出版期日，巻ごとの印刷部数などの詳細な決定事項が盛りこまれていた。

(9) Vgl. Rodi, Fr.: Diltheys Kritik der historischen Vernunft – Programm oder System?, in: Ders.: *Das strukturierte Ganze. Studien zum Werk von Wilhelm Dilthey*, Weilerswist 2003, S. 266f.

(10) ミッシュはすでに「予備報告」中でこのことに言及していた。Vgl. V VIII.

(11) Vgl. Rodi, Fr.: Zum gegenwärtigen Stand der Dilthey-Forschung, in: *Dilthey-Jahrbuch für Philosophie und Geschichte der Geisteswissenschaften*, Bd. 1 (1983), S. 260f.

(12) Vgl. Rodi: *Das strukturierte Ganze*, S. 266f. ちなみに，グリュンダーは，筆者が本文のこの直前で要約的に引用した（1）から（7）の箇所につづく部分で，当時の編集状況について，ヘルマン編集の第XV–XVII巻につづくそのほかの準備作業のうち，（当時は）『精神科学序説』の先行段階と『序説』継続のための草稿とを収録する諸巻（現行の第XVIII，XIX巻）のための作業が最も進行しているとしたうえで，これらのあとに数巻がつづき，最後に書簡集成と，遺稿を収めた巻が編集報告を付して刊行されるとの予定を述べている。このかぎりでは，続巻の構成内容は本文中に挙げた⑤に合致するが，具体的な巻数までは示していない（vgl. XV IX）。

(13) この教授職とディルタイ研究所とに関しては，森邦昭「ボーフム大学ディルタイ研究所と精神科学の歴史と理論」『教育哲学研究』第78号，1998年，49頁。同「ボーフム大学におけるディルタイ研究――ディルタイ研究所と精神科学の歴史と理論」『ディルタイ研究』第17号，2006年，10頁以下を参照。

(14) ディルタイ研究におけるショルツの貢献の代表例として以下のものが挙げられる。Vgl. Scholtz, G./Krakowski, J. (Hgg.): *Dilthey und Yorck. Philosophie und Geisteswissenschaften im Zeichen von Geschichtlichkeit und Historismus*, Wrocław 1996; Ders./Kühne-Bertram, G. (Hgg.): *Grenzen des Verstehens. Philosophische und humanwissen-schaftliche Perspektiven*, Göttingen 2001; Ders. (Hrsg.): *Diltheys Werk und die Wissenschaften. Neue Aspekte*, Göttingen 2013.

(15) この教授職は2006年夏学期末に定年を迎えたショルツの退任後に廃止された。前掲注（13）に挙げた，森「ボーフム大学におけるディルタイ研究」20頁を参照。また，ディルタイ研究所も『書簡集』全4巻の完成をもってその50年におよぶ歴史を閉じた。Vgl. DB–IV VI. なお，本巻16–17頁もあわせて参照。

(16) 第XVIII–XIX巻がきわめて煩瑣な編集作業を伴ったであろうことは両巻末の編者注からも容易に推測することができる。こうした煩労はいわゆる〈ディルタイ・ルネサンス〉の機運を高め，とりわけ現象学研究者からのディルタイへの関心を惹起することにもつながるかたちで報われたといってよいが，同時に，マックリール（Rudolf Adam Makkreel, 1939–2021）によってつとに指摘されていたごとき編集上の瑕疵を生じさせる結果にもなった。Vgl. Makkreel, R. A.: *Dilthey. Philosoph der Geisteswissenschaften*, übersetzt von Barbara M. Kehm, Frankfurt/M. 1991, S. 92, Anm. 8. マックリール『ディルタイ――精神科学の哲学者』大野篤一郎・田中誠・小松洋一・伊東道生訳，法政大学出版局，1993年，471–472頁，第2章原注（8）。そのこともあってか，第XIX巻第2版には訂正表が付されている。Vgl. XIX ($^{2}$1997) LVII f.

(17)　Vgl. Herrmann, U.: *Bibliographie Wilhelm Dilthey. Quellen und Literatur*, Weinheim/Berlin/Basel 1969, S. 120–123. なお，講義および演習科目の一覧はグロートホフ（Hans-Hermann Groothoff, 1915–2013）とヘルマンとの編集によるディルタイの『教育学論集』にも収録されている。Vgl. Dilthey, W.: *Schriften zur Pädagogik*, besorgt von Hans-Hermann Groothoff und Ulrich Herrmann, Paderborn 1971, S. 385ff.

(18)　前注で言及した科目一覧によると，題目から読みとれるかぎり，ディルタイは1865年夏学期にスピノザを講義題目（「スピノザおよび近代汎神論への彼の関係について」）に掲げて以降，キール期からブレスラウ期にかけて，ほぼ毎年のように講義および演習でとりあげた。とりわけ演習では『エティカ』（*Ethica, ordine geometrico demonstrata*）が頻繁に，また，75年夏学期の1回だけではあるが，『神学－政治論』（*Tractatus theologico-politicus*）が扱われたことは，（当時の）彼の関心が奈辺にあったかを示す。Vgl. Herrmann: *Bibliographie*, S. 121f.; Dilthey: *Schriften zur Pädagogik*, S. 386f.

(19)　Vgl. XXIII 301–313; 391–401, Anm. 202, und passim.

(20)　ヘルマンによると，このほかに，歴史家バウムガルテン（Karl August Ludwig Hermann Baumgarten, 1825–1893）宛1通，プロテスタント神学者リプシウス（Richard Adelbert Lipsius, 1830–1892）宛2通，小説家ラーベ（Wilhelm Raabe, 1831–1910）宛2通とラーベ発1通，これら都合6通が別個に公表されていた。Vgl. Herrmann: *Bibliographie*, S. 118f.

ちなみに，『書簡集』はこのいずれをも収録している。以下を参照。DB–I 241f.（バウムガルテン。後掲注（23）の18–19頁にその一部分が既出（初出）），DB–I 529f., 602f.（リプシウス），DB–III 289, 432f.（ラーベ宛），DB–III 435f.（ラーベ発）。

(21)　*Der junge Dilthey. Ein Lebensbild in Briefen und Tagebüchern 1852–1870*, zsgest. von Clara Misch geb. Dilthey, Leipzig/Berlin 1933.

なお，ここにいう「青年期の日記」とは『エティカ』（*Ethica. Aus den Tagebüchern Wilhelm Diltheys*（1854–1865），Berlin 1915）と題する私家版小冊子のことである。ディルタイの娘クラーラ（Clara Misch, 1877–1967）は，『若きディルタイ』の編集にあたって，日記記事の順序を入れかえるなどの整合的処理を施したうえでその内容をすべて組みこんだ。Vgl. *Der junge Dilthey*, S. 318. 1243頁。

(22)　*Briefe Wilhelm Diltheys an Bernhard und Luise Scholz 1859–1864*, mitget. von Sigrid von der Schulenburg, Berlin 1933.

(23)　*Briefe Wilhelm Diltheys an Rudolf Haym 1861–1873*, mitget. von Erich Weniger, Berlin 1936.

(24)　*Briefwechsel zwischen Wilhelm Dilthey und dem Grafen Paul Yorck von Wartenburg 1877–1897*, hrsg. von Sigrid von der Schulenburg, Berlin 1933.

(25)　Briefwechsel zwischen Dilthey Wilhelm und Erich Adickes（Winter 1904–05）, in: Lehmann, G.: *Beiträge zur Geschichte und Interpretation der Philosophie Kants*, Berlin 1963, S. 12–27 [als Beilage von „Zur Geschichte der Kantausgabe 1896–1955"].

なお，ディルタイ発アディケス宛書簡4通はこのレーマン書刊行以前にすでに公開されていた。Vgl. Vier Briefe Wilhelm Diltheys an Erich Adickes, Winter 1904/05, in: *Deutsche Akademie der Wissenschaften Berlin 1946–1956*, Berlin 1956, S. 429–434.

(26) 初出，Correspondencia entre Dilthey y Husserl de 29-junio, 5/6–julio y 10–julio de 1911, edicion, introduccion y notas por Walter Biemel, in: *Revista de Filosofia de la Universidad de Costa Rica* 1 (1957), S. 101–124. ただし，日本語版『全集』第11巻の翻訳底本は以下。Briefwechsel Dilthey-Husserl, hrsg. von Walter Biemel, in: *Man and World* 1 (1968), S. 434–442.

(27) 『全集』の規模縮小の経緯に関しては，牧野英二による「解説」(日本語版『全集』第1巻，法政大学出版局，2006年，830頁)，および，同「ディルタイと歴史的理性批判の射程」『「持続可能性の哲学」への道——ポストコロニアル理性批判と生の地平』法政大学出版局，2013年，248頁，注(5)も参照。

(28) 『書簡集』各巻についてはすでに前掲注(7)に挙げたものを含む一連の拙稿をあわせて参照。「ディルタイを“非神話化”する——G・キューネ＝ベルトラム／H－U・レッシング編『ディルタイ書簡集I 1852–1882年』」，『ディルタイ研究』第22号，2011年，119–121頁。「同(2)——同編『同II 1882–1859年』」，同第26号，2015年，82–87頁。「同(3)——同編『同III 1985–1905年』」，同第30号，2019年，69–77頁。

(29) *Aus Schleiermacher's Leben. In Briefen*, Bd. 1, hrsg. von Ludwig Jonas, Berlin 1858; Bd. 2, vorb. von Ludwig Jonas; hrsg. von Wilhelm Dilthey, Berlin 1858; Bd. 3 u. 4, zum Druck vorb. von Ludwig Jonas; hrsg. von Wilhelm Dilthey, Berlin 1861/1863. なお，このうち第3巻と第4巻とのそれぞれにディルタイが付した「序言」には邦訳(拙訳)がある。ディルタイ「『書簡にみるシュライアーマッハーの生涯から』序言」，『ディルタイ研究』第11号，1999年，76–92頁。

(30) Schleiermacher, Fr. D. E.: *Kritische Gesamtausgabe*, Abt. V: Briefwechsel und biographische Dokumente, hrsg. von Andreas Arndt, Wolfgang Virmond, u. a., Berlin/New York 1985ff.

# 第三節

# ディルタイ関連文献目録

大石　学・齋藤元紀・走井洋一・上島洋一郎 編

## はじめに

ここでは，ディルタイ関連の一次文献および二次文献を，欧語，邦語の別に掲出する。

ただし，本目録はこれらの網羅的な紹介をめざしたものではない。紙幅の制約もあることから，従来の研究史をふまえ，向後のディルタイ研究にとって有益かつ参照不可欠と思われるものに絞り，たとえば，博士論文，紀要論文の類いは，欧語，邦語の別を問わず，原則として収録しない。文献の取捨選択，書誌情報の確認は上記４名の合議および分担によったが，そのさいに漏れた重要文献の拾いあげや，さらなる削除，表記の整理などを含めた最終調整および校閲を大石が行なった。

なお，本目録に盛りこめなかった，とりわけ邦語の重要文献（主としてアジア＝太平洋戦争以前期の紀要論文）については，本巻第一部第四章「日本におけるディルタイ研究史——戦前および戦後」(309頁以下）にて可能なかぎり言及したので，あわせて参照されたい。

### 凡 例

#### I　欧語文献

⑴　収録範囲に関して。茅野良男，ヘルマン，レッシングそれぞれが作成した各文献目録（(164)–(165)頁参照）に収録された1998年までの文献にくわ

え，これ以降，2023 年 11 月刊行分までを範囲とする。

⑵ 収録内容に関して。ここでは，第二部第一章第三節「ドイツ語版『全集』収録主要論文一覧」((95)頁以下）に掲出されているドイツ語版『全集』および各種書簡集は除外する。収録するのは，1.（*Der junge Dilthey* 以外の）伝記資料および（上記）文献目録，2. 原典からの抜粋ないしアンソロジー，3. 英仏伊西語版『全集／著作集』および翻訳，4. 二次文献である。

⑶ 編著者名の表記に関して。姓，名の順に表記し，同一人名がつづく場合は「――」で示す。

⑷ 配列順序に関して。上記 1（伝記資料および文献目録）は著者姓の ABC 順に掲出する。2（原典からの抜粋ないしアンソロジー）および 3（英仏伊西語版『全集／著作集』および翻訳）に関しては，それぞれを項目ごとにまとめ，刊行年順（旧→新）に掲出する。また，4（二次文献）については，10 年ごとにまとめ（ただし，1800 年代については 60–99 年までを一括），当該年代内では著者姓の ABC 順に，著書→論文の順序で掲載する。

なお，文献情報を示すさい，必要に応じて，下記略号表に示した略号を用いるとともに，同じ文献が近接して出る場合には，誤解の生じない程度に，省略した書名を示すことがある。

⑸ 書誌情報に関して。地名も含め，原則としてドイツ語表記に準じる。たとえば，「……編」の意，ed(s). by ...（英），éd. par ...（仏），a cura di ...（伊），ed. por ...（西）はすべて hrsg. von ... とし，また，地名「ナポリ」は Napoli ではなく，Neapel とする。

## II 邦語文献

⑴ 収録範囲に関して。佐藤忠恕，茅野良男，松友昭繁それぞれが作成した各文献目録（(230)頁参照）に収録された 1983 年までの文献にくわえ，2023 年 11 月刊行分までを範囲とする。

⑵ 収録内容に関して。ここでは，第二部第一章第四節「日本語版『全集』収録論文一覧」((111)頁以下）に掲出されたものは除外する。収録するのは，1.（上記）文献目録，2.（上記リスト掲載作品以外の）原典邦訳，3. 原典資料邦訳，4. 二次文献（邦訳を含む）である。

なお，論文掲載紙誌の発行者名については，混同が生じないかぎり，初出時のみ示し，誌紙名から発行者が明らかである場合は省略する。

⑶ 編著者の人名表記に関して。漢字名，カタカナ名とも姓，名の順に表記し，同一人名がつづく場合は「――」で示す。旧字旧かなは新字新かなにあらためるが，固有名については例外もある。なお，カタカナ名については，

作品刊行時の表記を尊重したので，同一人物に異なった表記があてられている場合がある。

(4) 配列順序に関して。上記(2)の 1 については著者姓の 50 音順に掲出する。同 2 以下に関しては，それぞれを単年度ごとにまとめ，刊行年順（旧→新）に，当該年内では著書→論文の順に，かつ著者姓の 50 音順に掲出する。

**略号表**

| | |
|---|---|
| Abschn.: | Abschnitt |
| AG: | *Anthropologie und Geschichte. Studien zu Wilhelm Dilthey aus Anlass seines 100. Todestages*, hrsg. von Giuseppe D'Anna, Helmut Johach und Eric Sean Nelson, Würzburg 2013 |
| AGPh: | *Archiv für Geschichte der Philosophie* |
| Asc: | *Archivio di storia della cultura* |
| ausgew.: | ausgewählt |
| Bd./Bde.: | Band/Bände |
| DaW: | *Dilthey als Wissenschaftsphilosoph*, hrsg. von Christian Damböck und Hans-Ulrich Lessing, München 2016 |
| DhW: | *Dilthey und die hermeneutische Wende in der Philosophie. Wirkungsgeschichtliche Aspekte seines Werkes*, hrsg. von Gudrun Kühne-Bertram und Frithjof Rodi, Göttingen 2008 |
| DJ: | *Dilthey-Jahrbuch für Philosophie und Geschichte der Geisteswissenschaften* |
| DPhG: | *Dilthey und die Philosophie der Gegenwart*, hrsg. von Ernst Wolfgang Orth, Freiburg/München 1985 |
| dt.: | deutsch |
| DV: | *Deutsche Vierteljahrsschrift für Literaturwissenschaft und Geistesgeschichte* |
| DWW: | *Diltheys Werk und die Wissenschaften*, hrsg. von Gunter Scholtz, Göttingen 2013 |
| eingel.: | eingeleitet |
| engl.: | englisch |
| erl.: | erläutert |
| frz.: | französisch |

| | |
|---|---|
| GA: | *Gesamtausgabe* |
| GS: | *Gesammelte Schriften* (Wilhelm Diltheys) |
| GW: | *Gesammelte Werke* |
| hrsg./Hrsg.: | herausgegeben/Herausgeber, -in(nen) |
| ID: | *Interpreting Dilthey: Critical Essays*, hrsg. von Eric Sean Nelson, Cambridge 2019 |
| ital.: | italienisch |
| JHI: | *Journal of the History of Ideas* |
| JHPh: | *Journal of the History of Philosophy* |
| KGA: | *Kritische Gesamtausgabe* |
| Komm.: | Kommentar |
| Ndr.: | Nachdruck |
| Nw.: | Nachwort |
| PhR: | *Philosophische Rundschau* |
| RCD: | *Recent Contributions to Dilthey's Philosophy of the Human Sciences*, hrsg. von Hans-Ulrich Lessing, Rudolf A. Makkreel und Riccardo Pozzo, Stuttgart-Bad Cannstatt 2011 |
| S.: | Seit/Seite |
| Sgu: | *Lo Sguardo. Rivista di filosofia* |
| Tl./Tle.: | Teil/Teile |
| übers./Übers.: | übersetzt/Übersetzung |
| u. d. T.: | unter dem Titel |
| Vw.: | Vorwort |
| ZphF: | *Zeitschrift für philosophische Forschung* |

## I　欧語文献

### 1　伝記資料および文献目録

Herrmann, Ulrich: *Bibliographie Wilhelm Dilthey. Quellen und Literatur*, Weinheim/Berlin/Basel 1969.

茅野良男「文献解題」，同『ディルタイ』有斐閣，1959年，巻末1–20頁，所収

Koepp, Laura: *Die Familie Dilthey*, Wiesbaden 1906. (Zuerst in: *Nassovia. Zeitschrift für nassauische Geschichte und Heimatkunde* 7 (1906), S. 66–68, 78–80,

94–96 und 108–109.)
Lessing, Hans-Ulrich: Bibliographie der Dilthey-Literatur 1969–1973, in: DJ 1 (1983), S. 281–288.
——: Bibliographie der Dilthey-Literatur 1974–1978, in: DJ 2 (1984), S. 351–358.
——: Bibliographie der Dilthey-Literatur 1979–1983, in: DJ 3 (1985), S. 275–284.
——: Bibliographie der Dilthey-Literatur 1984–1988, in: DJ 9 (1994/95), S. 348–359.
——: Bibliographie der Dilthey-Literatur 1989–1998, in: DJ 12 (1999/2000) S. 303–329.

## 2　原典からの抜粋，アンソロジー

*Die Philosophie des Lebens. Eine Auswahl aus seinen [Diltheys] Schriften 1867–1910*, hrsg. von Herman Nohl, Frankfurt/M. 1946. (Inhalt: ausgew. Textstellen aus GS I, V, VII, VIII. Später wiederabgedruckt u. d. T.: *Die Philosophie des Lebens. Eine Auswahl aus seinen [Diltheys] Schriften*, ausgew. von Herman Nohl, mit Vw. von Otto Friedrich Bollnow, Stuttgart/Göttingen 1961; Inhalt: ausgew. Textstellen aus GS I, II, V, VII, VIII.)
*Der Aufbau der geschichtlichen Welt in den Geisteswissenschaften*, hrsg. und eingel. von Manfred Riedel, Frankfurt/M. [1]1970, [4]1993.
*Schriften zur Pädagogik*, hrsg. von Ulrich Herrmann und Hans-Hermann Groothoff, Paderborn 1974.
*Texte zur Kritik der historischen Vernunft*, hrsg. und eingel. von Hans-Ulrich Lessing, Göttingen 1983.
*Das Wesen der Philosophie*, hrsg. und eingel. von Otto Pöggeler, Hamburg 1984.
*Das Wesen der Philosophie*, hrsg. und eingel. von Manfred Riedel, Stuttgart 1984.
*Materialien zur Philosophie Wilhelm Diltheys*, hrsg. und eingel. von Frithjof Rodi und Hans-Ulrich Lessing, Frankfurt/M. 1984.
*Grundlinien eines Systems der Pädagogik und Über die Möglichkeit einer allgemeingültigen pädagogischen Wissenschaft*, hrsg. von Dieter-Jürgen Löwisch, Darmstadt 2002.

## 3　英仏伊西語版『全集／著作集』および翻訳

### 英語訳

Hodges, Herbert Arthur: *Wilhelm Dilthey. An Introduction*, London [1]1944, [2]1949,

S. 109–160. (Inhalt: die Einleitung von Hodges und Übers. ausgew. Textstellen aus GS.)

*The Essence of Philosophy*, übers. von Stephen A. Emery and William T. Emery, Chapel Hill/NC 1954. (Übers. von: „Das Wesen der Philosophie", in: GS V, S. 339–416.)

Kluback, William: *Wilhelm Dilthey's Philosophy of History*, New York 1956, S. 103–109. (Inhalt: die Übers. von: „Traum", in: GS VIII, S. 220–226.)

*Philosophy of Existence. Introduction to Weltanschauungslehre*, übers. von William Kluback and Martin Weinbaum, London/Toronto 1957.

*The Understanding of Other Persons and Their Life-Expressions*, übers. von J. J. Kuehl, in: *Theories of History*, hrsg. von Patrick Gardiner, New York [1]1959, [6]1965, S. 213–225. (Übers. von: „Verstehen anderer Personen und ihrer Lebensäußerungen", in: GS VII, S. 205–220.)

*Meaning in History. Wilhelm Dilthey's Thoughts on History and Society*, hrsg. und eingel. von Hans Peter Rickman, London 1961; *Pattern and Meaning in History. Thoughts on History and Society*, New York 1962, S. 66–168. (Inhalt: die Übers. ausgew. Textstellen aus GS VII.)

*Selected Writings*, hrsg, übers. und eingel. von Hans Peter Rickman, Cambridge/New York 1976.

*Introduction to the Human Sciences. An Attempt to Lay a Foundation for the Study of Society and History*, übers. und eingel. von Ramon J. Betanzos, Detroit 1988. (Übers. von: *Einleitung in die Geisteswissenschaften*, in: GS I.)

*Selected Works*, hrsg. und eingel. von Rudolf A. Makkreel und Frithjof Rodi, Princeton/NJ 1985–2016.

Bd. 1: Introduction to the Human Sciences, übers. von Michael Neville, Jeffrey Barnouw, Franz Schreiner und Rudolf A. Makkreel, 1989. (Übers. ausgew. Textstellen aus GS I und XIX.)

Bd. 2: Understanding the Human World, übers. von Rudolf A. Makkreel, Patricia Van Tuyl, Maximilian Aue, Jacob Owensby, Donald Moore und Erdmann Waniek, 2010. (Übers. ausgew. Textstellen aus GS V und XIX.)

Bd. 3: The Formation of the Historical World in the Human Sciences, übers. von Rudolf A. Makkreel, John Scanlon und William H. Oman, 2002. (Übers. ausgew. Textstellen aus GS VII.)

Bd. 4: Hermeneutics and the Study of History, übers. von Theodore Nordenhaug, Rudolf A. Makkreel, Fredric R. Jameson, Ramon J. Betanzos, Ephraim Fischoff und Patricia Van Tuyl, 1996. (Übers. ausgew. Textstel-

len aus GS II, III, V, u. a.)

Bd. 5: Poetry and Experience, übers. von Louis Agosta, Rudolf A. Makkreel, Michael Neville, Christopher Rodie und Joseph Ross, 1985. (Übers. ausgew. Textstellen aus GS VI, XXV und XXVI.)

Bd. 6: Ethical and World-View Philosophy, übers. von Stephen W. Ball, Rudolf A. Makkreel, Patricia Van Tuyl, Ramon J. Betanzos, John Krois und James McMahon, 2019. (Übers. ausgew. Textstellen aus GS VI, VII, VIII und X.)

### フランス語訳

*Introduction a 1'étude des sciences humaines. Essai sur le fondement qu'on pourrait donner a l'étude de la société et de l'histoire*, übers. von Louis Sauzin, Paris 1942. (Übers. von: *Einleitung in die Geisteswissenschaften*, in: GS I.)

*Théorie des conceptions du monde. Essai d'une philosophie de la philosophie*, übers. von Louis Sauzin, Paris 1946. (Übers. der Textstellen aus GS VIII.)

*Le monde de l'esprit*, übers. von M. Rémy, 2 Bde., Paris 1947. (Übers. der GS V und VI.)

*Œuvres*, hrsg. von Sylvie Mesure, Paris 1992ff.

Bd. 1: Critique de la raison historique: introduction aux sciences de l'esprit et autres textes, übers. von Sylvie Mesure, 1992.

Bd. 2: Unveröffentlicht.

Bd. 3: L'édification du monde historique dans les sciences de l'esprit, übers. von Sylvie Mesure, 1988.

Bd. 4: Conception du monde et analyse de l'homme depuis la renaissance et la réforme, übers. von Fabienne Blaise; erl. von Fabienne Blaise und Sylvie Mesure, 1999.

Bd. 5: Leibniz et Hegel, übers. von Jean-Christophe Merle, 2002.

Bd. 6: Unveröffentlicht.

Bd. 7: Écrits d'esthétique; La naissance de l'herméneutique, übers. von Danièle Cohn und Evelyne Lafon, 1995.

### イタリア語訳

*L'analisi dell'uomo e la intuizione della natura del Rinascimento al secolo XVIII*, 2 vols., übers. von Giovanni Sanna, Venedig 1927.

*Esperienza vissuta e poesia*, übers. von Nicola Accolti und Gil Vitale, Turin 1949;

Ndr. 1999. (Inhalt: Übers. von: *Das Erlebnis und die Dichtung*.)

*Introduzione alle science dello spirito*, übers. von Omero Dlanca, Turin 1949.

*Critica della ragione storica*, vol. V e VI., Tormo 1955. (Inhalt: Übers. von: „Studien zur Grundlegung der Geisteswissenschaften“, „Der Aufbau der geschichtlichen Welt in den Geisteswissenschaften“, „Plan der Fortsetzung zum Aufbau der geschichtlichen Welt in den Geisteswissenschaften“, in: GS VII; „Das Wesen der Philosophie“, in: GS V, S. 339–416.)

*L'etica di Schleiermacher*, übers. von Franco Bianco, Roma 1974. (Übers. von: „De principiis ethices Schleiermacheri“, Berlin 1864.)

*Carteggio tra Wilhelm Dilthey e il conte Paul Yorck von Wartenburg 1877–1897*, übers. von Francesco Donadio, Neapel 1983. (Später überarbeitet von demselben Übersetzer, in: Yorck von Wartenburg, Paul: *Tutti gli scritti*, Mailand 2006, S. 173–689.)

*Per la fondazione delle scienze dello spirito. Scritti editi e inediti* (1860–1896), hrsg. von Alfred Marini, Mailand [1]1985. [2]2003. (Inhalt: Übers. von: „Frühe Aphorismen aus der Berliner Zeit (vor 1860)“, in: GS XVIII, S. 203–212; „Erkenntnistheoretische Fragmente (1874/79)“, in: GS XVIII, S. 186–201; „Frühe Entwürfe zur Erkenntnistheorie und Logik der Geisteswissenschaften (vor 1880)“, in: GS XIX 1–57; „Ausarbeitung der deskriptiven Psychologie (ca. 1880)“, in: GS XVIII 112–185, Zwei Rezensionen von Sigwarts „Logik“ (1881), in: GS XVII 421–425, XIX 392–397; „Beiträge zur Lösung der Frage vom Ursprung unseres Glaubens an die Realität der Außenwelt und seinem Recht (1890)“, in: GS V 90–138; „Erfahren und Denken. Eine Studie zur erkenntnistheoretischen Logik des 19. Jahrhunderts (1892)“, in: GS V 74–89; „Leben und Erkennen. Ein Entwurf zur erkenntnistheoretischen Logik und Kategorienlehre (ca. 1892/93)“, in: GS XIX 333–388; „Ideen über eine beschreibende und zergliedernde Psychologie (1894)“, in: GS V 139–240; „[Über vergleichende Psychologie.] Beiträge zum Studium der Individualität (1895/96)“, in: GS V 241–316, u. a.)

*Estetica e poetica*, hrsg. von Giovanni Matteucci, Mailand [1]1992, [3]2005. (Inhalt: Übers. von: „Phantastische Gesichtserscheinungen von Goethe, Tieck und Otto Ludwig (1866)“, in: GS XV 93–101; „Hölderlin und die Ursachen seines Wahnsinnes (1867)“, in: GS XV 102–116; „Dichterische Einbildungskraft und Wahnsinn (1886)“, in: GS VI 96–102; „Die Einbildungskraft des Dichters. Bausteine für eine Poetik (1887)“, in: GS VI 103–241; „Die drei Epochen der modernen Ästhetik und ihre heutige Aufgabe (1892)“,

in: GS VI 242–287; „Das musikalische Verstehen (ca. 1909)“, in: GS VII 220–224, u. a.)

*Materiali per Dilthey. Idee su una psicologia descrittiva e analitica*, hrsg. von Alfredo Marini, Mailand 2002. (Inhalt: Übers. von: „Briefe an Dilthey anläßlich der Veröffentlichung seiner Ideen über eine beschreibende und zergliedernde Psychologie (1894)“; Ebbinghaus, Hermann: „Über erklärende und beschreibende Psychologie (1896)“; Briefwechsel zwischen Wilhelm Dilthey und dem Grafen Paul Yorck von Wartenburg in Zusammenhang mit der beschreibenden und zergliedernden Psychologie (Dez. 1894/ März. 1896); Windelband, Wilhelm: *Geschichte und Naturwissenschaft. Straßburger Rektoratsrede* (1894), u. a.)

### スペイン語訳

Sobre la posibilidad de una ciencia pedagógica con validez general, in: *Revista de Pedagogia* 13 (1934), S. 433–439.

*Fundamentos de un sistema de pedagogía*, übers. von Lorenzo Luzuriaga, Buenos Aires [1]1940, [5]1960.

*Historia de la pedagogia*, übers. von Lorenzo Luzuriaga, Buenos Aires [1]1942, [6]1960.

La esencia de la filosofía, I–III, übers. von Samuel Ramos, in: *Filosofia y Letras* 6 (1943), S. 11–37, S. 209–234; 7 (1944), S. 11–34.

*La esencia de la filosofía*, übers. von Elsa Tabernig, eingel. von Eugepio Pucciarelli, Buenos Aires [1]1944, [3]1960.

*Obras de Dilthey*, hrsg. von Eugenio Ímaz, José Ímaz, Wenceslao Roces Suárez, Juan Roura, Mexiko 1944ff.

Bd. I: Introducción a las ciencias del espíritu; en la que se trata de fundamentar el estudio de la sociedad y de la historia, Erl., Vw., Nw. und Komm. von Eugenio Ímaz, [1]1944, [2]1949.

Bd. II: Hombre y mundo en los siglos XVI y XVII, übers. von Eugenio Ímaz, [1]1944, [2]1947, [3]1978.

Bd. III: De Leibniz a Goethe, übers. von José Gaos, Wenceslao Roces Suárez, Juan Roura und Eugenio Ímaz, [1]1945, [2]2007.

Bd. IV: Vida y Poesía, Erl. von Wenceslao Roces Suárez, Vw. und Komm. von Eugenio Ímaz, [1]1945, [2]1953.

Bd. V: Historia juvenil de Hegel, Erl. von Echeverria, [1]1944, [2]1956.

Bd. VI: Psicología y teoría del conocimiento, Erl., Vw., Nw. und Komm. von Eugenio Ímaz, [1]1945, [2]1951.

Bd. VII: El mundo histórico, Erl., Vw., Nw. und Komm. von Eugenio Ímaz, [1]1944, [2]1978.

Bd. VIII: Teoría de la concepción del mundo, Erl., Vw., Nw. und Komm. von Eugenio Ímaz, [1]1945, [2]1954.

Bd. IX: Literatura y fantasía, übers. von Emilio Uranga und Carlos Gerhard, [1]1963, [2]1997.

Bd. X: Historia de la filosofía, übers. von Eugenio Ímaz, [1]1951, [2]1979.

*Teoría de la concepciones del mundo*, übers. und erl. von Julian Marias, Madrid 1944.

*Hegel y el idealismo*, übers. von Eugenio Ímaz, Mexiko 1944.

*Polética; la imaginación del poeta. Las tres épocas de la estéica moderna y su problema actual*, übers. von Eisa Tabernig, eingel. von Eugenio Pucciarelli, Buenos Aires 1945.

*Las ciencias del espíritu, in: Cuadernos de Adán,* Bd. 1, Madrid 1945, S. 11–19. (Übers. der Widmung und Vorrede der *Einleitung in die Geisteswissenschaften*, Bd. 1, übers. von Julian Marias.)

*Introducción a las Ciencias del Èspíritu. Ensayo fundamental de la sociedad y dc la historia.* übers. von J. T. M. de Brugger, 2 vols., Buenos Aires/Madrid 1948.

Marias, Julian: *La Filosofía en sus textos. Selección, comentario e introduciones*, 2 Bde., Barcelona [1]1950, [2]1963: Bd. 2: De Descartes a Dilthey. S. 1238–1265. (Inhalt: Einleitung und Bibliographie, Übers. ausgew. Textstellen: Die Widmung, Vorrede und der Kap. 2, 3, 19 der *Einleitung in die Geisteswissenschaften*, in: GS I; Abschn. 2, 4, 8 des „Grundgedanke[ns] meiner Philosophie“, in: GS VIII, u .d. T.: Teoría de la conccpciones del Mundo; „Übersicht meines Systems“, und „Traum“ aus „Zur Weltanschauungslehre“, in: *a. a. O.*)

*Historia de la filosoda*, übers. von Eugenio Ímaz, Mexiko [1]1951, [2]1956.

*Introducción a las Clonelas del Espíritu. Ensayo de una fundamentaclon del estudio de la sociedad y de la historia*, übers. von Julian Marias, Vorw. von José Ortega y Gasset, Madrid [1]1956, [2]1966. (Übers. von: *Einleitung in die Geisteswissenschaften.*)

*La gran musica de Bach*, eingel. von Federico Sopeña, übers. von Jésus Aguirre, Madrid 1963, S. 23–89. (Inhalt: „Los comienzos de la gran musica alemana“ und „Juan Sebastian Bach“, aus: *Von deutscher Dichtung und Musik*,

S. 191–200 und 205–248.)
La Escuela de Atenas, in: *Letras de México. Gaseta literaria y artistica*, Ano IX, vol. V, No. 108, Febr. 1945, S. 20–21. (Übers. aus „Traum“, in : GS VIII, S. 221-Mitte, S. 226.)

## 4 二次文献

### 1860–99

[Anonym]: [Rezension zu:] Wilhelm Dilthey, *Einleitung in die Geisteswissenschaften*, in: *Philosophische Monatshefte* 58 (1885), S. 697–700.
Barth, Paul: *Die Philosophie der Geschichte als Soziologie*, Leipzig [1]1897, [3/4]1922; New York [5]1971.
Döring, August: *Philosophische Güterlehre. Untersuchungen über die Möglichkeit und die wahre Triebfeder des sittlichen Handelns*, Berlin 1888.
Ebbinghaus, Hermann: *Grundzüge der Psychologie*, 2 Bde.: Bd. 1, Leipzig 1897; Bd. 2, Leipzig 1902, Beide Bde. zus. Leipzig [3]1913.
——: Über erklärende und beschreibende Psychologie, in: *Zeitschrift für Psychologie und Physiologie der Sinnesorgane* 9 (1896), S. 161–205; wiederabgedruckt in: *Materialien zur Philosophie Wilhelm Diltheys*, hrsg. von Frithjof Rodi und Hans-Ulrich Lessing, Frankfurt/M. 1984, S. 45–87.
Eucken, Rudolf: [Rezension der Diltheys *Einleitung in die Geisteswissenschaften*], in: *Philosophische Monatshefte* 20 (1884), S. 120–128; wiederabgedruckt in: DJ 1 (1983), S. 112–118.
Freudenthal, Jacob: [Rezension der Diltheys *Einleitung* ...], in: *Deutsche Literatur-Zeitung* 4 (1883), Sp. 1641–1648; wiederabgedruckt in: DJ 1 (1983), S. 93–96.
Freytag, Gustav: *Die Technik des Dramas*, Leipzig 1863.
Gierke, Otto: Eine Grundlegung für die Geisteswissenschaften [Rezension der Diltheys *Einleitung* ...], in: *Preußische Jahrbücher* 53 (1884), S. 105–144; wiederabgedruckt in: DJ 1 (1983), S. 118–155.
Gizycki, Georg von: *Moralphilosophie*, Leipzig [1/2]1888.
Hardy, Edmund: [Rezension der Diltheys *Einleitung* ...] , in: *Zunächst für das katholische Deutschland* 24 (1885), Sp. 306–308; wiederabgedruckt in: DJ 1 (1983), S. 164–166.
Hillebrand, Franz: [Rezension der Diltheys *Einleitung* ...], in: *Zeitschrift für das*

*Privat- und öffentliche Recht der Gegenwart* 11 (1885), S. 632–642; wiederabgedruckt in: DJ 1 (1983), S. 167–176.

Menger, Karl: *Untersuchungen über die Methode der Sozialwissenschaften und der politischen Ökonomie insbesondere*, Leipzig 1883.

Paulsen, Friedrich: *System der Ethik, mit einem Umriß der Staats- und Gesellschaftslehre*, Berlin $^{1}$1899, $^{2}$1891, $^{3}$1894, $^{11/12}$1921.

Rickert, Heinrich: *Kulturwissenschaft und Naturwissenschaft*, Tübingen $^{1}$1899, $^{6/7}$1926.

Schmidt, Julian: Ein neues Buch von Wilhelm Diltheys [Rezension der Diltheys *Einleitung* ...], in: *National-Zeitung*, Nr. 329, 5. Juni 1884; wiederabgedruckt in: DJ 1 (1983), S. 155–163.

Schmoller, Gustav: Die Schriften von K. Menger und W. Dilthey zur Methodologie der Staats- und Sozialwissenschaften, in: Ders.: *Zur Literaturgeschichte der Staats- und Sozialwissenschaften*, Leipzig 1888, S. 275–304; später wiederabgedruckt in: DJ 1 (1983), S. 96–103.

Simmel, Georg: *Die Probleme der Geschichtsphilosophie. Eine erkenntnistheoretische Studie*, Leipzig $^{1}$1892, $^{5}$1923; wiederabgedruckt in: Ders.: GA 2: Aufsätze 1887 bis 1890, hrsg. von Heinz-Jürgen Dahme, Frankfurt/M. $^{1}$1989, $^{4}$1997.

Thilo, Christfried Albert: [Rezension der Diltheys *Einleitung* ...], in: *Zeitschrift für exakte Philosophie des neueren philosophischen Realismus* 13 (1885), S. 383–390; wiederabgedruckt in: DJ 1 (1983), S. 176–181.

Überweg, Friedrich: *Grundriss der Geschichte der Philosophie*, 3. Tl.: Die Neuzeit, 2. Bd.: Nachkantische Systeme und Philosophie der Gegenwart, bearb. und hrsg. von Max Heinze, Berlin $^{8}$1897, S. 277–279.

Windelband, Wilhelm: *Präludien. Aufsätze und Reden zur Einleitung in die Philosophie*, 2 Bde., Freiburg/Br. $^{1}$1884, $^{9}$1924.

——: *Geschichte und Naturwissenschaft. Straßburger Rektoratsrede*, Straßburg $^{1}$1894, $^{2}$1900, $^{3}$1904; wiederabgedruckt in: Ders.: *Präludien*, Bd. 2, Tübingen $^{9}$1924, S. 136–160; frz. Übers.: Histoire et science de la nature [discours prononcé au Rectorat de Strasbourg en 1894], übers. von Silvia Mancini, in: *Les Études philosophiques* 1 (2000), S. 1–16.

Ziegler, Theobald: [Rezension der Diltheys *Einleitung* ...], in: *Vierteljahrsschrift für wissenschaftliche Philosophie* 7 (1883), S. 491–501; wiederabgedruckt in: DJ 1 (1983), S. 104–112.

## 1900–09

Lipps, Theodor: *Vom Fühlen, Wollen und Denken*, Leipzig [1]1902, [3]1925.

Nohl, Herman: *Die Weltanschauungen der Malerei*, Jena 1908.

Spann, Othmar: Zur soziologischen Auseinandersetzung mit Wilhelm Dilthey, in: *Zeitschrift für die gesamten Staatswissenschaften* 59 (1903), S. 193–222.

Stein, Ludwig: *Philosophische Strömungen der Gegenwart*, Stuttgart 1908.

—— (Hrsg.): *Archiv für Geschichte der Philosophie in Gemeinschaft mit Wilhelm Dilthey, Benno Erdmann, Paul Natorp und Eduard Zeller*, Berlin 1907.

## 1910–19

Chandler, Stéphanie: *Wilhelm Dilthey*, Bruxelles 1913.

Erdmann, Benno: *Erkennen und Verstehen*, Berlin [1/2]1912.

——: *Gedächtnisrede auf Wilhelm Dilthey*, Berlin 1912.

Frischeisen-Köhler, Max [u. a.]: *Weltanschauung. Philosophie und Religion in Darstellungen*, Berlin 1911.

——: *Wissenschaft und Wirklichkeit*, Leipzig/Berlin 1912.

——: Wilhelm Dilthey als Philosoph, in: *Logos. Internationale Zeitschrift für Philosophie der Kultur* 3 (1912), S. 29–58.

——: Philosophie und Dichtung, in: *Kantstudien* 21 (1916), S. 93–130.

Goldstein, Julius: *Wandlungen in der Philosophie der Gegenwart, mit besonderer Berücksichtigung des Problems von Leben und Wissenschaft*, Leipzig 1911.

Groethuysen, Bernhard: *Wilhelm Dilthey*, Berlin 1913.

——: Dilthey et son école, in: *La philosophie allmande au XIX[e] siècle*, hrsg. von Charles Andler, Paris 1912, S. 1–23; wiederabgedruckt in: Ders.: *Philosophie et histoire*, hrsg. von Bernard Dandios, Paris 1995, S. 55–71.

——: Wilhelm Dilthey, in: *Deutsche Rundschau* 39 (1913), S. 69–92, und 249–270.

Heynen, Walter: *Diltheys Psychologie des dichterischen Schaffens*, Halle a. S. 1916; Hildesheim 1999.

Husserl, Edmund: Philosophie als strenge Wissenschaft, in: *Logos. Internationale Zeitschrift für Philosophie der Kultur* 1 (1910), S. 289–341; wiederabgedruckt in: *Husserliana*, Bd. XXV: Aufsätze und Vorträge (1911–1921), hrsg. von Thomas Nenon und Hans Rainer Sepp, Den Haag 1987, S. 3–62.

Jaspers, Karl: *Psychologie der Weltanschauungen*, Berlin [1]1919, Göttingen/Berlin/Heidelberg [4]1954.

Pomtow, Max: Die Historik Wilhelm Diltheys, in: AGPh 30 (1917), S. 203–240.

Scheler, Max: Versuche einer Philosophie des Lebens, in: Ders.: GW 3: Vom

Umsturz der Werte. Abhandlungen und Aufsätze, hrsg. von Manfred S. Frings und Maria Scheler, Bern [1]1955; Bonn [6]2007, S. 313–339. (Zuerst in: *Die weißen Blätter* 1 (1913), S. 203–233; wiederabgedruckt in: Ders.: *Abhandlungen und Aufsätze*, Bd. 2, Leipzig [1]1915, S. 169–228.)

Simmel, Georg: *Lebensanschauung. Vier metaphysische Kapitel*, München/Leipzig [1]1918, [2]1922, [3]1994.

Unger, Rudolf: *Weltanschauung und Dichtung. Zur Gestaltung der Probleme bei Dilthey*, Zürich 1917; wiederabgedruckt in: Ders.: *Gesammelte Studien. Aufsätze zur Prinzipienlehre der Literaturgeschichte*, Bd. 1, Berlin 1929, S. 49–87.

Windelband, Wilhelm: *Einleitung in die Philosophie*, hrsg. von Fritz Medicus, Tübingen [1]1914, [3]1923.

## 1920–29

Buchenau, Artur: Diltheys Bedeutung für die philosophische Begründung der modernen Geisteswissenschaften, in: *Geisteskultur* 38 (1929), S. 1–15.

Freyer, Hans: *Theorie des objektiven Geistes. Eine Einleitung in die Kulturphilosophie*, Leipzig [1]1923, [3]1934; sp. Übers.: *Teoría del espíritu objetivo*, übers. von Rafael Gutiérrez Girardot, Buenos Aires 1973; engl. Übers.: *Theory of Objective Mind. An Introduction to the Philosophy of Culture*, übers. von Steven Grosby, Athens/OH 1998.

——: Diltheys System der Geisteswissenschaften und das Problem der Geschichte und Soziologie, in: *Kultur- und Universalgeschichte, Festgabe für Walter Goetz, dargebracht von Fachgenossen, Freunden und Schülern*, Leipzig/Berlin 1927, S. 485–500.

Frischeisen-Köhler, Max: Philosophie und Leben, in: *Kantstudien* 26 (1921), S. 111–138.

Gomperz, Heinrich: *Über Sinn und Sinngebilde, Verstehen und Erklären*, Tübingen 1929.

Groethuysen, Bernhard: *Philosophische Anthropologie*, München [1]1928, [2]1931, [3]1969; frz. Übers.: *Anthropologie philosophique*, Paris 1953; sp. Übers.: *Antropología filosófica*, Buenos Aires 1951.

Günther, Hans Richard Gerhard: Das geschichtliche Verstehen, in: *Zeitschrift für deutsche Bildung* 5 (1929), S. 187–197.

Heidegger, Martin: *Sein und Zeit*, Erste Hälfte, Halle a. S. [1]1927; Tübingen [19]2006; zuerst in: *Jahrbuch für Philosophie und phänomenologische Forschung* 8 (1927), S. 1–438; später selbst. veröff.: Halle a. S. [1]1927, [19]2006; wiederab-

gedruckt in: Ders.: GA 2, hrsg. von Friedrich-Wilhelm von Herrmann, Frankfurt/M. 1977.

Heinemann, Fritz: *Neue Wege der Philosophie. Geist, Leben, Existenz. Eine Einführung in die Philosophie der Gegenwart*, Leipzig 1929.

Hofmann, Paul: Das Verstehen und seine Allgemeingültigkeit, in: *Jahrbuch für Charakterologie* 6 (1929), S. 1–60.

Landgrebe, Ludwig: Diltheys Theorie der Geisteswissenschaften, Analyse ihrer Grundbegriffe, in: *Jahrbuch für Philosophie und phänomenologische Forschung* 9 (1928), S. 237–366.

Liebert, Arthur: Die geschichtliche Welt, in: *Kantstudien* 32 (1927), S. 330–337.

Lipps, Hans: *Untersuchungen zur Phänomenologie der Erkenntnis*, Bonn 1927 (später wiederabgedruckt in: Ders.: *Werke*, Bd. 1, Frankfurt/M. 1976.)

Litt, Theodor: *Erkenntnis und Leben. Untersuchungen über Gliederung, Methoden und Beruf der Wissenschaft*, Leipzig 1923.

Löwith, Karl: *Das Individuum in der Rolle des Mitmenschen*, München [1]1928; Darmstadt [2]1962.

Mannheim, Karl: Beiträge zur Theorie der Weltanschauungsinterpretation, in: *Jahrbuch für Kunstgeschichte* 1 (1923), S. 236–274; wiederabgedruckt in: Ders.: *Wissenssoziologie*, eingel. und hrsg. von Kurt H. Wolff, Neuwied 1964, S. 91–154.

——: Der Historismus, in: *Archiv für Sozialwissenschaft und Sozialphilosophie* 52 (1924), S. 1–60; wiederabgedruckt in: Ders.: *Wissenssoziologie*, S. 246–307.

Misch, Georg: *Lebensphilosophie und Phänomenologie. Eine Auseinandersetzung der Diltheyschen Richtung mit Heidegger und Husserl*, in: *Philosophischer Anzeiger*, 3 (1928/29), S. 267–368, S. 405–475; 4 (1929/30), S. 182–330; selbst. veröff., Bonn [1]1930; Leipzig [2]1931; Darmstadt [3]1967.

——: Die Idee der Lebensphilosophie in der Theorie der Geisteswissenschaften, in: *Kantstudien* 31 (1926), S. 536–548; wiederabgedruckt in: Ders.: *Vom Lebens- und Gedankenkreis Wilhelm Diltheys*, Frankfurt/M. 1947, S. 37–51.

Nohl, Herman: Pädagogische Menschenkunde, in: *Handbuch der Pädagogik*, Bd. 2, hrsg. von Herman Nohl und Ludwig Pallat, Berlin/Leipzig 1929; Weinheim 1966, S. 51–75.

Richert, Hans: Dilthey als Religionsphilosoph, in: *Zeitschrift für den evangelischen Religionsunterricht* 35 (1924), S. 53–65.

Rickert, Heinrich: *Die Philosophie des Lebens. Darstellung und Kritik der philosophischen Modeströmungen unserer Zeit*, Tübingen [1]1920, [2]1922.

——: *Die Probleme der Geschichtsphilosophie*, Heidelberg [3]1924. (Früher u. d. T.: Geschichtsphilosophie, in: *Die Philosophie am Beginn des 20. Jahrhunderts. Festschrift für Kuno Fischer*, hrsg. von Wilhelm Windelband, 2 Bde., Heidelberg [1]1904/05, [2]1907, S. 321–422.)

Rothacker, Erich: *Einleitung in die Geisteswissenschaften*. Tübingen [1]1920, [2]1930; Ndr. Darmstadt 1972.

——(Hrsg.): *Probleme der Weltanschauungslehre*, Darmstadt 1927.

——: Logik und Systematik der Geisteswissenschaften, in: *Handbuch der Philosophie*, hrsg. von Alfred Baeumler und Martin Schröter, Abt. 2: Natur, Geist, Gott. Nr. C., München/Berlin 1927, selbst. unv. Aufl., Darmstadt 1965.

Scheler, Max: *Probleme einer Soziologie des Wissens*, Leipzig 1926; wiederabgedruckt in: Ders.: GW 8: Die Wissensform und die Gesellschaft, hrsg. von Maria Scheler, Bonn [1]1960, [3]1980.

Schmied-Kowarzik, Walter: Diltheys und Sprangers verstehende Psychologie in ihrem Verhältnis zur erklärenden Psychologie, in: *Archiv für die gesamte Psychologie* 58 (1927), S. 281–306.

Spranger, Eduard: *Lebensformen. Geisteswissenschaftliche Psychologie und Ethik der Persönlichkeit*, Halle a. S. [2]1921, [5]1925; Tübingen [8]1950. (Zuerst in: *Festschrift für Alois Riehl von Freunden und Schülern zu seinem siebzigsten Geburtstage dargebracht*, Halle a. S. 1914, S. 413–522.)

——: *Der gegenwärtige Stand der Geisteswissenschaften und die Schule. Rede*, Leipzig/Berlin [1]1922, [2]1925.

Stein, Arthur: *Der Begriff des Geistes bei Dilthey*, Bern 1913.

——: *Der Begriff des Verstehens bei Dilthey*, Tübingen 1922, [2]1926.

Störring, Gustav: *Die Frage der geisteswissenschaftlichen und verstehenden Psychologie. Eine Streitschrift*, Leipzig 1928.

Tapper, Bonno: Dilthey's Methodology of the Geisteswissenschaften, in: *Philosophical Review* 34 (1925), S. 333–349.

Troeltsch, Ernst: *Der Historismus und seine Probleme*, 1. Buch: Das logische Problem der Geschichtsphilosophie, Tübingen [1]1922; Ndr. Aalen/Württ 1961; wiederabgedruckt in: Ders.: KGA 16: Der Historismus und seine Probleme, 1. Buch, hrsg. von Friedrich Wilhelm Graf, i. Z. m. Matthias Schloßberger, Berlin 2008.

——: *Der Historismus und seine Überwindung: fünf Vorträge*, eingel. von Friedrich von Hügel, Berlin 1924, wiederabgedruckt in: Ders.: KGA 17: Fünf Vorträge zu Religion und Geschichtsphilosophie für England und Schottland,

Berlin 2006.
——: Der historische Entwicklungsbegriff in der modernen Geistes- und Lebensphilosophie, I: Lotze, von Hartmann, Eucken, Nietzsche, Dilthey, in: *Historische Zeitschrift* 122 (1920), S. 377–453.

Überweg, Friedrich: Die Philosophie der Geisteswissenschaften, in: Ders.: *Grundriß der Geschichte der Philosophie*, Tl. 4: Die deutsche Philosophie des 19. Jahrhunderts und der Gegenwart, hrsg. von Traugott Konstantin Österreich, Berlin [12]1923, S. 551–559.

Wach, Joachim: *Religionswissenschaft. Prolegomena zu ihrer Wissenschaftstheoretischen Grundlegung*, Leipzig 1924.

——: *Die Typenlehre Trendelenburgs und ihr Einfluß auf Dilthey*, Tübingen 1926.

——: *Das Verstehen. Grundzüge einer Geschichte der hermeneutischen Theorien im 19. Jahrhundert*, 3 Bde., Tübingen, 1926–1933; Ndr. Hildesheim, 1966.

——: Wilhelm Dilthey über „Das Problem der Religion“, in: *Zeitschrift für Missionskunde und Religionswissenschaft* 40 (1925), S. 66–81.

Weber, Max: *Gesammelte Aufsätze zur Wissenschaftslehre*, hrsg. von Marianne Weber, Tübingen [1]1922; hrsg. von Johannes Winckelmann, Tübingen [2]1951, [7]1988; wiederabgedruckt in: Ders.: GA I/7: Zur Logik und Methodik der Sozialwissenschaften. Schriften 1900–1907, hrsg. von Gerhard Wagner, in Zus.-Arb. mit Claudius Härpfer, Tom Kaden, Kai Müller und Angelika Zahn, Tübingen 2018.

## 1930–39

Aron, Raymond: *Introduction à la philosophie de l'histoire. Essai sur les limites de l'objectivité historique*, Paris 1938. (Neuaufl. überarb. und komm. von Sylvie Mesure, Paris 1986.)

——/Claude, Ferdinand: *La sociologie allemande contemporaine*, Paris [1]1935, [2]1950; dt. Übers.: Dies.: *Die deutsche Soziologie der Gegenwart*, Stuttgart 1953.

——/——: *Essai sur la théorie de l'histoire dans l'Allemagne contemporaine. La philosophie critique de l'histoire*, Paris [1]1938, [3]1964 (u. d. T.: *La philosophie critique de l'histoire. Essai sur une Théorie Allgemende de l'historie.*)

Bischoff, Dietrich: *Wilhelm Diltheys geschichtliche Lebensphilosophie* (mit Anhang: Eine Kant-Darstellung Diltheys), Teubner 1935.

Bollnow, Otto Friedlich: *Dilthey. Eine Einführung in seine Philosophie*, Leipzig/Berlin [1]1936, Schaffhausen [4]1980, wiederabgedruckt in: Ders.: *Schriften*, Bd. 10: Dilthey. Zur hermeneutischen Logik von Georg Misch und Hans Lipps,

hrsg. von Ursula Boelhauve, Gudrun Kühne-Bertram, Hans-Ulrich Lessing und Frithjof Rodi, Würzburg 2019.

——: Zur Frage nach der Objektivität der Geisteswissenschaften, in: *Zeitschrift für die gesamte Staatswissenschaft* 97 (1937), S. 335–363; wiederabgedruckt in: Ders.: *Das Verstehen. Drei Aufsätze zur Theorie der Geisteswissenschaften*, Mainz, 1949, S. 71–107; später wiederabgedruckt in: *Hermeneutik – Phänomenologie – Dialektik – Methodenkritik*, hrsg. von Siegfried Oppolzer, München 1966, S. 53–79.

——: Diltheys Lehre von den Typen der Weltanschauung, in: *Zeitschrift für Deutschkunde* 46 (1932), S. 2–12; wiederabgedruckt in: *Neue Jahrbücher für Wissenschaft und Jugendbildung* 8 (1932), S. 234–244.

——: Diltheys Pädagogik, in: *Neue Jahrbücher für Wissenschaft und Jugendbildung* 9 (1933), S. 289–301.

——: Vorbericht zu: Wilhelm Dilthey: *Gesammelte Schriften*, Bd. 9: Pädagogik. Geschichte und Grundlinien des Systems, hrsg. von Otto Friedrich Bollnow. Leipzig $^{1}$1934, $^{4}$1974, S. 1–6.

Cohn, Jonas: Diltheys Pädagogik, in: *Schweizer Monatshefte* 14 (1934), S. 253–255.

Degener, Alfons: *Dilthey und das Problem der Metaphysik. Einleitung zu einer Darstellung des lebensphilosophischen Systems*, Köln 1933.

Delp, Alfred: *Tragische Existenz. Zur Philosophie Martin Heideggers*, Freiburg/Br. 1935.

Dietrich, Albert: Dilthey und die Geschichte, in: *Europäische Revue* 10 (1934), S. 142–155.

Döring, Wolfgang: Wilhelm Diltheys Pädagogik, in: *Neue Jahrbücher für Wissenschaft und Jugendbildung* 10 (1934), S. 481–492.

Erxleben, Wolfgang: Diltheys pädagogische Theorie und die politische Erziehungswissenschaft, in: *Der neue Volkserzieher* 1 (1935), S. 386–390.

——: Der Einzelne und der Zusammenhang des Lebens in der Philosophie Diltheys, in: *Internationale Zeitschrift für Erziehung* 7 (1938), S. 321–329.

——: Die pädagogische Theorie Diltheys, in: *Die Volksschule* 34 (1938/39), S. 197–205.

Freigang, Eugen Wilhelm: *Das Problem der Religion bei Dilthey*, Jena 1937.

Freyer, Hans: *Soziologie als Wirklichkeitswissenschaft. Logische Grundlegung des Systems der Soziologie*, Leipzig 1930, $^{2}$1964.

——: *Einleitung in die Soziologie*, Leipzig 1931; sp. Übers.: *Introducción a la sociolo-*

*gía*. übers. von Felipe Gonzáles Vicen, Madrid 1973.

Frey-Rohn, Liliane: *Die Grundbegriffe der Dilthey'schen Philosophie, mit besonderer Berücksichtigung der Theorie der Geisteswissenschaften*, Zürich 1934.

Guyer, Walter: Die Grundlagen der Pädagogik Wilhelm Diltheys, in: *Schweizerische Erziehungs-Rundschau* 7 (1935), S. 150–152.

Hartmann, Nicolai: *Das Problem des geistigen Seins. Untersuchungen zur Grundlegung der Geschichtsphilosophie und der Geisteswisenschaften*, Berlin [1]1933, [2]1949.

Heussi, Karl: *Die Krisis des Historismus*, Tübingen 1932.

Höfer, Josef: *Vom Leben zur Wahrheit. Katholische Besinnung an der Lebensanschauung Wilhelm Diltheys*, Freiburg 1936.

Horkheimer, Max: The Relation between Psychology and Sociology in the Work of Wilhelm Dilthey, in: *Zeitschrift für Sozialforschung* 8 (1939), S. 430–443.

Joerden, Rudolf: Dilthey und die geisteswissenschaftliche Pädagogik, in: Ders.: *Führende Erzieher*, Langensalza 1930, S. 38–61.

Kaufmann, Fritz: *Geschichtsphilosophie der Gegenwart*, Berlin 1931.

Koepp, Friedrich: Wilhelm Dilthey und Hermann Usener am Joachimsthalschen Gymnasium. Ein Gedenkblatt zu Useners 100. Geburtstag am 23. Oktober 1934, in: *Der Alte Joachimsthaler* 7 (1934), Nr. 28 vom 15. 12. 1934, S. 39–41.

Landgrebe, Ludwig: Das Problem der Geschichtlichkeit des Lebens und die Phänomenologie Husserls. [Vortrag vor der Kantgesellschaft Göttingen 1932], in: Ders.: *Phänomenologie und Metaphysik*, Hamburg 1949, S. 22–55; wiederabgedruckt in: Ders.: *Phänomenologie und Geschichte*, Gütersloh/Darmstadt 1968, S. 7–33.

Laslowski, Ernst: Diltheys Verhältnis zur geschichtlichen Welt, in: *Historisches Jahrbuch* 56 (1936), S. 379–387.

Liebert, Arthur: Wilhelm Dilthey. Zum 100. Geburtstag des Philosophen und Historikers an 19. November 1933, in: *Idealismus. Jahrbuch für idealistische Philosophie* 1 (1934), S. 184–198.

——: *Wilhelm Dilthey: Eine Würdigung seines Werkes zum 100. Geburtstage des Philosophen*, Berlin 1933.

Lipps, Hans: *Untersuchungen zu einer hermeneutischen Logik*, Frankfurt/M. [1]1938, [2]1959. [3]1968; wiederabgedruckt in: Ders.: *Werke*, Bd. II, Frankfurt/M. 1976.

Misch, Georg: *Lebensphilosophie und Phänomenologie. Eine Auseinandersetzung der Diltheyschen Richtung mit Heidegger und Husserl*, Bonn [1]1930, Darmstadt

[3]1967.
Mandelbaum, Maurice: *The Problem of Historical Knowledge. An Answer to Relativism*, New York [1]1938, [2]1971.
Morgenstern, Georg: Diltheys Auffassung vom Wissenschaftscharakter der Pädagogik. Zu Bollnows Ausgabe der pädagogischen Schriften Diltheys, in: *Bildung und Erziehung* 2 (1935), S. 4–13.
Müller, Joachim: Dilthey und das Problem der historischen Biographie, in: *Archiv für Kulturgeschichte* 23 (1932), S. 89–108.
Nohl, Herman: *Die ästhetische Wirklichkeit*, Frankfurt/M. [1]1935, [4]1973.
——: Vorrede zu: Wilhelm Dilthey: Über die Möglichkeit einer allgemeingültigen pädagogischen Wissenschaft, hrsg. und bearb. von Herman Nohl, Langensalza [1]1930, Weinheim [4]1963, S. 3–8.
——: Die pädagogische Bewegung in Deutschland und ihre Theorie, in: *Handbuch der Pädagogik*, Bd. 1, hrsg. von Herman Nohl und Ludwig Pallat, Berlin/Leipzig 1933; Weinheim 1966, S. 302–374; wiederabgedruckt in: Ders.: *Die pädagogische Bewegung in Deutschland und ihre Theorie*, Frankfurt/M. [1]1935, [11]2002, S. 3–102.
——: Die Theorie der Bildung, in: *Handbuch der Pädagogik*, Bd. 1, hrsg. von Herman Nohl und Ludwig Pallat, Langensalza 1933; Beltz 1966, S. 3–80; wiederabgedruckt in: Ders.: *Die pädagogische Bewegung in Deutschland und ihre Theorie*, [1]1935 [als 2. Aufl. des Handbuch-Artikels], [6]1963, S. 105–220.
Ortega y Gasset, José: Guillermo Dilthey y la idea de la vida, in: *Revista de Occidente* 42 (1933), S. 197–214, 241–272; 43 (1934), S. 87–116; wiederabgedruckt in: Ders.: *Teoría de Andalucía y otros ensayos*, Madrid [1]1942, [2]1944, S. 105–192; später auch in: Ders.: *Obras completas*, Bd. 6, Madrid [3]1955, S. 165–213; dt. Übers.: Wilhelm Dilthey und die Idee des Lebens (1933–34), hrsg. von Gabriele Gebhardt, in: DJ 9 (1994/95), S. 127–181; eng. Übers. in: Ders.: *Concord and Liberty*, übers. von Helene Weyl, New York 1946, S. 129–182.
Plümpe, Klemens: Pädagogische Menschenkunde bei Wilhelm Dilthey und Herman Nohl, in: *Pharus* 25 (1934), S. 337–352.
Rickert, Heinrich: *Grundprobleme der Philosophie*, Tübingen 1934.
Ritter, Joachim: Über die Geschichtlichkeit der wissenschaftlichen Erkenntnis, in: *Blätter für deutsche Philosophie* 12 (1938/39), S. 175–190.
Schramm, Erich: Geschichte und Leben bei Wilhelm Dilthey, in: *Deutscher Glaube* 4 (1937), S. 578–587.

——: Wilhelm Diltheys Überwindung des Historismus durch das historische Bewußtsein, in: *Deutscher Glaube* 6 (1939), S. 260–263.

Sombart, Werner: *Vom Menschen: Versuch einer geisteswissenschaftlichen Anthropologie*, Berlin 1938, [3]2006.

Stenzel, Julius: *Über Diltheys Verhältnis zu Hegel. Ein Beitrag zum Begriff der Geschichtsphilosophie*, Amsterdam 1933.

——: *Dilthey und die deutsche Philosophie der Gegenwart*, Berlin 1934.

Weippert, Georg: Gustav von Schmoller im Urteil Wilhelm Diltheys und Yorck von Wartenburgs, in: *Schmollers Jahrbuch für Gesetzgebung, Verwaltung und Volkswirtschaft im deutschen Reich* 62 (1938), S. 448–465.

Yura, Tetsuji: *Geisteswissenschaft und Willensgesetz. Kritische Untersuchung der Methodenlehre der Geisteswissenschaft in der Badischen, Marburger und Dilthey-Schule*, Berlin 1931.

## 1940–49

Antoni, Carlo: *Dallo storicismo alla sociologia*, Florenz 1940, [2]1951; dt. Übers.: *Vom Historismus zur Soziologie*, übers. von Walter Goetz, Stuttgart 1950; engl. Übers.: *From History to Sociology*, m. Vw. von Benedetto Croce, übers. von Hayden V. White, Detroit 1959, London 1962.

Bollnow, Otto Friedlich: *Das Verstehen. Drei Aufsätze zur Theorie der Geisteswissenschaften*, Mainz 1949, wiederabgedruckt in: Ders.: *Schriften*, Bd. 11: Studien zur Hermeneutik, hrsg. von Ursula Boelhauve, Gudrun Kühne-Bertram, Hans-Ulrich Lessing und Frithjof Rodi, Würzburg 2020.

Bork, Arnold: *Diltheys Auffassung des griechischen Geistes*, Berlin 1944.

Erxleben, Wolfgang: Um Wilhelm Diltheys Grundlegung der Geisteswissenschaften, in: *Kantstudien* 42 (1942/43), S. 217–237.

Gadamer, Hans-Georg: Die Grenzen der historischen Vernunft, in: *Actas del primer congreso nacional de filosofía, Mendoza 30. 3 bis 9. 4. 1949*, Bd. 2, Mendoza 1949, S. 1025–1033; wiederabgedruckt in: Ders.: GW 10: Hermeneutik im Rückblick, Tübingen, 1995, S. 175–178.

Gehlen, Arnold: *Der Mensch*, Berlin [1]1940; Wiesbaden [11]1972.

Gerhard, Karl: Wilhelm Diltheys Lebensphilosophie und die Pädagogik, in: *Pädagogik* 2 (1947), S. 462–472.

Giusso, Lorenzo: *Lo storicismo tedesco. Dilthey, Simmel, Spengler*, Mailand/Bicocca 1944.

Günther, Hans Richard Gerhard: Wilhelm Diltheys Weltanschauungslehre, in:

*Geistige Gestalten und Probleme. Festschrift für Eduard Spranger*, hrsg. von Hans Wenke, Leipzig 1942, S. 171–183.

Hodges, Herbert Arthur: *Wilhelm Dilthey. An introduction*, London 1944; Ndr. 1998.

Litt, Theodor: *Das Allgemeine im Aufbau der geisteswissenschaftlichen Erkenntnis*, Leipzig 1941; später in der Reihe: *Acta Paedagogica Ultrajectina*, hrsg. von Jan Martinus, Groningen 1959; wiederabgedruckt mit einer Einleitung, hrsg. von Friedhelm Nicolin, Hamburg 1980.

Misch, Georg: *Vom Lebens- und Gedankenkreis Wilhelm Diltheys*, Frankfurt/M. 1947.

Ortega y Gasset, José: *Historia como sistema y Del imperio Romano,* Madrid 1942; dt. Übers.: *Geschichte als System und Über das Römische Imperium*, übers. von Fritz Schalk, Stuttgart [1]1943; neu übers. von Gerhard Lepiorz, Stuttgart [2]1952.

Picard, Novatus: De contributione Dilthey ad realismum volitivum, in: *Antonianum* 21 (1946), S. 127–148.

## 1950–59

Ashton, John: *Wilhelm Dilthey and His Early Critique of Historical Reason*, Chicago 1951.

Apel, Karl-Otto: Das Verstehen. Eine Problemgeschichte als Begriffsgeschichte, in: *Archiv für Begriffsgeschichte* 1 (1955), S. 142–199.

Betti, Emilio: *Teoria generale della interpretazione*, 2 Bde., Mailand 1955; dt. Übers.: *Allgemeine Auslegungslehre als Methode der Geisteswissenschaften*, Tübingen 1967.

——: Zur Grundlegung einer allgemeinen Auslegungslehre, in: *Festschrift für Ernst Rabel*, Bd. 2: Geschichte der antiken Rechte und allgemeine Rechtslehre, hrsg. von Wolfgang Kunkel und Hans Julius Wolff, Tübingen 1954, S. 79–168.

Boehm, Rudolf: Erklären und Verstehen bei Wilhelm Dilthey, in: ZphF 5 (1951), S. 410–417.

Bollnow, Otto Friedlich: *Die Methode der Geisteswissenschaften*, Mainz 1950; früher wiederabgedruckt in: Ders.: *Studien zur Hermeneutik*, Bd. I: Zur hermeneutischen Logik von Georg Misch und Hans Lipps, Freiburg/München 1983, später wiederabgedruckt in: Ders.: *Schriften*, Bd. 11: Studien zur Hermeneutik, hrsg. von Ursula Boelhauve, Gudrun Kühne-Bertram, Hans-Ulrich Lessing und Frithjof Rodi, Würzburg 2020.

——: *Die Lebensphilosophie*, Berlin/Göttingen/Heidelberg 1958; Ndr. 2013; wiederabgedruckt in: Ders.: *Schriften*, Bd. 4, hrsg. von Ursula Boelhauve, Gudrun Kühne-Bertram, Hans-Ulrich Lessing und Frithjof Rodi, Würzburg 2009.

Bornkamm, Heinrich: *Luther im Spiegel der deutschen Geistesgeschichte. Mit ausgewählten Texten von Lessing bis zur Gegenwart*, Heidelberg 1955.

Bultmann, Rudolf: Das Problem der Hermeneutik, in: *Zeitschrift für Theologie und Kirche* 47 (1950), S. 47–69; wiederabgedruckt in: Ders.: *Glauben und Verstehen. Gesammelte Aufsätze*, Bd. 2, Tübingen 1952, S. 211–235.

Collingwood, Robin George: *The Idea of History*, Oxford 1956; dt. Übers.: Ders.: *Philosophie der Geschichte*, Stuttgart 1955.

Danto, Arthur Coleman: On History and Theoretical Science, in: *Studium Generale* 11 (1958), S. 168–179.

Dormagen, Hugo: Wilhelm Diltheys Konzeption der geschichtlich-psychischen Struktur der menschlichen Erkenntnis, in: *Scholastik* 29 (1954), S. 363–386.

Frank, Paul L.: Wilhelm Diltheys Contribution to the Aesthetics of Music, in: *Journal of Aesthetics and Art Criticism* 15 (1956/57), S. 477–480.

Fülling, Erich: *Geschichte als Offenbarung. Studien zur Frage Historismus und Glaube von Herder bis Troeltsch*, Berlin 1956.

Haeckel, Hanns: Das Problem von Wesen, Möglichkeiten und Grenzen des Verstehens für den Literaturhistoriker, in: DV 27 (1953), S. 431–447.

Hodges, Herbert Arthur: *The Philosophy of Wilhelm Dilthey*, London 1952; Ndr. 2010.

Holborn, Hajo: Wilhelm Dilthey and the Critique of Historical Reason, in: JHI 11 (1950), S. 93–118.

Hughes, Henry Stuart: *Consciousness and Society. The Reorientation of European Social Thought 1890–1930*, New York 1958.

Gadamer, Hans-Georg: Wahrheit in den Geisteswissenschaften, in: *Deutsche Universitätszeitung* 9 (1954), S. 6–8; früher wiederabgedruckt in: Ders.: *Kleine Schriften*, Bd. I: Philosophie – Hermeneutik, Tübingen 1967, ²1976, S. 39–45; später wiederabgedruckt in: Ders.: GW 2: Hermeneutik II (*Wahrheit und Methode*: Ergänzungen, Register), Tübingen 1986, ²1993, S. 37–43.

——: Vom Zirkel des Verstehens, in: *Martin Heidegger zum 70. Geburtstag. Festschrift*, hrsg. von Günther Neske, Pfullingen 1959, S. 24–34; später wiederabgedruckt in: Ders.: *Kleine Schriften*, Bd. IV: Variationen, Tübingen 1977, S. 54–61; wiederabgedruckt in: Ders.: GW 2, S. 57–65.

Negri, Antonio: *Saggi sullo storicismo tedesco. Dilthey e Meinecke*, Milano 1959.
Jolles, Matthijs: Wilhelm Dilthey und die Bedeutung der Kunst für das Leben, in: *Deutschland und Europa. Historische Studien zur Völker- und Staatenordnung des Abendlandes. Festschrift für Hans Rothfels*, hrsg. von Werner Conze, Düsseldorf 1951, S. 355–374.
Kempski, Jürgen von: Die Logik der Geisteswissenschaften und die Geschichte, in: *Studium Generale* 11 (1958), S. 193–204.
Landgrebe, Ludwig: *Philosophie der Gegenwart*, Berlin 1957; engl. Übers.: *Major Problems in Contemporary European Philosophy. From Dilthey to Heidegger*, übers. von Kurt F. Reinhardt, New York 1966.
——: Vom geisteswissenschaftlichen Verstehen, in: ZphF 6 (1951/52), S. 3–16; wiederabgedruckt in: Ders.: *Phänomenologie und Geschichte*, Gütersloh [zugl. Darmstadt] 1968, S. 34–45.
Lorenz, Heinz: Das Bewußtsein der Krise und der Versuch ihrer Überwindung bei Wilhelm Dilthey und Paul Graf Yorck von Wartenburg, in: *Zeitschrift für Religions- und Geistesgeschichte* 11 (1959), S. 59–68.
Lukács, György: *Die Zerstörung der Vernunft. Der Weg des Irrationalismus von Schelling zu Hitler*, Berlin 1954. Neue Ausg.: Ders.: *Werke*, Bd. 9, Neuwied/Berlin 1962.
Masur, Gerhard: Wilhelm Dilthey and the History of Ideas, in: JHI 13 (1952), S. 94–107.
Mauer, Wolfgang: Diltheys Lehre vom Ursprung der Philosophie im Leben, in: *Die Sammlung* 5 (1950), S. 475–485.
Nohl, Herman: Wilhelm Dilthey, in: *Die großen Deutschen. Deutsche Biographie*, Bd. 4, hrsg. von Hermann Heimpel, Theodor Heuss und Benno Reifenberg, Berlin 1957, S. 193–204.
——: Theologie und Philosophie in der Entwicklung Wilhelm Diltheys, in: *Die Sammlung* 14 (1959), S. 19–23.
Rossi, Pietro: *Lo storicismo tedesco contemporaneo*, Turin 1956.
Siewerth, Gustav: Dilthey und die Wissenschaft der Pädagogik, in: *Beiträge zu Grundfragen gegenwärtiger Pädagogik. Erbe und Entscheidung, Mitteilungsblatt der Pädagogischen Akademie Aachen*, 10/11 (1956/1957), S. 17–29; wiederabgedruckt in: Ders.: *Grundfragen der Philosophie im Horizont der Seinsdifferenz. Gesammelte Aufsätze zur Philosophie*, Düsseldorf 1963, S. 260–273.
Srbik, Heinrich Ritter von: *Geist und Geschichte vom deutschen Humanismus bis zur Gegenwart*, 2 Bde.: Bd. 1, Salzburg [1]1950; München/Salzburg [3]1964; Bd. 2,

Salzburg [1]1952; München/Salzburg [2]1964.

Topitsch, Ernst: *Vom Ursprung und Ende der Metaphysik. Eine Studie zur Weltanschauungskritik*, Wien 1958.

Wellek, Albert: Verstehen, Begreifen, Erklären, in: *Jahrbuch für Psychologie und Psychotherapie* 1 (1952/53), S. 393–409.

Walsh, William Henry: *An Introduction to Philosophy of History*, London 1951, [2]1958, [3]1967. (auch u. d. T.: *Philosophy of History. An Introduction*, New York 1960.)

## 1960–69

Antoni, Carlo: *Lo Storicismo*, Turin 1968; frz. Übers.: *L'historisme*, übers. von Alain Dufour, Genève 1963.

Apel, Karl-Otto: Die Entfaltung der „sprachanalytischen" Philosophie und das Problem der „Geisteswissenschaften", in: *Philosophisches Jahrbuch* 72 (1964/65), S. 239–289; engl. Übers.: *Analytic Philosophy and the Geisteswissenschaften*, Dordrecht 1967.

Betti, Emilio: *Die Hermeneutik als allgemeine Methodik der Geisteswissenschaften*, Tübingen [1]1962, [2]1972; engl. Übers.: *Hermeneutics as a General Methodology of the Sciences of the Spirit*, London 2021.

Biemel, Walter: Einleitende Bemerkung zum Briefwechsel Dilthey-Husserl, in: *Man and World* 1 (1968), S. 428–446; engl. Übers.: Introduction to the Dilthey-Husserl Correspondence, übers. von Jafer Allen, in: *Husserl: Shorter Works*, hrsg. von Peter McCormick und Frederick A. Elliston, Notre Dame/IN 1981, S. 198–209.

Brunner, August: *Geschichtlichkeit*, Bern/München 1961.

Cassirer, Ernst: *Zur Logik der Kulturwissenschaften*, Darmstadt [1]1961, [6]1994.

Derbolav, Josef: Dilthey und das Problem der Geschichtlichkeit, in: *Rationalität – Phänomenalität – Individualität. Festgabe für Hermann und Marie Glockner*, hrsg. von Wolfgang Ritzel, Bonn 1966, S. 189–239.

Diwald, Hellmut: *Wilhelm Dilthey. Erkenntnistheorie und Philosophie der Geschichte*, Göttingen/Berlin/Frankfurt 1963.

Dominicus, Rolf-Dieter: Dilthey und die Metaphysik, in: *Psychobiologie. Korrespondenz der Psycho-biologischen Gesellschaft* 12 (1964), S. 4–6.

Gadamer, Hans-Georg: *Wahrheit und Methode. Grundzüge einer philosophischen Hermeneutik*, Tübingen [1]1960, [5]1986; wiederabgedruckt in: Ders.: GW 1, hrsg. von Günter Figal, Berlin 2007.

——: Hermeneutik und Historismus [Literaturbericht], in: PhR 9 (1961), S. 241–276; wiederabgedruckt in: Ders.: GW 2: Hermeneutik II (Wahrheit und Methode: Ergänzungen, Register), Tübingen 1986, [2]1993, S. 232–250.

——: Rhetorik, Hermeneutik und Ideologiekritik: Metakritische Erörterungen zu »Wahrheit und Methode«, früher wiederabgedruckt in: Ders.: *Kleine Schriften*, Bd. I: Philosophie – Hermeneutik, Tübingen 1967, [2]1976, S. 113–130; später wiederabgedruckt in: Ders.: GW 2, S. 232–250.

——: Die Universalität des hermeneutischen Problems, in: *Philosophisches Jahrbuch* 73 (1966), S. 215–225; früher wiederabgedruckt in: Ders.: *Kleine Schriften*, Bd. I, S. 101–112; später wiederabgedruckt in: Ders.: GW 2, S. 219–231.

Gorsen, Peter: *Zur Phänomenologie des Bewusstseinsstroms. Bergson, Dilthey, Husserl, Simmel und die lebensphilosophischen Antinomien*, Bonn 1966.

Gritsch, Eric W.: Wilhelm Dilthey and the Interpretation of History, in: *Lutheran Quarterly* 15 (1963), S. 58–69.

Groothoff, Hans-Hermann: Über Diltheys Entwurf einer „wissenschaftlichen Pädagogik“, in: *Pädagogik als Wissenschaft. Eine kritische Auseinandersetzung über wissenschaftstheoretische Grundfragen der Pädagogik*, Bochum 1966, S. 80–91.

Gusdorf, Georges: *Introduction aux sciences humaines. Essai critique sur leurs origines et leur développement*, Paris 1961.

Habermas, Jürgen: *Erkenntnis und Interesse*, Frankfurt/M. [1]1968, mit einem Nw. 1973, mit einem neuen Nw. [12]1999; mit einem Nw. von Anke Thyen, Hamburg 2008.

Hirsch, Eric Donald, Jr.: *Validity in Interpretation*, London 1967; dt. Übers.: *Prinzipien der Interpretation*, übers. von Adelaide Anne Späth, München 1972.

Hodges, Herbert Arthur: Vico and Dilthey, in: *Giambattista Vico. An International Symposium*, hrsg. von Giorgio Tagliacozzo und Hayden V. White, Baltimore 1969, S. 439–445.

Hossfeld, Paul: Wilhelm Diltheys Stellung zur Religion und seine philosophischen Voraussetzungen, in: *Theologie und Glaube* 52 (1962), S. 107–121.

Hünermann, Peter: *Der Durchbruch des geschichtlichen Denkens, im 19. Jahrhundert. Johann Gustav Droysen, Wilhelm Dilthey, Graf Paul Yorck von Wartenburg. Ihr Weg und ihre Weisung für die Theologie*, Freiburg/Basel/Wien 1967.

Husserl, Edmund: *Phänomenologische Psychologie. Vorlesungen Sommersemester 1925*, in: *Husserliana*, Bd. IX, hrsg. von Walter Biemel, Den Haag 1962; hrsg. und

eingel. von Dieter Lohmar, Hamburg 2003.
Krausser, Peter: *Kritik der endlichen Vernunft. Wilhelm Diltheys Revolution der allgemeinen Wissenschafts- und Handlungstheorie*, Frankfurt/M. 1968.
——: Diltheys philosophische Anthropologie, in: JHPh 1 (1963), S. 211–221.
Lieber, Hans-Joachim: Geschichte und Gesellschaft im Denken Diltheys, in: *Kölner Zeitschrift für Soziologie und Sozialpsychologie* 17 (1965), S. 703–742.
——: Die deutsche Lebensphilosophie und ihre Folgen, in: *Universitätstage 1966*, Berlin 1966, S. 92–108; wiederabgedruckt in: Ders.: *Kulturkritik und Lebensphilosophie. Studien zur Deutschen Philosophie der Jahrhundertwende*, Darmstadt 1974, S. 106–127.
Löwith, Karl: Diltheys und Heideggers Stellung zur Metaphysik, in: Ders.: *Vorträge und Abhandlungen. Zur Kritik der christlichen Überlieferung*, Stuttgart/Berlin/Köln/Mainz 1966, S. 253–267; wiederabgedruckt in: *Sämtliche Schriften*, Bd. 8: Heidegger – Denker in dürftiger Zeit, hrsg. von Bernd Lutz, Stuttgart 1984, S. 258–275.
Lukács, Georg: *Von Nietzsche bis Hitler, oder, Der Irrationalismus in der deutschen Politik*, Frankfurt/Hamburg 1966.
Mannheim, Karl: *Wissenssoziologie: Auswahl aus dem Werk*, eingl. und hrsg. von Kurt H. Wolff, Berlin [1]1964, [2]1970.
Müller-Vollmer, Kurt: *Towards a Phenomenological Theory of Literature. A Study of Wilhelm Dilthey's Poetik*, Den Haag 1963.
Ortega y Gasset, José: *Kant, Hegel, Dilthey*, Madrid 1965.
Palmer, Richard E: *Hermeneutics: Interpretation Theory in Schleiermacher, Dilthey, Heidegger, and Gadamer*, Evanston 1969; sp. Übers.: *¿Qué es la hermenéutica? Teoría de la interpretación en Schleiermacher, Dilthey, Heidegger y Gadamer*, Madrid 2002.
Pöggeler, Otto: *Der Denkweg Martin Heideggers*, Pfullingen [1]1963, [4]1994.
Rand, Calvin G.: Two Meanings of Historicism in the Writings of Dilthey, Troeltsch, and Meinecke, in: JHI 25 (1964), S. 503–518.
Renthe-Fink, Leonard von: *Geschichtlichkeit. Ihr terminologischer und begrifflicher Ursprung bei Hegel, Haym, Dilthey und Yorck*, Göttingen 1968.
Rickman, Hans Peter: Dilthey and the Philosophy of Education, in: *Internationale Zeitschrift für Erziehungswissenschaft* 8 (1962/63), S. 336–343.
Ricœur, Paul: *De l'interprétation. Essai sur Freud*, Paris 1965.
——: *Le conflit des interprétations. Essais d'herméneutique*, Paris 1969.
Ringer, Fritz Kraus: *The Decline of the German Mandarins. The German Academic*

*Community 1890–1933*, Cambridge/MA 1969; dt.: *Die Gelehrten. Der Niedergang der deutschen Mandarine 1890–1933*, Stuttgart 1983.

Ritter, Joachim: Die Aufgaben der Geisteswissenschaften in der modernen Gesellschaft, in: *Jahresschrift 1961 der Gesellschaft zur Förderung der Westfälischen Wilhelms-Universität zu Münster*, Münster 1961, S. 11–39; wiederabgedruckt in: Ders.: *Subjektivität. Sechs Aufsätze*, Frankfurt/M. 1974, S. 105–140.

Rodi, Frithjof: *Morphologie und Hermeneutik. Zur Methode von Diltheys Ästhetik*, Stuttgart 1969.

——: Die Lebensphilosphie und die Folgen. Zu zwei Aufsätzen von Hans-Joachim Lieber, in: ZphF 21 (1967), S. 600–612; wiederabgedruckt in: Ders.: *Das strukturierte Ganze. Studien zum Werk von Wilhelm Dilthey*, Weilerswist 2003, S. 207–222.

——: Der Tübinger Philosophenstreit von 1877, in: *Attempto. Nachrichten für die Freunde der Universität Tübingen* 25/26 (1968), S. 106–111; leicht gekürzt wiederabgedruckt in: Ders.: *Das strukturierte Ganze*, S. 184–192.

Rossi, Pietro: *Storia e storicismo nella filosofia contemporaneo*, Mailand 1960.

Schade, Herbert: Zur Kunsttheorie Wilhelm Diltheys, in: *Probleme der Kunstwissenschaft*, Bd. 1: Kunstgeschichte und Kunsttheorie im 19. Jahrhundert, hrsg. von Hermann Bauer, Lorenz Dittmann, Friedrich Piel, Mohammed Rassem und Bernhard Rupprecht, Berlin 1963, S. 83–132.

Schlegel, Wolfgang: „Epoche“ und „Bewußtseinsstellung“ als Kategorien der geschichtlichen und sittlichen Welt bei Dilthey und Yorck von Wartenburg, in: *Welt als Geschichte* 20 (1960), S. 234–248.

Suter, Jean-François: *Philosophie et histoire chez Wilhelm Dilthey. Essai sur le problème de l'historicisme*, Basel 1960.

Tenbruck, Friedrich H.: Bildung, Gesellschaft, Wissenschaft, in: *Wissenschaftliche Politik*, hrsg. von Dieter Oberndörfer, Freiburg/Br. 1962, S. 365–420.

Topitsch, Ernst: Das Verhältnis zwischen Sozial- und Naturwissenschaften. Eine methodologisch-ideologiekritische Untersuchung, in: *Dialectica* 16 (1962), S. 211–231; wiederabgedruckt in: *Logik der Sozialwissenschaften*, hrsg. von Ernst Topitsch, Königstein [12]1993, S. 57–71.

Tuttle, Howard Nelson: *Wilhelm Dilthey's Philosophy of Historical Understanding. A Critical Analysis*, Leiden 1969.

## 1970–79

Apel, Karl-Otto: *Transformation der Philosophie*, Frankfurt/M. 1973; engl. Übers.:

*Towards a Transformation of Philosophy*, übers. von Glyn Adey und David Fisby, Vw. von Pol Vandevelde, Milwaukee/WI 1998; frz. Übers.: *Transformation de la philosophie*, übers. von Christian Bouchindhomme, Thierry Simonelli und Denis Trierweiler, Paris 2007.

——: *Die Erklären: Verstehen-Kontroverse in transzendentalpragmatischer Sicht*, Frankfurt/M. 1979; engl. Übers.: *Understanding and Explanation: A Transcendental-Pragmatic Perspective*, Cambridge/Mass. 1984; frz. Übers.: *La controverse expliquer-comprendre. Une approche pragmatico-transcendantale*, übers. von Sylvie Mesure, Paris 2000.

Baumgartner, Hans Michael: *Kontinuität und Geschichte. Zur Kritik und Metakritik der historischen Vernunft*, Frankfurt/M. 1972.

Bianco, Franco: *Dilthey e la genesi della critica storica della ragione. Pubblicato con il contributo del Consiglio nazionale delle ricerche*, Mailand 1971.

Bollnow, Otto Friedlich: *Philosophie der Erkenntnis*, Stuttgart/Berlin/Köln/Mainz 1970, wiederabgedruckt in: Ders.: *Schriften*, Bd. 12: Philosophie der Erkenntnis. Späte Aufsätze zur hermeneutischen Philosophie, hrsg. von Ursula Boelhauve, Gudrun Kühne-Bertram, Hans-Ulrich Lessing und Frithjof Rodi, Würzburg 2021.

Brown, Richard Harvey: History and Hermeneutics: Wilhelm Dilthey and the Dialectics of Interpretive Method, in: *Structure, Consciousness, and History*, hrsg. von Richard Harvey Brown and Stanford Morris Lyman, New York 1978, S. 38–52.

Bulhof, Ilse Nina: Structure and Change in Wilhelm Dilthey's Philosophy of History, in: *History and Theory* 15 (1976), S. 21–32.

Cramer, Konrad: Erlebnis. Thesen zu Hegels Theorie des Selbstbewußtseins mit Rücksicht auf die Aporien eines Grundbegriffs nachhegelscher Philosophie, in: *Stuttgarter Hegel-Tage 1970. Vorträge und Kolloquien des Internationalen Hegel-Jubiläumskongresses: Hegel 1770–1970. Gesellschaft, Wissenschaft, Philosophie*, hrsg. von Hans-Georg Gadamer, Bonn 1974, S. 537–603.

Diemer, Alwin: Zur Grundlegung eines allgemeinen Wissenschaftsbegriffs, in: *Zeitschrift für allgemeine Wissenschaftstheorie* 1 (1970), S. 209–227.

Droysen, Johann Gustav: *Historik. Historisch-kritische Ausgabe*, 3 Bde., hrsg. von Horst Walter Blanke and Peter Leyh, Stuttgart/Bad Cannstatt 1977–2020.

Düsing, Edith: *Die Problematik des Ichbegriffs in der Grundlegung der Bildungstheorie der Konstitution von personaler Identität bei Dilthey, Nietzsche und Hegel*, Köln 1977.

Ermarth, Michael: *Wilhelm Dilthey. The Critique of Historical Reason*, Chicago 1978.
——: Historismus Redivivus: A New Dilthey?, in: *The Journal of Modern History* 48 (1976), S. 101–107.
Flach, Werner: Die wissenschaftstheoretische Einschätzung der Selbstbiographie bei Dilthey, in: AGPh 52 (1970), S. 72–186.
Flaschar, Helmut/Gründer, Karlfried/Horstmann. Axel (Hrsg.): *Philologie und Hermeneutik im 19. Jahrhunden. Zur Geschichte und Methodologie der Geisteswissenschaften*, Göttingen 1979.
Gadamer, Hans-Georg/Habermas, Jürgen: *Das Erbe Hegels. Zwei Reden aus Anlaß des Hegel-Preises*, Frankfurt/M. 1979.
——/Boehm, Gottfried (Hrsg.): *Seminar: Die Hermeneutik und die Wissenschaften*, Frankfurt /M. 1978.
——/—— (Hrsg.): *Seminar: Philosophische Hermeneutik*, Frankfurt/M. 1976.
——: The Problem of Historical Consciousness, in: *Graduate Faculty Philosophy Journal* 5 (1975), S. 8–52.
Gerhardt, Uta: Immanenz und Widerspruch. Die philosophischen Grundlagen der Soziologie Georg Simmels und ihr Verhältnis zur Lebensphilosophie Wilhelm Diltheys, in: ZphF 25 (1971), S. 276–292.
Geyer, Carl-Friedrich: Kant-hermeneutisch. Zu „Diltheys Revolution der allgemeinen Wissenschafts- und Handlungstheorie [von Peter Krausser]“, in: PhR 20 (1974), S. 201–205.
Groothoff, Hans-Hamann: *Einführung in die Erziehungswissenschaft*, Ratingen 1975.
Heidegger, Martin: *Prolegomena zur Geschichte des Zeitbegriffs*, in: Ders.: GA 20, hrsg. von Petra Jaeger, Frankfurt/M. 1979.
Heinen, Michael: *Die Konstitution der Ästhetik in Wilhelm Diltheys Philosophie*, Bonn 1974.
Herrmann, Ulrich : *Die Pädagogik Wilhelm Diltheys. Ihr wissenschaftstheoretischer Ansatz in Diltheys Theorie der Geisteswissenschaften*, Göttingen 1971.
——: Historismus und geschichtliches Denken. Bemerkungen zum Thema »Pädagogik als Problemgeschichte«, in: *Zeitschrift für Pädagogik* 17 (1971), S. 223–232.
——: Wilhelm Dilthey (1833–1911), in: *Klassiker der Pädagogik*, Bd. 2: Von Karl Marx bis Jean Piaget, hrsg. von Hans Scheuerl, München 1979, S. 72–84 und S. 320–322.
Huschke-Rhein, Rolf Bernhard: *Das Wissenschaftsverständnis in der geisteswissen-*

*schaftlichen Pädagogik. Dilthey, Litt, Nohl, Spranger*, Stuttgart 1979.
Ineichen, Hans: *Erkenntnistheorie und geschichtlich-gesellschaftliche Welt. Diltheys Logik der Geisteswissenschaften*, Frankfurt/M. 1975.
——: Zur Erkenntnis der Geschichte, in: PhR 21 (1978), S. 80–87.
Johach, Helmut: *Handelnder Mensch und objektiver Geist. Zur Theorie der Geistes- und Sozialwissenschaften bei Wilhelm Dilthey*, Meisenheim/Glan 1974.
Kohls, Ernst Wilhelm: *Vorwärts zu den Tatsachen. Zur Überwindung der heutigen Hermeneutik seit Schleiermacher, Dilthey, Harnack und Troeltsch*, Basel 1973.
Kuczynski, Jürgen: Der Briefwechsel zwischen Wilhelm Dilthey und Graf Paul Yorck von Wartenburg. Zum Problem des Verhältnisses von Gesellschaftswissenschaften und Naturwissenschaften, in: *Studien zu einer Geschichte der Gesellschaftswissenschaften*, Bd. 4: Zum Briefwechsel bürgerlicher Wissenschaftler, hrsg. von Jürgen Kuczynski, Berlin 1976, S. 125–171.
Lieber, Hans-Joachim: *Kulturpolitik und Lebensphilosophie. Studien zur Deutschen Philosophie der Jahrhundertwende*, Darmstadt 1974.
Makkreel, Rudolf Adam: *Dilthey. Philosopher of the Human Studies*, Princeton 1975; erw. dt. Ausg.: *Dilthey. Philosoph der Geisteswissenschaften*, übers. von Barbara M. Kehm, Frankfurt/M. 1991.
Malorny, Heinz: Bemerkungen zum Lebensbegriff Wilhelm Diltheys, in: *Wissenschaftliche Zeitschrift. Gesellschafts- und sprachwissenschaftliche Reihe* 19 (1970), S. 625–630.
Mandelbaum, Maurice: *History, Man and Reason. A Study in Nineteenth-Century Thought*, Baltimore/London 1971.
Maraldo, John C.: *Der hermeneutische Zirkel. Untersuchungen zu Schleiermacher, Dilthey und Heidegger*, Freiburg 1974.
Marquard, Odo: *Schwierigkeiten mit der Geschichtsphilosophie*, Frankfurt/M. [1]1973, [3]1992.
Nohl, Herman: *Die Deutsche Bewegung. Vorlesungen und Aufsätze zur Geistesgeschichte von 1770–1830*, hrsg. von Otto Friedrich Bollnow und Frithjof Rodi, Göttingen 1970.
——: *Das historische Bewußtsein*, mit einem Nw. von Otto Friedrich Bollnow, hrsg. von Erika Hofmam und Rudolf Joerden, Göttingen/Frankfurt/Zürich 1979.
Otto, Stephan: *Materialien zur Theorie der Geistesgeschichte*, München 1979.
——: Zum Desiderat einer Kritik der historischen Vernunft und zur Theorie der Autobiographie, in: *Studia humanitastis. Ernesto Grassi zum 70. Geburtstag*,

hrsg. von Eginhard Hora und Eckhard Keßler, München 1973, S. 221–235.
——: Die Kritik der historischen Vernunft innerhalb der Denkfigur des hegelschen »Vernunftschlusses«, in: *Philosophisches Jahrbuch* 81 (1974), S. 30–49; wiederabgedruckt in: Ders.: *Materialien zur Theorie der Geistesgeschichte*, München 1979, S. 263–282.
Palmer, Richard E.: Dilthey: Hermeneutics as Foundation of the Geisteswissenschaften, in: *Interpretation Theory in Schleiermacher, Dilthey, Heidegger and Gadamer*, Evanston 1979, S. 98–123.
Pannenberg, Wolfhart: *Wissenschaftstheorie und Theologie*, Frankfurt/M. 1973.
Pöggeler, Otto: Hermeneutische Philosophie und Theologie, in: *Man and World* 7 (1974), S. 3–19.
Rickman, Hans Peter: *Wilhelm Dilthey. Pioneer of the Human Studies*, London 1979.
Riedel, Manfred: *Verstehen oder Erklären? Zur Theorie und Geschichte der hermeneutischen Wissenschaften*, Stuttgart 1978.
Rintelen, Fritz Joachim von: *Wilhelm Dilthey. Historical Life. Contemporary German Philosophy and its Background*, Bonn 1970.
Rodi, Frithjof: Grundzüge der Poetik Wilhelm Diltheys, in: *Beiträge zur Theorie der Künste im 19. Jahrhundert*, herausgegeben von Helmut Koopmann und Josef Adolf Schmoll gen. Eisenwerth, Frankfurt/M. 1972, S. 79–90; später neugeschrieben unter Verwendung des obigen Aufsatzes und abgedruckt u. d. T.: Das Erlebnis: die »dynamische« Einheit, in: Ders.: *Das strukturierte Ganze. Studien zum Werk von Wilhelm Dilthey*, Weilerswist 2003, S. 207–222.
——: »Erkenntnis des Erkannten«. August Boeckhs Grundformel der hermeneutischen Wissenschaften, in: *Philologie und Hermeneutik im 19. Jahrhundert*, hrsg. Hellmut Flashar, Karlfried Gründer und Axel Horstmann, Göttingen 1979, S. 68–83; später überarbeitet wiederabgedruckt in: Ders.: *Erkenntnis des Erkannten. Zur Hermeneutik des 19. und 20. Jahrhunderts*, Frankfurt/M.1990, S. 70–88.
Sandkühler, Hans Jörg: *Praxis und Geschichtsbewußtsein. Studie zur materialistischen Dialektik, Erkenntnistheorie und Hermeneutik*, Frankfurt/M. 1973.
Sauerland, Karol: *Diltheys Erlebnisbegriff. Entstehung, Glanzzeit und Verkümmerung eines literatur-historischen Begriffs*, Berlin/New York 1972.
Schmidt, Alfred: *Geschichte und Struktur. Fragen einer marxistischen Historik*, München $^{1}$1971, $^{3}$1977.
——: *Die Kritische Theorie als Geschichtsphilosophie*, München/Wien 1976.
Schnädelbach, Herbert: *Geschichtsphilosophie nach Hegel. Die Probleme des Historis-*

*mus*, Freiburg/München 1974.
Seebohm, Thomas Mulvany: *Zur Kritik der hermeneutischen Vernunft*, Bonn 1972.
Simon-Schaefer, Roland/Zimmerli, Walther Christoph (Hrsg.): *Wissenschaftstheorie der Geisteswissenschaften. Konzeptionen, Vorschläge, Entwürfe*, Hamburg 1975.
Speck, Josef: *Philosophie der Neuzeit*, Bd. 4: Lotze, Dilthey, Meinong, Troeltsch, Husserl, Simmel, Göttingen 1986.
Szondi, Peter: *Einführung in die literarische Hermeneutik*, hrsg. von Jean Bollack und Helen Stierlin, Frankfurt/M. 1975.
Ulmer, Carl: *Philosophie der modernen Lebenswelt*, Tübingen 1972.
——: Der Ausbruch aus der Universaltätsphilosophie. Eine Erinnerung an die Grundintentionen des Gesamtwerkes von Wilhelm Dilthey, in: *Perspektiven der Philosophie* 4 (1978), S. 379–416.
Zöckler, Christofer: *Dilthey und die Hermeneutik. Diltheys Begründung der Hermeneutik als Praxiswissenschaft und die Geschichte ihrer Rezeption*, Stuttgart 1975.

## 1980–89

Acham, Karl: Diltheys Beitrag zur Theorie der Kultur- und Sozialwissenschaften, in: DJ 3 (1985), S. 9–51.
Amaral, Maria Nazaré de Camargo Pacheco: Philosophie der Philosophie: ein wirksames Pflaster zur Heilung der vom historischen Relativismus geschlagenen Wunde?, in: DJ 6 (1989), S. 277–291.
Anz, Heinrich: Hermeneutik der Individualität. Wilhelm Diltheys hermeneutische Position und ihre Aporien, in: *Hermeneutische Positionen*, hrsg. von Hendrik Birus, Göttingen 1982, S. 110–124.
Apel, Karl-Otto: Diltheys Untersuchung von „Erklären" und „Verstehen" im Lichte der Problematik der modernen Wissenschaftstheorie, in: DPhG, S. 285–348.
Aron, Raymond: *La philosophie critique de l'histoire. Essai sur une théorie allemande de l'histoire*, Paris 1987.
Bianco, Franco: *Introduzione a Dilthey*, Roma/Bari 1985.
—— (Hrsg.): *Dilthey e il pensiero del Novecento*, Mailand [1]1985, [2]1988.
Balmer, Heinrich: *Geistesgeschichtliche Grundlagen*, Weinheim 1982.
Birus, Hendrik: *Hermeneutische Positionen. Schleiermacher, Dilthey, Heidegger*, Gadamer, Göttingen 1982.
Bodammer, Theodor: *Philosophie der Geisteswissenschaften*, Freiburg/München 1987.

Boeder, Heribert: *Das Vernunft-Gefüge der Moderne*, Freiburg/München 1988.

Bollnow, Otto Friedlich: *Studien zur Hermeneutik*, Bd. II: Zur hermeneutischen Logik von Georg Misch und Hans Lipps, Freiburg/München 1983; wiederabgedruckt in: Ders.: *Schriften*, Bd. 10: Dilthey. Zur hermeneutischen Logik von Georg Misch und Hans Lipps, hrsg. von Ursula Boelhauve, Gudrun Kühne-Bertram, Hans-Ulrich Lessing und Frithjof Rodi, Würzburg 2019.

——: Wilhelm Diltheys Stellung in der deutschen Philosophie. Zur Geschichte der Dilthey-Edition und Dilthey-Rezeption, in: Ders.: *Studien zur Hermeneutik*, Bd. I: Zur Philosophie der Geisteswissenschaften, Freiburg/München 1982, S. 178–203.

——: Georg Misch und der Göttinger Kreis, in: ZphF 4 (1980), S. 421–440; gekürzt wiederabgedruckt in: Ders.: *Studien zur Hermeneutik*, Bd. II, S. 19–45.

——: Festrede zu Wilhelm Diltheys 150. Geburtstag, in: DJ 2 (1984), S. 28–50.

——: Dilthey und die Phänomenologie, in: DPhG, S. 31–62.

——: Verstand und Leben. Die Philosophie des jungen Nohl, in: DJ 4 (1986/7), S. 228–263.

——: Wilhelm Dilthey als Begründer einer hermeneutischen Philosophie, in: Ders.: *Zwischen Philosophie und Pädagogik. Vorträge und Aufsätze*, Aachen 1988, S. 169–188 und S. 208–211.

——: Hans Lipps. Die menschliche Natur, in: DJ 6 (1989), S. 99–127.

Brandt, Reinhard: Die italienische Renaissance in der Geschichtsauffassung Diltheys und seiner Vorläufer, in: *Die Renaissance im 19. Jahrhundert in Italien und Deutschland. Il Rinascimento nell'Ottocento in Italia e Germania*, hrsg. von August Buck und Cesare Vasoli, Berlin 1989, S. 133–155.

Brüggen, Friedhelm: *Strukturen pädagogischer Handlungstheorie: Dilthey, geisteswissenschaftliche Pädagogik, Mead, Habermas, Erlanger Schule*, München 1980.

Bulhof, Ilse Nina: *Wilhelm Dilthey. A Hermeneutic Approach to the Study of History and Culture*, Den Haag/Boston/London 1980.

Cacciatore, Giuseppe/Cantillo, Giuseppe (Hrsg.): *Wilhelm Dilthey. Critica della metafisca e ragione storica*, Bologna 1985.

Carr, David: *Time, Narrative, and History*, Bloomington 1986.

——: Künftige Vergangenheit. Zum Vorrang der Zeitdemensionen bei Husserl und Dilthey und Heidegger, in: DPhG, S. 415–436.

——: Time and the Phenomenology of History, in: *Philosophia Naturalis* 25 (1988), S. 152–163.

Cassirer, Ernst: Philosophie der symbolischen Formen. Teil I und II, in: DJ 6 (1989), S. 212–215.

Cho, Kah Kyung: Verstehen in kosmischen und akosmischen Perspektiven, in: DPhG, S. 231–284. (Später wiederabgedruckt in: Ders.: *Bewußtsein und Natursein. Phänomenologischer West-Ost-Diwan*, Freiburg/München 1987, S. 260–312.)

Choi, Jong-Uk: *Die geistig-gesellschaftliche Krise des 19. Jahrhunderts und die Aufgaben der Diltheyschen „Kritik der historischen Vernunft". Eine Untersuchung über das Motiv der Philosophie Diltheys*, Trier 1987.

Corngold, Stanley: Dilthey's Essay »The Poetic Imagination«: A Poetics of Force, in: *Interpretation* 9 (1980/81), S. 301–337.

Dierse, Ulrich: Leben und Selbstbewußtsein, in: DJ 5 (1988), S. 80–99.

Fellmann, Ferdinand: *Gelebte Philosophie in Deutschland. Denkformen der Lebensweltphänomenologie und der kritischen Theorie*, Freiburg/München 1983.

——: Lebenswelt und Lebenserfahrung in: AGPh 69 (1987), S. 78–91.

Flitner, Wilhelm: *Systematische Pädagogik*, Breslau [1]1933. Umgearbeitet u. d. T.: *Allgemeine Pädagogik*, Stuttgart [1]1950, [12]1968; jetzt in: Ders.: *Gesammelte Schriften*, Bd. 2: Pädagogik, Systematische Pädagogik, Allgemeine Pädagogik, 1983.

Forni, Guglielmo: *Studi di ermeneutica Schleiermacher, Dilthey, Cassirer*, Bologna 1985.

Fuhrmann, Manfred/Jauss, Hans Robert/Pannenberg, Wolfhart (Hrsg.): *Text und Applikation. Theologie, Jurisprudenz und Literaturwissenschaft im hermeneutischen Gespräch*, München 1981.

Fütterer, Günther: *Historische Phantasie und praktische Vernunft. Eine kritische Auseinandersetzung mit Diltheys Theorie historischer Rationalität*, Würzburg 1985.

Gadamer, Hans-Georg: Der Unvollendete und das Unvollendbare. Zum 150. Geburtstag von Wilhelm Dilthey (19. Nov.), in: *Neue Zürcher Zeitung* 204 (1983), Nr. 271 (Sa./So., 19./20. Nov.), S. 65–66; Fernausgabe Nr. 269 (Fr., 18. Nov.), S. 29–30; wiederabgedruckt in: Ders.: GW 4: Neuere Philosophie II (Probleme, Gestalten), Tübingen 1987, S. 429–435.

——: Wilhelm Dilthey nach 150 Jahren. Zwischen Romantik und Positivismus (Ein Diskussions-beitrag), in: *Dilthey und die Philosophie der Gegenwart*, hrsg. von Ernst Wolfgang Orth, Freiburg 1985, S. 157–182. (Vortrag auf der 1983 in Trier von der Deutschen Gesellschaft für phänomenologische Forschung veranstalteten internationalen Tagung über „Wilhelm Dilthey und

die Phänomenologie"); Dilthey tra romanticismo e positivismo, übers. von Patrizia Cipolletta, in: *Dilthey e il pensiero del novecento*, hrsg. von Franco Bianco, Mailand 1985; S. 24–41 (ital. Vortrag auf dem Internationalen Dilthey-Kongreß in Rom.); Wiederabgedruckt u. d. T.: Das Problem Diltheys. Zwischen Romantik und Positivismus, in: Ders.: GW 4, S. 406–424.

——: Wilhelm Dilthey y Ortega y Gasset: Un capítulo de la historia intelectual de Europa, übers. von Rafael Lupiani, in: *Revista de Occidente* 48/49 (1985), S. 77–88. (Vortrag, gehalten auf dem Ortega-Kongreß am 11. Mai 1983 im Ortega y Gasset-Zentrum in Madrid); wiederabgedruckt in: Ders.: GW 4, S. 436–447.

——: Erinnerungen an Heideggers Anfänge, in: DJ 4 (1986/7), S. 13–26.

——: Heideggers »theologische« Jugendschrift, in: DJ 6 (1989), S. 228–234.

Gethmann, Carl Friedrich: Philosophie als Vollzug und als Begriff. Heideggers Identitätsphilosophie des Lebens in der Vorlesung vom Wintersemester 1921/22 und ihr Verhältnis zu *Sein und Zeit*, in: DJ 4 (1986/87), S. 27–53.

Gander, Hans-Helmuth: *Positivismus als Metaphysik. Voraussetzungen und Grundstrukturen von Diltheys Grundlegung der Geisteswissenschaften*, Freiburg/München 1988.

Göbbeler, Hans-Peter/Lessing, Hans-Ulrich (Hrsg.): *Otto Friedrich Bollnow im Gespräch*, mit einem Vw. von Frithjof Rodi, Freiburg/München 1983.

Groothoff, Hans-Hamann: *Wilhelm Dilthey. Zur Erneuerung der Theorie der Bildung und des Bildungswesens*, Hannover 1981.

Gründer, Karlfried: Wilhelm Diltheys Tod vor fünfundsiebzig Jahren, in: DJ 4 (1986/87), S. 225–227.

Gusdorf, Georges: *Les origines de l'herméneutique*, Paris 1988.

Haardt, Alexander: Vom Selbstbewußtsein zum Leben. Diltheys Auseinandersetzung mit Fichtes Prinzip des Selbstbewußtseins in der zweiten Hälfte der »Einleitung in die Geisteswissenschaften«, in: DJ 6 (1989), S. 292–302.

Habermas, Jürgen: Zur Logik der Sozialwissenschaften, in: *Philosophische Rundschau* Jg. 1967, Beiheft 5. (Später, Frankfurt/M. 1985.)

Helle, Horst Jürgen: *Dilthey, Simmel und Verstehen. Vorlesungen zur Geschichte der Soziologie*, Frankfurt/M. 1986.

Herzberg, Guntolf: Historismus. Wort, Begriff, Problem und die philosophische Begründung durch Wilhelm Dilthey, in: *Jahrbuch für Geschichte* 25 (1982), S. 259–304.

Hogmann, Friedrich: Heideggers Konzeption der Phänomenologie in den Vorlesungen aus dem Wintersemester 1919/20 und dem Sommersemester 1920, in: DJ 4 (1986/87), S. 72–90.

Holz, Harald: Wahrheit als Möglichkeitsbedingung des Verstehens, in: DJ 5 (1988), S. 11–37.

Hubig, Christoph: Die Hermeneutik bei Schleiermacher und Dilthey und ihre Bedeutung für die Psychologie, in: *Wegbereiter der historischen Psychologie*, hrsg. von Gerd Jüttemann, München/Weinheim 1988, S. 70–83.

Hufnagel, Erwin: *Der Wissenschaftscharakter der Pädagogik*, Bd. I: Von Trapp bis Dilthey, Frankfurt/M. 1982.

——: Wilhelm Dilthey. Hermeneutik als Grundlegung der Geisteswissenschaften, in: *Klassiker der Hermeneutik*, hrsg. von Ulrich Nassen, Paderborn/München/Wien/Zürich 1982, S. 173–206.

Ineichen, Hans: Wilhelm Dilthey (1833–1911), in: *Klassiker der Philosophie*, Bd. 2: Von Immanuel Kant bis Jean-Paul Sartre, hrsg. von Otfried Höffe, München 1981, S. 187–201, und S. 480–482.

——: Diltheys Kant-Kritik, in: DJ 2 (1984), S. 51–64.

Iturrino, Raúl G.: Constitutive and Methodological Understanding in the Philosophy of Wilhelm Dilthey, in: *Ceiba. Revista de la Facultad del Colegio Universitario Tecnológico de Ponce* 11 (1987), S. 133–150.

Johach, Helmut: Diltheys Philosophie des Subjekts und die Grundlegung der Geistes- und Sozialwissenschaften. Zur Aktualität der Einleitung in die Geisteswissenschaften, in: DJ 2 (1984), S. 92–127.

——: Wilhelm Dilthey. Die Struktur der geschichtlichen Erfahrung, in: *Grundprobleme der großen Philosophen*: Philosophie der Neuzeit IV, hrsg. von Josef Speck, Göttingen 1986, S. 52–90.

——: Lebensphilosophie und Kritische Theorie. Zur Dilthey-Rezeption der Frankfurter Schule, in: DJ 5 (1988), S. 200–239.

Jung, Werner: Georg Lukács als Schüler Wilhelm Diltheys, in: DJ 5 (1988), S. 240–257.

Kimmerle, Heinz: *Philosophie der Geisteswissenschaften als Kritik Ihrer Methoden*, Freiburg/München 1987.

Köhnke, Klaus Christian: Die Wechselwirkung zwischen Diltheys Soziologiekritik und Simmels soziologischer Methodik, in: DJ 6 (1989), S. 303–326.

Kornbichler, Thomas: *Deutsche Geschichtsschreibung im 19. Jahrhundert. Wilhelm Dilthey und die Begründung der modernen Geschichtswissenschaft*, Pfaffenweiler

[1]1984, [2]1986.
Lamb, Matthew L.: *History, Method and Theology. A Dialectical Comparison of Wilhelm Dilthey's Critique of Historical Reason and Bernard Lonergan's Meta-Methodology*, Missoula/MT 1984.
Lessing, Hans-Ulrich: *Die Idee einer Kritik der historischen Vernunft. Wilhelm Diltheys erkenntnis-theoretisch-logisch-methodologische Grundlegung der Geisteswissenschaften*, Freiburg/München 1984.
——: Die zeitgenössischen Rezensionen von Diltheys Einleitung in die Geisteswissenschaften (1883 bis 1885), in: DJ 1 (1983), S. 91–181.
——: Dilthey und Lazarus, in: DJ 3 (1985), S. 57–82.
——: Eine neue Kritik der historischen Vernunft. Zu Stephan Ottos Grundlegung der Geistesgeschichte, in: DJ 3 (1985), S. 260–268.
——: Zu Ilse N. Bulhofs Dilthey-Einführung, in: DJ 4 (1986/7), S. 264–268.
——: Lebensphilosophie und Metaphysik. Anmerkungen zu Kurt Magers Dilthey-Kritik, in: DJ 4 (1986/7), S. 269–273.
——: Zum letzten Band der Lazarus-Steinthal-Briefe, in: DJ 4 (1986/7), S. 274–280.
——: Jenseits von Aktualismus, Politizismus und Mythologisierung. Klaus Christian Köhnkes Geschichte des Neukantianismus, in: DJ 5 (1988), S. 271–279.
——: Der Einspruch der Sache. Zu Burghart Schmidts Programm eines »polemischen Realismus«, in: DJ 5 (1988), S. 280–290.
Litt, Theodor: *Das Allgemeine im Aufbau der geisteswissenschaftlichen Erkenntnis. Mit einer Einleitung*, hrsg. von Friedhelm Nicolin, Hamburg 1980.
Mager, Kurt: *Philosophie als Funktion. Studien zu Diltheys Schrift „Das Wesen der Philosophie"*, Amsterdam 1982.
Makkreel, Rudolf Adam/Scanlon, John (Hrsg.): *Dilthey and Phenomenology*, Washington D. C. 1987.
——: Dilthey und die interpretierenden Wissenschaften. Die Rolle von Erklären und Verstehen, in: DJ 1 (1983), S. 57–73.
——: Husserl, Dilthey and the Relation of the Life-World to History, in: *Husserl and Contemporary Thought*, hrsg. von John Sallis, Atlantic Highlands/NJ 1983, S. 39–58.
——: Dilthey and Phenomenology. A Conference at Pennsylvania State University, July 29–July 31, 1983, in: DJ 2 (1984), S. 346–350.
——: Lebenswelt und Lebenszusammenhang. Das Verhältnis von vorwissen-

schaftlichem und wissenschaftlichem Bewußtsein bei Husserl und Dilthey, in: DPhG, S. 381–414.
——: The Feeling of Life: Some Kantian Sources of Life-Philosophy, in: DJ 3 (1985), S. 83–104.
Marks, Ralph: *Philosophie im Spannungsfeld zwischen Historiographie und Historismus. Studien zu Kant, Johannes von Müler und Dilthey*, Frankfurt/New York/Paris 1988.
Marquard, Odo: Frage nach der Frage, auf die die Hermeneutik die Antwort ist, in: *Philosophisches Jahrbuch* 88 (1981), S. 1–19; wiederabgedruckt in: Ders.: *Abschied vom Prinzipiellen. Philosophische Studien*, Stuttgart 1981, S. 117–146.
——: Leben und leben lassen. Anthropologie und Hermeneutik bei Dilthey, in: DJ 2 (1984), S. 128–139.
Meßner, Claudius: *Die Tauglichkeit des Endlichen. Zur Konvergenz von Freuds Psychoanalyse und Diltheys Hermeneutik*, St. Ingbert 1985.
Müller, Wolfgang Hermann: Über den Einfluß Schopenhauers auf die Ausbildung der Philosophie von Wilhelm Dilthey, in: *Schopenhauer Jahrbuch* 66 (1985), S. 215–223.
Nassen, Ulrich (Hrsg.): *Klassiker der Hermeneutik*, Paderborn/München/Wien/Zürich 1982.
Ortega y Gasset, José: *Goethe, Dilthey*, Madrid 1982.
Orth, Ernst Wolfgang (Hrsg.): *Dilthey und der Wandel des Philosophiebegriffs seit dem 19. Jahrhundert*, Freiburg/München 1984.
—— (Hrsg.): *Dilthey und die Philosophie der Gegenwart*, Freiburg/München 1985.
——: Einleitung: Dilthey und die Gegenwart der Philosophie, in: DPhG, S. 7–28.
——: Das Problem der Generalisierung bei Dilthey und Husserl als Frage nach Gegenwart und Zeitlichkeit, in: DJ 6 (1989), S. 327–350.
Otto, Stephan: *Rekonstruktion der Geschichte. Zur Kritik der historischen Vernunft*, 2. Tle., München 1982/1992.
Owensby, Jacob: Dilthey's Conception of the Life-Nexus, in: JHPh 25 (1987), S. 557–572.
——: Dilthey and Husserl on the Role of the Subject in History, in: *Philosophy Today. An International Journal of Contemporary Philosophy* 32 (1988), S. 221–231.
——: Dilthey and the Historicity of Poetic Expression, in: *The Journal of Aes-*

*thetics and Art Criticism*, 46 (1988), S. 501–507.
Pester, Reinhardt: Von Lotze zu Dilthey – Kontinuität und Diskontinuität aus philosophie- und wissenschaftshistorischer Sicht, in: Wilhelm Dilthey als Philosoph, Historiker, in: *Arbeitstagung. Berichte – Humboldt-Universität zu Berlin* 7 (1987), S. 19–26.
Pfafferott, Gerhard: *Ethik und Hermeneutik. Mensch und Moral im Gefüge der Lebensform*, Königstein/Ts 1981.
——: Die Bedeutung des Begriffs Selbstbesinnung bei Dilthey und Husserl, in: DPhG, S. 351–380.
Plantinga, Theodore: Commitment and Historical Understanding. A Critique of Dilthey, in: *Fides et Historia* 14 (1982), S. 29–36.
Pleger, Wolfgang H.: *Differenz und Identität. Die Transformation der philosophischen Anthropologie im 20. Jahrhundert*, Berlin 1988.
Plessner, Helmuth: *Gesammelte Schriften*, Bd. IV: Die Stufen des Organischen und der Mensch. Einleitung in die philosophische Anthropologie, hrsg. von Günter Dux, Odo Marquard und Elisabeth Ströker, Frankfurt/M. 1981.
——: *Gesammelte Schriften*, Bd. V: Macht und menschliche Natur, hrsg. von Gunter Dux, Odo Marquard und Elisabeth Ströker, Frankfurt/M. 1981.
——: *Gesammelte Schriften*, Bd. VIII: Conditio humana, hrsg. von Günter Dux, Odo Marquard und Elisabeth Ströker, Frankfurt/M. 1983.
Pöggeler, Otto: *Heidegger und die hermeneutische Philosophie*, Freiburg/München 1983.
——: Dilthey und die Phänomenologie der Zeit, in: DJ 3 (1985), S. 105–139.
——: Heideggers Begegnung mit Dilthey, in: DJ 4 (1986/7), S. 121–160.
Redding, Paul: Action, Language and Text: Dilthey's Conception of the Understanding, in: *Philosophy and Social Criticism* 9 (1982), S. 229–244.
Rickman, Hans Peter: *Dilthey Today. A Critical Reappraisal of the Contemporary Relevance of his Work*, New York/Westport/Connecticut/London 1988.
——: What Need for Blood in the Cognitive Subject. Kant's Criticism of Dilthey, in: DJ 2 (1984), S. 159–170.
Ricœur, Paul: *Temps et récit*, 3 Tomes, Paris 1983/85.
Riedel, Manfred: Einleitung zu: Dilthey, Wilhelm: *Der Aufbau der geschichtlichen Welt in den Geisteswissenschaften*, hrsg. von Manfred Riedel, Frankfurt/M. 1981, S. 9–80.
——: Einleitung zu: Dilthey, Wilhelm: *Das Wesen der Philosophie*, hrsg. von Manfred Riedel, Stuttgart 1984, S. 3–24.

——: Diltheys Kritik der begründenden Vernunft, in: DPhG, S. 185–210.
——: Vom Seins- zum Grenzbegriff. Die Natur in der Theorie der Geisteswissenschaften, in: Ders.: *Für eine zweite Philosophie. Vorträge und Abhandlungen*, Frankfurt/M. 1988, S. 59–91 und S. 225–231.
Rodi, Frithjof: Dilthey, Gadamer and »Traditional« Hermeneutics, in: *Reports on Philosophy* (1983), S. 3–12; später stark überarbeitet wiederabgedruckt u. d. T.: Traditionelle und philosophische Hermeneutik. Bemerkungen zu einer problematischen Unterscheidung, in: Ders.: *Erkenntnis des Erkannten. Zur Hermeneutik des 19. und 20. Jahrhunderts*, Frankfurt/M. 1990, S. 89–101.
——: Die Romantiker in der Sicht Hegels, Hayms und Diltheys, in: *Kunsterfahrung und Kulturpolitik im Berlin Hegels. Beiheft zu den Hegel-Studien*, hrsg. von Otto Pöggeler und Annemarie Gethmann-Siefert, Bonn 1983, S. 177–197; wiederabgedruckt u. d. T.: Unverständnis und Wieder verständnis im Umgang mit der Frühromantik, in: Ders.: *Erkenntnis des Erkannten*, S. 31–55.
——: Über einige Grundbegriffe einer Philosophie der Geisteswissenschaften, in: DJ 1 (1983), S. 13–38.
——: Zum gegenwärtigen Stand der Dilthey-Forschung, in: DJ 1 (1983), S. 260–267.
——: Bericht über Veranstaltungen in der Bundesrepublik und in Italien aus Anlaß des 150. Geburtstages von Wilhelm Dilthey, in: DJ 2 (1984), S. 339–346.
——: Diltheys Kritik der historischen Vernunft – Programm oder System?, in: DJ 3 (1985), S. 140–165; später erweitert wiederabgedruckt in: Ders.: *Das strukturierte Ganze. Studien zum Werk von Wilhelm Dilthey*, Weilerswist 2003, S. 36–65.
——: Dilthey, die Phänomenologie und Georg Misch, in: DPhG, S. 125–156; wiederabgedruckt u. d. T.: Der Logos des »getreuen Ausdrucks«. Georg Mischs Kritik der »Logik-Ontologie« von Husserl und Heidegger, in: Ders.: *Erkenntnis des Erkannten*, S. 123–146.
——: Die Bedeutung Diltheys für die Konzeption von Sein und Zeit. Zum Umfeld von Heideggers Kasseler Vorträgen (1925), in: DJ 4 (1986/87), S. 161–180; wiederabgedruckt in: Ders.: *Erkenntnis des Erkannten*, S. 102–122.
——: Die Ebbinghaus-Dilthey-Kontroverse. Biographischer Hintergrund und sachlicher Ertrag, in: *Ebbinghaus-Studien* 2 (1987), S. 145–154; wiederabgedruckt in: Ders.: *Das strukturierte Ganze*, S. 173–183.
——: »Der Rhythmus des Lebens selbst«. Hegel und Hölderlin in der Sicht des

späten Diltheys, in: *Reports on Philosophy* 11 (1987), S. 3–13; wiederabgedruckt in: Ders.: *Erkenntnis des Erkannten*, S. 56–69.

——: Die Anfänge der Dilthey-Ausgabe, gespiegelt in Mitteilungen und Dokumenten von Arthur Stein, in: DJ 5 (1988), S. 167–180.

——: Die Rolle von Artikulationsdruck und Artikulationsrahmen im Entstehungsprozeß philosophischer Theorien, in: *Disiecta membra. Studien Karlfried Gründer zum 60. Geburtstag*, hrsg. von Karlfried Gründer und Odo Marquard, Basel 1989, S. 95–107; wiederabgedruckt u. d. T.: Zwischen Begriffs- und Philosophiegeschichte. Zur Rolle von Artikulationsdruck und Artikulationsrahmen, in: Ders.: *Erkenntnis des Erkannten*, S. 15–30; engl. Übers.: Historical Philosophy in Search of "Frames of Articulation", in: *Doing Philosophy Historically*, hrsg. von Peter H. Hare, Buffalo/NY 1988, S. 329–340.

Rosenberg, Rainer: *Zehn Kapitel zur Geschichte der Germanistik. Literaturgeschichtsschreibung*, Berlin 1981.

Sauerland, Karol: Georg Lukács und die Diltheysche Erlebnistheorie, in: *Ästhetik. Akten 8. Internationalen Wittgenstein Symposiums*, hrsg. von Rudolf Haller, Wien 1984, S. 172–175.

Scanlon, John: Dilthey on Psychology and Epistemology, in: *History of Philosophy Quarterly* 6 (1989), S. 347–355.

Schnädelbach, Herbert: *Philosophie in Deutschland 1831–1933*, Frankfurt/M. $^{1}$1983, $^{6}$1999; engl. Übers.: *Philosophy in Germany 1831–1933*, übers. von Eric Matthews, Cambridge/New York 1984.

Scholtz, Gunter: *Zwischen Wissenschaftsanspruch und Orientierungsbedürfnis. Zu Grundlagen und Wandel der Geisteswissenschaften*, Frankfurt/M. 1991.

——: Schleiermachers Dialektik und Diltheys erkenntnistheoretische Logik, in: DJ 2 (1984), S. 171–192; wiederabgedruckt u. d. T.: Dialektik und erkenntnistheoretische Logik. Schleiermacher und Dilthey, in: Ders.: *Ethik und Hermeneutik. Schleiermachers Grundlegung der Geisteswissenschaften*, Frankfurt/M. 1990, S. 235–257.

Seebohm, Thomas Mulvany: Boeckh and Dilthey. The Development of Methodical Hermeneutics, in: *Man and World* 17 (1984), S. 325–346.

——: Die Begründung der Hermeneutik Diltheys in Husserls transzendentaler Phänomenologie, in: DPhG, S. 97–124.

Spranger, Eduard: *Grundlagen der Geisteswissenschaften*, in: Ders.: *Gesammelte Schriften*, Bd. VI, hrsg. von Hans Walter Bähr, Tübingen 1980.

Strasser, Stephan: *Understanding and Explanation. Basic Ideas Concerning the Humanity of the Human Sciences*, Pittsburgh 1985.
Tessitore, Fulvio: Croce und Dilthey, in: DJ 2 (1984), S. 269–285.
——: Linee de una storia dello storicismo da Humboldt a Dilthey, in: *Annali della Scuola Normale Superiore di Pisa* 19 (1989), S. 1325–1410.
Wolfram, Hogrebe: *Deutsche Philosophie im XIX. Jahrhundert. Kritik der idealistischen Vernunft. Schelling, Schleiermacher, Schopenhauer, Stirner, Kierkegaard, Engels, Marx, Dilthey, Nietzsche*, München 1987.
Wolfgang, Ernst: Dilthey und Lotze im 19. Jahrhundert, in: DJ 2 (1984), S. 140–158.
Young, Tom: The Hermeneutical Significance of Dilthey's Theory of World-Views, in: *International Philosophical Quarterly* 23 (1983) S. 125–140.
Zimmerli, Walther Christoph: Das Theorem der Tatsachen des Bewußtseins und Diltheys Versuch der Überwindung des transzendentalen Idealismus oder: wie Dilthey den Sack Fichte prügelte und den Esel Reinhold meinte, in: DJ 3 (1985), S. 166–192.

## 1990–99

Amaral, Maria Nazaré de Camargo Pacheco: Sozialethik bei Dilthey und Schleiermacher, in: DJ 10 (1996), S. 151–160.
Alexander, Werner: *Hermeneutica Generalis. Zur Konzeption und Entwicklung der allgemeinen Verstehenslehre im 17. und 18. Jahrhundert*, Stuttgart 1993.
Albert, Hans: *Kritik der reinen Hermeneutik*, Tübingen 1994.
Albert, Karl: *Lebensphilosophie. Von den Anfängen bei Nietzsche bis zu ihrer Kritik bei Lukács*, Freiburg/München 1995. (neu hrsg. und mit einem Nw. von Elenor Jain, Freiburg/München 2017.)
Bambach, Charles R.: *Heidegger, Dilthey, and the Crisis of Historicism, History and Metaphysics in Heidegger, Dilthey, and the Neo-Kantians*, New York 1995.
——: Phenomenological Research as Destruktion. The Early Heidegger's Reading of Dilthey, in: *Philosophy Today* 37 (1993), S. 115–132.
Betzler, Monika: *Ich-Bilder und Bilderwelt. Überlegungen zu einer Kritik des darstellenden Verstehens in Auseinandersetzung mit Fichte, Dilthey und zeitgenössischen Subjekttheorien*, München 1994.
Bianco, Franco (Hrsg.): *Beiträge zur Hermeneutik aus Italien*, Freiburg/München 1993.
Bollnow, Otto Friedrich: Über den Begriff der ästhetischen Wirkung bei Josef

König, in: DJ 7 (1990/91), S. 13–43.

Braun, Walter: Kant, Herbart, Dilthey und die Hauptströmungen der Pädagogik des 20. Jahrhunderts in deutschsprachigen Raum, in: *Paedagogica historica* 27 (1991), S. 55–74.

Brogowski, Leszek: *Dilthey. Conscience et histoire*, Paris 1997.

Caccatore, Giuseppe: Der Begriff der »Empirie« von Droysen zu Dilthey, in: DJ 8 (1992/93), S. 265–288.

de Mul, Jos: *De tragedie van de eindigheid. Diltheys hermeneutiek van het leven*, Kampen 1993; engl. Übers.: *The Tragedy of Finitude. Wilhelm Dilthey's Hermeneutics of Life*, übers. Tonny Burret, New Haven/London 2004.

——: Dilthey's Narrative Model of Human Development. Necessary Reconsiderations after the Philosophical Hermeneutics of Heidegger and Gadamer, in: *Man and World* 24 (1991), S. 409–426.

——: Der Fortgang über Kant. Dilthey and the Transformation of Transcendental Philosophy, in: DJ 10 (1996), S. 80–106.

Donadio, Francesco: *Critica dell'oggettivazione e ragione storica. Saggio su Paul Yorck von Wartenburg*, Neapel 1992.

——: *La storicità e l'originario. Religione e arte in Paul Yorck von Wartenburg*, Soveria Mannelli 1998.

——: *Elogio della storicità. Orizzonti ermeneutici ed esperienza credènte*, Mailand 1999.

Dux, Günter: Das Problem der Logik im historischen Verstehen. Zur Kritik der Entscheidung als geschichtsphilosophischer und historischer Kategorie, in: DJ 7 (1990/91), S. 44–70.

Ebrecht, Angelika: *Das individuelle Ganze. Zum Psychologismus der Lebensphilosophie*, Stuttgart 1991.

Eckerle, Gundrun-Anne: Dilthey neu gelesen. Was hat der Kronzeuge gegen den Intellektualismus wirklich gesagt? in: *Pädagogische Rundschau* 46 (1992), S. 159–167.

Fagniez, Guillaume: L'herméneutique, de Dilthey à Heidegger, in: Sgu 14 (2014), S. 197–212.

Fahrenbach, Helmut: »Lebensphilosophische« oder »existenzphilosophische« Anthropologie? Plessners Auseinandersetzung mit Heidegger, in: DJ 7 (1990/91), S. 71–111.

Failla, Mariannina: Phenomenology and the Beginnings of the Moral Problem (Dilthey – Brentano – Husserl), in: *Analecta Husserliana* 35 (1991), S. 53–65.

Fellmann, Ferdinand: *Symbolischer Pragmatismus Hermeneutik nach Dilthey*, Reinbek/Hamburg 1991.
——: *Lebensphilosophie. Elemente einer Theorie der Selbsterfahrung*, Reinbek/Hamburg 1993.
——: Hermeneutik und Psychologie: Diltheys Verstehenslehre jenseits von Logismus und Psychologismus, in: DJ 9 (1994/95), S. 13–31.
Gadamer, Hans-Georg: GW 10: Hermeneutik im Rückblick, Tübingen 1995.
——: Die Hermeneutik und die Diltheyschule, in: PhR 38 (1991), S. 161–177; um eine »Nachschrift« erweitert in: GW 10, S. 185–205.
——: Wahrheit und Methode. Der Anfang der Urfassung (ca. 1956). hrsg. von Jean Grondin und Hans-Ulrich Lessing, in: DJ 8 (1992/93), S. 131–142.
——/Kühne-Bertram, Gudrun/Rodi, Frithjof: Die Logik des verbum interius. Hans-Georg Gadamer im Gespräch mit Gudrun Kühne-Bertram, in: DJ 11 (1997/98), S. 19–30.
Gerhardt, Volker/Mehring, Reinhard/Rindert, Jana: *Berliner Geist. Eine Geschichte der Berliner Universitätsphilosophie bis 1946, mit einem Ausblick auf die Gegenwart der Humboldt-Universität*, Berlin 1999.
——: Selbsterkenntnis und Selbstbesinnung. Zur anthropologischen Nähe Nietzsches zu Dilthey, in: *Nietzscheforschung* 1 (1994), S. 21–35.
Giammusso, Salivatore: »Der ganze Mensch«. Das Problem einer philosophischen Lehre vom Menschen bei Dilthey und Plessner, in: DJ 7 (1990/91), S. 112–138.
Ginev, Dimitri: Zwischen hermeneutischer Ontologie der Kultur und hermeneutischer Logik des Lebens. Zur Rezeptionsgeschichte von Diltheys Philosophie in Bulgarien, in: DJ 10 (1996), S. 246–253.
Grondin, Jean: Diltheys Weg zur Hermeneutik, in: Ders.: *Einführung in die philosophische Hermeneutik*, Darmstadt 1991, ²2001, S. 110–118; engl. Übers.: Dilthey. On the way to Hermeneutik, in: Ders.: *Introduction to philosophical Hermeneutik*, übers. von Joel Weinsheimer, London 1994, S. 84–90.
——: Georg Misch und die Universalität der Hermeneutik: Logik oder Rhetorik?, in: DJ 11 (1997/98), S. 48–63.
Grosse, Jürgen: Metahistorie statt Geschichte. Über typologisches Geschichtsdenken bei Yorck von Wartenburg, in: DJ 11 (1997/98), S. 203–240.
Grossheim, Michael: Auf der Suche nach der volleren Realität: Wilhelm Dilthey und Ludwig Klages. Zwei Wege der Lebensphilosophie, in: DJ 10 (1996), S. 161–189.

Haardt, Alexander: Lebensphilosophische versus genetische Logik – Differenzen und Affinitäten zwischen den Projekten von Georg Misch und Edmund Husserl, in: DJ 11 (1997/98), S. 64–73.

Hager, Fritz-Peter: Zur Bedeutung der Philosophie für die autonome Pädagogik bei Dilthey und Nohl, in: *Pädagogische Rundschau* 51 (1997), S. 233–259.

Heidegger, Martin: Wilhelm Diltheys Forschungsarbeit und der gegenwärtige Kampf um eine historische Weltanschauung. 10 Vorträge (Gehalten in Kassel vom 16. IV.–21. IV. 1925), Nachschrift von Walter Bröcker, hrsg. von Frithjof Rodi, in: DJ 8 (1992/93), S. 143–180.

Herfurth, Thomas: *Diltheys Schriften zur Ethik. Der Aufbau der moralischen Welt als Resultat einer Kritik der introspektiven Vernunft*, Würzburg 1992.

Hoeven, Johan van der: Bedeutung (Sinn) als „umfassende Kategorie des Lebens“ und als „Mittelgebiet“. Wilhelm Dilthey und Rickert, in: *Sinn, Geltung, Wert. Neukantianische Motive in der modernen Kulturphilosophie*, hrsg. von Christian Krijnen und Ernst Wolfgang Orth, Würzburg 1998, S. 93–100.

Hofer, Michael: *Nächstenliebe, Freundschaft, Geselligkeit: Verstehen und Anerkennen bei Abel, Gadamer und Schleiermacher*, München 1998.

Homann, Arne: Verstehen und Menschheit. Zu einem Motiv der Philosophie Diltheys, in: DJ 10 (1996), S. 13–37.

——: Bemerkungen zur neueren hermeneutischen Philosophie in Italien, in: DJ 10 (1996), S. 254–263.

Hufnagel, Erwin: Zu Diltheys Kritik der historischen Vernunft, in: *Studia Hermeneutica* 2 (1996), S. 25–70.

Husserl, Edmund: Edmund Husserls Randnotizen zu Georg Mischs Lebensphilosophie und Phänomenologie, hrsg. von Guy van Kerckhoven, in: DJ 12 (1999/2000) S. 145–186.

Ineichen, Hans: *Philosophische Hermeneutik*, Freiburg/München 1991.

——: Wilhelm Dilthey. Logische und anthropologische Grundlagen der Geisteswissenschaften, in: *Philosophische Anthropologie im 19. Jahrhundert*, hrsg. von Friedhelm Decher und Joachem Hennigfeld, Würzburg 1992, S. 169–179.

Jaeger, Michael: *Autobiographie und Geschichte. Wilhelm Dilthey, Georg Misch, Karl Löwith, Gottfried Benn, Alfred Döblin*, Stuttgart 1995.

Jager, Friedrich/Rüsen, Jörn: *Geschichte des Historismus. Eine Einführung*, München 1992.

Jain, Elenor: *Das Prinzip Leben. Lebensphilosophie und ästhetische Erziehung*, Frank-

furt/M. 1993.

Jatzkowski, Thomas: *Die Theorie des kulturell-historischen Verstehens bei Wilhelm Dilthey und Georg Simmel*, Herdecke 1998.

Jung, Matthias: *Dilthey zur Einführung*, Hamburg 1996.

——: *Erfahrung und Religion. Grundzüge einer hermeneutisch-pragmatischen Religionsphilosophie*, Freiburg/München 1999.

——: »Der Blick von nirgendwo«. Wilhelm Dilthey zur Perspektivität von Weltanschauungen, in: *Im Netz der Begriffe. Religionsphilosophische Analysen. Hermann Schrödter zum 60. Geburtstag*, hrsg. von Linus Hauser und Eckhard Nordhofen, Altenberg 1994, S. 59–77.

——: From Dilthey to Mead and Heidegger: Systematic and Historical Relations, in: JHPh 33 (1995), S. 661–677.

——: Objektiver Geist und Erfahrung. Zur Bedeutung Wilhelm Diltheys für die neuere Religionsphilosophie, in: DJ 10 (1996), S. 190–223.

——: Lebensphilosophische und fundamentalontologische Kritik der Metaphysik, in: DJ 11 (1997/98), S. 74–81.

——: Negative Hermeneutik? Horkheimers Auseinandersetzung mit Dilthey, in: *Negativität des Weltlaufs: zum Verhältnis von Ethik und Geschichtsphilosophie*, hrsg. von Klaus-Jürgen Grün, Hildesheim/New York 1999, S. 98–114.

Kaleri, Ekaterini: Verstehen als grundlegendes Prinzip der Geisteswissenschaften bei Wilhelm Dilthey, in: Lenk, Hans: *Philosophie und Interpretation. Vorlesungen zur Entwicklung konstruktionistischer Interpretationsansätze*, überarb. unter der Mitw. von Ekaterini Kaleri, Frankfurt/M. 1993, S. 64–76.

Kerckhoven, Guy van: Husserl und die phänomenologische Bewegung. Zu einem neuen Handbuch, in: DJ 8 (1992–93), S. 359–366.

——: Georg Mischs hermeneutische Logik und die Krilik der phänomenologischen Bedeutungslehre, in: DJ 11 (1997–98), S. 82–107.

——/Lessing, Hans-Ulrich: Psychologie als Erfahrungswissenschaft. Zu Diltheys Psychologie-Vorlesungen der siebziger und achtziger Jahre, in: DJ 9 (1994/95), S. 66–91.

Knüppel, Renate: *Diltheys erkenntnistheoretische Logik*, München 1991.

Köhnke, Klaus Christian: *Der junge Simmel – in Theoriebeziehungen und sozialen Bewegungen*, Frankfurt/M. 1996.

König, Josef/Plessner, Helmuth: *Briefwechsel 1923–1933, mit einem Briefessay von Josef König über Helmuth Plessners „Die Einheit der Sinne"*, hrsg. von Hans-Ulrich Lessing und Almut Mutzenbecher, Freiburg/München 1994.

König, Chistoph: Individualität, Autonomie, Originalität. Zur Rezeption Diltheys in den ersten Jahren der Deutschen Vierteljahrsschrift, in: DV 67 (1993), S. 197–220.

Koslowski, Peter: *The Theory of Ethical Economy in the Historical School. Wilhelm Roscher, Lorenz von Stein, Gustav Schmoller, Wilhelm Dilthey and Contemporary Theory*, Berlin 1997.

Krakowski, Jerzy/Scholtz, Gunter (Hrsg.): *Dilthey und Yorck. Philosophie und Geisteswissenschaften im Zeichen von Geschichtlichkeit und Historismus*, Wrocław 1996.

Kümmel, Friedrich (Hrsg.): *O. F. Bollnow. Hermeneutische Philosophie und Pädagogik*, Freiburg/München 1997.

Laks, André/Neschke-Hentschke, Ada (Hrsg.): *La Naissance du Paradigme Herméneutique. De Kant et Schleiermacher à Dilthey*, Villeneuve d'Ascq [1]1990, [2]2008.

Lembeck, Karl-Heinz: Historisches Bewußtsein und philosophische Archäologie. Natorp und Dilthey zum Problem der Philosophiegeschichte, in: *Neukantianismus. Perspektiven und Probleme*, hrsg. von Ernst Wolfgang Orth, Helmut Holzhey, Würzburg 1994, S. 379–396.

Lessing, Hans-Ulrich: Dilthey und Johannes Müller. Von der Sinnesphysiologie zur deskriptiven Psychologie, in: *Johannes Müller und die Philosophie*, hrsg. von Michael Hagner und Bettina Wahrig-Schmidt, Berlin 1992, S. 239–254.

——: Dilthey und Helmholtz. Aspekte einer Wirkungsgeschichte, in: *Deutsche Zeitschrift für Philosophie* 43 (1995), S. 819–833.

——: Gegen Hans Alberts naturalistische Reduktion der Sinnproblematik, in: DJ 10 (1996), S. 264–276.

Lessnoff, Michael: Dilthey, in: *Routledge History of philosophy*, vol. VII: The Nineteenth Century, hrsg. von Chin Liew Ten, London/New York 1994, S. 206–241.

Lutz, Vital: Dichter, Pädagoge und Staatsmann im Vergleich – Von der Kreativität pädagogischen Handelns in geschichtlicher Situation. Diltheys „Grundlinien eines Systems der Pädagogik": dritter und vierter Abschnitt, in: *Pädagogische Rundschau* 44 (1990), S. 149–169.

Makkreel, Rudolf Adam: The Underlying Conception of Science in Dilthey's Introduction to the Human Sciences, in: *Japanese and Western Phenomenology*, hrsg. von Philip Blosser, Eiichi Shimomissé, Lester Embree und Hiroshi Kojima, Den Haag 1993, S. 423–439.

——: How is Empathy Related to Understanding?, in: *Issues in Husserl's Ideas II*,

hrsg. von Thomas Nenon und Lester Embree, Dordrecht 1996, S. 199–212.
——: Zweckmäßigkeit in der Geschichte. Ihr Status bei Kant, Hegel, Dilthey und Habermas, in: *Archiv für Begriffsgeschichte* 39 (1996), S. 255–267.
——: Kant, Dilthey, and the Idea of a Critique of Historical Judgment, in: DJ 10 (1996), S. 61–79.
——: Filosofische hermeneutiek en hermeneutische filosofie. Een herwaardering van de traditie van Kant en Dilthey in verband met Heidegger en Gadamer, in: *Tijdschrift voor filosofie* 59 (1997), S. 3–27.
——: Cassirer zwischen Kant und Dilthey, in: *Ernst Cassirers Werk und Wirkung. Kultur und Philosophie*, hrsg. von Dorothea Frede und Reinold Schmücker, Darmstadt 1997, S. 145–162.
——: Wilhelm Dilthey. From Value to Meaning, in: *The Columbia History of Western Philosophy*, New York 1998, S. 563–567.
Magnano San Lio, Giancarlo: *Dilthey e la storia della religione*, Catania 1998.
——: Georg Misch e la filosofia diltheyana, in: Asc IX (1996), S. 347–365.
——: Dilthey e la Geistestesbewegung tedesca tra illuminismo e romanticismo, in: Asc XI (1998) S. 223–241.
Malsch, Gabriele: »... gründlich und klar vorführend alle Resultate ...« Diltheys Phantastische Gesichtserscheinungen – ein ideengeschichtliches Experiment?, in: DJ 12 (1999/2000), S. 239–259.
Manno, Ambrogio Giacomo: *Lo storicismo di W. Dilthey*, Neapel 1990.
Marx, Werner: Ausdruck und Verstehen. Zu Wilhelm Diltheys nichtmetaphysischem Denken, in: *Das Subjekt der Dichtung. Festschrift für Gerhard Kaiser*, hrsg. von Gerhard Buhr, Friedrich A. Kittler und Horst Turk, Würzburg 1990, S. 43–52.
Mazzarella, Eugenio: Für eine Geschichte der Metaphysik zwischen dem 19. und 20. Jahrhundert: Das diltheysche Paradigma, in: DJ 9 (1994/95), S. 270–292.
Mesure, Sylvie: *Dilthey et la fondation des sciences historiques*, Paris 1990.
Misch, Georg: *Der Aufbau der Logik auf dem Boden der Philosophie des Lebens. Göttinger Vorlesungen über Logik und Einleitung in die Theorie des Wissens*, hrsg. von Gudrun Kühne-Bertram und Frithjof Rodi, Freiburg/München 1994.
Nenon, Thomas: Systematic Assumptions in Dilthey's Critique of Metaphysics, in: *International Studies in Philosophy* 22 (1990), S. 41–57.
——: Hermeneutical Truth and the Structure of Human Experience. Gadamer's Critique of Dilthey, in: DJ 8 (1992/93), S. 75–92.

Ormiston, Gayle L./Schrift, Alan D. (Hrsg.): *The Hermeneutic Tradition: From Ast to Ricœur*, Albany/NY 1990.

Ortega y Gasset, José: Vorwort zur Einleitung in die Geisteswissenschaften von Wilhelm Dilthey (1946), hrsg. von Gabriele Gebhardt, in: DJ 9 (1994/95), S. 117–126.

Orth, Ernst Wolfgang: Philosophische Anthropologie als Erste Philosophie. Ein Vergleich zwischen Ernst Cassirer und Helmuth Plessner, in: DJ 7 (1990/91), S. 250–276.

——: Wilhelm Dilthey und die Phänomenologie Edmund Husserls. Die Herausforderung der Philosophie durch den Relativismus im Umbruch der Geistesgeschichte vom 19. zum 20. Jahrhundert, in: *Reports on Philosophy* 15 (1995), S. 27–43.

——: Brentanos und Diltheys Konzeption einer beschreibenden Psychologie in ihrer Beziehung auf Lotze, in: *Brentano Studien* 6 (1995/96), S. 13–29.

——: Das Verhältnis von Ernst Cassirer und Wilhelm Dilthey mit Blick auf Georg Misch, in: DJ 12 (1999/2000) S. 120–131.

——: Die Wissenschaftskonzeption bei Dilthey und Cassirer, in: DaW, S. 199–209.

Owensby, Jacob: *Dilthey and the Narrative of History*, New York 1994.

Packowska-Łagowska, Eliżabieta: Ontologie oder Hemteneutik? Georg Mischs Vemittlungsversuch in der Auseinandersetzung zwischen Heidegger und Dilthey, in: *Zur philosophischen Aktualität Heideggers. Symposium der Alexander von Humboldt-Stiftung vom 24.–28. April 1989 in Bonn*, Bd. II: Im Gespräch der Zeit, hrsg. von Dietrich Papenfuß und Otto Pöggeler, Frankfurt/M. 1990, S. 189–197.

Pfeffer, Franziska: *Individualität. Ein kritischer Vergleich zwischen Wilhelm Dilthey und Paul Natorp*, Aachen 1997.

Plantinga, Theodore: *Historical Understanding in the Thought of Wilhelm Dilthey*, Toronto 1980; Lewiston/Queenston/Lampeter 1992.

Plé, Verhard: Anknüpfungen der Wissenssoziologie Mannheims an die Verstehensproblematik bei Dilthey: zur Rolle der »Weltanschauungen« als kulturelles und wissenschaftliches Problem, in: DJ 9 (1994/95), S. 293–317.

Plessner, Helmuth: Lebensphilosophie und Phänomenologie (ca. 1949), hrsg. von Guy van Kerckhoven, in: DJ 7 (1990/91), S. 289–311.

Pöggeler, Otto: *Schritte zu einer hermeneutischen Philosophie*, Freiburg/München 1994.

——: Die Metaphysik als Problem bei Georg Misch, in: DJ 12 (1999/2000) S. 132–144.

Ricœur, Paul: *Soi-même comme un autre*, Paris 1990.

Riedel, Manfred: *Hören auf die Sprache. Die akroamatische Dimension der Hermeneutik*, Frankfurt/M. 1990.

Rodi, Frithjof: *Erkenntnis des Erkannten. Zur Hermeneutik des 19. und 20. Jahrhunderts*, Frankfurt/M. 1990.

——: Hermeneutische Philosophie im Spätwerk von Otto Friedrich Bollnow, in: DJ 8 (1992/93), S. 235–251; wiederabgedruckt in: Ders.: *Das strukturierte Ganze. Studien zum Werk von Wilhelm Dilthey*, Weilerswist 2003, S. 248–262.

——: Dilthey und die Kant-Ausgabe der Preussischen Akademie der Wissenschaften. Einige editions- und lebensgeschichtliche Aspekte, in: DJ 10 (1996), S. 107–134; etwas gekürzt wiederabgedruckt in: Ders.: *Das strukturierte Ganze*, S. 153–172.

——: Imamnente Teleologie. Diltheys Säkularisierung der Metaphysik von Trendelenburg und Lotze, in: *Filosofia e storia della cultura. Studi in onore di Fulvio Tessitore*, vol. 2, hrsg. von Giuseppe Cacciatore, Maurizio Martirano und Edoardo Massimilla, Neapel 1997, S. 573–584; erweitert wiederabgedruckt in: Ders.: *Das strukturierte Ganze*, S. 66–82.

——: Über den Einfluß Trendelenburgs und Lotzes auf Diltheys Wissenschaftsdualismus, in: *Filosofia e storia della cultura. Studi in onore di Fulvio Tessitore*, Bd. 2, hrsg. von Giuseppe Cacciatore, Maurizio Martiano und Edoardo Masimilla, Neapel 1997, S. 573–584.

——: Wilhelm Dilthey. Der Strukturzusammenhang des Lebens, in: *Philosophie des 19. Jahrhunderts*, hrsg. von Margot Fleischer und Jochen Hennigfeld, Darmstadt 1998, S. 199–219; wiederabgedruckt in: Ders.: *Das strukturierte Ganze*, S. 17–35.

——: Gegen der methodische Verstümmelung der Wirklichkeit. Kritische Anmerkungen zum Programm der »naturalistischen« Hermeneutik, in: *Hermeneutik und Naturalismus*, hrsg. von Bernulf Kanitscheider und Franz Josef Wetz, Tübingen 1998, S. 47–62; wiederabgedruckt in: Ders.: *Das strukturierte Ganze*, S. 193–206.

——: Das Paradigma der Musik in Diltheys Verständnis des Lebens, in: *Philosophischer Gedanke und musikalischer Klang. Zum Wechselverhältnis von Musik und Philosophie*, hrsg. von Christoph Asmuth, Gunter Scholtz und Franz-Bern-

hard Stammkötter, Frankfurt/New York 1999, S. 127–139; später stark erweitert wiederabgedruckt u. d. T.: »Der Zweck ist eben das strukturierte Ganze selbst.« Die Rolle der Musik in Diltheys Leben und Schriften, in: Ders.: *Das strukturierte Ganze*, S. 133–150.

——: Ein Schleiermacher-Exzerpt in Diltheys Fragmenten zum Aufbau. Nachtrag zu einer Vermutung Gadamers, in: DJ 12 (1999/2000) S. 271–274.

Rossi, Pietro: Weber, Dilthey und Husserls Logische Untersuchungen, in: *Max Webers Wissenschaftslehre. Interpretation und Kritik*, hrsg. von Gerhard Wagner und Heinz Zipprian, Frankfurt/M. 1994, S. 199–223.

Rütsche, Johannes: *Das Leben aus der Schrift verstehen. Wilhelm Diltheys Hermeneutik,* Bern, u. a. 1999.

Sandkühler, Hans-Jörg: *Die Wirklichkeit des Wissens. Geschichtliche Einführung in die Epistemologie und Theorie der Erkenntnis*, Frankfurt/M. 1991.

Scharff, Robert C.: Heidegger's "Appropriation" of Dilthey before *Being and Time*, in: JHPh 35 (1997), S. 105–128.

Scholtz, Gunter: Was ist und seit wann gibt es »hermeneutische Philosophie«?, in: DJ 8 (1992/93), S. 93–122.

Seeba, Hinrich C.: Zum Geist- und Struktur-Begriff in der Literaturwissenschaft der zwanziger Jahre. Ein Beitrag zur Dilthey-Rezeption, in: *Literaturwissenschaft und Geistesgeschichte 1910–1925*, hrsg. von Christoph König und Eberhard Lämmert, Frankfurt/M. 1993, S. 240–254.

Špet, Gustav: *Die Hermeneutik und ihre Probleme* (Moskau 1918), hrsg. von Alexander Haardt und Roland Daube-Schackat, aus dem Rus., übers. von Erika Freiberger und Alexander Haardt, Freiburg/München 1993.

Stanford, Michael: *An Introduction to the Philosophy of History*, Cambridge 1998.

Steenblock, Volker: *Transformationen des Historismus*, München 1991.

——: Wilhelm Dilthey: Über den Widerstreit der Systeme, in: *Zeitschrift für Didaktik der Philosophie und Ethik* 18 (1996), S. 287–291.

Stegmaier, Werner: *Philosophie der Fluktuanz. Dilthey und Nietzsche*, Göttingen 1992.

Strube, Claudius: *Wilhelm Dilthey*, Stuttgart 1996.

——: Wesen und Bedeutung als Kategorien des Lebens, in: *Kategorien der Existenz. Festschrift für Wolfgang Janke*, hrsg. von Klaus Held und Joachem Hennigfeld, Würzburg 1993, S. 261–276.

——: Vergleichende Bemerkungen über die Auseinandersetzung zwischen Misch und Heidegger, in: DJ 11 (1997/98), S. 160–172.

Thielen, Joachim: *Wilhelm Dilthey und die Entwicklung des geschichtlichen Denkens in Deutschland im ausgehenden 19. Jahrhundert*, Würzburg 1999.

Thöny-Schwyn, Giosua: *Philosophie und Pädagogik bei Wilhelm Dilthey und Herman Nohl. Eine geisteswissenschaftliche Studie als historisch-systematische, komparative Problem-, Wirkungs- und Entwicklungsgeschichte*, Bern/Stuttgart 1992.

Tuttle, Howard Nelson: *The Dawn of Historical Reason. The Historicality of Human Existence in the Thought of Dilthey, Heidegger, and Ortega y Gasset*, Bern/Frankfurt/New York 1994.

Visser, Gerard: Dilthey und Nietzsche. Unterschiedliche Lesarten des Satzes der Phänomenalität, in: DJ 10 (1996), S. 224–245.

Wilson, Barrie A.: *Hermeneutical Studies: Dilthey, Sophocles and Plato*, Lewiston/NY 1990.

Wittkau, Annette: *Historismus. Zur Geschichte des Begriffs und des Problems*, Göttingen [1]1992, [2]1994.

## 2000–09

Albert, Karl/Jain, Elenor: *Philosophie als Form des Lebens. Zur ontologischen Erneuerung der Lebensphilosophie*, Freiburg/München 2000.

Amaral, Maria Nazaré de Camargo Pacheco: Hermeneutik des Lebens und pädagogische Allgemeingültigkeit, in: DhW, S. 233–256.

Angehrn, Emil: *Wege des Verstehens. Hermeneutik und Geschichtsdenken*, Würzburg 2008.

Apel, Karl-Otto: Dilthey's Distinction Between „Explanation“ and „Understanding“ and the Possibility of Its „Mediation“, in: JHPh 25 (2008), S. 131–149.

Bube, Tobias: *Zwischen Kultur- und Sozialphilosophie. Wirkungsgeschichtliche Studien zu Wilhelm Dilthey*, Würzburg 2007.

Crowe, Benjamin D.: Dilthey's Philosophy of Religion in the “Critique of Historical Reason”, in: JHI 66 (2005), S. 265–283.

D'Alberto, Francesca: *Biografia e filosofia. La scrittura della vita in Wilhelm Dilthey*, Mailand 2005; dt. Übers.: *Biographie und Philosophie. Die Lebensbeschreibung bei Wilhelm Dilthey*, Göttingen 2015.

de Mul, Jos: Das-Schauspiel-des-Lebens-Wilhelm Dilthey and historical biography, in: *Revue internationale de philosophie* 57 (2003), S. 407–424.

——: Von der narrativen zur hypermedialen Identität. Dilthey und Ricœur, gelesen im hypermedialen Zeitalter, in: DhW, S. 313–332.

Donadio, Francesco: *L'albero della filosofia e la radice della mistica. Lutero, Schelling,*

*Yorck von Wartenburg*, Neapel 2002.

Dierse, Ulrich: Verstehen der Geschichte und Vernehmen der Sprache. Von Dilthey und Yorck zur Heidegger, in: DhW, S. 137–152.

Fath, Thorsten: *Der frühe Horkheimer und Dilthey. Eine Untersuchung zur Konstitutionsphase der Kritischen Theorie*, Frankfurt/New York 2006.

Freeman, Derek: *Dilthey's Dream. Essays on Human Nature and Culture*, Canberra 2001.

Gander, Hans-Helmuth: *Selbstverständnis und Lebenswelt*, Frankfurt/M. 2006.

Gens, Jean-Claude: *La pensée herméneutique de Dilthey. Entre Néokantisme et Phénoménologie*, Villeneuve d'Ascq 2002.

——: Die Ansätze der verstehenden Biologie des 20. Jahrhunderts in Diltheys Hermeneutik des Lebens, in: DhW, S. 297–312.

George, Marion: *Die Geburt der Hermeneutik aus dem Geist der Politik. Diltheys Begründung der Philosophie als pragmatische Ordnungsmacht der Moderne*, Frankfurt/M. 2002.

Giammusso, Salvatore: Die Tragweite von Diltheys Strukturbegriff für Anthropologie und Psychologie, in: DhW, S. 273–282.

Gilgen, Peter: The Neo-Kantian Aesthetics of Hermann Cohen, Jonas Cohn, and Wilhelm Dilthey: A Response to Paul Guyer, in: *Philosophical Forum* 39 (2008), S. 177–190.

Giugliano, Antonello: Dilthey und die Phänomenologie der Zeit, in: DhW, S. 221–232.

Grondin, Jean: La solution de Dilthey au problème du relativisme historique, in: *Revue internationale de philosophie* 57 (2003), S. 467–476.

——: Heideggers und Gadamers Konzeption der hermeneutischen Wende der Philosophie. Ein Vergleich mit Blick auf Dilthey, in: DhW, S. 109–118.

Grosse, Jürgen: Die letzte Stunde: Über eine Lebens- und Weltgeschichtsmetapher bei Jacob Burckhardt und Wilhelm Dilthey, in: DV 74 (2000), S. 654–684.

Guyer, Paul: What Happened to Kant in Neo-Kantian Aesthetics? Cohen, Cohn, and Dilthey, in: *Philosophical Forum* 39 (2008), S. 143–176.

Harrington, Austin: In Defence of Verstehen and Erklären: Wilheim Dilthey's Ideas Concerning a Descriptive and Analytical Psychology, in: *Theory & Psychology* 10 (2000), S. 435–451.

——: Objectivism in hermeneutics? Gadamer, Habermas, Dilthey, in: *Philosophy of the Social Sciences* 30 (2000), S. 491–507.

——: Dilthey, Empathy and Verstehen. A Contemporary Reappraisal, in: *European Journal of Social Theory* 4 (2001), S. 311–329.

Hartung, Gerald/Köhnke, Klaus Christian (Hrsg.): *Friedrich Adolf Trendelenburgs Wirkung*, Eutin 2006.

Heidegger, Martin: *Der Begriff der Zeit*, in: Ders.: GA 64, hrsg. von Friedrich-Wilhelm von Herrmann, Frankfurt/M. 2004.

Hufnagel, Erwin: *Einführung in die Hermeneutik*, Stuttgart/Berlin/Köln/Mainz 1976; St. Augustin 2000.

Huxel, Kirsten: *Ontologie des seelischen Lebens. Ein Beitrag zur theologischen Anthropologie im Anschluß an Hume, Kant, Schleiermacher und Dilthey*, Tübingen 2004.

Ineichen, Hans: Die "Entstehung der Hermeneutik" in Connection with the Later Works of Wilhelm Dilthey, in: *Revue internationale de philosophie* 57 (2003), S. 455–466.

——: Verstehen und Gesetzeserkenntnis. Bemerkungen zu Diltheys Werk im Anschluss an Clifford Geertz, in: DhW, S. 153–168.

Jannott, Christine: *Zur Begründung einer verstehenden Kunsttherapie im Sinne der hermeneutischen Wissenschaft von W. Dilthey und seiner Schule*, Göttingen 2002.

Johach, Helmut: Zur Verstehbarkeit des Unverstandenen. Diltheys Hölderlin-Aufsätze im Lichte neuerer Untersuchungen, in: DhW, S. 349–372.

Jung, Matthias: *Hermeneutik zur Einführung*, Hamburg 2001.

——: *Der bewusste Ausdruck. Anthropologie der Artikulation*, Berlin 2009.

——: Das Leben artikuliert sich. Diltheys performative Begriff der Bedeutung Artikulation als Fokus hermeneutischen Denkens, in: *Revue internationale de philosophie* 57 (2003), S. 439–454.

——: Wilhelm Diltheys handlungstheoretische Begründung der hermeneutischen Wende, in: DhW, S. 257–272.

Kerckhoven, Guy van: *L'attachement au réel. Rencontres phénoménologiques avec W. Dilthey et le cercle de Göttingen, G. Misch, H. Lipp*, Amiens 2007.

——/Lessing, Hans-Ulrich/Ossenkop, Axel (Hrsg.): *Wilhelm Dilthey: Leben und Werk in Bildern*, Freiburg/München 2008.

——: Wilhelm Diltheys Lebensbegriff und seine phänomenologische Bedeutung, in: *Leben als Phänomen*, hrsg. von Hans Rainer Sepp und Ichiro Yamaguchi, Würzburg 2006, S. 31–45.

Kim, Jae-Chul: *Leben und Dasein. Die Bedeutung Wilhelm Diltheys für den Denkweg Martin Heideggers*, Würzburg 2002.

Kreiter, Erik: Friedlich Adolf Trendelenburg und die Weltanschauungstypologie

Diltheys, in: *Friedrich Adolf Trendelenburgs Wirkung*, hrsg. von Gerald Hartung und Klaus Christian Köhnke, Eutin 2006, S. 143–168.

Krüger, Annika: *Verstehen als Geschehen. Wissenschaftliche Zuständigkeitsbegrenzung und hermeneutische Erkenntnisweise. Wilhelm Diltheys und Hans-Georg Gadamers Versuch einer geisteswissenschaftlichen Emanzipation*, Hannover 2006.

Kühne-Bertram, Gudrun / Lessing, Hans-Ulrich / Steenblock, Volker (Hrsg.): *Kultur verstehen. Zur Geschichte und Theorie der Geisteswissenschaften*, Würzburg 2002.

——/——/—— (Hrsg.): *Mensch und Kultur. Klassische Texte der Kulturphilosophie*, Hannover 2008.

——/Scholtz, Gunter (Hrsg.): *Grenzen des Verstehens. Philosophische und humanwissenschaftliche Perspektiven*, Göttingen 2002.

——/Rodi, Frithjof (Hrsg.): *Dilthey und die hermeneutische Wende in der Philosophie. Wirkungsgeschichtliche Aspekte seines Werkes*, Göttingen 2008.

——: Der Ausdruck als Grenze des Verstehens in Georg Mischs Theorie des Wissens, in: *Grenzen des Verstehens. Philosophische und humanwissenschaftliche Perspektiven*, hrsg. von Gunter Scholtz und Gudrun Kühne-Bertram, Göttingen 2002, S. 129–145.

——: Einflüsse Trendelenburgs auf Wilhelm Diltheys Philosophie und Logik des Lebens, in: *Friedrich Adolf Trendelenburgs Wirkung*, hrsg. von Gerald Hartung und Klaus Christian Köhnke, Eutin, 2006, S. 169–189; wiederabgedruckt in: Dies.: *Konzeptionen einer lebenshermeneutischen Theorie des Wissens: Interpretationen zu Wilhelm Dilthey, Georg Misch und Graf Paul Yorck von Wartenburg*, Würzburg 2015, S. 99–118.

——/Rodi, Frithjof: Zur Einführung, in: DhW, S. 9–16.

——: Die Bedeutung der Philosophie Wilhelm Diltheys und der Dilthey-Forschung für eine Theorie der Kultur, in: *Mensch und Kultur. Klassische Texte der Kulturphilosophie*, hrsg. von Gudrun Kühne-Bertram, Hans-Ulrich Lessing und Volker Steenblock, Hannover 2008, S. 9–23.

Leinkauf, Thomas (Hrsg.): *Dilthey und Cassirer. Die Deutung der Neuzeit als Muster von Geistes- und Kulturgeschichte*, Hamburg 2003.

Lessing, Hans-Ulrich: *Wilhelm Diltheys »Einleitung in die Geisteswissenschaften«*, Darmstadt 2001.

——: Der Typus zwischen Ordnung- und Aufschließerungsfunktion. Anmerkungen zum heuristischen Status des Typus-Begriffs bei Wilhelm Dilthey und Max Weber, in: *Urteilskraft und Heuristik in den Wissenschaften. Beiträge*

*zur Entstehung des Neuen*, hrsg. von Frithjof Rodi, Weilerswist 2003, S. 139–158.
——: Historische Aufklärung und Geschichte. Zur Rezeption von Diltheys Begriffswelt in Gadamers philosophischer Hermeneutik, in: *Archiv für Begriffsgeschichte* 45 (2003), S. 21–43.
——: Das Wahrheitsproblem im Historismus: Droysen und Dilthey, in: *Die Geschichte des philosophischen Begriffs der Wahrheit*, hrsg. von Markus Enders und Jan Szaif, Berlin/New York 2006, S. 275–286.
——: Der Zusammenhang von Leben, Ausdruck und Verstehen. Diltheys späte hermeneutische Grundlegung der Geisteswissenschaften, in: DhW, S. 39–56.
Lüthe, Rudolf: Von der Gesetzeswissenschaft zur Verstehenslehre. Zur Rolle der »historischen Methode« in der philosophischen Grundlegung der Geisteswissenschaften bei David Hume und Wilhelm Dilthey, in: DhW, S. 169–186.
Makkreel, Rudolf Adam: The Cognition-Knowledge Distinction in Kant and Dilthey and the Implications for Psychology and Self-Understanding, in: *Studies in History and Philosophy of Science* 34 (2003), S. 149–164.
——: The Productive Force of History and Dilthey's Formation of the Historical World, in: *Revue internationale de philosophie* 57 (2003), S. 495–508.
——: Wilhelm Dilthey and the Neo-Kantians: On the Conceptual Distinctions between Geisteswissenschaften and Kulturwissenschaften, in: *Neo-Kantianism in Contemporary Philosophy*, hrsg. von Rudolf A. Makkreel und Sebastian Luft, Bloomington 2009, S. 253–271.
Magnano San Lio, Giancarlo: *Filosofia e storiografia. Fondamenti teorici e ricostuzione storica in Dilthey*, Soveria Mannelli 2000.
——: *Forme del sapere e struttura della vita. Per una storia del concetto di Weltanschauung. Tra Kant e Dilthey*, Soveria Mannelli 2005.
——: *Forme del sapere e struttura della vita. Per una storia del concetto di Weltanschauung. Dopo Dilthey*, Soveria Mannelli 2007.
——: Filosofia e politica in Federico II di Prussia: l'interpretazione di Dilthey, in: *Dissensi. Rivista italiana di Scienze Sociali* 3 (2003), S. 132–152.
——: Politica e cultura: Dilthey e i *Preußischen Jahrbücher*, in: *Atti dell'Accademia di Scienze Morali e Politiche* CXV (2005), S. 359–372.
——: Filosofia e scienze tra essenza e funzione: su Dilthey e Cassirer, in: *La filosofia generosa. Studi in onore di Anna Escher Di Stefano*, hrsg. von Francesco

Coniglione und Rosaria Longo, Acireale/Roma 2006, S. 431–448.
——: Letteratura, filosofia e vita in Thomas Carlyle: l'interpretazione di Dilthey, in: Asc XIX (2006), S. 463–475.
——: Verità, storicità e trascendenza in Wilhelm Dilthey, in: Verità e Trascendenza. Problemi classici e prospettive contemporanee, hrsg. von Pietro Palumbo, Roma 2007, S. 25–41.
——: Struttura antropologica e dinamica delle relazioni etiche in Wilhelm Dilthey, in: *Le forme e la storia* I (2008), S. 583–594.
——: Biografia e storiografia: l'edizione italiana del *Leben Schleiermachers* di Wilhelm Dilthey, in: Asc XXII (2009), S. 173–181.
——: Weltanschauung und Universalgeschichte. Über Dilthey und Spengler, in: *Spengler – Ein Denker der Zeitenwende*, hrsg. von Manfred Gangl, Gilbert Merlio und Markus Ophälders, Frankfurt/M. 2009, S. 193–210.
Malsch, Gabriele: Das Erlebnis und die Lyrik. Anmerkungen zur Edition der »literarhistorischen Aufsätze« und zur Lyrik-Konzeption Diltheys, in: DhW, S. 373–388.
Mannheim, Karl: *Strukturen des Denkens*, hrsg. von David Kettler, Volker Meja und Nico Stehr, Frankfurt/M. 2003.
Marini, Alfredo: *Alle origini della filosofia contemporanea. Wilhelm Dilthey: Antinomie dell'esperienza, fondazione temporale del mondo umano, epistemologia della connessione*, Mailand [1]2008, [2]2022.
Marinotti, Amedeo: *Comprendere la vita. La realtà spirituale e l'ermeneutica in Dilthey*, Mailand 2003.
Matteucci, Giovanni: *Dilthey. Das Ästhetische als Relation*, Würzburg 2004.
Mezzanzanica, Massimo: *Dilthey. Filosofo dell'esperienza. Critica della ragione storica: vita, struttura e significatività*, Mailand 2006.
——: Dilthey und Cassirer. Gestaltungen des objektiven Geistes und symbolische Formen im Spannungsfeld von hermeneutischer Philosophie und philosophischer Anthropologie, in: DhW, S. 283–296.
Morat, Daniel: Verstehen als Gefühlsmethode. Zu Wilhelm Diltheys hermeneutischer Grundlegung der Geisteswissenschaften, in: *Rationalisierungen des Gefühls. Zum Verhältnis von Wissenschaft und Emotionen 1880–1930*, München 2008, S. 101–118.
Müller-Seidel, Walter: Diltheys Rehabilitierung Hölderlins. Eine wissenschaftsgeschichtliche Betrachtung, in: *Die Literatur und die Wissenschaften 1770–1930*, hrsg. von Karl Richter, Jörg Schönert und Michael Titzmann, Stuttgart/

Weimar 2002, S. 139–189.
Nelson, Eric Sean: Begründbarkeit und Unergründlichkeit bei Wilhelm Dilthey, in: *Existentia* 12 (2002), S. 1–10.
——: Interpreting Practice: Dilthey, Epistemology, and the Hermeneutics of Historical Life, in: *Idealistic Studies* 38 (2008), S. 105–122.
Neschke-Hentschke, Ada Babette/Sepp, Hans-Rainer (Hrsg.): *Philosophische Anthropologie. Themen und Aufgaben*, Bd. 1: Philosophische Anthropologie. Ursprünge und Aufgaben, Nordhausen 2008.
Nicholls, Angus: The Subject-Object of *Wissenschaft*: On Wilhelm Dilthey's *Goethebilder*, in: *Colloquia Germanica* 39 (2006), S. 69–86.
Ortega y Gasset, José: Wilhelm Dilthey und die Idee des Lebens, in: Ders.: *Der Mensch ist ein Fremder. Schriften zur Metaphysik und Lebensphilosophie*, hrsg. und übers. von Stascha Rohmer, Freiburg/München 2008, S. 275–331.
Orth, Ernst Wolfgang/Köhnke, Klaus Christian/Allesch, Christian Gerd/Hoeschen, Andreas/Schneider, Lothar (Hrsg.): *Herbarts Kultursystem. Perspektiven der Transdisziplinarität im 19. Jahrhundert*, Würzburg 2001.
O'Sullivan, Luke: Categories of Historical Thought, in: *Philosophia* 36 (2008), S. 429–452.
Plotnikov, Nikolaj: Anthropologie versus Geschichte. Gustav Špets Konzeption einer hermeneutischen Wissenschaftstheorie im Kontext seiner Dilthey-Rezeption, in: DhW, S. 187–204.
Reid, James: Dilthey's Epistemology of the Geisteswissenschaften: Between Lebensphilosophie and Wissenschaftstheorie, in: JHPh 39 (2001), S. 407–436.
Ricœur, Paul: *La mémoire, l'histoire, l'oubli*, Paris 2000.
Rodi, Frithjof: *Das strukturierte Ganze. Studien zum Werk von Wilhelm Dilthey*, Weilerswist 2003.
——: *Urteilskraft und Heuristik in den Wissenschaften. Beiträge zur Entstehung des Neuen*, Weilerswist 2003.
——: Der »schaffende« Ausdruck. Bemerkungen zu einer Kategorie des späten Dilthey, in: *Paradigmi. Rivista di critica filosofia* 56 (2001), S. 235–247 (ital. Übers.); wiederabgedruckt in: Ders.: *Das strukturierte Ganze*, S. 121–132.
——: Die Intensität des Lebens. Zur Stellung des Grafen Yorck zwischen Dilthey und Heidegger, in: *Kultur – Kunst – Öffentlichkeit. Philosophische Perspektiven auf praktischen Probleme*, hrsg. von Annemarie Gethmann-Siefert und Elisabeth Weisser-Lohmann, München 2001, S.181–192 (u. d. T.: Probleme

mit der »Zugehörigkeit« – Zum Geschichtsbegriff des Grafen Yorck); wiederabgedruckt in: Ders.: *Das strukturierte Ganze*, S. 225–247.

——: Die Verwurzelung der Geisteswissenschaften im Leben. Zum Verhältnis von »Psychologie« und »Hermeneutik« im Spätwerk Diltheys, in: *Kultur verstehen. Zur Geschichte und Theorie der Geisteswissenschaften*, hrsg. von Gudrun Kühne-Bertram, Hans-Ulrich Lessing und Volker Steenblock, Würzburg 2002, S. 73–84; wiederabgedruckt in: Ders.: *Diltheys Philosophie des Lebenszusammenhangs*, S. 104–120.

——: Drei Bemerkungen zu Diltheys Aufsatz „Die Entstehung der Hermeneutik" von 1900, in: *Revue internationale de philosophie* 57 (2003), S. 425–438; wiederabgedruckt in: Ders.: *Diltheys Philosophie des Lebenszusammenhangs: Strukturtheorie – Hermeneutik – Anthropologie*, Freiburg/München 2016, S. 20–32.

Römelt, Johannes: *Die Kant-Kritik Wilhelm Diltheys und das Problem der Legitimierung von Erfahrungserkenntnis*, Kevelaer 2000.

Schatzki, Theodore R.: Living Out of the Past: Dilthey and Heidegger on Life and History, in: *Inquiry. An Interdisciplinary Journal of Philosophy* 46 (2003), S. 301–323.

Schiffauer, Werner: Grenzen des ethnologischen Verstehens, in: *Grenzen des Verstehens. Philosophische und humanwissenschaftliche Perspektiven*, hrsg. von Gunter Scholtz und Gudrun Kühne-Bertram, Göttingen 2002, S. 231–246.

Schmitz, Heiko: *Von der „Kritik der historischen Vernunft" zur „Kritik der Kultur". Über die Nähe der Projekte von Wilhelm Dilthey und Ernst Cassirer*, Würzburg 2006.

Scholtz, Gunter: Diltheys Philosophiebegriff, in: DhW, S. 17–38.

Stegmaier, Werner: Diltheys Beitrag zu einer Philosophie der Orientierung, in: DhW, S. 205–220.

Šuber, Daniel: *Die Begründung der deutschen Soziologie zwischen Neukantianismus und Lebensphilosophie,* Hamburg 2003.

——: *Die soziologische Kritik der philosophischen Vernunft. Zum Verhältnis von Soziologie und Philosophie um 1900*, Bielefeld 2007.

Teo, Thomas: Karl Marx and Wilhelm Dilthey on the Socio-historical Conceptualization of the Mind, in: *The Transformation of Psychology: Influences of 19th-Century Philosophy, Technology, and Natural Science*, hrsg. von Christopher D. Green, Marlene Shore und Thomas Teo, Washington, D. C. 2001, S. 195–218.

Thouard, Denis: Wie Flacius zum ersten Hermeneutiker der Monderne wurde: Dilthey, Twesten, Schleiermacher und die Historiographie der Hermeneutik, in: *Geschichte der Hermeneutik und die Methodik der textinterpretierenden Disziplinen*, hrsg. von Jörg Schönert und Friedrich Vollhardt, Berlin/New York 2005, S. 265–279.

Tool, Andrus: Wilhelm Dilthey on the Objectivity of Knowledge in Human Sciences, in: *Trames. Journal of the Humanities and Social Sciences* 11 (2007), S. 3–14.

Tuttle, Howard Nelson: *Human Life Is Radical Reality. An Idea Developed from the Conceptions of Dilthey, Heidegger, and Ortega y Gasset*, New York 2004.

Uhle, Reinhard: *Wilhelm Dilthey. Ein pädagogisches Porträt*, Weinheim/Basel 2003.

Zhang, Shiying: The Double Meanings of "Essence": The Natural and Humane Sciences – A Tentative Linkage of Hegel, Dilthey, and Husserl, in: *Frontiers of Philosophy in China* 4 (2009), S. 143–155.

## 2010–19

Acham, Karl: Denkformen und Lebensformen. Überlegungen zu Diltheys Weltanschauungslehre, in: AG, S. 93–114.

——: Diltheys Bedeutung für die Soziologie, in: DWW, S. 149–174.

Amaral, Maria Nazaré de Camargo Pacheco: Philosophie im Dienste der Pädagogik? Geschichte und Anthropologie des Geistes, in: AG, S. 175–198.

Barash, Jeffrey Andrew: Mémoire et théorie de l'histoire chez Dilthey, in: Sgu 14 (2014), S. 15–20.

Batz, Michael: *Der Rhythmus des Lebens. Zur Rolle der Musik im Werk Wilhelm Diltheys*, Würzburg 2011

Beiser, Frederick C.: Dilthey's Defense of Historicism, in: ID, S. 103–119.

Berner, Christian/Jolly, Edouard/Romele, Alberto (Hrgs.): Sgu 14 (2014): Wilhelm Dilthey. Un pensiero della struttura.

——: «Wir verstehen nur Zusammenhang». A propos de la théorie des conception du monde de Dilthey, in: Sgu 14 (2014), S. 35–45.

Bianco, Franco: *Il giovane Dilthey. La genesi della critica storica della ragione*, hrsg. von Adele Bianco, Macerata 2016.

Braver, Lee: Dilthey and Wittgenstein. Understanding Understanding, in: ID, S. 235–251.

Cantillo, Giuseppe: »Die Gemeinsamkeit menschlichen Wesens«. Das geistige Leben bei Wilhelm Dilthey zwischen Psychologie und Geschichte, in: AG,

S. 73–92.
Carr, David: Erlebnis and History, in: AG, S. 215–224.
Crowe, Benjamin: Hermeneutic Rationality and Religion, in: RCD, S. 157–176.
——: Dilthey's Ethical Theory, in: ID, S. 159–177.
D'Alberto, Francesca: *Ermeneutica e Sistema: Dilthey lettore dell'etica di Schleiermacher*, Padua 2011.
——: Diltheys zweites Hauptwerk: »Leben Schleiermachers«, in: DWW, S. 23–38.
——: Ebbinghaus versus Dilthey. Il dialogo mancato tra scienze della natura e scienze dello spirito, in: Sgu 14 (2014), S. 135–146.
Damböck, Christian: *»Deutscher Empirismus«. Studien zur Philosophie im deutschsprachigen Raum 1830–1930*, Wien 2017.
——/Lessing, Hans-Ulrich (Hrsg.): *Dilthey als Wissenschaftsphilosoph*, München 2016.
——: Rudolf Carnap and Wilhelm Dilthey. „German" Empiricism in the Aufbau, in: *Vienna Circle Institute Yearbook* 16: Rudolf Carnap and the Legacy of Logical Empiricism, hrsg. von Richard Creath, Dordrecht 2012, S. 67–88.
——: Wilhelm Diltheys Empirische Philosophie und der Rezente Methodenstreit in der Analytischen Philosophie, in: *Grazer Philosophische Studien* 85 (2012) S. 151–185.
——: Epistemische Ideale bei Dilthey und Cohen, in: DaW, S. 86–118.
D'Anna, Giuseppe/Johach, Helmut/Nelson, Eric Sean (Hrsg.): *Anthropologie und Geschichte. Studien zu Wilhelm Dilthey aus Anlass seines 100. Todestages*, Würzburg 2013.
de Mul, Jos: Understanding Nature. Dilthey, Plessner and Biohermeneutics, in: AG, S. 459–478.
——: Comprendere la natura. Dilthey, Plessner e la bioermeneutica, in: Sgu 14 (2014), S. 117–134.
——: The Syntax, Pragmatics and Semantics of Life. Dilthey's Hermeneutics of Life in the Light of Contemporary Biosemiotics, in: DaW, S. 156–175.
——: Leben erfaßt hier Leben. Dilthey as a Philosopher of (the) Life (Sciences), in: ID, S. 41–60.
de Warren, Nicolas: Dilthey's Dream and the Struggle of Worldviews, in: ID, S. 178–199.
Dierse, Ulrich: Diltheys Begriff der Kultur und seine Implikationen, in: AG, S. 429–442.

——: »Empirie und nicht Empirismus«. Diltheys Verhältnis zu Auguste Comte und zum Positivismus seiner Zeit, in: DWW, S. 53–64.

Donadio, Francesco: *L'onda lunga della storicità. Studi sulla religione in Paul Yorck von Wartenburg*, Neapel 2008; dt. Übers.: *Religion und Geschichte bei Paul Yorck von Wartenburg*, hrsg. von Gudrun Kühne-Bertram und Gunter Scholtz, übersetzt aus dem Italienischen von Haimo Peckmann, Würzburg 2013.

——: Religione e religiosità in Wilhelm Dilthey, in: AG, S. 291–316.

Fagniez, Guillaume: *Comprendre l'historicité: Heidegger et Dilthey*, Paris 2019.

——: Hermeneutik im Übergang von Dilthey zu Heidegger, in: *Studia Phaenomenologica* XIII (2013), S. 429–447.

Feest, Uljana (Hrsg.): *Historical Perspectives on Erklären and Verstehen*, Dordrecht/London/Heidel-berg/New York 2010.

Forster, Michael N.: Dilthey's Importance for Hermeneutics, in: ID, S. 61–81.

Gabriel, Gottfried: Dilthey, Carnap, Metaphysikkritik und das Problem der Realität der Außenwelt, in: DaW, S. 119–142.

Gallagher, Shaun: Dilthey and Empathy, in: ID, S. 145–158.

Galliker, Mark: Das geisteswissenschaftliche Forschungsprogramm der Psychologie. Diltheys »Ideen über eine beschreibende und zergliedernde Psychologie« sowie die Antwort von Ebbinghaus, in: DWW, S. 193–208.

Gardner, Philip: *Hermeneutics, History and Memory*, London/New York 2010.

Gens, Jean-Claude: Die vorgeschichtliche Verwandtschaft zwischen den Menschen als Boden der interkulturellen Verständigung bei Dilthey und Merleau-Ponty, in: AG, S. 115–126.

——: Die Aktualität von Diltheys Naturphilosophie, in: DWW, S. 231–242.

——: L'origine et l'avenir biologique du concept diltheyen de Struktuzusammenhang. Entre Karl Ernst von Baer et Jakob von Uexüll, in: Sgu 14 (2014), S. 101–116.

Giammusso, Salvatore: *Hermeneutik und Anthropologie*, Berlin/New York 2012.

González-Navarro, Agustín: *Arte y conocimiento. La estética de Wilhelm Dilthey*, Pamplona 2013.

Grondin, Jean: Homo Hermeneuticus. Zum Menschenbild Gadamers, in: AG, S. 405–416.

——: Dilthey's Hermeneutics and Philosophical Hermeneutics, in: ID, S. 252–265.

Guyer, Paul: Experience and Metaphysics. The Anti-Hegelian Aesthetics of Dilthey and Santayana, in: ID, S. 217–234.

Hamid, Nabeel: Dilthey on the Unity of Science, in: *British Journal for the History of Philosophy* 24 (2016), S. 1–22.

Hilt, Annette: An Ethos of Human Inscrutability and Eccentricity: From Dilthey's Critique of Historical Reason to Plessner's Philosophical Anthropology, in: RCD, 2011, S. 35–58.

Hufnagel, Erwin: *Der Logos des Konkreten. Philosophisch-pädagogische Annäherungen an Wilhelm Dilthey und Max Scheler*, Tl. I: Vom cartesischen Rationalismus zur hermeneutischen Philosophie Wilhelm Diltheys, Remscheid 2010.

Johach, Helmut: Dilthey, Simmel und die Probleme der Geschichtsphilosophie, in: AG, S. 225–242.

——: Diltheys Theorie der Geisteswissenschaften – Programmatik und Bedeutung für die Gegenwart, in: DWW, S. 113–130.

——: Tatsachen, Normen und Werte in Diltheys Theorie der Geistes- und Sozialwissenschaften, in: DaW, S. 11–40.

Kowalewicz, Michel Henri: Diltheys Kritik der Weltanschauungen, in: DWW, S. 243–257.

Kühne-Bertram, Gudrun: *Konzeptionen einer lebenshermeneutischen Theorie des Wissens. Interpretationen zu Wilhelm Dilthey, Georg Misch und Graf Paul Yorck von Wartenburg*, Würzburg 2015.

——/Lessing, Hans-Ulrich (Hrsg.): *Phantasie und Intuition in Philosophie und Wissenschaften. Historische und systematische Perspektiven*, Würzburg 2011.

——: Paul Yorck von Wartenburgs Philosophie der „Lebendigkeit“ und der „Geschichtlichkeit“, in: Asc XXIV (2011), S. 93–107; durchges. und aktual. u. d. T.: Paul Yorck von Wartenburgs Philosophie der „Lebendigkeit“, in: *Leben verstehen*, hrsg. von Tengiz Iremadze, Udo Reinhold Jeck und Helmut Schneider, Berlin 2014, S. 31–44.

——: Wilhelm Diltheys anthropologisch fundierte Theorie des Wissens, in: AG, S. 161–174.

——: Zum Verhältnis von Naturwissenschaften und Geisteswissenschaften in der Philosophie Wilhelm Diltheys, in: DaW, S. 225–248.

——: Wilhelm Diltheys Begriff der Philosophie, in: *Das interpretative Universum. Dimitri Ginev zum 60. Geburtstag* gewidmet, hrsg. von Paula Angelova, Jassen Andreev und Emil Lensky, Würzburg 2017, S. 47–65.

——: Wissenschaften und Philosophie bei Wilhelm Dilthey und Moritz Schlick, in: *Vom Wissen um den Menschen. Philosophie, Geschichte, Materialität*, hrsg. von Julia Gruevska und Kevin Liggieri, Freiburg/München 2018, S. 212–239.

——: Der Verstehensbegriff Wilhelm Diltheys, in: *Das Wunder des Verstehens. Ein interdisziplinärer Blick auf ein „außer-ordentliches" Phänomen*, hrsg. von Hans-Ulrich Lessing und Kevin Liggieri, Freiburg/München 2018, S. 41–62.

——: Wilhelm Dilthey – Philosophie der Kultur? in: *Kultur und Bildung. Die Geisteswissenschaften und der Zeitgeist des Naturalismus*, hrsg. von Ralf Glitza und Kevin Liggieri, Freiburg/München 2019, S. 25–34.

Jolly, Edouardo: «Prognostische Hermeneutik». Anders et la compréhenson diltheyenne de l'histoire, in: Sgu 14 (2014), S. 83–98.

Lembeck, Karl-Heinz: Geschichte und Erinnerung. Dilthey und die gegenwärtige Debatte, in: AG, S. 243–256.

——: Dilthey und der Marburger Neukantianismus, in: DWW, S. 65–78.

Lessau, Mathis: *Selbstverstehen und Fremdverstehen. Diltheys Autobiographiekonzept als Grundlage der Geisteswissenschaften*, Würzburg 2019.

Lessing, Hans-Ulrich: *Wilhelm Dilthey. Eine Einführung*, Köln/Weimar/Wien 2011.

——: *Die Autonomie der Geisteswissenschaften. Studien zur Philosophie Wilhelm Diltheys*, Erster Band: Dilthey im philosophie- und wissenschaftsgeschichtlichen Kontext, Nordhausen 2015.

——: *Die Autonomie der Geisteswissenschaften. Studien zur Philosophie Wilhelm Diltheys*, Zweiter Band: Systematische Untersuchungen zu Diltheys Werk, Nordhausen 2016.

——: Diltheys früher Phantasiebegriff im systematischen und historischen Kontext, in: *Phantasie und Intuition in Philosophie und Wissenschaften. Historische und systematische Perspektiven*, hrsg. von Gudrun Kühne-Bertram und Hans-Ulrich Lessing, Würzburg 2011, S. 92–103.

——/Makkreel, Rudolf Adam/Pozzo, Riccardo (Hrsg.): *Recent Contributions to Dilthey's Philosophy of the Human Sciences*, Stuttgart-Bad Cannstatt 2011.

——: Der Ebbinghaus-Dilthey-Streit von 1895, in: *Denker und Polemik*, hrsg. von Holger Glinka, Kevin Liggieri und Christoph Manfred Müller, Würzburg 2013, S. 173–192.

——: Von der Realpsychologie zur Strukturtheorie. Grundmotive von Wilhelm Diltheys Konzeption einer deskriptiven Psychologie, in: *Die Entwicklung der Psyche in der Geschichte der Menschheit*, hrsg. von Gerd Jüttemann, Lengerich, u. a. 2013, S. 68–80.

——: Zur Bedeutung Wilhelm Diltheys für Helmuth Plessners philosophische

Anthropologie, in: AG, S. 479–493.
——: Diltheys Philosophie des Lebens, in: *Philosophie uns Sozialtheorie*. Bd. 1: Leben verstehen, hrsg. von Tengiz Iremadze, Udo Reinhold Jeck und Helmut Schneider, Berlin 2014, S. 19–30.
——: »Empirie und nicht Empirismus«. Dilthey und John Stuart Mill, in: DaW, S. 41–62.
——: Die Genese von Diltheys deskriptiver Psychologie, in: *Philosophische Psychologie um 1900*, hrsg. von Thomas Kessel, Stuttgart 2019, S. 131–144.
Lombardo, Mario G.: La tendance tragique dans la structure. W. Dilthey, Fr. Rosenzweig, K. Löwith, in: Sgu 14 (2014), S. 67–82.
Luft, Sebastian/Makkreel, Rudolph Adam: Dilthey and the Neo-Kantians: The Dispute Over the Status of the Human and Cultural Sciences, in: *Routledge Companion to 19th Century Philosophy*, hrsg. von Dean Moyar, New York 2010, S. 554–597.
——: Diltheys Kritik an der Wissenschaftstheorie der Neukantianer und die Konsequenzen für seine Theorie der Geisteswissenschaften. Das Problem des Historismus, in: DaW, S. 176–198.
Magnano San Lio, Giancarlo: *Ninfe ed ellissi. Frammenti di storia della cultura tra Dilthey, Usener, Warburg e Cassirer*, Neapel 2014.
——: *Per una filosofia dello storicismo. Studi su Dilthey*, Soveria Mannelli 2017.
——: Lo storicismo di Wilhelm Dilthey, in: *Vita pensata* 2 (2010), S. 29–32.
——: Philologie, Anthropologie und Geschichte: Dilthey und Usener, in: AG, S. 369–386.
——: L'idea di realtà in Wilhelm Dilthey, in: *Spazio Filosofico* 8 (2013), S. 301–309.
——: La Weltanschauungslehre diltheyana: storicità e fondazione nel sapere umanistico, in: Sgu 14 (2014), S. 47–65.
——: Dilthey e Bastian: sviluppi e prospettive degli studi di Antropologia, in: Asc XXVIII (2015), S. 501–509.
——: Sugestiones y remisiones: nota sobre Ortega y Gasset y Dilthey, in: *IRIS: Institutional Research Information System* 2016, S. 57–69.
——: La percezione dell'altro nel giovane Dilthey, in: *Alterità e cosmopolitismo nel pensiero moderno e contemporaneo*, hrsg. von Giancarlo Magnano San Lio und Luigi Ingaliso, Soveria Mannelli 2017, S. 149–163.
Makkreel, Rudolf Adam: The Anthropological Impact of Dilthey's System of Ethics, in: AG, S. 127–140.

——: Dilthey and Cassirer on Language and the Human Sciences, in: DaW, S. 210–224.
——: Dilthey's Conception of Purposiveness. Its Kantian Basis and Hermeneutical Function, in: ID, S. 21–40.
Mansour, Julia I.: *Wilhelm Dilthey: Philosoph und/oder Philolog? Interdependenz zwischen Literatur-studien und »Wissenschaftsphilosophischer Reflexionen«*, Würzburg 2010.
Martinelli, Riccardo: Defining Human Sciences: Theodor Waitz's Influence on Dilthey, in: *British Journal for the History of Philosophy* 26 (2018), S. 498–518.
Matteucci, Giovanni: Das anthropologische Geflecht von Erlebnis-Ausdruck-Verstehen als Destrukturierung der »Innenwelt« bei Dilthey (und Wittgenstein), in: AG, S. 257–274.
Mezzanzanica, Massimo: *Von Dilthey zu Levinas. Wege im Zwischenbereich von Lebensphilosophie, Neukantianismus und Phänomenologie*, Nordhausen 2012.
——: Philosophie der Erfahrung und Erneuerung des Apriori: Dilthey und Helmholtz, in: RCD, S. 59–82.
——: Menschliche Natur und Unergründlichkeit. Plessners und Diltheys geschichtlicher Erfahrungsbegriff, in: AG, S. 443–458.
——: Dilthey und die Phänomenologie Husserls, in: DWW, S. 79–96.
——: Fondazione delle scienze dello spirito e archeologia delle scienze umane: Dilthey a confronto con Foucault, in: Sgu 14 (2014), S. 147–175.
Nelson, Eric Sean (Hrsg.): *Interpreting Dilthey: Critical Essays*, Cambridge 2019.
——: Self-Reflection, Interpretation, and Historical Life in Dilthey, in: RCD, S. 105–134.
——: Dilthey and Carnap: Empiricism, Life-Philosophy, and Overcoming Metaphysics, in: *Pli: Warwick Journal of Philosophy* 23 (2012), S. 20–49.
——: Dilthey, Heidegger und die Hermeneutik des faktischen Lebens, in: DWW, S. 97–109.
——: Between Nature and Spirit: Naturalism and Anti-Naturalism in Dilthey, in: AG, S. 141–160.
Olay, Csaba: Compréhension et histoire chez Dilthey, in: Sgu 14 (2014), S. 21–32.
Orth, Ernst Wolfgang: Wilhelm Dilthey und die Gegenwart des Geistes, in: AG, S. 33–42.
——: Dilthey zwischen Kant und Husserl, in: DWW, S. 13–22.
Paravati, Claudio: Dilthey 2.0: struttura e connessione, in: Sgu 14 (2014), S.

177–194.
Plaul, Constantin: *Verstehen und Religion im Werk Wilhelm Diltheys: Theologische Dimensionen auf kulturphilosophischer Grundlage*, Tübingen 2019.
Pluder, Valentin: Diltheys Interesse an Hegel, in: DWW, S. 39–52.
Poggi, Stefano: Dilthey und die romantische Psychologie, in: AG, S. 355–368.
Przyłębski, Andrzej: *Ethics in the Light of Hermeneutical Philosophy. Morality between (Self-)Reflection and Social Obligations*, Berlin / Münster / Wien / Zürich / London 2017.
—— (Hrsg.): *Ethik im Light der Hermeneutik*, Würzburg 2010.
Pugliese, Alice: Der Ausdruck als die Lebendigkeit der Moral. Diltheys System der Ethik, in: *Gestalt Theory* 38 (2016), S. 163–176.
Pulte, Helmut: Gegen die Naturalisierung des Humanen. Wilhelm Dilthey im Kontext und als Theoretiker der Naturwissenschaften seiner Zeit, in: DaW, S. 63–85.
Rodi, Frithjof: *Über die Erfahrung von Bedeutsamkeit*, Freiburg / München 2015.
——: *Diltheys Philosophie des Lebenszusammenhangs: Strukturtheorie – Hermeneutik – Anthropologie*, Freiburg / München 2016.
——: Dilthey zwischen Kant und Goethe, in: RCD, S. 135–156; wiederabgedruckt in: Ders.: *Diltheys Philosophie des Lebenszusammenhangs*, S. 33–50.
——: Zur Einführung, in: AG, S. 15–32; umgearbeitet wiederabgedruckt u. d. T.: Psychologie oder Anthropologie? Vom Lebenszusammenhang zur Geschichte, in: Ders.: *Diltheys Philosophie des Lebenszusammenhangs*, S. 104–120.
——: Das Besondere und das Allgemeine in Diltheys Theorie des Typus. Anmerkungen zu seiner Vergleichenden Psychologie, in: Ders.: *Diltheys Philosophie des Lebenszusammenhangs*, S. 70–91. (Bisher unveröffentlicht)
Scharff, Robert C.: *Heidegger Becoming Phenomenological. Interpreting Husserl through Dilthey, 1916–1925*, London 2019.
——: More than One „Kind" of Science? Implications of Dilthey's Hermeneutics for Science Studies, in: ID, S. 120–142.
Schmid, Holger: Dilthey à Davos, in: Sgu 14 (2014), S. 213–227.
Scholtz, Gunter (Hrsg.): *Diltheys Werk und die Wissenschaften. Neue Aspekte*, Göttingen 2013.
——: Diltheys „Problem der Religion", in: *Archiv für Kulturgeschichte* 93 (2011), S. 381–406.
——: Menschliche Natur und Religionsentwicklung in der Sicht Diltheys, in:

AG, S. 275–290.

——: Diltheys Geschichtstheorie, in: DWW, S. 131–148.

Soboleva, Maja: »Die Erweiterung der Logik«: Bedeutungstheorien von Georg Misch und Ernst Cassirer, in: RCD, S. 201–240.

Tessitore, Fulvio: *Trittico anti-hegeliano da Dilthey a Weber. Contributo alla teoria dello storicismo*, Roma 2016.

——: *Da Cuoco a Weber. Contributi alla storia dello storicismo*, 2 Bde., Roma 2017.

——: A partire da Dilthey. Trittico anti-hegeliano: Weber, Meinecke, Rosenzweig, in: Asc XXIII (2010), S. 239–254.

——: Leben und Geschichte – von Dilthey her gesehen, in: AG, S. 43–52.

Thouard, Denis: The Historiography of Hermeneutics: Some Reflections, in: RCD, S. 241–254.

Trostel, Ildikó: *Moderne Wissenschaftlichkeit. Wilhelm Diltheys Wissenschaftskonzept für die Geisteswissenschaften*, Würzburg 2016.

Wagenaar, Matthias: Kant en Dilthey over Tijd, in: *Tijdschrift voor Filosofie* 78 (2016), S. 277–304.

Zoller, David Jeffery: Moral Theory and Moral Motivation in Dilthey's Critique of Historical Reason, in: *Idealistic Studies* 46 (2016), S. 97–118.

### 2020–2023

Galliker, Mark/Lessing, Hans-Ulrich: *Psychologie des Lebens. Dilthey im Diskurs*, Göttingen 2020.

Hajduk, Stefan: *Das Erlebnis und die Stimmung. Wilhelm Diltheys ästhetisches und historisches Denken*, Göttingen 2022.

Hoffmann, Martin: *Menschliche Individualität. Eine Studie zu den epistemologischen Grundlagen des menschlichen Selbstverständnisses*, Frankfurt/M. 2021.

Magnano San Lio, Giancarlo: *Umanità e storia. Considerazioni antropologiche e contaminazioni culturali nel giovane Dilthey*, Acireale/Roma 2020.

——: *Preludi trame suggestioni. Wilhelm von Humboldt alle origini dello storicismo diltheyano*, Neapel 2023.

——: Dilthey e la filosofia della cultura, in: *La filosofia della cultura. Genesi e prospettive*, hrsg. von Riccardo de Biase, Giovanni Morrone, Neapel 2020, S. 45–71.

——: Umanità e vita: suggestioni e intersezioni tra Dilthey e Jaspers, in: *Studi jaspersiani* VIII (2020), S. 43–62

——: Per il settantesimo genetliaco di Wilhelm Dilthey: coscienza storica e

verità filosofica, in: *La rivista di engramma* 200 (2023), S. 51–58.
Makkreel, Rudolf Adam: The Tasks and Contexts of Understanding in Dilthey and Seebohm, in: *Thomas Seebohm on the Foundations of the Sciences. An Analysis and Critical Appraisal*, hrsg. von Thomas Nenon, Cham 2020, S. 53–66.
Mulsow, Martin: Kann es eine neue Geistesgeschichte geben?, in: DV 97 (2023), S. 183–188.
Spiegel, Thomas: The Scientific Weltanschauung: (Anti-)Naturalism in Dilthey, Jaspers and Analytic Philosophy, in: *Journal of Transcendental Philosophy* 2 (2021), S. 259–276.
——: Wittgenstein and Dilthey on Scientism and Method, in: *Wittgenstein-Studien* 12 (2021), S. 165–194.
Tögel, Mattias J.: *Wilhelm Diltheys Philosophie des historischen Bewusstseins. Wirklichkeitswissenschaft und Metaphysikkritik*, Göttingen 2023.

## II　邦語文献

### 1　文献目録

茅野良男「文献解題」，同『ディルタイ』有斐閣，1959 年，巻末 1–20 頁，所収
——「日本のディルタイ研究（一，二）」『創文』第 150 号，1976 年，1–6 頁，同誌第 151 号，8–12 頁（両稿は「日本のディルタイ研究」の標題で，『ディルタイ研究』（日本ディルタイ協会）第 1 号，1987 年，53–64 頁に再録）
佐藤忠恕「ディルタイ文献覚書」『書物展望』（書物展望社）第 10 巻第 9 号，1940 年，191–199 頁
松友昭繁「ディルタイに関する和文文献目録」『聖カタリナ女子短期大学紀要』第 12 号，1979 年，198–210 頁
Matsutomo, Akishige: Dilthey in Japan. Bibliographie 1913–1983, in: DJ 2 (1984), S. 359–377.

### 2　原典邦訳

**1925**

『哲学の本質』勝部謙造訳，大村書店，1925 年（再版 1925 年，改訳 3 版 1926 年，

再刊 1935 年）

「詩的想像力と狂気――ディルタイ」高坂正顕訳，『哲學研究』（京都哲学会）第 10 巻第 1 号，1925 年，107–124 頁

## 1928

『精神科学序説』三枝博音訳，大村書店，1928 年

## 1929

『ディルタイ論文集』栗林茂訳，丸善，1929 年

## 1930

『科学としての教育学』北野駿訳，人文書房，1930 年

『精神科学序説』三枝博音訳，人文書房，1930 年

『世界観の研究』（岩波文庫）山本英一訳，岩波書店，1930 年（1935 年以降，複数回にわたって再刊）

『哲学とは何か』戸田三郎・坂田徳男・三木清訳，鐵塔書院，1930 年（デイルタイ「哲学の本質」戸田三郎訳，フツセアール「厳密なる学としての哲学」坂田徳男訳，シエーラー「哲学の本質並びに哲学的認識の道徳的制約について」三木清訳，収録）

## 1931

『文藝復興と宗教改革』江沢譲爾訳，春陽堂，1931 年

## 1932

『解釈学の成立』池島重信訳，岩波書店，1932 年

『記述的分析的心理学』三枝博音・江塚幸夫訳，モナス，1932 年

## 1933

『精神諸科学序説』鬼頭英一訳，春秋社，1933 年

『詩と体験』佐久間政一訳，モナス，1933 年

『独逸精神史研究』細谷徳三郎・富岡益五郎訳，政経書院，1933 年

「解釈学の成立（ディルタイ）」栗林茂訳，『哲学』（三田哲学会）第 10 号，1933 年，172–192 頁

## 1934

『近世美学史――近世美学の三画期と今日の課題』徳永郁介訳，第一書房，1934 年

『歴史と生の哲学』藤平武雄訳，モナス，1934 年

## 1935

『精神諸科学序説——全訳』鬼頭英一訳，春秋社，1935 年
『世界観学——哲学の哲学』船山信一訳，叢文閣，1935 年
『世界観の研究』（岩波文庫）山本英一訳，岩波書店，1935 年
『体験と文学』服部正己訳，第一書房，1935 年
『哲学の本質』（岩波文庫）戸田三郎訳，岩波書店，1935 年（1937 年以降，複数回にわたって再刊）

## 1937

『教育史・教育学概論』白根孝之訳，理想社，1937 年
『想像力の分析』徳永郁介訳，野田書房，1937 年

## 1938

『青年時代のヘーゲル』甘粕石介訳，三笠書房，1938 年（名著刊行会，1976 年）

## 1940

『青年ヘーゲル』（大学書林文庫）栗林茂訳注，大学書林，1940 年
『世界観学』（現代思想新書）船山信一訳，三笠書房，1940 年
『歴史の構造』（冨山房百科文庫）樺俊雄訳，冨山房，1940 年

## 1943

『フリードリッヒ大王と独逸啓蒙思潮——独逸精神史の研究』大野敏英訳，刀江書院，1943 年
『フリードリヒ大王とドイツ啓蒙主義』村岡哲訳，三省堂，1943 年
『ルネサンス期以後の人間と世界観』松山厚三訳，白揚社，1943 年

## 1944

『ドイツの文学と音楽』山西英一訳，河出書房，1944 年
『プロイセン国家維新遂行者』和田治平訳，図書出版，1944 年

## 1946

『歴史的理性批判』（『ディルタイ著作集』第 4 巻）水野彌彦・細谷恒夫・坂本都留吉訳，創元社，1946 年

## 1947

『十八世紀の大音楽』山西英一訳，河出書房，1947 年
『シルレル論』山西英一訳，河出書房，1947 年

## 1953

『近世美学史——近世美学の三画期と今日の課題』（創元文庫）徳永郁介訳，創元社，1953 年

## 1957

「ゲーテと詩的創造力」，「「日本小説集」への書評」（『世界藝術論大系』第 9 巻（ドイツ・現代））氷上英廣訳，河出書房，1957 年

## 1958

『若き日のヘーゲル』栗林茂訳，大学書林，1958 年（『青年ヘーゲル』（1940 年刊）改題）

## 1960

『近代美学史——近代美学の三期と現代美学の課題』（岩波文庫）澤柳大五郎訳，岩波書店，1960 年

## 1961

『体験と創作（上）』（岩波文庫）柴田治三郎訳，岩波書店，1961 年（再刊 1981 年）
『体験と創作（下）』（岩波文庫）小牧健夫・柴田治三郎訳，岩波書店，1961 年（再刊 1981 年）

## 1962

『想像力と解釈学』由良哲次訳，理想社，1962 年（増補版 1975 年）

## 1966

『近代的人間像の解釈と分析』小林靖昌訳，理想社，1966 年（再刊 1976 年）

## 1973

『解釈学の成立』久野昭訳，以文社，1973 年（改訂版 1981 年，再刊 1987 年）

## 1975

『フリードリヒ大王とドイツ啓蒙主義』村岡哲訳，創文社，1975 年

## 1976

『ヘーゲルの青年時代』久野昭・水野建雄訳，以文社，1976 年

## 1978

『ルネサンスと宗教改革――15・6 世紀における人間の把握と分析』西村貞二訳，創文社，1978 年（再刊 1981 年）

## 1979

『近代成立期の人間像』小林靖昌訳，理想社，1979 年（『近代的人間像の解釈と分析』（1966 年刊）を改題。改訂版 1988 年）

『精神科学序説――社会と歴史の研究にたいする一つの基礎づけの試み（上）』山本英一・上田武訳，以文社，1979 年（再刊 1986 年）

## 1981

『精神科学序説――社会と歴史の研究にたいする一つの基礎づけの試み（下）』山本英一・上田武訳，以文社，1981 年

『精神科学における歴史的世界の構成』尾形良助訳，以文社，1981 年

## 1987

『教育学論集』日本ディルタイ協会訳，以文社，1987 年

『生の哲学』ヘルマン・ノール編，久野昭監訳，以文社，1987 年

『道徳・教育・認識・論理の基礎づけ――ディルタイ論文集』鬼頭英一訳，公論社，1987 年

## 1989

『世界観学』久野昭監訳，以文社，1989 年

## 2000

「ディルタイ「ミットフォード書評」」大石学訳，『ディルタイ研究』第 12 号，2000 年，99–140 頁

## 2002

「シュロッサー論文（1861 年）」大石学訳，『ディルタイ研究』第 13 号，2002 年，114–143 頁

## 3　原典資料邦訳

### 1994

「若きディルタイ――書簡と日記にみる生涯（1）」クララ・ミッシュ編，伊藤直樹・大石学・川口直也・齋藤智志・舟山俊明・真壁宏幹訳，『ディルタイ研究』第 7 号，1994 年，59–100 頁

### 1995

「若きディルタイ――書簡と日記にみる生涯（2）」クララ・ミッシュ編，伊藤直樹・大石学・川口直也・齋藤智志・舟山俊明・真壁宏幹訳，『ディルタイ研究』第 8 号，1995 年，54–82 頁

### 1996

「若きディルタイ――書簡と日記にみる生涯（3）」クララ・ミッシュ編，伊藤直樹・大石学・川口直也・齋藤智志・舟山俊明・真壁宏幹訳，『ディルタイ研究』第 9 号，1996 年，67–83 頁

### 1998

「若きディルタイ――書簡と日記にみる生涯（4）」クララ・ミッシュ編，伊藤直樹・大石学・齋藤智志・舟山俊明訳，『ディルタイ研究』第 10 号，1998 年，158–170 頁

### 1999

「『書簡にみるシュライアーマッハーの生涯から』序言」大石学訳，『ディルタイ研究』第 11 号，1999 年，76–92 頁

「若きディルタイ――書簡と日記にみる生涯（5）」クララ・ミッシュ編，伊藤直樹・大石学・齋藤智志・舟山俊明訳，同誌 93–106 頁

### 2002

「若きディルタイ――書簡と日記にみる生涯（6）」クララ・ミッシュ編，伊藤直樹・大石学・齋藤智志・舟山俊明訳，『ディルタイ研究』第 13 号，2002 年，144–157 頁

### 2007

「若きディルタイ――書簡と日記にみる生涯（7）」クララ・ミッシュ編，伊藤直

樹・大石学・齋藤智志・舟山俊明訳，『ディルタイ研究』第 19 号，2007 年，133–147 頁

**2008**

「若きディルタイ——書簡と日記にみる生涯（8）」クララ・ミッシュ編，伊藤直樹・大石学・齋藤智志・舟山俊明訳，『ディルタイ研究』第 20 号，2008 年，218–226 頁

**2014**

「『アカデミー版カント全集』前文」鵜澤和彦訳・解説，『ディルタイ研究』第 25 号，2014 年，99–117 頁

**2020**

「「記述的－分析的心理学の理念＝構想《イデーエン》」をめぐる書簡集（1）」大石学訳，『ディルタイ研究』第 31 号，2020 年，65–86 頁

**2021**

「「記述的－分析的心理学の理念＝構想《イデーエン》」をめぐる書簡集（2）」大石学訳，『ディルタイ研究』第 32 号，2021 年，104–124 頁

**2022**

「「記述的－分析的心理学の理念＝構想《イデーエン》」をめぐる書簡集（3）」大石学訳，『ディルタイ研究』第 33 号，2022 年，111–128 頁

## 4　二次文献

**1920**

リッカート，ハインリッヒ『文化科学と自然科学』近藤哲雄訳，大村書店，1920 年

**1922**

リッカート，ハインリッヒ『文化科学と自然科学』佐竹哲雄訳，大村書店，1922 年（第 3 版，1923 年）

## 1923

リッケルト，ハインリヒ『生の哲学――現代に於ける哲学上の流行思潮の叙述及び批判』小川義章訳，改造社，1923 年

## 1924

海後宗臣『ディルタイの哲学と文化教育学』目黒書店，1924 年

勝部謙造『ディルタイの哲学』改造社，1924 年（改訂 10 版）

フリッシャイゼン＝ケーラー，マックス「哲学者としてのディルタイ（抄訳）」三枝博音訳，『思想』（岩波書店）第 32 号，1924 年，106–120 頁

## 1925

渡部政盛『ディルタイ派の哲学とその教育学説』啓文社書店，1925 年

楢崎淺太郎「ディルタイの心理学的理念の基本的なるものに就いて」『哲學研究』第 10 巻第 11 号，1925 年，1088–1110 頁

## 1926

入澤宗壽『ディルタイ派の文化教育学説』廣文堂，1926 年

ヴィンデルバント，ヴィルヘルム『プレルーディエン（序曲）（上・下）』河東涓・篠田英雄訳，岩波書店，1926–27 年

## 1928

三木清「現代思潮（1–5）」『岩波講座 世界思潮』第 2 冊，岩波書店，1928 年，195–216 頁，同第 4 冊，95–111 頁，同第 5 冊，201–216 頁，同第 8 冊，251–266 頁，同第 9 冊，131–145 頁（『三木清全集』第 4 巻，岩波書店，1967 年，185–323 頁）

――「精神科学派哲学――ディルタイの解釈学」『哲学講座』第 15 冊，近代社，1928 年，1–40 頁（「ディルタイの解釈学」『史的観念論の諸問題』岩波書店，1929 年，171–225 頁。『三木清全集』第 2 巻，岩波書店，1966 年，159–204 頁）

## 1929

ヴィンデルバント，ヴィルヘルム『歴史と自然科学・道徳の原理に就て・聖――『プレルーディエン』より』（岩波文庫）篠田英雄訳，岩波書店，1929 年

## 1931

和辻哲郎「倫理学――人間の学としての倫理学の意義及び方法」『岩波講座 哲学』

第 2，岩波書店，1931 年，1–145 頁

## 1932

三木清『歴史哲学』岩波書店，1932 年（『三木清全集』第 6 巻，岩波書店，1967 年，1–287 頁）

篠原助市「ディルタイと文化教育学」『教育学研究』（日本教育学会）第 1 巻第 9 号，1932 年，1039–1073 頁

田邊元「哲学通論」『岩波講座 哲学』第 1，岩波書店，1932 年，1–165 頁（『哲学通論』岩波書店，1933 年。『田邊元全集』第 3 巻，筑摩書房，1963 年，371–522 頁）

## 1933

篠原助市「ディルタイと文化教育学（続）」『教育学研究』第 1 巻第 10 号，1933 年，1195–1219 頁

三木清「世界観構成の理論」『理想』第 39 号，1933 年，17–35 頁（『哲学ノート』河出書房，1941 年，263–294 頁，『三木清全集』第 5 巻，岩波書店，1967 年，53–77 頁）

山本英一「生の解釈学――ディルタイについて」『理想』第 39 号，1933 年，140–156 頁

## 1934

ユーベルヱーク，フリードリヒ『ユーベルヱーク大哲学史　最近代編（上）』豊川昇訳，学藝社，1934 年

和辻哲郎『人間の学としての倫理学』岩波書店，1934 年（『和辻哲郎全集』第 9 巻，岩波書店，1962 年，1–192 頁）

出口勇藏「ディルタイの歴史研究に於ける資本主義観」『経済論叢』（京都帝国大学経済学会）第 39 巻第 4 号，1934 年，593–602 頁

## 1935

ヴィンデルバンド，ヴィルヘルム『プレルウディエン（哲学序曲）』陶山務訳，春秋社，1935 年

乙竹岩造「ディルタイの教育学説」『教育学研究』第 3 巻第 11 号，1935 年，1291–1323 頁

垣下清一郎「ウィルヘルム・ディルタイの教育学的諸論文」『教育学研究』第 4 巻第 2 号，1935 年，227–236 頁

三木清「人間学と歴史哲学」『理想』第 55 号，1935 年，5–24 頁（『三木清全集』

第5巻，岩波書店，1967年，78–104頁）
――「表現に於ける真理」『思想』第160号，1935年，330–354頁（『三木清全集』第5巻，岩波書店，1967年，105–138頁）

## 1936

細谷恒夫『ディルタイ・ナートルプ』岩波書店，1936年（再刊1984年）
宮島肇『歴史と解釈学――ディルタイ歴史哲学序説』成美堂書店，1936年

## 1937

高坂正顕『歴史的世界――現象学的試論』岩波書店，1937年（『高坂正顕著作集』第1巻，理想社，1964年，5–268頁）

## 1938

三木清「解釈学と修辞学」，石原謙編『哲学及び宗教と其歴史――波多野精一先生記念論文集』岩波書店，1938年，137–156頁（『三木清全集』第5巻，岩波書店，1967年，320–358頁）

## 1939

ジンメル，ゲオルク『歴史哲学の諸問題』樺俊雄訳，三笠書房，1939年
リッケルト，ハインリッヒ『文化科学と自然科学』（岩波文庫）佐竹哲雄・豊川昇訳，岩波書店，1939年
三木清「時務の論理（「哲学ノート」第9回）」『知性』第2巻第10号，1939年，168–173頁（『哲学ノート』河出書房，1941年，129–138頁，『三木清全集』第14巻，岩波書店，1967年，299–306頁）

## 1941

三木清「自然主義の倫理思想」『岩波講座 倫理学』第14冊，岩波書店，1941年，1–30頁（『三木清全集』第5巻，岩波書店，1967年，320–358頁）
――「精神史方法論」『世界精神史講座』第7巻，理想社，1941年，301–316頁（『三木清全集』第5巻，岩波書店，1967年，263–283頁）

## 1942

岸本昌雄『歴史主義哲学の根本問題――ディルタイの哲学と文化体系の客観性』六盟館，1942年
フライヤー，ハンス『社会学入門』阿閉吉男・那須宗一訳，慶応書房，1942年

（阿閉吉男訳，二見書房，1946 年。学苑社，1952 年。創元社（創元文庫），1954 年。角川書店（角川文庫），1955 年）

### 1947

由良哲次『ディルタイ・解釈学』富士書店，1947 年

### 1954

小林利裕「ディルタイの歴史主義」『日本歴史』（日本歴史学会）第 78 号，1954 年，54–60 頁

### 1955

新関良三「ディルタイの戯曲論」『美学』（美学会）第 6 巻第 1 号，1955 年，1–13 頁

### 1956

トレルチ，エルンスト『歴史主義とその克服――五つの講演』大坪重明訳，理想社，1956 年（第 2 版，1968 年）

### 1959

アントーニ，カルロ『歴史主義から社会学へ』讃井鉄男訳，未來社，1959 年
茅野良男『ディルタイ』有斐閣，1959 年

### 1960

ハイデガー，マルティン『存在と時間（上・中・下）』（岩波文庫）桑木務訳，岩波書店，1960–62 年
――『存在と時間（上・下）』松尾啓吉訳，勁草書房，1960–66 年（再刊 2015 年）

### 1962

ルカーチ，ゲオルク『歴史と階級意識』平井俊彦訳，未來社，1962 年

### 1964

大浦猛「第 2 次大戦前の日本におけるディルタイ派文化教育学研究の推移――シュプランガー教育思想の研究を中心として」『教育哲学研究』第 10 号，1964 年，1–25 頁

## 1965

スチュアート・ヒューズ，ヘンリー『意識と社会――ヨーロッパ社会思想 1890–1930』生松敬三・荒川幾男訳，みすず書房，1965年（改訂版1970年，新装版1999年）

福田真一「ディルタイにおける想像力の問題」『美学』第16巻第3号，1965年，23–26頁

## 1966

西村皓『ディルタイ』牧書店，1966年

## 1967

レーヴィット，カール『人間存在の倫理』佐々木一義訳，理想社，1967年

尾形良助「ディルタイにおける心情，内的経験，体験」『倫理学年報』（日本倫理学会）第16号，1967年，51–61頁

## 1968

ルカーチ，ゲオルク『歴史と階級意識』（『ルカーチ著作集』9）城塚登・古田光訳，白水社，1968年（第2版，1987年。ほかに1975年，1991年，1998年）

尾形良助「ディルタイの「普遍史」概念」『倫理学年報』第17号，1968年，67–76頁

## 1969

フッサール，エドムント『厳密な学としての哲学』佐竹哲雄訳，岩波書店，1969年

マンハイム，カール『歴史主義・保守主義』森博訳，恒星社厚生閣，1969年

## 1970

尾形良助『ディルタイ研究――ディルタイと社会倫理思想』理想社，1970年

コリングウッド，ロビン・ジョージ『歴史の観念』小松茂夫・三浦修訳，紀伊國屋書店，1970年（新装版2023年）

マンハイム，カール『歴史主義』徳永恂訳，未來社，1970年

佐伯守「ニーチェとディルタイ」『哲学』（日本哲学会）第20号，1970年，148–160頁

フッサール，エドムント「厳密な学としての哲学」小池稔訳（『ブレンターノ，フッサール』（『世界の名著』51）細谷恒夫責任編集，中央公論社，1970年，所収）

## 1971

ハイデガー，マルティン『存在と時間』原佑・渡邊二郎訳（『ハイデガー』（『世界の名著』62）原佑責任編集，中央公論社，1971 年，所収。再刊 1980 年）

## 1973

アントーニ，カルロ『歴史主義』新井慎一訳，未來社，1973 年

三島憲一「歴史性と学問化――Dilthey によるカノンの形成」『ドイツ文学』（日本独文学会）第 51 号，1973 年，108–120 頁

## 1974

ホイシー，カール『歴史主義の危機』佐伯守訳，イザラ書房，1974 年

三島憲一「歴史なき時代の歴史意識へ」『思想』第 604 号，1974 年，1–23 頁

## 1975

ハーバーマス，ユルゲン『理論と実践――社会哲学論集』細谷貞雄訳，未來社，1975 年（新装版 1999 年）

マンハイム，カール『知識社会学』（『マンハイム全集』2）樺俊雄・陸井四郎・田野崎昭雄訳，潮出版社，1975 年

――「世界観解釈の理論への寄与」森良文訳（『マンハイム全集』1）潮出版社，1975 年，45–141 頁

――「歴史主義」稲上毅訳，前掲書 265–350 頁

## 1976

三島憲一「経験と反省――歴史なき時代の歴史意識へ」『思想』第 620 号，1976 年，141–164 頁

## 1977

ガダマー，ハンス＝ゲオルク『哲学・芸術・言語――真理と方法のための小論集』斎藤博・近藤重明・玉井治訳，未來社，1977 年（復刊 2001 年）

シュミット，アルフレート『歴史と構造――マルクス主義的歴史認識論の諸問題』花崎皋平訳，法政大学出版局，1977 年

ジンメル，ゲオルク『歴史哲学の諸問題』（『ジンメル著作集』1）生松敬三・亀尾利夫訳，白水社，1977 年（再刊 1994 年，2004 年）

――『生の哲学』（『ジンメル著作集』9）茅野良男訳，白水社，1977 年（再刊 1994 年，2004 年）

ペゲラー，オットー編『解釈学の根本問題』瀬島豊他訳，晃洋書房，1977 年
ボルノー，オットー・フリードリヒ『ディルタイ――その哲学への案内』麻生建訳，未来社，1977 年

## 1978

ウォルシュ，ウィリアム・ヘンリー『歴史哲学』神山四郎訳，創文社，1978 年
ボルンカム，ハインリヒ『ドイツ精神史とルター』谷口茂訳，聖文舎，1978 年
リクール，ポール『解釈の革新』久米博・清水誠・久重忠夫編訳，白水社，1978 年（新装版 2005 年）

## 1979

ガダマー，ハンス＝ゲオルク「実践哲学としての解釈学」森口美都男訳，『思想』第 659 号，1979 年，80–97 頁
久米博「解釈学の課題と展開――テキスト理論を基軸として」，同誌 1–20 頁
丸山高司「精神科学の理念」，同誌 21–37 頁
溝口宏平「解釈学的哲学の根本問題――その理論的基礎づけの問題と哲学の可能性への問い」，同誌 38–59 頁

## 1980

トレルチ，エルンスト『歴史主義とその諸問題（上・中・下）』（『トレルチ著作集』4–6）近藤勝彦訳，ヨルダン社，1980–1988 年

## 1981

梅原猛・竹市明弘編『解釈学の課題と展開――解釈学の理論的発展と具体的適用』晃洋書房，1981 年
ハーバーマス，ユルゲン『認識と関心』奥山次良・八木橋貢・渡辺祐邦訳，未來社，1981 年
越後哲治「W・ディルタイの「自己省察」」『教育哲学研究』第 43 号，1981 年，31–46 頁

## 1982

リクール，ポール『フロイトを読む――解釈学試論』久米博訳，新曜社，1982 年（新装版 2005 年）

## 1983

新田義弘「歴史科学における物語り行為について――現代の歴史理論の諸問題」

『思想』第 712 号，1983 年，69–86 頁
三島憲一「生活世界の隠蔽と開示――十九世紀における精神科学の成立（上・中・下）」同誌第 712 号，87–116 頁，第 717 号，1983 年，77–104 頁，第 726 号，1984 年，119–147 頁
ヘルマン，ウルリヒ「ディルタイ哲学における宗教と神学」鈴木謙三訳，『東洋学術研究』（東洋哲学研究所）第 22 巻第 1 号，1983 年，185–209 頁

## 1984

オルテガ・イ・ガセット，ホセ『ヴィルヘルム・ディルタイと生の理念』佐々木孝訳，未來社，1984 年
奥山次良『現代の哲学と転換の思想』国文社，1984 年
ガーダマー，ハンス＝ゲオルク／アーペル，カール・オットー他『哲学の変貌――現代ドイツ哲学』竹市明弘編，岩波書店，1984 年（再刊 2000 年）
西村皓・小笠原道雄・春山浩司編『教育の根底にあるもの――長井和雄教授還暦記念論集』以文社，1984 年
フォン・ウリクト，ゲオルク・ヘンリク『説明と理解』丸山高司・木岡伸夫訳，産業図書，1984 年
堺正之「O・F・ボルノウにおける解釈学的認識論の特質――ディルタイ解釈学の継承とその発展を中心に」『教育哲学研究』第 50 号，1984 年，34–48 頁
佐藤あけみ「石山脩平『教育的解釈学』の研究――ディルタイ解釈学の影響とその限界」『国語科教育』（全国大学国語教育学会）第 31 号，1984 年，55–61 頁
高橋義人「ディルタイ解釈学の形態学的視座」『思想』第 716 号，1984 年，36–59 頁
土橋寶「若きディルタイと形態学」『モルフォロギア――ゲーテと自然科学』（ゲーテ自然科学の集い）第 6 号，1984 年，49–65 頁
ボルノー，オットー・フリードリヒ「ディルタイと現象学」高橋義人訳，『思想』第 716 号，1984 年，1–23 頁
丸山高司「ディルタイにおける「心理学」と「解釈学」」，同誌 60–80 頁
ローディ，フリティヨフ「ディルタイ，ガダマーと「伝統的」解釈学」大野篤一郎訳，同誌 24–35 頁

## 1985

丸山高司『人間科学の方法論争』勁草書房，1985 年
大森淳史「ヴィルヘルム・ディルタイの生の解釈学と美学」『美学』第 35 巻第 4 号，1985 年，14–25 頁

## 1986

ガダマー，ハンス＝ゲオルク『真理と方法――哲学的解釈学の要綱（I–III）』轡田收・三島憲一他訳，法政大学出版局，1986–2012年（新装版2012–2021年）

ボルノー，オットー・フリードリヒ『ディルタイとフッサール――20世紀哲学の源流』高橋義人訳・解説，岩波書店，1986年

伊藤徹「ディルタイと過去への架橋」『哲学』（日本哲学会）第36号，1986年，163–173頁

岡本英明「解釈学の立場から」『教育哲学研究』第53号，1986年，18–22頁

堺正之「O・F・ボルノウにおける言語教育論」『教育哲学研究』第54号，1986年，91–94頁

廳茂「『人間本性』と「歴史・社会的現実」―― W. ディルタイにおける心理学の特権性の論証」『社会思想史研究』（社会思想史学会）第10号，1986年，159–178頁

ローディ，フリートヨフ「ハイデガーとディルタイ――ハイデガーのカッセル講演をめぐって」高田珠樹・丸山高司訳，『思想』第749号，1986年，103–122頁

## 1987

ビールス，ヘンドリック編『解釈学とは何か』竹田純郎・三国千秋・横山正美訳，山本書店，1987年

リクール，ポール『時間と物語（I–III）』久米博訳，新曜社，1987–1990年

高橋義人「コローキウム「ゲーテとディルタイ」」『ディルタイ研究』第1号，1987年，32–42頁

ボルノー，オットー・フリードリッヒ「ディルタイ研究の新たな諸課題」森田孝訳，同誌1–20頁

山本雅弘「W. ディルタイにおける「連関」と「自己中心化」の概念について」，同誌43–52頁

ローディ，フリッチョフ「生そのもののリズム――晩年のディルタイの目から見たヘーゲルとヘルダーリン」宮下啓三訳，同誌21–31頁

## 1988

ガダマー，ハンス＝ゲオルク『科学の時代における理性』本間謙二・座小田豊訳，法政大学出版局，1988年

ハイデガー，マルティン『時間概念の歴史への序説』（『ハイデッガー全集』第20巻）常俊宗三郎・嶺秀樹・レオ・デュムペルマン訳，創文社，1988年

杉本裕司「中期ディルタイにおける超越論哲学の歴史化について」『ディルタイ研

究』第 2 号，1988 年，27–37 頁
眞壁宏幹「後期ディルタイにおける「生そのもの」の概念——生の「究め難さ」がもつ音楽的性格について」，同誌 38–56 頁
宮下啓三「ゲーテを見るゲーテ自身のまなざし——ディルタイからヒントを得て知った私のゲーテ作品の楽しみ方について。およびドイツ戯曲史におけるゲーテの位置」，同誌 1–13 頁
ローディ，フリットヨフ「哲学理論における言語的分節化による思想表現圧およびかかる思想表現枠組の役割」森田孝・山本雅弘訳，同誌 14–26 頁

## 1989

大野篤一郎「ディルタイにおける外界の実在性の問題」『ディルタイ研究』第 3 号，1989 年，15–28 頁
シュネル，ラルフ「ディルタイの「ヘルダーリン」——ある発展小説の成立と構造」斎藤太郎訳，同誌 1–14 頁
ディールゼ，ウルリッヒ「生と自己意識」森田孝・真壁宏幹訳，同誌 29–48 頁
巻田悦郎「ガダマーにおける歴史的意識概念」同誌 49–64 頁

## 1990

フォルジェ，フィリップ編『テクストと解釈』轡田收・三島憲一他訳，産業図書，1990 年
天野雅郎「天才の黄昏あるいはディルタイとニーチェ」『ディルタイ研究』第 4 号，1990 年，64–79 頁
和泉雅人「感情の考古学」，同誌 39–55 頁
ボルノー，オットー・フリードリヒ「ゲオルク・ミッシュ」高橋義人訳，同誌 1–25 頁
マックリール，ルドルフ「ディルタイの『精神科学序説』の基礎にみられる科学概念」真壁宏幹訳，同誌 26–38 頁
森本司「W・ディルタイ哲学における思索傾向について」，同誌 56–63 頁

## 1991

フフナーゲル，エルヴィン『解釈学の展開——ハイデガー，ガダマー，ハーバーマス，ベッティ，アルバート』竹田純郎・斎藤慶典・日暮陽一訳，以文社，1991 年
ボルノー，オットー・フリードリヒ『解釈学研究』西村皓・森田孝監訳，玉川大学出版部，1991 年
リンガー，フリッツ・クラウス『読書人の没落——世紀末から第三帝国までのド

イツ知識人』西村稔訳，名古屋大学出版会，1991 年

## 1992

ヴァイス，ヨハネス「生の理解と理解社会学――ディルタイとウェーバー」森岡弘通訳，『思想』第 815 号，1992 年，20–33 頁

岡本英明「ボルノーとディルタイを繋ぐもの――生の範疇・精神科学の哲学・解釈学的論理学」『ディルタイ研究』第 5 号，1992 年，40–53 頁

久野昭「ハーマンの感性論の世界」，同誌 31–39 頁

高橋義人「若きハイデガーとディルタイ」『思想』第 813 号，1992 年，83–110 頁

塚本正明「生の現実と学の論理――『ディルタイ全集　第 20 巻』をめぐって」『ディルタイ研究』第 5 号，1992 年，54–72 頁

ボルノー，オットー・フリードリヒ「ハンス・リップスの「人間の本性」について」的場哲朗訳，同誌 1992 年，1–30 頁

## 1993

ガダマー，ハンス＝ゲオルク『理論を讃えて』本間謙二・須田朗訳，法政大学出版局，1993 年

マックリール，ルードルフ・A『ディルタイ――精神科学の哲学者』大野篤一郎・田中誠・小松洋一・伊東道生訳，法政大学出版局，1993 年

大石学「中期ディルタイにおける『倫理学』の構図――「内的経験」から「社会倫理学」へ」『ディルタイ研究』第 6 号，1993 年，42–59 頁

オルト，エルンスト・W「ディルタイとフッサール現象学――相対主義によって哲学が受けた挑戦」塚本正明訳，『思想』第 825 号，1993 年，83–107 頁

竹田純郎「解釈学の一可能性――理解の〈として〉構造をめぐって」『ディルタイ研究』第 6 号，1993 年，33–41 頁

谷口静浩「表現と解釈――ディルタイ解釈の一つの試み」，同誌 60–73 頁

丸山高司「解釈学的理性――知の理論をめぐって」，新田義弘・丸山圭三郎他編『岩波講座 現代思想 6　現象学運動』岩波書店，1993 年，273–310 頁

――「表現的存在――歴史的生の存在論」，新田義弘・丸山圭三郎他編『岩波講座 現代思想 1　思想としての 20 世紀』岩波書店，1993 年，139–185 頁

三島憲一「解釈と批判――批判概念の再構築へ」，同書 81–138 頁

レッシング，ハンス・ウルリヒ「ディルタイとヨハネス・ミュラー――感覚生理学から記述的心理学へ」舟山俊明訳，『ディルタイ研究』第 6 号，1993 年，17–32 頁

ローディ，フリートヨフ「オットー・フリードリヒ・ボルノーの晩年の著作における解釈学的哲学」大野篤一郎訳，同誌 1–16 頁

## 1994

シュネーデルバッハ，ヘルベルト『ヘーゲル以後の歴史哲学——歴史主義と歴史的理性批判』古東哲明訳，法政大学出版局，1994 年

竹田純郎『生きることの解釈学』勁草書房，1994 年

曺街京『意識と自然——現象学的な東西のかけはし』志水紀代子・山本博史監訳，法政大学出版局，1994 年

渡邊二郎『構造と解釈』（ちくま学芸文庫）筑摩書房，1994 年

伊藤徹「解釈の歴史性」，新田義弘・丸山圭三郎他編『岩波講座 現代思想 9　テクストと解釈』岩波書店，1994 年，57–85 頁

伊藤直樹「『記述的分析的心理学』と『比較心理学』」『ディルタイ研究』第 7 号，1994 年，37–56 頁

齋藤智志「宗教的思索に対する生の哲学の寄与——ショーペンハウアーとディルタイ」，同誌 18–36 頁

四日谷敬子「ディルタイの個体性の解釈学」，同誌 1–17 頁

高橋義人「世紀転換期におけるゲーテ・ルネサンス——ディルタイ，ヘッケル，カッシーラー」『現代思想』（青土社）第 22 巻第 2 号，1994 年，78–93 頁

竹田純郎「解釈学的循環」，新田義弘・丸山圭三郎他編『岩波講座 現代思想 9　テクストと解釈』岩波書店，1994 年，31–55 頁

塚本正明「解釈の客観的妥当性と歴史性」，同書 187–213 頁

三島憲一「意味への懐疑」，同書 87–126 頁

## 1995

塚本正明『現代の解釈学的哲学——ディルタイおよびそれ以後の新展開』世界思想社，1995 年

ドゥット，カルステン編『ガーダマーとの対話——解釈学・美学・実践哲学』巻田悦郎訳，未來社，1995 年

新田義弘『現象学と近代哲学』岩波書店，1995 年

今本修司「ヤスパースにおける「理解」概念の展開——ディルタイとの対比において」『ディルタイ研究』第 8 号，1995 年，32–49 頁

岡本英明「「Πολλὰ τὰ δεινὰ，恐るべきものは数あるうちに，人間以上の恐るべきものはない」——ディルタイ，ミッシュ，ボルノウを繋ぐギリシア悲劇の一文」『教育哲学研究』第 71 号，1995 年，87–90 頁

牧野英二「カントとディルタイ」『ディルタイ研究』第 8 号，1995 年，1–17 頁

的場哲朗「ハイデガーとフリッツ・カウフマンにおけるヨルク伯の意味」，同誌 18–31 頁

## 1996

野家啓一『物語の哲学――柳田國男と歴史の発見』岩波書店，1996年（『物語の哲学』（岩波現代文庫）岩波書店，2005年）
リクール，ポール『他者のような自己自身』久米博訳，法政大学出版局，1996年（新装版2010年）
石川道夫「ゲッチンゲン大学のディルタイ・アルヒーフ」『ディルタイ研究』第9号，1996年，61–66頁
小田垣雅也「現代神学とディルタイ」，同誌1–14頁
折橋康雄「ディルタイ解釈学における個体性と普遍性――中期の類型概念をめぐって」『アルケー　関西哲学会年報』第4号，1996年，24–34頁
四日谷敬子「ハイデッガーとギリシア的思惟――その解釈学的検討」『ディルタイ研究』第9号，1996年，33–50頁
山本幾生「意識の事実と実在性」，同誌15–32頁

## 1997

新田義弘『現代哲学――現象学と解釈学』白菁社，1997年（ちくま学芸文庫，筑摩書房，2006年）
ハイデッガー，マルティン『有と時』（『ハイデッガー全集』第2巻）辻村公一・ハルトムート・ブフナー訳，創文社，1997年
向井守『マックス・ウェーバーの科学論――ディルタイからウェーバーへの精神史的考察』ミネルヴァ書房，1997年
鏑木政彦「シュライエルマッハーにおける国家と宗教――ディルタイ研究の視点から」『東洋学術研究』第36巻第1号，1997年，187–200頁

## 1998

水野建雄『ディルタイの歴史認識とヘーゲル』南窓社，1998年
伊藤直樹「ディルタイにおける生の美学の構成――体験の場としての感情と想像力の論理」『ディルタイ研究』第10号，1998年，16–29頁
大石学「個性と歴史的世界――ディルタイの「客観的精神」について」，同誌89–102頁
――「ディルタイにおける経験哲学の構想――あるいは，ディルタイと／の現象学」『理想』第661号，1998年，57–67頁
榊原哲也「ディルタイと中期フッサール現象学の生成」『ディルタイ研究』第10号，1998年，103–133頁
髙橋義人「歴史と継父――ディルタイ歴史哲学の地平を探る」，同誌133–145頁

長井和雄「若きシュプランガーとディルタイ」，同誌 53–64 頁
野家啓一「「解釈学的転回」とは何か」，同誌 2–15 頁
走井洋一「認識と自己形成――中期ディルタイの認識論を基に」，同誌 30–42 頁
ベーリンガー，ハンネス「ベルンハルト・グレトゥイゼンの生涯と著作」大野篤一郎訳，同誌 146–157 頁
巻田悦郎「詩の統一性と歴史主義――『真理と方法』以前のガダマー」，同誌 43–52 頁
森邦昭「ボーフム大学ディルタイ研究所と精神科学の歴史と理論」『教育哲学研究』第 78 号，1998 年，47–51 頁
山内芳文「ディルタイの教育論における歴史的なもの（報告フォーラム 3)」『近代教育フォーラム』（教育思想史学会）第 7 号，1998 年，99–110 頁
吉田誠「ディルタイの道徳教育論――「職業への教育」との関係に着目して」『関東教育学会紀要』第 25 号，1998 年，11–22 頁

## 1999

渡邊二郎『歴史の哲学――現代の思想的状況』（講談社学術文庫）講談社，1999 年
オルト，エルンスト・W「カッシーラーとディルタイ――ゲーテの根本現象をめぐって」嶋田洋一郎訳，『思想』第 906 号，1999 年，96–110 頁
ローディ，フリットヨフ「ディルタイの生の理解における音楽のパラダイム」森田孝訳，『ディルタイ研究』第 11 号，2000 年，31–44 頁
――「目的論の影に――ディルタイの学問二元論に及ぼしたトゥレンデレンブルクとロッツェの影響について」舟山俊明訳，同誌 2000 年，1–13 頁
丸山高司「「類型」について」，同誌 14–30 頁
吉田誠「ディルタイ中期の J. S. ミル批判における歴史的課題――個性の教育と社会の発展はいかに両立するか」，同誌 45–65 頁
吉野貴好「ディルタイ哲学の課題をめぐって」『哲学』（日本哲学会）第 50 号，1999 年，171–174 頁

## 2000

大関達也「ガダマーの哲学的解釈学における理解と教養の問題」『ディルタイ研究』第 12 号，2000 年，79–98 頁
小野紀明「意味の共有か，意味の解体か――現代政治理論における解釈学の位置」，同誌 5–10 頁
鏑木政彦「精神の学と道徳政治学――前期ディルタイの学問論」，同誌 51–78 頁
――「ヴィルヘルム・ディルタイ (1)　精神科学の生成と歴史的啓蒙の政治学」『国家学会雑誌』（国家学会）第 113 巻，第 9，10 号，2000 年，787–833 頁

齋藤智志「認識と想像力――ショーペンハウアーとディルタイの天才論・狂気論・想像力論をめぐって」『ディルタイ研究』第12号，2000年，35–50頁
高田珠樹「使者の応答」，同誌11–34頁

## 2001

西村皓・牧野英二・舟山俊明編『ディルタイと現代――歴史的理性批判の射程』法政大学出版局，2001年
伊藤直樹「自然科学的心理学とディルタイ――19世紀心理学におけるディルタイ心理学の位置」『理想』第666号，2001年，72–83頁
大石学「「時務の論理」としての倫理学――あるいは，「哲学」と「歴史学」とをつなぐもの」，同誌119–121頁
鏑木政彦「精神科学と共通感覚――ディルタイ精神科学の政治的地平」，同誌62–71頁
北川東子「ベルリンにおけるディルタイ――「生の謎」との出会い」，同誌132–143頁
齋藤智志「ディルタイの思索における宗教と神学という〈忘れられた〉問題」，同誌52–61頁
柴野博子「ディルタイの解釈学と西田幾多郎の芸術論」『比較思想研究』（比較思想学会）第28号，2001年，99–108頁
竹田純郎「ディルタイと解釈学」『理想』第666号，2001年，30–40頁
中野修身「時代において哲学すること――W・ディルタイと西田幾多郎について」，同誌109–118頁
フェッター，ヘルムート「ニーチェに代わるディルタイ――ハイデガーにとってのひとつの選択肢？」大石学訳，『理想』第667号，理想社，2001年，104–116頁
舟山俊明「ディルタイと生の現象学――中期ディルタイ哲学の射程」『理想』第666号，2001年，41–51頁
牧野英二「実在性の復権に向けて――ハイデガーによるディルタイの抵抗概念批判をめぐって」，同誌84–95頁
的場哲朗「ゲオルク・ミッシュのハイデガー批判――“世紀の論争”を追跡する」，同誌896–108頁
森田孝・丸山高司・高橋義人「座談会 ディルタイと現代」，同誌2–29頁
山下泰子「ディルタイの倫理学とテオドール・リットの教育学」『教育学研究紀要』（中国四国教育学会）第47巻第1号，2001年，28–33頁

## 2002

鏑木政彦『ヴィルヘルム・ディルタイ――精神科学の生成と歴史的啓蒙の政治学』九州大学出版会，2002 年

瀬戸口昌也「ディルタイの精神科学の基礎づけにおける心理学と解釈学との関係について」『ディルタイ研究』第 13 号，2002 年，68–86 頁

舟山俊明「研究動向 シュライアーマッハー教育学研究小史」，同誌 87–105 頁

巻田悦郎「被投性はどうなっているのか」，同誌 55–67 頁

マックリール，ルドルフ・A「ハイデガーの現象学的解釈学の生成と再発見された「アリストテレス序論」」齋藤元紀・伊藤直樹訳，同誌 27–54 頁

水野建雄「創造的生と歴史的世界――ディルタイの初期ヘーゲル論をめぐって」，同誌 7–26 頁

吉田誠「ディルタイにおける理論－実践関係の再検討」『教育哲学研究』第 85 号，2002 年，42–58 頁

## 2003

伊藤直樹「歴史の心理学と心理学の歴史――ディルタイの初期心理学構想をめぐって」『ディルタイ研究』第 14 号，2003 年，95–109 頁

香川哲夫「語りつがれてゆく〈わたし〉，および生の「律動的」な存在構造――初期ハイデガーのディルタイ解釈に即して」『哲学年報』（北海道哲学会）第 50 号，2003 年，15–27 頁

ショルツ，グンター「概念史とは何か，如何なる目的で営まれるのか？」舟山俊明訳，『ディルタイ研究』第 14 号，2003 年，49–75 頁

塚本正明・山本幾生・大野篤一郎・牧野英二「ディルタイ哲学の射程――論理学・認識論・心理学」，同誌 110–128 頁

中岡成文「表現と制作――西田幾多郎と三木清のディルタイ批判」，同誌 5–18 頁

向井守「最晩年のディルタイの体系的構想」，同誌 19–48 頁

ローディ，フリティヨフ「帰属性をめぐって――ヨルク伯の歴史概念について」大石学訳，同誌 76–94 頁

## 2004

リクール，ポール『記憶・歴史・忘却（上・下）』久米博訳，新曜社，2004–2005 年

加藤泰史「ディルタイとカントの実践哲学――「他者理解」あるいは “Übertragung” をめぐるカントとディルタイ」『ディルタイ研究』第 15 号，2004 年，35–48 頁

鏑木政彦「相互作用と歴史――ディルタイのシステム論的解釈に向けて」，同誌

57–88 頁
齋藤元紀「実在性と超越――ハイデガーにおけるディルタイ《獲得》の新たな意義」，同誌 89–109 頁
竹田純郎「ディルタイの社会哲学的思考（シンポジウム「ディルタイ哲学の現代的意義」)」『東北哲学会年報』第 20 号，2004 年，57–64 頁
田中秀男「ジェンドリンの初期体験過程理論に関する文献研究（上）――心理療法研究におけるディルタイ哲学からの影響」『図書の譜――明治大学図書館紀要』第 8 号，2004 年，56–81 頁
牧野英二「ディルタイによるカント批判をめぐって」『ディルタイ研究』第 15 号，2004 年，5–19 頁
――「歴史的理性批判の射程（シンポジウム「ディルタイ哲学の現代的意義」)」『東北哲学会年報』第 20 号，2004 年，65–71 頁
松山壽一「ディルタイとカントの自然哲学」『ディルタイ研究』第 15 号，2004 年，19–35 頁

## 2005

山本幾生『実在と現実――リアリティの消尽点へ向けて』関西大学出版部，2005 年
大石学「ディルタイの「形而上学」批判――その再解釈の試み」『ディルタイ研究』第 16 号，2005 年，126–151 頁
齋藤智志「同情論の射程」，同誌 102–125 頁
齋藤元紀「新たな現実の象りへ向けて」，同誌 182–191 頁
ショルツ，グンター「精神科学の科学性と課題――ディルタイを手本にした考察」森邦昭訳，同誌 5–29 頁
田中秀男「ジェンドリンの初期体験過程理論に関する文献研究（下）――心理療法研究におけるディルタイ哲学からの影響」『図書の譜――明治大学図書館紀要』第 9 号，2005 年，58–87 頁
廳茂「G・ジンメルにおける「理解」問題――見取り図の試案」『ディルタイ研究』第 16 号，2005 年，30–71 頁
山本幾生「「理解」について」『ディルタイ研究』第 16 号，2005 年，72–101 頁
吉田誠「ディルタイ教育論における「教育関係」の段階的解消――道徳教育における「教える」ことと「学ぶ」こととの統合」『教育方法学研究』（日本教育方法学会）第 30 号，2005 年，23–34 頁
レッシング，ハンス－ウルリヒ「歴史的啓蒙と歴史性――ガーダマーの哲学的解釈学におけるディルタイ的概念世界の受容」朴順南訳，『ディルタイ研究』第 16 号，2005 年，152–181 頁

## 2006

ハイデッガー，マルティン『ハイデッガー カッセル講演』(平凡社ライブラリー) 後藤嘉也訳，平凡社，2006 年

上島洋一郎「ディルタイにおける基本的論理的操作の役割」『ディルタイ研究』第 17 号，2006 年，119–135 頁

大野篤一郎「ディルタイ倫理学の特色」，同誌 100–104 頁

小笠原道雄「ディルタイとリット」，同誌 51–64 頁

坂越正樹「ディルタイとノール」，同誌 24–34 頁

田代尚弘「ディルタイ教育学の変容――ディルタイとシュプランガー」，同誌 35–50 頁

野平慎二「ディルタイ教育学と批判性」，同誌，65–80 頁

松友昭繁「日本人とディルタイ」，同誌，1–6 頁

森邦昭「ボーフム大学におけるディルタイ研究」，同誌 7–23 頁

## 2007

伊藤直樹「ディルタイとヘルムホルツ」『ディルタイ研究』第 18 号，2007 年，22–37 頁

鎌田康男「自由意志の神話崩壊後の道徳を問う」，同誌 78–89 頁

齋藤智志「ディルタイのショーペンハウアー理解」，同誌 55–77 頁

ショルツ，グンター「シュライアーマッハーの思想における宗教・芸術・学問の連関」朴順南・渡邊福太郎訳，同誌 90–113 頁

西谷敬「歴史科学における意義理解の問題――ディルタイとマックス・ヴェーバーの科学論の接点」，同誌 8–24 頁

舟山俊明「Lebendigkeit の分析としての生の哲学と歴史的世界の構築論――「生のカテゴリー」論の位置と役割の検討を介して」，同誌 115–122 頁

渡辺恒夫「ディルタイと現代心理学」，同誌 3–21 頁

## 2008

塚本正明『生きられる歴史的世界――ディルタイ哲学のヴィジョン』法政大学出版局，2008 年

レーヴィット，カール『共同存在の現象学』(岩波文庫) 熊野純彦訳，岩波書店，2008 年

伊藤直樹「ディルタイ－エビングハウス論争について――十九世紀末における心理学と哲学の抗争の一断面」『比較文化史研究』(比較文化史学会) 第 9 号，2008 年，1–24 頁

上島洋一郎「ディルタイ心理学における生概念について」『ディルタイ研究』第19号，2008年，80–93頁
大石学「ディルタイおよびドロイゼンにおける『歴史的世界の構築』の論理と倫理」，同誌94–113頁
シュプランガー，エドゥアルド「ヴィルヘルム・ディルタイ——追悼講演」朴順南訳，同誌201–217頁
西谷敬「歴史科学における意義理解の問題」『ディルタイ研究』第19号，2008年，8–24頁
藤田正勝「ディルタイと西田幾多郎」『理想』第681号，2008年，138–148頁

## 2009

シュネーデルバッハ，ヘルベルト『ドイツ哲学史1831–1933』舟山俊明・朴順南・内藤貴・渡邊福太郎訳，法政大学出版局，2009年
池見陽「Eugene Gendlin の心理療法論」『ディルタイ研究』第20号，2009年，45–62頁
上島洋一郎「ディルタイとフッサールにおける感情の志向性について」，同誌157–171頁
大石学「生，価値，世界観」，同誌105–128頁
坂越正樹「ディルタイ派の教育学者とナチズム」，同誌9–26頁
瀬戸口昌也「論理性（Logismus）と心理性（Psychologismus）の間」，同誌88–104頁
田代尚弘「E・シュプランガー，O・F・ボルノウとナチズム」，同誌27–42頁
別府陽子「「理解」の可能性——ディルタイ解釈学の視点から——トーマス・マン『ファウストゥス博士』試論」『ドイツ文学論攷』（阪神ドイツ文学会）第51号，2009年，47–67頁
三村尚彦「ジェンドリンとフッサール」『ディルタイ研究』第20号，2009年，63–79頁
森本司「ジェンドリンの心理療法に対するディルタイ哲学からの応答」，同誌80–87頁
山本幾生「「斉一性」から見る「連関」と「構造連関」の意味形成——ディルタイ全集第二一・二二巻を中心に」，同誌129–156頁
山元有一「想像力を巡る若きシュプランガー」，同誌172–190頁

## 2010

阿部悟郎「体育哲学とその思想的起点の一形式としてのディルタイ——近代教育学における「古典的近代」の超克と，それの体育哲学に対する一つの示唆」

『体育哲学研究』（日本体育学会体育哲学専門分科会編集委員会）第 41 号，2010 年，11–18 頁
鏑木政彦「ディルタイと和辻哲郎」『ディルタイ研究』第 21 号，2010 年，5–19 頁
瀬戸口昌也「想像力の根源」，同誌 37–53 頁
山本幾生「ディルタイと J. S. ミル――〈類比による連関〉と〈帰納による普遍〉」，同誌 4–67 頁
山本英輔「後期ハイデガーとディルタイ」，同誌 20–36 頁

## 2011

大石学「なんのための歴史？」『ディルタイ研究』第 22 号，2011 年，38–55 頁
小山裕樹「ディルタイという磁場の中で」，同誌 97–118 頁
柿木伸之「歴史を語る言葉を求めて」，同誌 22–37 頁
清水正之「思想史の方法と課題」，同誌 1–16 頁
山本幾生「ディルタイとヒューム」，同誌 80–96 頁

## 2012

安酸敏眞『歴史と解釈学――《ベルリン精神》の系譜学』知泉書館，2012 年
伊藤直樹「心理学・人間科学のメタ理論としてのディルタイ心理学」『科学基礎論研究』（科学基礎論学会）第 40 巻第 1 号，2012 年，43–54 頁
――「ディルタイ心理学について」『ディルタイ研究』第 23 号，2012 年，38–55 頁
上島洋一郎「ディルタイによる精神科学の基礎づけと世界観論」，同誌 140–147 頁
――「ディルタイの精神科学の基礎付けにおける価値論」『現象学年報』第 28 号，2012 年，149–156 頁
大石学「ディルタイ・コントラ・ルカーチ」『ディルタイ研究』第 23 号，2012 年，56–73 頁
大関達也「他者との対話としての教養」，同誌 106–122 頁
坂越正樹「現代的課題としての教養」，同誌 89–122 頁
三村尚彦「記述的分析的心理学と体験過程理論」，同誌 74–88 頁
森邦昭「フンボルト理念と教養」，同誌 92–105 頁
山本幾生「歴史的社会的現実の解釈学」，同誌 14–37 頁
渡辺和典「生とカテゴリー」，同誌 123–139 頁

## 2013

ハイデガー，マルティン『存在と時間』全 4 冊（岩波文庫）熊野純彦訳，岩波書店，2013 年

――『存在と時間』高田珠樹訳，平凡社，2013 年
牧野英二『「持続可能性の哲学」への道――ポストコロニアル理性批判と生の地平』法政大学出版局，2013 年
浦田悠「ナラティヴと質的研究による生の理解」『ディルタイ研究』第 24 号，2013 年，26–39 頁
佐々木一也「精神科学の現代的意味――歴史認識とコミュニケーションをめぐって」，同誌 5–21 頁
瀬戸口昌也「ナラティブから見たディルタイの生の理解」，同誌 40–55 頁
走井洋一「ディルタイにおける教育の根本問題としての自然と歴史」，同誌 56–72 頁

## 2014

ベーク，アウグスト『解釈学と批判――古典文献学の精髄』安酸敏眞訳，知泉書館，2014 年
三島憲一『歴史意識の断層――理性批判と批判的理性のあいだ』岩波書店，2014 年
山本幾生『現実と落着――無のリアリティへ向けて』関西大学出版部，2014 年
石神豊「ディルタイをめぐる西田哲学と牧口思想」『東洋哲学研究所紀要』第 30 号，2014 年，96–69 頁
大関達也「「〈あいだ〉で問い続ける」とはどういうことか――加藤氏の講演に対する特定質問」『ディルタイ研究』第 25 号，2014 年，39–49 頁
加藤哲理「政治学と解釈学の対話」，同誌 23–38 頁
――「政治を学問的に語ることの限界について――大関氏からの特定質問に答える」，同誌 49–57 頁
平間満里花「個性と歴史性――ディルタイ中・後期の思索を手掛かりに」『東北哲学会年報』第 30 号，2014 年，15–28 頁
山本幾生「ディルタイ研究――「解釈学の道筋」から「ディルタイ哲学の新たな切り口」へ」『ディルタイ研究』第 25 号，2014 年，58–66 頁
渡辺和典「〔書評〕山本幾生『現実と落着――無のリアリティへ向けて』」，同誌 80–87 頁

## 2015

ハイデガー，マルティン『存在と時間（1–8）』（光文社古典新訳文庫）中山元訳，光文社，2015–20 年
鵜澤和彦「編集者としてのディルタイ」『ディルタイ研究』第 26 号，2015 年，56–72 頁

川島堅二「シュライアマハー哲学のアクチュアリティ」，同誌 4–10 頁
九鬼一人「リッカート解釈の冒険」，同誌 34–55 頁
齋藤智志「ディルタイの先導者としてのシュライアーマッハー」，同誌 11–30 頁
山本幾生「生からの二つの道程——ディルタイとハイデガー　本誌前号の渡辺和典氏による書評（山本幾生『現実と落着——無のリアリティへ向けて』）への応答に代えて」，同誌 73–77 頁
渡辺和典「書評から第三の道へ向けて」，同誌 78–81 頁

## 2016

森邦昭『ディルタイから教育実践へ——アクティブラーニングの源流』九州大学出版会，2016 年
伊藤敦広「「シュライアマハー＝フンボルト理念」への遡行」『ディルタイ研究』第 27 号，2016 年，132–135 頁
大関達也「学習者の問いを喚起する教養教育の可能性——ガダマーの哲学的解釈学と一般教養論の検討から」，同誌 85–101 頁
瀬戸口昌也「ディルタイからミッシュを介した自伝研究の行方——生の哲学における人間形成論」，同誌 34–49 頁
田中潤一「ハンス・リップスにおける論理生成と対話の問題」，同誌 71–84 頁
廳茂「〈哲学者ジンメル〉の問題提起」，同誌 50–67 頁
巻田悦郎「ガダマーとシュライエルマッハーにおける対話・弁証法」，同誌 102–113 頁
山本幾生「ミッシュのハイデガー批判から見えてくるもの」，同誌 4–33 頁

## 2017

和泉雅人「ディルタイの文学史にかかわる暗黙の構想に関して」『ディルタイ研究』第 28 号，2017 年，19–31 頁
伊藤直樹「ディルタイ思想における「想像力による偉大な芸術の時代」の意義」，同誌 3–18 頁
前田富士男「アーカイヴのディルタイとドロイゼン——「歴史考訂学（Historik）」と芸術史」，同誌 32–51 頁

## 2018

山本幾生『落着と実在——リアリティの創出点』関西大学出版部，2018 年
入江祐加「反省から客観性へ——ディルタイの精神科学における「心理学」の展開」『倫理学研究』（関西倫理学会）第 47 号，2018 年，158–168 頁
大関達也「公共圏を形成するための教養教育——ガダマー解釈学の観点から」『デ

ィルタイ研究』第29号，2018年，43–63頁
岡田勇督「ガダマー解釈学における〈真理〉と〈方法〉の関係について——〈理解の歴史性〉における二つの次元に着目して」，同誌64–85頁
竹田純郎「ディルタイと宗教の問題」，同誌12–26頁
松村幹子「ディルタイのシュライアマハー解釈について——『宗教について』の教育思想史的考察」『キリスト教教育論集』（日本キリスト教教育学会）第26号，2018年，1–13頁
山本英輔「言葉の経験としての解釈学——後期ハイデガーにおける言葉への省察」『ディルタイ研究』第29号，2018年，30–42頁

## 2019

伊藤直樹「ディルタイの青春——『若きディルタイ』における思想特徴」『ディルタイ研究』第30号，2019年，10–24頁
入江祐加「ディルタイにおける経験と学の関係——宗教的体験と宗教学の関係を題材として」『宗教と倫理』（宗教倫理学会）第19号，2019年，17–31頁
大石学「厳密ならざる学としての哲学？——ディルタイの「世界観学」構想について」『理想』第702号，2019年，89–103頁
——「ブレスラウからベルリンへ——〈精神諸科学の基礎づけ〉構想の展開をめぐって」『ディルタイ研究』第30号，2019年，25–44頁
巻田悦郎「ディルタイの問題の解決としてのリクールのテクスト解釈学」，同誌50–62頁

## 2020

小川将也「グィド・アドラーの音楽学体系における音楽美学——心理学との関係と「内容分析」の射程」『音楽学』（日本音楽学会）第65巻第2号，2020年，106–121頁
野平慎二「言語と人間形成——人間形成論的に方向づけられたビオグラフィ研究の視角から」『ディルタイ研究』第31号，2020年，21–38頁
牧野英二「言語と人間形成——哲学者の使命とグローバル・シティズンシップの可能性」，同誌4–20頁

## 2021

伊藤直樹「ディルタイの世界観学における歴史意識」『ディルタイ研究』第32号，2021年，5–28頁
上島洋一郎「動くものを掴む——体験に意味・意義を与えること」『アルケー』第29号，2021年，30–40頁

植村玄輝「歴史主義批判から形而上学へ――フッサールとディルタイを分け隔てるもの」『ディルタイ研究』第 32 号，2021 年，29–46 頁
九鬼一人「ディルタイの解釈学的価値論――いかにして解釈学の妥当性志向は解きほぐされるのか」，同誌 71–88 頁
後藤嘉也「歴史を生き，歴史を存在する――ハイデガーのディルタイ対決と〈存在と時間〉」，同誌 47–65 頁
鳥越覚生「色彩体験は人間に何を教示するか？――ショーペンハウアー哲学からみるディルタイのゲーテ論」，同誌 89–103 頁

## 2022

伊藤直樹「ディルタイの文化概念――精神科学の形成において生じた文化という問題」『ディルタイ研究』第 33 号，2022 年，6–24 頁
上島洋一郎「生の解釈と実在性――ディルタイによる意義カテゴリー論」，同誌 80–95 頁
大森一三「ディルタイのカント倫理学批判再考――ディルタイ倫理学の徳倫理学的解釈の試み」，同誌 59–79 頁
牧野英二「田辺とディルタイの哲学的思索の「家族的類似性」――『ディルタイ＝ヨルク往復書簡集』とハイデガーの影響作用史再考」，廖欽彬・河合一樹編著『危機の時代と田辺哲学――田辺元没後 60 周年記念論集』法政大学出版局，2022 年，183–205 頁
――「ディルタイ哲学と京都学派」，伊東貴之・山村奨・廖欽彬・河合一樹編著『東アジアにおける哲学の生成と発展――間文化の視点から』法政大学出版局，2022 年，416–433 頁

## 2023

鏑木政彦「ディルタイとカッシーラー――近代と文化をめぐって」『ディルタイ研究』第 34 号，2023 年，26–43 頁
瀬戸口昌也「ディルタイにおける生の哲学の解釈学的陶冶理論について」，同誌 64–78 頁
田中潤一「ディルタイ教育学の現代的再生の可能性」，同誌 47–63 頁
前田良三「アナロジー的人間――エルンスト・カッシーラーの文化哲学と類似性思考」，同誌 4–25 頁

# あとがき——全集完結に寄せて

「序論」で触れた経緯により、本全集の刊行には日本ディルタイ協会が総力を挙げて支援してきた。その結果、延べ数一二〇名を超える編集校閲者・訳者・筆者・編集協力者などの体制で船出した本全集の航海は、当初は文字どおり順風満帆であった。だが、それはやがて予想外の悪天候と多くの荒波に翻弄され、苦難の連続となった。その航海は幾度も難破しかけた。とりわけ全集第1巻『精神科学序説』第一巻、第9巻『シュライアーマッハーの生涯　上』、第11巻『日記・書簡集』は、その翻訳作業の難航とともに編集校閲の段階でも大幅な遅延を生じた。これらの予測不可能な事態の発生により、翻訳作業とともに編集校閲の作業も渦流に翻弄され、本全集の航海は沈没寸前の状態にまで陥った。

当然のことながら、編集代表は、黒衣役として機会あるごとに必要な対応に努めたが、浅学菲才の筆者には手に余る仕事の連続であり、想定外の緊急対応を迫られる事態も一度ならずあった。それらの判断と対応がどこまで本全集の刊行に寄与しえたかどうかは、筆者には定かではない。だが、筆者は、企画者・編集代表としての立場から「義務に対する尊敬の念」と「真理への畏敬」に基づいて長い間、本全集の刊行に向け誠心誠意取り組んできたつもりである。

もちろん正確に言えば、本全集の完結は、延べ数一二〇名を超える多くの方々による協同作業の賜物である。この事実を特記して、すべての編集校閲者・訳者・筆者・編集協力者には衷心よりお礼申し上げるとともに、本全集の完結が大幅に遅延したことを深くお詫び申し上げたい。

本全集の完結にあたり同時に別巻の締めくくりにさいして、編集代表を含む編集委員などの物故者のお名前を記して、心より感謝申し上げる。

西村晧先生（編集代表）、長井和雄先生（第4巻編集校閲者）、西谷敬先生（第4巻編集校閲者）、宮下啓三先生・白崎嘉昭先生（第7巻編集校閲者）、久野昭先生（第8巻編集校閲者）、森田孝先生（第9巻・第10巻編集校閲者）、麻生建先生（第9巻・第10巻編集校閲者）、薗田坦先生（第9巻・第10巻編集校閲者）、そして版元の法政大学出版局編集代表・稲義人氏には、本全集の刊行開始以前から多大なご支援をいただいた。本全集編集委員会を代表して感謝の意を表する。同時に諸氏には、衷心より哀悼の意を表したい。とくに西村先生には、二〇〇三年の第一回配本時にすでに病魔におかされ編集委員会に出席が叶わない状態のなかで、本全集の刊行の進捗状況をつねに気遣っておられたように記憶している。先生の生前に全集を完結できず、したがって「先生の夢を叶える」ことがかなわず企画者として大変申し訳なく内心忸怩たる思いを禁じえない。

とりわけ本全集刊行委員会事務局の舟山俊明先生（慶應義塾大学名誉教授）・伊藤直樹先生（法政大学講師、第5巻、第11巻、別巻・編集校閲者）・大石学先生（杏林大学講師、第11巻、別巻・編集校閲者）・齋藤智志先生（杏林大学教授、第9巻・編集校閲者、第11巻・編集協力者）には、企画段階から本全集の編集に深く関与していただき、ときとして非情ともいえる編集代表による幾多の要請に忍耐強くお応えくださった。先生方には深甚の謝意を表する。とくに長期間病床についておられた舟山先生には、本全集の完結をご報告できなかったことが残念でならない。

また瀬戸口昌也先生（現日本ディルタイ協会会長、大阪教育大学教授）には、急遽別巻の編集校閲者として加わっていただきご尽力いただいた。さらに別巻所収の膨大な文献目録の作成に関しては、編集協力者の齋藤元紀先生（高千穂大学教授）、走井洋一先生（立教大学教授）、上島洋一郎先生（関西大学講師）には心強いご支援とともに多大なご尽力をいただいた。とくに記して諸氏には衷心よりお礼申し上げる。

版元の法政大学出版局については、稲義人氏の御退職後、後任者として編集代表を務められ、同時に担当者として本全集の編集と刊行に心血を注がれた平川俊彦氏の献身的なご尽力に衷心より感謝申し上げなければならない。

そして平川氏のご退職後、全集担当者に着任され、現在編集部長を務めておられる郷間雅俊氏には、長年にわたり多大なご負担をお掛けしつつも、つねに寛大なご理解とご尽力を賜った。とりわけコロナ禍に見舞われた数年間、ほぼ毎月 zoom 会議による編集委員会にご臨席賜り、大変有益な示唆と貴重なアドヴァイスを頂戴した。とくに第11巻については、編集代表の筆者が本務校退職後、ゲラの大幅な加筆・修正のため五年間のほぼすべてを費やし、黒衣役の立場でありながら編集委員の先生方とともに同じ舞台で演じ続けるという異例の事態に直面した。そのなかでも氏は、辛抱強く成稿をお待ちくださり寛容の精神で私たちを激励しつづけてくださった。氏の慈愛と誠意に満ちた励ましのお言葉をいただくことがなければ、本全集を完結させることはできなかった。筆者は、研究者人生の長きにわたり苦楽をともにしてくださった同編集部長には、適切な感謝の言葉を見つけることができない。型通りの言葉になりまことに恐縮ではありますが、本全集の完結にあたり、すべての訳者・筆者・編集校閲者とともに満腔の謝意を表します。

二〇二四年 八月

日本語版『ディルタイ全集』編集代表

牧野　英二

**ディルタイ全集**（全11巻・別巻1）
編集代表　西村 晧・牧野英二

**別巻　ディルタイ研究・資料**

2024年11月30日　初版第1刷発行

編集/校閲　牧野英二・伊藤直樹・
大石　学・瀬戸口昌也
発行所　一般財団法人 **法政大学出版局**
〒102-0071 東京都千代田区富士見 2-17-1
電話03(5214)5540／振替00160-6-95814
製版：HUP　印刷：三和印刷　製本：誠製本


ISBN978-4-588-12112-8

廳　　茂（ちょう　しげる）
1953年生．大阪大学大学院人間科学研究科後期課程単位修得退学．神戸大学名誉教授．社会思想史・社会学史．

鏑木　政彦（かぶらぎ　まさひこ）
1965年生．東京大学大学院法学政治学研究科博士課程修了．九州大学教授．政治思想史．

朴　順　南（ぱく　すんなん）
1979年生．慶應義塾大学元非常勤講師．教育哲学．

森　　邦昭（もり　くにあき）
1958年生．崇城大学総合教育センター教授．福岡女子大学名誉教授．教育哲学．

渡邊福太郎（わたなべ　ふくたろう）
1981年生．慶應義塾大学文学部准教授．教育哲学．

大野篤一郎（おおの　とくいちろう）
1933年生．神戸女学院大学名誉教授．哲学．

**資料編　著者・訳者・共編者**

鵜澤　和彦（うざわ　かずひこ）
1960年生．ミュンスター大学哲学部哲学科博士課程修了．法政大学文学部哲学科兼任講師．哲学．

齋藤　元紀（さいとう　もとき）
1968年生．法政大学大学院人文科学研究科哲学専攻博士課程単位取得退学．高千穂大学教授．哲学．

走井　洋一（はしりい　よういち）
1970年生．東北大学大学院教育学研究科博士課程単位取得退学．立教大学教授．教育学・教育哲学．

上島洋一郎（うえしま　よういちろう）
1979年生．関西大学大学院文学研究科博士課程修了．関西大学非常勤講師．哲学・倫理学．

**編集/校閲者（兼著者）**

牧野　英二（まきの　えいじ）
1948 年生．法政大学名誉教授．
『ディルタイ全集』編集代表．哲学・倫理学．

伊藤　直樹（いとう　なおき）
1963 年生．法政大学大学院博士課程単位取得修了．
法政大学ほか非常勤講師．哲学．

大石　　学（おおいし　まなぶ）
1965 年生．東洋大学大学院文学研究科博士後期課程満期退学．杏林大学ほか非常勤講師．哲学・倫理学．

瀬戸口昌也（せとぐち　まさや）
1964 年生．九州大学大学院教育学研究科博士後期課程単位取得退学．大阪教育大学教授．教育哲学・教育思想．

**研究編　著者・訳者（章節順）**

フリティョフ・ローディ（Frithjof Rodi）
1930年生．ドイツ連邦共和国ルール大学ボーフム名誉教授．同大学ディルタイ研究所所長．ドイツ語版『ディルタイ全集』編者．英語版『ディルタイ選集』編者．

グンター・ショルツ（Gunter Scholtz）
1941年生．ドイツ連邦共和国ルール大学ボーフム名誉教授．同大学ディルタイ研究所協力者．*Archiv für Begriffsgeschichte* 編者．*Historisches Wörterbuch der Philosophie* 編集協力者．

ハンス＝ウルリヒ・レッシング（Hans-Ulrich Lessing）
1953 年生．ドイツ連邦共和国ルール大学ボーフム哲学科教授．同大学ディルタイ研究所所員．ドイツ語版『ディルタイ全集』編者．『ディルタイ書簡集』編者．

ルードルフ・A. マックリール（Rudolf A. Makkreel）
1939–2021年．アメリカ合衆国エモリー大学名誉教授．英語版『ディルタイ選集』編者．*Journal of the History of Philosophy* 編者．

三浦　國泰（みうら　くにやす）
1948 年生．北海道大学大学院博士課程単位取得退学．
成蹊大学名誉教授．ドイツ文学・文芸理論．